大人（十）

沈葦窗與《大人》雜誌

蔡登山

已故香港邵氏電影公司在台分公司總經理馬芳蹤說：「文化事業出版界，我最欽佩兩個人，一是台北《傳記文學》的社長劉紹唐兄，以單槍匹馬一個人的精力，把中國近代史的資料蒐集成庫，且絕不遜於此地的『歷史博物館』與大陸的『文史檔案館』。另一位就是香港《大成》的沈葦窗，《大成》是專門刊載藝文界的掌故與訊息，目前海峽兩岸包括海外，似乎還找不出第二本類似的刊物。」其實《大成》還有個前身就是《大人》雜誌，它創刊於一九七〇年五月十五日，至一九七三年十月十五日停刊，前後出了四十二期。一九七三年十二月一日《大成》緊接著創刊，至一九九五年九月沈葦窗病逝終刊，出了二百六十二期。兩個刊物合起來共三百零四期，前後有二十五年之久。它也是「一人公司」，香港作家古蒼梧說：「《大成》的業務，從編輯、校對到聯絡作者、郵寄訂戶，幾乎都由沈老一人包辦。每次我到龍記樓上《大成》編輯室送稿，總見到他孤單地在一堆堆雜誌與書刊中埋首工作，見我來了，便露出燦爛的笑容，跟我閒聊幾句，臉上毫無倦容。……」。當然可想見更早的《大人》的情況，亦是如此。

關於沈葦窗的生平資料不多，他是一九一八年十二月三十日出生，浙江省桐鄉烏鎮人。正如他自己說的：「我寫作至今，從未提過自己的家世。」只在〈記從兄沈泊塵〉一文中，他透露一些蛛絲馬跡：「祖父右亭公生子女九人，泊塵是三房長子，能毅、叔敖是他的胞弟。我父季璜公行九，娶我母徐太夫人，婚後居上海之台灣路，姪輩到上海求學，多住我家。我家兄弟都以『學』字排行，泊塵名學明，家兄吉誠名學謙，我名學孚。我生在台灣路，大約我出世未久，這位『明哥哥』便去世了！」沈泊塵卒於一九一九年，得年僅三十一歲。沈泊塵兄弟三人曾合辦《上海潑克》畫報，為中國漫畫報刊的始創者。作家陳定山就說：「上海報紙之有漫畫，始於沈泊塵。若黃文農、葉淺予、張光宇正宇兄弟，皆為後輩矣。」

沈葦窗畢業於上海中國醫學院，據香港的翁靈文說沈葦窗自滬來港後，雖投身出版事業，但也常應稔友們之請，望聞切問開個藥方，多能藥到病除。沈葦窗曾任香港麗的呼聲廣播有限公司金色電臺編導、電視國劇顧問。他的夫人莊元庸也一直在「麗的呼聲」工作，莊女士其實早在上海名氣就很大了，每天擁有十萬以上的聽眾，她口才好，聲音悅耳，有「電台之鶯」的雅號。後來在台灣的華視也工作過，我還看過她演出《星星知我心》的連續劇。

沈葦窗是崑曲大師徐凌雲的外甥，徐凌雲曾對寧波、永嘉、金華、北方諸崑劇，甚至京劇、灘簧、紹興大班等悉心研究，博採眾長。十八歲登臺，堅持長期練功不輟，生、旦、淨、末、丑各行兼演，「文武崑亂不擋」。後來又與俞粟廬、穆藕初等興辦蘇州崑劇傳習所，培養「傳」字輩一代崑劇藝人有功。沈葦窗說他自己：「少年時即好讀書，有集藏癖，年事漸長，更愛上了戲曲。其時崑曲日漸式微，但因我的舅父徐凌雲先生是崑曲大家，總算略窺門徑；還是和平劇接近的機會多，凡是夠得上年齡的名角，都締結了相當的友誼，搜羅有關平劇書籍更不遺餘力。」他後來將這些重要史料收藏，如《富連成三十年史》、《京戲近百年瑣記》、《清代燕都梨園史料》、《菊部叢譚》、《大戲考》等十二部珍貴或絕版史料，以「平劇史料叢刊」由劉紹唐的傳記文學社出版，嘉惠後學。

沈葦窗在上海時期，就在小報上寫文章。一九四〇年金雄白在上海創辦一份小型四開報紙，名為《海報》，當時寫稿的人可說是極一時之選，長期在《海報》撰稿的有陳定山、唐大郎、平襟亞、王小逸、包天笑、蔡夷白、吳綺緣、徐卓呆、鄭過宜、范煙橋、謝啼紅、朱鳳蔚、盧一方、沈葦窗、陳蝶衣、馮鳳三、柳絮、惲逸群等，女作家中，更有周鍊霞、陳小翠諸人。沈葦窗當年曾是金雄白辦報時的作者，沒想到幾十年後金雄白變成了是沈葦窗的作者。《大人》初創時期，就有一個非常壯觀堅強的撰稿人隊伍，這些人大多是大陸鼎革後，流寓在香港和臺灣的南下文人、名流和藝術家，大都是沈葦窗的舊識，也可見他在舊文化圈中人脈的廣博。

《大人》雜誌給這些人提供了一個發表文章的重要平臺，刊載了大量有價值的文章和重要的第一手史料。其中像被稱為「中醫才子」的陳存仁的兩本回憶錄《銀元時代生活史》、《抗戰時代生活史》，都先後在《大人》及《大成》上連載，而後才集結出書的。《銀元時代生活史》後來在一九七三年三月，由香港吳興記書報社出版，張大千題耑，沈葦窗撰序云：「一九七〇年五月，《大人》雜誌創刊，我承乏輯務，初時集稿不易，因而想到陳存仁兄，他經歷既豐，閱人亦多，能寫一手動人的文章，於是請他在百忙之中為《大人》撰稿，第一期他寫了一篇記章太炎老師，果然文筆生動，情趣盎然，大受讀者歡迎。存仁兄的文章，別具風格，而且都是一手資料，許多事情經他一寫，躍然紙上，如歷其境，如見其人，無形之中成為我們《大人》雜誌的一員大將。《銀元時代生活史》刊載以後，更是遐邇遍傳，每一段都富有人情味和親切感，存仁兄向有考證癖，凡是追本究源，文筆輕鬆，尤其餘事。綜觀全篇，包含著處世哲學、創業方法、心理衛生、生財之道，對讀者有很大的啟發性和鼓勵性，實在是老少咸宜的良好讀物。今當單行本問世，讀之更有一氣呵成之妙，存仁兄囑書數言，因誌所感，豈敢云序。」

再者在《大人》甚至後來的《大成》上，占有相當份量的，莫過於「掌故大家」高伯雨（高貞白、林熙）的文章了。一般說起「掌故」，無非是「名流之燕談，稗官之記錄」。但掌故大家瞿兌之對掌故學卻這麼認為：「通掌故之學者是能透徹歷史上各時期之政治內容，與夫政治社會各種制度之原委因果，以及其實際運用情狀。」而一個對掌故深有研究者，「則必須對於各時期之活動人物熟知其世襲淵源師友親族的各族關係與其活動之事實經過，而又有最重要之先決條件，就是對於許多重複參錯之瑣屑資料具有綜核之能力，存真去偽，由偽得真……」。能符合這個條件的掌故大家，可說是寥寥無幾，而高伯雨卻可當之無愧。高氏文章或長篇大論，或雋永隨筆，筆底波瀾，令人嘆服！難怪香港老報人羅孚（柳蘇）稱讚說：「對晚清及民國史事掌故甚熟，在南天不作第二人想。」而編輯家林道群也讚曰：「高伯雨一生為文自成一家，他的『隨筆』偏偏不如英國的essay，承繼的是中國的傳統，溶文史於一，人情練達，信筆寫人記事，俱是文學，文筆之中史識俯拾皆是。」這是高伯雨的高妙處，也是他獨步前人之處。

資深報人金雄白筆名「朱子家」，曾在《春秋》雜誌上連載《汪政權的開場與收場》而聞名。沈葦窗邀他在《大人》再寫了〈「海報」的開場與收場〉、〈委員長代表蔣伯誠〉、〈梁鴻志死前兩恨事〉、〈「入地獄」的陳彬龢〉、〈倚病榻，悼亡友〉、〈梁鴻志獄中遺書與遺詩〉等文，因大都是作者所親歷親聞，極具史料價值。一九七四年他的《記者生涯五十年》開始在《大成》雜誌第十期連載，迄於一九七七年六月的第四十三期為止，前後達兩年又十個月之久，共六十八章，幾近三十萬字。金雄白說：「七十餘年的歲月，一彈指耳，回念生平，真是如幻如夢如塵，在世變頻仍中，連建家毀家，且已記不清有多少次了，俱往矣！留此殘篇，用以自哀而自悼，笑罵自是由人，固不必待至身後。」

還有早期的老報人，著名雜誌《萬象》的第一任主編陳蝶衣，他後來來到香港，還是著名的電影編劇、流行歌曲之王。六十多年來，陳蝶衣光是歌詞的創作就有三千多首。人們尊稱他為「三千首」。周璇、鄧麗君、蔡琴、張惠妹……，中國流行音樂史上一代又一代的歌后們，都演唱過他寫的歌。他在《大人》除寫了〈一身去國八千里〉、〈舉家四遷記〉、〈我的編劇史〉、〈花窠素描〉等自身的回憶文章外，還有《銀海滄桑錄》的專欄，寫了有關張善琨、李祖永、林黛、王元龍、陳厚、胡蝶、阮玲玉、李麗華、周璇等人，所記多是外間少人知的資料。後來以《香港影壇秘錄》為名出版了。

曾經在上海淪陷時期，創刊《古今》雜誌，網羅諸多文人名士撰稿，使《古今》成為當時最暢銷也最具有份量的文史刊物的朱樸，一九四七年到了香港，早已成為一名書畫鑑賞家了，並以「省齋」為筆名撰文。沈葦窗說：「我草創《大人》雜誌，省齋每期為我寫稿，更提供許多書畫資料。那時，省齋在王寬誠的寫字樓供職，薪水甚少，但有一間寫字間卻很大，他每天下午到那裡去轉一轉，看看西報，主要的工作是為王寬誠鑑定書畫。」

當時已渡海來台的陳定山，是名小說家兼實業家天虛我生（陳蝶仙）的長子，他早年也寫小說，二十餘歲已在上海文壇成名了，他工書，擅畫，善詩文，有「江南才子」之譽。來台後長時期在報紙副刊及雜誌上寫稿，筆耕不輟，同時也為《大人》寫稿，陳定山因長居滬上，嫻熟上海灘中外掌故逸聞，一代人事興廢，古今梨園傳奇，信手拈來，皆成文章，乃開筆記小說之新局，老少咸宜，雅俗共賞。這些文章後來成為《春申舊聞》的部分篇章。

詩人易順鼎（實甫）之子，寫有《閒話揚州》引起揚州閒話的易君左，在一九四九年冬抵香江時，曾在鑽石山住過，當時那裡住有不少是國內逃避戰禍而抵港的知識份子，因此他寫有〈鑽石山頭小士多〉、〈記香港幾次文酒之會〉等文。更值得重視的是他寫的「文壇憶舊」，包括：〈我與郁達夫〉、〈曾琦與左舜生〉、〈詞人盧冀野〉、〈田漢和郭沫若〉。這些文章所寫的人物皆作者有過深交的文友，寫來自不同於一般的泛泛之論。可惜的是一九七二年易君左病逝台北，一九七二年四月十五日出版的《大人》刊出的〈田漢和郭沫若〉已註明是「遺作」了。

國民黨政要雷嘯岑，歷任南昌行營機要秘書、安徽省政府委員兼教育廳廳長、鄂豫皖三省總司令部秘書、湖北省第七區行政督察專員、重慶市教育局局長、《和平日報》社總主筆、《中央日報》社主筆。一九四九年七月去香港、任《香港時報》社總主筆。一九六〇年在港創辦《自由報》並受聘為香港德明書院新聞學系主任。他在《大人》以筆名「馬五」，寫有「政海人物面面觀」一系列文章。

他如，老報人胡憨珠長篇連載的〈申報與史量才〉，及當年曾在上海中文《大美晚報》供職的張志韓，所寫的〈血淚當年話報壇〉長文，都有珍貴的一手資料。

而沈葦窗自己也寫有〈葦窗談藝錄〉，談得較多的是京劇，這是他的本行。甚至《大人》每期有關京劇崑曲的文章，都佔有一定的比重，這也是這個雜誌的特色，同時也成為喜好京劇崑曲的讀者的重要收藏。沈葦窗的哥哥沈吉誠，在香港電影戲劇界、文化新聞界都相當吃得開，他在《大人》以「老吉」筆名，從第二期起寫有〈馬場三十年〉至第三十八期連載完畢，講的是香港的賽馬。在上世紀五〇年代，老吉的《馬經大全》，曾經風行一時。

《大人》每期約一百二十頁，用紙為重磅新聞，樸素大方。內頁和封底為名家畫作、法書或手跡，畫家有齊白石、吳湖帆、黃賓虹、張大千、溥心畬、傅抱石、關良、陳定山、黃君璧、吳作人、李可染、周鍊霞、梅蘭芳、宋美齡等。從第三期開始，每期都有四開彩色精印的銅版名家畫作或法書的插頁，精美絕倫。這些插頁除已列的上述部分畫家外，還有：邊壽民的蘆雁，新羅山人、虛谷的花鳥，沈石田、陸廉夫、吳伯滔、金拱北的山水，鄧石如、劉石庵、王文治的法書等。但由於這些插頁開本極大，採折疊方式，裝訂在雜誌的正中間，常為舊書店老闆取下，另外販售。此次復刻本，多期就沒有這些插頁，但在目錄中編有該插頁的頁碼，有時會有八頁之多，其實它是一張大畫折疊的頁碼，如今畫雖不見，但不影響內文，因該畫和內文是完全不相關的。在此聲明，希望讀者明瞭，不要以為雜誌有所「缺頁」是好。

這次能輯全整套雜誌而復刻，首先要感謝熱心協助，並提供收藏的師長好友：資深報人鑑賞家黃天才先生、收藏家董良彥（君博）先生、史料家秦賢次先生及香港的文史家方寬烈先生、學者作家盧瑋鑾（小思）女士。《大人》在臺灣流通極少，甚至國家圖書館都沒有收藏，筆者首先見到的是秦賢次兄已捐贈給中央研究院文哲研究所的部分雜誌，驚嘆之餘，才興起要收藏這份雜誌的念頭。但談何容易，歷經數載，找遍舊書攤才得不到四分之一之數。後經黃天才先生提供他的收藏，並熱心找到收藏家董良彥先生的珍貴收藏，董先生的十幾本雜誌品相極佳。在整理蒐集到手的四十二期雜誌，發現其中兩期有脫頁，於是藉著到香港開學術研討會之便，我和賢次兄又找到方寬烈先生及小思老師，經他們協助影印，補全了全套雜誌的內容。

我曾在二〇一〇年十月十七日香港的《蘋果日報》副刊寫有〈遲來的懷念〉一文，開頭說：「今年九月底，我到香港參加張愛玲誕辰九十週年國際學術研討會。十五年前的九月八日張愛玲被發現死在洛杉磯公寓，無人知曉，據推測她的死亡時間應該是九月二日或三日。而幾天之後的九月六日沈葦窗因食道癌在香港病逝。之所以將兩人並提，是他們都是『寂寞的告別』人世。正如作家穆欣欣所說的：『張愛玲走得孤寂而熱鬧。說孤寂，到底是她自己選擇的一種方式，待世人知曉，已是六七天之後；說熱鬧，是世人不甘，憐她愛她。她像中秋的月亮，走了之後，人間還得追望。比起張愛玲，另一個人走得更寂寞。起碼，他連最後的繁華都沒有。他是《大成》雜誌的主編沈葦窗先生。』是的，早在一九九三年，我籌拍張愛玲的紀錄片，次年還收到張愛玲的傳真信函。她故去之後《作家身影》紀錄片播出，之後我又寫了兩本關於她的書，並推薦李安導演拍她的〈色，戒〉。而對沈葦窗我至今無一字提及，這篇小文就算是遲來的懷念吧！」現在把這段文字轉錄於此，依舊是對他的懷念！

目錄

序

第三十四期（一九七三年二月十五日）：

尼克遜與基辛格　萬念健　2
詹森生前死後　司馬我　4
憶悲鴻　蔣彝　6
牛年閒話　蕭遙天　15
政海人物面面觀　朱家驊、何成濬、衛立煌、王纘緒　馬五先生　19
大人小語　上官大夫　27
宣統「帝師」陳寶琛　高伯雨　28
曾國藩談書道　黎正甫　34
白雲觀和高道士　林熙　36
清道人傳世兩封信　舊史　40
史量才死後的申報（望平街回憶）　胡憨珠　41
傅抱石研究（畫苑春秋）　薛慧山　49
天佑歌　曾克耑　56
章太炎之名言（來鴻去雁）　韋千里　65

初試雲雨情・藍布長衫的故事（遺作）　曹聚仁　68
美國小事　林慰君　73
血淚當年話報壇（四）　張志韓　74
我的學藝生活　小翠花　81
薛覺先與馬師曾（續完）　呂大呂　88
馬場三十年（三十二）　老吉　95
歌壇十二小金釵（上）　陳蝶衣　98
對春聯（對口相聲）　侯寶林　102
楊小樓空前絕後（續）　燕京散人　106
「江湖行」大功告成（銀色圈漫談）　馬行空　114
大人雜誌第五集合訂本總目錄　119
封面：徐悲鴻畫日長如小年
封面內頁：徐悲鴻長鬚留影及其手蹟
巨幅插頁：傅抱石畫古梅圖（定齋藏）

第三十五期（一九七三年三月十五日）：

政海人物面面觀　梁啟超、宋子文、朱紹良、張厲生　馬五先生　2
越南之戰一筆清賬　萬念健　12
畫壇感舊・聯語偶錄（詩、對聯）　陳定山　14
南北議和見聞錄（遺作）　張競生　17
從王羲之蘭亭雅集談起　高伯雨　29
過年記趣　陶鵬飛　36
史量才死後的申報（望平街回憶）　胡憨珠　38
楊小樓空前絕後（續完）　燕京散人　44
齊白石與李可染（畫苑春秋）　薛慧山　52

意象慘澹經營中　李可染　65
閒話題畫　劉太希　68
大人小語　上官大夫　71
一世之雄吳佩孚（來鴻去雁）　韋千里　72
血淚當年話報壇（五）　張志韓　75
馬場三十年（三十四）　老吉　87
薛覺先馬師曾兩大事　呂大呂　91
歌壇十二小金釵（續完）　陳蝶衣　97
火燒豆腐店（滑稽趣劇）　江笑笑　102
「冷面虎」扭轉形勢（銀色圈漫談）　馬行空　106
「抗戰時代」生活史（專載）　陳存仁　113
封面：齊白石畫爭王圖
封面內頁：梁啟超致康有為書札
巨幅插頁：李可染畫暮韻圖（定齋藏）

第三十六期（一九七三年四月十五日）：

陳公博垂死之言（附「八年來的回憶」全文）　朱子家　2
政海人物面面觀　陸榮廷、劉存厚、唐式遵、何浩若　馬五先生　21
新世說　陳定山　29
國父的異相（附「來鴻去雁」）　齊東野　31
大人小語　上官大夫　35
香港舊事錄　上海移民　37
史量才死後的申報（望平街回憶）（續）　胡憨珠　41
也談徐悲鴻（畫苑春秋）　薛慧山　46
任伯年評傳（遺作）　徐悲鴻　54

鄧石如繼往開來　容天圻　56
南棲記困（新浮生六記之六）　大方　69
蔡哲夫「名士風流」　高伯雨　75
血淚當年話報壇（六）　張志韓　84
良祝哀史考證　陳蝶衣　89
「八大拿」的時代背景　周志輔　94
馬場三十年（三十五）　老吉　97
雪豔琴與陸素娟　燕京散人　100
新「七十二家房客」　文：楊華生・圖：張樂平　106
「抗戰時代」生活史（專載）　陳存仁　117
封面：黃君璧畫山水
封面內頁：「八年來的回憶」手抄本
精印插頁：鄧石如篆書冊（定齋藏）

大人

論天下大事

談古今人物

第三十四期

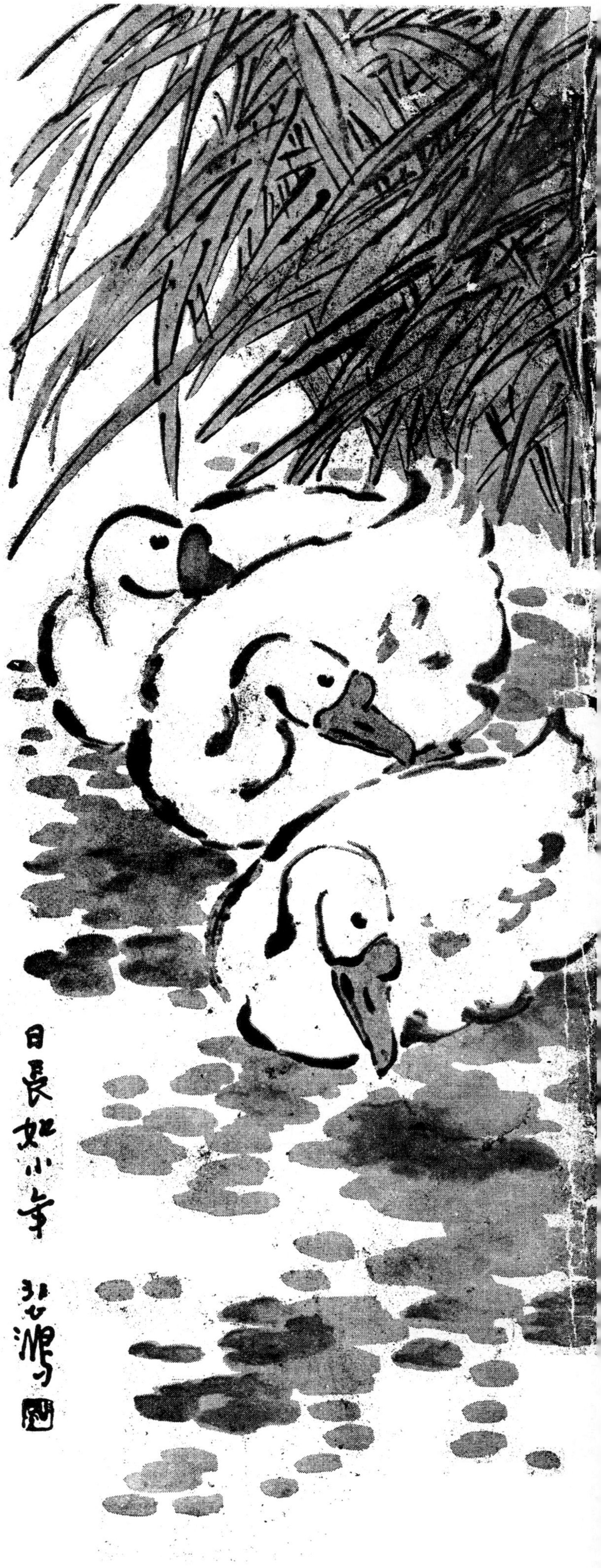

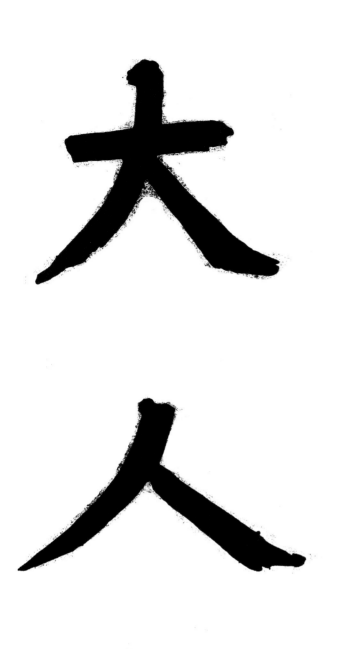

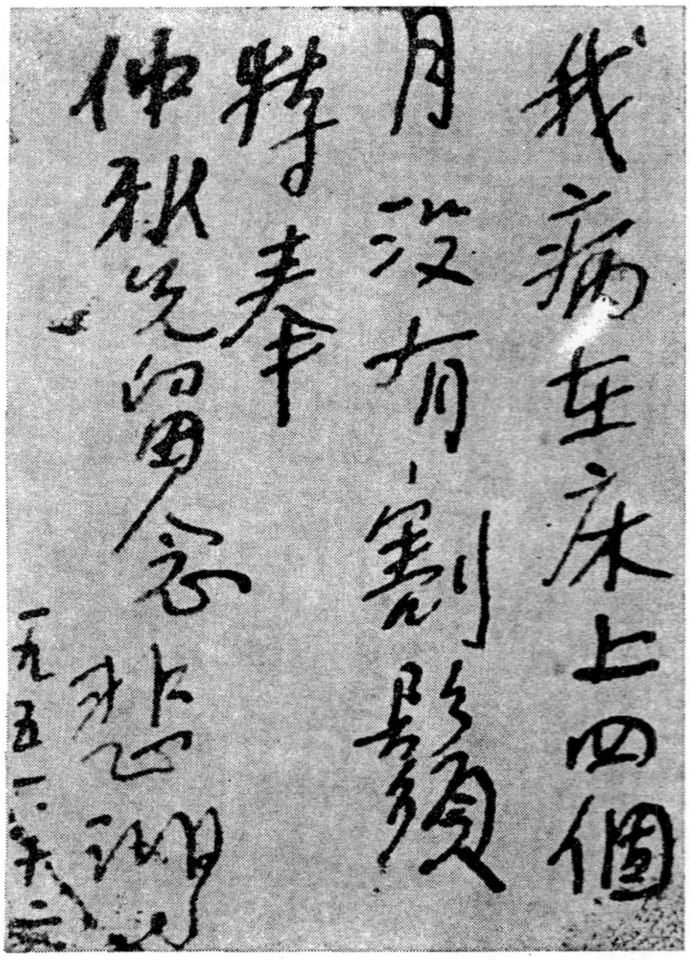

西方藝術之真象 未人祇一知半解
因半世紀來西方藝術(尤其法國)為畫
商所壟斷 如法國 Picasso, Matisse, Cezanne
等等大名東方人所知 而英國之 Turner,
Constable 等巨匠全不為人所曉 殊為
扼腕
中國之洋畫即馬踏死之流居多、惟
南京不然 尚守規矩 新進作家若
吳作人 Cu Sogene 呂斯百 Lusai 孫多慈 Miss A.
Suentsy 張安治 Tchan Anch 等已有作風嚴
整觀察精微之畫出現
上海守浙派遺緒無創作者 洋畫多
從日本輸入
北平守舊閣律 Academisme 亦鮮創作 其
佳者止于臨摹之工而已

名畫家徐悲鴻逝世二十周年

（一八九五——一九五三）

圖上爲徐悲鴻逝世前三月的長鬚圖片及其手跡

圖下爲徐悲鴻與本文作者蔣彝字仲雅論畫原稿

請參閱本期蔣彝撰「憶悲鴻」

尼克遜與基辛格……萬念健　二
詹森生前死後……司馬我　四
憶悲鴻……蔣彝　六
牛年閒話……蕭遙天　十五
政海人物面面觀 朱家驊、何成濬、衞立煌、王纘緒……馬五先生　十九
大人小語……上官大夫　二十七
宣統「帝師」陳寶琛……高伯雨　二十八
曾國藩談書道……黎正甫　三十四
白雲觀和高道士……林熙　三十六
清道人傳世兩封信……舊史　四十
史量才死後的申報（望平街回憶）……胡憨珠　四十一
傅抱石研究（畫苑春秋）……薛慧山　四十九
天佑歌……曾克耑　五十六
章太炎之名言（來鴻去雁）……韋千里　六十五
初試雲雨情・藍布長衫的故事（遺作）……曹聚仁　六十八
美國小事……林慰君　七十三
血淚當年話報壇（四）……張志韓　七十四
我的學藝生活……小翠花　八十一
薛覺先與馬師曾（續完）……呂大呂　八十八
馬場三十年（三十二）……老吉　九十五
歌壇十二小金釵（上）……陳蝶衣　九十八
對春聯（對口相聲）……侯寶林　一〇二
楊小樓空前絕後（續）……燕京散人　一〇六
「江湖行」大功告成（銀色圈漫談）……馬行空　一一四
大人雜誌第五集合訂本總目錄……　一一九

封面：徐悲鴻畫日長如小年　封面內頁：徐悲鴻長鬚留影及其手蹟

巨幅插頁：傅抱石畫古梅圖（定齋藏）

大人

每逢月之十五日出版

The Chancellor Publishing Company Ltd.

出版及發行者：大人出版社有限公司
督印人：王朝平
編輯者：大人雜誌編輯委員會
總編輯：沈葦窗
社址：九龍西洋菜街三號A 即彌敦道大人公司後面
電話：K八五五七三〇
印刷者：立信印刷公司 九龍新蒲崗伍芳街緯綸工廠大廈11樓
總經銷：吳興記書報社 香港租庇利街十一號二樓 電話：H四五〇五六一 H四五〇七六六
星馬代理：遠東文化事業有限公司 新加坡厦門街十九號 檳城杳田仔街一七一號
泰國代理：曼谷青年文化服務社 曼谷黃橋東北路五六六之七〇號
越南代理：聯興書報社 越南堤岸新行街二十二號

其他地區代理：
澳門：可大文具店　漢城：汎亞書籍公司
亞庇：利民公司　寮國：永珍圖書公司
千里達：中華公司　斗湖：光明書店
菲律賓：華安書局　菲律賓：玲瓏書局
倫敦：東寶公司　紐約：友聯圖書公司
芝加哥：杏林春　紐約：大方圖書公司
波士頓：中西公司　洛杉磯：永安堂
三藩市：新生圖書公司　檀香山：大元公司
三藩市：益智圖書公司　三藩市：文化商店
加拿大：香港商店　加拿大：新國華公司

尼克遜與基辛格

萬念健

他們是美國歷史上最佳的政治搭配，但未必即是私生活方面的最好朋友。越南和約簽字，二人大功告成，尼克遜在白宮靜候佳音，基辛格則居家納福。

壹九七二年年底結帳，美國「時代週刊」選出美國總統尼克遜及其第一號「國事顧問」基辛格，爲一九七二年世界風雲人物。

他們兩人是美國歷史上最佳的政治搭配，天生一對，一主一輔，巧妙配合，靈活運用，在國際間，外交上，政治上，作出了大胆的嘗試與無比貢獻，通過了「鐵幕」與「竹幕」，與中蘇共分別正面接觸，握手談笑，杯酒言歡，摸索世界和平，謀取結束戰爭。

尼克遜的英文全名李却·密爾渥斯·尼克遜 Richard Milhous Nixon，今年六十歲，出生於美國中部，曾作律師，能言善辯，談吐不凡，修辭之美，尤負盛名，是一個機智，自視甚高而帶一點舊式的政治家，他的政治生涯，可以說是以反共起家，但是由於思想成熟，對於各事各方具有高度適應能力，隨機應變，非普通人所能想像。所以，像他這樣一個人，經過深思熟慮之後，作一百八十度之轉變，與共產主義大談親善，實亦不足爲奇。

基辛格全名爲亨利·亞佛雷·基辛格 Henry Alfred Kissinger，今年四十九歲。其人出生於巴伐利亞，祖先爲日耳曼人，曾任哈佛大學情報教授之職，爲人談吐斯文，彬彬有禮，像一個漂亮的國際巨賈。

尼克遜加上基辛格，毫無問題的成爲蓋世無雙的搭配。尼克遜有着權力與堅强的意思，基辛格擅於佈局與談判，這兩種才能搭配在一起，便可能發生旋轉乾坤的作用。

第二次大戰結束以來，世界上兩大壁壘的對立已達二十五年之久，假使東方壁壘眞是有門的話，那麽這大門可已說是已被尼克遜與基辛格兩人輕輕敲開——而且敲開的門不止一扇之多，一扇是中共的大門，一扇是蘇聯的大門，從而建立了東西之間直接通訊的途徑。看來一切情形，似乎好轉有望，但去年十月，不如意事，又相繼而來。主要是越戰，基辛格曾樂觀報導，忽和平已近，大家以爲這場美國歷史上最冗長和最奇怪的戰爭即將結束，却不料大好美夢，竟在巴黎和談席上化爲烏有，尼克遜乃不得不改變戰畧，命令空軍重新大炸北越。至此尼克遜與基辛格二人辛苦經營將達一年的全盤和平計劃大受打擊，直至去年年底，迄無善策。

其他動亂事件，一九七二年一年之間，亦屬不可勝數，當尼·基兩人銳意着眼於他們的和平計劃時，政治上的恐怖份子不斷和他們背道而馳，倒行逆施，竭其所能的做着破壞秩序與和平的事情。五月間，巴游所僱用的三名日本槍手，在泰爾愛維機塲開火行凶，當塲擊斃了二十六名遊客並令其他七十二人受傷。九月間，八名巴勒斯坦游擊暴徒闖入慕尼黑奧運村以色列選手宿舍行凶，二十小時之後，計有十七條人命傷亡，包括十一名以色列選手和體育教練在內。

這些類似槍殺事件的恐怖陰影在北愛爾蘭境內至今存在，單是去年一年，已有超過四百五十的人死於非命。騎刼飛機事件不斷發生，至十二月底爲止，刼機人數共達三九三名之多；其中刼持時間最久的一次是三人騎刼一架南美航空公司的噴射機前往哈瓦拿，匪徒歷時共達二十九小時，方行遠颺。

美國認爲周恩來對於捐棄前嫌，頗具決心，他樂於使世界人口五分之一的人民，不再處於孤立。蘇共領袖布里茲尼夫的態度亦然，使美國和蘇聯簽訂了貿易、太空，及其他各項技術合作有關的條約共達十五項之多。榮膺一九七〇年的世界風雲人物名銜的西德總理布蘭德，他致力於東西德關係之正常化終獲成功，因此而獲得西德人民的一致擁護，布蘭德此一意念之產生與形成，幕後實與白宮有關。

在過去一年間，尼克遜融合政治家與政客的雙重身份於一人，一面要得到國際的支持，另一方面要爭取本國選民的投票，使其能聯任總統。一九在競選前的一篇演說中，尼克遜欣然表示，七二年為二次大戰以後和平希望最濃之一年。這語氣雖然未把越戰和談的困難計算在內，但自大體着眼，此一說還算是準確的。尼克遜與基辛格二人，憑其靈活的技巧與手法，終於使中共與蘇聯不必過份的患得患失而於三大國之間，建立了一個不屬於幻想的平等基礎。

對於尼克遜總統，基辛格是一個常駐教授、最高顧問、特工人員、先遣部隊的「綜合體」。換句話說，他是尼克遜所創製的一個人，以總統所授予的特權環遊全球，去佈置高峯會議，談判戰爭與和平。

在他們的私人交往中，尼克遜和基辛格都重視禮貌，雙方各有分寸與距離。兩人的性格都有點叫人不易瞭解。除了偶然幽默之外，尼克遜經常表示緊張嚴肅，對於基辛格他們各有其自己的私生活，絕少互相問聞。尼克遜的「近臣」不多，但是基辛格不在他的名單之內。基辛格自視甚高，御下甚嚴，於談及「權力」與「意見」時，基辛格在尼克遜面前，常以僕從自居，奉命唯謹。他對於尼克遜的忠心耿耿，白宮中祇有極少數人可以與之比擬。有一次他於出席國務院會議之半離開會議室，大罵除了尼克遜之外，沒有一個傢伙關心國家利益。

基辛格肯偶然接見記者，談一點和談幕後。他在白宮裏面沒有朋友，在外面很少敵人。他和漂亮女人的約會很多，所以有人說他是花花公子，其實他是一個端正君子，巴黎某報曾經報導他夜半挾豔同返美國大使館，為此他曾特電華盛頓，鄭重闢謠。

他在美國政壇上的實力，至今不外是獲得尼克遜的深信，與之共享職業上的成功之樂。他在國務院中無權無勢，雖然尼克遜曾親筆寫信給他說：「坦白地說，我眞想像不出，如果美國沒有了你，又將如何？」

尼克遜對於基辛格之行踪機密特別欣賞，有時尼克遜會故佈疑陣，特意在週末之日到大衛營靜渡假期，讓記者們知道他空閑無事，而實際上，基辛格正在巴黎舉行重要秘密會議。

基辛格喜歡單獨行動，單獨工作，像西部片中的獨行俠一樣，尼克遜的主意，正好配他胃口。

尼克遜在一月六日前後正在忙的另外一件大事，是起草總統就職演說，巴黎和談結果如何，自與就職演詞內容大有關係。一九六八年當他就任美國總統之初，尼克遜即曾宣稱將以其在總統任上的四年時間，力求結束越戰，現在四年時間已滿，他對於他自己親口說過的話，當然不會輕易忘却。

尼克遜經常喜歡清靜和一人獨居，批評他的人說他遠離大衆，甚至有點無情。但尼克遜自己以為他常以一種特別神秘之方法，與美國大部份人民密切關聯，那大部份美國人，就是他所說的靜靜的無言的中年的和中等階級的美國人，他們實際上負着美國最大部份的責任。

由於他們肩負巨任，奔波最忙，操勞最甚，報紙上刊登他們兩人的消息最多，對於世界的影响也最大，尼克遜與基辛格兩人之被選為一九七二年風雲人物，實在一點也不過份。一九七二年這一年之內，他們兩人的成就誠然不小，但若不能使印度支那獲得和平，他們仍不能不說是功虧一簣。可是時代週刊作出判斷，根據世人民意，選出他們兩人為一九七二年世界風雲人物。

一月中旬，越戰談判重開，各方雖因立場不同及利害關係，仍有爭持，但進行大致順利，經過相當時日與波折，越戰和平條約終於一月二十七日在巴黎簽署，正式於和約上簽字者為美國國務卿羅傑士，南越外長陳文林，北越外長阮維禎，越共外長阮氏平夫人，其時尼克遜在白宮等候消息，基辛格則正居家納福。

美國漫畫家筆下的「尼基密談圖」

詹森生前死後

·司馬我·

美國前總統杜魯門逝世未滿一月，噩耗傳來，前一屆總統詹森又作古人，在不足一個月之內，兩位美國前任總統相繼離開人間，在美國歷史上乃屬鮮見，而除了現任總統之外，美國的前任總統竟無一健在，亦爲一百年來之第一次。

詹森死於心臟病突發，該病始於一九五五年，一九七二年曾嚴重發作一次，七月間入院治療，得獲痊癒。今年一月二十二日，詹森衛士聽到他在故鄉牧場中高聲召喚，入內即見其倒臥於臥室地板之上，立即用其私人飛機載他飛行八十哩，希望抵達安東尼奧陸軍醫院救治，五十一分鐘後，便宣佈了他的死訊，其時爲下午四時四十三分，當時該機停於安東尼奧國際機場。

詹森在白宮

布洛克醫療中心首席病理學家希格上校，當晚深夜剖驗詹森遺體，宣佈正式死亡原因爲冠狀動脈栓塞。希格驗屍結果，顯示詹森患有嚴重冠狀動脈病患，其通往心臟的三條重要動脈有兩條完全閉塞，第三條閉塞了百分之六十。

詹森死後次日，其遺體停於奧斯丁市詹森圖書舘供人瞻仰，當時有全副儀仗警衞。二十四日運往華盛頓國會大厦圓形大廳，舉行追思典禮，和接受各界人士最後致敬。

在國會大厦大門開啓後的最初數小時內，約有三萬人靜悄悄地排隊走過那具以國旗覆蓋的靈柩，到午夜時分，外面還有數以千計的人，在攝氏零度的嚴寒中等候作最後致敬，他們四人一排，排着一條長達八條街位的長龍。

喪禮係於二十五日在華盛頓的一家基督教堂舉行，尼克遜總統親臨致哀。送殯者除政府官員外，多爲中等階級白人，但黑人社團及青年亦有不少。遵照他生前意願，他底遺體最後仍運回他故鄉牧場中的家庭公墓中安葬，葬禮由葛培里牧師主持，墓穴即在其父母及祖父母之側，這樣結束了他底一生。

二次大戰以來，美國歷任總統，除艾森豪威爾外，莫不出身於參議員，論其在國會中的資望，才能與影响力，當以詹森爲首。尼克遜於詹森逝世當日，即領導全國人民，深致追悼，盛讚他是對美國存有最偉大夢想的人。

詹森在任職總統期內，致力於爲人民爭取更多的民權，提高教育及醫藥治療水準，進行太空探究工作，和努力消除貧窮現象。

詹森逝世之日，離開他告別白宮，重回故鄉，差不多剛爲四年。

一九六三年十一月二十二日，甘迺迪總統在德州達拉斯市遭受暗殺。不到半小時，詹森即在達拉斯機塲的總統座駕機內宣誓就任爲美國總統，成爲美國第八位升任爲總統的副總統。

尼克遜總統正式通知國會詹森的逝世消息時說：「萬萬千千的美國人，將永遠不會忘記一九六三年十一月那痛苦的一天。當時，我國許許多多的人民對這個共和國的前途，充滿了憂慮，他們對美國的元首竟然會在這個時代中遭人暗殺，感到震驚。國外許許多多人民對美國民主制度的未來發展，也感到了可怕……在當時的憂慮和恐怖的情緒當中，詹森無畏地站立了起來，領導這個國家朝正確的方向發展，使我們對自己重新恢復信心。」

詹森担任副總統和總統期內，是美國領袖中旅行最多的一人，訪問了三十多個國家，尋求建立友善和瞭解的關係。

在任職總統期內，詹森促進美國和蘇聯的和解關係，和莫斯科就削減核裂武器原料、雙邊民航服務、太空發展和防止擴充核子武器等問題，達成協定，一九六五年一月廿六日下令美機轟炸北越使越戰升級，更是越戰中的一件大事。

無論歷史對詹森會下什麼評價，不能否認的一點，是在美國偉大的總統的名單中，詹森將佔有很高的位置。

他在外交事務上最大遺憾是未能結束越南戰爭。一九六八年，他決定放棄競選連任，反映出他是越南戰爭的一個受害者。

詹森於一九〇八年八月二十七日生於德克薩斯州石壁城和詹森市之間他父母的農莊中。他在德州受教育，畢業於州立德州西南師範學院。

美國因兩位前任總統逝世而同下半旗誌衷，這在美國史上是第二次，上一次是在一八二六年七月四日，兩位前任總統傑佛遜和亞當斯同日逝世，那天也正是美國的國慶日。

一九二五年徐悲鴻自畫像

憶悲鴻

蔣彝

飛來近影友情濃，畫藝高超造化工。
海外春深驚暴雨，雲天萬里哭悲鴻！

這首絕句，是我驚悉徐悲鴻去世的消息後寫的。其實在噩耗傳來之前三個月，我輾轉收到一張不到一寸見方的小照片，背後用鉛筆寫着：

> 我病在床上，四個月沒有割鬚，特奉仲雅兄留念　悲鴻　一九五三年六月

這樣的友情是多麽濃摯！我把照片看了又看，不禁悲從中來，熱淚盈眶。惦念故交，撫今追昔，悲鴻謝世已二十年，我也快要七十歲了，眞是不勝唏噓感慨。（見本期封面內頁）

那張小照片，從一九五三年起就沒有離開過我身上的口袋，時常拿出來看看。直到一九七零年夏天，年僅三歲的小孫冬冬初來美國，我帶他們一家出遊，因爲不會開車，乘的是地下火車。到站前忽然發現我常帶着的皮匣子被扒手拿走了。丟掉鈔票和其他重要的登記卡片，倒沒有什麽，最使我傷心的是那張小照片也丟掉，不能再與悲鴻對面！想起那扒手會把那小照片隨手拋棄或撕毀，很覺對不起亡友。幸而最初收到那張照片後，我立刻請英國友人麥開利君把底面攝製在一塊兒。麥君是我任職醫史博物館中的同事，是一位很有經驗的攝影家，曉得我所需要的，效果很好。悲鴻添上了鬍子，更顯出他那高曠洒脫的神態，更令我景慕不已。

我記得第一次和悲鴻見面時是一九二四年夏天，他從廬山下來，在九江一位朋友家中作畫，那時候，我正在放暑假回家不久，那朋友約我去拜會他。後二年，好像在上海黃賓虹先生家裏，看到他和張大千先生同來，我們只是點頭握手而已。直到一九三六年秋天，他從莫斯科參加中國近代畫展後，路過倫敦，遇着我和熊式一同租一樓，有個亭子間空着，悲鴻和他的前一位太太蔣碧薇女士並不急於回國，就留他們在亭子間住了差不多一個月。我們陪伴他倆遊覽古蹟名勝，參觀藝術館，也會見了許多當時知名的英國畫家，極享盛譽的英國皇家畫會會員康納德先生（Canned），就是其中之一。因爲天天在一起，說說笑笑，討論畫藝的問題不少，彼此相知也就深起來了。可是有一點我感覺不安的，就是看見悲鴻和他的夫人蔣女士性情極不相投，悲鴻好像常被驅遣和壓抑似的，若有重憂，苦悶之情，形於顏色。我覺得很奇怪。因爲我認爲世界上有絕對自由的人是文學家和畫家，心能自由，手也能自由，所以能夠隨意創作，不受拘束。要是他心和手失却自由，那能有新的創造呢？

悲鴻回到南京後，安定下來，寫信給我告訴一切，我非常高興，也寫信告訴他倫敦的各種情形，我覺得通信是維繫及增進友誼的最佳辦法，特別是在彼此遷徙無常的時代，音信一絕，可能就永久相忘，所以我接朋友一信，必定立刻回信，祇有這樣，纔可以繼續做朋友。悲鴻的意見和我相同，所以我們的信件往來很多。即使在抗戰最劇烈，日軍差不多佔領了各大省會的時候，我仍然得着他的消息。

我給悲鴻寫信，從來不曾起草，當然沒有存稿。悲鴻給我的信，却多半保存，雖不是編號記錄作有系統的保存，但從不毀棄，只是胡亂夾在書本中罷了。十多年來的通信，不是每月都有——事實上不可能，但也不少。可是，浩刼來了。在這裏我要不憚煩的追記一下：日本於一九三七年六月開始侵華，第二次世界大戰，英國於一九三九年九月三日正式宣戰。那時候，我正在倫敦大學東方學院教書，同時也替英政府情報局做些翻譯工作，所以不能離開倫敦。倫敦有幾百萬人居住，我想炸彈不會光顧到我罷，誰知大謬不然。一九四零年秋天，德機轟炸倫敦的情形日甚一日，每天總有一千架左右的德國飛機來臨，英國就派出五六百架戰鬥機迎擊，在空中大戰起來，我們在倫敦的街上隨時可以看到德機被打落的情形。倫敦上空有成千成百個氣球，停在高空作防空網。德機有時衝破了英機的防線，也不能低飛，只能飛到氣球羣上面，看不清下面要炸的目標地區，只好把炸彈亂拋。在這一「亂拋」中，我是在倫敦被炸的第一個中國人。那天晚上，我正在牛津大學講演「中國藝術」，聽說倫敦地面防空人員四處找我，找不着，以爲我被埋在瓦礫下。因爲我的房子被炸塌了一半，剩下一半隨時會倒下，所以不敢挖土找尋我。後來有人說我去牛津，他們就馬上打電報到牛津找我。第二天我趕回倫敦，看見我住的一層樓剩下廚房和一小亭子間未毀，睡房和客廳沒有了，衣箱和書籍畫件都失踪了。房子被標貼爲「危險建築」，看守人員不讓我進去檢拾東西，叫我過四五天再來。後來又接到電報，要我回來。看見那剩下的半邊房子已被拆毀，我祇好走進去

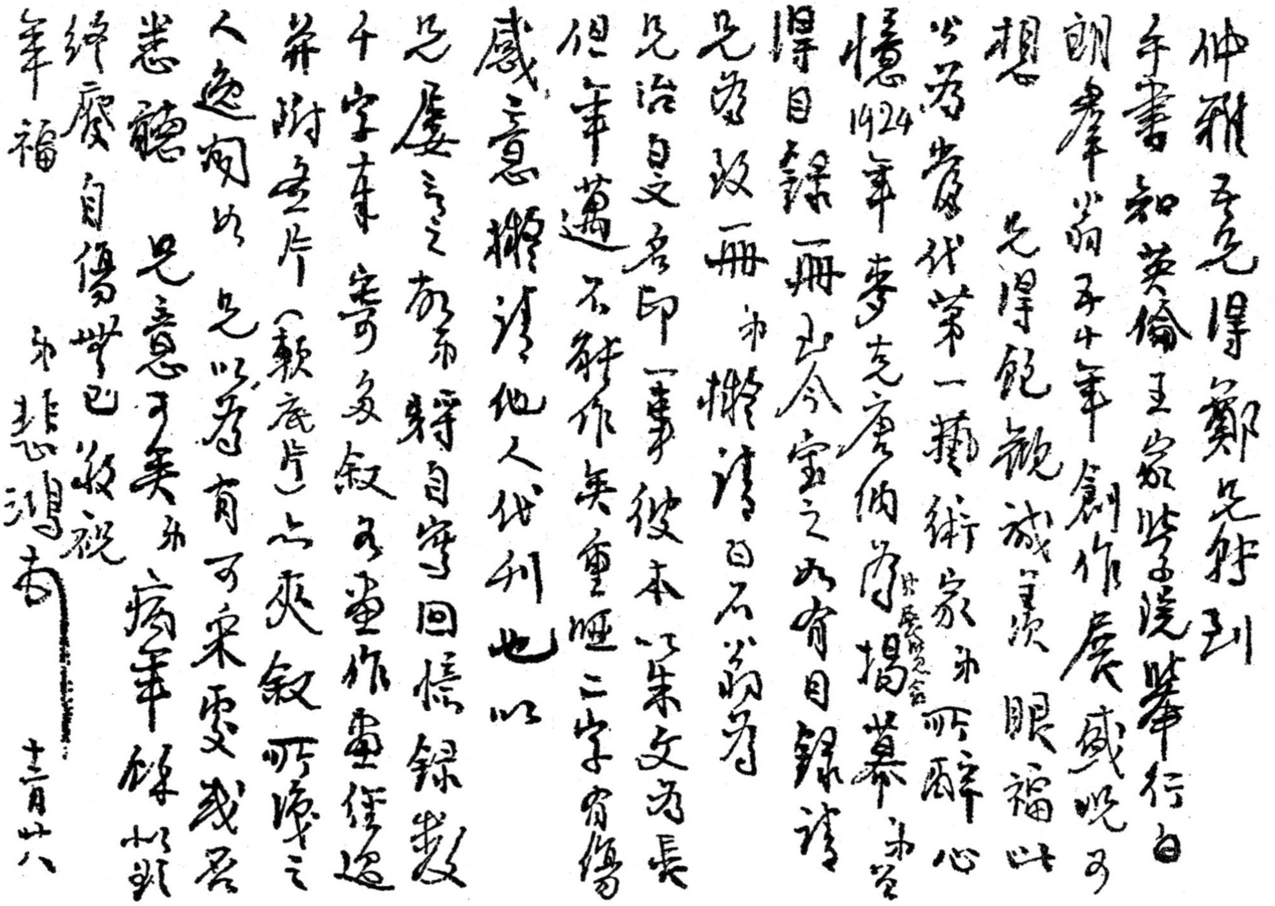
仲雅吾兄：得鄭兄轉到　手書，知英倫王家學院舉行白朗羣翁五十年創作展，盛況可想。　兄得飽觀，誠羨眼福。此公爲當代第一藝術家，弟所醉心。憶1924年麥克唐納爲其展覽會揭幕，弟曾得目錄一册，至今寶之。如有目錄，請　兄爲致一册。弟擬請白石翁爲　兄治白文名印一事，彼本以朱文爲長，但年邁不能作矣。重啞二字有傷感意，擬請他人代刊也。以　兄屢言之，故弟將自寫回憶錄數千字奉寄，多叙各畫作畫經過，並附圖片（軟底片），亦夾叙所識之人逸聞。如　兄以爲有可采處或否，悉聽　兄意可矣。弟病年餘，似欲終廢，自傷無已。敬祝
年福
弟悲鴻頓首
十二月廿八

翻翻亂石頭，結果找出一個皮箱和一些書籍，僱人搬到另一個地方。天快黑了，空襲又來了，我得立即回牛津去，從此就在牛津住下。因爲仍要到倫敦做事，所以在倫敦租一房間，作爲臨時下榻之需，同時把刼後的東西搬進。不料三、四星期後，又第二次被炸，幸而書籍沒有再損失。又有一天晚上八時左右，我從一小飯館晚餐後歸途中，望見夜空中一顆猩紅的炸彈落下，我立刻臥倒地上，隨即被震昏迷過去，大約三小時後，大雨淋漓，把我弄醒，落湯雞似的從黑暗中慢慢摸回住處。這是我在第二次世界大戰中第二次被炸，朋友們都說我命不該死，所以一直活在現在。

關於悲鴻書札「遇難」的經過，要回頭從一九四零年我的倫敦寓所第一次被炸說起。那次被炸後，我始終沒有工夫也沒有心情清理刼後的書物。大戰結束後，倫敦各處被炸毀的屋舍一時也無法重建，找居停不容易，從一九四五年起，我就決定在牛津長住。那時候要趕緊作畫和著書來維持生活，每天忙個不停，自然更無暇清理了。到了一九五五年，我應聘到美國哥倫比亞大學教書，很匆忙的只帶一部份書物到紐約，其餘仍留存牛津。雖然有時翻翻舊書物，看看一些朋友的來往信件，但從沒想到要整理悲鴻寄給我的信件。直到一九七一年六月我正式自哥大退休之後，一九七二年一月三日我應香港中文大學的邀請飛港作客座教授之前，有六個月時間比較清閑，才好好的把我三十多年來的書札從頭點檢。發現悲鴻給我的信——至少有二、三十封——大都丟掉了，一定都在倫敦第一次被炸時散失的。那時搶救出來的書物不多，但奇得很，一部很厚重的莎士比亞全集——一八九五年左右出版的有全部插圖，我十分愛護的，居然無恙。更可喜的是裏面夾着幾張悲鴻的手札。現在我把它錄出來，並略加說明：

仲雅吾兄：得鄭兄轉到　手書，知英倫王家學院舉行白朗羣翁五十年創作展，盛況可想。　兄得飽觀，誠羨眼福。此公爲當代第一藝術家，弟所醉心。憶1924年麥克唐納爲其展覽會揭幕，弟曾得目錄一册，至今寶之。如有目錄，請　兄爲致一册。弟擬請白石翁爲　兄治白文名印一事，彼本以朱文爲長，但年邁不能作矣。重啞二字有傷感意，擬請他人代刊也。以　兄屢言之，故弟將自寫回憶錄數千字奉寄，多叙各畫作畫經過，並附圖片（軟底片），亦夾叙所識之人逸聞。如　兄以爲有可采處或否，悉聽　兄意可矣。弟病年餘，似欲終廢，自傷無已。敬祝
年福。

弟悲鴻頓首
十二月廿八

這信上有月日，但記不起是何年。據我的回憶，大約是一九三七年底寫的，那時悲鴻正預備到桂林去。悲鴻留學八、九年。是一位在海外最認眞、最勤懇精研西洋繪畫的先鋒。他的素描，常爲法國畫師所稱譽，是下過切實的硬工夫的人。他崇拜的西洋畫家有好幾位，白朗羣是其一。白氏是比利時人，剛死去不多年，英國替他舉行死後紀念展覽。白氏作品極著名，而很容易看到的是他替紐約洛克非羅大厦畫的壁畫，畫的都是人物，肌肉豐滿，强健有力的創作，畫法結構是從意大利大畫家兼大雕刻家麥克安琪羅而來的。悲鴻的素描也同出一源，這可從他的「愚公移山」巨幅中看得出。他醉心於白氏，是有原因的。我隨後買得好幾種白氏作品的印刷品先後寄給他，有一信中他曾提到一本。他對我改稱「重啞」這名字不大喜歡，說有感傷之意，所以從來沒有這樣稱呼我。我當時反問他爲什麽名「鴻」而「悲」？他沒有解答。我改稱「重啞」，是「仲雅」的諧音。我早年去國，是因爲這以前在國內當了三年多縣長，天天要同地方紳士和縣黨部黨委大吵大鬧，說到舌焦唇敝，一旦辭職，不吵不鬧，非常輕鬆。又因在海外謀生，決意學好英文，所以不大說話，以免中文常常在口影響英文學不好。朋友們知道我名「重啞」的意義，就省却不少麻煩了。悲鴻答應我的齊白石翁刻的名章，是一九五一年才寄到的。我每見悲鴻或寫信給他時，總是勸悲鴻好好的寫一本回憶錄或自傳，把自己一生學畫的經過及對繪事的看法和眞諦留給後來的人看看。我國過去許多大名家，從來沒有一人留下眞實而詳細的記錄和意見，悲鴻是近百年來一位苦學而以畫爲生的大師，應該把他的經驗寫出來。我催促他做這件事，催了十幾年，雖然答應寫，但始終不會寄給我，可惜可慨！

「西方藝術之真象，東人祇一知半解，因半世紀來，西方藝術（尤其法國）爲畫商所壟斷。如法國 Picasso, Matisse, Cizanne 等，大爲東方人所知，向英國之Turner, Constable 等巨匠，全不爲人所曉，殊爲扼腕。

中國之洋畫，即馬踢死之流居多，惟南京不然，尚守規矩。新進作家若吳作人 Ou Sogene、呂斯百 Luspa、孫多慈Miss A. Suntoz、張安治Tchan Ands 等，已有作風嚴整、觀察精微之畫出現。

上海守浙派遺緒，無創作者，洋畫多從日本輸入。

北平守館閣體 Academizme，亦鮮創作。其佳者止于臨摹之工而已。」

上面寫的祇是悲鴻信中的四小段，找不到頭尾了。這是他答我所問——

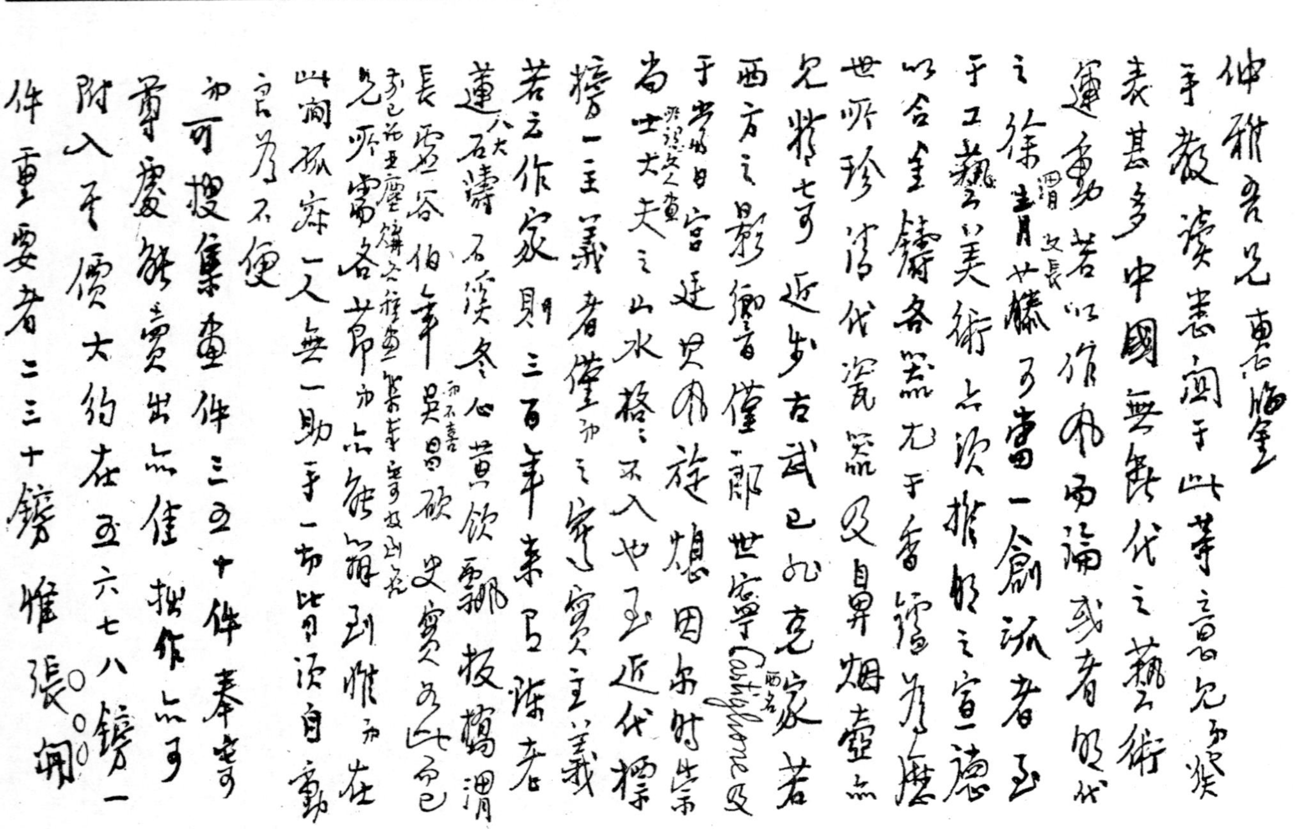

｜對於國人醉心現代西洋畫的意見。很明顯，他不是不贊成國人用西法作畫，只覺得他們沒有深切了解西洋畫的眞諦。西方人認爲繪畫是一個正當職業，畫得高妙的成了大名家；沒有特殊天才的，也得有幾十年孜孜不倦而學來的技能，才可以謀生。好像練習鋼琴或下棋一樣，非得天天練習精益求精不可。西人欲成畫家，便自幼年學起，日夜鑽研，心手不停的下工夫。例如畢加索、馬諦斯、賽尚奴等，都從小時學起，畫了幾十年，對於古法都有極深的研究，才能夠推陳出新，並非一朝一夕之功，一蹴而就的。國人一向對繪畫認爲是不能謀生的玩意兒，許多成名的大畫家都是做過官的士大夫。這就是說，國人論畫，不從畫的本身着眼，僅從作者身外的關係來批評。好像現代西洋畫界最知名的幾位，因爲他們的名氣太大，就蜂擁地去摹仿他們的畫法，但絕不過問畫的本身是從何而來的。他們不曉得英國兩大畫家滕樂爾 Turner 和康斯克樸爾 Canstable 是怎樣勤苦而創造出他們的大作。悲鴻說「中國之洋畫即馬踢死之流」，譏其容易畫、容易摹仿，但不知馬諦斯曾經用過多少苦功才能達到現在成功的地步。但現代學西洋畫的國人，不知馬諦斯前半生的刻苦經過，竟然仿製起來，毫無根柢。故悲鴻譏之爲「馬踢死之流」。悲鴻和我絕不反對國人學西法畫、油畫，而且我們要鼓勵他們去學，但必先深切了解中國的筆法、墨法，才可將學得的西法的技能來增進國畫的效果。譬如悲鴻以畫馬馳名，他的畫馬方法乃從西法之透視法而來，利用陰陽而以國畫快筆出之；又畫在宣紙上，濃淡易顯，有若天成。西人見之瞠目，國人見之屏栗，此悲鴻馬之所以爲悲鴻馬也。

仲雅吾兄惠鑒：手教讀悉。關于此等意見，弟發表甚多。中國無斷代之藝術運動，若以作風而論，或者明代之徐青藤（渭、文長）可當一創派者。至于工藝美術品，亦須推明之宣德，以合金鑄各器，尤于香鑪爲歷世所珍。清代瓷器及鼻烟壺，亦見精奇。近步古武，已非克家，若西方之影響，僅郎世寧 Castiglione（西名）及于當日宮廷，其風旋熄。因爾時崇尚士大夫之山水（所謂文人畫），格格不入也。至近代標榜一主義者，僅弟之寫實主義。若云作家，則三百年來有陳老蓮、八大、石濤、石溪、冬心、黃歙歙、渭長、虛谷、伯年、吳昌碩（弟不喜），史實如此而已。　兄所需各節，弟亦能辦到（前已託亞塵購各種畫集奉寄，收到否？）惟弟在此間，孤寂一人，無一助手，一切皆須自動，良爲不便。

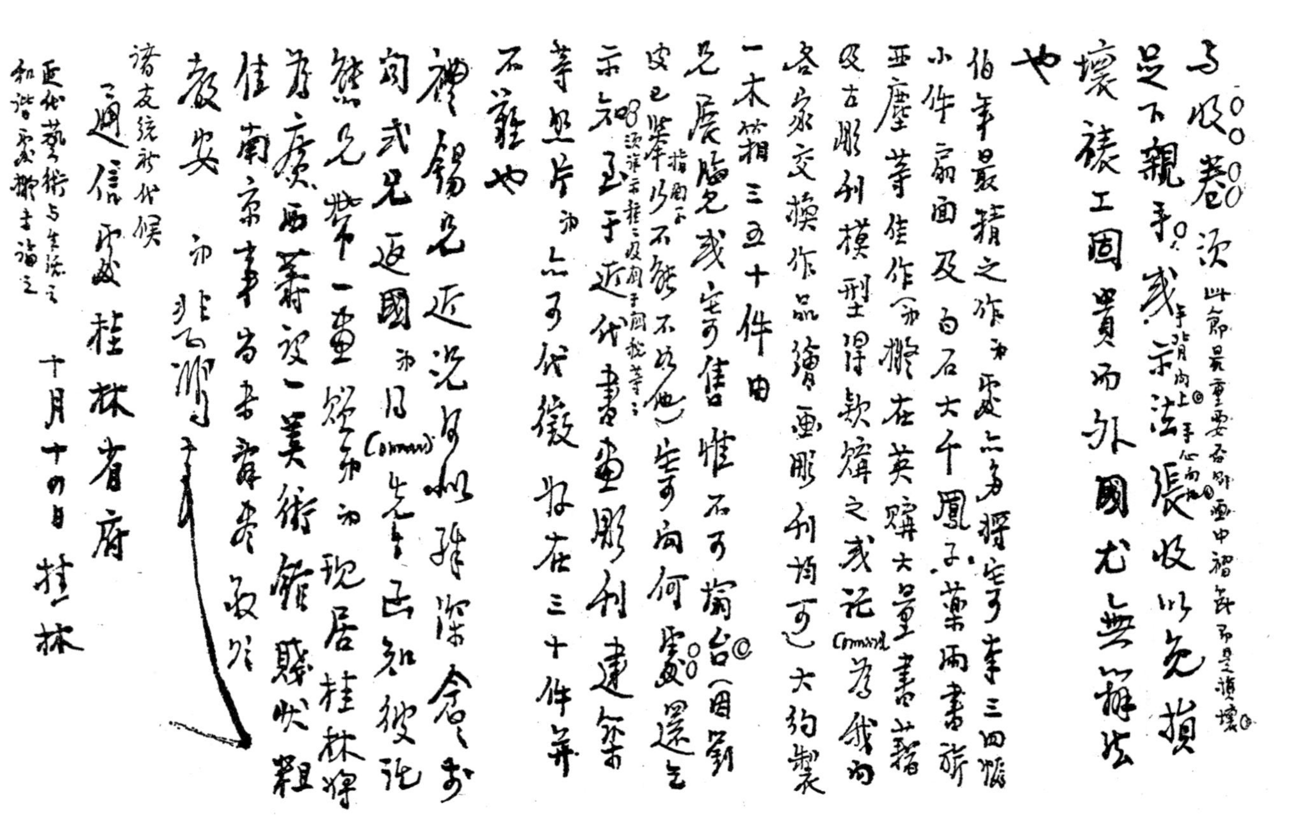
子收卷次（此節最重要否則畫中摺皺即是損壞）足下親手或示（背內上手心向上）法張收以免損壞 裱工固貴而外國尤無此等也
伯年最精之作 弟處亦多 擇定可奉三四幅 小件扇面及白石 大千 鳳子 葉兩書 旅亞塵等佳作（弟擬在英購大量畫籍及古雕刻模型 得款購之 或託 Conrad 為我購）各家交換作品 繪畫雕刻均可 大約製一木箱 三五十件由
兄處贈 或寄售 惟不可掮台（因劉君已出售（指劉海粟）乃不能不如他）寄可向何處還乞示知 至于近代書畫雕刻建築等照片 弟亦可代徵 約在三十件并不難也
禮錫兄近況如何 殊深念念 前匈式兄返國 弟同 Conrad 先生至知彼託熊兄帶一畫 然弟 弟現居桂林 將為廣西籌設一美術館 聯歡粗佳 南京事尚未有確期 敬安
弟 悲鴻 手上
諸友統祈代候
通信處 桂林省府
十月十四日 桂林
近代藝術與生活之和諧 擬未論之

弟可搜集畫件三、五十件奉寄　尊處，能賣出亦佳。拙作亦可附入，其價大約在五、六、七、八鎊一件，重要者二三十鎊。惟張開與收卷須　足下親手（此節最重要，否則畫中摺斷，即是損壞，）或示法張收，以免損壞，裱工固貴，而外國尤無辦法也。

伯年最精之作，弟處亦多，將寄奉三、四幅小件扇面，及大千、鳳子、藥雨、書旂、亞塵等佳作。（弟擬在英購大量書籍及古彫刻模型，得欵購之，或託Connard爲我向各家交換作品，繪畫彫刻均可。）大約製一木箱，三五十件由　兄展覽或寄售，惟不可塌台（因劉皮已舉行指面子，不能不如他）。寄向何處，還乞示知。（須詳示種種及關于關稅等等，）至於近代書畫彫刻建築等照片，弟亦可代徵，好在三十件並不難也。

禮錫兄近況何似？殊深念念。前聞式兄返國，弟得Connard先生函，知彼託熊兄帶一畫贈弟。弟現居桂林，將爲廣西籌設一美術館。賤狀粗佳，南京事尚未辭盡。此頌

教安。　弟悲鴻頓首　諸友統祈代候

十月十四日桂林

通信處桂林省府

近代藝術與生活之和諧處擬專論之。

上面一封信，寫的日期及地址是「十月十四日桂林」，沒有年份，我想是一九三八年寫的。那時他久已到了廣西，禮錫兄剛從閩變後到倫敦來。禮錫就是當年閩變政府任農林部長的王禮錫，江西人，詩名很高，寫的江西派的詩，曾在上海神州國光社主辦「讀書雜誌」，每期都有他的文章，極爲當時學界人士所稱。他在一九三五年到倫敦，那時他的太太小鹿——即頗有名氣的新詩人陸晶清，同我們常常見面。悲鴻夫婦在英時，也常常聯袂出遊。悲鴻最重友情，每次信中常提到他。禮錫是愛國志士，對於日本侵佔山東，以及後來擁溥儀做滿州國傀儡皇帝，痛恨不已。那時他參加倫敦組織的「左書社」（Left Book Club），我也常被邀去參加會議，印度故總理尼赫魯的友人Krishina先生也常在座。一九三九年九月三日，英國正式對德宣戰後，禮錫熱血騰沸，決計飛返祖國參加抗戰行列。終因隨軍步行各地，不堪跋涉，加以日晒雨打，久之得病身亡，良深痛悼。在第二次世界大戰中，汗血抗戰的死難志士，像禮錫其人的，還不知有多少呢！

悲鴻覆信中說：「手教讀悉，關於此等意見，弟發表甚多。」可惜我的去信沒有存稿，當時提出什麽意見，實在不大清楚了。我提出討論的，好像是有關董其昌所謂「文人畫」和「南北分宗」的問題。我反對「南北分宗」說，更反對「文人畫」這個不三不四的名稱。我問他的「悲鴻馬」、「悲鴻水牛」、「悲鴻貓」及他的「愚公移山」諸圖，可不可以稱爲「文人畫」？他沒有直接答復我，但謂「中國無斷代之藝術」。這句話極關緊要，凡我國畫人、畫史家和畫評家，都得把這句話參得透徹。歷來出版的「唐宋元明清名畫集」一類畫册，名稱是對的，那是僅就各畫家的生卒年代而分，不是說唐代的繪畫有什麽特點，宋代的繪畫有什麽特創；至於元明清的繪畫各別的出奇之點，更難劃分界限了。所以說，「中國無斷代之藝術」是名言。

悲鴻爲人非常率直，沒有一點虛僞、假道學的惡習。他說「近代標榜一主義者僅弟之寫實主義」，這點大家都會同意的。悲鴻寫實主義之由來，是他在巴黎八年日夜素描和觀察慕羅富宮千百名作而習染來的。若我們仔細研究悲鴻的畫，有時在他的布局及運意上發現帶有西洋畫的影子，但整體看來，他的作品沒有一張可以說是西洋畫，却是貨眞價實而道地的國畫。這就是悲鴻獨到和特別成功之處。

悲鴻說他自己是個寫實主義者。近十年來我也覺得我自己是個强調寫實主義者，或是强化現實主義者。要是我們把實在的物體一模一樣的寫出，那又何不用照相機拍牠一照呢？我們要畫，就是要用自己的心眼看到牠怎樣就怎樣畫出來。我們的眼睛不是照相機，同時我們的心也在作用着，來指揮我們的手。畫出的東西不一定和現實的物體一模一樣。例如八大山人畫的禽鳥，不很像實在的禽體，可是不能否認牠不是鳥兒。八大總是給牠們一條腿站立着，有時畫八哥，是方眼的，不是圓眼的。這就是强調寫實的意思，也就是强化現實的意思。西方的現實羣衆能接受西方現代畫家所創造的作品，就是說他們能了解那作品的眞意及其所代表的思想。中國的現實羣衆不是西方的現實羣衆，所以不很能了解西方現代畫的眞意。我國現代畫家很想畫出作品與西方現代畫一樣，有的頗爲西方現實羣衆所欣賞而購買的，但不甚爲本國現實羣衆所樂從。這種格格不入的畸形現象，我希望我國現代畫家特別加意研討，使他們的作品得着我國現實羣衆的愛好。人是現實羣衆社會的一份子，不能離羣而獨行其是，藝術創作是要與現實社會有關聯的。悲鴻說：「近代藝術與生活之和諧擬專論之。」可是他始終沒有把論文寫成，否則我們定然從他的經驗之談裏獲益不少。

悲鴻在這信裏一再提到：他可搜集畫件三五十件寄給我在英公展及出售等情，因爲大戰激烈，無法寄出，是容易了解的，所以我始終收不到。我曾經到海關去打聽過關稅及進口問題，也同搬運公司商量過，畫件沒有

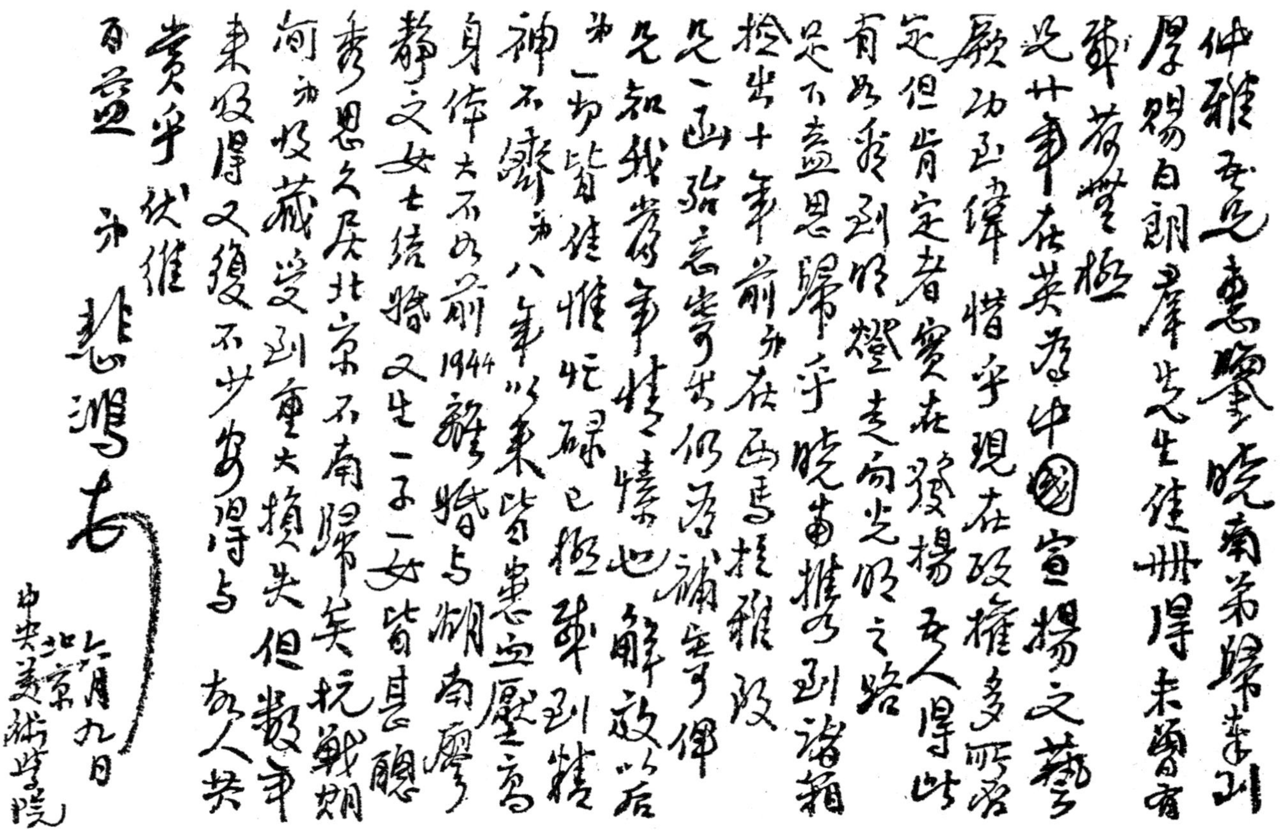

寄，一切也談不到。祇是他說每件賣價，可爲五、六、七、八鎊至二三十鎊上下，這個價錢，若與現在悲鴻畫的身價相比，就微乎其微了；不過他說的是三十年前的價錢。我記得一九四〇年在倫敦參觀亨利摩爾 Henry Moore 第一次畫件展覽會，每件標價也不過從十二鎊或十四鎊開始；現在他成了世界上第一流雕刻家，他現在每一小件畫稿也要幾千或上萬美元。彼一時也，此一時也。中國繪畫從來賣不到與西方油畫一樣的高價，可惜悲鴻答應我的三五十畫件不曾寄來，要是等到現在出賣才可觀呢！我當時請悲鴻搜集些畫件在英出售，是想把得欵收集起來，作爲鼓勵青年畫家的獎學金的，因沒有寄畫來，這用意也無法實現。

悲鴻是江蘇宜興人，他的父親是當地名畫家，與任伯年相稔，所以悲鴻對於任伯年的畫有深刻的認識，他自己收藏任伯年的畫也不少。星加坡名收藏家陳之初先生收藏任氏作品不下一二百件，曾由悲鴻選印一部「任伯年畫集」，陳先生送了幾冊給我，我留下一冊，其餘都轉贈美國幾所大博物館，以廣流傳。

聽說悲鴻在廣西籌辦的美術館成立後，當地民衆爲之耳目一新，甚爲轟動。那時他必定很忙，很少來信。後來抗戰日劇，他來過一兩封信，可惜現在散失了。直到抗戰結束，悲鴻即返南京設法籌獎學金，送他四位優秀學生黃成武、張蒨英、張安治、陳曉南等到倫敦留學。張安治留了一年就回國，陳曉南多留了一年才回去。那時我早知悲鴻出任北京中央美術學院院長，我寫了一封長信和早已買下的「白朗羣先生作品全集」，托曉南帶給他。下面是他的回信：

仲雅吾兄惠鑒：曉南弟歸，奉到　厚賜白朗羣先生佳冊，得未曾有，感荷無極。　兄廿年在英，爲中國宣揚文藝，厥功至偉。惜乎現在政權多所否定，但肯定者實在發揚。吾人得此，有如看到明燈，走向光明之路，　足下盍思歸乎？曉南携到諸箱，檢出十年前弟在西馬拉雅致　兄一函，殆忘寄出，仍爲補寄，俾　兄知我當年情愫也。解放以后，弟一切皆佳，惟忙碌已極，感到精神不濟，弟八年以來，皆患血壓高，身體不大如前。1944離婚，與湖南廖靜文女士結婚，又生一子一女，皆甚聰秀，思久居北京，不南歸矣。抗戰期間，弟收藏受到重大損失，但數年來收得又復不少，安得與故人共賞乎！伏維

百益。

弟悲鴻頓首　六月九月　北京中央美術學院

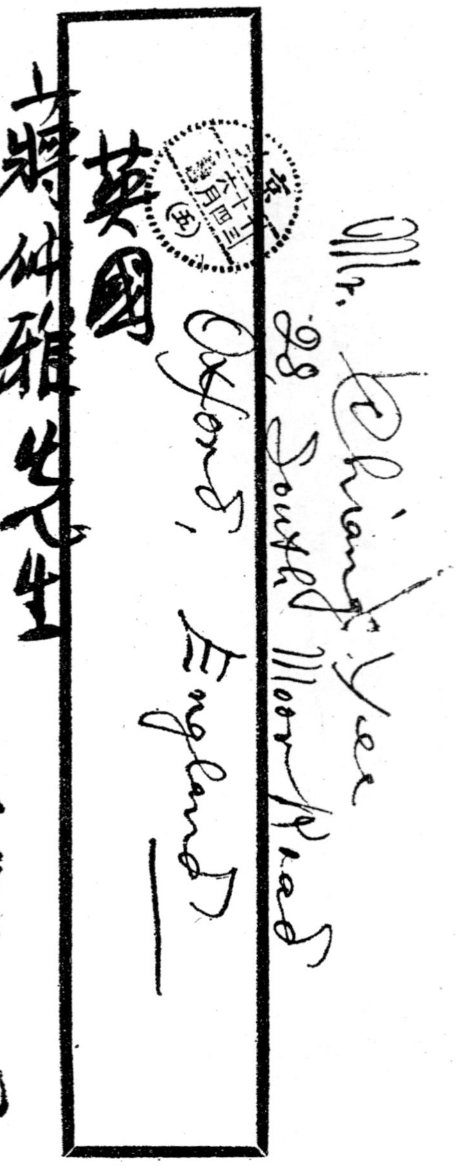

仲雅吾兄左右：一別遂逾六年，而世變如此，可勝浩嘆。奉　手教固當應命，奈歐戰情形太緊，而此間郵局在戰時亦多所限制，寄物殊爲不便，且少待時日，必將拙作奉教也。弟在新洲，友人以　尊著見示，知　足下爲祖國文化努力，誠深欽敬。弟碌碌如常，去冬應太戈爾詩翁之邀來印，即居其國際大學Santinibetan。四五六月因天氣酷熱，來西馬拉雅之大吉嶺，略寫迎目景物，間亦有可觀者。今年或將返國。康納爾先生大作，弟在皇家畫會目錄上年年見之，特不知其近狀如何，至用遠念。熊兄式一當極忙，顧不難令其記室覆我一函，何至託大如此！亦人情之可慨者也。

弟上星期隨友人乘騎遊西馬拉雅內部，登桑達甫Sandukpku望Euerest，朝暉直及法魯Phalub，可謂奇觀，或竟是宇內第一。前後亦祇五日，因路頗平坦可行也。　兄等近狀何似？盍歸乎！但固知行動不便，奈何！奈何！敬祝旅福。

弟悲鴻頓首　六月九日大吉嶺

前面他囘我的信是六月九日在北京中央美術學院寫的，沒有年份，從信封郵印推敲，大概是一九五〇年的。他心情比從前好得多，離了婚又結了婚，有愛人有子女，工作緊張，想能新創不少。最有趣的是他找出戰時在印度寫給我而未寄出的信，也補寄了，這信在他的書箱裏躲了近十年。他那時答應寫點東西寄給我，結果不曾。他與印度大詩翁泰戈爾優游之樂，可以想見。他曾替泰翁畫像，印在「悲鴻畫集」裏，很精彩。我

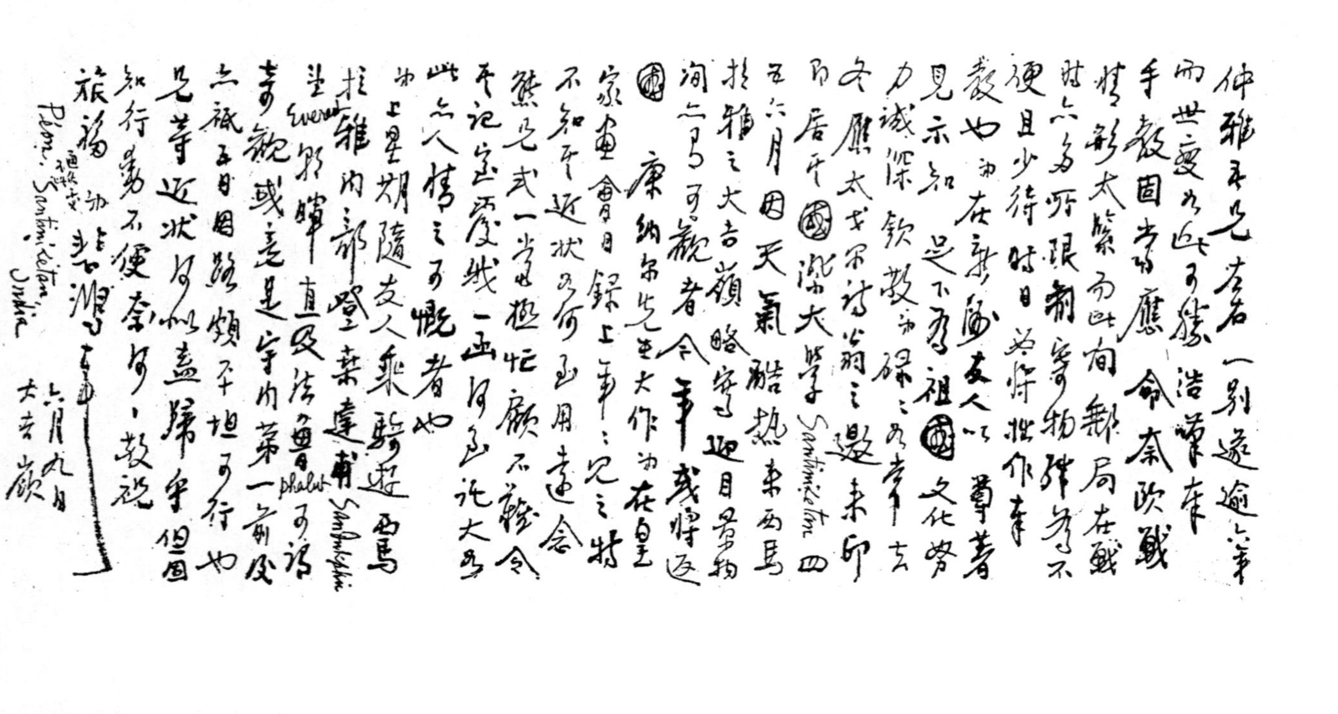

總想再遊印度，想到喀什米爾去看看，要是他的信當時寫好即寄，我收到信後，可能飛到印度去看他的。

悲鴻上兩信都勸我回去。我自一九三三年六月去國後，過了一兩年，就天天都想回國。無奈戰亂甚烈，而我在英國已開始寫作，頗有出路，不願放棄。覺得花了不少心血慢慢的摸出門路來，忽然放棄，很是可惜。所以遷延至今，不知不覺快滿四十年了。以前在英國住了十八年之後，朋友問我在外住了多久？我說是與晉公子重耳相等。再過一年，朋友再問起，我說是等於蘇武。又過一年，朋友又問，我說：「現在是蔣彝了」。在海外住過二十年後，一直就是蔣彝，到今天還沒有變。我一向愛友敬友，尤重友情。最近找出老友悲鴻的照片和僅存的幾封信，緬懷往事，悼念故人，思之，思之，重思之，不禁淚下。在未來的歲月中，我還要一再細讀悲鴻的遺札呢！

一九七三年一月於坎培拉（Canberra）

張大千畫集序

·徐悲鴻·

夫獨往獨來，嘯傲千古之士，雖造化不足爲之囿；惟古人有先得我心者，輒顚倒神往，忍俊不禁，故太白天人，而醉心謝朓，呑納(TUNER)畫霸，獨頌讚羅郎，(LORRENT)此其聲氣所通，神靈感召，有不知其所以然者。大千以天縱之才，遍覽中土名山大川，其風雨晦冥，或晴開佚蕩，此中樵夫隱士，長松古檜，竹籬茅舍，或崇樓傑閣，皆與大千以微解，入大千之胸。大千往還，多美人名士，居前廣蓄瑤草琪花，遠方禽獸。葢以三代兩漢魏晉隋唐兩宋元明之奇，大千浸淫其中，放浪形骸，縱情揮霍。其所揮霍，不盡世俗所謂金錢而已，雖其天才與其健康，亦揮霍之。生於二百年後，而友八大、石濤、金農、華嵒，心與之契，不止髮冬心之髮，而髯新羅之髯，其登羅浮，早流苦瓜之汗，入蓮塘，忍剜朱耷之心，其言談嬉笑，手揮目送者，皆鎔鑄古今，荒唐與現實，仙佛與妖魔，盡晶熒洗鍊，光芒而無泥滓，徒知大千善摹古人者，皆淺之乎測大千者也。壬申癸酉之際，吾應西歐諸邦之請，展覽中國藝術，大千代表山水作家，其清麗雅逸之筆，實令歐人神往，故其金荷，藏于巴黎，江南景色，藏于莫斯科諸國立博物院，爲現代繪畫生色。大千蜀人也，能治蜀味，與酣高談，往往入廚作羹饗客，夜以繼日，令失所憂，與斯人往來，能忘此世爲二十世紀，上帝震怒下民酣鬪厮殺之秋。嗚呼大千之畫美矣，安得大千有孫悟空之法，散其髯爲三千大千，或無量數大千，而療此昏憒凶厲之末世乎？使豐衣足食者不再存殺人之想乎？噫嘻。

丙子三月

（上海中華書局民國廿五年初版）

牛年閒話

蕭遙天

癸丑年是牛年，牛爲最忙的動物，記得蘇長公詩有云：「歲晏風日暖，人牛相對閒。」陸放翁詩有云：「官賦畢輸無吠犬，農功已息有閒牛。」則年成好，農功畢，靜謐的鄉村，牛仍有悠閒的機會，這恰好給終朝碌碌的忙人們一個幽默的對照。

牛的英雄時代

牛在古代是很會搏鬥的猛獸，原人殘存的壁畫中的牛羣，每隻都矯健如渴驥奔猊，奮角前衝，正描寫出牠們的戰鬥姿態。今天的原野上，仍有不少野牛中保存這種兇猛善鬥的性格。在那個人牛爭逐的時代，勝負之局未分，正不知今日之域中，竟是誰家之天下？那時人對牛的羨慕與駭怕，可自古文字中窺得點滴的消息，如「特」字，玉篇云：「牡牛也。」但詩黃鳥：「百夫之特」，義爲才能傑出。我們現在常用「特出」、「特殊」、「特別」……等語詞，都從才能傑出這一義引申，牡牛那一義轉晦了。這便是一匹雄健英勇的牡牛的影子，古代這種善戰的牛英雄很多，故給我們的文字留下一個深刻的印象。又如「告」字，原義爲警告，從牛從口，是指發現有牛，馬上要用口呼號警告，俾作戒備或逃避，則古代野牛來襲，其狀可怖的程度，令數千年後的我們，猶有餘悸。但慢慢地，人懂得馴服野牛的方法，像「告」字發展爲新字「牿」，義爲牛馬的牢。朱駿聲的說文通訓定聲解釋得很好，他說：「駿按此字當訓牛角木也，牛觸人，角箸橫木。」大概這種箸橫木就是原人馴牛的方法。進一步則以韁繩貫鼻，更服服貼貼聽人牽引了。

牛羣投入人類社會後，狡獪的人們一面把牠們馴服爲生產工具，一面仍有意保存牠們的戰鬥性格，好像平凡的文明生活中，應該注入一些原始的野蠻粗獷才夠刺激。古羅馬的鬥士便喜歡走進鬥獸場和野牛搏鬥，藉以表現其尚武勇敢，現代西班牙此風未衰替，聰明的電影製片人常攝取這種最富刺激性的人獸合鬥場面以號召觀衆。故我們雖無機會遠涉重洋去作鬥牛場的座上客，銀幕上雄赳赳的戰鬥牛與鬥牛勇士的颯爽英姿，倒是司空見慣。

牛的被人眞眞地利用爲戰鬥工具，那要算戰國時齊將田單的火牛陣最精采了。燕昭王使樂毅伐齊，勢如破竹，盡降齊城，惟莒、即墨仍堅守，即墨人推田單爲將軍以拒燕。田單的第一個計策是用間諜使樂毅被黜，新來的敵師是草包騎刧，第二個計劃便是火牛陣，轉敗爲勝。史記田單傳云：

「收城中得千餘牛，爲絳繒衣，畫以五彩龍文，束兵刃於角，而灌脂束葦於尾，燒其端，牛怒而奔燕軍，牛尾炬火，光明炫耀，燕軍視之皆龍文。……」這一役，燕師大敗，盡復齊七十餘城。

在人類社會中，牛和戰鬥的關係，最令其戰鬥的祖先啼笑皆非的莫如以牛爲出師、結盟的祭品，戰勝用牛酒犒師，甚至習武備戰也要雄牛饗士，這眞太幽默了！

大物與牛圖騰

人類把牛降伏，大量牛羣參加人類的生產勞動，這對人類文明的貢獻太大了。牠不特引重致遠，解決了交通運輸的困難；負犂耕地，更創造了穩定生活的農業。故在農業社會中，牛是最主要的動力，最大的財富。像「物」字，從牛勿會意，有人釋勿爲犂耙的象形，牛與犂耙爲農村不可缺少之物；有人釋勿爲旗的象形，牛是圖騰，物是圖騰的旗。按二說都可猜得通，因爲牛在經濟上確是大物，經濟上的計算單位曰「件」，從牛，也是由計牛而產生的。畜類稱牲，從牛，（我們現在還叫牲口、牲畜）畜類的雌雄稱牝牡，從牛，也是由寶愛牛的觀念而用以來泛稱的。故說文釋物：

「萬物也，牛爲大物，故從牛。」這種舉牛的包象萬物的造字方法，和「羣」字的從羊，「狀」字與「類」字的從犬，恰好相同。

牛因農事的需要，不特爲經濟上的大物，也漸漸增高地位化爲神靈的圖騰，成爲宗教上的大物。故物是牛圖騰的旗也猜得通的。狩獵時代因生活的相依而有狗的圖騰崇拜，農業社會也因生活的相依而有牛的圖騰崇拜，這是很自然的歷史發展，今天的印度農業社會仍保存拜牛的風俗，神牛闖入鬧市，一切人馬以至機械化的車輛都要避路，壯濶的柏油路任牛矢亂疴不禁，這眞是現代文明中很不協調的奇景。然而我們別笑他們，我們自詡爲炎黃帝胄，第一個的炎字是指炎帝神農氏，他是一位中國農業的創始者，三皇本紀：「始教耕，故號神農氏。」但古史上的帝王，大部份是圖騰神的化身，像伏羲氏是蛇圖騰（蛇身九首），堯舜是鳥圖騰，盤古（盤弧）是狗圖騰，神農的本來面目，應以「帝王世紀」所記的最相近：

「炎帝神農氏，姜姓也。母曰任姒，爲少典妃。遊華陽，有神龍首，感生炎帝，人身牛首，長於姜水。」這「人身牛首」正是牛圖騰的說明。大概神農這一族是最先由狩獵進入農耕的，故因生活上的依靠而起牛圖騰崇拜。

佐周武王的呂尚，以至氐羌的羌，都屬神農氏的後裔，他們都崇拜牛圖騰，像史記齊世家記呂尚佐武王伐紂，師渡孟津時，這位姜族的酋長竟「左杖黃鉞，右秉白旄以誓曰：蒼兕！蒼兕！」這所謂蒼兕，根據爾雅釋獸「兕似牛」，說文兕部「如野牛」的解釋，可見也是一種牛圖騰，或是綜合過的最高牛圖騰，呂尚乃牛圖騰神農族的後人，誓師而呼蒼兕，正是乞靈圖騰神的心理反映。

羌人屬神農後裔，多祀牛，史記秦始皇本紀：「三十三年禁不特祠」；「不特」即徐鉉說文「朴特，牛父也。」的「朴特」，也訛爲「怒特」，徐廣所謂「今武都故道有怒特祠」是；更訛爲「奴特」，搜神記所謂「有奴特祠，秦置旄頭騎始此」是。牛是羌人的圖騰神，秦乃羌的孳乳地，秦有奴特祠，理所當然。

此外，山海經也有許多牛圖騰神的記載，如西山經：「凡西次二經之首，自鈐山至萊山凡十七山，四千一百四十里；其十神者皆人面而馬身，其七神皆人面而牛身。」又：「槐江之山……有天神焉，其狀如牛，而八足二首馬尾。」這所謂「牛身」及「如牛」的神，實即牛圖騰神。十七山而牛圖騰的族居其七，足見其在西方勢力的雄厚，按西方是鬼方羌方的活動地區，神農族蕃殖的地帶，其神之多如此，也理所當然。

我覺得牛圖騰崇拜在中國各族中雖先後逐漸消滅，隆重的祀天典禮用太牢、犧牛，那顯然是牛圖騰崇拜的演化。莊子謂犧牛「養之數歲，衣以文繡，以入太廟，」雖殺以祭祀，却當做神牛看待。呂氏春秋記湯的一段故事：

「湯克夏而正天下，天大旱，五年不收，湯乃以身禱於桑林，剪其髮，櫪其手，以身爲犧牲，用祈福於上帝，雨乃大至。」按把本身扮成犧牛的樣子，祀天禱告，這不是牛圖騰崇拜的變象是什麼呢？

中國的幾種最受人崇拜的動物，如龍、鳳、麒麟，都爲古今中外生物中所未見。其實牠們皆是經過綜合後的高級圖騰，龍的原始圖騰爲蛇，鳳的原始圖騰爲孔雀，近代史家早已公認了，我覺得麒麟的原始圖騰應該是牛，孔子西狩獲麟，講得若有其事，可能是牛的怪胎。擬摭拾材料，專篇考証。

天河配的故事

農業社會和牛是不可分解的，牛郎織女的故事也跟着農事的發展在很古便傳播開來。詩小雅云：「維天有漢，監亦有光，跂彼織女，終日七襄。雖則七襄，不成報章，睆彼牽牛，不以服箱。」古詩十九首擴其原意爲五言，寫雙星的相思更富情趣：「迢迢牽牛星，皎皎河漢女。纖纖擢素手，扎扎弄機杼，終日不成章，泣涕零如雨，河漢淸且淺，相去復幾許？盈盈一水間，脈脈不得語。」晋宗懷的荆楚歲時記寫故事更明暢：「天河之東有織女，天帝之子也，年年織杼勞役，織成雲錦天衣，天帝憐其獨處，許嫁河西牽牛郎，嫁後遂廢織袵，天帝怒，責令歸河東，唯每年七月七日夜，渡河一會。」後來又附益烏鵲塡河成橋渡織女，故事發展至此已成熟，轉來轉去，不會再超出這個範圍了。它在民間流傳可說是很久遠很普遍很深入。這故事正表現農業社會的生產要求——男耕女織。造字「男」從力田，「婦」從女布，力田織布是男女的本份，男勤其耕，女勤其織，天帝爲示獎勵，故得結爲夫婦，婚後工作廢弛，爲示懲罰，也受到一年一會的限制。這般的獎懲，正說出農業社會的主宰者的心聲。

但人是感情的動物，硬把一對愛侶拆離，爲了生產，抹煞了感情，到底是一齣悲劇，創造這故事的，爲表示天帝的大公無私，連自己的女兒因怠於工作，也同樣地受到懲罰，可謂深刻之至，而從感情上看，又覺得天帝太冷酷了。周代的詩人便怨刺天帝的懲罰並不會收到增加生產的功效，他們的夜夜相思相慕更使他們廢耕廢織了。詩人仰觀天象，端詳出織女分開兩脚（跂彼織女），一天七次移動（終日七襄），雖說七次移動（雖則七襄），織布不能成紋（不成報章）。那閃亮的牽牛星呢（睆彼牽牛），拉車也拉不動了（不以服箱）。而年年的七夕，那鵲橋的匆匆一見，夠刺激感動，夠悱惻纏綿，賺得古今天下無數多情男女的眼淚。在現代影劇場中，我常常看到與牛有關的兩齣好戲，其一是西班牙鬥牛的全武行，其一是中國牛郎故事的天河配、鵲橋會，一文一武，一中一西，皆是熱門娛樂，然而鬥牛的武打，總輸天河配的感人肺腑、一唱三歎呵。

老子騎牛出關

牛和土地是農業社會的寶貝。漢代的名宰相丙吉，有一次出巡，逢死傷橫道不問，逢人逐牛，牛喘吐舌，問逐牛的人，跑了好幾里路。椽吏批評他失問，他道：「民鬥相殺傷，京兆尹職所當禁；方春未可太熱，恐牛近行因暑故喘，三公典調和陰陽，職當夏，是以問之。」他由牛喘聯想到氣候失序，由氣候失序聯想到風不調雨不順，由風不調雨不順聯想到年成不好，疾疫流行，國不泰民不安，他怎能不問呢？

由牛常常聯想到重農獎耕。漢韓遂做渤海太守，人民有帶持刀的，便賣劍買牛，賣力買犢，

大千居士為癸丑開歲畫牛

他常常裝傻，指那些帶劍佩刀的百姓發問，爲什麼帶牛佩犢？他的經濟觀是以牛爲本位，刀劍不過換取牛的通貨。如果家家養牛，生產力增强，家給戶足，倉廩充實，太守便可無爲而治了。

牛和土地農耕結合，漸漸凝固成爲鄉土意識與農業社會思想。比如一個莊稼人跑到城市，鄉氣可掬，城市人會因其質樸稱爲蠢牛，笨拙稱爲笨牛，野蠻稱爲蠻牛，甚至稱其出生地爲牛鄉馬里，稱全部莊稼以爲鄉牛，牛代表農村、農業、農人、農村人的風格、思想。我曾靜靜思維，中國經過漫長的農業時代，全部的傳統思想都與牛有關，不過其中有的牛勁十足，有的帶多少牛氣，直到現在的太空時代，連住在工商業社會的都市的新型人物，牛糞味兒仍不能完全滌除的。我曾聽見一位天天在現代化的磨房中做工的都市人的慨嘆，他說：「鄉下人勤苦如牛，都市人的勤苦何曾不如牛，但這裏有個很大的分別：鄉下人勤苦時如牛，却仍舊是人，因爲他是自主的、快樂的；都市人勤苦者如牛，却永遠是牛，因爲另一種快樂永遠爲驅策他的主人所有，而且主人支配他們，也如鄉下人之於牛。」這個都市人的自我解嘲，不是承認都市人的牛氣氛比鄉下人更濃厚嗎？

我更靜靜分析，代表中國思想兩大主流的道家儒家，道家是牛勁十足的，儒家雖「五穀不分，四體不勤」，且大倡「勞心者治人，勞力者治於人」，總多少帶點牛氣。（因爲後世的儒家簡直就是雜家）我曾假定，道家與儒家的分別，不過是牛思想與馬思想的分別而已，牛和馬，在他們說得如何壁壘森嚴，針鋒相對，我們超然的觀察，牛廐和馬房不過是一板之隔罷了。

姑從壁壘森嚴這一面來思索吧。則要先說到那等於中國思想的代數符號的八卦。那是佈滿聯想線索的玩藝兒。乾坤爲最主要的二卦，乾爲天，爲陽，爲父，爲長男；坤爲地，爲陰，爲母，爲長女。再順理成章地聯想，乾爲天，天行健，馬也行健，故乾又爲馬；坤爲地，地能載物，牛也能載物，故坤又爲牛。

再說到八卦相重而爲易。這部易更是一部中國思想的大代數。舊傳有三個系統，即連山、歸藏、周易。連山撇下不談，這歸藏以坤卦做基點，周易以乾卦做基點，各構成他們的宇宙觀，人生觀，道儒於是分道揚鑣，坤爲牛，乾爲馬，也可說是牛馬殊途。

原來歸藏易傳說起於神農氏，是一個策牛耕地的老農的想法，他憑着多年跟牛屁股對土地的默契，了解萬物皆生於土地，也歸藏於土地。便抓住土地做思想的基點，地爲坤，故以坤爲主卦，坤爲順，爲柔，爲陰，爲退，爲靜，爲無，故主張陰柔退藏，清靜無爲，主張每個人有一片土地足以自耕自養便夠，不必介入於世界塲面廣泛的紛爭，小國寡民，雞犬之聲相聞，民老死不相往來，便最理想了。

周易傳說是周文王演的，這是一個立馬高原、盱衡八方的封建社會的執政者的想法。舊傳文王囚於羑里而演周易，我說立馬高原，不應該自打咀巴嗎？但文王演易，只傳說而已，且周易的周，作周行不息解，並非朝代名，故我們儘可脫開羑里的羈絆，憑想像而說立馬高原。封建社會的執政者，日理萬機，需要精進力行，鑒於天體上日月星辰四時的不息運行，紛繁中有條不紊，而聯想到典章制度，繁文縟節的建立，故抓住天體做思想基點，天爲乾，故以乾卦爲主卦，乾爲健，爲剛，爲陽，爲進，爲動，爲有，故主張精進不懈，剛强有爲，進而整飭吏治，協和萬邦，一切都與歸藏相反了。

最可笑的是他們都在爭取思想的正統，各把自家的思想基點排在第一，儒家開口稱乾坤，道家則相反而稱坤乾。儒家說天地、剛柔、男女、强弱……道家則說陰陽、雌雄、牝牡、終始……從這些相反對義的語詞上統計，以屬於乾義者居多排第一位，屬於坤義的排第一位較少，這說明後來道家爭正統的戲法變不過儒家，漢後儒術的獨尊，在此微末中也可窺得匡畧的。

乾坤相對是儒道最簡明的分野，乾坤即馬牛，儒道相對也可以說是馬牛相對，故我在前面說儒家是馬思想，道家是牛思想。憑想像瞎說一陣也要弄點史實根據吧，那我要請出道家中佼佼者老子來，這位做過周室的圖書館長，又提倡絕聖棄知（反道德，反知識），提倡虛其心，實其腹，弱其志，强其骨（體力勞動）的純粹牛思想家，史記記他最後騎了一匹青牛出函谷關，不知所終。牛思想家的坐騎是一匹青牛，這青牛正是牛思想的標幟，我們再看另一夥神農之徒許行們，也各自負耒耜，提倡天子與民並耕，許子的耒耜和老子的青牛，成爲千古雙絕！詩人于石有詩云：「虛名不落人間世，一徑松風穩跨牛。」不僅是隱逸者的心聲，也不妨當做老子騎牛的另一註脚呢。

牛是農村尤物

牛是農村的尤物，點綴村景，最饒詩情畫意。我曾困居都市鴿籠式的房子中近三年，門外的車馬喧囂與室裏的燈光燦亮，自然影响到內心的緊張，困悶單調，匪言可喻，偶然偷得半日之閒和友人蹀躞近郊，聽到第一聲的牛鳴，頓覺肺腑清通，三年的俗塵市垢都洗光了。建安才子王粲喜聽驢鳴，常借驢鳴以助文思，這境界我眞眞體會到。我常幻想現代都市的廣播應加牛鳴的節目給都市人一種精神上的調劑。農村生活如老農的春耕叱犢、牧童的牛背吹簫，這是農人的本色，淳樸可喜；加入些文人的客串，如牛角掛書、牛車冒雪之類，也很雋永有味。我很愛古人詠牛的詩什，像范成大的「蒼牛飲前池，碧鱒灂微瀾。」陸游的「蓼岸刺船驚雁起，湖陂吹笛喚牛歸。」朱熹的「偶去尋芳朝信馬，却來踏雪夜驅牛。」劉駕的「晝日驅牛歸，前溪風雨惡。」曹松的「時見牧牛童，嗔牛喫禾黍。」都令人諷誦之間，爲之神往。然而最給我留下深刻印象，不待開卷即能唸出的，却是從隨園詩話讀到的「野行不識路，隨牛自得村。」與某君詩鐘的「春水一牛浮鼻過。」跟着牛走，自然尋得鄉村，這野行迷路的經驗馬上與詩印証，春水漲時，渡口小休，一牛浮鼻游過的習見之景也在腦內再見，詩人先得我心，不由得不連聲叫好了。

牛爲農村所習見，農村長大的人們，最現實的設喻莫如把牛做素材了。好像我們嗟惜一位好姑娘嫁給一位壞男子，常說「好花插在牛糞裏。」形容村姑農婦在新年搽粉的樣子，會說「牛糞球上下了霜」、「老牛破車」、「黃牛追馬」：……總離不了牛。這是幾千年來慣用的老口吻。像淮南子云：「亡羊而得牛，則莫不利也。」喻失小得大；史記項羽本紀云「夫搏牛之虻，不可以破蟣蝨。」喻物各有用，不可以大小判優劣；蔡邕薦邊讓書云：「函牛之鼎以烹雞，多汁則淡而不可食，少汁則熬而不可熟。」喻大器不宜小用。論語云：「割雞焉用牛刀。」喻大材不必小試。漢書楊彪傳云：「猶憶老牛舐犢之愛。」喻愛子情深。而蘇軾詩云：「團團如磨牛，步步踏陳迹。」陸游詩云：「利欲驅人萬火牛。」蘇詩設喻現實耐思，陸詩設喻誇張動聽，都屬詞令中的妙品。

以牛設喻編成寓言故事的，最有名的如莊子的養生篇，敘庖丁爲文惠君宰牛，屠刀的運動，有聲有韻，有板有眼，猶如歌舞的悅耳娛目。文惠君問他的技術怎麼居然好到這樣？庖丁乃大談他宰牛的經驗，如何善用其刀，故宰牛雖多而不傷刃，進而暗喻應物雜而不累心，不傷不累，正是依乎天理，因其固然的結果，便拉到養生之道上面去了。

用寓言來建立理論，是莊子文章的特色，其奇詭橫肆便在此。他頗好以牛設喻，庖丁解牛這一則而外，我還欣賞的是：楚王使使者聘莊子做宰相，莊子對使者道：「你沒有看見郊祭的犧牛嗎？用好好的草料餵牠幾年，有一天給牠披上文繡的裝飾，送牠進太廟，到那時候，要想做孤豚也不可得了。」其後南北朝時的隱士陶宏景也抄襲莊子的手法。梁武帝即位，屢聘他出山，他都不出，只畫兩頭牛，一牛散放於水草之間，悠遊自在；一牛着金籠頭，有人以杖驅策牠，武帝笑道：「此人豈有可任我安置之理。」

傳燈錄有一段以牛參悟禪理的故事：大安和尚曰：「安在溈山三十年，看一頭水牯牛落路，入草便牽出，犯人苗稼即鞭撻，調伏既久，受人言語，如今變作露地白牛，常在眼前，趕亦不去矣。」朱熹的哲理詩：「飛騰莫羨摩天鵠，純熟須參露地牛。」就是引用這掌故的。

牛格人格之別

寫了連篇累牘的牛掌故，我雖用了幾個角度來拍攝牛羣，用了幾種彩色來映照牛羣，但歸根我覺得人牛之間，還需要來互相映照，互相拍攝一番。使我驚奇的是在互相拍攝映照之下，我發覺牛眼孔裏頭的人都變成了一隻隻的牛，人眼孔裏面的牛都變成一位位的人了。

牛自給人類馴服後，從英雄跌爲奴隸，從奴隸跌爲犧牲。人們要牠負重行遠，要牠犂田磨麵，還要搾取牠的奶，還要食肉吮髓，還要利用牛皮、牛角、牛骨製造用具，這種可憐的遭遇，充份表現了人類的刻薄寡恩，在互相拍攝的鏡底，人是原始的蠻牛，牛是現代懦弱的良民。

當我們看見在磨房裏、在耕地上，每隻牛天天都在辛苦工作，而且天天都乖乖地，心甘情願地，走到老地方把身子套到軛下，工作，工作，勞頓磨折到死還不敢怠惰，而結果落得身爲俎上肉、盤中餐，多麼冤枉？曹子建詩：「牛廚辦豐膳，烹羊宰肥牛。」李白詩：「烹羊宰牛且爲樂，會須一飲三百杯。」

明朝有一位禪師替牠們發出不平的呼吁：

「千百年來碗底羹，寃深如海恨難平；
世間多少傷心事，但聽屠門夜半聲。」

魯迅曾把文人比擬爲牛，說牠「吃的是草，擠的是牛奶。」又喜以「橫眉冷對千夫指，俯首甘爲孺子牛」書聯語。牛太偉大了，動物之中，應以牛格爲最高，時至今日，很多衣冠楚楚的人，雖臻於萬物之靈，卻不一定個個都具有人格；可是每隻牛的必有牛格，倒是很可以肯定的。

（自檳城寄）

政海人物面面觀

——朱家驊、何成濬、衛立煌、王纘緒——

馬五先生

朱家驊（騮先）

我初見朱家驊在民國十四年冬間，那時他執教北京大學，兼任國民黨北京市黨務工作，由於共產黨人跨入國民黨內，大施分化挑撥之策，北京市黨部乃形成兩大對壘集團，即南花園與翠花胡同黨部是也。朱係南花園健將，常與翠花胡同派之徐謙、郭春濤等，明爭暗鬥不歇。一日，民黨人士在北大集會，我以初到北京，不明國共黨人鬥爭情況，受中學同窗友人郭春濤慫恿，欣然相偕赴會。迨會議開始，見一西裝整齊，唇間蓄小鬚一撮，口操藍青官話的翩翩青年，登台主席致詞，詢諸於郭，知為朱家驊，我笑謂年紀輕輕的人，幹嗎就要留着鬍鬚呢？郭言此乃頑固反動之象徵，實在討厭，繼而會衆爭辯問題甚烈，郭竟對朱大聲呼打，即有不少附和之聲，從此我知道郭春濤是跟共黨一鼻孔出氣的，不敢再事往還，而對朱印象頗佳，乃請易培基介紹，與朱晤面，是為相識之始。

民國十五年三月十八日，北京各界民衆舉行大會後，由中共駐京人員陳毅任總領隊，率領羣衆馳赴段祺瑞的執政府請願，被衛隊槍殺數十人。這次大會內定由朱騮先主席，共黨份子平時稱朱為「小鬍子」而不名，是日準備在大會中對小鬍子密謀不利。湖南黨人閻幼甫詗悉其情，因與朱志趣投合，不忍朱陷於危地，然不便明言其故。大會訂午前十時揭幕，朱於九時整裝赴閻寓所訪談，蓋閻寓距會場不遠，屆時擬偕往預會也。閻乃强留朱懇談，繼之以午餐，謂羣衆大會照例不致準時舉行，不妨吃了飯再去，以免在台上枯坐久候云。詎午餐未畢，而執政府門前流血慘劇已發生，全城為之震驚，陳毅於事發後急速逃入北大學生宿舍藉川籍學生青年黨人龔從民（今在香港）掩護。朱為此頗感閻幼甫愛護盛意，故日後在浙江民政廳長任內，即徵閻出任百里侯，迨朱升任浙省主席時，又派閻為行政督察專員，以示答報。

先是，朱在北平遭共黨與北洋政府兩面嫉視，已難安於北大講席。既而吳佩孚、張作霖揭出「討赤」旗幟，名為討伐馮玉祥，實係反對國民黨之革命運動，吳張聯軍入駐北京後，搜捕革命黨人甚急，朱乃潛行出京，逕赴廣州，初受知於中山大學校長戴季陶，入中大助戴料理校務，此民國十五年暮春以後事也。

朱入廣州中山大學後，即倡辦醫學院，聘請德國醫學教授數名來校講學，擴充設備趨於現代化。他原係留德肄業地質學的，却致力於發展醫科教育，雖非開風氣之先，然對於國家民族前途，確有其不可磨滅的功績。

民國十五年七月，國民革命軍北伐後，朱仍留廣州，且兼任廣州政治分會委員，因而得與當時留守廣州之革命軍總參謀長兼粵省主席李濟琛接近，旋由李任朱為粵省民政廳長，是為騮先踏進仕途之肇端。從此他即飛黃騰達，由地方官吏而開府封圻，洊至入閣主持交通教育大政，復贊襄國民黨中央黨務，歷秘書長與組織部長諸要職，可謂一代紅人，然其職務皆與其所學的風馬牛不相及。這是現代中國政治上的普遍現象，不僅朱一人為然，而中國政治之永遠不上軌道，即源於此。

朱在政治上的顯達因素，固由其本人善於周旋肆應，處事亦有條理，而且持身廉潔，不染貪黷惡習，但基本的優越條件，是他的籍貫與學歷關係。他如果不是湖州人，未仕時就不致博得戴季陶的知遇；他如果不是留德學生，對當年的中德外交事項有所弼助，如我政府為整軍工作而設置德國軍事顧問團，關於顧問人選之遴聘，以及購買德國軍械等事，致力孔多的話，也就不容易獲致中樞領袖的信任倚畀吧？

我與騮先正式論交，是在他担任浙江省民政廳長的時候，民國十七年與十九年春間，浙省兩次舉行縣長考試，我亦兩次奉中央特派為典試委員。這時他唇邊的一小撮短鬍鬚不見了，翩翩然白面書生，風度很瀟洒，我問他是不是接受閻令而整潔門面的？他極力否認，說當年在北京蓄鬍鬚，為的是自己太年輕而執教北大，恐怕學生們不予尊敬，不得不裝出老成的模樣，其然，豈其然歟？嗣後他每次到南京來，必過我暢談，我曾經寫信介紹一位朋友赴浙江，希望作縣長，他接信三天之內，就發表我那位朋友為青田縣令，夠得上道義之交。後來他在政治上紅得發紫，我却跟他少所往還了。

民國廿一年春，我在北平出差，見報載消息，陳果夫向中央政治會議建議，主張停辦各大學的文、法與哲學等系，一律只許辦工科。是時騮先担任教育部長，我寫了一封長信給他，反對此議，原函披露於天津大公報上。我回到南京，專爲此事叩謁騮先，他不待我開口，便知來意，即笑謂：「你的長信看到了，我不便答復，因爲所見畧同，復了信怕你又登報，豈不使果老弗開心嗎？」結果這項建議終未實現。

自民國廿一年我離開南京，直到對日抗戰末期，騮先在政治上煊赫一時，炙手可熱，我始終跟他睽隔着，未嘗謀面。中央政府遷移重慶這一階段中，朱以執政黨中央黨部秘書長兼組織部長暨調查統計局局長，身負三要職，那時我亦在重慶，因爲對黨務是外行，也就懶得與老友從事交際應酬，以免妨礙他的公務。後來在報上看到他發起對國家領袖獻九鼎，心裏頗不謂然，覺得這不是一個學科學出身的西洋學生所能想像的事，他的清譽亦因此頗受影響，殊爲可惜。

抗戰結束之際，騮先担任教育部長，他對於淪陷區的大學生主張再教育，否認敵僞時期的學業成績，先行派員在各大都市設置「大學先修班」，藉以甄別淪陷區學生，曾因此發生風潮，而報紙上乃有「僞學生」「僞教員」的稱呼，實不應該。當時北大教授楊人梗到南京來作代表，向教育部請願，呈文上即寫着「僞教員代表」某某等字樣，楊君對我說：他們幾個同仁在「僞教員代表」這頭銜之下簽字時，不覺淚涔涔下。我聽罷大爲激動，深鳴不平，會以老友資格，致函騮先抗議此事，他並無答復。於是，我認定這位學者本質的政治人物，作官旣久，氣質亦爲之丕變，從此和他便疏遠了。

自右至左：朱家驊、朱夫人、胡適（一九五九）

民國卅八年暮春，政府由南京遷移廣州，此時朱担任行政院副院長職位，我到廣州後，偶同幾個朋友一道訪問過他，他對我尙不改其老友態度，見面先拍拍肩膊再談話，他對當時的軍事情形說了兩句可圈可點的評語；「長江北部的戰局是鬧亡的，長江南部的戰局是退亡的，何曾經過戰鬥呢？」其說甚精當。

朱家驊以後一直住在台灣，最後把中央研究院院長的職位也辭去。某歲我在台北榮民總醫院施手術治療小腸脫出症，朱亦入院檢查身體，所住房間恰和我隔壁，每夕他必來我的房內談天，從此一別，即永訣了。

朱家驊服官廿年，未聞有貪墨之名，對人亦少作態而不妄自尊，始終不失其書生風格，殊屬難得。我常想：像翁文灝、丁文江、朱家驊這般治地質工鑛有專長的學人，國家如果給以發展其所學的環境與機會，善加待遇，其貢獻必高出作官若干倍，讓他們棄其專業而從政，結果是公私皆有害而無益也。

何成濬（雪竹）

何成濬號雪竹，湖北隨縣人，少時應科舉試，得中秀才。清末赴日本留學，加入同盟會矢志革命，旋畢業日本陸軍士官學校，歸國後，游宦幽燕，與北方軍界鄂籍革命志士吳祿貞、蔣雁行、蔣作賓等往來密切，從事排滿運動。辛亥武昌起義之役，何隨黃克强回鄂參加，担任黃總司令副官長，與參謀長李書城爲黃的左右手。癸丑二次革命軍興，何仍入南京參贊黃克强的討袁軍事，旋告失敗，黃興亡命日本，繼赴美洲，何違難南洋，得與避地星馬一帶的閩籍革命黨人宋淵源、張貞等邂逅結交，而對美洲的黃克强先生密切聯繫，在當時的革命行列中，何被視爲黃興系的核心幹部。袁世凱暴殂不久，黃克强亦溘逝於上海，南北內戰連緜不輟，何乃入福建活動，參預閩省民軍陣營，如實力較强的民軍首領楊化昭、臧致平等，皆樂與何親近。迨陳炯明率粵軍入閩，何與閩省黨人宋淵源、張貞等，聯合民軍響應陳炯明的援閩軍，據有漳州泉州一帶。今總統蔣公時任陳炯明的參謀長兼支隊司令，與何多有接觸，後來蔣公領軍北伐，而何即入革命軍總部任職，殆源於此。

何在蔣幕中的績業，不在衝鋒陷陣，而在運籌帷幄，諸如拊循反側、結納友軍、消弭異動等工作，以何建樹獨多。良以何平日交游廣濶，多識各方人士，而賦性和易毋欺，亦重然諾，人皆樂予聽從其意見。如民國十七年北洋軍閥褚玉璞帳下大將徐源泉之率部皈依革命軍，以及其他北洋將領上官雲相、蕭之楚等去逆效順，都是何從中促成的。民十八年白崇禧統率湘軍三個師，雄據天津至灤州之線，忽而變起倉促，全軍背叛，使白隻身遠走武漢，片甲無存，亦係何在保定行營的傑作。民十九年夏，南京討伐閻、馮之役，因賀耀組不願担任津浦路總指揮，臨時改派何承乏，這是他一生之中，擐甲上陣的初次實地作戰，而且獲致了勝利。戰後論功行賞，何受任國府參軍長，亦係他一生之中，官居正位的開宗明義第一章，在此以前，幹的全係幕僚職務，如參議與行營主任之類是也。

越民國廿年，何出任湖北省府主席，富貴而歸故鄉，封疆開府，顯達一時，可謂榮耀也矣。詎時運不濟，共禍猖獗，左右又缺少幹練的政治人才，對省政不易展佈，鄂境治安日趨敗壞，到了翌年上季，距武漢甚近的查家墩飛機場，亦被共軍一度攻佔，三鎮爲之大震，何不安於位，由夏斗寅繼主省政，改任武漢綏靖主任，而共患更梟張。蔣委員長乃於是歲七月，設置豫鄂皖三省勦總於武漢，親臨坐鎮，督導一切。是時何的聲譽大爲低落，毀謗交加，然他能忍耐以適應環境。筆者適在勦總于役，某夕乘暇趨訪，他領我步行馳赴漢口水電公司總經理何少岩家閑談，路徑不短，詢以胡不乘車呢？他說：「現時有人專門偵查我的行動，抄下汽車號碼，向蔣委員長打小報告，說我在娼妓家裏玩樂，使我枉遭不白之冤，因而除却上班辦公外，决不坐汽車，以免煩惱。」迨張學良接任三省勦總總司令職位後，何易號爲湖北綏靖主任，直至「七、七」事變發作，對日抗戰軍興爲止。何原與川軍劉湘部將王陵基同學日本士官學校，亦與劉湘有舊。王性倨傲，民廿一年夏間，王率川軍入鄂西勦共，以不遵節度，蔣委員長電令劉湘將王陵基撤職，押解武漢總部法辦，即由何奔走斡旋，只將王撤職而並未法辦。

對日抗戰初期，唐生智防守南京失敗後，轉任軍法執行總監，蓋以唐係奉命退出南京者，而輿論頗不謂然，國民參政會諸公尤期期以爲不可，中央順應輿情，特命何接替唐生智，至抗戰結束還都，纔告解任。何在軍法執行總監任內，遇事皆以寧失出而絕不失入爲主旨，矜全孔多，且常常替當事人設計營救。如抗戰初期，重慶行營公路處職員藉修築川康公路，而利用職務機會販運鴉片案，軍法總監部對被告十餘名，分別判處罪刑有差，對於公路處長彭霞浦僅以「失於覺察」之責，酌予行政處分而已。迨呈送最高統帥核示時，認爲自己直屬部下，竟有此嚴重的非法行爲，罪不容誅，乃用紅筆將全體被告

何成濬

等姓名畫成一大圈，旁註「一律槍决」四字，是則根本無罪的彭處長亦在該死之列也！何奉命後，秘不宣佈，亦不執行，徬徨罔知所措。筆者聞悉此事，曾建議何據情簽呈乞予改判，何謂：「不能冒險，統帥適在氣忿中，萬一又批以着即執行，怎麽得了呢？我要另想辦法補救之。」未幾，贛省主席熊式輝來渝述職，何以彭處長係江西人，認爲救星到了，即商請熊於單獨謁見最高統帥之際，便中提及此案，有若干被告皆無死罪，而彭處長且無刑責，似應分別判處，旋奉諭將原判呈閱，改批「如擬」二字，若干人命，幸得保全，此其一也。抗戰中期，美國政府將黃金五億盎士貸與我國，作爲整理財政之需，中央日報曾以「向羅斯福總統致敬」爲題，著文申謝。維時我最高當局爲着撤換史廸威爾問題，與羅斯福總統鬧得很不愉快，閱報震怒，面詢該報社長陶百川以社論係何人寫的？陶謂一切責任應由社長負担，不必究問執筆者是誰。於是，下令將社長、總編輯、主筆等，一律交軍法總監究處，陶等遵令投案，而何總監拒而不納，然陶等仍不時赴總監部候訊。一日，何在友家偶遇筆者，急語我曰：「請你幫幫忙，轉達陶社長等莫再來報到，我的公費很少，實在招待不起啦！」我謂：「雪公依法訊處可也。」他嗤然道：「軍法總監怎能審判新聞記者呢？果有此事，你們這般無冕之王，豈不要罵死我！」我說：「然則本案怎樣了結呢？」何笑謂：「只好不了了之，上邊若問及，就說在偵查中，不問即算了」。結果不出何所料，終告無事，然非何氏之能識大體，善肆應，即難免於文字之獄，此其二也。抗戰末期，中央兵役署長川人陳沛民非法貪汚，罪證確鑿，呈奉最高當局核處死刑，何不忍執行，曾囑陳妻赴成都挽請四川省議會議長向育仁來渝，轉乞考試院長戴季陶說情免死，迨向到達渝市之日，蔣公以電話令飭何即日執行具報，以致營救不及，然其居心仁慈，已可概見，此其三也。綜觀此三案經過情形，何之立身行己，及其對人接物的風格，允足矜式羣倫，垂訓後世。晚年在湖北担任省參議會議長，擁護中央大政方針，力排浮議，殊多建白。

何成濬雖係軍人，而政治智慧頗高。對日抗戰結束伊始，國人歡忻鼓舞，認爲得享太平盛世之樂了。當時何曾警告筆者云：「你不要以爲天下從此太平了，大難馬上即將降臨，說不定我輩還要再度逃難呢！」我詫問何所見而云然？他說：「日本宣告投降之初，曾有敝同鄉人杜錫鈞係汪僞軍的統帥，從南京致電給我（何自稱），聲明他掌握着日式裝備僞軍有廿萬人，駐在平漢路沿線，負責維護治安，聽候國府命令行事；另有僞滿陸軍大臣臧式毅（與何氏同學日本士官學校）亦致電給我，報告僞滿有日式裝備優良的陸軍四十萬人，願受國府指揮服務。這情形很顯然，二人是想將功贖罪，希望藉此減免漢奸責任。當時我將此事告知陸軍總司令何敬之、代參謀總長程頌雲、軍訓部長白健生等，彼此商量結果，認爲國軍缺乏

運輸工具，一時來不及派遣大量部隊北上接收，唯有利用這些偽軍維持地方秩序，制止共黨活動釀亂，靜候政府整飭，實爲得計。乃召集各有關單位會議，一致決定接納杜、臧的建議。唯軍政部長極力反對收編僞軍，聲言該部沒有這筆預算，大家若贊成收編杜、臧的部隊，軍部不負餉需之責，事乃作罷。你想：將來關內外這六十萬僞軍，一定會被共黨誘惑收容而去，大局前途，豈不岌岌可危嗎？」後來華北一帶共黨勢力梟張，國軍大將孫連仲北上接防，中途被共軍截擊大敗，副軍長馬法五亦被俘，即因華北這些僞軍爲着求生存出路，多投入共軍方面了。至於關外的東北，共黨原無一點軍事基礎，抗戰結束後，營口與山海關皆由國軍駐守，不許携帶武器的人通過的，然共幹張學詩能在東北組織實力强大的「民主聯軍」，即完全係收編僞滿軍所致，日後蛻變爲林彪的四野兵團，初在關外擊潰廖耀湘兵團，繼入關轉戰南北，所向披靡，證明何雪公的預言，信有徵也。

一九四九年秋末，何携眷違難香港，卜居成和道，常與筆者見面。一日他來香港時報社找我，步行至二樓時，要報社工人扶持他上三樓跟我晤談，表示年老力衰，不中用了。我問有何事見教？他說：「外間盛傳傅作義已逃出共區南來香港，將來縱有此事，亦不要在報紙上著文恭維他，這是軍紀問題，亦係做人品格問題，非審愼不可，我就是爲此事來向你招呼一聲啦！」可見他臨老尚能先天下之憂而憂，老成謀國，足資後輩奉爲典型。他一生未曾變過節，所以教我不可對二三其德的叛徒表示贊許。

越年何決定舉家移赴台灣，筆者聞訊馳往成和道何宅送行，何又以其高度智慧告語我道：「我是怵於生計維艱，爲要每月領取交通銀行監察人的公費過活，不得不搬到台灣去，人不去，公費即不能遙領的。你在香港有職業，儘可安心住居此地，不必移動。」我說，香港未必能夠保持多久吧？他以堅定的語氣答道：「香港這地方，既無生產力，又非軍事據點，完全係商業轉輸的自由港口，共產黨要利用這港口扒錢，不會隨便攻取的，若要佔領，徒然增加負担，甚不合算。何況英美的海空軍力量擺在太平洋近傍，旦夕即可反攻收復，共黨何必自尋煩惱呢？萬一世界大戰發生，香港亦沒有吃到原子彈的資格，蕞爾小島，又沒有鉅量的物資可以掠奪，而軍事工業毫無，決不會招致戰禍的。」他這番論斷，當時我並不同意，認爲太過於樂觀了，只是姑妄聽之而已。迄今閱時逾廿餘年，香港依然無恙，果不出何所料，證明他的智慧很高，令人折服。

筆者與何雪公相識垂二十年以上，從未見到他對人表示過疾言厲色，或昂然自大的態度，經常表現着一片和易慈祥的氣宇，令人覺得可親。居常好穿長衫，面帶笑容，不認識他的人，總以爲他是個土紳衿之流，我在南京時，曾笑他穿起長袍，很像裁縫師傅，他輾然不以爲忤。他一生大節不虧，不特始終保持着國民黨人的立場，顚沛造次皆無所更易，即對於蔣總統個人，亦從無貳心，國民代表大會在台灣召集時，罷免副總統李宗仁的議案，就是他主持通過的。何雪公居高位時，對人沒有一點官僚習氣，在野時，亦沒有一點勢利姿態，其人其行，實非現代之名公鉅卿所能望其項背。斯人渺矣，吾誰與歸，擲筆憮然，永歎無旣！

衛立煌（俊如）

衛立煌安徽壽縣人，行伍出身，自幼投入皖人劉和鼎軍中，以士兵漸任至軍曹，迄民國十六年隨軍駐防蚌埠時，劉爲師長，衛已升任團長了。衛在担任軍隊中中級幹部之際，得與保定軍校畢業生何競武相識，旋何受任國民革命軍總司令部副官長，常住南京，衛亦仍駐防蚌埠，更與何交往頻頻，友誼日深。民十七年二次北伐前，中樞爲要鞏固南京的安全，控制津浦路南段，特在蚌埠設置警備司令，擬派何競武兼任司令職務，何力保衛立煌承其乏，理由是衛係皖人，又領兵駐在當地，人地極相宜，亦無須另派部隊入駐了。

衛立煌爲人椎魯無文而勇武盡職，在兼任警備司令期間，對於轄區防務毋怠毋忽，頗著勞績，對何競武特別親近，每遇困難，即乞何爲之籌劃應付，何亦唯力是視以助之。何以革命軍總部副官長地位，多識軍政界高級人物，常爲衛游揚而稱讚其忠勇善戰，使衛的聲名日佳，因而軍職不次升遷，三數年間因參預內戰有功，博得統帥賞識，即由團長、旅長而位臻爲師長了。他以不是軍事學校出身的關係，唯孜孜於練兵作戰，信奉長官，敬愼將事，不加入學派的人事糾紛中，得免別人忌嫉，人皆視爲老粗，樂與周旋？統兵大員多以能指揮衛爲快慰。民國廿二年衛奉豫鄂皖三省剿總命令，進攻皖境共黨根據地金家寨，苦戰數月，終告克復，使盤據當地多年的共黨勢力，掃蕩無存，論功行賞，除擢升衛的軍階外，並由政府明令改金家寨爲「立煌縣」以旌其勳績，而其聲譽即從此傳播遐邇，最高統帥對他亦特加信賴，賞賚有差。他平日自忖讀書無多，智識淺陋，對人絕口不談政治，更不問黨務，僅以職業軍人姿態，安分守己，不預外事。所以，無論衛領軍駐防任何地區，從未有與當地行政或黨務機關發生磨擦糾紛的事情，而與一般高級軍官動則恃勢越位，干預防區黨政事宜的軍閥作風，大異其趣，他之所以獲致上峯特達之知者，亦基於此。

對日抗戰末期，我最高統帥部接受駐華美軍司令兼中國戰區參謀長的建議，成立遠征軍，駐防昆明至緬甸之線，初派陳誠爲遠征軍司令，以內部意見不融洽，陳告辭回渝，乃調衛繼任。所部各個將領皆屬黃埔軍校生中之佼佼者，如黃杰、關麟徵、宋希濂等，均非等常之輩，衛以老粗身份，素無人事恩怨，得以相處甚安。他對於美軍方面，更處處採取妥協合作，少示異議，遠征軍於滇緬路的怒江臘戍一帶，與優勢敵人鏖戰勝利，蜚聲國際間，衛個人信譽達到了最高峯，而金錢所獲亦復不貲，因美方對遠征軍餉項，每月皆有美金津貼也。衛與西南聯大女生韓權華相愛結褵，即係在遠征軍時期遇合的。

抗戰結束後，衛業已擁有軍事方面大員的資歷，且著戰功，最高領袖早已「簡在帝心」。由於戡亂日趨激化，對他倚畀甚殷。適東北局勢緊急，杜聿明以東北軍政官主持大計，未能挽回頹勢，中央統帥部鑑於遠征軍的輝煌戰績，聞鼙鼓而思良將，即以衛担任東北行營主任兼軍政長官，而以杜聿明爲其副手。可是東北戰事却不似當年滇緬路戰役之單純，戰區亦甚遼濶，主持全局的統帥，僅恃能征慣戰的本能，而不知戰畧與政畧互相配合運用，即無成功之望，然衛固不足以語此。當長春撤守，吉林莫保之際，杜聿明所擬作戰計劃，必要時不妨放棄瀋陽，而衛不同意；迨錦江被圍甚急，中樞嚴令衛將廖耀湘兵團星夜馳援錦江，他依然不肯放棄瀋陽，常令前線部隊，分兵回守。以致廖兵團中途被敵人截擊覆沒，錦州亦降敵手，而整個地區的强大國軍，幷未與敵人進行決戰，即告完全崩潰，他自己於聞悉廖兵團失敗消息，即從瀋陽乘坐飛機逃入關內了。最高當局以其指揮錯誤，喪師失地，即將他扣留查辦，旋蔣總統宣告引退，乃把他押解廣州交行營主任宋子文看管，靜候究處。未幾，宋主任亦辭去本兼各職，於離粤之前即將衛釋放，前來香港度其寓公生活，查辦案自然談不到了。

衛携家卜居九龍，初以居室多甲蟲，惡之，倩人施藥消除淨盡，挾其多金，從事商業活動，在香港中環的華人行，租賃寫字樓，設置公司，而與復興銀行的袁某合力經營漁業，頗有損失。嗣聞人言，香港住宅中之甲蟲，稱爲「蟑百萬」，不宜消滅，否則非失財不可。於是，他又用錢向人購買大堆甲蟲，放在家中飼養，充分表現着老粗無知識的本質。他在遠征軍總司令任內，接受美方津貼的軍費不少，個人所得自然不非。二次大戰期間，凡駐在國外的美軍使用的美鈔，都是臨時新印發行的，號碼亦不同，只能在國外流通，不許帶入美國本土的。衛氏當年收受的美金，都是一札一札的叠好，用厚紙條纏住，原封未動，積存盈篋，未曾啓用過，來到香港經營商業後，需錢較多，祗好使用這項美元存欵。詎叠存的美鈔原係新印的，紙上油墨漬未盡乾，經過了幾年的篋中暗藏，受到潮濕與熱氣溶化，竟已黏成整塊，不能逐張分開了，惶急之餘，乃在大熱天氣中，關着房門，督同妻子兒女們，各持電熨斗，慢慢地將那黏結成塊的美鈔，電熨發熱，然後逐張輕輕揭開，再放置乾燥處晾上若干時，纔向外使用。據他的大女兒在香港「新聞天地」雜誌著文談到此事，說他父親每天穿着背心，電熨美鈔，弄得汗流浹背，辛苦非常，殊可哂也。憶對日抗戰時期，四川軍閥劉文輝家中，藏有舊時中國交通銀行發行的票面十元紅色紙幣若干箱，年深月久，忘記使用，迨啓箱檢查，盡已結成堅固的紙餅，沒法揭開了，唯有棄置田野間與草木同腐。衛的大量美鈔，尚能藉電熨斗之力，慢慢揭開使用，算是幸運之至。

衛立煌的知己老友兼恩人何競武，在大陸時始終與衛友好無間，自大陸淪陷後，何舉家移居台灣，後知衛在香港亦常通信問候。越民國四十三年（一九五四年）春，何競武由台灣來港游覽，臨行之前，曾致書衛說明行期，以爲衛必到機場迎接，然抵步時幷未見及衛或其妻兒，蓋何與衛妻韓權華之兄曾任職農民銀行者亦有深交，權華與衛前妻所生兒女，皆與何熟識有素，親密殆若一家人。何到達香港之日，下榻九龍某旅館，立即寫信囑茶房專送衛宅，告以住址，幷約定次晨親往衛寓訪晤，暢話別後。屆時何驅車前往，而傭人告以衛先生已赴香港寫字樓，而衛的妻兒亦無人出而招待。何旋赴香港華人行尋衛，剛踏進電梯，即見衛亦在人叢中，乃呼「俊如」一聲，然反應殊淡漠。何固知道衛的公司是在五樓，電梯升至三樓時，衛即出去了，何以爲衛或有事到三樓找人接洽，自己逕登五樓，迨走出電梯，驀見衛蹣跚從樓下步行而上，表情亦殊勉强，默然點首而已。此時何乃憬悟到剛纔衛乘電梯至三樓即走出，是要避不與何晤面，他以爲何必不知道他的公司在第幾樓，讓其尋找若干分鐘後，他到公司稍坐即外出，使何撲個空，以作尹邢之避面，思之不勝惱怒，即站立在衛的公司門前，對他說道：「俊如，你今天對我這患難之交的老友，表現這種態度，諒必是怕我來問你借錢吧？好，我算交錯了你這個朋友，不必再談了」。返身按電梯下樓而去，衛亦木然未答一語。

自右至左：衛立煌、孫連仲、李宗仁

何競武走出華人行，越想越氣，即赴當時住在香港半山區的舊友熊式輝家，訴述前情，忿忿不平，聲言要寫一本小冊子，把衛一生的醜事宣佈給社會大衆知道。熊再三安慰，說改日由他作東，約同衛與何到廣便飯談談，解釋誤會，免傷友好的和氣。第三天，熊柬約衛夫婦暨何在私宅宴會，何於開宴前，在客廳中當面歷數過去與衛相交，以及幫助他事業發展的一切事實，自從保薦他作蚌埠警備司令起，一直到抗戰時期作遠征軍總司令止，說某年衛找他幫忙某事，某年替衛解決某項困難，某年又給衛進行了某項工作，滔滔不輟，歷歷如數家珍，幷謂熊曰「你可以証明我說的是不是眞實事情？」又問衛道：「我說的這些話，如有虛假，你儘可以根據事實駁復我，反正我們今後沒有朋友之誼了。」衛不答。熊雙方排解，故意替衛圓塲，乃謂：「大概俊如兄近來心情不佳，以致失禮於老友，」衛答：「前天我有些不舒服，感覺頭痛。」於是，熊說：「話講明了，彼此多年的老朋友，沒有甚麽，請吃飯罷，」何競武聲言：「謝謝主人，我另有約，恕不奉陪，我要趕寫一本小冊子，敍述衛總司令一生的許多內幕新聞，公諸社會。」此時衛妻韓權華插言道：「何先生念在跟家兄的交情，小冊子內不必寫我吧？」何沉吟後答言：「好，爲着令兄是我的老友，可以不寫你，」隨即興辭向主人告別出門，立時到香港時報來找到筆者，將上述經過，詳細對我敍述了一遍，餘怒猶未息呢！

衛立煌經營的漁業生意，旋因復興銀行袁某悄然離港他去，留下一筆爛帳，由衛負責淸理，耗損港幣在五十萬以上，即宣告結束了。旣而顧孟餘等在香港組織「民主戰鬥同盟」，衛亦被邀參加，且担任所謂「軍事委員會」主席，可謂滑稽之至。「戰盟」嗣以內部意見參差，終於散夥。未幾，衛接受投共的同鄉人張治中誘惑，秘密回到北平請降，除其妻韓權華同行外，兒女們都不知道。他的大兒子於乃父遄返大陸後，曾由其姊夫趙滋蕃君偕來香港時報見我，表示不贊成乃父的行爲，我勸他不妨到台灣去，升學或作事均可，他却提出條件，先得給一筆生活費，再送他赴美國留學，好像台灣有了他，就可以反攻復國的神氣，我嗤然告趙君：「有其父，即有其子，太可笑了！」趙君亦不以其內弟的狂妄態度爲然，從此我就不再過問他們家的事。衛跑回北平後，除以金作贖刑給「人民」服務外，當然不許亂說亂動，不久即無疾而終了。

衛立煌生平未嘗學問，自幼置身行伍，因緣時會，以之衝鋒陷陣則可，以之綜持方面戰局，作爲指揮大兵的統帥，而不明戰畧政畧乃至戰術爲何事，即未有不僨事者。當年東北戰役之敗亡，固非衛一人所能獨任其咎，內幕情形複雜，一言難盡，宋子文將他放逐於海濱，宜哉！他在海隅流亡時，對人絕口不談當年在東北作戰經過的情形，至其兒女們，除却大小姐與吾湘學人趙滋蕃結褵不久，夫婦偕赴台灣外，餘者皆不知所終了。

王纘緒（治易）

王纘緒四川西充縣人，屬川北地區。該縣產業貧乏，民生瘠苦，文化比較落後，因而一般的巴蜀人士，對西充人每另眼看待。王自幼立志從軍，民初肄業於四川陸軍學校弁目班，期滿投身兵間，展轉得隸川軍楊森帳下，洊任至營長，他爲着表示忠貞起見，曾於全營士兵制服的後背間繡一「森」字，以資識別，頗受楊森嘉許，予以不次的拔擢。迨楊以第二十軍軍長受北洋政府命令兼任四川軍務督理、綰領巴蜀軍民兩政時，王已晉陞爲師長了。

巴蜀自民初以來，直至廿四年中央統一全川止，羣雄割據，戰亂不歇。當楊森督川時，劉湘佔領重慶，整軍經武，與楊對立爭雄，馴致激起戰爭，劉軍循東大道向川西平原進攻，楊遣大軍拒之於簡陽，而以王爲總指揮。詎王在前敵聽受劉湘的策反戰畧，率其所部一師人投降劉軍，而全線乃告崩潰，楊督辦祇好黯然去職。當時有人作詩咏歎是役云：「十萬雄兵下簡陽，一王戰敗一王降；一王遠走夔門外，回首西川淚兩行！」王纘緒歸降劉湘後，升任軍長，與潘文華、唐式遵地位相埒，成爲劉軍的三鼎甲。劉湘對王亦特示籠絡，曾派他兼任四川鹽運使，領兵戍屯自流井一帶，當地大鹽商王德謙擁資雄厚，但拒與官府接觸，對於王運使亦不例外，王惡其無禮，曾將王德謙在自流井的鹽井與鹽灶，一律查封，然德謙仍不屈，終無如之何也。

王纘緒

劉湘統馭將領的方法殊嚴密，所屬各軍的部隊建制系統，隨時變動，而以團爲單位，每個軍長和師長所能指揮如意的，只有警衛連或衛士隊而已。此外，劉在其總部內，又重金聘任密電碼翻譯專家，隨時截取各軍長與外間往來密電，詳加查閱，任何一種密碼皆能譯出。所以，王投入劉湘帳下後，亦就始終如一，盡忠職守，不復見異思遷了。

對日抗戰軍興之際，劉湘統治着全川，擁兵不下二十萬人，但遲遲未出師抗敵，唯有素與劉不相能的川軍將領如楊森、李家鈺等，率部首先出川，抗禦日寇。中樞爲集結全國力量，一致對外計，一面派遣何應欽至重慶，與劉湘舉行會議，協商出師計劃，同時派考試院長戴傳賢入川視察，戴在成都晤及王纘緒，說明中央今後對於各省封疆大吏的遴用原則，將以努为抗戰的軍事將領爲選。於是王乃發表談話，謂川軍抗日應該「速出，多出，分路出！」其言殊雄壯，頗受中央贊許，王所領的一軍人，亦於劉湘決定就任第七戰區司令長官後，全部開拔出川，由兒子王澤濬率赴前線作戰，王本人住在武漢，偶爾回川一行。

未幾，劉湘病逝武漢同仁醫院，巴蜀謠諑朋興，甚至有人說劉係被毒害而死的，人心震動，局勢不安，中央任命張羣爲川省主席，而川軍將領潘文華等昌言反對，省府秘書長鄧漢祥亦表異議。蓋張氏與劉湘因過去川軍的派系對立關係——張是熊克武的一軍系，劉是劉存厚的二軍系——素不協調，張氏怵於歷史恩怨，對川省主席的新使命乃表示不就。最後中央以王熱心抗戰，又係劉湘的幹部，且不似潘文華之生活腐化，染有不良嗜好，爲着安定巴蜀人心，即以王繼任四川主席職務。

王纘緒原無行政經驗，左右又缺乏行政人才，他回川就職後，張羣出任軍委會重慶行營主任，體制上可以管制川省政務的。初時王對張頗思妥協，曾挽請張主任的隨從秘書川人馮若飛，担任川省第一區行政督察專員，而張不許可。因此，王認爲張對他具有成見，無可解消，本其軍人性格，亦對張每多微詞，旁人警告他以疆吏不宜與在朝的大臣反目的利害關係，他亦滿不在乎。不特此也，他對於駐在川康的川軍將領潘文華、鄧錫侯、劉文輝等亦不能善處。這些人常有販運鴉片的行爲，中央且容忍不究，然王對衆宣稱：四川有三大害，非剷除不可，即軍閥，土劣，鴉片烟是也。時川省權紳張瀾（表方）——後來以「民主同盟」主席投共——住在成都，曾專誠趨省府叩謁王主席，而王享以閉門羹，訑訑固拒，張瀾爲之大恨。於是，軍人與土劣烟商大聯合，從事反王運動，最後潘鄧劉諸軍頭，乃以「兵諫」姿態，聯名電請中央撤免王的主席職務。朝中既無人替王說話，地方對王又如此反感，中樞爲避免大後方發生紛擾起見，乃囑王暫以省主席身份，赴前線抗戰，而由國府蔣主席權理川政，王以爲經此一度緩衝後，仍有歸來復職的希望。

王纘緒於民國卅三年由前線遄返四川時，他的主席位置已由張羣接替了，心中不無怏怏之感，旋奉命担任重慶衛戍總司令，尙不寂寞。但到抗戰結束復員後，他在南京廩居一段時期，政府對他幷無安排，繼而兒子王澤濬又在戡亂的徐蚌戰役中，被共軍俘虜，原有部隊亦告消散了，即覺得政府對他太過冷淡，頗懷怨望。越民國卅八年冬，大局惡化，中央任命張羣爲西南軍政長官，王與熊克武等昌言保境安民，似有不贊成國軍在川境作戰之意。當時筆者在海隅閱此消息，躭心王意氣用事，基於老友關係，曾飛函勸其以國事爲重，少作駡座言論，幷盼他出來，他復書固多牢騷，然表示決不叛國。函云；「今晨奉兄廿五日手示，知我愛我，敢不遵囑養靜少言，對症服方，不過弟之駡人，不惟出之本性，且因年來研究佛法，畧得受用，見妖魔滿地，無意間化出金剛像，欲銷其惡業，一片慈悲心耳，初非有意降伏之，既抱大無畏精神，故不計一己利害得失，游戲出之，毫無所謂愛憎煩惱也。既知不能改定業，今後決遵兄示，靜觀足矣。至於四川奇怪事，豈言語文字所得盡者，衆生思想行動，一切顚倒，本不足怪，在明白人看之，立生種種憤怒，在當事人視之，應有之事，一笑置之，……衆生造孽太重，無怪刀兵水火瘟疫饑饉四刼，相繼而來，以警人類，弟從今日起，佈置書房，展開几案，謝却俗客，閉門讀書日久成癖，恐南面王不易也，雖然仍望天下太平，乃能常樂我靜，……」繼聞其與舊日袍澤唐式遵組織四川游擊隊，自任第二路總司令，唐率衆在西康境內與共軍作戰陣亡，而王仍留成都無恙，心竊怪之，嗣後音問隔絕了。共軍佔領成都後，鄧錫侯曾被派爲「市人民政協」代表，而王不預焉。

韓戰發生後第二年，王與一雷姓友人，密謀逃亡，且獲得路條，雙雙來到廣州，轉趨東莞境距深圳不遠地方，潛行偸渡入香港，以語言不同而被巡邏的民兵發覺，送還廣州，旋押解至成都問罪。據說，共黨迫使他跪在文廟後街的自己住宅門前，對路人自認罪該萬死，折辱備至，下塲可想而知。假使他對共黨早有認識，於國軍撤退成都時，決意違難香港或台灣，自屬不成問題。他一生所積金錢，皆交由女壻熊覺夢保管，熊夫婦早已流庽在巴西，王若於韓戰之前出來，生活可無顧慮，迨他逃亡不成而被截回不久，熊覺夢亦在巴西逝世了。

王在巴蜀軍人之中，算是讀過了一些線裝書的，尤其對史書頗爲熟悉，普且能作詩而不失平仄，惜乎雖讀書而氣質未化，熱中於富貴功名心理，特別强烈，然對人接物，又過於任性而缺乏涵養，從政非其所宜，却好用其所短，以致垂暮之年，慘遭奇禍，言念故人，豈勝哀痛！

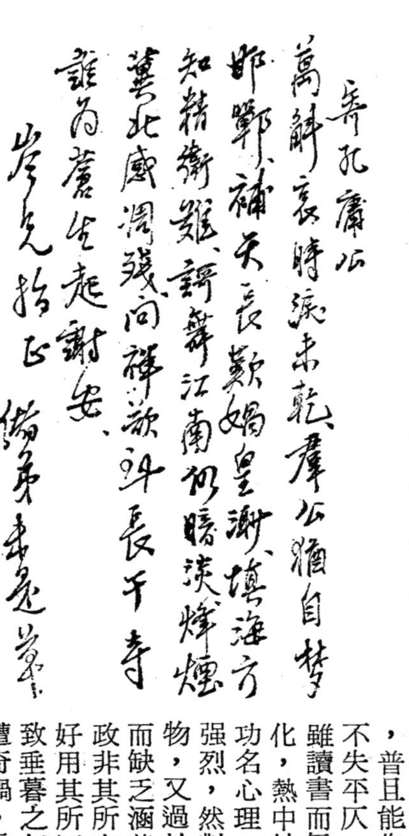

王纘緒手書詩稿

LLOYD

HANDMADE QUALITY

World's proudest, most expensive, elegant, comfortable & durable men's footwear

西德名厰「利來」男裝鞋

飲譽全球·鞋中權威

大人公司 平價市塲 人人百貨 大方公司 來路鞋公司有售

大人小語

·上官大夫·

不嫌其快

美國參予越戰，歷時十二年又二十六日，和約達成協議，以十八分鐘簽署完畢。

簽署的時間不嫌其快，維持和平的時間，唯恐其短。

雪中送炭

鑒於其結束越戰有功，競選諾貝爾和平獎，尼克遜總統已獲正式提名。

與其錦上添花，何如雪中送炭？依我看來，讓基辛格獲得該獎，豈不比尼克遜得到更好？

置之不理

中共釋放之澳洲記者詹姆士趕寫書稿，對致函周恩來杳無回音，甚感失望。

他之致函周恩來，目的在希望得到一封回信藉資宣傳，周恩來偏偏不予理會，詹姆士不免失望！

有敗無勝

越戰結束，參與此戰者無不自稱勝利。

和韓戰一樣，這是一場沒有勝利的戰爭，而眞正的失敗者，則是韓越兩國的老百姓。

軍政並重

世界局勢變化，台灣成爲戰畧重點。

當世人注意台灣的戰畧地位時，不要忽畧了香港的政治地位。

說了一半

港府發表談話，無意管制樓宇地價，以免投資者裹足不前。

這句話祗有一半是眞，爲了種種理由，它其實是唯恐地價不漲。

不愁無人

今年之內，港府將有七個部門的主管人員，掛冠求去。

好在英倫人材濟濟，香港走了七個，可以派來七個，香港走了八個，可以派來八個。

粵語之妙

××大廈大火時，傳聞有人索取開喉費四十萬元。

「開喉」就是「開口」，「放水」亦即「撲水」，粵語之妙，國語、滬語、無此妙語！

圓桌特點

大酒店西菜席，紛紛改用圓桌，一張普通圓桌可坐十二人。珍寶大酒樓之圓桌，可坐二十四人，下月二日之「羅香林聚餐會」，即假該處舉行。

大圓桌之特點乃在席位不分上下而談話方便，我國圓桌歷史達五百年，外國人六十年前方知其妙而舉行第一次圓桌會議。

人與牛之一

新春蒞臨，牛年到來。

終年耕作，任勞任怨，牛之於人，可謂不薄，世人食其肉而復寢其皮，於心何忍？

人與牛之二

牛有牛的性格，人有人的性格。

生而爲人，脾氣不妨似牛，皮張之厚，却萬萬不可似牛。

維持原價

一年以來，各項物價，無一不漲。唯「善長仁翁」，捐欵滿一千元者，仍可刊登「最近玉照」一幀，至於捐欵五百元者，則因「篇幅關係」，恕難遵辦云云。

澳督之言

每逢陰曆新年，澳督必至賭場下注示範。

酒會中澳督致詞，以「恭喜發財」一語結束，聽者深覺其味無窮。

相形之下

新春澳門，發現僞製百元葡幣。

此事當然嚴重，但比賭場中發現僞製百元籌碼，好得多了！

口腔衛生

世界衛生組織發表統計數字，九成歐洲人平時不刷牙。

天天擦牙而口中常吐「三字經」，實亦並不衛生。

易滋誤會

同居四十年之後補行婚禮，新娘一百歲，新郎七十一歲。

婚禮若於三十九年前舉行，可能被人誤作兒子替母親做壽。

情人節之話

陽曆二月十四爲西方情人節，正月元宵則爲中國情人節。

有情人能在一起，片刻有若永恒，天天都是節日！

陳寶琛（一八四八——一九三五）

宣統「帝師」陳寶琛

·高伯雨·

宣統皇帝有很多「帝師」，其中最著名的祇有兩位，英文師傅即是莊士敦，中文師傅就數陳寶琛了。

宣統皇帝溥儀六歲那年，隆裕太后就爲他選好了教書的師傅，欽天監爲他選好了開學的吉日良辰，是宣統三年舊曆七月十八日辰刻，開始讀書。

讀書的書房先是在中南海瀛台補桐書屋，後來移到紫禁城齋宮右側的毓慶宮，也就是光緒皇帝小時候唸書的地方。毓慶宮院子很小，房子也不大，是一座工字形的宮殿，書房就在西邊較大的兩個敞間。

關於宣統的「帝師」，據他自己的描寫，有如下述：

陸潤庠師傅是江蘇元和人，做過大學士，教我不到一年就去世了。教滿文的伊克坦是滿族正白旗人，滿文翻譯進士出身，教了我九年多滿文。和陸、伊同來的陳寶琛是福建閩縣人，西太后時代做過內閣學士和禮部侍郎，是和我相處最久的師傅。陸死後添上教漢文的是做過國子監的徐坊、南書房翰林朱益藩和以在光緒陵前植松而出名的梁鼎芬。對我影響最大的師傅首先是陳寶琛，其次是後來教英文的英國師傅莊士敦。陳在福建有才子之名，他是同治朝的進士，二十歲點翰林，入閣後以敢於上諫太后出名，與張之洞等有清流黨之稱。他後來不像張之洞那樣會隨風轉舵，光緒十七年被藉口南洋事務沒有辦好，降了五級，從此回家賦閑，一連二十年沒出來。直到辛亥前夕才被起用，原放山西巡撫，未到任，就被留下做我的師傅，從此沒離開我，一直到我去東北爲止。在我身邊的遺老之中，他是最稱穩健謹慎的一個。當時在我的眼中，他是最忠實於我、最忠實於「大清」的。在我感到他的謹慎已經妨礙了我之前，他是我唯一的智囊。事無巨細，咸待一言決焉。

「有王雖小而元子哉！」這是陳師傅常微笑着對我讚歎的話。他笑的時候，眼睛在老光鏡片後而眯成一道線，一只手慢慢捋着雪白而稀疏的鬍子。

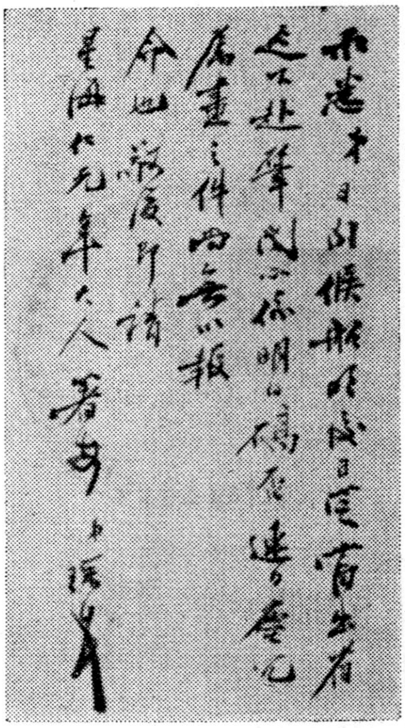

陳寶琛致梁鼎芬函札

更叫我感興趣的是他的閑談。我年歲大些以後，差不多每天早晨，總要聽他講一些有關民國的新聞，像南北不和、督軍火併、府院交惡，都是他的話題。說完這些，少不得再用另一種聲調，回述一下「同光中興、康乾盛世」，當然，他特別喜歡說他當年敢於進諫西太后的故事。每當提到給民國做官的那些舊臣，他總是忿忿然的。像徐世昌、趙爾巽這些人，他認爲都應該列入貳臣傳裏。在他嘴裏，革命、民國、共和，都是一切災難的根源。和這些字眼有關的人物，都是和盜賊並列的。「非聖人者無法，非孝者無親，此大亂之道也！」這是他對一切不順眼的總結論。記得他給我轉述過一位遺老做的對聯：「民猶是也，國猶是也，何分南北？總而言之，統而言之，不是東西。」他加上一個橫批是：「旁觀者清。」他在讚歎之餘，給我講了臥薪嘗胆的故事，講了「遵時養晦」的道理。他在講過時局之後，常常如此議論：「民國不過幾年，早已天怒人怨，國朝二百多年深仁厚澤，人心思清，終必天與人歸。」

朱益藩師傅教書的時候不大說閑話，記得他總有些精神不振的樣子，後來才知道他很愛打牌，一打一個通夜，所以睡眠有點不足。他會看病，我生病有時是請他看脈的。梁鼎芬師傅很愛說話，他與陳師傅不同之處是說到自己的地方比陳師傅要多些。有一個故事我就聽他說過好幾遍。他在光緒死後，曾發誓要在光緒陵前結廬守陵，以終晚年。故事就發生在他守陵的時候，有一天夜裏，他在燈下讀着史書，忽然院子裏跳下一個彪形大漢，手持一把雪亮的匕首，闖進屋裏。他面不改色地問道：「壯士何來？可是要取梁某的首級？」那位不速之客被他感動了，下不得手。他放下書，慨然引頸道：「我梁某能死於先帝陵前，於願足矣！」那人終於放下匕首，雙膝跪倒，自稱是袁世凱授命行刺的，勸他從速離去，免生不測，他泰然謝絕勸告，表示決不怕死，這故事我聽了頗受感動。我還看見過他在崇陵照的一張像片，穿着清朝朝服，身邊有一株松樹。後來陳寶琛題過一首詩：「補天同日手何如？冠帶臨風自把鋤，不見松青心不死，固應藏魄傍山廬。」他怎麽把終老於陵旁的誓願改爲「不見松青心不死」，又怎麽不等見松青就跑進城來，我始終沒弄明白。

當時弄不明白的事情很多，比如，子不語怪力亂神，但是陳師傅最信卜卦，並爲我求過神簽，向關帝問過未來祖業和我自己的前途；梁師傅篤信扶乩；朱師傅向我推薦過「天眼通」。

我過去曾一度認爲師傅們書生氣太多，特別是陳寶琛的書生氣後來多得使我不耐煩。……

以上都是宣統對於他幾位師傅們的特寫，特別是陳寶琛，屬於「帝師」中的穩健派。例如康有爲死後，有人爲康請謚，陳寶琛和鄭孝胥便都表示反對，陳說：康有爲宗旨不純，曾有保中國不保大清之說，且當年忤逆孝欽太皇太后，罪不可赦，何能賜謚？陳並表示以後少賜謚爲妥，但陳在死後，宣統還賜謚文忠，追贈太師，以示悼念，不過這已是陳寶琛的身後是非，陳自已都管不了哩！

宣統在天津靜園時期，日本人多方面請宣統到東北去，陳寶琛就說：「天與人歸，勢屬必然，光復故物，豈非小臣終身之願，惟局勢混沌不分，貿然從事，只怕去時容易回時難！」還是一派穩健語氣；所以宣統到了旅順，兩月後，陳也

李宣龔（拔可）題陳寶琛為梁鼎芬畫松

復物從黃紗逗真歲寒端是後凋身參天誰識臣心苦淚盡崇陵種樹人　挹水垂老悵空泥是
長稱慳紙尾題鐵石也隨陳迹改攀髯有路已同躋　聞諸海藏宿時南歸曾見此畫因索卿未能不縱數字
而不知是亦食其齋一段掌故也　癸未大寒墨巢李宣龔時年六十有八

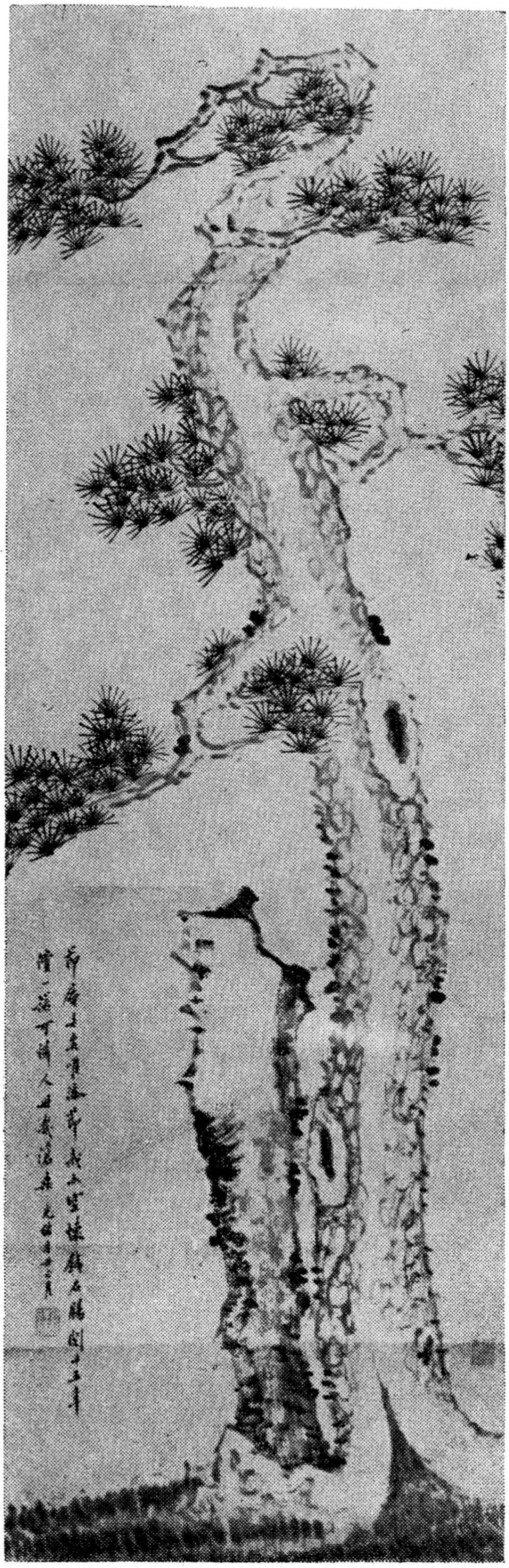
陳寶琛為梁鼎芬畫松（定齋藏）

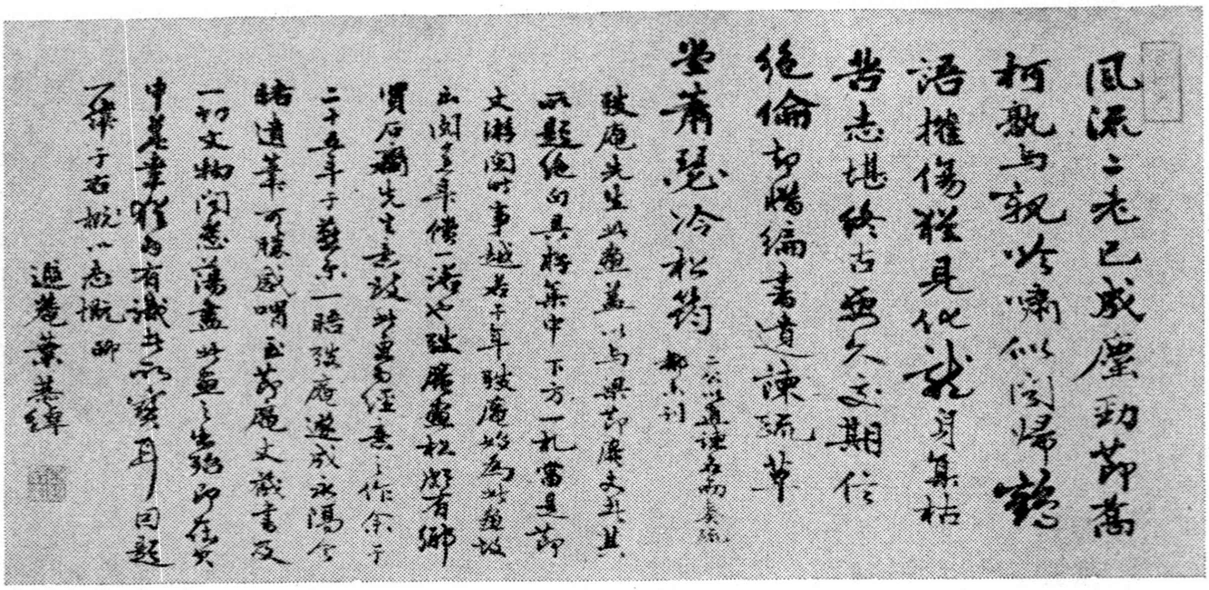

葉恭綽題陳寶琛畫松

去過一次旅順，祇見了宣統兩面，住了兩宵就被宣統左右的鄭孝胥、羅振玉他們攆了回來，宣統那時候熱中做皇帝，對陳師傅有八個字的考語是「忠心可嘉，迂腐不堪！」所以陳寶琛始終沒有去過「滿洲國」。

陳寶琛寫給梁鼎芬這幅畫，冒鶴亭題詩所謂「堂堂閩粵兩文忠」，也是很有趣的。梁鼎芬死于民國八年，陳寶琛死于民國廿四年，兩人死後都諡爲文忠，雖屬僞諡，也算巧合，福建陳文忠爲廣東梁文忠畫松，可說是藝壇掌故一宗珍品了。

閩之文忠陳寶琛和粵之文忠梁鼎芬，兩人皆出身翰林，工詩文，他們的詩詞都做得極好，若以官職之大來講，陳的官比梁還大些，他們一個是同治七年戊辰（一八六八年）翰林，一個是光緒六年庚辰（一八八〇年）翰林，皆官編修，陳比梁早入翰苑十二年，故爲梁的老前輩。翰苑書法號稱館閣體，但這兩人的書法都能放縱，沒有館閣氣味，尤其是梁鼎芬的字寫得更可喜，在這方面他畧勝於陳。他們一生有相同之處頗多，同在廿一歲入翰林，且係少年得志。同是爬得高跌得亦快，同在甲申年降官；微有不同的，就是梁鼎芬後來爬起來比陳寶琛快許多，那是因爲當時陳是清流黨，在朝廷中今日抨擊此人，明日又攻訐那人，令到執政諸公討厭非常，李宣龔詩中注語，謂張之洞不敢在此畫中題幾個字，那就是恐怕涉及黨同之嫌。這是張之洞善于做官而又沒有大臣骨氣之故；當光緒廿五年西太后欲廢立，事前徵求兩江總督劉坤一、湖廣總督張之洞有何意見？劉密奏中有「君臣之義已定，中外之口難防」等語，而西太后爲之氣沮。張則學徐勣口吻「此乃陛下家事，何必問人」，論者謂張似乎有失大臣風度。

陳寶琛爲梁鼎芬作此畫時，年已五十四五，在他的作品中算是中年時期之作，葉恭綽說他畫的松，頗有其鄉賢黃石齋意致，說得很對。陳寶琛一生作畫皆以爲松寫照居多，無論在隱淪或顯赫時期，都喜「獨沽一味」，殆亦以「歲寒松柏」自況，這也是有一段故事可說的。

光緒八年壬午（一八八二年），陳寶琛以侍講學士簡江西鄉試正考官，副爲翰林院編修黃彜年，丙子進士，商城人，而江西學政則爲其同年友洪鈞，號文卿，同治七年戊辰狀元，寶琛與之同榜，亦即賽金花的第一任丈夫。洪以學政身份入闈監臨，兩人同論取士之風，洪鈞主張取才華英發之士，這才合春風桃李之旨，年青人有遠大前程也。寶琛不以爲然，謂士以「

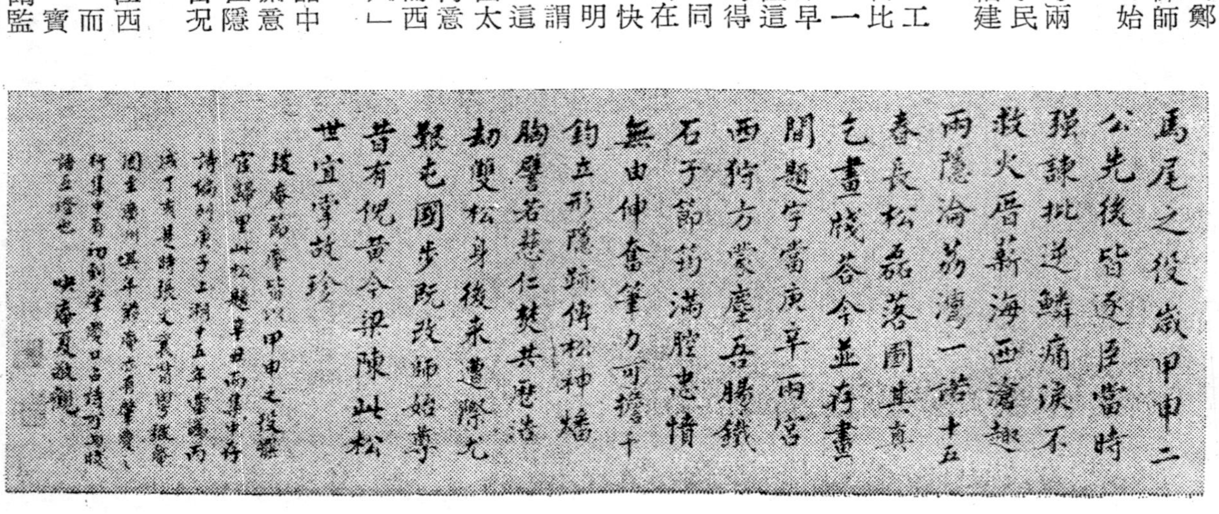

夏敬觀題陳寶琛畫松

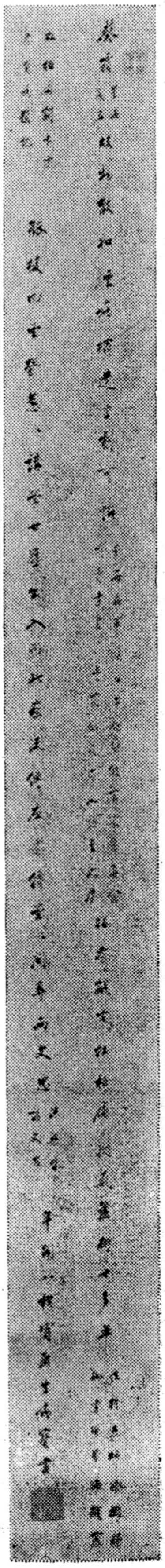

冒廣生（鶴亭）題陳寶琛爲梁鼎芬畫松

歲寒松柏」，才是國器，於是首場即以「子曰歲寒然後知松柏後凋」命題。是科陳三立（散原、衡恪之父）中式，爲寶琛最得意之弟子，三立八十生日，寶琛贈詩首句有「平生相許後凋松」，即隱記前事也。

陳寶琛是福建閩縣人，同治十年辛未散館授編修，即在翰林院供職。光緒元年乙亥，大考翰詹，獲二等，記名遇缺題奏，做江西考官後轉侍讀學士，簡江西學政；其時洪鈞已任滿，下一年陳升內閣學士，已是從二品大員了，從大考至此，不過九年，即以七品的編修而至此，陞遷甚速，梁鼎芬是望塵莫及的。光緒十年中法戰爭，陳寶琛與張佩綸、吳大澂同受命參軍務，陳會辦南洋，時南洋大臣兩江總督是曾國荃，與陳意見不洽，多所制肘，未能有所展布。後來因爲唐烱、徐延旭是陳寶琛保舉的，交部嚴加議處，其時徐是廣西巡撫，唐是雲南巡撫，因督師失敗均獲重譴，部議將陳寶琛降五級調用。從此陳即回故鄉，築滄趣樓隱居，優游林下者二十餘年，到宣統元年，張之洞居政時，力荐其可用，奉召入都補原官。宣統三年授山西巡撫，後以爲宣統教學，未赴任即開缺，以侍郎候補，入直毓慶宮，授正紅旗漢軍副都統。在宦運上來講，他是比梁鼎芬旺許多的。陳寶琛晚年身體極健康，遊山玩水，無老年人病態，享年八十八，以小病俄然逝世，與梁鼎芬轉輾病榻二年，且僅得六十，子孫不昌，命運亦不及「老前輩」遠矣！

冒廣生的題詩中，說梁鼎芬臨死時，囑付他的兒子梁劬，切勿做官那幾句話，梁劬的確謹守遺教，他確乎沒有做過什麼官，因爲他什麼事都不做，初時只賣家藏書畫，賣完後就要靠一班世叔伯援濟，而此輩人中，有不少是民國的大官，而近二十年，他還是靠葉恭綽養在家裏，直至七十多歲才死。梁鼎芬死後的「卹典」，賞給梁劬「乾清門三等侍衛」，那是宣統的名譽侍衛官，祇是個虛銜而已！

陳寶琛之往廣州游歷，是光緒十三年丁亥（一八八七年）四月，應張之洞邀請而來的。因爲正二月間，福州船局委員魏瀚到廣州與之洞商量造船事，歸時，之洞託其帶信面交。陳到後，住衙齋兩月。恰好是年三月，之洞聘梁鼎芬爲肇慶端溪書院山長，梁請陳作畫當在此時。夏敬觀文中謂「當爲丙戌、丁亥」，誠是也。寶琛畫松後題詩云：

節菴老矣唯添節，我亦空懷鐵石腸。
閱十五年償一諾，可憐人世幾滄桑。
光緒辛丑三月。
（下蓋朱文「鐵石道人」印）

畫未署上下款，故裝裱時，附以畫者一函，今亦錄後：

示悉。弟日內候船，明後日定當出省。

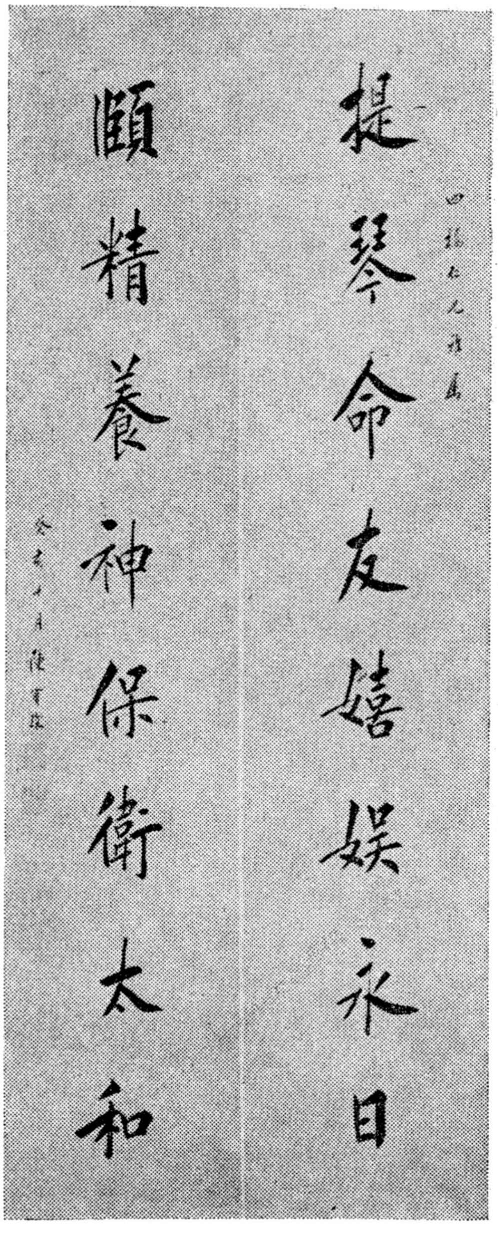

陳寶琛書八言對聯（賫子彬先生藏）

足下赴肇，聞亦係明日，確否？連日塵冗，屬畫之件，尚無以報命也。敬復，即請星海仁兄年大人著安，弟琛頓首。

有關畫中的人物，除梁鼎芬外，畫者和題詠的人，我都相識，以葉恭綽、夏敬觀爲最稔，其次爲李宣龔、冒廣生，陳寶琛則見過兩三次面而已。諸人中以梁鼎芬最先死，其次是陳寶琛，再次爲夏敬觀、李宣龔、冒廣生，而葉恭綽最後死，死時八十八歲，與陳寶琛同年歲。今將各家題字分列于後，以便讀畫者參閱。

葉恭綽題

風流二老已成塵，勁節喬柯孰與親，
吟嘯似聞歸鶴語；摧傷猶見化龍身，
集枯苦志堪終古；要久交期信絕倫。
却惜編書遺諫疏，草堂蕭瑟冷松筠。
（二公以直諫名，而奏疏都未刊。）

弢庵先生此畫，蓋以與梁節庵丈者，其所題絕句，具存集中。下方一札，當是節丈游閩時事，越若干年，弢庵始爲此畫，故云「閱十五年償一諾」也。弢庵畫松頗有鄉賢石齋先生意致，此畫爲經意之作。余于二十五年于燕京一晤弢庵，遂成永隔，今睹遺筆，可勝感喟。至節庵丈藏書及一切文物，聞悉蕩盡，此畫之出，殆即在其中，差幸猶爲有識者所寶耳。因題一律于右，聊以志慨。遐菴葉恭綽。（下蓋白文「恭綽長壽」印）

李宣龔題

俊物倪黃妙逼真，歲寒端是後凋身。
參天誰識臣心苦，淚盡崇陵種樹人。
抱冰垂老憶雲泥，憂畏猶慳紙尾題。
鐵石豈隨陳迹改，攀髯有路已同躋。

闓諸海藏，當時南皮曾見此畫，因熏錮未弛，欲綴數字而不果，是亦食魚齋一段掌故也。癸未大寒墨巢李宣龔，時年六十有八。（下蓋白文「李宣龔印」、朱文「約堂所作」二印）

冒廣生題

葵霜（星海閣名）故物散如烟，病榻遺言劇可憐。（星海垂革，囑公子劬勿做官，家貧無食，則賣書畫，書畫賣完，餓死可也，語至沉痛）猶有歲寒松柏扁，收藏篋衍十多年（往于京師冷攤，得御書賜星海「歲寒松柏」扁額，下方有自爲題記）觚稜回望鬱葱葱，講學廿盤出入同。此畫流傳應有價，堂堂閩粵兩文忠。（陳梁皆謚文忠）年開八秩冒廣生病腕書。
（下蓋白文「冒廣生印」）

夏敬觀題

馬尾之役歲甲申，二公先後皆逐臣。
當時強諫批逆鱗，痛淚不救火曆新，
海西滄趣兩隱淪，荔灣一諾十五春，
長松磊落圖其真，乞畫箋答今幷存。
畫間題字當庚辛，兩宮西狩方蒙塵，
吾腸鐵石子節筠，滿腔忠憤無由申。
奮筆力可扛千鈞，立形隱跡傳松神，
燔胸譬若慈仁焚，共歷浩劫雙松身。
後來遭際尤艱屯，國步既改師始尊，
昔有倪黃今梁陳，此松世宜掌故珍。

弢菴節菴，皆以甲申之役罷官歸里，此松題辛丑，而集中存詩編列庚子，上溯十五年當爲丙戌、丁亥，是時張文襄督粵，弢菴因至廣州，其年節菴亦有肇慶之行，集中有初到肇慶口占詩，可與牋語互證也。吷庵夏敬觀。（下蓋白文「吷庵書畫」、「夏敬觀印」二印。）

梁鼎芬死後，陳寶琛輓以聯曰：

一死何之？魂魄固應依帝所；
卅年相愛，衰殘猶得送君歸。

附刊陳寶琛書聯，作于民國十二年癸亥，係爲孟河費子彬先生所書，下蓋白文「太傅之章」。費先生號四橋，當時供職北平，由王仁堪之子王孝緍代求，按七言對聯潤例致送筆金，陳寶琛以彼此熟識，加贈一字，爲八言對聯以示優待，其事至趣，距今亦五十年矣。

鴉路 KENT幼花恤

令你風度翩翩，優雅出衆

今年美國最時興最受歡迎的恤衫，
就是鴉路"KENT"幼花恤色澤淡雅，花款細緻，
高領背，長領尖，裁剪貼身合度，免燙熨，不縮水，不退色.
無論何時何地，穿着鴉路"KENT"幼花恤，
令你風度翩翩，優雅出衆.

「鴉路」尚有COLLAR MAN, GETAWAY, KNIT
及MACH II等各款花恤，適合任何年齡及身材.

着鴉路恤確係高人一等嘅！

Arrow

成功人士的恤衫

N-064

曾國藩談書道

・黎正甫・

曾氏祖孫 何氏兄弟

在祝嘉編著的「中國書學史」中，清朝書學名家列有曾國藩及其弟國荃，子紀澤，孫廣鈞。雲嶽樓筆談云：「國藩平生於書博習窮擅，未嘗少懈，欲合剛健婀娜以成體。然秉性凝重，筆亦隨之，故終以剛健勝。國荃專意率更，腕空筆實，方整有疏宕之美。紀澤書功最深，所資亦最博，惟筆力稍弱，不能副志。廣鈞書宗率更，稍參北碑，以廓其勢，遒整方峻，晚而益和。」曾氏祖孫三代皆以書學名家。國荃、紀澤之成名，皆由於國藩平日教導有方，觀其家書家訓，可以知之。

何紹基兄弟與曾國藩相交甚善，他們談論書學詩學頗相投契。何紹基謂曾國藩於字學眞知大源，並勉勵他切勿暴棄。曾國藩說：「天下萬事萬理皆出於乾坤二卦。即以作字論之，純以神行、大氣鼓盪，脈絡周通，潛心內轉，此乾道也。結構精巧，向背有法，修短合度，此坤道也。凡乾以神氣言，凡坤以形質言。禮樂不可斯須去身，即此道也。樂本於乾，禮本於坤。作字而優遊自得，眞力彌滿者，即樂之意也。絲絲入扣，轉折合法者，即禮之意也。」（見道光二十二年九月十八日致諸弟書）。他偶與何紹基談及此，何紹基深以爲然，並說他生平得力盡在於此。何紹基之弟紹祺長於五事，欲有所傳於後世，曾國藩亦稱其字必得千古無疑。

道光二十三年（一八四三）是曾國藩的祖父玉屏公七十大壽。國藩在京作壽屏二架；一架淳化箋四大幅，即何紹基撰文並書，字有茶碗口大；另一架冷金箋八小幅，係吳子序撰文，由曾國藩自書。淳化箋係內府用紙，紙厚如錢，光彩耀目。紹基字亦甚古雅。惜太大，不能寄回家云。（見道光二十二年十二月二十日家書）。

作字用筆 貴有氣勢

曾國藩自述於道光二十二年初，改臨智永千字文帖，不復臨顏、柳二字帖，以不合時宜之故。自道光二十四年七月初一日起，每日臨帖百字，鈔書百字，無一日間斷。其父竹亭嘗教他寫字不宜斜脚，他在家書中表示己力除此弊。自六月起，「無論行楷大小字，皆懸腕懸肘，是以力足，而不精緻。」他以爲寫字要力足，須將肘腕懸起，握管要高。他因握管低，終身吃虧。故教導他的兒子紀澤，執筆不可太近毫，須握於管頂，而後筆勢鬆活，不致拘束。他又指出他的三弟所寫的字，筆筆無勢，局促不能遠縱。

他說：「凡作字總須得勢，使一筆可以走千里。」（見道光二十三年六月六日家書）。又說：「作字之道，點如珠，畫如玉，體如鷹，勢如龍，四者缺一不可。體者，一字之結構也。勢者，數字數行之機勢也。」（見辛酉七月日記）。「寓沉雄於靜穆之中，乃有深味。雄字須有長劍快戟龍拏虎踞之象，鋒芒森森，不可逼視者爲正宗。」（見辛酉十二月日記）。又於同治元年七月，他讀孫子「鷙鳥之疾，至於毀折者，節也」句，而悟作字之法亦有所謂節者。蓋無勢則節不緊，無節則勢不長。「出筆宜顚腹互用，取勢宜斜正並見。用筆之顚則取正勢，有破空而下之勢，用筆之腹則取斜勢，有骫屬蹁躚之象。」（見甲子十二月日記）。

作書有橫有直，筆法不同。他說：「思偃筆多用之於橫，抽筆多用之於豎。豎法宜努抽並用，橫法宜勒偃並用。又首貴有俊拔之氣。後貴有自然之勢。」同治五年四月他悟「北海」（李邕）上取直勢，下取橫勢，左取直勢，右取橫勢之法。大約直勢本於秦篆，橫勢本於漢隸。直勢盛於右軍，暨東晉諸帖，橫勢盛於三魏諸碑。唐初歐公用直勢，褚公用橫勢，李公則兼用二勢。余作字不專師一家，終無所成。定以後楷書學虞、劉、李、王，取橫勢，以求自然之致，利在稍肥。行書學張、歐、黃、鄭，取直勢，以盡睨視之態，利在稍瘦。二者兼營並進，庶有歸於一條鞭之時。」（見丙寅八月日記）。

作字換筆 間架墨色

曾國荃，字沅浦，生於道光四年，小國藩十四歲，年方弱冠，即精於楷書。曾國藩讚揚他說：「九弟來書，楷法佳妙，余愛之不忍釋手。起筆收筆皆藏鋒，無一筆撒手亂丟，所謂有往皆復也。」其書法佳妙如此。國藩更進一步教導他二事：「一曰換筆，古人每筆中間，必有一換，如繩索焉。第一股在上；一換，則第二股在上；再換，則第三股在上也。筆尖之着紙者僅少許耳。此少許者，吾當作四方鐵筆用，起處東方在左，西方在右，一換則東方向右矣。筆尖無所謂方也，我心中常覺其方。一換而東，再換而北，三換而西，則筆尖四面有鋒，不僅一面相同矣。二曰結字有法。結字之法無窮，但求胸中有成竹耳。」（見道光二十四年三月二十日家書）。他又說：「寫字之中鋒者，用筆尖着紙，古人謂之蹲鋒，如獅蹲、虎蹲、犬蹲之類。偏鋒者，用筆毫之腹着紙，不倒於左，則倒於右，當將倒未倒之際，一提，則成蹲鋒。是用偏鋒者，亦有中鋒時也。」（見咸豐八年十二月十三日家訓）。

後來曾紀澤二十一歲時亦問作字換筆之法，國藩答覆他說：「凡轉折之處如」乚「ㄱ之類，必須換筆，不待言矣。至並無轉折形迹，亦須換筆者，如以一橫言之，須有三換筆；以一直言之，須有兩換筆。捺與橫相似，特末筆磔處更顯耳。撇與直相似，特末筆更撇向外耳。凡換筆以小換圈識之，可以類推。凡用筆須畧帶欹斜之勢，如本斜向左，一換筆則向右矣。本斜向右，一換筆則左向矣。舉一反三，爾自悟取可也。」（見咸豐九年八月十二日家訓）。

曾紀澤的字勢流美，天骨開張，惟間架有太鬆之處。曾國藩勉勵他應在此方面加功說：「大概寫字只有用筆結體兩端。學用筆，須多着古人墨蹟。學結體，須用油紙摹古帖。此二者皆決不可易之理。小心寫影本，肯用心者，不過數月必與其摹本字相肖。吾自三十時已解古人用筆之意，只爲欠却間架工夫，便爾作字不成體段。生平欲將柳誠懸、趙子昂兩家，合爲一種，亦爲間架欠工夫，有志莫遂。爾以後當從間架用一番苦工，每日用油紙摹帖，或百字，或二百字，不過數月，間架與古人逼肖，而不自覺。能合柳、趙爲一，此吾之素願也。不能，則隨爾自擇一家，但不可見異思遷耳。」（見咸豐九年三月初三日家訓）。不到一月，紀澤所寫書譜叙，給李少荃、李次青及許仙屛看到，都讚美他：「鈎聯頓挫，純用孫過庭草法，而間架純用趙法，柔中寓剛，綿裏藏針，動合自然。」曾國藩亦大爲欣慰。他以爲用油紙摹字，若常常爲之，間架必大進。

曾國藩自述；「四十歲以前，在京所作之字，骨力間架皆無可觀，常自媿而自惡之。四十八歲以後，習李北海嶽麓寺碑，畧有進境，然業歷八年之久，臨摹已過千紙，故不能速成。近歲在軍中，不甚思索，但每日筆不停揮，除寫字及辦公事外，尚習字一張，不甚間斷，專從間架上用心，而筆意筆力與之俱進。十年前胸中之字，今竟能達之腕下。」（見辛酉二月日記）。可見習字，貴有恆心。

另外作字須講究墨色，曾國藩又說：「古來書家無不善使墨者，能令一種神光活色浮於紙上，固由於臨池之勤，染翰之多所致，亦緣於墨之新舊濃淡，用墨之輕重疾徐，皆有精意運乎其間，故能使光氣常新也。」（見咸豐八年八月二十日家訓）。

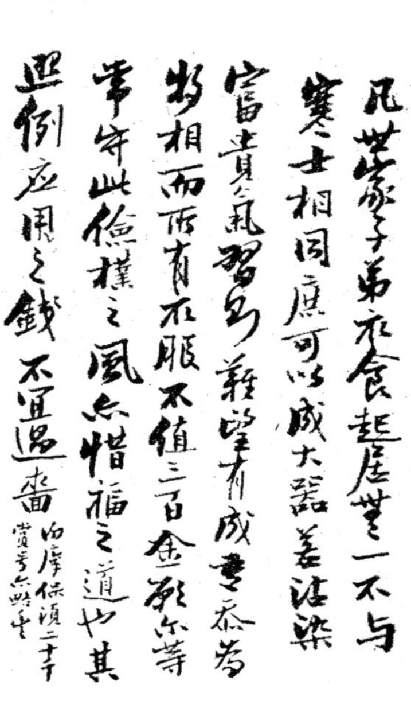

曾國藩諭子紀鴻書（同治元年五月）

作字宜求敏捷圓勻

曾國藩於少時作字，不能臨摹一家之體，遂致屢變而無所成，遲鈍而不適於用。後來在軍中，因作字遲鈍，廢閣殊多，每引爲恥。故勉勵其子云：「至於寫字，眞行篆隸，好之切不可間斷一日，既要求好，又要求快。余生平因作字遲鈍，吃虧不少。爾須力求敏捷，每日能作楷書一萬則庶幾矣。」（見咸豐八年七月廿一日家訓）。「凡作一事，無論大小難易，皆有始有終。作字時，先求圓勻，次求敏捷。若一日能作楷書一萬，小或七八千，愈多愈熟，則手腕毫不費力。將來以之爲學，則手銘羣書；以之從政，則案無留牘，無窮受用。此皆從寫字之勻而且捷生也」。（見咸豐八年八月二十日家訓）。

師法前賢　困知勉行

習字須先臨摹古帖，但書法名家很多，各有特色，學者從何入門？如何選擇？請看曾國藩的意見。他說：「大約書法不外義獻父子。余以師義不可遽幾，則先師歐陽信本。歐陽不可遽幾，余以師則先師李北海。師獻不可遽幾，則先師虞永興。師虞不可遽幾，則先師黃山谷。二路並進，必有合處。杜陵言：書貴瘦硬，乃千古不刊之論。」（見辛酉四月日記）。「閱皇甫碑，識得歐字意思，知顏柳之硬，褚歐之瘦，學書者不可不領畧也。」（見己亥五月日記）。

歷代書家，大別之，有南北兩派，而元代的趙孟頫（子昂），則兼兩派之長。曾國藩說：「趙文敏集古今之大成，於初唐四家內，師虞永興，而參以鍾紹京，因此以上窺二王，下法山谷，此一徑也。於中唐師李北海，而參以顏魯徐季海之沉着，此一徑也。於晚唐師蘇靈芝，此又一徑也。由虞永興以溯二王及晉六朝諸賢，世所稱南派者也。由李北海以溯歐褚及魏北齊諸賢，此所稱北派者也。學書須窺二派之所以分，南派以神韻勝，北派以魄力勝。宋四家蘇黃近於南派，米蔡近於北派。趙子昂欲合二派而滙爲一。從趙法入門，將來或趨南派，或趨北派，皆可不迷於所往。」（見咸豐九年三月二十三日家訓）。

曾國藩自述其學書經歷云：「余老年始畧解書法，而無一定規矩態度，仍歸於一無所成。今定以間架師歐陽率更，而輔之以李北海豐神；師虞永興，而輔之以黃山谷用墨之鬆秀；師徐季海所書之朱巨川告身，而輔之以趙子昂天冠山諸種；庶乎其爲成體之書。」（見辛酉四月日記）。

他常自謙聰明遲鈍，而其成就都由勤勉而來。嘗云「余於凡事皆用困知勉行工夫。……每日習柳字百個，單日以生紙臨之，雙日以油紙摹之。臨帖宜徐，摹帖宜疾。專學其開張處，數月之後，手愈拙，字愈醜，意興愈低，所謂困也。困時切莫間斷，熬過此門，便可少進，再進再困，再熬再奮，自有亨通精進之日。不特習字，凡事皆有極難之事，打得通的，便是好漢。」（見同治五年正月十二日家訓）。這是曾國藩教人學書之道，也是作事之法。他對於書學，困知勉行，故能博習窮擅，自成一家。

白雲觀大門

白雲觀和高道士

林熙

北京陰曆新年中最平民化的游樂，莫過于到白雲觀去會神仙，因爲正月十九是所謂「燕九節」，是丘處機的生日。自元朝以來，京城士女必往西直門外的白雲觀拜丘祖，俗名就稱爲「會神仙」。後來漸漸熱鬧，便有人在這一帶地方占卦算命，和香港黃大仙那樣游人擠個水洩不通。游黃大仙「求籤」，是香港人在新正一個去處，但黃大仙的名氣不如丘眞人、白雲觀那麽响亮，也未經過海內詩人墨客的品題，當然不能同白雲觀媲美了。近人王言一曾作「白雲觀廟市記」，是頗有趣的記事，它說：

十八日爲會神仙之日，白雲觀內最有趣味最熱鬧的一天，俗傳是夕，必有神仙下降。神仙們照集神仙之大成的中國人說法，向來是不輕易現露本相的，他們下臨人世的時候，或化爲縉紳，或化爲乞丐，或變成老嫗，或變成童稚，唯有緣者能遇之。這晚，神仙們也不會例外，雖然到現在還沒有人知道變化成什麽人物，一般迷信男女，和不迷信男女，如富室姬妾、紈袴子弟、下流痞氓，率宿于觀中，徹夜不眠，有的在牀上轉輾反側，有的在偏僻地方躲藏，期與神仙一晤，謂之「會神仙」。有些老道們喜作狂態奇行，假冒神仙，以釣衆愚，迷信男女們除了會着這般神仙外，不知會看着眞神仙沒有？不迷信的男女，都抱着「醉翁不在酒」之意，因此往往發生了風流趣聞，成就了男女好事，將一座梵王宮當作了楚陽台，其樂不減于會神仙，會神仙是其假借的名義也。……十九日爲長春眞人誕辰，觀爲丘祖闡教之地，是日亦爲一重要紀念日，凡善士檀越，好黃白之術者，往往不遠千里而來，進香上供。俞曲園「茶香室三鈔」說：「此日僧道輻輳，凡聖溷集，勳臣內戚，凡好黃白之術者，咸游之，訪丹訣焉。」可見此日盛況。此風今日稍替，在昔每有不少官富人等在此日散錢布施，動輒耗數萬，此類豪舉，今日無有矣，即連到處求錢的乞丐也沒人理會得，亦人心不古之一證歟？……觀內商販多設席棚，賣食物與玩具者最多，以小漆佛爲最有名，游者多樂購之，藉留游觀紀念。

這是記白雲觀會神仙的盛況，其時約爲一九三三年前後，距今亦將四十年了。

自元朝以迄清代，題白雲觀的詩眞是多如牛毛，最有趣的是清初以作「桃花扇」著名的孔尚任在燕九日雅集一事了。康熙三十二年癸酉（公元一六九三年），他和朋友九人集陳健夫書齋，以庾信詩「結客少年塲，春風滿路香」句爲韻，每人作詩十首，集爲「燕九竹枝詞」。孔尚任的第一首云：

春宵過了青燈滅，剩有燕京燕九節。
才走星橋又步雲，真仙不遇心如結。

同作八人是：陳健夫、袁啓旭、蔣景祁、陸文嘉、周茲、柯煜、王位坤、曹源鄴。

這個有九百年歷史的地方性佳節，明人所著有關北京風土的書，如劉侗的「帝京景物畧」，沈德符的「萬歷野獲編」、劉若愚的「酌中志」，都有說及白雲觀，而蔣一葵的「長安客話」（作于萬曆年間，比「帝京景物畧」一書作成時期還要早數十年）說得更詳盡。它說：

元時太極宮即此（白雲觀）。內有丘眞人蛻跡。眞人名處機，字通密，登州人。家爲金編氓，年十九，從終南重陽祖師游。金世宗召至中都，講道于長春松島浮玉亭，後還終南。元太祖即位，遣近臣劉仲祿安車蒲輪，聘至雪山之陽，設二帳于黃幄東，以便顧問。大暑節欲保躬，天道好生惡殺，治尚無爲清淨之理。太祖大悅，請作醮事，焚簡飛空，五鶴翔舞，賞賚甚厚，眞人悉辭不受，時壬午歲也。癸未（壬午、癸未爲公元一二二二年、二二三年，即宋寧宗嘉定十五、十六年），乞還燕，居太極宮。丁亥，易宮額曰長春，從眞人號也。其年六月，太液池竭，北口山摧，眞人曰：「吾將與之俱乎！」留頌而逝。世祖至元己巳（六年，公元一二六九年），詔贈長春演教道主眞人，我太宗、仁宗嘗爲之新其堂宇，駕屢幸焉。……眞人既逝之明年，其徒清和尹宗師于觀內構處順堂，置幽宮以藏仙蛻。四月堂成，七月九日營葬禮。啓棺而視，容色如生，觀者傍午，咸謂眞神仙云。

根據此說，今假定丘處機是死於宋理宗寶慶三年丁亥（公元一二二七年元太祖即位之二十二年）六月的，則他死時不過八十歲，在「仙家」中并不算長壽。該書又說：「眞人生于金皇統八年戊辰正月十九日。」皇統八年爲公元一一四八年，宋高宗紹興十八年，與潘榮陛的「帝京歲時紀勝」說合（潘書只記其生年，無死年）。

蔣一葵說到明代燕九之盛有云：

自元以來，歷數百年，京畿黎庶，每于是日致漿祠下，不啻歸市。于時松下多玄門，結圜室十餘所，趺坐說法，至于冶郎游女，紛紜雜沓，則又謔浪無忌，恬然不以爲怪也。……

燕九日白雲觀之盛，原來有這樣好玩，大抵白雲觀會神仙之說，相傳已久，除了少數人禮拜求佛外，大多數人都志在游樂，甚至另有野心，因此常有風化案發生，清光緒十一年（公元一八八五年）正月，御史張庭燎奏：

京師城外白雲觀，每年正月間燒香賽會，男女雜沓，幷有闌房屈曲，靜坐暗室，託爲神仙，怪誕不經，請嚴行制止。

清廷照例准如所請，命地方官嚴行取締，亦只不過循例一張勸誡告示，毫無效果，則以地方官亦多信徒也。

白雲觀在清代也是顯赫一時的道觀，在乾隆二十一年（公元一七五六年）、五十二年（一七八七年）兩次勅修，有康熙、乾隆二帝御書聯額和御製碑。又眞人像前有木鉢一個，乃刳木癭造成的，上寬下狹，可容五斗，內塗黃金，刻有乾隆御製詩其中，以石座承之，圍以朱欄。庚子年（一九〇〇年）八國聯軍攻入北京，白雲觀也被洋兵搶掠，這個塗金木鉢也被搶去，不知下落，後來補製一個，已非原物了。

白雲觀是道教全眞派第一大叢林，爲中國著名的大道觀之一。道教有三個重大的宗教節日，一是正月十九丘祖長春誕辰，一是二月十五日老子誕辰，一是九月初九日斗母誕辰（又名「九皇會」）。這三天都非常熱鬧，各地道衆皆不遠千里而來。

觀裏的建築很多，著名者有玉歷長春之殿、靈官殿、玉皇殿、老律殿、丘祖殿、三清閣、四御殿、儒仙殿、翕光之殿。這是主要的建築，今畧介紹如下。

觀前爲玉歷長春之殿，有明碑四，右爲儒仙殿，中塑赭面黑髯神像，襆頭團花袍，玉帶袞袖，這個人不詳出處，有人疑爲南宋的翰林學士張本，于理宗紹定五年（一二三二年），奉使入金，被羈留不歸，遂隱于黃冠，居長春宮。

翕光之殿有明碑二。中列七眞像。七眞者，奉祀道教北京七位眞人：丘處機、譚處端、馬鈺、劉處玄、王處一、郝大通、孫不二（馬鈺之妻）。其旁繪十八弟子，爲：趙道堅、宋道安、尹志平、孫志堅、夏志誠、何志清、張志素、李志常、基志清、潘得冲、孟志穩、鄭志修、鞠志圓、于志可、王志明、宋得方、張志遠、楊志靜，皆稱曰宗師（按：七祖及十八弟子，皆山東登州人）。殿之北爲貞寂堂，有明碑二，中塑處眞人像二，其大者雙瞳點漆，精采如生，傳爲阿尼哥或劉元所製。（按：劉元，字秉元，直隸寶坻人，黃冠，曾從阿尼哥學塑像，名著一時，元代的君主視爲國寶，非奉詔不得隨便爲人塑像。後人多誤爲鑾，張船山有觀劉鑾塑像歌。）

靈官殿原名四師殿，安奉馬、趙、溫、岳四員大將（馬鬼勝、趙公明、溫瓊、岳飛），可謂集荒誕之大成），康熙初年重修，單獨供奉王靈官（即王善），故改名。

玉皇殿供奉玉皇上帝，殿中的神像是乾隆年間塑造的。

丘祖殿供丘處機塑像，堂下埋其屍體。白雲觀所以成爲全眞第一叢林、龍門祖庭，就是因爲丘處機生前駐在其地，死後也埋骨在此之故。這個殿是全眞龍門派後裔奉祀丘祖的殿宇，可說是白雲觀的正殿了。

三清閣和四御殿是兩層閣樓，建于明宣德三年（公元一四二八年），木材多爲元代長春宮故物，原名三清大殿，供奉元始天尊、靈保天尊、道德天尊。康熙初年，改建爲兩層閣樓，上層供奉三清，下層供奉玉皇上帝。乾隆末年，樓下殿堂改奉玉皇、勾陳、紫微、后土四神，故名四御殿。

白雲觀所藏的道教歷史文物很豐富，清朝所保存下來的「道藏」，後移藏北京圖書館，但另由瀋陽太清宮移來的完整小版「道藏」（涵芬樓縮印本）一千多册，天津天后宮道院的明版「道藏」二千餘册（半部）也移在白雲觀集中寶藏。

道教的歷史文物，除「道藏」外，有開元石刻老子像，康熙乾隆二帝的字、慈禧后的御筆梅花（雖是繆素筠代筆，但却是慈禧親手賜給高道士的）；道教法物等。歷代名人書畫、碑刻也很多。最可貴的爲元代佚名畫家所繪的「雪山應聘圖」，蓋屬丘處機應聘至雪山與元太祖相見談道的有關文物。

白雲觀佔地極廣，三十多年前我曾往一游，只見密密麻麻的建築很難數得清，參觀過一個殿，又轉入另一個堂，因爲名目太多，一時未能盡記其名，只能記其較爲人所知者。一九三八年春初，白雲觀失火，燒毀了很多建築，道士死了幾十人，當時的報紙曾登載其詳情。

上文提到慈禧太后的御筆梅花，就不能不一談白雲觀的高道士了。高道士的身世頗爲神秘，據徐珂「淸稗類鈔」引某書說：

京華僧道多交接王公，出入宮掖，以故聲價至高。白雲觀方丈高雲谿，名峒元，名動公卿，勢傾一時。有識其身世者，謂爲山左之任城人，幼綦貧，爲商店傭，以失金宵遁，入城西呂仙廟爲道士。店主追之急，乃奔至某邑白雲岩，棲止數年，乃入京師白雲觀，未久而爲方丈矣。雲谿嘗交通宮禁，與總管太監李蓮英結異姓兄弟，進神仙之術于孝欽后，孝欽信之，命爲總道教司，賣官鬻爵之事，時介紹之，于是達官貴人之妻妾子女，皆寄名爲義女。

高道士出身是否如此，雖不可知，但交通宮禁，爲人撮合做官，則爲事實，他不止以賣官納賄爲「職業」，幷且在政治上偶然也玩幾手。當慈禧后垂簾聽政那三十年中，英俄在遠東的明爭暗鬥是很激烈的。本來英國自二次鴉片戰爭後，就安穩地掌握了遠東方面的霸權，却不料帝俄居然能走內線，從後門溜了進去，奪取了中國外交的重心，這是帝俄的公使喀希尼與特務璞科第買通了李蓮英而與慈禧后成交的。

光緒二十一年乙未（公元一八九五年），中國新敗于日本，賠欵割地求和，帝俄因三國交涉退還遼東半島與中國，心有不甘，便提出「中俄密約」，其中最主要之點爲幫助中國抵抗任何侵署之進攻，無異于攻守同盟。在原則上，這不能說對中國是沒有利益的。（約簽後不數年，帝俄竟然侵署中國，派兵參加八國聯軍打入北京，又强佔旅順，竟然視密約爲具文矣！）光緒二十二年，李鴻章奉派往俄國賀沙皇加冕，外表上說是賀禮專使，實際是簽署這個密約，斷送了東北的鐵路權。

中俄密約雖是在俄京聖彼得堡所訂，由李鴻章簽字，但帝俄在此之前，已經託一個國際間諜頭目璞科第把所擬定的內容，由高道士傳遞給李蓮英，由李帶入宮中交慈禧后過目，李鴻章是依照「懿旨」的原則來商訂密約的，在俄國簽約不過是一種形式而已；當時雙方皆否認有密約之事。傳說慈禧、李蓮英、高道士皆得到帝俄所餽的盧布，甚至李鴻章、張蔭桓皆有，這筆錢即存放在北京的華俄道勝銀行生息。

白雲觀內景

璞科第是怎樣認識高道士的？傳說不一，有人說他在北京爲帝俄做情報工作，那時候高道士還未做白雲觀的方丈，但因爲每年的燕九日，白雲觀的達官貴人都往會神仙，尤其是這批貴人的內眷，無一不迷信神仙，故高道士隨時可以和她們「談道」，很自然的就和大官認識，在偶然的談話中，官僚們會得意忘形，大談朝政，言者無心，而高道士就得到消息，時向友朋誇耀他的消息靈通。璞科第既是特務頭子，斷沒有不想結識高道士之理的。于是甘言厚幣，請人介紹往見高道士，從此大拋盧布，無形中就把高道士收買下來，專爲帝俄搜集情報了。後來高道士做了白雲觀主持，又與李蓮英相識，甚至結拜爲兄弟。

原來高道士這人很聰明，有口才而又善伺人意，平日講爐火修煉之說，最爲貴人們所樂聞的。一個人有錢有勢，什麽事都滿足了，所差者是不能長命百歲，成爲永久不死的凡人，聽說有道之士可以煉丹，那有不虔誠求教之理？李蓮英便是欲求長生不死的貴人中的第一個，他樂于與高道士爲異姓兄弟，其目的幷不難知道的。據說，高道士煉的長生丹葯雖未見使人長生，但他所修配的房中葯確實靈驗，他的首席配藥助手是已死的胡財神藥師。（胡雪岩生前耽于女色，每派專人入北京配製春藥，此人即得其力的配藥師。胡死後，不容于胡慶餘堂藥店，乃北走京師謀爲貴人服務，初入貝勒府爲製藥，另一個王府的王子服了他的藥後，仿西門慶故技，一夕而死于牀上。官廳要抓他，遂漏夜溜往白雲觀求救于高道士，高道士養他在密室中。一年以後，風聲已息始敢露面，後來由李蓮英解圍始得無事。甚至有人說老恭王奕訢之再得重用，死于光緒廿四年，也是爲其藥所害。這些事當然無確實證據，但貴族豪門子弟，凡縱情聲色者，無不講究此道，不足爲異也。）

李蓮英有財有勢，一方面要長壽，但一方面又要享樂。可惜他是閹人，無法有妻妾之奉，此爲老公公們生平最遺憾之事。不過，自明朝以來，太監們就有一種秘藥，用之亦能享男女之樂。原來太監雖已閹割，無可用之兵，但每到週期性發作時，亦有見色起淫心之念。故此那批有體面的太監，家中一樣有妻妾子女，每逢放假回家，姬妾亦輪值侍寢，他們就利用這種舒情藥，至筋疲力盡爲止。不過，舒情藥只能令不能人道的太監自我陶醉，萬不能使對方共鳴，而高道士獨傳秘方，有太監本人可用之藥，亦有太監夫人可服之藥，可使雙方合作無間，樂如登仙，李蓮英得此怎不感激涕零，大呼高道士爲老弟了。高道士亦藉此秘方交結朝貴，本亦平常之事。

從前北京人士傳說，慈禧后少年守寡，至踏入中年而變成「虎狼」，安得海在山東爲丁寶楨所殺，公開陳屍，現其太監之形，即丁寶楨保全慈禧面子，以死囚冒充小安子，而眞的安得海的屍首，竟然是一個偉丈夫。從此挽回西太后的面子和聲譽，不久即將丁寶楨升爲四川總督。小安子死後，李蓮英承其乏，但亦僅止于爲她物色人物，暗中引入內宮而已。即高道士所製煉的房中藥，避孕藥、墜胎藥便由李公公介紹到西太后的寢宮。此種傳說雖羌無故實，但舊日的官僚貴族，荒淫無恥，什麽事都做得出的，何況宮禁秘事，誰都不敢多說，外間當然不知道有這些事了。易代之後，已無禁忌，北京人就漸漸放胆傳說，作爲茶餘酒後的資料了。

關于李蓮英與高道士做買賣之事，在光緒末年已成公開秘密，人人都知道前門外楊梅竹斜街那家福興居飯莊就是他們密斟之地。這家飯莊是清末一個退職官僚廣東番禺人張樸君所開設的，他和葉恭綽先生是老朋友，當一九三六年我離開北京時，福興居依然營業，但已不如從前之鼎盛，已降爲二三流的食肆了。中俄密約之腹稿，由李蓮英、高道士、璞科第在福興居數次密商後，進呈西太后决定，然後交李鴻章去照樣辦理的。後來帝俄酬璞科第之功，用之爲華俄道勝銀行經理，不久後，一躍而爲駐華公使。

高道士死于宣統三年庚戌（公元一九一〇年），喪事辦得極輝煌，達官貴人及義女赴喪者，西直門爲之擁塞不通，訃文中有「脫屣雲游，拂袖西歸」等語，文內羅列了奉旨欽賜的珍貴物品凡六七項，共兩頁，可見當年高道士與宮禁聯系之重要；此皆葉恭綽先生所說，他親見此訃文，本來他要找出來送給我的，可惜找不到了。

這個不可一世的高老道生前是怎樣烜赫呢？不妨再錄宣統三年蔣芷儕的「都門識小錄」給讀者參閱。

「京憲報」記高道士一則，頗足供人研究，錄如下：

白雲觀高道士今已羽化，供職上清矣。稽其生平，實以神仙中人兼政治中人者也。觀奉長春眞人，正月十九日眞人誕辰，都中達官貴人、命婦閨媛皆趨之。禮眞人者，必拜高道士。言應酬者，遂以是日爲高道士生辰。拜時或答或否，答者必其交疏，或名位未至也；若直受而不報，則頂禮者以爲榮。昔閱「石頭記」，心異張道士事，謂以史太君之貴、王熙鳳之驕、賈寶玉之卑視一切，何至與一老道周旋若此？比來都，客爲述高道士事，乃知黃冠中眞有此不可思議人物也。客曰：「往者吾就道士談，旋有一人來，與道士最稔者。道士謂之曰：昨有某君屬余爲之道地，欲得海關道，余謝之曰，且慢，今朝廷方徵捐于宮，海關肥缺，監司秩貴，屬望奢，恐所得不足以應上求，恁可犯不着也。此人曰，僕有友某君，以知縣分發山東，聞師父與中丞有舊，欲求一八行書栽培可乎？道士欣然曰，此易耳，中丞新有書來，懶未及復，復時附數語足矣。他日遇道士于南城酒肆，談次，道士語一人曰：某侍郞之女公子，明日出閣，余幾忘之，適前日侍郞之太夫人來談及，忽忽不及備奩物，即以饋中所藏某總管貽我緞二端，乃大內物，總管所受上賜者，又以某總管贈我珍物二事，亦御賜品，備禮而已。」此皆客述道士言而觀縷以語余者。南城酒肆，即楊梅竹斜街萬福居，道士入城，每以是爲居停，其肆東偏一院，境頗幽寂，凝神煉氣，或無防焉，故客欲以杯酒結道士歡，及道士飲人以酒，悉于是肆。肆善治雞丁一品，其烹割術爲道士秘授，肆人名之曰「高雞丁」云。余著燕京雜詠，獨少方外一流，今得以高道士補之。詩曰：「修到神仙出世難，白雲蒼狗蔽長安。赤符不造中興業，我作文成五利看。」嗚呼，是亦近三十年來政治史中之小言也。

所記大抵還不十分離譜，高道士行事，更有甚于此者，則以時人尚不知他有交通外國，收受厚賄之事也。「清朝野史大觀」第十一冊，也有高道士一則，可補上文所述，今摘錄如左：

白雲觀……每年元宵後開廟十餘日，傾城士女皆往游，謂之會神仙，住持道士獲貲無數。然猶其小焉者也，其主要在交通宮禁，賣官鬻爵，總管太監與道士盟兄弟也，道士以神仙之術惑慈禧，時入宮數日不出，其觀產之富甲天下。慈禧又封道士爲總道教司，與龍虎山正乙眞人幷行，其實正乙眞人遠不如其勢力也。凡達官貴人妻妾子女有姿色者，皆寄名爲義女，得其所幸則大榮耀。有杭州某侍郞妻絕美，亦拜道士爲假父，爲言于慈禧，侍郞遂得廣東學差，天下學差之最優者也，此不過舉其一端耳。舉國若狂，毫無顧忌。觀中房闥數十間，衾枕寢具悉精美，皆以備朝貴妻女之來宿廟會神仙者，等閒且不得望見之也。

雍正帝喜歡講究神仙之術，在西苑養有白雲觀道士十餘人，各擅一技，他死後第三天，乾隆帝即下朱諭，將爲首道士張太虛、王定乾驅逐出宮，不許片刻逗留，後來還把他們遞解回籍。乾隆帝何以在父死後第三日就親自處理這些無關重要的政事，眞令人不可解，或者其中有許多宮廷秘密，亦未可知。由此可見白雲觀在清代就是一個與政治有關的廟宇了。

大人一笑

清道人傳世兩封信

·舊史·

民國初年，清道人李瑞清先生束髮道裝，在上海賣字，求書者接踵於門，一時聲譽鵲起，遠近週知，因之歆羨者固多，嫉妒者亦不鮮。上海本屬五方雜處，流氓幫匪，與夫馬路政客，充斥其間。道人賣字生意既佳，遂惹起市井無賴之覬覦。民六之夏，迭接匪徒假借「維良會」之恐嚇信，勒索欵項。最滑稽者，指定要外商銀行鈔票。道人覆信，縷述家累奇重，鬻書生意不佳，及其身世實況，語極酸楚。函云：

『……貧道，傷心人也。辛亥國變，求死不得，飄泊海上，鬻書偷活。寒家幾四十人，恃貧道一管以食，六年以來，困頓極矣。昨接貴會來書，業已作書報復；頃又得來書，云未取得。以萬人行路之通衢，何能禁人之不取！至云屬貧道備滙豐銀行票三百，以助貴會，此說誤矣。貧道，鬻書人也，非有多數之錢，備之筐笥也。有一日而得數元，數日而不得一圓，此種營業，非平靜市面好，然後人纔思及此粧飾品，非野鷄之能到處拉人也。近日銀根緊急，十餘日來，無一圓之收入，自顧不暇，何能爲貴會之助！俗語云：「有錢錢當，無錢命當」。且人之樂生，必有後來之希望。貧道無妻無妾，無子女；所有子女，皆兄弟之子女，或寡婦孤兒而已。吾友吳劍秋云：「道士無妻妾之奉，而有室家之累」。況世風日變，姦慝僉壬，俱居高位、擁重兵，亡國之禍，已在眉睫，惟求速死，得大解脫。兩得手書，故此掬誠相告，請貴會切實調查，如有謊言，手槍子彈，引領甘受，而無悔焉。……』

道人此信，自認賣字爲室家之累而營業，絕不標榜清高，且以野鷄相比喻，所謂「傷心人也」，實有感而發。「求死不得」一語，是指其辛亥年在南京，程雪樓（德全）欲以都督府顧問相界，彼則以死辭之而言。

同時又有假託道友設立中國道教會名義，請道人担任發起人，並求捐助鉅欵，此則誤會道人爲道士，藉端敲詐。道人復信，將此輩斂錢道士，嚴加申飭，原信於慨歎世道人心中，含有不少幽默成分。函云：

『……忽辱手教，公等不以瑞清爲不肖，引爲同道，並錫以道號，但有惶悚。瑞清塵俗人也，非欲求金丹，慕長生，思輕舉也。辛亥國變，刀斧餘生，伏處海濱，以求苟活，寒家三十餘人，賴以爲生，亡國罪臣，不入地獄，便足爲幸，尚何面目談大道樂神仙乎！其云「道人」者，不過如明之大滌子，自稱石濤和尚，假道號聊以自娛耳。以名瑞清，故自號「清道人」。又來函云，公等欲立中國道教會，……欲命瑞清爲發起人，則非所願也。瑞清自辛亥以來，陳死人也，不願拙名復存於世界。……又命清捐貲，義宜樂助，然瑞清雖出世，未能出家。太史公曰：老子無爲自化，清靜自正，此道家宗旨也。故道貴自衛，無事求助於世。況當此舉世溷濁，豺狼遍地，諸會林立者，無非爭權利耳。非但瑞清不肯爲，更望諸道長勿以清靜之身，而與此汶汶者浮沉也。……』

兩信均爲李氏弟子張大千亡弟君綬所藏，蓋李氏修書交管家發出時，管家另鈔副本寄去，而匿其原跡，及李氏逝世，以善價售與君綬者。於此知當時之上海稍負薄名，輒遭匪幫嚇詐之虞，雖以筆墨爲生如清道人者，亦難免遭人勒索云。

望平街憶舊

史量才死後的申報

胡憨珠

史量才以一份日銷不滿五千份的申報，於辛亥革命前夕，從席子佩手中接盤過來。歷經二十餘年的慘淡經營，度過了多少年的困難途徑，及至民國二十三年十一月十四日下午時候，他竟蒙遭不幸，在滬杭公路上，猝遇暴徒，以身殉報。此時的申報，在上海望平街上，每日所發行的經銷數額，於報販們口頭已號稱達到二十八萬份之鉅了。

史詠賡繼業與張蘊和

欲知「史量才死後的申報」，在當時該報館的情形，究竟如何呢？若要話說此事，那該從史詠賡談起。因爲他是史量才唯一所生的獨養子，也是史量才唯一法定的承繼人。在中國傳統的法理人情而言，這父死子繼，承受父業，那屬是件順理成章之事。所以史詠賡於他父親死後，繼承父業申報館的主權和利益，却是順利平靜之至，毫無一些糾紛折撓的問題可說。關於這點使當時的世人們，不能不對史量才致以讚揚稱譽之詞，說他是個不世出的一代人傑。試想他以赤手空拳闖打天下全憑口舌辯才，竟把申報全部併吞下來，成爲他個人的私有基業。不使起初斥資接盤申報的投資人，如張謇（季直）、應德閎（季中）、趙鳳昌（竹君）、熊希齡等各股東老闆，於史詠賡在父死子繼的法理下，行施申報主人的職權時，竟無一人以股東身份，出來講話。蓋他父親早把他們手中所有的合夥契約，概照原數出資，收贖回來，予以焚燬消滅。雖然當時史量才把各股東的合夥契約，那是用他本人的親筆借據，掉換收回，不無有玩弄手段之嫌。但對各股東債據的到期拔還，到期付欵都能筆筆了清，倒是難能可貴。是以有爺老子幹做着這樣的「朝爲之所」的妥事安排，因此，使做他兒子的安享其成，可以受不到各股東一點糾紛和煩惱。

非但如此，史量才在事業成功以後，就是對於申報館經（理）編（輯）兩部的內部，亦亟亟地作出清除異貳與收歸權力之謀。毋可否認申報館的得以巍然成就，這於陳景韓與張竹坪兩人所出的心力，頗爲巨大，其功績殊不可滅。但世間自有一種無形的自然定例，大凡同道合力闖打天下的同夥人，於創業立基宣告功成以後，往往會恃功而驕，於是氣燄萬丈，藐視一切，如此行徑作爲，使做他們主子的人對之，惟有去之而後快。此所以歷代的那些布衣創業之主，乃有鳥盡弓藏、兎死狗烹的不德之事情做出來。料不想陳景韓與張竹坪竟不例外，這豈使向來恃才傲物的史量才，所能甘願忍受的麽？是以他爲要收回經編兩部主權掌握己手，不惜幣厚言婉的遣走兩人。便亦因此，史詠賡於繼承父業的申報館時，乃獲得主權統一、完整集中的便利。縱觀史量才生前一生作爲，單憑他收回外股與規復主權兩事，其爲宜子孫謀，可稱既周且強。若以小喻大，以今證古，那他的才能有爲，他的設計定策，恐怕擬之於秦始漢武、宋宗明祖，也不過爾爾吧？只不過他的最後結果，還不能遠禍避殃作自謀，以致血染翁家埠地方的坭土，其惟實命也乎！

終因史量才對於申報館事，預先都作有妥善安排的準備，而且對知人善任方面，頗能表現出他英明賢能之處。例如在舊人中祗信任張蘊和與王堯欽兩人，所以申報一經決定接盤於着手籌備之初，即已內定聘任張蘊和爲總編輯主任，還加以副總主筆的兼職榮銜；並不因他是席子佩時代的申報館舊人，予以歧視和輕視，相反的那是敬視和重視。他之所以作出這樣重用張蘊和的禮遇安排，後來令人却不能不說是史氏對付陳景韓、一種暗事戒備的妥善辦法。可是張蘊和確屬是個誠慤篤實而責任心重之士，尤以他的熱愛申報，不啻第二生命。所以他的「夙興夜寐」的宵旰辛勞，都是爲申報工作而工作。這種忠體爲報的精神，不但無人能及，而且少見少有。舉一個例，他自經金劍花的汲引進入報館以來，自律甚嚴，一直拒絕外間的一切來往酬酢，足跡不出申報館之門。在以往年月，還自己規定每兩個月必要回去松江，與家人盤桓一宵，信宿即趕回報館治事。及至二次革命以後，他已舉室遷家，移居上海威海衛路鴻遠坊裏，連之謀一夕之歡的權利，也自動取消。每月難得有一天，於下午的空間，回家一次，看視其家人。

所以當時曾有他的幾位要好的朋友向他打趣着說：「默公老兄（按：張蘊和字默公，早年刋載在申報的評論文章，凡署名一個默字的，就出自他的手筆），聽說你回家去，總在晝間的下午時候，那你對於閨房之樂，倒是眞正的實行其『臣卜其晝，未卜其夜』的那兩句老話了。」但是他正不愧題取「默公」這個名號，對友好們的打趣之話，只是嘿爾微笑，而以默默無言相答，大概他既不承認，也不否認吧？原來他對工作責任，看得非常鄭重，交關認眞。每夜各版的大樣，非要親自過目以後，方始離開編輯室，回到他寢室去上床安息。蓋非如此，休想鼾然進入睡鄉，數十年來，久已養成自然習慣，究按其實際情由，無非他一點愛護申報之心意而已。所以他常對編輯部同人說：「我們發稿必須要翼翼小心，謹愼將事，千萬不可大意。須知道大意自會失荆州的，這句雖屬古老口語，却有至理存在。我實不願意，也不甘心，申報在我們手上因發稿不愼而闖出亂子。以致報館當局招來麻煩惹起交涉，損失精神和金錢事小，損害報譽和名聲事大，非請大家於發稿時分外留意不可」云云。

其實申報編輯部的人員相當衆多，每版治理編務，於一位主編之外，還有三四位不等的編輯員。各版人員支配多寡的辦法，則以版面大小與編務繁簡而定，例如說一個本埠新聞版，就有武廷琛、瞿紹伊、趙君豪等四五人之多。至於張蘊和自己所主編發稿的電訊版和要聞版，需要助手更多，如伍特公、張叔通等等都是。後因申報的業務旺發，每份報紙紙張的張數增多，各版的新聞容量擴大，於是編輯人員也在不斷隨時的羅致。如民國十五年，商報的編輯部發生集團辭職，一時如潘公展、馮柳塘、馮都良、胡仲持四人，就被申報延邀而去。總而言之，凡能獲得張蘊和垂青，被邀供職於申報館中的一班編輯人員，不論新人舊人，個個都是文章名家和編輯高手。再加之以他的不時提出當心發稿之話，各版編輯部同人無不對稿件仔細閱看，謹愼删編。但是這樣工作的結果效率非常良好，所以數年間來，從不因發稿不愼而闖出不愉快的事端。不料在「一二八」中日事變的前後年間，有一次他自己所主編的要聞版上却闖出一件不大不小的亂子，甚至使杜月笙找上門來，說來該是一件怪事。

原來那日晚間，張蘊和正在執行其總編輯任務的「分稿」工作，當發見一件外來的油印稿件。因該印件的紙有多張，這分明是一篇長文叙述的新聞稿件，而他的向來定例，凡屬冗長文稿决不先自閱看。不管它是外來稿，或是特約稿，例必交給他的得力助手鄭笑庵先行審閱一遍，以定捨取。因爲他對鄭採訪與編輯只這兩門的新聞記者工作任務，認爲鄭是能力高强，成績斐然。所以當年由康通一汲引鄭笑庵進入報館，張蘊和於一見之下，在名義上他就把他安置在周夢熊主編的外埠通訊的各地方新聞版裏，但實際上他却把鄭調到自己寫字枱側邊，特設一桌，作爲幫同審稿改稿的重要助手。鄭笑庵原本是個胆壯心細、謹愼其事之人，自供職申報編輯部以後，每晚編發稿件，只因受着張蘊和領導影響，却成爲胆壯不壯而心細越細的人了。雖然如此，但越發受得張蘊和的器重和賞識，認爲他是個在申報同人中可寄以重任者。

是以那夜鄭笑庵接過那疊油印稿件，一經展開作逐張審閱，則知爲國民政府監察委員高友唐彈劾上海地方法院院長鄭毓秀的案事。全案彈劾文字甚長，而且案事內容，還牽涉到上海社會聞人杜月笙等。當時鄭笑庵看完全文之後，爲小心編稿起見，不敢貿然發排，祗得向張蘊和請示意旨。可是出人意外地向來抱持溫和小心主義發稿的張總編輯，今夜政策突變，態度更換。當聽取了案事情由的扼要之話，隨即以嚴正的神色語氣答說：「對這件彈劾案在我們的報上，準定予以刋登發表。笑庵兄，請你把原文全部就發排下去，不必動筆修改一字，以存眞相。如果原文太長，可分兩天或三天專欄登完，這樣也不致使版面損害有美觀之處，」當時鄭笑庵聽得總編輯的指示後仍有遲疑之意，便說：「張先生恐怕此文登出會有問題發生的呢？」誰知張蘊和所持登出的主張，非常堅定，祗說了「不去管它，登出再算」這兩句最後的決定話。

於是鄭笑庵奉命辦理，乃即將三分之一的稿件圈點發排，只擬了一個簡單明瞭的特號字大標題。那標題字樣即爲「高友唐彈劾鄭毓秀」，其他輔題和枝題概不多着一字。料想彈劾者和被彈劾者都是政府官員，讀者們一見便知，也毋需使用輔題解釋他和她的現任職銜來吸引讀者。所以他隨後再在稿傍註寫了「五分三」和「攔角」等字樣，作爲通知排字工友工作上的記號，即將全文分成爲三個段落，作爲三天登完，先送第一天的文稿發交排字房照排。鄭笑庵是個責任心極重之人，於第二天作了破例的早起，取過案頭申報，打開一看。只見這條彈劾案的新聞，排在要聞版的第一條，因爲有簡明的大標題與沒有長腰線的雙重關係，覺得版面樣子編排得非常耀眼醒目，而且相當美觀。但想念到此文經過發表後，不知有關各方面的反應如何，於是他不免於心又感有戚戚焉的不安，所以這天下午特別提早回到報館想去探聽消息。

當他踏進編輯室，却見張蘊和一人孑然，危坐案前，已在剪拆審閱當天所收到各地方寄來的電訊郵件了。這是他工作精神的表現，已成慣例，不足爲驚奇的事情。可是在鄭笑庵身甫坐定，正想找個空閒機會，向他開口問話，却不料張蘊和反而自動先行開腔說話了。他和平日一樣的神情淡淡然着地說：「笑庵兄，今天午間杜先生已經來過報館了。他對我們報上所發表的那篇彈劾文件，表示大不滿意，這是可以理解得到的意料事，現由唐世昌自告奮勇在奔走調解中」。鄺笑庵便即接口問說：「然則尚未發排的三分之二稿件，將作如何的處置呢？」誰知這句話未曾說完，張蘊和已經急巴巴地正顏蹙額的接着說：「登！登！登！必定要把全文登完」。於是他似作解釋般對鄺笑庵續說：「須知道今日杜先生的身份地位，已不是十幾年前的杜先生了。況且他是個絕頂聰明人，自會瞭解這件事實的後果，不是搖香水，那是掏糞缸。香水會越搖越香，掏糞缸只會越掏越臭，所以只有全文登完的辦法最好。這對他和申報反而都佔着便宜，不信麽？你等着瞧吧！停會唐世昌所帶來的回話，定必是杜先生說：閒話一句，登完算數。這就顯出他智慧與機警的超人之處，否則這篇稿突被腰斬的話，此何等事，試想現在的杜先生還肯再捐這枝爛木梢麽？」後來事情的演變，一一如張蘊和所言，使申報佔得便宜的一點，就是它得到了這件案事的獨有新聞。這可見他以往主張小心發稿，那是不願意拍蒼蠅，這次他的大胆發稿，也是三思而行的。

張蘊和爲何拒黃炎培

黃炎培從川沙到上海來活動，完全依靠沈恩孚，他任何活動，總要把沈恩孚拉在一起，藉以自重身價地位。沈恩孚實是位心地仁厚、行爲端正的規矩人，受盡黃炎培的蒙蔽欺騙，而不自知。終於當年上海人談說起「老西門破靴黨」一詞，自然而然會把黨魁頭銜，將沈恩孚與黃炎培雙雙並列的。

雖然，在史量才籌劃接盤申報的時期，黃炎培幫同他獻謀供策，借箸代籌，着實有些輔弼襄助的勞績可言。但後來史量才接盤申報館成功之後，申報教育版的主編人職位却不屬諸黃炎培而屬諸沈恩孚。原來當史量才於着手糾股集資時，曾在南市斜橋畔的陸家浜路上，那家西園茶館的裏面作茶叙商量。他和沈恩孚、黃炎培兩人談及此事，旨在希望他們在他的名下，投入一些資本作爲附股，以期增高他股東的地位聲勢。沈恩孚於一聞之下，立即毫不猶豫地慨然應諾，允許投資三千兩銀子，而且他是個言而有信的規矩人，在雙方講明之後，到了約期，即將一張南市花衣街的一家滙劃錢莊三千兩銀子的即期莊票交給史量才，作爲繳納股欵。

這三千兩銀子對當年銀值的數額而言，已不算是個小數目了。諒以時當遜清末葉時代，銀子價值的高貴，生活程度的低賤，兩相對照比例，越顯出貴賤之間判分的遠距離。可是對於投資經營新聞事業的接辦申報館而言，則沈恩孚的投資額，便覺得藐小之極，但在史量才私人方面，有此附股的投資，則對他運用赤手空拳的應付上，着實獲得一份大大的實際助力。當時沈恩孚幫忙史量才的表現如此，而黃炎培幫忙史量才的表現如何呢？據說是他聆聽史量才談說到認股投資問題之話時，却來個「顧左右而言他」，這實是一種令人難堪不近人情的行爲。所以後來史量才個人出面把申報接盤過來全部重行改組，繼續出版。於是，這主編申報教育版的主編人職位，便落在沈恩孚身上，同時對於黃炎培則摒諸門外，絲毫無份。是以當年一般局外人都說史量才作出如此安排，那是他在施行報復西園茶館裏事件的一箭之仇。也有人評說：「這是史量才對現實問題在低頭降服的一點作用表現。因爲黃炎培祇是空口說白話的幫忙朋友，究竟力量不敵沈恩孚慨當以慷地認股投資，拿出三千兩銀子，作實效的友誼支持」云云。

再說當年接盤申報的幕後投資人，是張謇、應季中、趙竹君、熊希齡等，他們因當前政治趨勢的環境關係，一致决議大家退居幕後，公推以史量才爲全權負責的出面老闆。爲了在其位而謀其政，史量才當然於這班投資人聚會商談接盤申報時，免不得要談說起他所定的營業方針與經營計劃，以期邀取大家對他的信任。

要知現代社會凡屬經營商業業務，對開辦報館一項事業的主要原則與開設菜館的一行商業，確實太相似了。菜館業務重心在廚房司務的手上，這間報館業務重心在主筆先生的手上，可說一模一樣，毫無異殊。又例如菜館廚子的烹調手藝高明，做出菜來食客愛吃，這何異於報館主筆的文章才調卓越，編出報來讀者愛看。所以史量才報告他的經營計劃，把經理、編輯兩部劃分成爲兩獨立的組織系體之餘，還介紹兩部人事方面的負責人。因爲報館的重心在編輯部，所以他把申報編輯部幾個重要人員介紹得尤爲詳盡，並且面有得色。如總主筆爲陳景韓、總編輯爲張蘊和等，及介紹到各版的主筆時。他首先特別提出，並强調的說出了由沈恩孚負責主編教育版，這他有意的先行舉說這三個人，那是因爲他們所深知共曉的偶像人物。尤其是沈恩孚，非但是一位上海地方著名的老紳士，而且與他們都是「蘇路」（按：蘇路即滬甯與滬杭兩鐵路局的前身）董事會的代表董事。其人的熱心教育，行爲端方，又爲他們所習知，所以史量才的舉說出沈恩孚來，實有藉以自重的作用意念在內。

怎爲史量才獨舉沈恩孚而不齒及黃炎培呢？這毋可爲諱的那是現實問題了。要知史量才之所以安排沈恩孚主編教育版，第一作爲他投資附股的答報，其次是借重他在江蘇省教育界人士的熟悉，與端正名氣的响亮。他之所以不齒及黃炎培，實因他感覺得黃炎培近幾年來越來越不成樣子，甚至臭名洋溢。尤以前兩年上海老西門內的小桃園地方陳家，所發生丈夫死後，妻妾爭產的涉訟事件，就是黃炎培一手所製造成功的傑作。而他一邊又在陳家妻妾之間，挑撥教唆，雙方被他訛詐而去的銀錢，爲數不貲。及她們經年累月的官司打停，而她們的丈夫生前開設在北市後馬路的一爿大錢莊，就此宣告破產完結，此爲當時爭傳人口一件訟則終凶的悲慘新聞事件。史量才如果提及黃炎培其人，反而會得到不爲他股東們所齒的惡劣反感，因此他在考慮之下，覺得還是不提及他的好。

到了民國七年，黃炎培眼看申報辦得各部進展大有成就。本來他對申報主編教育版的職位，認爲是塊掛在鼻間的肥肉，只要一張開嘴就會進口落肚。不料他這個願望恰恰成空，原來進在口頭的一塊肥肉，却變成煑熟了的鴨子，竟飛入於沈恩孚的嘴裏去了。傳說中的史量才於接盤申報妥定以後，在着手經營之初，還曾口頭作過招呼黃炎培的。可是他却堅辭不就，其不就的因素，使人都能理解而猜想得出的不外兩點。一點是他不願再屈居於沈恩孚之下，另一點是他對申報前途成敗在未定之數。現在申報成功了，而且形勢大好，前途燦爛如錦。於是他就忖想能夠進入申報從事於教育版，這對於他所主辦的江蘇省教育會，極可收得臂使指助、桴鼓相應的巨大效力。所以纏擾着史量才不休，定要他在教育版裏爲他安插一個職位，詎知史量才雖屬老闆之身，却無用人之權。原來當年申報業務於發軔之初，史量才爲鼓舞經（理）編（輯）兩部，謀作並行發展起見。曾與陳景韓、張竹坪訂有口頭協定，就是他放棄兩部的用人主權，任憑他們兩人自由作主，選擇任用。詎不知性格疏懶的陳景韓，却把進入編輯部人員的甄別才能、審定取捨之權，全交給了張蘊和。他知道張是個公正無私忠心耿直之人，況且是總編輯主任身份；對新進編輯工作人尤有切身的利害關係。

所以這次黃炎培的得入申報編輯部，非但史量才破例的第一次做舉荐人，並且還經過陳景韓居間的竭力關說，方獲得張蘊和的允許黃炎培進入編輯部助編教育新聞，因爲張蘊和對黃炎培的一切所作所爲，非常憎惡痛恨。但不巧之極，剛剛在不久以前，黃炎培又幹做出一件極惡劣，極喪心而見不得人的大醜事，那是他把浦東中學與附屬高小的兩校經費產業，全部付之東海的潮浪中了。原來這兩所學校都是由貧寒泥水匠出身的川沙人楊斯盛斥資所興辦，自從他承包英租界外灘的「江海關」西式房屋的建築工程而發迹了以後，慨念於自身幼年因家貧失學之苦，於是斥資先在浦東六里橋地方，創辦浦東中學，繼在上海的南碼頭地方，再辦浦東中學的附屬高等小學，作爲莘莘學子得以順利升入該中學的階梯基礎。並且在附近購置地產，建造百多幢的里弄樓屋，出租於人，即以屋租收入作爲兩校的常年經費。

實因楊斯盛迷信於黃炎培是川沙地方的有名紳士，又是教育界聞人，敦請他任當該房地產契據的保管人與中小兩校經費的監察人。本來這是件大好事，誰知數年後，黃炎培竟利用職務上的便利，又乘楊斯盛之死的新喪，擅將該偌大的房屋地產全部出售，轉而購入吳淞口對岸鴨屎沙的新漲沙地。蓋他於賣買出入之間大玩手法，從而大得其利，飽入私囊。如所衆知海濱地區的沙地，原是漲塌無常，而以鴨屎沙尤甚。因爲那裏除了海潮的浪擊以外，還有從長江口出海的激流冲湧，滄桑之變，快若迅雷。以生長於川沙區域的黃炎培，又是個高級知識份子，焉有不識不知之理。他的明知故犯，無非藉買鴨屎沙新漲地，作爲侵佔罪的掩護手法而已。果然不出所料，竟如其願，時不數日，是他聲言爲浦東中學買進新校產，計若干千畝的鴨屎沙新漲沙地，却於一日之間，全部坍光，盡沉海底。事有可詫異者是黃炎培做出這種喪天害理、犯罪違法的大惡事，竟無一人出來檢舉，任其逍遙法外。即方正如沈恩孚也知而不言，及見他前來編輯部治事，亦祗有施用杯葛政策謀作抵抗。那即是他自己與馬崇淦兩人努力編發稿件，不使一紙沾染於黃炎培之手。但是最厲害的使他感到精神懲罰，就是張蘊和固然對他不理，所有編輯部人都對他不理，孤單零零給他枯坐了一禮拜冷板櫈，黃炎培便自覺沒趣而去，從此永不再想進入申報的編輯部來。這就是張蘊和拒絕黃炎培於編輯部門外的唯一對策，應知弱者對付壞人，亦惟有採取不合作到底的一策而已。

秋水夫人慷慨有道義

在史量才接受黃炎培獻策的所謂組織「申報總管理處」作爲全面革新運動的張本，使陳景韓與張竹坪自動辭職聯翩離去。這一個事實情況出現，大有「宋太祖杯酒釋兵權」之概，亦可說是古今英雄謀畧相同。但若再思之便覺得史量才之謀猶勝於宋太祖處呢！試想他把張蘊和與王堯欽兩人職權，作了原封未動的安排，這多少有些對付黃炎培知謀而謀的對策。最明顯一點，即爲不再延聘總主筆一事，可以推想而知。諒以申報之財力、其名聲、以及其規模，若要延聘一位才高學富的總主筆，何求不得。史量才之所以按棋不動，未作多舉，就是害怕落入黃炎培之手。但最後結果，仍然是鑽入他借尸還魂的圈套裏而不自覺。因爲他引進來一個在幕前表演的，就是不學有術的陳彬龢，而在幕後操縱指揮的靈魂，當然是黃炎培了。幸而史量才知謀而謀，援用一動不如一靜的政策。於無形之中，反而使張蘊和由副扶正升任兼職，集總主筆與總編輯大權於一身。因此，雖在展開如火如荼的革新運動期間，申報的生命局面仍得相安於一個時期，而史量才的快樂壽命，亦得以延長數年了。

無可否認申報編輯部在張蘊和的掌握之下，其策畧所施，確實做到壁堅淸壘，極爲堅固。蓋其策畧所規定在編輯室內除掉原有舊人，每人有一個固定的辦公座位以外，至於新人祇有前幾月在台灣去世的黎烈文一人，得有一張特設的辦公桌與一隻坐椅享受，此係他因副刊「自由談」編發稿件關係。及黎烈文離職他去，後繼其職的先後爲王任叔與胡山源兩人，總算有例可援，乃得以先後繼任其職而安坐其位。此外，其他任何人皆不許可進入編輯部，更不許可坐在這張特設的辦公桌前工作的。張蘊和就是這樣施行了堅壁淸野、堵漏封隙的隔離的政策，緊緊抓住編輯部權力，不使野心家黃炎培得逞所謀，無法滲入門內，祇能作門牆外望的覬覦。至於經理部就是由王堯欽任做永遠的副總經理，自史量才所主辦的申報開場到收場，從不更易其職位。及後來居上的馬蔭良接任總經理以後，他是個少年老成人物，對申報內外一切行政上的設施，更屬蕭規曹隨，絕不踰矩。因有經編兩部主要首腦們的謹守門戶，嚴事防範，分工合作處理申報館的業務。是以雖在史量才突遭大故之日，申報仍得以安堵如昔，照常出版，一如往日，終於史詠賡亦得以安然繼承其父業了。

在史量才死後的申報狀況，究竟如何呢？可說申報館的全面整體，反而轉入於太平無事、安謐寧靜的局面之中。蓋當是時罪魁禍首的黃炎培，有鑒於史量才之死，不知是他在悔禍譴疚呢，還是人言可畏，他便從此自動絕跡，不敢再踵申報館之門。此對黃炎培而言，正如古諺所謂「皮之不存，毛將焉附」。可是對申報館而言，則如現代醫家所說「病菌既去，厥疾自瘳」了。

若要憶述史氏家族的家事，那應首先從史量才死後的遺產問題話起，這是問題中心的主要目標。原來當史量才以身殉報，一瞑不視以後，一時上海的高層社會間人士們紛紛談論。大家把談論中心，都集中在他死後所遺留的財產問題上邊，有的人說是五百萬元，也有的人說一千萬元。都話說得頭頭是道，像煞有介事的信而可徵。其實他們如盲人摸象，所作一片瞎說瞎話的胡言亂道而已，所謂眞實之談，正不知從那裏說起。後來在稍後時日，是我先後碰見汪若其與石征鴻二君，他倆都是申報編輯部的舊人員，也是史量才故鄉泗涇的小鄉親。所以我們話題也談到他們史老闆遺產的數額問題，汪若其說是在四百萬元的關裏，石征鴻却說是在關外。不管它是四百萬的關裏關外，我認爲這個遺產數額，「雖不中，亦不遠矣」的了。再稍後的時日，又聽到申報的金華亭在說他史老闆的遺產數額祇有三百萬元之數。當時金華亭話說此事的經過情形，那是在這樣的情況之下。

有一天的午後，在上海本埠的政治、社會、經濟、外交等各方面都沒有什麽重大的新聞事件發生，這也可說是「偸得浮生半日閒」。所以各大報館與各通訊社的外勤記者們都麕集在大陸商場六樓的「上海記者公會」的會所裏作盤桓，有的人在打彈子，有的人是打麻將，更有大部份人是在聊天。在下是個廣東人口中的「爛賭仔」，早與金華亭、范敬五（新聞報館）、陳萬里（中央通訊社）在打麻將了。在我們麻將打得興高采烈的時候，身畔左右亦站滿了旁觀者。不知旁觀人中，突有一名饒谷公（新聲通訊社）向金華亭問說：「喂！華亭，你們史老闆的遺產，究竟有多少？」金華亭毫不思考，立即脫口而出，回說：「據估計約有三百萬元，這個數額只多弗少」。於是，他歷歷如數家珍似的背說出來，計爲申報整個報館的產業，與佔有新聞報館百分之七十以上的股權外。再加以中南銀行、五洲大藥房、中華書局、康元製罐廠等等的各項事業，所投的資金額合計約有二百萬元之數。此外，在中外數家銀行所存放的現金約爲一百萬元有零云云。不過我認爲以金華亭之話，說得鑿鑿有據，較爲可信。況在當時的三百萬元或四百萬元，其數字總算是鉅大的了，稱史爲豪富，實不爲過。

在中國舊傳統的法例，向有「父產子受、父債子還」之說，因之而史詠賡順理成章地獲得他父親所遺留的該項鉅欵財產。他是個讀書明理之人，乃即撥出一部份現金分給史量才太太，與秋水夫人，以及他父親生前所娶的另一位妾侍。其中以史太太與秋水夫人所得欵額，不多不少，數目相同，倒是成爲嫡庶不分的平等局面。惟對他父親另一妾侍的庶母，所撥給的欵項數目，却是大爲減少其數字了。猜測當時史詠賡之所以施行這樣的支配辦法，可以理解他的心理，認爲史太太是他父親的嫡室，也是自已的生母，例當優奉。秋水夫人雖是他父親的簉室，當然是自己的庶母，但因秋水夫人來歸時，却隨帶來一宗大額財富，有助他父親事業成就的部份力量，亦當厚待，這是理也亦禮也。至於另一位庶母那是他父親在大得發後，討娶來享福受榮，既無勞績可言，又無親恩可舉。準此一點觀念，爲了禮別尊卑，爲了理分重輕，遂事不一律，對她的給予却要減少了很多。據說秋水夫人以爲少主人所給妾侍之數目太少，動了同病相憐之情，便很慷慨的在她本人所得之欵數中提出一部份相贈，史太太頗表同情，照樣亦如秋水夫人在她所得的欵項裏提出一部份來贈給該妾，所以當時一般人無不讚美史太太的賢淑可嘉，尤其對於秋水夫人稱譽她於仁慈慷慨之中，而富有道義感云。

沈杏雲裙帶風任經理

在上海的上流社會間，既擁有高級富孀之號，而又有慷慨輕財之譽，却不料這樣一種好名氣的播傳，從而挑引起一個心機靈巧、變化無窮的特殊人物，對秋水夫人的財富發生了一條生路之心。此人非別，就是後來在上海淪陷期中，一方面以杜月笙留滬的代表自居，另一方面則任職爲上海日本陸軍特務機關的所謂「梅機關」軍部「囑託」的徐采丞。但看他能在同一時期和同一地區，明目張胆地玩出兩種不同樣的手法，且玩得使雙方對他言聽計從，滿意到衷心悅而誠服的程度。祇此一點所顯現的本領，就可以測知他實是個騙術世界中施術者第一等的高手，也可以瞭解他當爲一條善於變色的大龍。試想具有這種特殊本領的徐采丞，他的腦筋，一旦動到秋水夫人身上，如何能逃避得脫，是非上當受騙不可。據傳說秋水夫人一舉就被騙損失有五十萬元之鉅，而且令她損失得有莫名其妙之感。

現在要記述秋水夫人的受騙之事，那該先把徐采丞這個人的出身畧歷就筆者所知的一些，作個約畧的介說。原來徐采丞名錫章，江蘇無錫人，先是他號名采丞的「采」字寫作爲「寀」字的。他的出身是一家德國人所開設小型洋行的買辦，所謂洋行只是五馬路近江西路處一所老房屋的二樓，租借得一個寫字間而已。若論其買辦身價的身份階級，那該列入於末等之儔，後來爲了業務關係，曾去過歐洲一次，這是他最光榮的一個歷程了。所以他偶與親朋談及歐洲風物，往往會情不自禁地話說他歐洲之行的一些見聞，藉以自豪炫耀。大約在民國十年左右，不知如何他與寗波人黃延芳都成爲虞洽卿先生門下士。凡有虞洽老參加社團活動，或公共讌會，到東到西各地方，無不有他們兩人追隨左右。在此以前，他倆本來是名不見經傳、形不露社會之人。就因爲隨同洽老的來去結伴，出入一起的關係，他倆的名字緊緊聯繫於「虞洽卿」三字之後，也常見於各報本埠版的社團新聞中了。

不過在這期間却發生有一則誤植錯字，從而「徐寀丞」改名爲「徐采丞」的小故事。原來這個「寀」字在各報館排字房的「部位字」架上，向不排用，久已成爲冷藏的「倉庫字」。甚至冷藏到已失所在，消滅不見，因爲此字的釋義，只這「官地爲寀」的單獨一種，其他實在別無用處。是以報間的報導文字絕無有需用此字的機會，因此第二天各報都把他名字排成爲徐「采」丞了。要知虞洽老的爲人最喜歡和朋友們打棚說笑話。看見了報上「徐采丞」字樣，在當天上午兩人於見面以後，他就向他開玩笑的說：「寀丞，是你今天碰着抛頂宮朋友了，阿是哦？」這「抛頂宮」的這句話，原是當年上海的白相人們口中所說的一句江湖術語。「頂宮」就是指頭上所戴的帽子之謂，「抛」即是失去之意，全句話說的意思即帽子被小癟三搶去了。

其實徐采丞早已看見有幾張報紙上把他名字的中間一字排錯，爲了湊趣洽老起見，假裝不知。還學着寗波話作明知故問的說：「柴話呀！洽老柴爲介相貌會說阿拉帽子給癟三抛頂宮啦，請看阿拉帽子仍舊在阿拉手上啊。」洽老笑指報上他的名字說：「喏！你來看，你采字上邊的寶蓋頭不見了。這還不是抛了頂宮麽？」說罷，大家打個哈哈，但虞洽老隨後據說仍還勸他改用「采」字的好。其理由說是：「名字的題取，應該要揀熱門字，大家一見就認識。切忌選用冷門字，教人看了不識讀錯叫錯，有何意思呢」。他竟聽從了洽老之話，便即改名，從此徐「寀」丞就永遠的改爲徐「采」丞了。料不到徐采丞這一次的改名，却帶給他非常順利的好兆頭，就是他的大名得以常常見之於報章間。而社會各階層的讀報人士，因爲常見其名與虞洽卿的名字聯繫一起，在直覺上便認定此人必也是個大亨無疑。諒以社會間的人們有了這種錯覺，於是你錯我錯的轉輾錯誤，他就錯成功爲社會聞人。這便是徐采丞傍人門戶的政策獲售，也是他向社會聞人淘裏活動發展的基礎的建成。憑此路線的努力進展，再加之以長期「修道行」的時日歷程，更於是他的聞人聲譽，爲之由小變大地逐步升級。

終於徐采丞以二、三流社會聞人的身份，交結上了史量才，並且於短短不多久的交往過程裏而成爲親密之友。雖然此時的史量才已經名成利就晉升於超級聞人之儔，吳下阿蒙，早非舊時矣。但是徐采丞當前的環境情形則與十多年前史氏的情况相似，於力爭上游以外就是廣交富友。只不過史量才自有一種讀書人傲慢兀突的氣質，不若徐采丞純粹以商人的才調抱定和氣生財主義與人周旋，善於相處。職是之故，可以蠡測推斷這次他們兩個聞人的論交必定是徐采丞以小事大，以卑就高的了。可是他才能畢竟不凡，一經接觸交談，能使史量才對他折節下交，一見如故，引成知己。而且毅然投資在滬西曹家渡方面創辦民生紗廠，竟延徐采丞由籌備着手起直到成立任當經理爲止，一手包辦。只是這次史量才於近年以來所經營各項事業中，那是宣告失敗的。該紗廠遂於「一二八」中日事變的來歲，由貸欵方面的中南銀行接收而去，却成了曇花一現的局面。

所以在史量才死後，徐采丞對秋水夫人動着腦筋，是可毋需第三者作引見介紹。因爲他和她非常厮熟，熟識到他可以直上秋水夫人的粧閣，史氏在日，他的來去便是如此自由。陳彬龢當年就是爲了這點對徐采丞心懷嫉妒與怨懟，憤恨不平的聲音顏色，常現之於與人談話間。他曾這樣的話說：「按之常情與事理與論，那我和徐采丞的朋友交誼應該深厚無間。因我是申報館的職員，而他是申報館主人史量才的密友，路道雖殊，系統則一，彼此結合是有必然性的濃郁因素。可是事實並不其然，他是史公館的樓上客，而我却是個樓下客。這上下樓之分，便可顯得主人對客於禮數間就有極大高度的厚薄之分了。每天深夜，當我到達樓下時，他先登樓入室。我去的任務爲向史先生報告當天有關於申報革新運動的重要消息，他去的任務則爲陪侍老闆娘秋水太太抽鴉片烟。因此，經過這樣生活情形的三個年頭，其間偶爾與他見面，大家亦只領首便散。大有『將軍不下馬，各自奔前程』之概，我們從無駐足談話的機會，更無所謂朋友的交情云云」。

舊日社會的交際朋友場所最容易增厚交誼，培養感情祗有在兩個「上面」，一是在牌桌上面，二是在烟榻上面。徐采丞和秋水夫人既有數年過程，每夜在烟榻上面的陪侍左右，盤桓燈前。這份交誼之厚，感情之深，那是可想而知的，決非泛泛之交。是以他前來探訪秋水夫人，請求幫忙投資合作經營一項本輕利重、祗賺弗蝕的製造業務。原來這次徐采丞對她所出賣空虛無物的風雲雷雨，却是他說他要在曹家渡地方開設一間專用「飛花」「廢棉」紡紗的紗廠。並强調說：「這種紡紗的原料，既毋需向各產棉國家採辦洋棉，也不用向我國各產棉區收購國棉。祗要委託幾個收舊貨的小販，分向這裏所有中外各家紗廠，從事搜買飛花廢棉。以中外紗廠的之大之多，我們的紗廠可不愁原料有來源稀少或中斷之虞。好在於這種飛花廢棉，各家紗廠對它並不重視，平常日子都當作垃圾棄去。所以我們收賣的代價，非常微賤，可是紡成棉紗，其成品的纖維體系，却與他們的產品却是一模一樣。但以我們產品的成本低小，定價較平，容易脫手。這是廢物利用，人棄我取的最好營業計劃，對賺錢一事，可以保證無憂的。」

秋水夫人一時聽得，爲之心動，便向他問說：「徐先生你要我投資多少？」徐采丞認眞的說：「這種紗廠的資本重點，却在廠基房屋與紡機錠子，其估計數值，約在五十萬元以上。關於這方面的備置，全部歸我承担。對於夫人所投資本作爲廠中的流動資金，數額最好也是五十萬元。以示我們南北對合，春色平分，所以廠名定爲協興，至於總經理一職，就請夫人任當。因爲我自認對於經營紗廠一項的廠務工作，尚非全外行，就討個廠長做做罷」。秋水夫人便接口笑着說：「哎喲，哪能可以教我做總經理，不是開我的玩笑麼？」徐采丞忙說：「既然夫人不願屈就，何不派請令兄全權代理，不是一樣的麼？」原來秋水夫人有一兄長名沈杏雲，其實那是她假母之子，這兄長當然是她假兄長了。諒因秋水夫人自小被鬻爲沈家養女，或許她還不知道自已親生父母的姓氏呢。終以假母替她題取慧芝的名字，這「沈慧芝」便成爲她終身的名字。在早年沈家的三姊妹中，當以她的進門最遲，她的年紀最小。但是品貌以她長得爲最美麗，而心機也以她生得爲最聰敏，是以假母和假兄都對她是最寵愛珍惜的。

沈杏雲的爲人，倒是非常的老實規矩，只是辦事的能力知識却也淺薄荏弱之至。在他的母親從蘇州閶門外的壓黛橋搬到上海來撐立門頭，舖設房間。他祗能坐在「生意浪」的客堂裏，記寫水板上的堂差賬，其他一無所能。自從他的母親沈老娘把三個養女遣嫁以後，她却急流勇退，從此退捐收場，不再向妓院討生活。那沈杏雲也就因之居家納福做他十里洋場中的寓公。而他好在於三個假妹妹的嫁後風光，個個都好，自然以秋水夫人爲最富有。一向以來，她們對待這位假兄長，雖非同氣連枝，却也個個情眞意摯，但亦以秋水夫人爲最親切。現在她聽了徐采丞的一片假話，信以爲眞，認爲只要投資五十萬元，她的兄長就可榮任紗廠總經理，這是件有光於母家之事。她是個輕視錢財、重視友誼之人，而又賦性亢爽豪邁，不遜男子。於是，她爲了幫忙朋友，照顧兄長，便毅然決定的投資如數。沈杏雲也便靠他假妹妹的投資，任當協興紗廠的總經理，這個措施所爲，在理該屬兩全其美。有誰知却是徐采丞所設的一個大騙局，而也變做了一個大翻戲，翻去了他舊日老闆娘的一筆鉅欵。說來此人的醜惡行爲，鬼蜮伎倆，恰正如「翠屏山」戲中潘老丈戲轄兒所說的「人心大變」、「大變人心」的那兩句話。

原來開設在曹家渡協興紗廠，於正式開工出紗，爲期祗有數月。據說半年時日都不滿，就宣告關廠倒閉，却成了眞正如同曇花一現的局面。該廠的廠基房屋，紡機錠子，全不是如采丞所說之話，由他斥資，重新購置。實在全部的廠屋紡機，那是他向以前該廠的所有人臨時租借而來，所訂租期三年。租金每月八百元，先付後用，全廠錠子總共祗有三千隻舊錠子，實在是一家小型的紗廠。蓋在「一二八」的中日事變以後，全上海的經濟情況，爲被閙成最不景氣象的時期，多數各種小型工廠都因經濟周轉不靈而關廠休業。徐采丞乃得以最低廉的租金最優厚的條件，租借下來這家歇業有年的小型紗廠。好在他志不在於眞心誠意的經營正式事業與循規蹈矩的掙賺正當利益。其旨實在於騙取秋水夫人手上鉅額錢財，及到她所投五十萬元的資本，從沈杏雲的手上逐漸移轉到他掌握之中以後。便即一走了之，把這堆爛污名義上，拆在該廠總經理沈杏雲的頭上，於實際裏却拆在投資人秋水夫人的頭上。他的設計之巧，用心之狠，能使他們沈氏兄妹二人無法謀取得法律救濟而作罷。

當年徐采丞對於這件假借開飛花紡紗廠，騙賺秋水夫人的鉅欵之事，做得非常秘密，少有人知。其原因該廠的出面總經理却是沈杏雲，他則退居幕後，祗是以廠長自認。在局外人看來他自然只是一個幫忙朋友的身份而已，並無責任可言，而所僱的工人又是稀少之極。所以當時這家協興紗廠的倏開倏閉，對社會毫不發生什麽影响，從而也未曾引起社會人士的注意。後來有人談說起有關於史量才與紗廠發生關連問題時，往往誤把民生紗廠與協興紗廠併作一談，並且只談民生，不說協興。其實民生紗廠創設在前，該廠出面總經理却是徐采丞，而史量才的投資，那是深躲在幕後不爲人所知的。在當時的傳說中，因史量才與徐采丞交成朋友以後，爲幫忙他朋友的事業成功起見，遂大力支持徐采丞。就從中南銀行取得大額貸欵，創辦民生紗廠，規模雖說不大，倒也有五千以上的錠子。但在「一二八」的淞滬戰爭以前，該民生紗廠即已宣告倒閉，從此完完大吉了。（一一）

傅抱石研究

——胸中具上下千古之思．腕下具縱橫萬里之勢——

蔡慧山

在中國畫一片要求創新的呼聲裏，提起傅抱石這人，他的畫史傑作，他的畫論卓見，以及他的繪畫藝術，在在足以做我們的示範者。他的山水人物畫，看來那麼氣勢雄奇，神韻生動，盡量發揮其豐富的想像力，達到了他自己所說的「寫神」地步。誠如石濤所說：「筆墨當隨時代，猶詩文風氣所轉」，傅抱石在這時代誕生與成長，幾乎可說是歷史的必然性。他本來是深諳傳統之一人，但居然能夠在舊法基礎上攝取了新法，生面別開，自闢蹊徑，不能不說是一項出色的創造。

傅抱石（一九〇四——一九六五）

「胸中具上下千古之思，腕下具縱橫萬里之勢」。這是我借來移贈於傅抱石的句子，而且認為他是一個近世罕見的畫中奇士，特立獨行，不同凡俗。從他的筆下，又可以取得求証，所謂創新也者，惟有掌握了傳統的優點，努力再創造纔是不二法門。作為一個中國畫家，應該向上，向下，向前，向後看看，縱的文化史，橫的社會傾向……試問自己究竟怎樣纔站得住脚？至少至少，也不妨站在歷史的秤盤上，把本身的份量掂斤估兩一下，試問再過五百年、一千年後，又能不能還容許你有一席地的存在？

對於傅抱石，雖與之同一時代呼吸，但緣慳一面。這些年來，但知他從酒精中獲得創作的靈感泉源，又從此奪去了他的生命！在他身後，欲謬托知音，寫成此篇，似煞費躊躇。幸而他的繪畫與著作，平生已觀摩過不少，幷承其友好提供資料，更加深了我的瞭解。在此，必須特別强調的是：傅抱石一生的藝術活動，多采多姿，在他的身上，確實令人感到一些時代的脉搏在跳躍着，至今猶鮮明熱烈。為了珍重中國畫的前途，相信歷史的鐵律將不斷地會發展變化下去，是則對傅抱石這樣的畫中奇士，就更非深入研究不可了。

頭角早露

這裏刊出的一幀抱石遺影，還是四十四歲時所攝。看來風神俊朗，一種清秀之氣，溢於眉宇。那時他業已成名，不但確立了他自己繪畫藝術的風格，且可說是著作等身。例如石濤年譜、中國美術年表、中國繪畫變遷史、中國繪畫理論等數十種，都已陸續問世，可知其頭角早露，已為世人所知。

一九四七年出版的中國美術年鑑，即載「傅抱石江西新喩人，年四十四歲，民國紀元前八年公元一九〇四年十月五日生。」幷稱：「早年留學日本，畢業於帝國美術學校。在日時嘗舉行金石書畫展覽，聲譽極盛。氏於創作繪畫之餘，幷從事著述與翻譯。……學識淵博，立說精湛，為我國畫史畫論研究之權威。民廿四年始任國立中央大學藝術系教授幷歷任教育部第三、四屆全國美術展覽會籌備委員會兼審查委員、全國美術會理事。抗戰時隨校入川，先後於渝、蓉、昆明等地舉行畫展，極為國內外人士所推重。三十五年復員返京，仍執教中大，在校深得學子欽佩，桃李遍天下。三十六年十月携歷年作品來滬，在中國藝苑舉行展覽，計出品一百八十餘幅，且多巨製，山水人物約各居半，深得好評。」

這本美術年鑑對抱石的作品，也竭力推崇說：「……係於傳統與革新之中獨具建樹，是故趣味新穎而風格高古，其作品結構雄奇，意境深邃；線條飄逸而挺秀，設色沉毅而瑰麗，用墨渾潤，用筆蒼勁。寫人物表情入神，呼之欲出；寫山水變化萬千，窮宇宙造化之秘，實開我國繪畫之新紀元。故歐美重要評論家對傅氏均不斷寄與最高之讚譽，綜計其作品流傳情形，國內約十之三，國外約十之七，國外又以法國為最，英國次之。……」

從這段記載，就可以看出抱石在四十歲剛出頭之時，其藝術造詣已是那麼出類拔萃，卓然有以自立，而且於國內外飲盛譽了。

無可諱言：抱石早年留學東瀛，與彼邦畫家橫山大觀、橋本關雪輩交遊，呼吸了異邦的空氣，多少也受到一點日本畫風的影響。但好在他的悟性極高，即使在有限度的吸收之下，再通過思考，通過批判，通過揚棄，馬上會得吐納消化，終於取精用宏，自成一種氣象。縱觀抱石一生，一面繪畫，一面不斷地讀書著作，用力至爲辛勤，所以平日理論和實踐，都能平行發展，其手眼高出儕輩，自非偶然。多少年來，他在創作中所得到的實貴經驗，使他對古代繪畫藝術有了更深的認識，而他對傳統技法的研究也同時豐富了他的作品內容。有諸內而形諸外，由於他本身具有深度的內涵，才能不斷地求變，不斷地創新。像這樣努力的藝術工作者，其一般學識行品，又豈是今日自稱新潮水墨畫派之流所可比擬？

不以人而廢其言，一九五七年，郭沫若在「傅抱石畫册」上的題語，其稱譽也頗愜當。原文有云：「抱石作畫別具風格，人物善能傳神，山水獨開生面。蓋於舊法基礎之上攝取新法，而能脫出窠臼，體現自然。」又云：「吾嘗言我國畫界，南北有二石。北石即齊白石，南石即抱石。今北石已老，尙望南石經歷風霜，更臻巋然。」

十分不幸的是：北石齊白石作古不久以後，這一位巋然僅存的南石，因平日工作的積勞，兼以沉湎於酒精之故，歷盡了種種風霜，終於健康支持不住倒了下去，而於一九六五年突然病逝於南京。北石活到九十五歲，而南石僅得中壽，祇活了六十一歲。一代奇才，不幸耽酒死矣，如何不令人痛惜！如何不令人哀念！

藝術特徵

傅抱石最突出的一點：便是他在早年，一開頭便肯定地樹立起個人風格，他特具的藝術特徵，令人一望而知。

本來，一個藝術家，應該有一種本領，儘管題材不一樣，幅幅都大不相同，就是不寫自己名字，別人也知道是他一人畫的，而且每幀都使人認爲值得看，傅抱石就有這樣的本領。他的作品也幷不容易模仿與僞造，因爲他的筆墨法度，佈局意境，的的確確自成一家之數，非時流所能望其項背。

說來他的繪畫，既不是「正宗派」，也不是「官學派」，更不是什麼「折衷派」。他在帝國美術學校肄業時期，日本大畫家橫山大觀向他表示過：「如果說中國人到日本來學中國畫，就等於到日本來學中國菜，同樣是一個笑話。要知道，你們中國的水墨畫才是全世界最偉大最崇高的藝術，國有瓌寶豈可不知？你們祖宗的遺產太令人羨慕了！」橫山大觀說這些話時，態度相當嚴肅，抱石聽了大爲感悟，因此他在留學時，經常在圖書館中，搜閱所有中國畫史畫論，又在各博物館美術館遍覽了日本所藏且奉爲「國寶」的中國宋元名迹，在多方印證之下，終於獲得了一個結論。

不錯，中國畫比日本畫高明得多，即歐美新舊各畫派又豈能企及。但當務之急，必須揚棄一切陳腔濫調，而努力注入以新鮮血液，才能使之發揚光大。他一回國，便抱着改革國畫的宏願，是要在傳統與革新之中，有所選擇，有所繼承，也有所創造，於是他逐漸形成了自己的藝術特徵。

抱石的畫，在國內一經面世，果然獲得各方佳評。如美術年鑑上所稱：「趣味新穎而風格高古」，倒是實話。他寫的人物另有一功，似乎個個都像天上神鬼之流，看來披頭散髮，邊幅不修，大概他對於屈原一部離騷深感興趣，平日把所有的人物，都畫成了遺世獨立之狀。但同時也可以說他寫人物畫，極其着重內在的精神狀態，儼然表情入神，呼之欲出。寫山水畫，筆意酣暢，變化莫測，說得上又雄奇，又神秘，又瀟灑，又奧古，在近代畫品之中，該算是一種大胆的突破。稱之爲「實開我國繪畫之新紀元」，又誰曰不宜？

最值得稱道的是，抱石雖運用了若干傳統方法，幷沒有一些泥古的跡象；至於吸收外國畫法，而又幷未一味盲目趨新，如今日拾人牙慧之流。苦問何以致此？敢說即由於他本人長期讀書旅行思考所獲得的成果，所謂腹藏萬卷，胸列五岳，才是山水畫家的必要條件。

傅抱石畫湘夫人

在基本上，抱石的山水畫法，當然以遙接石濤的衣鉢爲最多，但他又能融會貫通，予以提煉與誇張，其佈局更來得奇峭，其用筆更來得生辣，其用墨更來得淋漓，無非深深參透了苦瓜和尚的妙諦，而予以納古吐新一番。例如他常常運用「亂柴皴」「卷雲皴」「拖泥帶水皴」，用筆如行雲流水，一氣呵成，這就是其技法獨到之處。有人指出，石濤善用點，抱石亦然。例如：「點有空空濶濶，乾燥沒味；點有有墨無墨，飛白如烟；點有似焦似漆，邋遢透明；點更有兩點，未肯向人道破；有沒天沒地、當頭劈面點，有千岩萬壑、淨無一點。噫，法無定相，氣概成章耳！」實實在在，抱石把石濤畫論畫法的奧秘吞了下去，一下子便消化吐納了，一經道破，不能不令人歎服他運用之妙。

至於傅抱石的人物畫，據我看來，最初是從吳道子送子天王圖裏面（送子天王圖現藏於日本大阪美術館）所學來飄逸流暢的線條技法，所以他畫離騷中的湘夫人，一種飄飄霞舉的姿態，令人有「吳帶當風」的感覺。設色方面，又能巧妙地表現出：「於焦墨痕中畧施薄彩，自然超出縑素，」顯得古雅不俗。此外，他又從梁楷太白行吟圖、六祖劈竹圖之中，偸師到一種寫意之筆，而造型又往往古拙似陳老蓮。還有一點，在他的構圖中，比了石濤與其他古人突出的地方，便是樹木背景畫得特別重大，而且其中人物比例較小，這由於他受過現代寫生手法訓練之故，是相當合情合理的。

就一般藝術而言，一代有一代的風尙，一時有一時的體裁。傅抱石的繪畫藝術，便充份地表現其時代性。他的山水畫中，常常巧妙地運用透視學的原理，而又能用之恰到好處。誠如他自己所說：「只有深入生活，才能有助於理解傳統，從而正確地繼承傳統。也只有深入生活，才能創造性地發展傳統。筆墨技法，不僅僅源自生活，並服從一定的主題內容，同時它又是時代的脈搏，和作者的思想感情的反映。」我們讀傅抱石畫，必先認識其藝術淵源，一切皆由此而爲出發點。

詩的意境

繪畫之中，山水居首。而山水一道，最不可少的該是意境兩字。歷代名家，無不以意使法，無不預先能夠確立一個作品的意境，然後才能使法就意，以意運法。換言之，一個畫家在握管濡墨，默對着紙絹凝神構思之際，第一決定這幀畫的立意如何，畫的主題只有一個，且必須突出，那就把統攝全面的精神靈感捕捉住了；其次才講構圖，也就是謝赫六法的「經營位置」。然後再決定應用何種的點皴，如何用筆用墨，俾與其意境渾成一片。實在說：「內容決定形式」，這樣才能毅然決然從心所欲，畫得出具有自己藝術特徵的創作來。

意境兩字，本是中國繪畫傳統中的重點所在。唐宋詩中，不知有多少詩的境界，同時都是畫的最好的境界。蘇東坡評王維詩中有畫，畫中有詩，就是指「意」字而言。但近世一般畫家，所以往往畫得那麽甜俗乏味，揆其主因，便是始終不肯讀書，其筆下沒有書卷氣味，本身缺乏思想，缺乏感情，缺乏想像力之故。清代方薰說：「畫法可學而得之，畫意非學而有之者。惟多書卷以發之，廣閱見以廓之。」唐岱更進一步說：「胸中具上下千古之思，腕下具縱橫萬里之勢。立身畫外，存心畫中，潑墨揮毫，皆成天趣，讀書之功安可少哉？」亦即這樣的道理。

於此，我們又可獲得一個辯證：即傅抱石的山水畫所以畫得特別出色，正因爲他本人果然「胸中具上下千古之思」之故！因而，人們對於他的山水畫，便乾脆稱之爲「詩意畫」。這些畫不但是元氣淋漓，清新一片，而且是別有天地，新意迸出，其所以藝術感染力之深，還不是由於「讀書之功」是什麽？

一九六八年三月，香港大會堂美術館，曾舉辦一個傅抱石遺作展覽會，出品都從本港幾位收藏家手中借來，其中不乏精彩的代表之作。記得第一幀是「太白行吟圖」，一個類似梁楷簡筆的李太白，長袍寬袖，長鬚飄然，兀自立在山巔之上，面對着一片飛瀑，似在嘯傲放歌的神情。這幀畫，人物在山水中比例還嫌太大，近景幾株松樹畫得太滑而不夠澀，但意境是超逸的，作者且手書「我本楚狂人……」那首長詩在畫上。我們要知道，抱石一生崇拜太白，并同樣耽於杯中物，故其性情與身世正復與之彷彿，此畫也無非藉以自況而已。至於「後赤壁圖」，寫的蘇東

一九六八年三月香港大會堂美術館主辦傅抱石遺作畫展特刊封面

坡故事，其本人的精魂，也恍惚神遊乎山水之間，與古人的詩思互相呼應。「對奕圖」寫了兩叢芭蕉，筆墨潑辣恣肆之極，乃一時神來之筆，他畫的人物，正在對奕，面目間是有表情的，但也有人譏之為「森然有鬼趣」，造型確與衆不同。當然，其中最突出的是「杜甫詩意圖」，一片蕭瑟寒林之下，詩人杜甫踽踽涼涼，獨往獨來，又必屬畫家自我的化身無疑。在我看來，他每一幀畫中，都尋得出一片詩的意境來。

宋代歐陽修說過：「蕭條淡泊，此難畫之意，畫者得之，覽者未必識也。故飛走遲速意淺之物易見，而閑和嚴靜趣遠之心難形，若乃高下嚮背，遠近重複，此畫工之藝爾，非精鑒之事也」。讀抱石的畫，也該着眼於此，愈是蕭條淡泊難畫之意，他愈是喜歡攝入筆底，加以生動的形象化。尤其拿手的一套絕活，就是寫風，寫雨，寫急流飛瀑，寫烟雲迷霧，他慣以半抽象的烜染手法，通過一片模糊的水墨暈章，而深深打動欣賞他畫的人們心坎之間。

抱石晚年所作，筆墨愈來愈拙重，意境愈來愈神化。一幀展出的「山雨圖」，畫中一間茅屋，四面都是風片雨絲，一條長長的瀑布從上而下，整個畫面濕漉漉一片，令人想起詩品中「賞雨茅屋」的一節被他畫活了。另一幀未曾展出的「斗大　堂圖」，是為唐遵之所作，全幅潑墨潑色，畫得特別濃重，那山巒的皴法祇是亂掃幾筆，而烟雲幻滅，一片空濛，這樣的意境，誠如杜甫所說：「水墨淋漓」、「眞宰上訴」那樣子。你看：濃濃淡淡的黑點和粗粗細細的線條，那樣交織成一首動人心弦的樂章。這是畫家通過生動的藝術形象，對生活本質的深刻反映和高度概括，值得我們予以吟味。

傅抱石畫唐遵之藏斗大草堂圖

此外，我還見過抱石一幀「陳子昂登幽州台圖」，其上即書陳子昂句：「前不見古人，後不見來者。念天地之悠悠，獨愴然而涕下！」畫面上，一個詩人登山台危立，但見萬木怒鳴，千林振響，天地悠悠，愴然涕下，那種百感茫茫的複雜心情，那種俯視一世的孤高抱負，極其生動深沉地表現出來。在我看來，此中有人，呼之欲出，可不就是傅抱石這位奇士借酒澆愁的自我寫照又是什麽？（附註：抱石生平攝影最少，他致友人書說：「此生最怕的事，就是被人强制拍照。」）

筆與墨會

抱石在作畫之前，他的習慣，是往往把靈感培養好了，或看賞雲山，或散步清吟，或與摯友劇談，但多數是喝了酒有些酩酊醉意之後，才感到一時技癢興發，不能自禁，那便馬上跳起來作畫。而又興盡即止，到有興時續成之。故其畫一片天機活潑，筆與墨會，自然如水到渠成，有時且亦臻於「無意」的境界了。

清代惲南田說：「高逸一派，如蟲書鳥迹，無意便佳。」抱石晚年有一部份作品，漸已呈現了這類傾向，連他自己也莫明所以。又如張庚所說：「無意者，當其凝神注想，流盼運腕，初不意其如是而忽然如是是也。謂之為足，則實未足；謂之未足，則又無可增加。獨於筆情墨趣之外，蓋天機之勃露也。」可惜這樣的神來之筆，在他平生，還是可遇而不可求，并不太多。

中國繪畫的特點，即在「意境」之外，必須講求「筆墨」，它是具體完成和表現畫面的要素，如果更具體些，就是憑它來分辨畫家水平高下的。謝赫在六法中，把骨法和用筆兩者合一，所謂「骨法」，就是指的造型能力，着重在畫家的眼的訓練。所謂「用筆」，就是通過具體的線去表現物形的畫面，着重在手的訓練，在工具的使用熟練。中國繪畫是特別注意這種線條之美，也即是用筆的技法。同時以墨代色，「用墨」重在渲染和表現面的工夫，它和線一樣也要求具有韻律的意趣，與凹凸陰陽虛實遠近的感覺。傅抱石早年曾學畫於日本，一度且畧受日本畫的影响，但他後來的藝術造詣為什麽遠勝於日本畫家呢？那就是他平生深切研究石濤的結果，在「筆與墨會」這等工夫上畢竟高人一籌。

石濤善用濕筆，而能做到墨內見筆，所謂「墨團團裏黑團團，墨黑叢中花葉寬，試看筆從烟裏過，波瀾轉處不須完」。抱石作畫也能如此放胆潑墨，尤其深諳石濤用點之妙，他決不拘拘於胡椒點、芥子點這一套，畫起樹石來，信筆飛舞，使樹石躍躍如生。眞所謂「法無定相，氣概成章耳！」這樣運墨操筆，自然烟雲生於腕底，波瀾起於胸中。古來畫家變化之多，本來少有和石濤一般的。而抱石却取得了此中訣竅，他的畫風寓瀟灑於雄奇，藏柔和於剛健，在近世芸芸畫家羣中，當然足以自成一家了。

你見過抱石畫的松樹嗎？看來松葉是亂針簇簇，其間還點了濕墨，連松幹的鱗皮也以墨點狂灑一下。他的柳樹，在「江南春」等幀中也常見，那的的確確是一種沒天沒地、當頭劈面點，這種畫法實在也從石濤畫中演變而來。

論到水墨山水畫，抱石曾撰文精到地分析其發展過程：『自董源把「淡墨輕嵐」的作風帶到了宋代，……發展和提高了水墨渲淡的表現，不少優秀的遺跡，還充分地證明了色彩和水墨高度結合。……傑出的馬遠和夏圭，就水墨之美的發揮來說，他們卓越地做到了淋漓蒼勁、墨氣襲人的地步』。又說：『宋代水墨性能的高度發揮，有了客觀的基礎。通過米芾、米友仁父子、牧谿、馬遠、夏圭爲首的諸大家們創造性的努力，在作者和鑑賞者的思想意識中，在廣大的讀者中，幾乎是墨即是色，色即是墨。所以水墨山水便有足夠的條件順利地經過「不平凡」的元代而成爲中國繪畫傳統的主流。』他這一段話，對畫史眞知灼見，且言之中肯。其實抱石自己的山水畫，同樣也令人感到了「淋漓蒼勁、墨氣襲人」的地步，那是他更參透了歷代畫家用墨之秘，而也有了卓越的表現。

抱石說過：『記得清初周亮工在「印人傳」中評黃經的印章時說過這麼幾句話，意思是說一件藝術品歷千百年而仍爲讀者所熱愛，全靠它永遠是「動」的，我覺得這個「動」字提得極好，極富於啓發意義。』他金石的造詣即如此，自刻「往往醉後」一章，即可說是奇崛多姿，乾淨俐落，在昌碩、白石外，別闢蹊徑，而又以天趣勝人。

抱石對白石老人的刻印藝術是非常傾倒的。他的看法，老人的天才魄力，在篆刻上所發揮的實并不下於繪畫。由於他「胆敢創造」，不顧一切地打破歷代所謂印學的清規戒律，開闢了新天地。抱石且撰有「白石老人的藝術淵源初探」一文，對老人「排奡縱橫氣吞斗牛的藝術家的胸襟」表示拳拳服膺，其實也含有惺惺相惜之意。但恕我直言：抱石的書法似乎還未臻於化境，雖然已習練大小篆與鐘鼎文多年，其行書還是失之於尖巧。他慣用狼毫新筆，甚至發現曾以山馬筆寫過大字。倘天假以年，相信他的書法藝術必能竿頭直上，一定會趨於更高境界無疑。

傅抱石刻印

傅抱石

往往醉後

抱石私印

傅

一九六○

抱石之作

著作等身

再看傅抱石，令人心折的是，他這一輩子，對中國畫史畫論，進行了長期深入的鑽研，而取得相當豐碩的成果。遠在他留學日本時，每天在校習畫之暇即從事著作譯述。一九三○年，即在商務出版「中國繪畫變遷史綱」和「中國美術年表」。至今，這册年表還是國內權威性的參攷書，其間他搜羅整理，着實費過一番心血。「寫山要法」雖是翻印日本畫家作品，但加入明白的解說，足爲初步學畫者指津。最重要的還是「中國古代山水畫史的研究」一書，以顧愷之「畫雲台山記」之解釋爲中心，把自古相傳的「畫雲台山記」全文脫錯之處，一一加以校正，論者謂其成就，已超乎日本東方文化學院發表的伊勢專一郎的「自顧愷之至荆浩支那山水畫史」的研究報告之上，他一手把中國古代山水畫史的輪廓初步建立了起來。單憑這一點，我們與其說他是一個畫家身份，不如稱他是中國當代唯一的畫史專家來得更恰當。

抗戰以前，抱石即住在南京城中，担任中央大學藝術系教授。戰時隨校入川，卜居重慶郊外金剛坡麓。那時期他最困窮，但也最用功。中大教授胡小石曾形容他：「忍窮餓以治藝事，用力至勤」。當時抱石且畫了一個「擬顧愷之雲台山圖卷」，由汪東、沈尹默、滕固、徐悲鴻等爲之題跋。其中徐悲鴻題云：「好事即痴兼畫迷，捕風捉影寫雲台，若言筆墨精能處，伯仲之間見夏圭。」可見時流推重一斑。

人所共知，抱石最具份量的著作，還是那本「石濤年譜」。石濤的畫，在近代才被人重新估價，且大大影響了整個畫壇。幾乎每一個山水畫家，多少都在學石濤仿石濤，一時蔚爲風氣。但是，歷來罕有人能對石濤身世作過系統的研究，抱石却細心推敲了十多年之久，做了一部石濤年譜，從石濤的藝術的作品裏，和石濤同時人士的詩文題記中，得到許多材料，以充實世人所不甚知道的石濤生平。「發潛德之幽光」，這是一件極可讚佩的事，當時由中大校長羅家倫特撰了一篇長序，幷由陳伯莊爲之刋印單行本問世。

「石濤年譜」抱石自序云：「余於石濤上人妙諦，可謂癖嗜甚深，無能自已。今手撰上人年譜成，雖其間不免遺憾，而翻覆諷讀，上人一生之眞，或從茲稍見於世，未可知也。……戰局推移，倉皇南行，蔽體而外，亦唯此帙。……余以此物，耗心血泰多，恐一失未必盡能再得，乃郵傳蜀中一戚人處。……良以烽火中文獻最是厄運，矧余長貧，何能爲力。此中一言一字，固與上人清淚相揉，然就余言，愛惜何異頭目？……」其辭十分誠摯。由此我們深信：石濤將因抱石撰年譜爲之表彰而更垂於不朽！

直到抱石晚年，他還孜孜致力於中國古代繪畫的鈎沉工作。一幀晚周帛畫剛被發掘來，他考察出畫中的鳳與夔正在鬥爭，充分表現戰國時代的時代精神。接着，又把所有的漢畫石刻，一一予以端詳詮譯，即一磚一瓦之微，亦從不肯忽畧。此外，對顧愷之的女史箴圖卷、展子虔的游春圖卷、閻立本的列帝圖、孫位高逸圖，以至敦煌壁畫，無不源源本本交代得一清二楚。像這樣把中國繪畫藝術豐富的遺產，全部嘔心瀝血做一番整理功夫，敢說空前所未有，而當代也該讓抱石爲第一手。

中國繪畫與文學之間，關聯至爲密切，有如人身上血肉纖維的組成，表裏合一，故作爲一個中國畫家，除了作畫外，至少該讀些書，或有些鑑賞古畫的能力，一個人眼高了，然後自己的手也會高了起來。倘這種素養全然沒有的話，無論畫得如何精工也罷，充其量止是畫匠一名而已。宋代鄧椿有言：「其爲人也多文，雖有不曉畫者寡矣；其爲人也無文，雖有曉畫者寡矣。」誠然！誠然！

製作巨畫

除了石濤以外，傅抱石在留日時期，對日本畫家雪舟，也曾進行過研究。雪舟是日本的和尚，也是日本的大畫家，被日本人稱爲「畫聖」。他到過中國，學過中國畫。明代遊北京時，在禮部院的中堂上畫過壁畫，尙書姚公召諸生而指壁上曰：「是乃日本雪舟上人之畫妙，外夷猶有斯絕手，二三子盍各勤爾業，以躋斯域！……」其實雪舟雖學的夏圭，筆墨顯得過於板重，其成就尙有限。但抱石對其名作現爲日本國寶之「四季山水圖」却推崇說：「雪舟眞是『山河無隔礙，經營處處通』地以中國山川爲基調……處處緊密地結合着日本人民的愛好，突破了時間和空間的一切限制，尤其是季節、氣候的限制，生動有機地把春夏秋冬各個季節動人的景色，集中在一幅畫面上。我們認爲：這是中國畫家所難能而是日本畫家所特別擅長的。」

傅抱石揮巨筆企立作鉅幅畫

雪舟「四季山水圖」是一長達五丈多的巨製，規模大得驚人。抱石因此也久已蓄志要畫一幀特大號的壁畫，幷有意事先親歷大地山川，憑其敏銳的一雙慧眼，實地攝取了若干草稿。

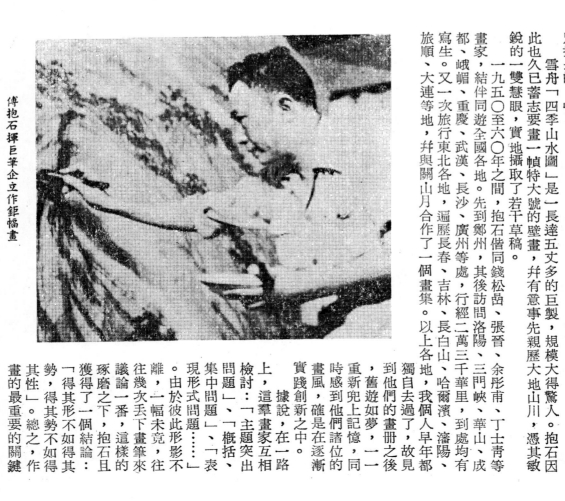

一九五〇至六〇年之間，抱石偕同錢松喦、張晉、余彤甫、丁士青等畫家，結伴同遊全國各地。先到鄭州，其後訪問洛陽、三門峽、華山、成都、峨嵋、重慶、武漢、長沙、廣州等處，行經二萬三千華里，到處均有寫生。又一次旅行東北各地，遍歷長春、吉林、長白山、哈爾濱、瀋陽、旅順、大連等地，幷與關山月合作了一個畫集。以上各地，我個人早年都獨自去過了，故見到他們的畫册之後，舊遊如夢，一一重新兜上記憶，同時感到他們諸位的畫風，確是在逐漸實踐創新之中。

據說，在一路上，這羣畫家互相檢討：「主題突出問題」、「概括、集中問題」、「表現形式問題……」。由於彼此形影不離，一幅未竟，往往幾次丟下畫筆來議論一番，這樣的琢磨之下，抱石且獲得了一個結論：「得其形不如得其勢，得其勢不如得其性」。總之，作畫的最重要的關鍵，是要「得其性」，石濤畫語錄所創立的藝術哲學「尊受章」，即强調創作非深刻體驗感受不可。

後來，爲了要製作一幀空前的巨畫：「江山如此多嬌」，面積共有五米半，寬九米，夠得上說大氣磅礴，抱石因此幾乎付出了整個生命代價。他和關山月兩人爲了商量佈局，醞釀構圖，又不斷地喝酒提神，至於寢食俱廢的地步。他覺得明代沈石田所繪的大幅，也只不過是丈二匹，相差很遠，况關山月是嶺南派，以細緻柔和見長，他是奔放雄渾的，怎樣合作成爲一致呢？這些，都是難題。但難題難不倒他們，備了作畫工具，大筆似長柄掃帚，調色用五六隻大號面盆。他們兩人商量：「把近景的高山蒼松，採取青綠山水的重色，長城、大河和平原，則用淡綠，然後慢慢地虛過去。遠處則是雲海茫茫，雪山蜿蜒。右上角的太陽，紅霞耀目，光輝一片，使暗中見明。」這樣才動了筆，但後來臨時又改稿數次，終於完成了一幅氣勢磅礴、崢嶸突兀的巨畫。

說到製作壁畫這項經驗，我也偶然嘗試過。馬來西亞怡保的霹靂洞，邀我架了長梯在壁上作畫，當時臨空奮臂放筆直掃上去，倒也有一種痛快淋漓的感覺，祇是時間太長了，將有手酸力竭之虞。像抱石那樣持久的作壁畫，說來固行之有素，習慣已成自然，堪稱扛鼎之舉。

本來，按照唐宋古法，作畫時的方法，最好把紙絹張於牆壁之上，畫家立而下筆，最爲得心應手。據我所知，傅抱石和錢松嵒的習慣也正一樣，他們都非如此立着作畫不爲快。明代王孟端曾發表過這項經驗說：「立而下筆，故能騰擲跳蕩，手足幷用，揮灑自如。健筆獨扛，如駿馬之下坡，若銅丸之走板。今人施紙案上，俯躬而爲之，腕力掉運，僅及咫尺，欲求尋丈，已不能幾，寧論數丈數十丈哉？」在此我奉勸學畫的朋友們，對這樣立着作畫的方式，不妨試試看。

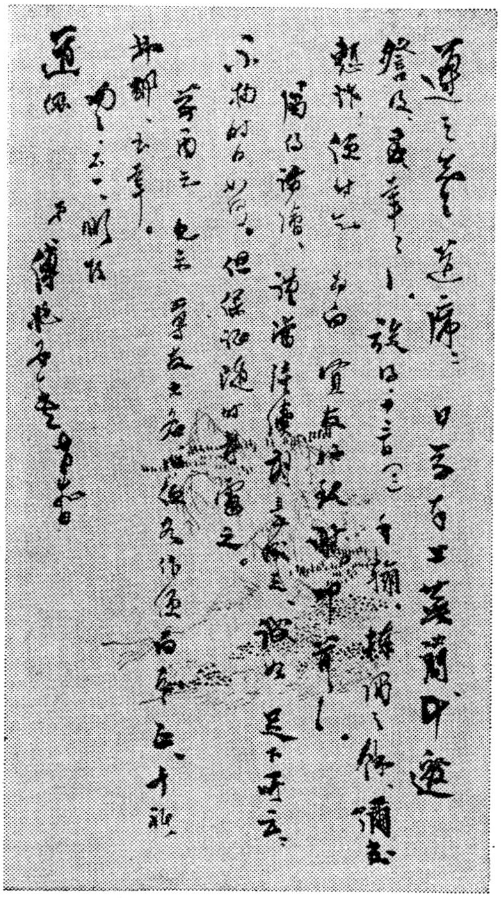

傅抱石遺筆書札作于一九六五年七月

晚年耽酒

當世的畫家我相識的可不在少數，但過去與抱石却素昧平生，這位倜儻可喜的奇士，天獨靳我一面，聽到他的逝世消息，不覺惘然若有所失！一九六五年九月廿九日，他病故於南京。據悉，他去世的那一天，剛從上海回到南京，原因是平日積勞過度，飮酒也過度，而終於死於腦溢血。一個中國畫壇罕見的天才，竟以六十一歲的盛年匆匆結束了生命。

在其友人的回憶中，抱石一向視酒如命，一見了酒，便大瓶小瓶的買，大碗小碗的喝。他還特別愛喝像茅台一類的烈酒。晚年他的血壓相當的高，人又長得胖，所以親友都勸他少喝酒甚至戒酒。但一個人一旦要戒絕他的多年嗜好，是不太容易的事。已故畫家司徒喬，看見抱石每餐必飮，甚是担心，曾勸他說，年事已增，戒酒爲宜。抱石却說，我是一塊石頭，至多浸成「醉石」，而不致浸成「爛石」耳，言下之意，大有酒非喝不可之概。他這個抱石，是常常一斗一石入抱的抱石。「自稱臣是酒中仙」，大概藝術家企圖消除現實的煩惱，而暫時以醉鄉寄身，結果終以酒殉身了！估計他那次到了上海後，酒實在飮得太多了，一回南京，竟至於一瞑不視，聽說他回到家裏之後，略事整頓，就上床休息，等到家人去招呼他起來時，忽然發覺他肢體已涼，急救不及了。

晚年的抱石，經常與現居本港的藝術愛好者唐遵之通信，結上一段翰墨因緣。爲了覓致作畫工具，請托唐君代購日本鳩居堂製的貍面相筆，但他旋發覺其品質已遠不如幾年前所購的爲遺憾。順便他又囑咐遵之說：「尊友好中，如有惠賞拙筆者，千乞賜以紹介爲幸，稿酬不論」。他筆下不稱潤例而稱稿酬，計開：三尺立軸爲一百元至一百五十元，五尺全幅中堂爲二百元至三百元。後來，抱石因渴求醫治其愛女之病，又函遵之說：「蓋弟近頃所欲得者，惟小女之健康而已，其他皆非所計。」字裏行間，備見舐犢情深之狀。於是遵之轉輾設法求得良藥寄去，幷爲之奔走介紹友好訂畫多幅。

當時抱石住在南京傅厚岡，又曾赴杭州、揚州小住。其間忽覺右臂麻痺酸痛，不能執筆，改以左手，函中且說：「此臂將廢，歷代畫家六十左右，病臂者多。」同時發覺血壓日升，心臟也呈異狀。於是唐君在不忍坐視的情況下，以一股熱忱，去信進行勸告他非决心止酒不可。

抱石的覆信，措詞也極懇切，原函如次：

天佑歌

·曾克耑·

大千目疾，費子彬先生以爲中西醫術皆窮，近爲旅美吾宗一女醫愈其八九，彬老以爲是天佑非人力也，屬爲天佑歌以美之。

四天沉冥大宇昏，高樓偃臥忘朝暾，震旦畫宗銀海竭，潑墨伸紙艱探捫。瑤函龍木謝刀匕，重溟蓬島迷籬樊，塊然獨坐發長喟，八海籲呼誰其援？呼聲精感貫碧落，惻然眞宰悽心魂，南瞻蜀郡孕靈秀，深心絕藝蘇元元。胡爲雙瞳入矇瞀，坐令萬象罹鉗髡，羲和望舒汝來前，抉汝光芒瑩厥根。天河織女具妙手，西溟速降窮眚源，刮以金鎞試廉疾，注以玉液逾淸温。炯炯巖電數開闔，隻眼獨巨掀厚坤，烟雲霾霧一掃盡，山河斗宿千態屯。髯忽欣然仰天笑，帝乎厚我偏我恩，記髯往昔嘗我誚，帝創庶物何紛蕃，虎狼縱恣麟鳳渺，啼號憤怨餘唧寃，髯也把筆恣圖繪，醜屏美豁紛墨痕。觀娛藏喜題品樂，閬風欣慕嗟無言，令髯代我主化育，萬物璀璨忘崩奔。日月易輝海山躍，大羣愛敬庶類敦，巨變異觀恢宙合，氣旋運斡道彌尊。吾將遜位事揖讓，翩然訣棄紫微垣，獨以聲香通我佛，兩輪空有試究論。九天九地悉付汝，惟髯爲我新八垠，髯乎髯乎倘有意，吾將呼隸開天門。

「遵之先生：奉手教，感我至深。內子及兒女輩迴環讀後，均拜謝足下拳拳之至意，何其可感也！弟原能小飲，但不經常。抗戰期間，由於種種煩悶，遂日以杯中物自遣。有時從醒眼（早起）到閉眼（上床），不入其它一滴，而只有大麯，於是習以爲常，非此不辦矣。大約二十年來，此病漸深，每當忙亂、興奮、緊張……都非此不可。特別執筆在手，左手握玻璃杯，右手才能落紙。前年發現高血壓，去年心臟亦復不佳，各方友好無不諄諄見告，希與此物絕緣。數年來，幾次努力壓縮，有時不飲白酒，有時限制飲量，總之，主觀上努力不夠，遂令流於形式。大示所云一切，眞足供我警惕矣。現在兩臂仍未痊好，心臟仍鄰近危機，血壓仍高。最近不能不考慮進一步採取辦法。足下大示所述令昆仲情況，實在令我爲之惻然。昔陳老蓮、高鳳翰、許友介……諸大師，均毀於酒，而我過去最敬佩的日本近代畫家幸野梅嶺、橋本關雪……也毀於酒，唐伯虎不能專美也。爲酬大命，將勉强一切，壓縮一番。尚望足下不時嚴加督察是幸。……」

我所知道的唐遵之兄，是一位純藝術欣賞者，他性情爽朗，任俠好義，正與抱石其人行誼近似。數年之間，曾屢次爲之紹介友好求畫，其後預訂者已有數十幀之多，尚未繳卷，而抱石却突然撒手歸天了。由於唐君深知藝術家癖性，求畫不能催得太急，一向聽其自然，一次抱石還曾覆書說：「屬約諸繪，謹當陸續刻意成之，誠如足下所云：不拘時日如何，但保證隨時考慮之。茲函乞見示尊友大名，以便各作便面奉正，千祈弗却」。這封信是七月十九日所寫，而其人疾終之時則爲九月廿九日，相差不過兩月有餘，竟成絕筆。

香港人士對抱石的藝術愛好者不少。尤紹曾兄收藏其畫最多最精，且曾特別點品以乾隆舊紙請畫山水大幅，但亦未如願。遵之本人最遺憾的是，在港覓得一扇面，是舊時抱石畫的七老觀瀑圖，可說是第一銘心絕品，他特地付郵請抱石在後頁題句，誰料從此渺如黃鶴不復返了，至今談起，不無耿耿。以前，吳觀岱師突患虎疫而死，發生過同樣的情形，案頭畫債，高積如山，身後迄未得償。一個天才而勤力的畫家其短促的寶貴生命宛如神仙小謫，從此人間天上，永成絕響！

記得我在日本二次考察的那時期，曾與日本所謂一流的大畫家諸君打過交道，在我看來，他們的作品水平，比傅抱石還差了一大截，却被人尊之爲「人間國寶」，受到舉國上下非常的重視。而今，一位中國傑出的藝術家，像傅抱石這樣的畫中奇士，他一生輝煌的藝術活動，全靠赤手空拳自力更生，并未受到誰的培養與支持，及其身後，連有系統的一篇傳記或年譜也付之闕如。寃哉！「國有瓌寶，而竟不自知？」如何不令人爲之擲筆三嘆。

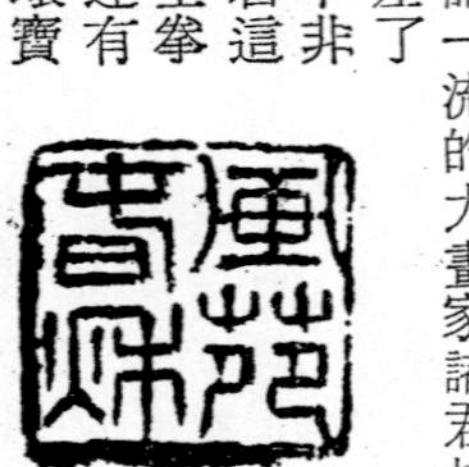

原稿
缺頁

原稿
缺頁

原稿
缺頁

原稿
缺頁

原稿
缺頁

原稿
缺頁

原稿
缺頁

原稿缺頁

章太炎之名言

（來鴻去雁）

韋千里

同治七年十一月三十日申時生

戊辰	八歲	丙寅
乙丑	十八	丁卯
癸卯	廿八	戊辰
庚申	卅八	己巳
	四八	庚午
	五八	辛未
	六八	壬申

余與太炎先生，幸早識荆，曾爲批命，蒙章氏大加讚賞，賜以楹聯屏條等事。乙亥初夏，拙輯「千里命稿」出版，且爲題眉，厚我甚矣。嘗謂我文悲觀氣氛太重。並戒曰：少年人作詩文，當就雄渾豪放一派，不宜恨字頻書，哀聲叠奏，以自附於傷心人，蓋頽唐之音，最足短人志氣。至理名言，永誌不忘。

章氏命造：日坐文昌貴人，食神透出天干，當以「天厨食神」論，故享文名。冬令乙木太嫩，不勝庚金之尅，乃四柱五行欠火，有官星而無財星，所以貴而不富。四十四歲至四十九歲行巳運，巳屬火，補其不足，獲特任「籌邊使」，及「國史館長」，爲一生最佳之途。此後運程，旋即步高步低、時晴時雨矣。民五丙辰，袁世凱死，章氏恢復自由。民廿五丙子，終於蘇州旅次。享年六十九歲。遺著甚多，都已刊行。

（覆美國林端如女士）台造：庚辰、甲申、戊子、癸亥。「從兒格」，富命也。三十三歲至四十三歲，庚辰二運，財得無心，喜出望外，只此十年所獲，蓋已一生吃着無窮矣。夫配龍命，兩硬克敵。子多而貴，賢孝抑又克家。體氣欠强，常有小病，反免大病。承詢潤例，請附詳細地址，以便直接奉覆。

× × ×

（覆香港王松百先生）台造：丙寅、乙未、壬寅、庚子。時上一庚一子，金水扶助弱元。蹉跎在於少年中年。五十歲至六十歲，行庚子運，大有建樹。六十歲行辛丑兩步，老當益壯，方興未艾。所慮者，四九甲寅、五十乙卯、五二丁巳，此三年風雨載道，行程艱難。

× × ×

（覆柴灣張瑪莉小姐）台造：己丑、丙寅、戊寅、癸亥。財官印全，命屬上乘。家境困難，乃早運蹇滯之故。明年小利。後年起，不再雌伏，定效雄飛矣。二十六歲至五十六歲，三十年美景良辰，豈曰「小就」哉。夫佳。子稀。

× × ×

（覆九龍何若翰先生）台造：甲午、甲戌、甲寅、癸酉。天干三甲，地支寅午戌，有爲有守之命也。時在霜降之後，還是喜火，所以驥足大展，當在於廿一歲之後也。妻賢。子肖。財乃來多去廣，熱鬧而不實惠，結局小康之富而已。

× × ×

（覆香港區福山先生）台造：丙戌、庚子、甲申、丁卯。寒木，妙有丙丁透出。廿八歲之後，發達而未發財。四十七歲至五十七歲巳丙兩步，方成鉅富。今明年捉襟見肘，幹東東不着，謀西西無成。妻配蛇馬，大有幫助。將來旺財而不旺丁，兒女寥寥。

× × ×

（覆美國沈子健先生）台造：乙逢亥卯未，既有辛金，不能作「曲直格」而論。春木太盛，用巳火以洩秀。過去一無勝意之運。將來五四丙辰、五五丁巳、五六戊午、五七己未、五八庚申，五年春風得意，無往不利。如逢事業變化，則所獲更豐。壽達六十一歲。

× × ×

（覆九龍黃濤先生）台造：丙寅、丁酉、己巳、己巳。火土太多，幸而行運大都金水，足以補偏救弊。命書所謂「有病方爲貴，無傷不是奇，格中如去病，財祿喜相隨」是也。明年仍多良機。五十二歲行癸運，環境轉變，鳴必驚人。財業邁進，爲畢生之冠。

× × ×

（覆九龍吳枬樺先生）台造：癸亥、庚申、丙子，戊子。滿盤金水，「從財格」也。先生以失業已久，至感徬徨。查明年癸丑，必有所遇，鷦鷯一枝，足堪温飽。按既成從財，忌見木火幫身，乃行運一路木火，恐其「才大投艱」，難以飛黃騰達，奈何奈何。幸恕直言。

× × ×

（覆帝汶賴壽聰先生）台造：戊辰、乙卯、辛酉、丙申。「偏財格」，爲命學上一個名稱，並非賭博，彩票之類也。台造偏財用印，可以發財，但爲辛苦得來之正財耳。大好運途，爲四十五歲至五十歲之庚運，建設良多。至於五十歲至五十五歲之申運，乃「大地有泉皆化雨，長林無樹不搖錢」，必然致富矣。

× × ×

（覆九龍黃正立先生）台造：丁巳、辛亥、癸未、戊午。水火兩停，惜乎木不透天，財難聚積。去、今、明三年，尤須防災防失。明年居處不寧，本身恐有腎病。五十八歲至六十三歲，年運並美，忙此五載，足夠晚來之豐富生活矣，六十七歲有一坎。

× × ×

（覆九龍何七先生）台造：己巳、甲戌、癸丑、丁巳。曩年爲先生批命，曾有兩種看法。若作「從財」，則未運大有收獲。若作「身弱」而論，則庚運大好。茲既兩說均未應驗，恐時辰有問題，蓋上一時爲丙辰，下一時爲戊午，乃都大相逕庭矣。

× × ×

（覆新加坡張玉林先生）台造：辛巳、辛卯、癸未、壬子。開來四造，因本欄篇幅有限，祇評先生本人之命，祈諒之。時歸日祿，壬癸辛三奇，有爲有守。運喜木火。五十一歲之後，丙戌十年，風發泉湧，應接不暇，正可見晚景之熱鬧也。中年亦有一段好時光，乃爲三十四歲至三十九歲。妻遲。子艱。

× × × ×

（覆洛杉磯錢旦先生）台造：丙辰、甲午、辛巳、戊戌。來函拜悉。承告六年之前，所言盡驗。按夏金幸有土護，八字甚爲勞碌，近年來雖有所成，半爲己亥大運（北方之土）之故，半爲辛勤努力所致耳。明年更多精彩，但五十九歲至六十二歲，驚風駭浪，不一而足。雖曰到底有成，然而身心良苦矣。

× × × ×

（覆新加坡林木化先生）台造：丙子、辛卯、丙午、丁酉。先生不信「宿命」之論。然既來函下問，不得不覆。彼此「姑妄言之，姑妄聽之」可也。天干丙辛姤合，地支子午卯酉四冲，一事無成之命。今年壬子，更爲蹇劣，幸而已成尾聲。明年大好，貴人逢於萍水，大財得諸意外。如其吾言有中，再爲詳推。

章太炎先生爲本文作者韋千里命稿題耑

× × ×

（覆香港張珠女士）台造：丙戌、庚子、癸酉、戊午。建祿透財官，有好丈夫，好兒女。既已懷孕，新年癸丑，先賦弄瓦。但明年甲寅起，瓜瓞綿綿，男女正多。二十七歲至三十二歲之丁運，三十七歲至四十二歲之丙運，治業最佳。四十七歲之後，還有好光景，老福無窮。

× × ×

（覆香港欲知人先生）台造：壬辰、丁未、己卯、丙寅。夏土喜見壬水，妙在壬坐於辰，辰爲水庫也。以缺金之故，名大利小。查自二十三歲起，一路好運，建設非鮮。或謂二十八歲至三十三歲之戊運，冲辰而有害，所幸流年大都金水，縱有疵處，可以泯化。

× × ×

（覆荃灣樊漢章先生）台造：辛巳、壬辰、辛亥、己丑。看似平常，其實身財兩强。好在財藏不露，富有之命也。查卅二、卅三、卅四、卅五等年，財旺驚人，已有經濟之基礎矣。最佳運途，在於四十五歲之後，榮華到老。

× × ×

（覆香港楊海倫女士）台造：丁丑、乙巳、庚戌、丙子。水火不濟，所以遲婚。壬子年得識一男友，但僅憑通函方式，余以爲不妨謀面，彼此相處一時，可締良緣，蓋癸丑年紅鸞星動，婚事必諧。況女士將來以夫、子，爲歸宿，對於事業，不必期望太高。

× × ×

（覆九龍張國輔先生）台造：癸卯、丙辰、癸未、丁巳。八字無印，身如不繫舟，飄泊無定。茲行己運，依然奔波。七十二歲行酉運，寶刀未老，光芒萬丈，必遂青雲之志，毋灰白首之心。今年癸丑，既少麻煩，又多展布，預爲酉運策劃開路可也。

× × ×

（覆荃灣陳潤棠先生）尊夫人多病，囑視其命造：乙酉、丁亥、丙戌、丙申。按丙生亥月，臨於絕地，所幸天干乙丙丁，托根於日支之戌，弱而有氣，健康欠佳，但無害於壽元。三十四歲甲寅年起，必占勿藥，康强逢吉。至於申酉戌財局，生當旺之官星，自然佐夫創業，教子成名。子息不多，但可貴焉。

× × ×

（覆元朗方懷先生）台造：戊子、癸亥、丁巳、乙巳、丁火爲水所冲，幾乎不能勝任。幸哉，二十四歲至四十四歲，廿年丙寅丁卯大運，一半努力，一半際遇，錦繡前程，不可限量。寡人有疾曰「好色」，對於鶯鶯燕燕之輩無法控制。

× × ×

（覆九龍李奕强先生）台造：丁亥、壬寅、己未、丙寅。初春己土，絕對需火，有火，然後喜有木疏。幹透丙丁，四枝藏火，必非「池中物」也。但去今兩年，尚難驥展。經營出口生意，且待明年，蓋飛騰之日，起自廿八歲甲寅也。（六載大發）去年壬子，有喜有憂，所以喪母、娶妻。據謂在母死百日之翌朝，即賦失業，此乃「偶合」，不必多疑。

（覆九龍羅美華女士）台造：甲申、丙子、甲寅、乙丑。全造精華爲一丙字。所詢夫，財，子，祿。婚姻絕不理想，子女好到極點，財乃使用裕如，女命之祿，從前指「誥封」，現在指「生活」，若言生活，固屬第一流也。運程欠美，一生最多「莫須有」之煩惱。

× × ×

（覆九龍諸民先生）台造：庚申、甲申、乙卯、戊寅。秋木，因有寅卯爲根，不能作「從官」而論，乃以金爲病，而喜水之洩金，火之制金也。早年行水運、應多熱鬧。近行己丑兩運，最爲駁雜。今年癸丑起，較可安寧矣。所示何小姐之命，既多土金，又少木火，幸加考慮。

× × ×

（覆官塘黎熾先生）台造：乙亥、戊子、戊辰、甲寅。寒土，僅有寅中一重丙火，不夠溫暖。妻宜虎馬犬肖，大有裨益。四十歲有婚姻。過去相識雖多，有情而無緣也。去年大不利，今年亦欠佳。四十歲起，非但「成家」，抑且「立業」，不必耘人之田矣。

× × ×

（覆香港梁寶平女士）台造：丙子、戊戌、丙戌、己丑。丙火不勝重土之盜洩，憾於無木之制土。論命，確有「生不逢辰」之概。揚眉吐氣，當在於三十九歲至四十四歲之甲運。四十九歲以後，晚景不惡，所謂不惡，亦不過物質上之享受，其實，仍難補償精神之創痛也。

× × ×

（覆九龍麥敬秋先生）台造：壬午、癸卯、庚辰、辛巳、庚金日元，財重身輕，喜土生扶。但濕土非宜，燥土是尚。三十三歲至四十三歲，丁未十年火土相生，風雲際會，時世英雄。今年癸丑，依然故我。尤以一秋一冬，舊恨宛在，新愁又生。

× × ×

（覆九龍孫鏞先生）台造：乙亥、戊子、癸未、丁巳。建祿透財官，有爲之命也。駕車屬於交通，似非所宜。厠身屬火屬土之工商事業，則得矣。四十歲甲寅，至四十五歲己未，有條件獨自經營，寅壯卯發，勝券必操。今年癸丑，縱不失業，內外多事多故，

× × ×

（覆九龍黃傑先生）台造：甲子、丙子、己卯、乙亥。財官印全，而以丙火正印爲精萃。但早運一無是處。五十歲至五十五歲行巳運，堆金積玉，致巨富矣。五十五歲行壬運，健康與事業，大爲可憂。六十歲癸亥一年，且恐損及壽元，明哲以保身爲先。

× × ×

（覆九龍金翠雲女士）台造：戊子、庚申、丁卯、丁未。多病之命，幸而運有生扶，以後天補先天，如再葆攝有加，亦獲長壽也。生平處境，最好自屬辰運，（三十七歲至四十二歲）夫，財，子，祿無一不佳。夫配屬龍或屬豬，不啻神仙眷屬。去年壬子，既已芳華虛度，今年癸丑，必遇好逑之君子矣。

× × ×

（覆九龍陳道明先生）台造：丙寅、乙未、壬寅、庚子。妙在時落庚子，失令之壬水，幸有其根。玆行亥運，應有機緣，切勿因循坐誤。尤以今年癸丑，左右逢源。至於新工作，總以屬金屬水之流動商業爲宜。時下陽刃，伯道無兒，有亦不免喪明之痛。

× × ×

（覆元朗許淼水先生）台造：庚寅、己丑、庚申、戊寅。庚申專祿。所患土太多，火太少，不必修道，而須修身，蓋肺氣與胃納，皆有不妥也。行運大好，尤以壬辰癸三步（二十七歲至四十二歲），貨殖居奇，定能名成利就。讀文史，作爲「養性」而已，勿必計其成與不成也。

（覆香港韓大明先生）十餘年前，余曾在「春秋」雜誌，簡論台造（癸亥、甲子、壬戌、癸卯），夫冬水旺極，所賴甲木之洩，戌土之制。乃自二十三歲起，廿年金運，助水泛濫，貧病交加，其未塡溝壑，蓋已幸甚矣。玆已轉行未土運，離水火而登衽席。今年癸丑，還談不到「得意」兩字。明年甲寅起，六載建樹，非同小可。娶妻生子，勢所必然。

× × ×

（覆九龍林維中先生）台造：戊寅、壬戌、丙戌、丁酉。八字五行之支配，無病無藥，得一「穩」字而已。生玆亂世，亦應有些起落，如太平凡，却又枯燥乏味。流年行運，亦復無榮無辱。僅有四十三歲庚申，四十四歲辛酉，此兩年插柳成蔭，非關人力，特別見功，從容獲益。

× × ×

（覆香港蕭敬揚先生）台造：癸酉、乙丑、乙未、丙戌。寒木向陽，自用丙火，未戌之中皆藏火，尤爲貴徵。乃行運不濟。今年癸丑，還有煎熬。明年四十二歲甲寅起，至四十七歲己未止，流年最佳，如看花於長安道上，無往而不得意也。

× × ×

（覆九龍黃軒先生）令郎八字：庚戌、戊寅、甲申、庚午。天干甲戊庚，地支寅午戌，大富大貴之命也。殺多，純陽，性情暴躁，將來如不羈之野馬。幸而運途尚佳，尤以三十一歲之後，步步春風，名高利卓。從政，從商，皆無不可，總以近水地帶爲宜。

韋千里先生應本刊挽請爲讀者分析命運請開列性別出生地點年月日時附上列印花寄大人出版社依序奉覆

未完成的自傳二章：其一

初試雲雨情

曹聚仁 遺作

本文作者攝於大坑道寓所前（一九六五）

我是早慧的，因此，我的性知識，也是早熟的；但，究竟早到什麼程度，這又是一本胡塗賬。先父很早在那兒教導我們：天理人欲，明天理，遏人欲，所謂聖賢，都是有這種遏慾工夫。他對我講解近思錄，就是這麼說的。天理究竟是什麼？我一點也不知道；至於人慾呢，那也是摸不着頭腦的；我只知朱子小學第一卷，就引用了禮記上的話，說是七歲男女不同席；大概古人以爲男女性知識，到了七八歲，就開竅了。性心理學家以爲性的啓蒙，比古人所說的，還要早一點。

大概七八歲以後，我就知道要娶老婆了；爲什麼要娶？我也不明白。不過年輕同學中，娶了童養媳的頗有其人；童養媳的年紀總比他們大了幾歲。年長的逗着我們說要娶親了，我心中明白，這回事是免不了的，聖人也說婚嫁是人生的大事。究竟誰將嫁給我呢？蔣畈這一三家村，並無幾個女孩子，所以說來說去總是育才小學的女同學。其中有兩位女生，她們的父親，都是先父的至友，而她們又和我同年。我和W相處得很好，却討厭那姓G的，但G的父親，却把我看作是未來的女婿。（後來G父遺囑托孤，要先父把G看作自己的媳婦。）W的父親也心中作了準備，連W也把我當作預定的丈夫。十歲那年，我和W一直同衾共枕，床的那一頭，便是我的母親；媽媽當時想不到我們這兩個小鬼已經懂得作怪了。有一天將近黎明，媽媽先起床下廚去了，我倆偎依着談笑甚歡。她忽然對我說：「你知道嗎？我爸爸要把我嫁給你的，我倆是夫妻呀！」我問她：「夫妻又怎麼樣呢？」於是，她就把她所偷看來的「行周公之禮」的事告訴了我。那是她看見了她哥哥跟鄰家少女所作所爲，記在心頭，依她所了解，總是一件頂有趣的事。她忽然建議：「我倆既然是夫妻了，又何不試試看？」我那時就告訴她以書本上的知識；因爲我剛偷開一位親戚的書櫥，看到了幾種描寫色情的小說；後來才知道是最有名的色情小說，把書上的動作形容給她聽。她聽得很入神，叫我依樣畫葫蘆，嘗試着做一回。那知兩小雖有一肚子性知識，畢竟行不了周公之禮，貼身親熱了老半天，還是廢然而止。她說她下回看淸楚了再告訴我。其後不久，放年假了，她回家鄉去了。其明年，我進了中學，到金華去了。又明年，她便夭亡了。我從金華回家鄉，繞道經過她的家中，我特地到她墓前去憑吊，對着一堆土坵，不禁潸然淚下。我知道她是一心要做我的妻子，把靈魂肉體都獻給我的。

十三歲那年，我進了金華中學，（那時，還是四年制的中學，）離開了先父那條理學的索子，就可以胡天胡帝，無所不爲了。我從十一歲起專找色情的小說來看，除了「紅樓夢」、「金瓶梅」，幾乎都找來看過了。當時，我也不知道那是一種色情狂，但對於好奇的我，已夠滿足了。在理學空氣中，我們是用意淫來滿足自己的。我只知道男女相偎依，自有一種說不出的快感！夏娃和阿當，爲什麼要吞下禁果？食色性也，究竟應當禁欲或是導欲？這都是聖人的事，跟我們小孩子是不相干的；聖人主張導欲，過欲乃是宋明理學家的事。有一回，我和鄰家女一同在山谷放牛，彼此偎依着，戀戀不忍捨，要不是第二天我出門讀書，她一定可以啓發我，一同吃下禁果了，我和她也是同年，她似乎比W小姐成熟得多。我們鄉間，流行一個謎語，謎面的字句很色情，說是：「肚皮對肚皮，肚臍對肚臍，當中流出來的白雪雪。」謎底，乃是「磨豆腐」，却並不色情。這謎語對於我實有暗示性，讓我明白男女私情，會有這樣的結局的。那時，有一位以老實著名的C表兄，他有一天偷偷告訴我以男女三部曲，正和這謎語所說的差不多，我年輕不懂事，老老實實對大家這麽說了。大家都在笑我，我就老實指出是C表兄所說的，他却賴着不肯承認，倒變成了我的笑話。我過後想想，此中大有文章，男女私情，一定如此如此的。

我一進了金華中學，那些無法無天的小夥子，正當二十來歲的壯年，什麽話不敢說？什樣事不敢做？就把我這個不夠成年的「排尾」，教得什麽都懂了。他們是時常半公開地實行那種「自慰」的，我也好奇心重，學着這樣子做，這一來，却嚇昏了我，我勉强完成一場「自慰」，立刻暈過去了。那份痛楚的反應，直到今天，我還記得清清楚楚；我實在太年輕了，不過，我愛慕異性的心理，就在那幾年活躍得很，有時近於燃燒，幾乎胸口都要爆炸了。年長的同鄉同學，他們每逢假期，總是到醋坊巷一家人家去打牌，那家只有女主人，原是張弓的外室；張弓，他是參加光復會的革命黨，辛亥革命成功，他在金華搞獨立，後來給鎗斃了，和王金發一樣的收場。這位小寡婦，三十來歲，她豐韻很好，就靠幫會中人來幫忙過活。進入她的閨中去的，都跟她打得火熱。她總是滿面春風，跟誰都是笑嘻嘻地。我看他們都對她動手動脚，向她去進襲；她只是嬌罵一聲，不以爲忤。我依靠在她的胸前，也向她襲擊一下，她也只是在我頭上打了一下，罵我一聲「小鬼頭」。這聲小鬼頭，一直在我的耳邊响着，那晚，我回到宿舍去，彷佛阿Q回到了土穀祠，有些飄飄乎也；不過，也頗有些悲哀，因爲在她心頭，我只是一個「小鬼頭」。先父當年曾譏刺官場中人，在茭白船吃花酒，給姑娘們打了一下，還是哈哈大笑，得意萬分。我雖不敢批評先父的說法，但給女人打一下，罵一聲，確乎有說不盡的妙處。至於那位在風塵中慣了的少婦人，她一定想不到我這個小鬼頭，暗中在痴戀她的。我在金華中學那一年半中的不長進生活，倒把我陶化得成熟了，十四歲那年夏天，給金華中學除了名，垂頭喪氣回家中去了，「天才」的地位，一落千丈，先父傷心透了，我倒滿不在乎。至親好友，都在暗中笑我，說：「小時了了，大未必佳。」他們也覺得我這位「神童」，到金華去翻了這一跟斗，簡直不成器了。那幾位準備做我妻子的女同學，也都不再提起了。只有那G姓的小姐，她的父親還是期望着我，要結這一門親事；可是我對G，還是冷淡得很！

那一時期，我的數學頗有進步，文章却並不怎麽開朗。腦子裏，覺得世間什麽都是空虛的，只有女人才是實際的。我當然不敢向先父要求娶媳婦；我已經被中學開除，憑什麽再向人家去求親，而且，我急於要找一個睡在一起的女人。退而求其次，就向一位比我小幾個月的鄰女求歡。那時，我不懂得什麽是愛情；男女之間要發生關係，就是這麽一回事。這一鄰女，她還是什麽都不懂的少女，她的母親，也頗贊成我和她女兒結私情，但我們不能完成好事，她也是愛莫能助的。那知這位什麽都不懂的女孩子，只過了一年半，她十五歲了，就成熟過頭了。她自己來遷就我的時候，她是什麽都懂得，顯得我這個男孩子太沒有熱力了。她是一團火，夠得把我整個兒融化掉。其明年，她就上市墟去了，做了酒家女，成爲我們鄉間有名的風塵女孩子，而我又裝成道學家模樣，敬鬼神而遠之了。

這樣飛絮亂飄的情懷，直到我十五歲那年，才有了一個偶然的着落。那年春天，我隨大嫂到城中S家去主辦一家家塾小學。S家是城中大糧戶，他家只有一個女兒，一個兒子，她叫如璐，已經十六歲了，可是沒讀書，並不識字。爲了要入學開蒙，要我做她的義務教師，她是我的唯一學生。她每天要我替她把着手來寫字，兩人就偎依在一起。有時，她故意寫錯幾個字，換過幾張紙，拉長這互相偎依的時間，她那雙脚，裹得很小，我忽然覺得小脚太美麗了，連先父從杭州帶回來的主張女人放脚的口號都抛開了。有一天下午，她正在裹脚，就讓我緊緊握着，她一臉通紅，對我只是微笑。她雖說比我長了一歲，但男女之間的事，總得男的積極一點才行。我呢，忽然想到了先父的教訓，就只偎依了一回，便一笑而出了。我倆這樣痴迷了一個多月，晴天霹靂似的，先父要我回家準備功課，下杭州去應試了。我就是那麽喪魂失魄地過了幾個月，直到離開家鄉，才清醒過來。那年秋間，我在杭州投考清華大學幼年班，雖是考不取，却在杭州住了一個月；抽點閒錢買小說看，才看到了「紅樓夢」。賈寶玉是在夢中和秦可卿初試雲雨情的：「柔情繾綣，軟語溫存，與可卿難解難分。」「寶玉迷迷惑惑若有所失，遂起身解懷整衣。襲人過來給他繫褲帶時，剛伸手去大腿處，只覺冰冷粘濕的一片，嚇的忙退回手來，問：『是怎麽了？』寶玉紅了臉，把她的手一捻。襲人本是聰明女子，年紀比寶玉大兩歲，近來也漸省人事；今見寶玉如此光景，心中便覺察了一半，不覺把個粉臉漲的飛紅。」我是和他一樣年紀，做了幾場高唐之夢，却半點也沒有着落，想起來竟是十分可笑！

在這兒我並非談什麽風流韻事，而是一個理學家的兒子，對於男女私情這件事究竟該怎麽說，一直沒個結論。現在倫理學家說：「性，既不是道德的，也不是不道德的，乃是非道德的。」

藍布長衫的故事

曹聚仁遺作未完成的自傳二章：其二

近月來，我先後碰到了海外歸來的華僑暨大舊同學，他們也都垂垂老矣。他們都記起當年我穿藍布長衫的往事，好似藍布長衫永遠是我的商標。正如有些人歡喜把烏鴉主義算作我個人的財產。——「烏鴉」主義乃是濤聲週刊社的共同商標，並不是我個人所能獨佔的。我，不穿藍布長衫，已經三十年了；抗戰勝利，我穿了一套綠色軍裝，回到了上海，有些朋友悵然興今昔之感，他們總以為脫下了那件陰丹士林布的長衫，就不成其為曹某了。其實他們口頭所流傳的，關於我的藍布長衫的故事，都是憑空杜撰，事出有因，查無實據的。

那件事的實情是這樣：有一天，我從暨南大學校長辦公室蓮韜館走向初中部教務處途中；那時，我以秘書兼初中部主任。一位冒冒失失的客人，向我「喂」了一聲，立刻把一張名片遞到我的手中來，叫我去找某某先生，那位某某先生，乃是辦公室某課的職員。我就禮貌地請他在會客室坐着，找工友去請了某先生。某先生來了，看見我也在那兒，就向那客人介紹了一下，其人這才恍然大悟，十分惆悵，期期艾艾半晌說不出話來。就是這件小故事，各人編造各人的，天花亂墜，變成了各式各樣的傳奇。有的說我替復旦同學去添飯，有的說我替暨南同學送了考卷，子虛烏有，並無其事。

有人認為我所穿的藍布長衫，原是跟着暨大工友的樣子去做的；這也說歪了，反而是暨大工友，看了我的樣子，人人都穿，成為風氣了。他們穿了藍布長衫，我還是照舊穿我的藍布長衫，這就憑着我的勇氣。這是一面大鏡子，可以看到了多少炎涼的世態；好在我無求於人，吾行吾素，可以坦然穿下去的。

我之所以穿藍布長衫，倒有點小小的曲折。五卅運動以後，憑着一點愛國熱忱，決意抵制英國貨。我曾咬定牙關，三個月不坐電車，也不再穿呢絨英國貨，這都是年輕時的一股勁。不穿英國呢絨，照說可以代之以國產綢緞；那知那時的綢貨，染料不成，容易褪色；一件長衫，穿了兩三天，下水一洗，便走樣了，變成了奇形怪樣的地圖，簡直不成；無可奈何，只好走布的路子，乃看中了陰丹士林；這是我穿藍布長衫的開頭。其後，大約穿了十多年的藍布長衫，夏天則代之以白夏布。直到後來，才知道陰丹士林也是洋貨，只好嘆息自己國家工業的落後了。

和那件藍布長衫有關的故事頗不少，大都富有傳奇意味，只是和暨大、復旦或大夏毫無關係。有一回，我從持志學院回向暨南的途中，繞道閘北，去訪問一位D女士。她曾寫信給我，要想教書，恰好暨南初中有兩班國文課，可以替她留着，順便通知她，請她即日去上課。我一打門，她的母親開門來見我，向我從頭到脚打量一回，才冷冷地問道：「誰叫你來的？」我泰然自若地說：「我自己叫我來的。」「什麽事？」「D小姐是我的學生，她寫信給我，要想教書，恰好暨中有兩班國文留給她，我來通知她一聲。」

那一幕喜劇，以後的文章，大家都可以推想得到了；一分鐘之間，歷盡了炎涼世態，我便進入她們的客廳，成為她們的座上客了。這便是社會的實情。其後，藍布長衫的傳奇，很快就流傳開去，我便成為若干故事的箭靶；把許多古人的今人的遭遇附會到我的身上來了。而且，為了滿足他們的好奇心理，把我形容得性情怪僻，有如儒林外史中的權勿用。有些沒見過面的朋友，依着傳說來推斷，把我想像得成為不修邊幅的「怪人」；一到見了面，才知道曹某庸德庸行，並非畸人，也不立異的。

既然把這些傳奇性故事開了頭，且讓我把整套故事說完全來。有一回，那時，我除了任教暨大，又兼任持志學院和復旦大學的教課。我發了一個願，午前十時半，便從上海法租界動身，到江灣鎮去訪問相別十多年的老同學W兄了。他當時任江灣小學的校長。他幾次託持志學院的同學G君帶口信給我，「老同學們記掛你，你該來看看我們。」這句話感動了我，我就去看他們了。到了那兒，傳達指點我，叫我向教務處去找W校長。我剛走近教務處，和W校長迎面相對，可是，他既不認識我，我也不認識他，他把我的藍布長衫一打量，問我：「你找誰？」我說：「找這兒的W先生。」「那一個W先生？」這可問住我了，我已經記不清楚：魏呢？衛呢？還是韋呢？我便含糊地說：「W國的W。」他立即沉下臉來，說：「沒有，沒有，沒有姓W的！」我再問他的尊姓大名，他理也不理我，逕自走開去了。我茫茫然不知怎麽辦才是。教務處人們，看見W校長不理我，也就沒人多管閒事了。我只好帶着一肚子氣悶到持志學院去上課了。那時，午餐剛過，離開上課，還有一段時間，我就在休息室推想究竟，想來想去，也想不出所以然來。過了半小時，只見一位奔得氣急敗壞的客人來找我了。其人便是剛才碰過面的W校長；一見面，他便對我抱了不盡的歉；說是先趕到復旦去找我，找不到，才趕到持志來的，他自己承認：冒冒失失得罪了人，希望老同學不會見怪他。我當然一笑置之，談了一陣子，便告辭而去。他走出了大門，還回頭看看我的藍布長衫，我才知道毛病就在這一件長衫上。原來，我一離開了江灣小學，教務處另外一位教員，就指點他，說他剛才對客人的態度太不行。他說他剛才不理睬的人，怕的就是曹某人，他才恍然大悟，自知失態，才趕了來的。

語云：「服之不中，身之災也。」我也時時在留意藍布長衫的質料，洗得勤，燙得平，減輕一點寒酸的氣息。後來，一家廣州的日報，請我担任京滬特派員。我知道侯門如海，要進軍政衙門，一件藍布長衫是不行的，便開始穿了呢絨長袍夾衫，夏天的單衫，也是嗶嘰一類的料子。可是，那替我縫衣服的裁縫老板又在放謠言了，說：「你們知道嗎？曹先生在那兒談戀愛了，連藍布長衫也不穿了！」縫好了的新長衫，穿得不久，我便穿上軍裝，成爲戰地記者了，於是，許多老朋友，看了都有些惘然了。

對於我所碰到的近於戲劇性的遭遇，本來不可以太認真的；有時，非常難堪，也只能一笑置之。我且說一件更富戲劇性的故事：有一囘，好友錢兄，迎母偕姊從浙東鄉間經上海囘南京；情誼上，我非好好兒招待一番不可。我的藍布長衫，因爲要寫黑板，領口袖口，顯得十分可憐。那天，我從眞如趕往上海，忙中不及揀選，穿了一件兩處都是破碎了的；我想，看在老朋友面上，算來不會開笑話的。那知這位錢伯母第一眼就看不入眼，對我態度非常冷淡。她以爲我是錢兄的窮朋友，趕往向他借錢的，可是，我一直坐着不走，她就有些心煩。後來，我請她們吃午飯，點了許多菜，錢母更是担心，只怕要錢兄來會賬。後來，她看見我付了賬，心中又非常不安；只怕我一時興頭好，充了濶，過後會懊悔的。飯後，錢兄有事他往，我就整整陪着她們玩了一整天。直到晚間，錢兄把我和他的交誼說了，也說了我的生活情況，她們才恍然大悟。於是，她們一囘到了南京，就逢人說我自奉的樸素，只要和我帶點戚友之誼的，無不知道這件事。因此，我在這兒追說這一囘藍布長衫的故事，也不算唐突長輩了。

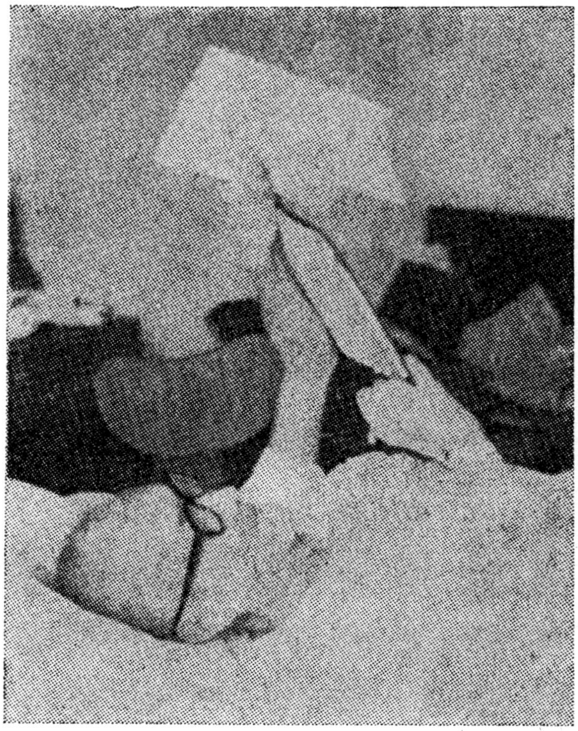

本文作者曹聚仁病卧在床，仍不斷寫作，此爲其生前最後一影，攝于澳門鏡湖醫院

這個現實社會，「先敬羅衣後敬人」，自古已然，不足爲怪的。不過，一般人的意識中，好似「貧賤」該和「罪惡」串在一起，衣履不周全，就有被蔑視的機會。而且在下意識中，「季子貴而多金」，不獨親以爲親，故以爲故，連非親非故的，也表示了無限的敬意。僅僅一件長衫的遭遇，便使我覺得貧賤之不易居。如顏淵那樣居陋巷，穿得那麽破，吃得那麽壞；他却那麽悠然自得，眞是不容易的。而且，資本主義社會存在一天，這類喜劇的上演，決不會中斷的。十多年前，李光前先生到了香港，住在九龍半島酒店。他打了電話，找我到他那兒去吃午飯。我穿了夏威夷衫，不曾打領帶；那兒的侍者，就不讓我趁電梯上樓。我趁的是後面那架工人趁的電梯，也算開了眼界呢！

至於如V兄所寫的，說是有人確確實實，伸出手來，把碗交給我，叫我盛飯，那已經不是穿藍布長衫時期的事了。那年，抗戰勝利第三年，我們在南京，應某君之邀，在××銀行午餐。當時，高朋滿座，而穿卡其布中山裝的，只有沈兄和我。可是，××銀行的工友，一律穿卡其中山裝，比我的鮮明得多。那位貴賓，一時看錯了，才鬧出這麽一塲笑話，他雖再三對我表示歉意，笑話終於傳開去了。

我的藍布長衫的遭遇，居然當作故事在說，而且流傳得這麽廣這麽久，可是在畸形社會中，自有這一類不健全的意識。至於拿破侖爲了穿了破鞋子踏進貴族院，就給貴族子弟們轟出來。他後來做了皇帝，看見那些貴族們跪在他的面前，大爲快意。那位落拓江湖給老頭子看不起的劉邦，後來要他的老頭子說說看：「究竟他的兒子們，誰窮誰濶？」還要封那位不給他飯吃的哥嫂爲乾結侯，又是一種變態的心理。我雖修養不夠深，却尚能免於這一類毛病呢！

曹聚仁未完成的自傳——「我與我的世界」，即將在三育圖書公司出版。

「幼潔美」是高地另一巧奪天工
的最新化粧品。
輕盈若無物、幼滑不凝脂。
完美地隱蓋面上的皺紋、黑點及
雀斑，使皮膚皎潔無瑕，
清新可愛。
「幼潔美」分：
粉底液 Liquid Make-Up，
粉餅 Compact Powder，
粉底膏 Matte Make-Up，及
面粉 Finishing Face Powder.
每款均有各種色澤，
適合不同膚色，甚至要透明的
潔美面粉也有供應。
如果妳一直渴望有一種既輕盈
完美又可隱蓋一切皺紋黑點
的化粧品，高地新產品
「幼潔美」，正是妳所需要的。

AIR SPUN BY
COTY

總代理：美商同益洋行

幼潔美化粧品

輕盈幼滑，美容護膚

CAS-2

美國小事

·林慰君·

(一)「謠言中心」關門大吉

美國華盛頓州的西雅圖市，有一個組織叫「謠言中心」，其實這個名稱是不恰當的。因爲普通的人，一看這個名字，給人的印象似乎是他們專門製造謠言，其實他們是專門闢謠的。

爲什麼要有這樣一個組織呢？原因是在一九六八年時，西雅圖市有三害：①很多黑人鬧種族歧視；②學生鬧學潮；③失業問題嚴重。因此人心惶惶，謠言四起。有人認爲該市應當有一個闢謠的組織，用以安定人心，於是這個「中心」就成立了。

據說當他們最忙的時候，每天有四百多人給他們打電話，詢問各種謠言是否屬實。

該中心的主持人是一位牧師——詹森先生。最近他對美聯社記者發表談話說：『西雅圖「謠言中心」要關門了，因爲謠言已經銷聲匿跡。

從前我們一天有四五百爲謠言而憂心的市民，來電話詢問各種謠言的是否屬實。現在每天只有五六起來詢問的人。而且他們所問的都是些奇怪的問題，比如：「聽說有一個小嬰兒因爲看他的人離開他，而被烤死了，這是眞事嗎？」

我們認爲這一類的消息，不必由市政府和縣政府來負責闢謠。』

(二)與垂死的太太因愛離婚

佛羅利達州 Florida 有一個名叫湯姆斯的鋼鐵工人，和他太太結婚已三十二年，夫婦之間感情極好。但現在他太太已病入膏肓，他却要和她離婚；這離婚並不是彼此不睦，而是因爲他很愛她。

原因是如果他們離了婚，她就能得到政府每月所給的救濟金，這樣，另外再加上他的一部份放入，她就可以住在療養院裏了。假使她仍是有夫之婦，政府就不給任何救濟金，但他的錢又不夠供給她住療養院，因此只好出此下策！

(三)擁有一千七百萬元財富的狗

把財產遺留給貓狗是美國常有的事，佛羅利達州富婆瑞琪臨終時，給她的一百五十隻愛犬，留下了四百三十萬元遺產，這些遺產都是股票。

這四百多萬元，經年累月，由於股票的一再漲價，現在已變成價值一千七百萬元的財富了。同時那些狗也已陸續死去了一半，現在只剩下七十八隻了。

瑞琪女士在世時，本來要替牠們建築一座價值三十三萬元的狗房子，但這計劃尙未實現，她就以心臟病忽然去世。現在這些狗都寄居在一家價值四萬四千元的普通狗園裏。牠們被關在鐵絲網的小籠中，沒有人帶牠們出去散步，生活無聊，一點也不像擁有一千七百萬的富犬。因此當地的防止虐待動物協會和動物援救會，最近都向負責管理這些狗的人提出抗議。他們說：這些狗沒有人天天帶牠們出去散步，好像整天關在集中營裏一樣，很不人道。

但牠們的管理人則說：這些狗比起生活在公寓的小屋裏的那些狗來，牠們的運動已經多得多了！現在雙方各執一詞，似乎都有理，不知將來會不會打起官司來？

(四)「好消息」無人問津

美國加州有一個週刊，名叫「好消息」，顧名思義，不問可知他們是專門登載好消息而令人高興的刊物了！但是不幸得很，人似乎多半愛看不好的消息，好消息却賣不出去！

「好消息」於一九七〇年十一月出世，至一九七二年三月即告壽終，享年不過一歲零五個月，可謂夭折！根據該刊的編輯兼經理對訪問的記者們是這樣說的：

『人人都急於要聽好消息，然而好的消息和新聞却沒有人買！「好消息」只是喊着好聽而已！

我曾經勸我的發行人也登載一些不好的消息，與好消息平衡一下，但他始終不肯！我們自始至終，從來沒賺過錢！現在却有四萬五千元的債務在身！我們已宣告破產了！』

當這份刊物開始發行時，它曾得到紐約時報、基督教論壇報、時代雜誌等各大報章雜誌的推薦，而且在電視裏也曾被訪問過。那時甚至連蘇聯的政府機關報 Izuestia 都說：這個資本主義國家的刊物，主意倒正不錯。

這刊物只刊載出生的人數，而不刊載死亡的人數；只刊載賺錢的股票，不刊載賠錢的股票；只刊載『去年一年中有一萬萬九千六百四十五萬九千四百八十三人沒有自殺』，而不刊載一共有多少人自殺。

該刊經理安德生先生又說：『我是個樂觀主義者，我相信人人都喜歡好消息，其實不然。

而且，好消息也太少了！我們的消息常常不夠塡滿刊物的頁數！連我的母親都告訴我，若不是我爲這份刊物工作，她也不會看這份刊物！』

於是發行人貝雷先生只好宣告破產，鞠躬下台了！

美國通訊

血淚當年話報壇

——追憶抗日戰爭中上海新聞界一幕鬥爭史——

·張志韓·

那時要去重慶也不簡單，路途遙遠，這筆旅費非常可觀，匆促中從家中出奔，內人也是倉惶走避，連每日零用也是朋友資助，既不能回家收拾細軟，以便湊集一筆數字，也不能向報社會計支取應得的薪金，所以當時心中也頗徬徨；此外，我目前已是一個逃亡要犯，正在日偽雙方注視搜查之下，白天躲在屋內，晚間始可出外走動聯絡，打聽消息，甚至最初幾天，有關係的朋友知道我出事，更恐防我一旦被捕，影響他們的安全，所以連他們也紛紛走避，以免株連。這種情形，在當年係屬常事，不足爲怪，好容易轉輾傳言，方始再獲晤聚；而重慶來電，也歡迎我尅日前去，於是我的情緒，穩定下來，一心一意作萬里長征的準備，但要逃出日軍手掌之中，這重重難關，談何容易，於是研究路線，辦理假造的平民證，都需着着進行。此時徐逸鶴兄的鄰居李之華兄，他帶來一個口信，據說中共方面，也知道我正在準備離滬，他們更知道我將去重慶，但如我覺得路上有何困難，他們可以爲我效力，由人陪去蘇北的新四軍防線，然後再繞道津浦和隴海路線，轉輾去渝，要是我覺得新四軍的防區那裏，可以留駐，他們也歡迎我在那裏工作。李之華兄又名李一，據說多年前已作古人，他當時和徐逸鶴兄居處祇有一板之隔，一個前廂房，一個亭子間，朝夕相見，相處密切，李一兄當時帶信給我，據說是當年共方駐滬的負責人潘漢年的一番好意，自然非常感謝，但我的箇性從來對共產黨格格不入，當然未予接受；一方面我的去渝計劃密鑼緊鼓的進行，我感謝當年在上海從事地下工作的這些同人，他們本領通天，替我製就了和日本人發出的一模一樣的市民證，我化名李榮華，照片完全一個鄉下商人打扮，名字的意義是榮華富貴，自覺可無問題，內人韓文秀則化名李王氏，小女張婉莘改稱李小莘，但當時又有人以爲拿了上海市民證去內地，恐怕引起麻煩，不如改拿縣民證比較合理，於是我又託他們做了三張金山縣民證，我自己又把李榮華改了李榮貴，內人和小女仍是李王氏和李小莘，大家還牢記在心，準備在查問之時，可以對答如流。此際萬事皆備，只欠東風，重慶中央方面的旅費發下以後，才能決定何日起程，可是又有惡消息傳到，據說七十六號傳出消息，希望我趕快自首，如果想逃，則沿鐵路線的大小車站，均已分發我的照片，絕不可能插翅而飛；同時，據說杭州的湧金門畔，連日逃去內地的同胞，有被日軍捕獲，人頭高掛，商旅已視爲畏途，因爲當年如去重慶，以滬杭線爲最快捷，不消一天便可到達自由區，我當時携妻挈女，還有兩個報社同事跟着走，不得不考慮一條較安全的路線，多謝三民主義青年團的朋友，他們慨然奉命護送，替我解決了行程上的許多顧慮，於是我走了，別離上海，再會吧上海，從此流浪天涯，長期飄泊，而今託跡太平山下；祇在日本投降，勝利後回上海就過一個時期，滿以爲苦難生涯，從此告終，在新聞崗位上再事努力，希望做一個太平盛世的平民，不料所夢成空，思之能不黯然。

游擊路線紆迴走　嘉善半夜遇日軍

我去重慶，所走的是一條游擊隊路線，講起游擊隊的活動範圍，遠在大上海淪陷之時，浦東方面，出現了不少英雄人物，忠義之士，揭竿而起，其中有陶建華者，也曾參加革命陣營，追隨馬君武、劉志陸等，但因不善鑽營，迫得在上海法租界開辦一所求是函授學校，又辦了一個求是通訊社，但也無甚發展。當國軍撤離上海，四郊陷於敵手，浦東鄉下，首先發現游擊隊時，他第一個供給我此項消息，什麽徐鴻發、丁錫山，甚至張蕙芳、黃八妹云云，都是由他自己寫稿，自己送來報社的第一手資料。陶建華是浦東南滙人，他當時自稱那些游擊隊由他指揮，他也能歷歷道來，像徐鴻發原是一個獄中囚犯，像某人原是海中匪盜，又像某人原是著名太湖强盜，最後被捕砍頭的太保阿書部下等等，不管他是眞是假，在當年都是聳人聽聞的好材料，不過我對這位陶君，向來似信非信，因爲他既是若輩的主腦人物，何以來去自如，無人注意，但因此君所供消息，有些確是事實，甚至與日本報發表的戰訊，也能若合符節，所以我們都樂予照登，而且這也是振奮人心提高民氣的宣傳資料。曾記某一時期，陶建華突然秘密去港，據說目的在會晤杜月笙等，商量如何接濟這些游擊隊的問題，不過此舉似未成功，他以後也很少來報社和我見面。而浦東的那些游擊隊，有時自相殘殺，有時變節投偽，直至中樞當局，派員和他們取得聯絡，才逐漸納入正軌，而出現於滬市西郊屢次進窺租界邊緣的忠義救國軍，當時大大的提高上海民氣，甚至英國武官和美國記者，由租界潛往重慶，取道滬西虹橋路，便由他們負責掩護，那個英國軍官的行踪更妙，他先由他們潛藏於上海的地工人員，向跑馬廳附近的傢俬店買了一口衣櫥和其他什物，用錢賄賂一個日本兵，駕了一輛大卡車，由這個日本兵站在車頭，威風凜凜的向滬西直駛，誰也不敢予以阻擋或查問，可是這口衣櫥中，便藏着那個英國武官，就這樣一車直駛虹橋機場附近，由忠義救國軍的人員接應而去，而這個英國武官以及美國記者，他們從青浦繞道到忠救軍的根據地，而後穿越蘇嘉路、京杭路，飄過太湖，有時夜半月明，在日兵的碉堡外大踏步前進，竟根本未有絲毫驚險鏡頭，於是這一支游擊武力，名揚世界，負成日後中美合作的實現，忠義救國軍當年之義勇表現，其肇端即在於此。我之僕僕征途，不走簡捷的滬杭線而寧願轉輾於蘇浙邊區之水鄉，沿着忠義救國軍轄區前進，當然害怕滬杭線上的日本人眞的會將我識破而逮捕，更因帶同妻女以及若干同事，也須顧慮衆人安全，其時上海方面的三民主義青年團地下工作者，正在秘密招募有志青年，前往內地，他們所走路線，也是和忠救軍互相聯絡，一批批的由上海送去，這路線據說最安全，而且有專人陪我前去，事情就這樣決定了。

離開上海是一重難關，由於我已爲日僞緝捕對象，所以也必須小心謹愼，我們當時已有兩種身份証，但最後決定，還是把僞造的上海市民証作爲護身符，因爲如果離開上海一步，他們查到我們的金山縣民証，甚或眞的給他們押去金山縣調查，豈非自找痲煩。我們一家人都裝作鄉下人，出發之日，到了約定地點，與護送人稍事接洽，分頭出發，我一家一車直達上海的北火車站，買的特快車的票，終點是嘉善，大搖大擺進入火車站的接待室內，把一張報紙俯首而觀，藉以掩人耳目，其時火車站上，人來人往，非常熱鬧，陪我們的朋友不時出出入入，還要招呼別人，我們都心照不宣，直至最後一分鐘上車時間，始行揚長而入，因爲特快車價錢較貴，乘客較疏，所以大家都有座位，在火車飛馳途中，居然也有閑情逸致欣賞四野景物，自念在上海淪陷以後，久已絕足郊區，而自中文大美晚報朱惺公被殺以後，身如羈囚，難得在光天化日之下見人，而今長途遠征，遠離魔窟，居然混過一重難關，闖出上海區域，還我自由，心頭竟無絲毫離愁，但願下車之後，一切順利，今夜便可在我們自己的天地中生活，豈不快哉！

事情偏沒有想象中的順利，意外地發生一重波折，當天火車停靠嘉善火車站時，我已跨下火車，正想扶持我妻女兩人下車時，突然嗚的一聲，火車開動了，她們慌得不敢下車了，我還想把她們拖下時，火車竟飛速前進，慌得我不顧一切，一躍上車，而陪送我們的朋友見此情狀，也嚇得無法想象，於是他們祇能大喊在嘉善第一旅館相候，我不知何來勇氣，上了火車，竟向車上的日本車長，大辦交涉，指他們未待旅客全部下車，竟爾開車，實屬不合，居然這個日本車長，向我認錯，在我們的車票上，簽上名字，准許我們在嘉興站下車，再從嘉興搭乘另一輛由杭州駛往上海的特快車，送我們再囘嘉善，這一個週折，把我當天到達自由區的計劃打破，無可奈何的到了嘉興，時間還早，在嘉興城內，繞了一個圈子，而後重囘車站，等候從杭州開來的特快車，囘頭再到嘉善，這次總算行動快捷，從容下車，好在離車站不遠，便見那家第一旅館，時已垂暮，難得負責陪我的朋友，留下一人，專爲候我而未與別人前進，他替我開了一個房間，當夜聊作棲止，誰又知夜半驚魂，碰到日本兵查房間，他一間間的把客人大聲喚起，嘰哩咕囉，不知講些什麼，輪到查問我，早已聞聲恭候，他們兇神惡煞般的虎視眈眈，但見到我携同眷屬，又好像鄉下商人模樣，居然未有留難，終於一宵渡過，平安無事。翌晨曉日未升，我們畧進早點，便雇船直駛西塘，所謂西塘也哉，乃離開嘉善不遠一個水上墟市，亦即所謂陰陽界，此處已爲日軍轄區之邊緣，平時日軍不常前去，所以成爲僞軍與游擊隊之混合區域，這裏既有敵僞鷹犬，也有忠貞鬥士，大家互不侵犯，成爲商旅來往的集散地，走私的大本營，於是生涯鼎盛，市容熱鬧，我們祇畧作停留，稍事果腹，然後又另僱小舟，向當時號稱小重慶的蘆墟進發。船過西塘不遠，與我們同舟共濟的青年男女，忽然大唱國歌，蓋因已到自由天地，心情頓時暢快無比，於是我們也手之舞之，足之蹈之，高聲附和，忘却過去的辛酸苦難。途中所見則波平如鏡，村舍處處，且第一次發見有些矮小屋宇即所謂狐仙廬者，狀若滬市之土地堂，操舟人則歷述大仙靈異故事，爲我輩上海人聞所未聞見所未見的。

水鄉澤國新天地　多少黃帝好子孫

小舟行進奇緩，水鄉風物迷人，我們大家心情歡暢，且已除下了以前見不得人的假面目，因此知道這些青年男女，都是不甘伏處上海、願意去大後方獻身國家的忠勇鬥士，船到蘆墟，已在下午，我們由忠義救國軍挺進司令部的一位代表方校長，前來歡迎接待，這位方校長勝利後曾任江陰縣長，他當時在蘆墟出任復興中學校長，不但收容當地青年男女，遠自上海以及蘇浙一帶的有志青年，凡是不去大後方而又不願在敵僞區域受奴化教育的，也都相率來歸，在方君春風化雨之下，接受抗戰教育，蘆墟是蘇州以南的一個水鄉大鎮，市容比西塘更繁盛，因爲這已是一個完全自由的天地，給予我們的觀感完全不同，它已是一個抗戰的堡壘、反攻的前進基地，忠義救國軍的挺進司令部，就在附近，這個水鄉是太湖支流，範圍廣濶，三國時陸遜訓練水軍，即在此處，所謂蘆墟三白塘，無風三尺浪，說明這水鄉澤國，也是一個兵家要地，湖水看來平靜不波，但也浪濤險惡，操舟人如不熟諳水性，此處行舟，也極困難。我們當天歇足蘆墟旅邸之中，暫時休息，隔了一天，又應邀去復興中學演講，并游覽墟市一週，覺得這一個水鄉，塵囂不至，環境幽靜，所謂魚米之鄉，富庶之至，事實上該處四週鄉村，都是這樣家給戶饒，生活安樂，我們向居市廛，萬想不到有種世外桃源般的去處，祇因日軍侵華，變成了抗戰時期的一個特殊區域，雖在游擊隊控制之下，人民安居樂業，但當日軍蠢然而動、竄擾掃蕩之時，可以一霎時炮火連天，樂土變成焦土，如此情形，也發生多次，所以當地人民和游擊戰士，平日打成一片，水乳交融，一遇警報，便會空羣應變，週旋肆應。他們平時最注意的便是汽艇拍拍之聲，如果有此消息，便當一致警戒，我們也初次知道當地的敵情報告，係從水面傳來。在蘆墟住了兩天，便由方梭長陪我們去另一水鄉申塔，那便是忠義救國軍的挺進司令部，他的轄區說來使人不信，原來從太湖流域以及上海四週的游擊隊，都是他們轄下，許多可泣可歌的驚人傑作，誰能知道就在這樣一個渺小的水鄉中發號司令，我就這樣坐了小船到達了這神秘區域，也遇到了說話像機關槍一樣的阮清源將軍。而且他當天正在召集沿太湖四週三山五嶽的英雄，擧行重要會議，當天參加他們的宴會，遇到許多活躍淪陷區中的神秘人物，見他們或老或少，或高或矮，林林總總，意氣軒昂，深覺抗戰前途，無限光明，爲之心頭大快而連浮三大白。在衆家英雄中，身爲主腦的阮司令，他在大上海淪陷之初，潛伏上海，蓄意鋤奸，他爲了狙擊當年梁鴻志手下的僞江蘇省長陳則民，曾在滄州飯店守株待兎，可惜當時一擊不中，還被租界當局逮捕落案，庭訊之日，他慷慨激昂的聲述他鋤奸大道理，階下囚好像一個演說家，他竟侃侃而談，連承審的法官也聽得肅然起敬，傍聽席上，居然有人鼓掌；不過開槍殺人，總被視爲罪刑，不免鋃鐺入獄，事後如何省釋，我們未知其詳，但忠義救國軍當時由他憑幾桿槍、幾個愛國同地在江陰境內崛然而起，以後轉輾游擊於蘇浙邊境，幷選定蘇州以南這個三角地帶作爲根據地，進可以攻，退可以守，他隨時可向京滬杭沿線的日軍進攻，上海蘇州嘉興等附近地帶，都是他的勢力範圍，日軍縱然多次掃蕩，仍不能去此心腹大患，甚至一聽到忠救軍前來，祇有閉城固守，不敢正面交鋒，這樣一個傳奇人物，我於流亡途中，首先見面，眞是快慰平生。此後我由他派員護送去內地，初次取道那裏的蘇嘉路的時涇港，因爲當夜日軍出動，船到附近，即有情報，迫得立時後撤，後來在不得已之下，打通了吳江八尺的僞組織穿越淪陷區，我們多人，分乘兩艘一大一小的木船，小船上覆以稻草，下面藏了十幾個男女青年，包括同行的兩名中文大美晚報同事，我則和妻女兩人，安安穩穩坐在大船艙內，堂而堂之的通過八尺以南蘇嘉公路下的一條水道，那裏的僞區長還特別站在附近對我作揮手送行狀，此乃恐怕橋邊適有日軍，如遇盤詰，他可以代我遮掩，說我帶同妻女，去鄉下吃喜酒也。幸而過路時未遇日軍，直待兩船離開數百尺之後，始見一隊敵兵，爲首的擎起一面膏藥旗，正向橋上行進，此時我早已與那位區長揮手作別，已漸漸漸駛近游擊區了。還記得當時爲我們駕舟的一名陳副官，一名姚副官，他們都作鄉下舟子裝束，身邊當然也懷有傢伙，另一名爲我掩護的，更有一位游擊大隊長朱君，他便是奉命掩護我過路而於前一夜到他駐在地，他自陳以前是養鴨人家，爲了避日兵，把所養幾千隻鴨一路趕到吳江以南，再也不逃了，便從此開始打游擊，他還說帶鴨比帶兵還難，邊走邊趕，很難駕御。他在我未到之前，即已派人通知吳江八尺的兩位僞區長，說張某人是上海中文大美晚報總編輯，此番奉召赴渝，我們有責任讓他安全過境，希望你們加以注意，而且互約了過路時間，這位朱大隊長還親自護送到八尺郊外，他自己不再前進，藏身在一個可以遙望的地方，直待我們平安穿過蘇嘉路，他才回到防地，此情此景，迄今猶宛然在目。

太湖三萬六千頃　漫天野鴨日爲昏

在蘆墟申塔停留期間，我還遇到一位傳奇人物鄭子良，這位先生，凡是在上海的朋友，都知道他是潮州幫中的一個大亨，他在虹口一帶，名聲更大，精武體育會中人，都是他的弟兄或手下，此君在幫會地界，也是卓著聲名，亦所謂上海地界兜得轉之英雄人物；想不到我初次踏進游擊區域，便獲悉他竟是少將身份的策反專員。他的駐在地屬於另一個水鄉，承他相邀歡宴，必須坐舟前去，一路上水天相接，東一個村落，西一個鄉社，也要二小時以上的行程，才到他的衙門所在。那是一個很大的祠堂屋宇，外面還豎了旗杆，氣派非凡，堂皇掛出了策反專員署的牌子，這位少將專員，而且已留了長鬍子，歡然道故，一洗過去在上海時的俠林本色。他的任務很重要，經常親去淪陷區，與那些幫會中人物聯絡接洽，指示他們如何在敵後從事拯救國家民族的工作。忠義救國軍勢力最龐大的是太湖流域，大家都知道太湖中最著名的是湖匪，也有紅槍會等種種組織，各自建立山頭，稱王道霸。但在日軍侵佔京滬杭以後，這個太湖流域，居然變爲治安最好而抗日戰意最堅强的世界。我從蘇嘉路而前進，穿越京杭國道，以後到達梅溪而去忠義救國軍總部所在地的橫嶺，可以說所走路線，都是昔日視爲畏途的太湖强盜世界，但我在當時，却覺得閭閻安堵，鷄犬相聞，所謂小亂居城，大亂居鄉，那些大城大鎭，在日寇與漢奸盤踞之下，已成匪賊世界；而這些郊野墟鎭，却如世外桃源，不見絲毫戰爭氣氛，更因爲忠救軍的游擊隊伍，他們平日都穿着老百姓一樣的衣服，許多更是當地人民，有事之時，揹了槍奮勇爭先，無事之時，打漁種稻，安分守己，眞做到了兵民一家，無分彼此的世界。所以憑他日軍多次掃蕩，總消滅不了這批英勇戰士，當我們由滬西去，沿途所見，似乎覺得日本人已感無可奈何，讓這些游擊區域，自由存在，變了眼開眼閉，甚而守在他們自己警戒區碉堡中的日軍，白天威風凜凜，守在那裏，晚上則撤往安全地點，空無一人，甚或駐守在內，也不敢出頭多事，此所以那個英國武官以及美國記者們，能夠暢行無阻，嘆爲奇跡者也。不過我們在將到京杭國道之時，也曾遇到一次大大驚嚇，因爲其時我們過了蘇嘉路，先由忠救軍的路西指揮部林松副司令，應接招待，此君不久之後，聞即忠勇殉國，但當時我見他英姿颯然，一撮小鬍子頗爲威嚴，談吐也非常豪爽，因爲我們準備飄太湖而直駛梅溪，他爲我們備了一艘大帆船，可惜出發以後，中途遇風，太湖風浪相當危險，尤其遇到相反風向，不進而退，所以半途在一個比較荒凉的市鎮停下，大概這裏經過日軍騷擾，所以殘垣敗屋，空無人跡，我們上岸，已近黃昏，路上見不到一個鄉民，將就在附近一所很大的破廟內暫行棲止。這個廟宇眞已破落非常，門窗全無，蛛網到處，裏面的菩薩很多，也已金身黯淡，滿臉晦氣，幸而我們一行十餘衆，都算年青胆壯，祇要上有片瓦相覆，可以遮蔽雨露，已覺非常滿足，就這樣各找住處，安頓一宵。誰知天尚未明，我突聞滿天噪雜之聲，比了噴射機還响還鬧，而且範圍極廣，嚇得我從地舖上直跳而起，奔向廟外。則見天上宛如被億萬數的飛行物體，從太湖一邊，向南而飛，飛得極高，黑沉沉的眞是遮滿天空，使我目瞪口呆，莫名其妙，隔了好久，才覺天朗氣清，囘到廟中，則同行的大都還睡得非常舒服，其後詢知操舟之人，始知此乃有名的太湖野鴨，朝出覓食，這些水禽，據說鄉下人家，有時福星高照，他們會成千上萬的下田產卵，可以讓你大有收穫，當然也有田中禾稼，被他們大肆蹂躪的，正是信不信由你，我也姑妄聽之，但此次所見，則爲我認爲生平奇跡，蓋久處都市之人，從未有此經驗也。我們在破廟中住宿一宵，總算第二天風平浪靜，揚帆飛渡，其疾如矢，但在太湖中又時時發見遠遠之處，湖面上似有小山，但非靜止之山，只覺其隨波上下而動，我們的帆船逐漸駛近，則這些活動小山，也逐漸駛遠，如非舟子說明這也是太湖野鴨，我們也不敢相信這是事實，因爲這些逐浪飄浮如山如阜的野鴨羣，至少每堆數萬至數十萬間，無怪兒時習聞太湖野鴨及太湖蘿蔔之盛名也。在太湖中，峯巒林立，爲數彌多，所以我們最初遠望這些成羣野鴨以爲是遠處峯巒。這一天的水程歷時很久，中間曾在湖州方面，一度休息進餐，并上岸畧作散步，岸上桑林處處，知此爲蠶桑名區，惜因趕路關係，即又登程，如此一路中在太湖上飄浮前進，深夜中又離岸登陸，向當地的紅槍會領袖家中，借得較小船隻，準備駛去京杭國道那裏的南滙鎮，這是一道最重要而最危險的關口，我們這艘船，說小不小，說大不大，有艙有頂，可以把我們全體遮掩在內，等於從上海去四鄉的夜航船，並因將近京杭國道一帶，不但日軍密佈，且所駐僞軍，全屬道地漢奸，如欲過關，非錢不可，所以我們分外小心，而且已由聯絡人員，先行打交道，可是將到目的地之前大約半小時左右，我們的夜航船正在欵乃前進，忽然岸上一排槍聲，有人喝令停止，頓時跳上很多黃衣服的日本兵模樣的人，有的守住前後艙，有的跳下艙中，把電筒向我們每個人照得無法睜眼，情況嚴重，暗想這最後一道鬼門關，本可立刻通過，誰知半途出事，遇到這些兇神惡煞，如果不免，則我命休矣，但當時大家都出奇的鎮靜，任他們大聲吆喝，沒一個人囘嘴，沒一個人作聲，總算護送我們的兩位副官，見多識廣，也熟知他們目的所在，暗暗拉了這些人的頭兒，私下講斤頭，也向他們明白攤牌，船中這些人是何等人物，如果你們不留情面，則後果嚴重，你們也當知道，這樣的軟硬兼施之下，條件來了，需要三百袁大頭，才可平安前進，我們這十多人中，除了我一家以外，都是青年男女，他們冒險犯難，遠奔大後方，誰會帶了足夠的銀紙出發，不得不由我一人獨負其責，就這樣交易而退，一場虛驚，告一段落。但到得將近京杭國道附近，根據聯絡情報，據說這幾天風聲緊急，有幾艘忠救軍的軍火補給船，前幾天剛被日軍查獲，一場火併，還把押運的戰士當場擊斃，其中一個還是高級參謀，所以日本軍人，日夜駐守在這個交通線上，迫得我們在附近一家民房中上岸躲藏，鄉下人把我們安置在瀕臨河邊的一個柴房內，讓我們或坐或睡，柴房係用竹片搭蓋，從竹縫中可以看到河上動靜，日本人的汽艇遠遠駛來，我們知道這是警報，便得躲在稻草中屛息而坐，讓這些鬼船駛過以後，才覺安心。我們在這個柴房稻草堆中，足足躲了四天以上，還沒啓程消息，每次聽到日軍的汽艇遠遠駛來，眼看他在河邊駛過，心中眞是又驚又怕，因爲這樣進既不能，退又不可，這裏也有幾家鄰居婦人，每見到我們，雖是非常親切，但有時見他們指指點點，不免也令人疑神疑鬼，萬一有人出賣告密，豈不糟透。幸而在第四日的傍晚，總算好消息來了，據說路口的日軍，在傍晚時分已經撤退，要我們馬上出發，於是又急匆匆的檢點什物，登上一艘小船，駛到京杭國道路邊，祇見路基高高在上，先由人上前探視，見到並無不妥，於是他在上面把手一招，我們立刻分別提取行李什物，爬上京杭國道，疾趨而過，另一面也是一道河流，那邊也已停下一艘應接的較大船隻，我們就這樣的慌忙登舟，即刻解纜出發，總算這一關萬苦千辛，又給我們平安渡過，囘想在稻草堆中，住了幾天，當時心情，宛如幾年之久，而在河中碰到攔船的軍隊，事後始知乃係僞軍，這班鷹犬明知我們逃亡路過，而且事先已有聯絡，他們仍是乘人之危，大敲竹槓，我們損失了金錢，還吃了一次不大不小的驚嚇，想想我在上海，日本兵與七十六號漢奸大隊出動，且在家中坐守，我始終未與他們正面相遇，居然平安脫險，誰又想到西行途中，却會碰到這些兇神惡煞，半途截刧，而且事後又躲在稻草房中；最可惡的，柴房之畔，是鄉人的一個大茅厠，幸而時當寒冬，未聞臭味，否則狼狽之狀，更將不堪設想。我們既經跨越了京杭國道，此去便是游擊區之大後方，雖仍在敵軍勢力圈內，但此去不遠，便有國軍防守，我們雖然未見國軍，但據說日軍在此，已經不敢越雷池一步，但船家遙指一個山頭，告訴我們那裏築有日軍碉堡，他們的一架重機關槍，便是指向我們跨越的交通線，如被發覺，他們機關槍一搖，誰也休想活着通過，前幾天忠救軍軍火船的出事，亦在此處也云云，聞之能不黯然。

行到梅溪才一晚　間關又作橫嶺行

衝過了京杭國道，我們心理上已到達了安全區，首一站是梅溪，從這裏本可經分水等處而到蘭谿，有大部份同行的就這樣走，我則想去看看橫嶺的忠義救國軍總部所在地，因爲在我心目中，早已嚮往於這一個名震京滬一帶的游擊隊大本營，所以在梅溪住了一晚便取道西行，經章符村而進入安徽地界，而到廣德的橫嶺；在梅溪算是我們穿越游擊區而到大後方的最前線，在這裏已看到穿灰制服的國軍，我們因爲沿途流亡，好久沒有一個暢快的洗澡，看到市上的澡堂，便想大大的清洗一下，但踏進內間，看到許多赤裸裸的同志，十之八九都是滿身疥癩，誰也不敢跨入大池一步，幸而另有盆湯，將就的洗了一下，好像滿身舒暢。翌晨僱了兩乘肩輿，讓內子和小女坐了走，當然一些簡單的行李也安置在上面，我們買了草鞋，實行長途行軍，可是穿草鞋走路，反覺十分不慣，而且一雙絲襪馬上給草鞋磨破，索性脫去草鞋，實行打赤脚，一路上黃沙石子與脚掌心打交道，自然非常痛苦，第一天這樣捱過，到章符村住宿一晚，這也是一個頗大的市集，因爲已進山區，見到許多野味店掛着飛禽走獸的肉類，我們好奇心動，買了一些黃麂肉，在旅邸內試試自行烹煑，結果則其味奇腥，無法下咽，祇得全部丟去，當然我們不懂野味的煑法是最大原因。第二天去橫嶺，路上更辛苦，眼看轎夫們肩上抬了人，走得非常輕鬆，我們已算是拼命趕路，總是落後許多，必須他們在半途中歇肩等候，最苦的在翻過浙皖交界處的一個山脊時，山雖不很高，轎夫們已到山脊停下休息，我們還在半山中寸步難行，一面喘氣，一面翹首仰望高高在上的妻女。才覺爬山越嶺，必須經常練習，我們素居平地，縱然有時遨遊名勝之區，飽覽湖山景色，但都不需自己勞動，有時偶或辛苦點，也不過一時高興，像目前跋涉長途，完全靠兩條腿每天走幾十哩，平地已覺難堪，何況崎嶇山途，乃覺大有行路難之嘆。幸而這些小苦，尚無所謂，此日自清晨走到天黑，深夜十時，猶在山中摸索，好不容易問到了總部所在，剛巧那天橫嶺有一位縉紳人家娶媳擺酒，這些高級官員都去作客，負責聯絡的是總司令部政治部，幸而已替我們接洽一所民家，可以寄宿，總算那天沒有幕天席地，在這個人家暫時作客，第二天算是遇見了那位政治部主任朱嘯谷兄，原來他也是我們過去的同業，而且曾做過上海立報的記者，可惜我以前無緣識荆。在歡然把晤以後，他很抱歉的說，因爲他奉命去渝，與我談話以後，立即出發，他問我預備在此勾留多久，以便囑咐政治部同人爲我招呼一切，我說此來別無目的，祇是想專誠拜謝這一次有勞貴部給予我的保護，稍事休息，便取道去渝，於是他首先爲我寫了一張該部的証明書，以便途中征僱伕役，可以按照規定價格給錢，除此以外，他通知屬下，隨時和我們聯絡，就這樣我與他握手道別，並看他上馬登程，河梁握別，此後從未再晤，在共軍統治大陸後，聽說此君也已遭到不幸；也有人說他早年也是英雄人物，其人其事，且可以大書特書者，厥爲他曾手刃上海晶報老闆余大雄於新亞酒店，余某爲皖人，朱君爲其同鄉，兩人如何相識，如何交往，我們無法得知，但余大雄爲老漢奸，其人在上海小型報界中，雖然聲名藉甚，但因素行不佳，同道中人均側目視之。日軍侵滬，余大雄即從事叛國工作，且匿身於虹口新亞酒店，此處爲日憲兵之大本營，關防之嚴，可以想象，但朱君竟能手刃奸逆，不留絲毫痕跡，據云當時鋤奸得手之後，室外即有日籍下女經過，而朱君出門，猶以日語作道別之狀，躬身出外，日女竟絕未知覺，且躬身送別，臨事之從容，實爲鋤奸史中之第一頁，如此傳言，是耶非耶，惜在晤面之日，未嘗予以詳細詢問求得証實也。

山重水複無心賞　曉行夜宿作長征

那時的忠義救國軍總司令是鄒惠龍，也已去了重慶受訓，我在橫嶺祇逗留了三天便啓程，值得一提的忠救軍在那裏也有一張小型日報，忝以同業之誼，也承他們招待晤聚，在山邊溪畔，大家邊吃邊談，他們談到辦軍中報也有許多困難，有時也會得罪人。我們在橫嶺所看到的軍人也不很多，但那裏却住了不少在淪陷區撤退前來的英雄義士，有的一家祇剩下幾個人，有的已患了病，他們有許多許多值得一提的往事，但都閉口不談，以爲救國工作是份內事，何必掛諸口頰。更有許多從京滬區遠道而來的青年男女，正在那裏受訓，他們在進餐時間大家排成一個圓圈，菜是用面盆裝的，在立正坐下開動之後，才見他們很整齊快速的進餐，悶聲不響，動作一致，有許多年輕女孩子一望便知是都市中已受相當教育的，偶然攀談，有幾位還是上海有錢人家小姐，他們爲了國難當頭，摒棄錦衣玉食，甚至瞞着父母家人，甘願到此叢山峻嶺之區，過着苦難的軍中生活，不勝使人感佩之至。我們離橫嶺向浙境進發，過寧國而穿越安吉孝豐分水宜黃等幾個縣境而到蘭谿，也不知走了若干日，祇記得憑了忠義救國軍所發的証書，我們可以每天分段向鄉公所僱請民伕，爲我們備担架，規定每一里祇要三分錢，每一程規定三十里，我們每天走兩站，所以可以走六十里，沿途穿山越嶺，覺得地方都相當富庶，當時遠離戰線，所以路上所見，一片太平景象。在安吉孝豐鄉下行進時，我們還吃到那裏最有名的水磨年糕和冬筍，竹林處處，所以當地盛產冬筍，山泉遍佈，所以到處水碾，參觀鄉人在碾上操作，溪間水清一碧，豈是都市中人所夢想得到。過分水縣時，厚承縣長美意，囑咐我途中有時無物可購，無米可炊，非得帶一些白米不可，他親自打開縣中米倉，以官價賣給我卅斤白米，據說將過千秋關時，路上較為險惡，要我小心戒備。我們一行四人，除了沿途所僱脚伕之外，早已無人保護，此處且屬後方，相信當無問題，也無苦無厄，此時路上除了內子小女，需要坐上担架，我們則早已練成一雙飛毛腿，每天走上五六十里，已無所苦，攀越千秋關，有人預告此處會有猛虎出現，而打家刼舍的匪徒，也都在此處出沒，幸運得很，我們一路很是順利，跨越千秋關山嶺時，却發見了一位青年軍人，也在埋頭趕路，此君身穿軍人服裝，背上武裝帶，人很瀟洒，會在孝豐縣章村，和我們住一家旅舍，但他天明起身，正想揚長而去，却被旅邸老闆娘拉住不放，要他結付旅宿之費，此君則指指身上這套服裝，說是有權白住一宿，當時難解難分，頗為尷尬，我深覺此君所持理由，并不充分，但看他一副相貌，並非有意胡賴，所以自願替他付清宿費，又知道他確已身無分文，還另送他路費念元，想不到又在此處相值，多了一人，胆氣更壯，路上更不寂寞。最後過了桐廬，到了蘭谿，這裏已是富春江邊，於是溯江西行，走的改了水道，經過嚴子陵釣臺，高高在上，我們身在江中，想想這樣高的釣臺，這樣低的江水，不知當年嚴子陵如何垂綸而釣，此時身為旅客，西去渝關，為程尚遙，滿腔心事，也不暇多事研究，船到金華，水程告一段落，於是又舍舟登陸，搭火車西去。曾在金華訪晤了一位曾經同事的友人許仕龍，乃東南日報編輯。胡健中之東南日報，在杭州撤退後以此為據點，胡健中此時不在金華，無從把晤，住了一天，便坐火車去江西上饒，止於當地的青年招待所，此為我們旅途中指定的歇足點，藉此稍舒行脚，暫息征程，誰知這樣一躭擱，又足足住了一個月以上。

在家父母出門友　上饒途中遇故人

我是土生土長的上海鄉下人，平日外出機會極少，以前最遠到過湖南，近則杭州南京，大都有朋友招待，或則是憑了新聞記者的關係，前去參觀訪問，一切都有人預為調度，不必自己費心，此次萬里西行，情況完全不同，雖則政府當局早已通知有關方面，儘量給予方便協助，但有的地方，還須自己奔走接洽，於是覺得許多朋友給我的援助，高情厚誼，永不能忘。我們住進上饒的青年招待所，出於意料之外的遇見了一個上海報界前輩袁業裕，此君早年為民國日報一個重要人物，抗戰中出任國民黨主辦的上海正言報總編輯，該報主持人為吳紹澍，其時吳身負上海黨政軍三方面重要工作，為潛伏地下的主腦人物之一，吳紹澍為我生平最心折的朋友，不管他目前如何，以前又如何，但他在我身處危難之際，當中文大美晚報同人一個個被殺，情緒最為苦痛緊張之際，他所給予我的鼓勵，迄今印象深刻；此外另一個朋友馮有眞，也是其中之一，可惜馮有眞廿多年前與彭學沛同機飛港，不幸將抵啓德機場時撞山肇禍，全機男女，無一倖免。再說袁業裕之出任正言報總編輯，當然他有歷史上黨的淵源，但他與吳紹澍却不甚投機，吳當年身任正言報主持人，因為身份隱秘，未能經常到社，但有時對編輯部方面有所指示，總遭袁業裕反對，甚而公開告訴吳紹澍，你是外行，你不懂的等等，使吳無言以對，因此吳對他，心中頗有芥蒂。但我與袁業裕并無任何不妥，他又是報界前輩，所以也相當尊重他。其時他在上饒，比我早到半月以上，而且夫婦雙雙，同進同出，伉儷之間，互相捧場，先生說太太如何如何好，太太又說先生如何如何好，一對老夫妻，宛如新相好，不知羨煞幾多孤家寡人之王老五也。除了袁業裕，另有一位我的同事，他和我在梅溪分手，但雖取道較捷，祇比我早一天到達上饒而已。袁業裕在此時此際，給予我很多寶貴的經驗之談，姑不論我的後此遭遇，並不完全與他所言相合，但在當時，無疑是一片好心，予我不少啓迪，他因為我携妻帶女，輾轉西行，既無經濟基礎，又無有錢親故，所以很替我躭憂顧慮。他也知道我中央有電相召，並且給我路費，但我到了重慶，想要安身立命，覺得非常渺茫，因為重慶生活之高，早已非常清楚，地屬首都，大家都奔去立足棲身，試問有多少職位可以盡量安置？何況黨政機關，都要講關係和人事，像他自己，自問在黨中工作，已有相當歷史，出處如何，可以不必躭心；以我的過去歷史，想要憑中文大美晚報在孤島上的一番奮鬥，希圖博取什麼什麼，此種打算，必將失望云云。袁業裕這一番語重心長的勸告，在別人來說，也許是一盆冷水，當頭澆下，我則除了感激他一番好意外，覺得我之間關西去，早抱決心，中央既有電報召喚，不論有無工作，理應遵命前往，何況有家難歸，歷經險阻，已經憧憬着陪都的抗戰堡壘，豈可中途變志，三心兩意。此外在上饒又遇到一位新聞界前輩杭石君先生夫婦，他們之在此處，且為三戰區中一個黨務單位的主腦，委實出於意料之外。杭石君在上海新聞界記者羣中素有老大哥之稱，其人豪爽熱忱，尤具風義，他不但給予我無限鼓勵和温暖，還多方為我設法去渝的交通工具，因為他知道由江西去重慶，需要坐商車去曲江，再坐粵漢路車轉湘桂路車到金城江，然後又要坐商車去重慶，這一長列的旅程不但需費極鉅，而且商車難找，索價可觀，甚至碰到歹徒，弄到人財空，他知道我向來很少出門，路上的一應關節，都不清楚，所以竭力勸我稍安毋躁，讓他慢慢設法。他不時邀我們到他家中，促膝暢談，他太太原俠綺，原是上海話劇界的前輩，也是我們中文大美晚報老同事原洗凡的胞妹，所以夫婦倆對我們特別親切，因此袁業裕夫婦和我們經常成為他家食客，此外前線日報的馬樹禮社長，他既為第三戰區最大軍中大報之主持人，該社總部便在上饒，他等於主人身份，也不時邀約我們去該報所在地的皂頭赴宴，獲識不少該報同人，因此我們雖在客中，一些不覺寂寞。杭石君對於上海來的報人，都會給他們大大小小的幫助，尤其他的工作崗位，和兵站總監部有密切關係，所以對於軍車來往，最爲清楚，許多報界朋友，便由他關照之下，坐了軍車去曲江，可以不花分文，我們大美晚報的一位同事，他首先獲得機會，搭車而去，另有一位上海神州日報的編輯桂步光，也這樣獲得方便，這位桂步光，圓圓胖胖的臉，好像財政部長孔祥熙，他自己也說算命先生推出他的命造，將來會大富大貴，可惜到了重慶，服務於于斌主教當年主持的益世報，一病身亡，賫恨以歿。

浩蕩軍車西南去　紅都所見盡荒墳

從上海出發到游擊區前線，再從游擊區前線穿越淪陷區，這一段路程雖不很遠，但因爲避免日僞耳目，曲曲折折，都是水路，有時需要僱船，有時也需寄宿，有的地方還得打發一些犒賞費用，我們當時一行十餘人，除我以外，都是年輕的青年男女，所以我無形中成爲一個逃亡隊的隊長，猥蒙地方人士因爲我過去在大美晚報中經歷了這樣多艱辛困難的歲月，他們總給予我盛情欵待，甚至有的還要我報告一些上海情形和諸位殉難同仁的歷史，吃飯應酬，自覺已老於此道，因爲在上海以新聞工作爲職業的人，經常有人招待應宴，至於演講，那就謹謝不敏，視爲畏事。但在此流亡途中，別人盛意慫恿之下，總不勉强酬應，每次事後，不免一身大汗，因此使我想到以後到了重慶，在中央黨部一個隆重歡迎會中，我被指定第一個到場報告的大出洋相，於今猶覺萬分汗顏，好在上饒尚無此種尷尬情形，天天玩玩吃吃，把一路上的辛苦奔忙，完全解除，此際又發覺資斧將罄，阮囊羞澀，原因之一，自己身邊帶得不多，當然無法可想，原因之二，則爲有許多地方，因爲身充逃亡隊長，尤其在陰陽交界的淪陷區或明或暗的前進，雖說有人保護，有人爲我預先關節，但也不時需要一些額外犒賞，買一個皆大歡喜，所以支出特別多，一經細細盤算，此後尚須經過贛閩粵湘桂黔而抵蜀都，等於跑遍東南西南數省，剩下的一些盤川萬萬不足應付，幸而中央通訊社駐在上饒的特派員張明烈兄，爲我向中央方面報告困難，中宣部又接濟我一筆路費，始克繼續征途，而杭石君兄爲我安排了兵站總部一隊軍車，由上饒直駛貴州，我可以不費一文，參加在這一列浩浩蕩蕩的行車隊中，且另有一列押運士兵，沿途保護，機緣之巧，設想之週，令人沒齒不忘。尤其臨行前夕，他夫婦倆又在家中設宴送行，告訴我途中同行揩油搭車者，亦有多人，他自己有一個學生，原在兵站總監部充任秘書，此次亦携眷去渝不再返任，此人姓吳，四川人，杭兄更輕輕告訴我吳某機伶乖巧，要我小心提防，我唯唯諾諾，不以爲意，誰知事後大上其當，悔不該忽畧了杭兄臨別贈言。這一隊軍車共有十輛之多，那時在上饒候車去渝的人，除了設法得運貨的商車講定多少錢去曲江外，如果獲悉有軍車出發，便要多方設法，獲得兵站總部的許可，才能發証附搭，但普通人是沒法可想的。我當時清楚記得我們一行四人獲得四紙搭車証，其他祇有那位吳秘書一家三口，還有一對少年年夫婦，因爲他們的父親也是與兵站總部有關的，其餘的人就不得而知了。而且軍車出發時間，相當秘密，我們預獲通知，在鷹潭登車，當時似乎亂哄哄，有一位負責押隊的陳副官，他奉命特別照顧我們，所以一路上我很蒙優待，我的內人和小女，始終坐車頭司機位旁，本來他們讓我在另一車的車頭位乘坐，我堅持不允，推說爲了招呼孩子方便起見，寧願坐在車後，軍車所運不知何物，當然不暇研究，但此後去程，不會多載東西，他們終站是貴陽，當然回程是軍用物資，而我們此去途中當然大部份爲搭車人士所有，我們自己所帶的行李不多，那位吳秘書，則有十口大木箱，非常龐大，吳秘書一身軍裝，帶着上校領章，當然上校秘書，職位也不算低，可是這一隊的司機士兵及帶隊的陳副官等，好像都對他懷有成見，時常背後竊竊私議，說他此行目的，在於走私，我也不甚措意，一路上風馳電掣，很不寂寞，這些軍車，因爲屬於軍事當局，所以用汽油做燃料，在抗戰中的大後方，一滴汽油一滴血，大部運輸車輛，或用柴油，或用木炭，因此行駛極緩，像我們這種行列，眞是天之驕子，路人側目，每天早上八時開行，中午休息吃飯，下午六時左右到了一個大市集，又須休息投宿。一路上他們早有安排，由鷹潭南駛，祇覺得最初都是人烟稠密之區，過貴溪時有人遙指龍虎山張天師的道教聖地，過南豐時吃到小如銀圓其甜如蜜的南豐橘，經過福建南平時看到當地特產透明光亮的油紙傘，以及贛粵交界的大庾嶺，而印象最深刻骨難忘的則爲道經贛南瑞金雲都等處，祇見荒塚壘壘，途絕行人，偶然相逢若干老年男女，亦都鵠面鳩形，鶉衣百結，蓋此處乃當年共產黨之根據地，所謂長征以前，盤踞在此作紅都所在地，與國軍多年征戰，少壯者不死於炮火，最後盡被裹脅以去，青年男女，無一倖免，因此非死即走，留下一些老弱男女，均作爲無用之人，他們孑遺之身，苦守祖居，祇能苟活貪生，妄論努力生產，且多疾病纏身，無醫無藥，於是陸續死去，人數愈來愈少，地區則愈益荒蕪矣，想不到人間慘劇，於西行途中，目擊其狀，亦旅途中之苦痛回憶也。

同行的吳秘書與我談得頗爲投機，且頻頻語我出門旅行應如何小心謹愼，尤其碰到某些人物，必須提高警覺，他說我是四川人，不瞞老兄說，交朋友最要緊的必須注意四川人，君不聞天上九頭鳥，地下湖北佬，三個湖北佬，不及一個四川佬，說得天花亂墜，使我在行旅途中，聽他講得頭頭是道，那裏知道就上了他的當。（四）

我的學藝生活

・小翠花・

一

我七歲（虛年九歲）那年，由於父親長期失業，家庭極端貧困，我和哥哥于永利二人就被送進科班去學戲。當時對於學戲，都稱做「打戲」，由此可以看出當時的科班生活是夠苦的。像我們這樣不屬於「梨園世家」的家庭，眞是要到萬分不得已時，才會把自己的孩子送進科班去「挨打」「受罪」。

父親央人說情把我們兄弟二人送進了「鳴盛和」科班。這是一個兼有梆子和皮黃（京劇）的科班。主辦人郭際湘老先生，藝名水仙花，是當時很有名的京劇演員。教梆子的老師姓張，藝名千日紅，他自己原來是唱梆子老生、老旦、彩旦的，但也能教梆子花旦戲。這位老先生的功夫很好，肚裏也寬，就是教學生嚴厲。皮黃的老師是陳嘯云先生，他是我學青衣戲的開蒙老師。

小翠花少年時演「梅玉配」之蘇夫人

初進科班，先練基本功，同時學唱崑曲的曲牌。等到初步學會了「拿頂」、「下腰」、「撲虎」、「小翻」、「倒插虎」等等「毯子功」以後，就要開始分「行」了。老師就在我們練基本功的這段時間裏，對我們作了仔細的觀察，確定我們該學哪個「行當」。

大概進科班三、四個月後，老師把我們弟兄二人叫去談話了。我們進了老師的屋子，恭敬地站在一旁。老師先對我說：「你以後學青衣花旦。」我在旁邊一楞，老師以爲我不懂什麽叫青衣花旦，接着解釋一句：「就是學小姑娘的戲。」其實我並不是不懂，而是感到老師的決定和自己的願望不符。經過三四個月的練功，我在思想裏，開始愛上了舞台上的「英雄」人物，希望自己能學武生；可是現在，老師却要派我學花旦，眞是一肚子的委屈，然而嘴裏還不敢說個「不」字。隨着老師的解釋，我一低頭，眼裏流出了眼淚，心裏想：一個男孩兒家，怎麽能去學扭扭捏捏的小姑娘呢？一哭出來，就挨了打，只好忍住了委屈，接受下來。

現在想起來，老師決定我學花旦，是很有道理的。首先我小時候，身體長得很單薄脆弱，從外形來看是個唱花旦的身材；其次我小時候不愛說話，比較沉默，而且遇到委屈的事情，常常愛哭，這說明我性格上也是接近青衣花旦的。我哥哥就不同，他性格比我剛强，身體也長得魁梧，所以老師就分配他學花臉，也正好合了他自己的心意。

確定了「行當」，我就開始跟陳嘯云老先生學戲了。先學「二進宮」、「戰蒲關」、「南天門」等唱工戲。

有一天，正當學戲的時候，郭際湘老先生進來了，他瞧着我學了一會兒戲，就對着老師說：「這孩子兩個眼睛挺大的，唱青衣不太合適，讓他也學學花旦吧？」於是，我就開始兼學梆子花旦和皮黃青衣了。

二

定了「行當」，就開始了學戲的第二個階段。清晨起身，先喊嗓子，接着是練功和學戲。這第二階段的練功，就要按照自己的「行當」需要來練了。腰腿是照常要練的，不過也是按照花旦的需要進行鍛煉。同時增加了學習打「把子」，練習「蹻功」、眼睛的活動和手指頭的活動等等梆子花旦必須具備的基本技術。

當時，在練功的過程裏，要算「蹻功」最艱苦了。從雙脚綁上了「蹻」，手扶着牆壁走路開始，逐漸過渡到把手離開牆壁，能夠自然地走路；然後再練「耗蹻」，就是綁上了蹻筆直地站在地上，從「耗」一寸長一枝香的時間，增加到「耗」上二尺長一枝香的時間，約莫等於一個半小時；最後還要練習綁了蹻，站到桌子上去「耗蹻」（桌子放着一條凳面不足三寸寬的三脚板凳；凳面窄，重心不穩，在凳面上還豎立着兩塊磚頭，人就踩了蹻站在磚上），這最後的站到桌上的「耗蹻」，又安排在臘月三九，那眞是夠苦的。

科班裏的老先生常說「冬練三九，夏練三伏」，在最冷和最熱的天氣裏練功，才能「出功」。我想所以把上桌子「耗蹻」的鍛煉放在三九天，大概老師是早有安排的。

根據我個人的理解，講究「冬練三九，夏練三伏」的原因，可能有兩個方面。第一，在最冷最熱的氣候裏，人的筋骨、肌肉和皮膚都和平時不同，或是收縮得很多，或是放得很鬆；而且在這樣的氣候下面，人總是比較怕活動的。在這種艱苦的條件下，要想練出功來，必須付出更多的勞動，這樣也就要比在一般情況下練出來的功，來得磁實。

這一點似乎也和練功用的「蹻」比舞台上用的蹻更小、更直、更難使用的道理是相同的。如果能把更艱難、更複雜的技術鍛煉成了，那麽到了舞台上，使用較爲省力和簡單的技術，就能得心應手、運用自如了。老先生常常教導我們，如果在台上，要使出「六分」的本領，那麽，練功的時候，應該練就「十二分」本領，要多留餘地，這樣才能演得好戲，使觀衆看了很舒服。如果只練了「八分」本領而到台上却要使出「十分」來，那麽即使沒有出毛病，也必然會顯露出很勉强的樣子來，必然會十分緊張地全心的注意自己的技術，也就不可能深入到角色裏去演好戲了；同時使觀衆經常要替演員揑着一把汗，看得很不舒暢。

第二個原因，採取在最冷和最熱的氣候裏來鍛煉艱難的技術，那是最能夠鍛煉出人的堅强的意志來，鍛煉出不怕困難的刻苦學習的精神來。

上面這些體會，是後來逐步認識到的。在當時只有個想法，就是我要成個「好角兒」，能賺錢來供養家庭，所以什麽苦我也得忍着。可是小孩子總是小孩子，每當痛得難受的時候，雖然咬緊牙關不說一個「不」字，但是眼睛裏的淚水却常常奪眶而出。

練功的過程，雖然很艱苦，但是用處很大，非但使我學會了功夫技術，並且還鍛煉了克服困難的意志，養成了勤學苦練的習慣。這些在我一生的藝術生活裏，起着很大的作用。可以舉個例子來說明：

近十幾年來，取消了綁蹻，因爲纏足是封建社會男女不平等的表現，是對婦女極殘酷的摧殘。現在時代變了，人的審美觀點也變了。原來認爲女子纏足是一種美，可是現在的人看來這種殘酷的畸形，却是醜惡的了。而且在生活中早就廢

小翠花晚年扮「拾玉鐲」

「烏龍院」花旦如此下樓

「烏龍院」花旦上樓姿式

除了纏足，那麽藝術表演也就失掉了生活的依據。所以在舞台上取消綁蹻是戲曲藝術發展中必然的現象。不是在比我年輕的藝人中間，練蹻功的人已經越來越少了嗎？這就是逐漸淘汰的現象。而眞正的原因，我覺得是失掉了生活上的依據，以及觀衆的審美觀點的變化所致。

爲了表示對廢蹻的擁護，我曾經花了兩年多時間來練習不踩蹻的花旦步法。雖然我年紀不小了，而且也不常登台，但是我還有這樣的雄心，一定要使不踩蹻的步法，走得比踩蹻更美、更漂亮。

三

我在練基本功的同時，就開始了學習梆子戲。頭一齣記得是學「撿柴」，接着學了「梅降雪」、「殺狗」、「紫霞宮」等等。從練「氣口」，練「十三嗨」、「立音」和練習「白口」、嘴裏的噴勁等等，一直到練習各種步法身段（例如耍手指、耍辮穗子等等）。我覺得後來我演京劇花旦戲，就很得力於這時候學的梆子戲，和練的梆子戲的功夫技術。還拿「蹻功」來說，當時學皮黃的學生，一般都沒有經過這樣一個苦練的過程。由於練好了「蹻功」，所以就使我到舞台上，能夠絲毫不受技術的約束而影响演戲，並且能夠使技術爲表演服務。

還有，在關於掌握舞台動作的節奏方面，學梆子戲也給了我很大的幫助。一般梆子花旦表演的節奏，總是比較强的，特別是動作和場面上的鑼鼓點子配得較嚴。到現在，我在有些演出中間，有時還是要求場面上採用一些梆子的鑼鼓點子打得火爆些來襯托表演。

當然，過去梆子戲也有缺點，就是較多地偏重於單純的技術表演，有些表演不從人物和劇情出發，只要觀衆歡迎就連着多來幾下，因此容易使觀衆看膩了。梆子的技術性很複雜，這應該是個優點，我們京劇應該向他們學習的，不過學了

以後，必須經過加工，使它融化在京劇自己的風格裏，這樣才能眞正有用。

關於練功，我還想簡單談一談眼睛的鍛煉。眼睛是演員的生命，最能表達人物的心情，特別對於花旦演員來講更爲重要，很多細致的表情都必須靠眼睛表達出來。例如我在「坐樓殺惜」最後，當宋江拿着刀，拉着閻惜姣走圓場時，閻惜姣這時嚇傻了，她已經渾身無力地癱瘓下來，由着宋江拖來拖去，而且越走越勉强了。表達人物的這種情緒，我主要就是用眼睛來表演的。我開始瞪着眼睛，直着往前看，表現她嚇傻了；接着越走眼睛就越沒有神，眼皮逐漸往下搭，表現出逐漸癱瘓下去的樣子來。如果眼睛不經過鍛煉，那是表現不出來的。其實眼睛的鍛煉，並不太複雜，問題是在於能否堅持鍛煉。

小翠花中年時演「活捉」之閻惜姣鬼魂

我在科班的時候，每天學完戲，練完功，到晚上睡覺以前，末一遍「功」就是練眼睛。爲什麽把眼睛的鍛煉放在末一項呢？因爲一天緊張的學習，到晚來人就很疲乏，眼睛老想合起來，睜不開了，這時候就最適宜鍛煉眼睛。

老師拿了一支燃着的香，放在我眼前，叫我把眼睛盯着香頭，香頭左右移動，眼珠就跟着它來回移動。再進一步，老師拿着香頭，從左到右、從右到左地繞圈子，眼睛也跟着轉。由慢到快，一天比一天快。眼睛移轉的時候，眼皮不許動，眉毛不許上下牽動，臉上的肌肉和頭也都不能牽動，只讓眼珠單獨轉動。

開始練的時候，眼眶酸極了，常流眼淚，特別是因爲人困了，眼睛本來已經沒有神了，而非要强睜着眼睛聚精會神地注視着香頭不可，更是難受。練了一個時期以後，等到眼眶不覺得酸也不流眼淚了，這時眼珠也開始能活動了。我大概練了三、四個月，就算初步掌握了運用眼睛的技術，但是更重要的是以後的堅持練習。其實，何止於眼睛，所有的功夫技術都是一樣的，只有堅持練習，才能使技術熟練，運用起來才不費力。如果練好了以後就丟了，自以爲吃了一時的苦，就能用上一輩子了，不再繼續鍛煉和學習，那麽他初練時受的「罪」，也算是白受了，要用的時候，還得從頭再練，這就要求我們必須做到「曲不離口，拳不離手」。

四

在「鳴盛和」科班學習了兩年多時間，科班由於經濟關係解散了。當所有的師兄弟們都拿回了「字據」（就是押身文契），郭老師獨獨沒有還我的「字據」時，父親就領着我去見郭老師。郭老師對我父親說：「我看這孩子不錯。現在科班散了，我想帶他去上海，讓他跟我學戲。你看好嗎？」父親聽了就跟郭老師說，因爲家庭貧困，指望着孩子能出台演戲，養家活口，不同意跟他去。郭老師看我父親的態度比較堅決，就一跺脚，衝着我說：「孩子，你沒有那麽的造化！」說罷，就拿出「字據」來當場燒毀了。當時，在我的思想裏，也是有着矛盾的：一方面我很佩服郭老師的本領，願意跟他學戲；而另一方面又放不下家庭，那時我已經體會到家庭的經濟困難，很想盡自己一份力量來幫助父親。所以當父親那麽一說，我就跟着父親回到了家裏。

郭老師在當時是很有名的演員，他工花旦、刀馬旦、武旦，他的「貴妃醉酒」和當時余玉琴、路玉珊二位老先生，被譽爲最有名的「三份」。這位老先生脾氣很暴，也有些古怪。我在科班裏的時候，他很喜歡我，但是由於他經常演出，所以沒有教過我的戲。我離開了科班以後，曾經多次向他討教過，也跟他學過幾齣戲，他都很熱誠地指教了我；我演的「貴妃醉酒」，有很多地方，就採取他的路子。在我後來稍有名望時，他見了我，還十分遺憾地對我說：「你父親是個外行，不懂咱們這行的事。你要是那時跟了我，現在還要好哩！」我倒也眞的相信他老人家的話。記得我初次到上海演出，因爲是他老人家的弟子，曾經得到多方面的照顧，可見他的威望是很高的。可惜後來他得了瘋病，我也就沒有機會向他請教了。

出了「鳴盛和」，我就開始担負起家庭的生活來了。不滿十歲的孩子，每天奔走在各個劇場的後台，爭取能扮個小孩兒，賺幾個零錢好維持家庭。這樣的生活過了將近一年。我雖然年紀還小，但是也感覺到這樣下去不是辦法。父親聽到親友們的規勸，也認識到這樣會耽誤自己孩子的前途，所以也四處設法，想再把我送進科班去繼續學習。但是苦於找不到保人，就一直沒有能進科班。

在這段時期裏，因為羨慕科班的學習生活，我就經常一個人溜到「富連成」去看教戲，有時甚至整天都混在那裏。看着他們學戲練功，自己也跟着練練，晚上有時也跟着他們上園子去。日子久了，就和那裏的同學們都熟悉起來了。

有一天，他們有演出，我又到後台去玩。有一位名叫李連貞的同學，學的是青衣，因為科班裏缺少花旦，所以那天派他唱梆子戲「三疑計」裏「叫門」一折的丫頭翠花。這是個花旦角色，他不樂意演。我在後台聽見他說不願意演的時候，就湊上去說：「我替你唱。」他問清楚了我是否會唱以後，就同意我代演。因為這戲排在第四齣；那時的戲碼經常都有九個至十二個，老師都來得遲，不會看得着，所以他和我都很放心。沒有料到，當我正在台上演戲的時候，「富連成」的主辦人葉春善老師和蕭長華老師破例早到了後台。他們掀開台帘一瞧，發現我這個演員不是他們科班的，葉老師就問後台的同學，同學們就向老師介紹我的一切，並且說我很迫切地想進「富連成」，苦於沒有保人等等。葉老師隨口就說：「這孩子要進科班可以，問問他本人得了。」旁邊的教師聽葉老師這樣說，也就有人願意作保了，決定第二天叫我父親帶我一起上「富連成」去。想不到這偶然的演出，倒給了我進「富連成」的機會。

我的藝名「小翠花」，也是從這次偶然的演出得來的。那是在入了「富連成」以後，葉老師要蕭老師給我取個藝名時，蕭老師就想起了我頭次扮演的「三疑計」的丫鬟名叫翠花，因此他就給我取名叫「小翠花」。這個名字，倒也很有紀念意義的。

小翠花的老師之一——田桂鳳

五

在「富連成」科班，一共學了三年，開始還是學梆子，後來改學京劇花旦為主。一邊學一邊演出，生活是夠緊張和艱苦的。邊學邊演，這是一種很好的教育方法，學生學了戲就拿到舞台上去實習，既鞏固了學習，也鍛煉了學生的實際經驗。但是在舊社會裏，辦學的目的並不是為了發展藝術事業，而往往是為了賺錢。就是有發展藝術事業願望的人，有時也往往會受到經濟的限制，不得不把主要精力花到解決經濟問題上去。所以我們在科班的後期生活中，演出多于學習，演出變成了單純營利的手段。甚至為了多得些經濟收入，有時無限地增加演出場次，非但不顧及學生的學習情況，連學生的健康也不管了。

我們每天除了演營業戲以外，還要演「堂會」戲。我有時一天要演上五、六場戲，這兒演完就趕到那兒，趕來趕去臉上還帶着妝，連卸妝的時間都沒有，有時甚至戲衣也不脫，坐了車子「趕包」。

每天早晨九、十點鐘起身，就上園子後台扮戲，一直要到晚上兩三點鐘才能回學校，那時到了臥室，一點精神都沒有，倒在床上就和衣而睡。由於趕場，吃飯經常是餓一頓飽一頓，有時一天就在早上出門前吃了點東西，一直要餓到深夜回來才能吃第二頓，可是因為餓過了頭，倒反而吃不下去。這種情況就使我常常嘔吐，累出了胃病來。還有，那時上園子回學校時，都是走去走回的。由于過度疲乏，晚上回學校時，常常是一面走路，一面却在打瞌睡，走着走着撞到牆上去了，撞得頭上腫起包來。

這種科班生活，是一去不復返了。當我現在上戲曲學校教課的時候，我看了現在學校的環境設備，看了現在學生的天真活潑，看了……，不免回憶起自己年幼時經歷的這些苦難的學習生活來。回憶對比之下，我萬分高興，今天的戲校學生，該是多麽幸福呀！

六

出了科班，正式登上舞台以後，我還是比較重視學習。

我曾先後跟隨田桂鳳、路玉珊（路三寶）、侯俊山（十三旦）、王瑤卿、余玉琴（余莊兒）以及前面談過的郭際湘等老先生學過戲。對於這幾位老前輩的藝術，我都是非常欽佩的，我在科班的時候，只要有空，總是要爭取去看他們的演出。這裏我想特別談一談關於向田桂鳳老師學戲的一些經過。

田先生在當時，是最有名的花旦。他工花旦、玩笑旦、閨門旦戲，以做工細膩熨貼著稱，那時他正好和譚鑫培老先生合作。田先生最紅的時候，他在譚老先生頭裏唱「倒第二」，往往等他唱完戲，座上的觀衆起堂一半。所以有個時期譚老先生就讓田先生唱「大軸」，他自己唱「倒第二」。田先生有時甚至只以一齣小小的玩笑旦戲，也能壓得住座，由此可見當時田先生的藝術的高超以及受觀衆歡迎的程度了。

可是田先生聲名的下來，也就從他唱了「大軸」以後開始的，這倒不是他的藝術壓不住台，而是由於當時的劇場條件影響所致。

過去一台戲演出的節目很多，到「大軸戲」時，總是很晚了。那時沒有夜戲，都是下午演出，當然還沒有電燈，所以當田先生的「大軸」戲登場時，天色已經黑下來，就在舞台四個犄角上，點燃了四個火把，照亮舞台。試想四個火把怎麽能夠照亮整個舞台呢？而且火把直冒着烟，火光隨着風搖搖晃晃，觀衆根本看不清演員的臉。田先生的戲不同於老生戲和青衣戲，能夠以唱來吸引觀衆，花旦戲注重在臉上的表情神色，而觀衆却看不清楚，因此過了一個時期，座兒就掉了下來，田先生的名望也就隨着下來了。隨後他就脫離了舞台生活，只是偶然在「堂會」上演出。

記得在他晚年有次「堂會」演出中，他一出場的神態風度就博得了滿堂好，可是到了台口亮相時，觀衆却都樂了。因爲那時化裝還沒有油彩，年老的人皮膚鬆了，水粉和胭脂抹不上去，觀衆看了他的扮相又老又難看，就不由得樂了。等到他轉身向裏走去歸座時，觀衆從他的背形上，又看了他的步法身段的神態，又是滿堂好，而到他坐下轉臉向外時，觀衆見了他的臉，又忍不住樂出來了。從這裏也能看出田先生的表演藝術是十分高超的。

我正式跟他學戲，是在我出了科班，首次去上海演了一年半回來，才拜田先生爲師。那時不管多忙，不管一天趕幾個「堂會」，我總是每天必到他那裏去。一開始的時候，他不教戲，我到他那裏，儘是閒聊家常，幫他做做事。他忽而今天很高興，很喜歡我，而到了明天，却又變了臉，處處討厭我了。翻來覆去多少次，我只當沒有這麽回事，還是每天必到。

大概有一年的時間，都沒有正式學到戲，後來有一天，他突然對我說：「孺子可教，眞是百折不回。」從此他就正式教我戲了。他後來對我說：「我先前不是不教，而是怕你不夠眞心誠意，只是爲了圖個名才來拜我的。如果眞是這樣，那麽既毁了我的名，也就誤了你的前途。你要是不好好學戲，把我的意思領會錯了，結果將錯就錯，一錯就錯下去，豈不誤了後代！」

小翠花在家教學生花旦手勢脚步

田先生的這種想法，一方面是表現了他對藝術的認眞負責；同時，也反映出當時的社會對於藝術家的態度來了。在舊社會，藝術家的地位極不穩固，所以他不得不考慮自己的名望和地位，由此也就使他對於自己在藝術上的創造和心得，採取了比較保守的態度。這主要是時代給他的影響。

從田先生那裏，我得到的益處不少（我有不少戲，都是按着田先生的路子表演的），除了他給我整理修改和教授了很多戲以外，還使我學到不少關於演戲的道理。

在學戲的過程裏，田先生教導我演戲要「半新半舊」，不能完全依照老樣子演出，必須跟隨觀衆的「口味」，進行必要的改革和創造。他說舞台上表現的一切事物，一定要使觀衆易於理解，要接近觀衆的實際生活，才能爲觀衆所接受和歡迎。他說老先生的「玩意兒」（指傳統）一定要認眞學習，但是僅僅依靠老「玩意兒」來表演是不夠的，還必須要在老「玩意兒」的基礎上進行改革，使它更接近於現實生活。（他的原話我記不眞切，上面是他說的話的大意。）

我對於田先生這些話的體會，並不是當時一聽就懂了，而也是通過自己在舞台上的實踐，逐步領會的。

有些人認爲傳統的老的「玩意兒」總是好的，認爲現在的藝術，總是「不如從前」。因此就要求我們一成不變地把傳統老「玩意兒」在舞台上表演。其實這些人對於藝術和對於傳統，都是不夠了解的，因此這種主張也必然是不正確的。

藝術從來就是發展着的，如果停滯不前，那麽這種藝術就一定會衰退。現在看來是傳統老「玩意兒」，在幾十年前就是新「玩意兒」，或許還沒有創造出來。這種事例在京劇藝術的發展過程裏，是屢見不鮮的。我可以舉一些花旦的表演作爲例子。

在我年輕時所看到的花旦的表演、和現在比起來，不知相差了多少距離。我年輕時，看田先生在演出中間的上下樓動作是這樣表演的：他綁了蹻，當下樓時，身體斜着，用一隻脚先移下一級，然後另一只脚再跟下一級（就是兩步只跨一級），而不是像現在舞台上這樣一步一級地走下來的。我看過他演的「玉堂春」中間「關王廟」一折戲，他演的蘇三，拿了三百兩銀子要下樓出門到關王廟去會王金龍時，因爲手裏拿着銀子，份量很重，他下樓就倒退着一隻脚一隻脚地退下樓來的（也是兩步跨一級）。斜着也好，退着下樓也好，在現在的觀衆看來，恐怕都不能理解。但是在當時觀衆看來，却覺得旣眞實又細膩。因爲過去的婦女都纏足，走路不方便，身體的重心擺不穩，所以當下樓時，就只能斜着身體，一隻脚一隻脚移下來。等到我開始演戲的時候，雖然花旦仍舊綁着蹻，但是上樓下樓却不再是斜着身體，一隻脚一隻脚地移下來，而改成就像現在這樣一步一級地走下來了。如果要追究一下，旣綁了蹻，而上下樓又是按普通不纏足的人那樣走法，似乎是不太合理的。但是再細細分析一下，就可以明白所以要改革的道理。因爲在改革的時候，一般婦女都不再纏足，舞台上的表演，如果還是因襲保守的話，那麼觀衆就會看不懂了。這充份說明藝術必須隨着時代和生活的變遷，逐步革新的。

〔中國新聞社北京十九日消息〕前天，筱翠花（于連泉）在一個京劇晚會上，演出了曾經禁演的而前兩天才解禁的清末時裝戲「馬思遠」（海慧寺）。筱翠花是四十年來與四大名旦齊名的花旦。

與四大名旦齊名花旦
筱翠花重獻絕技
「馬思遠」再上舞台

「馬思遠」是筱翠花的拿手傑作之一，絕響於舞台已近廿年。這個戲寫的是清末在北京哄動一時的一樁奇案，眞人眞事。在這次晚會上，這位身懷絕技、年已五十八歲的老藝人，以他獨具風格的演技，把一個淫蕩、潑剌、陰險、刁滑的女光棍趙玉的形象，刻劃得淋漓盡緻，他在這齣戲中，把花旦在別的戲中所忌諱用的挺胸、活胯、大步、翻眼看人等複雜的身段和表情，生動而自然地穿插在調情、害夫、鬧茶館、受刑、出斬等劇情中。舉手投足，無不維妙維肖，蛾眉杏眼，風韻不減當年。他那爐火純青的藝術，受到觀衆一致的讚賞。

息影舞台十年的老藝人雷喜福、王福山、高富遠、于永利以及著名老藝人李洪春等參加這齣戲的演出。飾演奸夫賈明的，是得到筱翠花賞識的青年演員田喜秀。

晚會結束後，文化部副部長錢俊瑞、夏衍及著名演員葉盛蘭、杜近芳、新鳳霞等曾到後台去看筱翠花，祝賀他的演出。

香港文滙報刊載小翠花晚年登台演出消息

還有在花旦出場的表演上，當時田先生的出場，穿的服裝就像現時舞台上彩旦穿的衣服，肥肥的腰身，寬寬的袖口（袖子是反挽的），所不同的就是衣服上綉了花（這種服裝，我年輕時還穿過），在當時這算是最漂亮的了。他出來是用「走前兩步、退後一步」的步法出場的，走了出來，站定，整完了鬢，兩隻手就從寬大的袖口裏褪了進去，在衣服裏面整一整裙帶，外面就剩兩隻空袖子晃來晃去，整完裙帶，手再伸回袖子裏探出來，然後平舉起來，拉住了袖口向左右兩面牽兩牽，眼睛也跟着往兩邊轉兩下。接着再用「走前兩步，退後一步」的步子走向前去。這樣的表演，就和現在的彩旦表演差不多，如果現在的花旦走出來，還是那樣，豈不成了笑話；但是在那時却算是挺美的。

除了上述這些方面，還有花旦的化裝、服裝等等也都有了很大的改革。所以認爲只要傳統，只要老「玩意兒」，不要改革，不要創造革新，這是不正確的，也是不符合藝術本身的歷史發展的，我們應該向前看，不要被傳統束縛住。

但是要進行改革和創造，却又不能脫離傳統，如果脫離了傳統，也就根本談不上革新創造。傳統和老「玩意兒」，是前輩藝人花費了畢生精力給我們留下的寶貴遺產，我們一定要學習和掌握這些傳統的技術和表演技巧，一定要學精學透，才能用起來得心應手，融會貫通，也才能從這個基礎上去進行改革和創造，而要達到學精學透的程度，那麼除了勤學苦練是沒有別的捷徑的。

所以要演好戲，旣要刻苦學習傳統，又要不爲傳統束縛住，這樣才是正確的態度。

除了田先生平時講一些道理以外，我在他的生活中間也會學習到東西。田先生家裏的傭人都是女的，而且他每一個月要換一個。有老的也有年輕的，各種出身各種類型的人，他都要試着用一個月。我開始看了不懂，不知道他爲什麼老換傭人，後來問淸楚了，才知道田先生是爲了從女傭人的身上，來觀察和吸取各種類型婦女的特徵，用到自己的表演上去；田先生在日常生活中也很注意婦女的行動舉止。這一點也給了我很大的啓發，使我學習到應該多方面觀察生活，從生活中吸取各種養料來豐富自己的表演藝術。

我在科班畢業以後，碰上的時機很好，幾位有名的花旦演員都還健在，我不但看了他們不少的演出，而且還親身受到他們的教導。同時，也碰上了和我同台合作演出的很多著名演員，我從他們那裏也學習到很多表演方法和道理。這些都對我很有幫助。如果我在表演上還有些可取之處，那麼首先應該歸功於這些前輩老先生們對我的教導和愛護。

一九六一年

著名京劇花旦演員小翠花，原名于連泉，在一九六八年因病逝世，享年六十八歲，不勝悼惜，本文爲其遺作。

薛覺先與馬師曾

·呂大呂·

曾經有一次，張德頤做護士長的那間醫院舉行晚會，有粵劇助興，薛覺先就和張德頤合演了一齣折子戲。張德頤戴鳳冠、穿女蟒，薛覺先反串媽姐。原來張德頤看得薛覺先戲多，她也會演戲了。

唐雪卿是在薛覺先和張德頤在醫院晚會演戲的不久以後，因病身亡的。薛喪妻後，張德頤對他百般安慰，伴他四下裏去。這個從小便是薛覺先戲迷的張德頤，便在一九五六年的一月二十日和薛覺先結婚，結婚的地點是在北京。婚後薛覺先仍在廣州演戲，才兩個月，薛覺先五十三歲生辰，很高興的和新婚夫人渡着一天快樂生辰的日子，薛覺先的生辰是舊曆的二月廿二日，他們的結婚是一月二十日，新舊曆相差，大約是兩個月左右。却可惜得很，張德頤和薛覺先婚後僅渡了一個生辰，只八個多月的光陰，薛覺先便死去，這位新五嫂便成爲孀婦了，薛覺先的死日是這年的九月廿八日。

薛覺先臨死那晚也在演戲，可以說是死在台上。他的死因是由後台轉到醫院，延至第二天下午五時才死。但他畢竟是在台上演戲出了事，然後再返回後台，送去醫院的。這還不是等於死在台上；至少他可以說是臨死還在演戲，還在演他的生平首本戲「花染狀元紅」。

死後的榮哀

薛覺先死了，廣州立刻替他組織了一個治喪委員會。治喪委員會的名單有市長朱光、田漢、何香凝、夏衍，另外粵劇界有白駒榮、馬師曾、紅線女、羅品超、曾三多等，共四十人。遺體由第二人民醫院，奉移到別有天殯儀館，二日大殮，分上下午公祭，三日出殯，出殯時又舉行公祭。所有廣州市的黨政機關、藝術團體，無不致送花圈。當時馬師曾和紅線女都在上海演戲，聞訊之下，除電唁及託人送花圈、寫輓聯外，大殮那天，他和紅線女都立刻趕及回來送殯。

在殯儀館裏，花圈輓聯之多是數不盡的，其中有一個大花圈是周恩來送的。祭文由廣東省文史研究館館長羅翼羣撰，讀祭文的是馬師曾。而馬師曾親撰一對輓聯，道出當年薛馬爭雄的事。聯文是：

當年角逐藝壇，猶憶促膝談心，笑傍人稱瑜亮；
今日栽培學業，獨懷並肩同事，悲後代失蕭曹。

出殯時，廣州六十多個黨政機關、文化藝術團體同人也都參與了送殯的行列，夾道觀看的人不計其數，遺體是葬在三元里的八和公墓，一代藝人，從此安息了。

綜薛覺先一生，他眞是個很難得的完人，他演戲固然在粵劇稱祭酒，唱京戲也爲京劇中人所稱道。他能演京劇的關戲、麒派戲。他改革粵劇的地方很多。他能書、能畫，能說英語、國語、上海話。說他是「萬能」，這不僅在藝術方面才可以稱得上。

他的死，可以說是備極榮哀，尤其他死的時候，沒有見過紅衛兵，和梅蘭芳一樣，平平安安的死去，可謂「死得其時」了！

薛與馬並論

有人問我：薛馬生前既有許多可說的事實，有這樣長的歷史，爲什麼偏要把他們寫在一起？誠不知薛馬二人，他們在粵劇的地位是一時瑜亮，說薛不能不說馬，說馬不能不說薛，必須要薛馬相提並論，才顯得當時粵劇界的異彩。天無二日，民無「二王」，却是當時的粵劇界就竟然有「二王」，似乎「二王」是不可以分開來說的。何況薛馬在他們全盛時期，他們是有許多相同之處的。薛覺先稱「萬能」，馬師曾有個時期，也稱「萬能」。薛覺先擁有幾多戲迷、捧躉，馬師曾也一樣擁有幾多戲迷和捧躉。薛覺先的薛腔，許多人學和唱，馬師曾的馬腔也有許多人學和唱。薛能寫得一手好字，馬師曾也能寫得一手好字。更妙的是薛覺先會傷目，馬師曾會傷足。薛覺先在香港淪陷時返自由區，馬師曾也在香港淪陷時返自由區。薛覺先戰後并不得意，馬師曾戰後也不得意。薛覺先從香港回大陸，馬師曾也從香港回大陸。得意和失意，環境和遭遇，都有相同之處。這還不是很應該薛馬並論麼？這便是我要寫「薛覺先與馬師曾」的原故。

對粵劇很有認識的陳鐵兒先生說我是用「七實三虛」的手法來寫薛覺先，他說得是對的。現在寫馬師曾，這裏不妨先說，也是用「七實三虛」的手法來寫成。有時約畧煊染，有時不能不隱諱一下，這便「十實」也變了「三虛」，只餘「七實」了。

說到馬師曾

馬師曾是崛起于南洋的。他從南洋回粵，并不得意，經過了好一番的奮鬥，然後才獲得成就。他是廣東順德人，自少出嗣長房。生父名公權，字慰儂，承繼父名應奎，字星五。馬公權曾任美、日、比利時大使館的參贊。馬師曾的繼母是港商關愷川的第十五女，生母王氏，名文絢。王氏創辦業勤女子師範學校于廣州西關，是一位女校長。馬師曾生在這樣的家庭，當然是個讀書種子，但他在七歲時便隨曾叔祖馬貞榆到湖北去，在兩湖書院讀書，從梁鼎芬學寫字。後回粵，在廣州敬業中學畢業，畢業未幾，即受聘往南洋，在進取學校執教鞭，後來轉爲養正學校的教員，一直也是教育界。

馬師曾排最大，故名伯魯，字景參，師曾是藝名。就看他的三個名，便知道他是個胸中有點墨的人。曾參是七十二賢之一，孔子曾說過「參也魯」。名伯魯後，因而以景參爲字，入了戲行，便又改上個藝名師曾。名字和藝名都和曾參有關係，曾參不只以賢名，還以孝名。馬師曾很能孝其父，倒不枉改上伯魯、景參和師曾這三個名字的。這裏且順帶一筆，馬師曾對題名字很有一手，四大名丑之一的半日安，這個藝名是他取的；紅線女這個名也是他改的。

馬師曾有三弟一妹，二弟師贊，曾學醫，馬師曾在香港紅到發紫時，其弟在跑馬地懸壺，門口有個橫額招牌，大書「國醫馬師贊」，是馬師曾爲他寫的。三弟名師奭，四弟名師洵，都在皇仁書院畢業。師洵又名廷芳，他也很喜歡演戲，但他演的是花旦，曾幾次要求馬師曾讓他加入太平劇團。馬師曾認爲這已經不是男花旦時代，因而不答應他，他終于改演天光戲，總算可以過戲癮。那時皇仁書院有英語鑼鼓粵劇演出，馬師洵乃以母校關係加入，交出一齣「刁蠻公主戇駙馬」，在這齣戲中，他大過戲癮了。馬師曾四兄弟，聽說祇存下馬師贊還在廣州，餘外都物化了。

學而優則優

古人「學而優則仕」，馬師曾就可以說是「學而優則優」。他在南洋的教育界，做過幾間學校的教員，不可謂非「學而優」，但却由教育界而轉爲優界。因此後來他曾在大羅天劇團，打算編撰一齣新戲，名「學而優則優」。用秦國時的優旃故事演出，後來細查優旃是個侏儒，如果要飾演優旃這個角色，就非要像京戲的矮脚虎王英、粵劇的武大郎演出不可，因而告吹了。

馬師曾怎樣離開教育界走入演戲這一途？當時的南洋，粵劇最爲鼎盛。許多成名的大老倌走埠，便來南洋。而未成名的戲人，在南洋演過一個時期囘粵，他的名字下寫上「由南洋囘」，聲價可不同了。就爲了這原故，南洋那裏，經常都聚集了不少大老倌。馬師曾晚上有空，他很喜歡看大戲，常常說，戲劇也是教育社會的，但作爲一個戲人，和一個教師比，戲人可以自由發揮，和教員們只對着塊黑板，趣味大大不同，因此他便興起了轉業演戲。當時在南洋最紅的是小武靚元亨，馬師曾爲了好幾次和靚元亨在公衆場合見面，彼此相識，他既有投身演劇之心，便和靚元亨說出來。經過一個時候，彼此間由朋友而變爲師徒，從此馬師曾便在南洋隨着他的師父靚元亨演出了。

薛覺先扮媽姐爲張德頤戴鳳冠

經過一個時候，靚元亨認爲馬師曾是個有前途的戲人，他自己做戲，有不少戲讓給馬師曾做。而這時在靚元亨班中當正印花旦的是陳非儂，剛好陳非儂和馬師曾有着遠房表親的關係，靚元亨順理成章，他自己並不像以前的担戲，全班戲便由馬師曾和陳非儂合力演出。當然演的是新戲，而不是靚元亨的首本戲「賣怪魚龜山起禍」和「鳳儀亭」了。

當時的新戲是陳非儂編的多，陳非儂利用馬師曾的詼諧作風，他把當年廣州黃魯逸所編的戲來改編，一齣名「孤寒種轉性」，一齣名「跛大少娶二奶」。前者由馬師曾飾演孤寒種，演來入木三分。後者由馬師曾飾演跛大少，維妙維肖。另外有一齣戲却名「古怪公婆」，有一場「虹霓關」排場，馬師曾和陳非儂對手，一新南洋華僑的耳目，十分「收得」，當時便以這齣「古怪公婆」爲戲寶。

由于這齣戲的異常「收得」，他們兩人就相約，假如有日他們返囘廣州，彼此如非同班，任何一方也不能單獨和別人拍演這戲。

由南洋返星

戲人在南洋，只是客地，落葉歸根，總是要返囘國內。却是馬師曾和陳非儂雖然都是粵人，但他們可沒有在廣東演戲，他們兩個人先後囘粵，是碰運氣的。陳非儂和馬師曾的班運，顯然就有了很大的距離，陳非儂一囘粵，靚少華起梨園樂，便以他爲正印花旦來夥拍薛覺先。馬師曾雖然得入人壽年，但只是個男丑。當時人壽年是白駒榮、千里駒、靚榮、李瑞清、靚新華，怎麼也數不到馬師曾。

馬師曾是州府老倌，出身也是在州府。雖然「由南洋囘」這四個字會吃香，但人壽年的戲可輪不到派馬師曾做，由他做的無非是閒角，使到馬師曾無法發揮，最能發揮的就只是演「包天光戲」，日戲也輪不到他。

什麼是「包天光戲」？原來當時的粵劇班，無論在什麼地方演出，也都每晚演通宵。照例晚

薛馬最後同台在九龍新舞台演「清宮秘史」，坐者右起為鳳凰女、馬師曾、薛覺先、歐陽儉、紅線女、南紅。

上八時開鑼，演的一齣戲，稱爲「齣頭」，各大台柱盡出。到十二點差不多，演完了，休息一個時候，所有台柱大老倌都卸裝下台了。留下來的全是「二步針」的角色，他們就來另演一齣戲，由午夜演到天光，稱之爲「天光戲」，又稱「包天光戲」。這一齣「包天光戲」，凡是台柱都不出，因此好些人都不會看。馬師曾初返粵，在人壽年接了這個無足輕重的男丑後，「正本」和「齣頭」都佔着個閒角的地位，班方派他主演了「包天光戲」，馬師曾也沒奈何。他覺得只要有戲給他做，無論是「正本」和「包天光」，都是一個可以把握的機會，因而他就在「包天光戲」中演得極其落力。

凡是演「包天光戲」，演的是什麽，是由演出的人交戲出來的。但大都是詼諧性質的戲居多，一般人看戲看到天光，總不免疲倦欲眠，演出的是詼諧戲，這才不會懨懨欲睡，這類詼諧戲，正是馬師曾所擅長。他在南洋的幾齣首本戲，都是這一類。却是他知道一齣「跛大少娶二奶」和「孤寒種轉性」這兩個「戲名」，在州府就可以，在廣州就未免是俗一點，因而把這兩齣戲合編爲一齣，然後另改過一個名爲「金錢孽果」。那齣戲寶「古怪公婆」，本來也可以改過一個戲名演出的，由于和陳非儂有約，他倒不能違約。當下，就交出由兩齣戲合編而爲一齣的「金錢孽果」，作爲他受命演出的「包天光戲」。

一般看戲而連「包天光戲」也要看的人，第一是爲了演完「齣頭」，嫌回去太夜，倒不如在戲院，看到天亮才回去。第二，是當時四鄉的人來廣州，爲了慳一晚住酒店的費用，便在戲院看戲看到天亮，好得在天亮時趁鄉渡回去。眞的有心要多看一齣「包天光戲」的人實在很少。事實上凡天光戲都不會有好戲演出，而主演的人大都不會是戲迷所喜歡看的角色。

却是很奇怪，自從馬師曾改編他在南洋的首本戲「跛大少娶二奶」和「孤寒種轉性」爲一齣「金錢孽果」來演出天光戲後，看過的人都說這個由南洋回的馬師曾這齣「金錢孽果」唱做都詼諧得很，眞是從來天光戲所沒有見過這樣精彩的。甚至有人說他情願看人壽年的天光戲，還比「正本」和「齣頭」好，這樣的口碑，眞是奇跡。

就因爲有這些口碑，留下來看馬師曾演天光戲的人多了。更有些是在「齣頭」演完來打「戲釘」入座，目的是爲看馬師曾的天光戲的。這消息傳到了白駒榮和千里駒那裏，便在一晚，這兩位在人壽年舉足輕重的大老倌，他們在演完「齣頭」戲，到外面去消夜。然後聯袂重返戲院，來看馬師曾的天光戲如何口碑載道。

他們才看了兩場戲，便知道馬師曾確不是庸碌之才，如果讓他這樣專演天光戲，這是太委屈他了，而班方也有材不能用，認眞辜負了這一個傑出人才，因而立刻便進行使馬師曾在班裏担綱演出，多多派戲給馬師曾做。

得脫穎而出

自從馬師曾得到千里駒、白駒榮看起，他在人壽年所演出戲中都大露頭角。但由于所演都是人壽年的戲，他無論如何担綱，也不會是第一台柱的演出。因而馬師曾便想把他在南洋的戲寶「古怪公婆」推出來。但這齣戲寶是和陳非儂有了默契的，馬師曾不可能單獨演出，便在一天特地爲這事去找陳非儂，說出他現在的處境，認爲非交出這齣戲，可不能有「紮起」的希望。他請求陳非儂讓他在人壽年演出這戲。陳非儂覺得自己在梨園樂當正印拍薛覺先，不愁沒有新戲，同時爲了馬師曾回來這許久，現在才初露頭角，彼此有親戚關係，當時在南洋又是拍檔，現在一同回來，眼見着馬師曾未能得意，自然同情，便毅然答應了他。還對他說出兩件事。一是這「古怪公婆」的戲名一定不可能用，必須另改戲名。二是最「煞食」的一場是虹霓關排場，由于千里駒有跛手駒之名，不可能做武戲，故必須畧爲改編，使虹霓關一場戲依然可以演出這才有把握。馬師曾認爲對，他立刻便來把這劇本改編，先把這「古怪公婆」一個庸俗不堪的戲名，改爲「佳偶兵戎」。又以人壽年班有武生王的靚榮，可以反串扮美，便改編成這一場虹霓關排場，由靚榮反串扮美和他對手演出。

戲改編後，即交出這戲來給千里駒看過，劇務部也看過，立刻接納。經過了宣傳、講戲、派曲之後，首夕在西關樂善戲院演出。由于這齣戲的一場城樓練兵排場度得很好，所唱曲又特別，幾句「數白欖」之後加上幾句「二王」，眞的是一新耳目。再加以靚榮反串扮美，和馬師曾演出虹霓關排場，又是一新耳目。人人看過，人人都大讚。此後人壽年便以此戲作爲鎮班戲寶，到處演出也都哄動。此後馬師曾在人壽年便脫穎而出，後來更新編了一齣「苦鳳鶯憐」，和「佳偶兵戎」的大袍大甲，各異其趣。馬師曾飾余俠魂，是爛衫戲，他出場唱的一枝諧曲，用街頭賣檸檬聲來唱出，加上動作詼諧，又是一新耳目。以後的「巾幗程嬰」和「倩女驚魂」，又是另以一種英武俠義的姿態演出。到了此時，馬師曾已非吳下阿蒙，早就和前時判若兩人了。

崛起大羅天

由于馬師曾演戲那種精神貫注，唱曲那樣別樹一幟，聲音別具一格，人稱「乞兒喉」，但咬字露字得未曾有。一經「紮」起後便扶搖直上，聲譽之隆，即薛覺先也要讓他幾分。薛覺先在梨園樂，已經使到班主賺錢賺到盤滿缽滿，馬師曾在人壽年，也是使到班主賺到笑。爲了這個，便有人見獵心喜，要把馬師曾挖過來另起新班。這個人是海珠戲院的院主，又是國華報的社長劉蔭蓀。他要組班，自然不愁沒法子。而他這次要組的班，更是規模宏大而又聲勢煊赫的。他打算聘用人壽年的馬師曾，梨園樂的陳非儂這兩個當紮當起的大老倌同在一起，自然是可使任何戲班爲之低頭。

當劉蔭蓀正有這個主意的時候，梨園樂的薛覺先却突然生出一宗驚動梨園的大事。就在這件大事發生後，薛覺先一溜溜到了上海去，就此失踪，使到梨園樂只得一個陳非儂，獨力難支，迫得散班。劉蔭蓀至此，當即定了陳非儂，然後以最高薪定了馬師曾，班牌定名爲大羅天。他要樣樣也特別過人，把這個責任交給了陳非儂替他計劃，他言聽計從，一任陳非儂要怎樣便怎樣，因而做成了大羅天成爲戲班中最新型而又最特別的戲班。

第一，當時的戲班，只有稱戲班，大羅天却首先用劇團爲名。第二，當時班中所有戲人，都嚴分文武生、花旦、小生、丑生、武生、小武等等。大羅天却不用這些名，他的戲招排名，每一條柱都是沒有職銜，而用三個大字由頭至尾，稱爲「通天柱」。當時的武生是曾三多，另外便是馬師曾、陳非儂，這三個名是「通天柱」。有一樣最特別的是叫做「新劇鉅子」，他們都是演白話劇極其出色的。計共六名之多，一爲林坤山，一爲伊笑儂（後來改名伊秋水），一爲黃壽年，一爲陳兆文，一爲葉弗弱，一爲羅文煥。他們是話劇能手，以表情勝，也能唱得幾句曲。粵劇而加上這六個人稱新劇鉅子，這眞是空前的盛舉。此後大羅天即挾無比威力，在粵劇界成爲一枝最有力的生力軍。

在大羅天劇團中，馬師曾銳意編排新劇。主理編劇的有盧有容、陳天縱，另外還有報界名宿李孟哲、勞緯孟拔刀相助。一連幾屆，先後編出「賊王子」、「轟天雷」、「冷月孤墳」、「花蝴蝶」。更發明用七個字作戲名，像「槖鞬裙釵都是他」、「贏得青樓薄倖名」、「子母碑前鶼鰈淚」之類都是。「賊王子」是古代的西裝戲，後來又編了一齣「璇宮艷史」的西裝戲。到了這時，馬師曾就在大羅天劇團那裏，成爲一個大紅特紅的大老倌了。

馬師曾在「苦鳳鶯憐」中唱乞兒腔

私生活不檢

馬師曾成爲一個粵劇的傑出人材，他的年薪是通戲行任何一個伶人先不及的。他的生活開始糜爛了，一般人說的所謂「老倌脾氣」，他完全習染到。簡直是任性胡爲，無所不至。當時他在海珠戲院演出，有例在未登台前就在海珠戲院隔鄰的中山酒店，開了個「騎樓房」和同班的幾個人，或是「櫃枱」中人打牌，直打到要出台了，這才趕過海珠，怱怱化裝出台，習以爲常。

就在一天，海珠戲院演日戲。馬師曾演日戲，他和各班的大老倌一樣，只演將近完場的兩三場戲，前面的戲全由別人瓜代。人家演出他的戲時，他就在中山酒店來打牌，那天自不例外。却是那天他的手氣不佳，打了四圈沒有開糊，再打到八圈，在北風圈還一樣的不開糊，他已經暴跳如雷了。就在將近北圈打完的時候，他這舖牌是滿貫，對家打了一張牌來，他糊出，却不想給上家截了糊，他一氣之下，竟然做出了一件誰也估不中的事來。

當時他們打牌，是用一張桌子，舖上了一塊四方枱面來打。他們不是打籌碼，是打現錢。各人在面前把鈔票毫子放在枱面上。馬師曾給人截了糊，突然拿起了麻雀枱面走到窗口前，向着下邊的馬路一丟，幸而下邊的人趕着走避，沒有給枱面擊中。一時通馬路都是麻雀牌和鈔票、毫子。那些人莫名其妙，紛紛爭着拾鈔票、拾毫子，鈔票隨街飛，人們追逐着，弄得秩序大亂。馬師曾在上面破口大罵，然後離開了中山酒店，走到後台去，化裝出場。這一天的日戲，他反而提前出早了點，派代的人可做少了兩場戲。事後有些人就說，馬師曾這件事，益了拾鈔票、拾到毫子的路人，益了當天看日塲戲的觀衆，損失的是和他打牌的三個人。

從這件事可知道馬師曾的「老倌脾氣」是如何的得人怕，而他自從成爲大老倌之後，他對女人也很多不道德的事情。西關一個富孀「冇鼻婆」婆媳的事，他是財色兼收的，財是向這個「冇鼻婆」下手，色是向這個「冇鼻婆」的媳婦下手。當時有間報紙名羽公報的就把他這件事情揭發出來，爲了避免法律，隱約其詞，但明眼人一看便知道。案中人的「牛徒尼」，便是隱射馬師曾，把「冇鼻婆」如何的用金錢來追他，這個「冇鼻婆」每逢看戲，一定和他的媳婦一起，她的媳婦生得很美麗，馬師曾以此爲條件，因而便對「冇鼻婆」財色兼收。

另外一件事是有兩個女人爲他跳樓，而跳海，這都是當時人們所知道的事。最大件事的是和一位要人的女兒有染，給這位要人命令部下要把馬師曾置之死地，幸而他大命不死，只給手溜彈炸傷了脚。

就在這件事之後，廣州當局不准許馬師曾在粵演劇，他便逃來香港，却是大難不死，在香港，在南洋羣島，安南，美洲各地演出，各地皆著聲譽，比前更甚。

馬師曾在一九三一年赴美演出編印千里壯游集之一頁

> 伶人應歡迎評劇　　馬師曾
>
> 人恒有言。自己文章。靡不自見爲佳者。劇本何獨不然。編劇者每編成一劇。必以爲盡善盡美。然後出而與世相見也。而主演者亦必以爲盡善盡美。然後表演也。殊不知一人之聰明有限。智者千慮。猶有一失。故必有待於觀衆之批評。夫然後知其錯誤之所在。以力求完善也。盖編與演者不過一二人。而觀衆盈千累萬。以寡較衆。其聰明智識。孰優孰劣。不待智者而後知矣。故伶人對於觀衆之批評。應極力歡迎。盡量容
>
> 千里壯遊集　　香港東雅印務有限公司承刊

馬師曾在港

馬師曾在香港，他在太平劇團演出，好些廣州馬迷，不惜趕船趁火車來港看他的戲。這有幾個原因，第一是他首先完全不用男花旦而改用女花旦，廣州市的人又看不到男女同班的戲。第二是馬師曾這時候的幾齣新戲，都是極其叫座的。第三馬師曾在這時候好些戲都用小曲，所有小曲都由他編撰，所用小曲大都很長，詞句通俗而能每個音都打成詞句，攝得很緊，確是別有一手。這便在香港能哄動，廣州的馬迷便不惜來香港看他的戲了，在這時期，可以說是馬師曾一生最得意的。

當太平劇團之前，馬師曾給美國的戲院商定了他到美國，約期是六十天。馬師曾以爲六十天便是兩個月，去到才知道不然。原來那裏演戲是時演時輟，往往一個月演不得幾天戲，因此馬師曾這六十天期，便演了他兩個多年頭。馬師曾以爲兩個月便作兩個月的打算，要他滯留在美國達兩年之久，一切預算也不同了，因而只有借債度日，要離美返國，就非還清了債不可能。

香港太平戲院的院主源杏翹，他想馬師曾回香港來演戲，準備起一班以馬師曾爲台柱的基本班。有人就對他說，要想馬師曾能夠回來，非幾萬銀還債不可。源杏翹知道了這件事，他認爲即使不是要馬師曾回來起班，也應該替他贖身回來，要是他爲了幾萬元債回不得來，這個人材便因此而埋沒了。當時即和馬師曾函電往來了兩次，便把好幾萬元滙到去美國給馬師曾。馬師曾這才無債一身輕的回到來，當然回來香港也就只能在香港，爲的粵省還是對他禁演。

源杏翹爲了馬師曾的回來，立刻起了太平劇團，一槌鑼鼓老在太平演出，偶然拉箱過對海，便在北河戲院開演，對海的普慶和高陞聯線，和太平是對立的。

但馬師曾無負于源杏翹，他在香港一直演出太平劇團，一年又一年，其中多所建樹，許多新劇都由他編，他創許多小曲，率先用女花旦，當時他用的花旦便是譚蘭卿。由抗戰前直到廣州淪陷，他在香港都是在太平劇團。這時候只有薛覺先領班的覺先聲可以和他分庭抗禮，覺先聲和太平劇團就分據着高陞普慶線和太平北河線，一般人所說的薛馬爭雄，就是這一段日子。

馬師曾在這段日子裏，他認眞的演戲，好些劇本都是由他編撰，而劇本的多姿多采，出神入化，與薛覺先的戲路清楚是各有千秋。他有胆做奸戲，以一個大老倌，照例是不肯做奸戲的，但他並不計較這個，以此而表現他的戲路廣濶，更表現他的不拘小節。

兩齣戲的事

當廣州爲日軍佔領，成立僞政府的時候，馬師曾編了一齣戲，戲名是「秦檜」，就由他來飾演秦檜這一個大奸臣。

當時所有刊在報上的告白、海報，都是只有

馬師曾這樣一個人才會這樣做的。上面寫的是一隻狗，狗頭却是馬師曾的面目。人頭狗身，以一個大老倌，怎可以這樣？偏偏這正是馬師曾授意宣傳部要這樣來繪製的。可知馬師曾就是個只知忠于戲劇的人，什麼小節，他都滿不在乎。

這齣秦檜，有一場戲是他死後給一班人咒罵的。馬師曾的秦檜，陰魂出現，一班花旦仔合唱「昭君怨」一段小曲，其中有幾句重句，是「死漢奸病漢奸」。在這大家正痛恨漢奸的時候，這齣戲就確是大快人心，而馬師曾能夠這樣做，這是極難得的一回事。

當時筆者在先導報寫劇評，專負責去看薛馬的劇，每逢新戲的第一晚，便定票入座，不讓班中人知道。先導這一欄叫做「戲院間諜」，意思是像間諜一樣，因而從不與班中人發生關係。先導報用五種標幟，共分五等來表示這一套戲的好和不好。一是「金牌」、二是「銀鼎」、三是「銅章」、四是「鐵盾」、五是「錫杯」。由于馬師曾的戲，總是太入俗，較爲低級趣味，筆者從來給他的評價，一直也沒有試過一齣戲是「金牌」的，馬師曾對這個，總是要想法子令到筆者給他一部戲是「金牌」。

馬師曾一個秘人秘書，姓李的，那日把一條

馬師曾男扮女裝

「橋」給馬，由馬編撰新戲。馬編後，認爲此戲大可以向先導報取一個「金牌」的評價。他對這姓李的說，叫姓李的設法去運動筆者，即使花上一千幾百也在所不計，無論如何也要筆者給這齣戲以一個「金牌」的評價。

這姓李的查知了筆者決不會這樣「受賄」，如果向筆者行賄，反爲不美，因此並沒有找到筆者。戲開始宣傳，戲名是「名花奇士戰賊宮」，將開演的幾天，姓李的提心吊胆，倒不知筆者給他如何評價，主要是這齣戲的「橋」是他的，如果評價高，他在馬師曾那裏也就一樣的評價高，否則要想再供給橋段來賣錢也難了。

當演出後，隔一天，先導報竟然給他「金牌」的評價，這一喜使到這姓李的高興萬分。馬師曾却不由不佩服筆者的眼光，也認爲筆者是個大公無私的人。

從這兩件事看來，可知馬師曾對于劇本是如何的認眞了。

曾給人箍頸

馬師曾在香港這一段時期，他眞的是名利雙收，比之在廣州時還要紅。自然他那「老倌牌氣」也是比之在廣州市還要利害，在廣州那件廝雀鈔票毫子亂飛的事，人人都知道他的「老倌牌氣」利害，但這件事可沒有什麼不得了。在香港就有一件事，他爲此而給人像現在橫行的箍頸黨一樣的箍頸，結果要向人賠罪，其事始寢。

源杏翹這位院主兼班主，有個兒子，本來是排長，但他的乳名叫做「狗仔」，因此一路都給人叫「狗仔」到了現在，就給人叫「狗叔」，粵語「九狗」同音，因而就給人誤爲「九叔」，也給人稱源老九。他當時在太平裏理班政和宣傳，和馬師曾交遊甚密，兩個人也都有「波癮」，凡大場波，都一起去看。那天是南華對外隊，馬師曾和源老九，還有他的秘書老李一同入場參觀。

南華的中衛劉九在這一場波的上半場，打得極其失常，好些人都大喝倒彩，馬師曾更不客氣，大聲說：「把劉九趕出場！返鄉下耕田好了。」他這樣的說，却不知道坐在他後邊的一個人是南華的退役球員劉茂。劉茂是劉九的胞弟，排行第十，他聽了馬師曾對劉九這樣喝倒彩，自然大大不高興，當上半場完，休息，馬師曾和源老九同到厠所裏小解。劉茂即尾隨他們，就在厠所那裏，把馬師曾的頸箍着，他力大，馬師曾動彈不得，嚇得源老九大驚，劉茂道：「你是做戲的，劉九是踢波的，彼此江湖兒女，本該惺惺相惜。我是他的胞弟劉茂，我們兄弟也沒有和你有什麼過不去，剛才你這樣大喝倒彩，未免太過侮辱。如果我今晚到太平看戲，高叫馬師曾乞兒喉，返鄉下耕田！你又如何？」馬師曾自知不直，更知

馬師曾行告別禮

劉茂的「波牛」脾氣，「老倌脾氣」可鬥不過他，一時不知如何是好。旁邊的源老九急忙代爲排解，劉茂放開了手，馬師曾到此也賠不是，源老九自願請晚飯陪罪，劉茂亦不爲已甚而去，經過這一次，馬師曾才稍稍斂却多少鋒芒。

獻機和抗美

馬師曾是一個投機份子，這可以從他的劇本得知。廣州僞府時代，他編演秦檜一劇，罵盡漢奸。還有一件事情，不只投機，還好名，就在這時候，由他的秘書老李和循環日報商量，借出篇幅，出一個「戲劇救亡週刋」，每週刋出一次，用馬師曾名主編，欄目和版頭都出自老李手筆，文章自然也由老李執筆了；除了老李外，還有個嚴夢（有白話詩人名、已故）代寫。但馬師曾就因此大出風頭，更發起「獻機祝壽」，演戲籌欵。到了戰後，一直在港鬱鬱不得志，便和紅線女先後回粵。那時候正是國內抗美援朝如火如荼，他就在此時演出了一塲麥克阿瑟行街遊行，其投機善變，于此可知。有人爲他集了一副對，聯首是「獻機祝壽」，對比是「抗美援朝」，倒也很妙。

優點和缺點

馬師曾在粵劇舞台上優點特多，他的優點是薛覺先所不能學的。雖然薛覺先也能演詼諧戲，但到了薛馬爭雄時，他已經不可能以詼諧戲和馬比了。另外馬師曾演戲的認眞，那鋪精神又是無人可比的。他的觀衆是普羅大衆，販夫走卒，兼收並蓄。可以說，薛演戲是「大位客」多于馬，馬演戲是「下位客」多于薛。馬腔有許多是前人所沒有的。像小曲的通俗，「攞字」聲不苟，不加呀口，一氣呵成。唱梆王夠神氣，運用呀口多而婉轉，更時時出到「震脷」的聲音，像英語對「R」音的「震脷」一樣，這是通行所沒有的。但他一生沒有唱過士工反線，沒有唱過長句二王、長句滾花，而薛覺先就正以此而擅長、這不能不說是馬腔的短處，因之薛馬爭雄，薛畢竟是比馬稍爲高一點藝術的價值。

患癌病而死

薛覺先是五六年死的，享壽五十三歲。他五四年回粵，在粵喪妻續娶以至身死。先後不過三年。馬師曾却是一九六四年才死，享壽六十四歲。比薛覺先壽長十一年。不過薛覺先死于爆血管，死得很快，像是無疾而終。馬師曾却死得辛苦，爲的他患了惡性癌症，在廣州醫過，在上海也醫過，最後在北京同仁醫院身死，他受的苦當然比薛差得遠。而且薛覺先由于死早八年，當時的情形，和後八年的情勢，在同粵戲人的地位來說是大大不同。因此薛覺先可以說是認眞「風光大葬」，馬却大大不及了。論名氣、地位，當年的薛馬是差不多，各有千秋，却是生同榮，死却不同哀了。

馬師曾在六二，六三年發覺身體不妥，她一直在廣州醫療，無大進展，便轉到上海去。在上海療治一個時期，病更惡化，這才轉到北京，入同仁醫院。由于所患是「惡性癌症」，病成不治，便在六四年的四月廿一日上午身亡了。死後火化，骨灰運返廣州安葬，四月廿七日曾舉行公祭。但飾終大典，在廣州固然大大比不上薛，在香港，更沒有舉行公祭和追悼。薛馬爭雄是各有千秋，薛馬的死，馬却打了一塲敗仗了。

薛馬在粵劇界中都是值得懷念，值得景仰的人物，現在，倶往矣！（續完）

馬場三十年

老吉

在香港重光後賽馬恢復期是一九四七年一月一日，到今天，足足有二十五年。在這二十五年中，出類拔萃的馬匹並不多，尤其是現在，因爲馬匹的運來香港者，很多已在澳洲或紐西蘭跑過，而且質素又提高了不少，所以不容易有某一匹馬可以稱雄兩、三年或以上，因而「馬王」這一個名詞，在現在或今後，就不容易發現。每年的質素提高，而且每年運來的馬匹有進步，一匹馬升到第一班後，很難長期稱雄，那就更談不到馬王兩個字了。

但在二十年前，既有了「空中霸王」、「螢火」、「博落」，以後更有「金谷鈴」、「夜遊人」，直到近幾年，有了「堅橋」之後，便再不容易有「馬王」發現了。

除了「夜遊人」之外，還有一匹在香港一連參加了十年賽馬，到十五歲還能跑第二，然後被迫退休，這匹好馬叫做「土皇子」，牠的一切，也是值得一提的。

梁植生君當時購進了新馬，牠的名字叫「龍駒」，英文名字則是SUPER－KING，可是同時有一位馬主洪浩源君；我們叫他洪七哥，也在那時執得一匹新馬，英文名字叫做LONG CHE，中文譯名眞正直譯，也叫「龍駒」，英文名字不同，而中文名字却完全一樣，這一下便有了兩匹「龍駒」了。

其實，如果以中文名字來講，洪七哥的「龍駒」，英文名字就是「龍駒」，而梁植生君這匹「龍駒」，英文名字却是「太上皇」，照計馬會當局應該請梁君將中文馬名改過，可是馬會當局却並不這樣做，而是請梁、洪兩位到馬會辦事處中抽籤決定那一個用「龍駒」，結果，梁君抽得了「龍駒」，於是乎洪七哥的眞正「龍駒」却不得不改名爲「龍騰」，這一件事，洪七哥事後忿忿不平，認爲馬會當局不公道，可是事已決定，也就無法可想了。

梁君的「龍駒」在新馬時間一季中，上陣三次，得了一次第一，一次第二與一次第四，共得了獎金四千五百元，可是洪君的「龍騰」，却養了一季未能上陣，聽說是足部有病，洪君本來心中已是不大高興，便將「龍騰」出讓給當年的大馬主馮慕英二哥，可是馮二哥養馬運極好，「龍騰」居然足病醫好，而且屢贏頭馬，五六年度還在第三班中負一五九磅奪得「聖安道碟」錦標，可惜到底因脚部不妥，在第三、四兩季屢出無功，馮二哥馬多，少一匹無所謂，便將「龍騰」在五九年十月十四日送給馬會做脚馬，而梁植生君的太上皇「龍駒」，反而祇跑了兩季便因病不治，在五六年六月爲馬會人道燬滅，兩匹「龍駒」的下場，便是如此。

回頭再講「夜遊人」，從此一帆風順，到第二季一九五五至五六年度更加威水。

這一年度「夜遊人」第一次上陣，是五五年十一月五日，平時馬會的每一年度第一天賽，多數在十月中，到現在都是一樣，可是這一年度何以要到十一月五日方跑第一次馬呢？原來，這一年馬會第一天啓用會員席新樓，這是第一座，在五四至五五年度，馬會當局已早有預備拆舊建新，所以往時賽馬的年度終了之時，多數在五月中旬，可是這一年度，跑到四月廿三日，之後便休息拆舊樓，當時我還記得，在四月廿四日經過馬會會員席門前時，已見大批工人在那裏搭竹架預備拆屋了。

爲了造新看台，這一年跑少了一個月馬，（五四至五五年度提早半個月終結，五五至五六年度則延遲半個月開賽）而且要拆樓公司與建築公司日夜趕工，更要希望老天俾面，少下一些雨，記得這一座新看台，當時是由勵記建築公司承建的，總算能順利完成，勵記的經理彭鑄山君，當年也的馬迷，而且是我的讀者。據他對我講，這張合約是他與當年馬會的主席賓臣先生簽的。（賓臣是一位好好先生，他担任了馬會主席多年，因爲他爲人保守，所以馬會的一切，一直是但求無過的，前幾年他因年老多病，辭去主席，因爲馬會全體遴選會員認爲他老人家對馬會的一切，順利進行，便推舉他担任名譽董事，他欣然允任，每次賽馬，如果身體健康，必來馬場參觀，而且他還一直養馬，最後他豢養的馬匹，有「賓錦」、「愛爾蘭假期」與「博德」三駒。去年他到馬場，已是坐上了輪椅，由特別看護推着進馬場，可惜在兩個月前，他已與世長辭，馬會還爲他下半旗哀悼，但是爲了遺產問題未辦妥，因而「賓錦」、「愛爾蘭假期」與「博德」三駒在去年十一月底到現在，已有兩個月未能報名上陣，問題就在這一點。）合約上限定建築完成的日期，如能提前建好，按日照加建築費，（大雨不算），因此彭君對此事幾乎日日都緊張非常，結果，雖不能提早完成，却也並不遲延，可以說得如期完成，這便是這一年度提前休息與下一年度歷後開賽多了一個月的理由。

「夜遊人」這一年度第一次上陣是在第一班中跑六化郎，負磅一五五，上一季牠雖然贏了這許多獎金，却並未編班，這一點現在已經改良了多年，因爲當年凡一匹新馬，要跑過這一季，到下一季然後編班，不像現在，凡新馬之首兩次或三賽有佳績者，就立即先將牠插入高班中。各位現在如果是讀我這篇拙作的馬迷仕女，就可以知道，今屆的新馬之表表者，像已贏「打比」的「根州童」已編入了第一班，「繁利」、「拔都雄風」、「龍飛」、「智勇雙全」、「新比利」、「大利市」、「獲錦標」、「金滿地」、「勝利俠」等九駒，則編入了第二班，「金麒麟」、「神山」、「天秤座」、「家寶」、「風向」等五駒，編入了第三班，這是有理由的；因爲從前的賽馬條件，時時有新馬贏過了頭、二馬者，不准參加，或者新馬之贏過了某一數目的獎金者，又不準參加等等，於是乎凡一匹好馬，在初期贏過了頭、二馬或多少獎金者，往往有一個時期爲出賽條件所限而不准報名上陣，現在逐步改善，提前插班，庶新馬在提前編班之後，便有機會與舊馬較量，這個辦法，現在比從前好得多了。

當年的「夜遊人」，在第一季贏了三場頭馬與一場二馬之後，直到下一季方編入了第一班，這是馬會當局在當年的辦法。

「夜遊人」是一九五五年新馬中唯一未參加「打比」而編在第一班者，（牠比「金谷鈴」遲來一年），與牠同編第一班馬，則是該年度的「打比」頭馬「神行太保」，但因「神行太保」患有軟蹄病，時發時愈，所以體健不及「夜遊人」，還有一匹也是編入第一班的，就是我在上文也曾講過梁植生君的「銀翼」，因爲牠也是參加「打比」而得第二者，當時祇敗於「神行太保」兩乘也。

「夜游人」得獎，賓臣（左）周錫年（中）與馬主李國豪（右）

「夜遊人」在第二年度初出六化郎，因是初初編入高班，而且負了一五五磅跑短距離，幕後人與騎師郭子猷當然皆無把握，可是馬迷們却仍舊大大捧場，因而竟是第三熱門，大熱門是已故布林利的「雪蹄仙」，有一萬五千多獨贏票，二熱門則是已故司馬克的「沙城」，有一萬一千多獨票，而「夜遊人」則有九千多票。

此賽的過程是快馬「沙城」放出，奧利華的「愛維歷」跟第二，黃展的「拔萃」第三，「雪蹄仙」第四，而「夜遊人」却出閘脫脚，跟在後面，結果在最後五十碼「沙城」放完，「雪蹄仙」與「拔萃」映相定勝負，「雪蹄仙」贏了一馬頭而得第一，「愛維歷」第三，「沙城」第四，「夜遊人」老老遠遠跟了一個第五。

跟着過了兩星期，「夜遊人」竟然做了運財童子，原來那年馬會破例，由第一班馬跑一哩一七一碼爭「廣東讓賽」大彩票，這是馬會難得之舉，（現在的「廣東讓賽」，多數已改由三、四班馬担任，好像今屆便是由第四班馬運財，頭馬是「差利」與鄭棣池，運了八十二萬多元的大財），當時，居然有十匹第一班馬參加此賽，大熱門是莊洪康與「金谷鈴」負重一五八磅，「夜遊人」與郭仔則是第二熱門，負重一五二磅，除了這兩匹一、二熱門之外，布林利騎的「露明山」算是第三熱門，但連一萬票都不到，實實在在，大家的目光，祇看「金谷鈴」和「夜遊人」兩駒爭此程耳。

「金谷鈴」照例中途放出領前，這一次郭子猷不肯執輸了，一早就看住「金谷鈴」跑，一到末段，轉正直路，「金谷鈴」仍舊放頭，但「夜遊人」早已跟貼，郭子猷將牠拉出中叠打衝鋒，「夜遊人」馬小步大，一發不能收，結果以兩馬位半贏了「金谷鈴」而得了錦標。

上季尾「打比」賽頭獎是五十八萬九千元都不到，可是這一次「廣東讓賽」的頭獎則是一百廿萬元有多，何以故呢？

原因是：在當年，每一季的大搖彩票，第一次「廣東讓賽」，時間是在季初，（十月開始賽後，此賽必在第一、二天），第二次則是「皮亞士杯」大搖彩賽，時間是在「廣東讓賽」三個月之後，第三次則在將近季尾，也即是再隔三個月的「打比賽」大搖彩賽，跑完「打比」之後，差不多再跑一個月馬便要休息度暑假，可是到第二季再跑「廣東讓賽」，時間却要在暑假之後，有五個月長期，因而「廣東讓賽」的獎金，必然比還有兩場多，所以，「夜遊人」贏「廣東讓賽」的頭獎彩金，比上屆尾「神行太保」的要多了一倍有餘。（三十三）

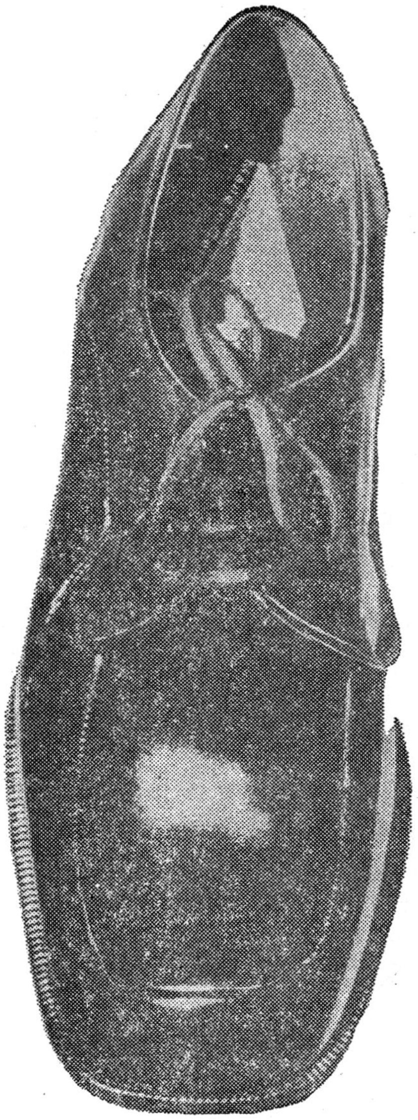

歌壇十二小金釵（上）

陳蝶衣

一：鄧麗君

牧歌信口唱江南，恍見桃紅色正酣；
牛背象徵吹短笛，神情也帶寶兒憨。

初次見到鄧麗君並聽她的歌，是在九龍的「明愛中心」，她給我的第一個印象就是模樣兒生得很甜，也很稚氣。

唱罷幾支時代曲之後。麗君又化裝登場，扮演「小放牛」中的牧童哥，從插科打諢中更顯出了她的頑皮相，不由使我連想及於隋煬帝口中的袁寶兒之憨態，因有篇首一詩之作。

「鄧麗君的歌別具風格，很清很甜。她在演唱時，加上優美的舞蹈，更給人以一種新鮮的感覺。」以上，是娛樂記者筆下對鄧麗君的描繪。

甜！確是這位歌壇玉女的一字定評；可以說：鄧麗君是小一輩歌星中最嬌憨的「甜姐兒」。

鄧麗君誕生於七鯤洋中的寶島——台灣，一齣電視劇「晶晶」的主題歌，由麗君唱出而使她成了名；「爲了尋找母親，人海茫茫獨自飄零！」這迴腸盪氣的歌聲，在台灣風靡一時，幾於誰都會哼。

一九七〇年八月，「凱聲綜合藝術團」由台北來港，先後演出於皇都戲院及「明愛中心」，鄧麗君即以最小的年齡，作爲這一個團體的台柱；她的甜蜜的笑，輕快的唱，活潑的台風，幾句天眞而諧趣的前致詞，很快就使歌迷們留下深刻的印象，而這位小妮子也由此奠定了出門在外受歡迎的基礎。

鄧麗君

麗君初來香港，曾持有台北友人的一紙介紹名刺；我乃小作東道主，宴請麗君並兼邀與她同台獻歌的吳靜嫻，藉折簡之招，作盍簪之會，約得了好多位新聞界的朋友，與麗君及靜嫻相識；並特煩攝影家張文傑兄，拍了彩色照在定期刊物上發表，也算盡了些許揄揚之責。

初期聽麗君之歌，她最愛唱的除了「小放牛」之外還有「我與咖啡」及「你把愛情還給我」；稍後是「X加Y等於愛」與「天涯客」；此外還有「四個願望」「媽媽送我一個結他」「快回頭望一望」等等，大都是一些台灣的流行歌曲。由於她初來香港即獲享盛譽，因之曾先後應「美亞」及「麗風」兩家唱片公司之邀，錄灌了許多唱片，以上她所常唱的歌，大都包括在唱片之內，在東南亞一帶都十分暢銷。

在鄧麗君初來香港獻歌之前，她已被台灣的

龍城逋客違難去國，旅食南離，二十年間惟以逐弦吹之音，覓側豔之詞爲務，斯豈丈夫子之素志乎？曰：「東南如此，且聽簫管。」此祥符周星譽詞筆之所歎也！下走不幸，亦生丁擾攘之時，閱歷輈張之會。迨乎塵鞅抽身，山樊托迹；別無他事，堪供深契；可得而師法者，只郭洗馬之顧曲，口惟說佳；柳屯田之填詞，旨亦稱奉。「晉書」魏舒傳所謂：「不修常人之節，不爲皎厲之事。」行能雖未敢竊攀，性質或庶幾差似。故有「金縷曲」一闋，賦以寄慨曰：「樂府新聲起！莽河山、一時忘却：父兄垂淚。醉裏忙撐鴝鵒眼，謀取閒情偶寄；看帘外，

登場佳麗。門巷飛花尋舊夢，記當年，曾有婪酣地。輕蛺蝶，又重擬。紅牙檀板平生契；疊霓裳，拚將炊拍，惹人嗤鄙。材器風標休掛口，只是須消間氣；且還我：佯狂神理。引得櫻桃俱暫破，攪歌雲、譬作澄清轡。心未瘼，意仍摯。」蓋捬嗟累讚，間不容息之時，亦往往有之。是以眩美殊尤，辭既曾騁；偏憐最小，意猶未殫。因罔顧靡言之弗華，更謀新構之偶俗。耽思傍訊，試狀歌娃之嬌憨；躡響追形，冀忘塵世之溷濁。

癸丑開歲第五日，龍城逋客陳蝶衣序於花窠。

製片人所發掘，主演了一部名爲「謝謝總經理」的國語電影，因而使她兼有了「歌星」與「影星」的雙重頭銜。一九七一年她重蒞香港，又主演了一部歌舞片「歌迷小姐」。此外，她與「無線電視」簽有合約，每來港一次，螢光幕上也經常可以見到她的憨態。

前後三年，麗君忙於走埠，曾遍歷星、馬、泰、越諸邦；一九七一年十月間四度蒞港，在「金寶」「漢宮」兩家夜總會輪流獻唱，不久她的老太爺鄧樞，亦由台來港相會，其時恰當秋風起、霜螯肥的季節，我又設下小宴，請麗君及其雙親喫了一次大閘蟹，再盡地主之誼。之後鄧老太爺獨自賦歸，麗君則由母親陪同飛去了星洲，這一去歷時半載有餘，去年四月下旬，忽然流言四起，香港台北同時傳出了令人震驚的消息，說是鄧麗君在吉隆坡因施行某種手術，已不幸而香消玉殞。

事實上，這是毫無來由的讒箭之射；在關心人士的探聽之下，得悉麗君正在吉隆坡的「新大歌廳」演唱，稍後她還要去往檳城踐聘請之約。由於有吉隆坡的報載廣告爲證，無稽讕言終於獲得澄清。到了是年的六月十二日，麗君方始以行動證明了她的安然無恙，由星加坡飛來香港；當她步出機場之後，立即受到了無數熱情歌迷的歡迎，紛紛獻上花束，給她套上花環，濶別後的鄧麗君，不特了無悴容，而且越發顯得圓姿替月，較之以前更見豐腴了。

次日，麗君休息了一整天，十四日起即忙着在「香港大舞台」及「國際夜總會」兩邊跑場，座上客又熟悉地聽到了她口中常說的那句粵語：『廣東話我識講唔識聽！』

一幌又是兩個月過去；八月間，麗君因離家日久，護照亦已滿期，於是一聲「拜拜！」飛回了台灣。最近消息傳來，麗君驛馬星又動，她是先去星加坡打了一個轉，然後重來香港。無論是香港或星、馬，都有許多歌迷等待着她光臨。春已來到人間，她的巡迴演唱，自然也應該再一次開始了！

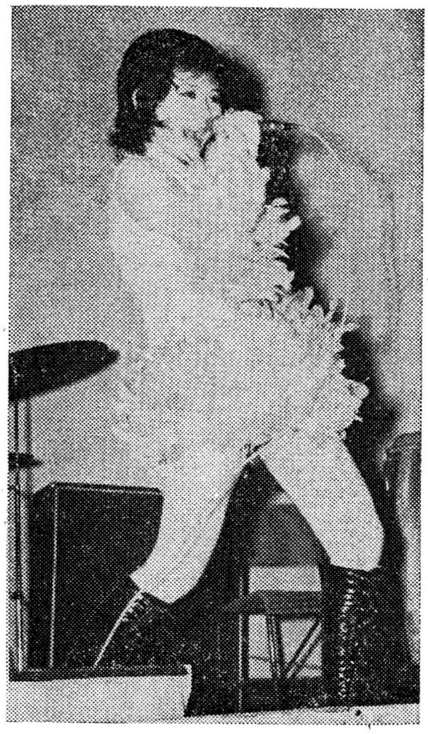

凌雲

二：凌雲

充滿青春活力的凌雲，曾被歌評家譽爲：「她體內的每一個細胞都在活躍。」

這是對凌雲在歌台上或舞池中載歌載舞，作Show演出之時的「生猛」形象之讚美詞，而實際情況也確是如此。

凌雲姓趙，誕生於星加坡。長姊琳琳，二姊咪咪，凌雲排行第三；她祖母、母親都是梨園世家，三傳至凌雲乃改唱時代曲，最初踏上歌壇時恰與Sakure櫻花同場，偶爾拍檔表演一下，大受歌迷歡迎，於是攜手合作，以「雙妹牌」姿態出現，一九六八年首次來香港，在北角「金舫夜總會」演唱了兩個多月。北角路途遙遠，去往該處必須長征，但櫻花、凌雲這一對「孖女」，却曾把「金舫」的場子唱熱了一個時期。

之後，凌雲與櫻花在藝事方面各自成熟，旋即分道揚鑣，另闖天下。一九七〇年四月，凌雲再度來港，在「銷金窩夜總會」登場，其時她已是「百代」旗下簽約歌星之一，經由姚莉介紹，始與相識，她經常由媽媽陪同，至「金屋餐廳」小坐；我是那邊的常客，因而時共茗甌；這位小姐在演唱時活躍異常，但私底下却沉默寡言，極少出聲；偶作應答，聲音也是細細的；原來她對人一向羞怯，有些「怕難爲情」；所以每次來港，總得由媽媽或是姊姊做她的經理人；她只顧演唱，接洽場子簽合約全都不管。

凌雲的出場服裝，都由她二姊咪咪設計，每一襲都是既新穎，又別致，而她所選唱的歌，也都是感情充沛，足以使她發揮渾身活力的新潮歌曲。有時，她還在間歇之際作靈魂舞的表演，因此又獲得了一個「靈魂小姐」的嘉號。「靈魂」二字的粵語發音，與凌雲恰好相同。

經過了若干年的鍛鍊之後，凌雲之歌藝日益成熟，並享有了盛名；但她並不自滿，於再次來港之時即挽人介紹，拜在許佩老師門下，接受指導，勤練不綴。此後每度來港，亦必晉謁師門，面聆教益，顯示了尊師重道的美德。她一家都是虔誠的佛教徒，因此這位小凌雲，每逢進食也有不吃牛肉的習慣。

除了國語時代曲之外，凌雲兼能唱歐西歌曲及日本歌；她數度來港，繼「銷金窩」之後曾唱過「鑽石」「金漢」等好多個場子。最後一次是接受「香港歌劇院」之聘，不幸在演唱期間，扁桃線突然發炎，以致無法亢音高歌，合約未屆滿就飛回了星加坡，進入醫院割治。

凌雲有個英文名字叫Lita，這位睽別已久的「靈魂小姐」，割治扁桃腺之後雖無重來之訊，但星加坡每逢慈善義唱，總有她參加在內，想來歌喉當已恢復如常了。

三：鍾叮噹

鍾叮噹，原名麗裳，祖籍廣東省從化縣，她的尊人也是「避地衣冠盡向南」的一份子，在大動亂期間來到海外，最初卜居於元朗，後來纔遷入九龍市區。叮噹就是在元朗出生，而今已亭亭玉立，正好是「十八姑娘一朵花」的年代。

叮噹自幼穎慧，十二歲即投身電影圈，以女童星的姿態躍登銀幕；第一次上鏡，拍的是粵語片「花樣的年華」；她之以鍾叮噹為藝名，即始於此時。之後，又接連在「神貓」「花月爭輝」「玫瑰芍藥海棠紅」等好多部粵語片中參加演出。至於國語電影，則僅拍過一部，即是攝製於去年的「我為你痴迷」，此片的男女主角是鄧光榮、胡茵茵；叮噹亦應製片人之邀，在片中飾演一個少女角色。

鍾叮噹

若干年前，荔園游樂場有「女子歌壇」之開闢，主持人邀請叮噹助陣，叮噹抱着嘗試的心情客串了一個短時期，這也就是她踏上歌壇的初步。接着又有「香港歌劇院」成立，由此揭開了時代曲掀起高潮的新頁，叮噹自始即膺聘加盟，成為正式職業女歌手。

最初，叮噹對時代曲是自我鑽研，憑着智慧及愛好，一面聽唱片一面學習；近年纔拜在許佩老師門下，進一步接受聲樂的訓練。

由於天資聰明，進境神速，叮噹在小一輩歌星中已逐漸出人頭地，博得良好的聲譽。自一九七〇年至一九七二年間，她曾多次走埠，去過印尼的泗水，耶加達，以及泰國的首都曼谷。最近的一次則是應星加坡「日新歌廳」之聘，去往那邊唱了三個月。約滿回港後，曾在「金漢夜總會」担任Show的節目，已儼然是大牌姿態。目下則又重歸「東方歌藝團」旗下，除了「香港歌劇院」曾是她一唱再唱的基地之外，農曆春節期間還追隨着同一旗下的衆家姊妹，穿花蝴蝶似的在九龍郊區戲院登場作巡迴演唱，忙個不了。

叮噹之好學敏求，更可於她的研習英文，略窺端倪；過去，她曾在易通夜校進修，讀了四年英文；直到現在，還請了一位家庭教師，每週補習三次。我問她能否講一點「會話」，她說：「多少能講一點，不過我出門也僅是接近華僑社會，很少講英語的機會；但願將來能去往歐美遊覽，派上一些用場。」由此推測，她的英語一定是說得相當流利的了。

去年十一月開始，叮噹曾與「無線電視」簽訂了為期一年的合約，規定每星期三在「歡樂今宵」節目中漏臉一次，因而在彩色的螢光幕上也可以見到這位歌壇玉女，聽到她日臻成熟的歌聲，並看到她在趣劇中的演出。

四：王婷

王婷原籍蘇州，生長於香港，能說一口吳儂軟語。她最擅長的一首歌是數遍歌壇並無第二人能唱的「嘆十聲」，這是一首江南小調，唱來又柔又糯，並且大有「未歌先咽」的光景。探問之下，纔知這一首歌是她母親所授，那就怪不得了！王婷有一位很出名的媽媽，就是盛年時號稱為「蘇州美人」的王秋萍。

在媽媽的調教之下，王婷也出落得嬌嬌俏俏，彷彿水葱也似的，十足是一個小美女。她本來長養着一頭長髮，就像「莫負青春」歌詞中所說的那樣：「滿頭的青絲，飄呀飄呀那麽長。」是以我曾稱之為「長髮姑娘」；前年她剛從曼谷演唱完畢，回到香港的第一天，就在希爾頓酒店的咖啡座上遇到了她，那時候她就長髮垂肩，顯得和她修長的身材十分相稱；但最近在「新都城」見到她，她的如雲之秀髮却已截短，詫異之下問她：「為什麽好好的鉸了呢？」小王婷說：「新潮一點嘛！」

王婷

王婷之崛起歌壇是始於一九六八年，她在許佩老師鼓勵下，參加了「香港歌后」的競選，結果以一曲「留戀」獲居第二名，成爲亞軍；榮膺首選者則是林鈴。（按：「留戀」是日本元老作曲家服部良一應此間百代唱片公司之邀來港時所撰的新曲之一，由我塡詞，乃是倉卒應命之作；事實上這一首歌並不如何動聽，想不到對小王婷倒會有所幫助。）

從此以後，小王婷便活躍於歌壇之上，她的姓名在南洋各地十分響亮，曾先後去過星加坡、泰國、印尼諸邦，尤其是在曼谷的「貴賓夜總會」演唱，歷時最久，累積幾達兩年。

此外，她還去過台灣，在台北的「七重天」「夜巴黎」歌廳，以及台中、台南、高雄等地巡迴演唱；香港歌星得意於寶島，也是近年來罕有的情形。

至於香港，過去她曾出唱於「海天」與「翠谷」兩間夜總會，以及兩度成爲「香港歌劇院」的基本歌星。目下，則長駐於北角的「新都城」，因此她每晚要通過海底隧道兩次，一次往，一次返，由於她是「家在九龍」。

王婷也有一個洋派名字，叫愛妮，英文便是Anne；她在家庭裏，是乖女；在歌台上，則又是靚女；「隱秀在神、蕃豔爲質」八個字，可以移贈給這位姑蘇女兒。

五：顧依麗

顧依麗，是我的盟弟攝影家顧志剛的掌珠；在她十五歲的那一年，經由我之介紹，拜在「新潮老師」秦燕的門下，開始練聲習歌；沒有多久，就在「拉丁屋」以客串的姿態登場獻唱，因而獲得了夜總會主持人的賞識，終於使她正式踏上了歌壇，並爲此而不得不放棄了格致英文書院的學業。

依麗在去往秦燕那裏試音之時，由於聲線清銳，因而一開始就學的是姚派歌曲。說她姚派，倒也名不虛傳；有一晚姚蘇蓉到「拉丁屋」消夜，聽了依麗的歌聲，許爲可造之材，親自指點了「愛你三百六十年」的幾個動作。這是一次不小的收獲，使依麗雖未師事，却也獲得了意外的親炙，從此不僅引爲殊榮，並且在心領神會之下，唱與表情都有了長足的進步。

在小一輩的歌星中，依麗是最不寂寞的一位；纔只三數年，她已先後唱遍了「拉丁屋」「金宵」「東雲閣」「鑽石」「翠谷」「香港大舞台」以及「國際」等許多場子；此外還曾於去年一月，偕同羅嘉美、陳姬蒂等飛往星加坡，參加「東方蓮花」夜總會的開幕禮，除了駐唱之外並兼任司儀。返港後又一度去往澳門演唱。她在好多場合，都曾兼負司儀的工作，說明她在歌唱之外還兼擅辭令。

依麗在「金宵」獻歌時期，曾一度改用「金聲」二字爲藝名，取的是「金聲玉振」之意，命意極好。其時顧依麗在歌壇上知者已多，突然更換了一個藝名，反倒使人有陌生之感。許多相識者，也都說「金聲」像是個男人名字，認爲「依麗」二字叫來比較順口，而且與「伊莉莎白」的英文名首二字聲音相同，容易記憶。於是，依麗又採納衆議，再由「金聲」改回爲顧依麗，仍然恢復了原名。

一九七〇年，依麗先後參加了五月間的「玉女歌后」競選，以及八月間的「香港歌后」之角逐。雖未能奪取后冕，却曾獲得了「優異獎」的頒給。她最愛唱的兩首歌是「採花的人」與「像霧又像花」，也就是憑此而在比賽中獲獎。此外還有「天涯客」「我在你左右」「桃花開在春風裏」等等，也是她常唱的歌。

天才加上勤於研習，很快就使這位娃娃歌星在唱家班中成了非常熟練及活躍的一員。如能努力不懈，保持着有恒的進修，當不難開拓更燦爛的前程。願我賢姪女，今後能知所奮勉，好自爲之。

（未完．待續）

顧依麗

對口相聲：

對春聯

·侯寶林·

甲　做一個相聲演員也不容易，首先說得有文化。
乙　那是呀！你看我們天天都在學習嗎！
甲　你念過書嗎？
乙　我念過兩天。
甲　什麼學校畢業？
乙　嗨！我念的還是過去那個經書哪。
甲　「五經」、「四書」、「十三經」啊。
乙　是呀！
甲　那些書我也念過什麼「三字文」、「百家經」、「千字姓」……。
乙　什麼叫「三字文」？
甲　不是……三眼井。（北京地名）
乙　還三里河哪！
甲　對啦！三里河。（北京地名）
乙　什麼呀！「三百文」、「百千姓」……我也亂啦！「三字經」、「百家姓」、「千字文」。
甲　對啦！你說念完這幾部書念什麼？
乙　念念「大學」。
甲　念完大雪念小雪、冬至、小寒、大寒、立春、雨水……。
乙　叫你在這兒背歷書哪。
甲　你不說念大雪嗎？
乙　我說念「大學」。
甲　對……對。「大學之道在明明德」嗎！念完「大學」又念什麼？
乙　「中庸」。
甲　念完中用念不中用，等你念到廢物，就算畢業啦。
乙　那我就沒有用啦，我說的是念「中庸」。
甲　念完「中庸」念「論語」、「孟子」、「禮記」、還有「春秋」。
乙　對了。
甲　這些書光念不行，得會講，不會講，你就不能開筆做文章。比如你吟一首詩、對個春聯，都要從書中尋章摘句才行。
乙　那倒是。
甲　你看我這個人沒事兒最喜歡對春聯，最近在家中我搜集到幾副絕對兒。
乙　絕對兒？
甲　就是有上聯沒下聯，誰也對不上來，我走過多少地方，訪問過多少位大文豪，結果一個對上來的也沒有，這幾副絕對兒太好了，我準備登報。
乙　登報幹嗎？
甲　徵求下聯。
乙　你這絕對兒是什麼詞句呀？
甲　怎麼？你打算對呀！
乙　我不是打算對，我想聽聽。
甲　大文豪都沒有對上來，就閣下您聽了有什麼用啊！
乙　你可不能那麼說，絕對兒碰巧了對得才妙呢！
甲　好，我說一說你聽聽，你可別胡對呀！
乙　當然啦！
甲　不明白就問我。
乙　當然向你請教。
甲　第一副「買賣興隆通四海」。
乙　完啦？
甲　啊。
乙　我當什麼絕對兒呢？（故意假謙虛）我給你對對行嗎？
甲　我這兒正找不着下聯呢？
乙　可我對的也不一定恰當。
甲　沒關係，你對吧！
乙　你那上聯是什麼？
甲　「買賣興隆通四海」。
乙　給你對「財源茂盛達三江」。
甲　哎呀，高才！
乙　這也不是我的高才，過去我們家對過煤鋪，就貼過這麼一副對聯。
甲　好，你再聽這第二副，「根深葉茂」。
乙　「本固枝榮」。
甲　嗯，「開市大吉」。
乙　「萬事亨通」。
甲　你聽最後這一副。

乙 你說。
甲 「忠厚傳家久」。
乙 「詩書繼世長」。
甲 （無可奈何）我完啦。
乙 就是這些個呀，這叫什麼絕對兒啊？尊駕您說的這些絕對，滿都是對子本上的。
甲 我這是跟你開玩笑，我眞喜歡對春聯。
乙 對春聯的規矩你懂嗎？
甲 那我懂，對春聯講究是「一三五不論，二四六分明。天對地，雨對風，大陸對長空，雷隱隱，霧濛濛，開市大吉對萬事亨通。山花對海樹，赤日對蒼穹，平仄平仄平平仄，仄平仄平仄仄平」。蘇東坡有一句話：「天下無語不成對。」
乙 此話怎講？
甲 任何一句話都可以做對聯，只要你對得恰當巧妙，那再好也沒有了。
乙 是、是！
甲 你譬如說有這麽兩句俗語，就是一副對聯。
乙 哪兩句？
甲 「清官難斷家務事」，這就是上聯。
乙 下聯呢？
甲 「上梁不正底梁歪」，哎！你聽這兩句雖然不夠工整（搖頭），可是很好玩。（讀玩念重音，表現出文縐縐的意思）
乙 咱們倆人連連句怎麽樣？
甲 可以呀！
乙 我出個上聯。
甲 我對個下聯。
乙 譬如我說「上」。
甲 我對「下」，有上就有下嘛！
乙 我說「天」。
甲 我對「地」。天對地，雨對風，大陸對長空。雷隱隱，霧濛濛，開市大吉，萬事亨通。
乙 「言」。
甲 我對「醋」。（甲把「言」誤為「鹽」了）
乙 醋？
甲 啊！油鹽醬醋，五味調和，你那是鹹的，我這是酸的。
乙 「好」。
甲 我對「歹」，好好歹歹分得清楚。
乙 「事」。
甲 我對「炮」。（甲把「事」誤聽為「士」了）
乙 炮？那對得上嗎？
甲 你支士，我擻炮，你跳馬，我出車。
乙 咱們這兒下象棋來啦！
甲 連句有什麽啊！
乙 我這五個字湊在一塊是個對子的上聯「上天言好事」。
甲 那我給你對「回宮降吉祥」，
乙 你等等，你剛才可不是這麽說的。
乙 我說「上」。
甲 我對「下」。
乙 我說「天」。
甲 我對「地」。
乙 我說「言」。
甲 我對「醋」。
乙 我說「好」。
甲 我對「歹」。
乙 我說「事」。
甲 我對「炮」。
乙 我這是「上天言好事」。
甲 我這是「下地醋歹炮」。
乙 你這當什麽講啊。
甲 誰叫你不一塊說啦。你要說「上天言好事」，我當然給你對「回宮降吉祥」。你一個字一個字往外蹦，我不給你對「下地醋歹炮」嗎？
乙 這還怨我啦。
甲 當然啦。
乙 好，你聽我這兩個字的：「筆筒」。
甲 在桌上放的筆筒？
乙 對啦。
甲 我給你對「箭囊」。
乙 就是裝寶劍的那個。
甲 不！那是劍匣。我說的是拉弓射箭的那個皮兜子。
乙 我這筆筒是文的。
甲 我這箭囊是武的，一文一武咱們二位是文武全才。
乙 我可不敢當，再聽這個：「羊肉。」
甲 我給你對「蘿蔔」。（要讀成「羅巴」）
乙 那對得上嗎？
甲 羊肉氽蘿蔔燜點乾飯……。
乙 這位沒吃什麽哪！「綢緞」。
甲 「蘿蔔」。
乙 蘿……我們這是綢緞，你也對蘿蔔。
甲 啊！綢緞包蘿蔔。
乙 沒聽說過，我那是穿的綢子和緞子。
甲 是呀！我說的也是穿的綾羅綢緞的羅，呢絨布匹的布，「羅布」。
乙 噢！羅布，聽錯了就是蘿蔔，再聽這個：「鐘鼓」。
甲 「蘿蔔」。
乙 我說是撞的鐘，打的鼓。
甲 我是敲的小鑼打的鬧鈸，「鑼鈸」。
乙 行了行了！你再聽這個。
甲 （順口而出）蘿蔔。
乙 我還沒說呢？
甲 我先說下擱着。
乙 急性子：「馬牙棗」。
甲 「大蘿蔔」。
乙 我這是三個字的啦。
甲 我這也是三個字「大蘿蔔」。
乙 我要四個字呢，你「好大蘿蔔」，我五個字，你「好大個蘿蔔」，你這筐蘿蔔全賣給我啦？不行，重對。
甲 你剛才說的什麽？
乙 「馬牙棗」。
甲 我給你對「羊角葱」。
乙 我這有「馬牙」。
甲 我這有「羊角」。
乙 「棗」。
甲 「葱」。
乙 我能加字。
甲 我能添字。
乙 「馬吃馬角棗」。
甲 「羊啃羊角葱」。
乙 我這吃。
甲 我這啃。
乙 好哇！我這馬牙棗，乃是八月

甲　當令。我這羊角葱是二月應時；二八月春秋題，雖不中不遠矣！

乙　你就別犯酸了。

甲　怎麼樣？

乙　行！聽這個「山羊上山」，兩頭山。

甲　我給你對「水牛下水」，兩頭水。

乙　我能加字。

甲　我能添字。

乙　「山羊上山山碰山羊角」。

甲　碰脚啦。

乙　不！犄角。

甲　「水牛下水水沒水牛腰」，沒腰啦！（「沒」讀末，淹過去的意思）

乙　我還能加字。

甲　我還能添字。

乙　「山羊上山山碰山羊角，（學羊叫）咩呀……」

甲　這怎麼回事兒？

乙　碰疼啦。

甲　水牛下水水沒水牛腰，（學牛叫）哞兒……」。

乙　（學羊叫）咩呀……（學二次）

甲　（學牛叫）哞兒……（學二次）

乙　咱們到屠宰場啦。

甲　誰叫你叫喚來喳？

乙　「三塔寺前三座塔，塔、塔、塔」。

甲　「五台山後五層台，台、台、台」。（學打小鑼聲音）

乙　他又開戲啦。「大大媽大模大樣騎大馬」。

甲　「老姥姥老夫老妻趕老羊」。

乙　「姥姥喝酪，酪落姥姥撈酪。」（落讀烙）

甲　我這兒對的是「舅舅架鳩，鳩飛舅舅揪鳩」。

乙　還有，「媽媽騎馬，馬慢媽媽罵馬」。

甲　「妞妞轟牛，牛擰妞妞擰牛」。（前面的擰字讀去聲，後面的擰字讀陽平聲）

乙　啊！繞口令也來啦。

甲　你說什麼我給你對什麼。

乙　我說「南」。

甲　我對「北」。

乙　我說「東」。

甲　我對「西」。

乙　我說「上」。

甲　我對「下」。

乙　你聽這個「北雁南飛，雙翅東西分上下」。

甲　你怎麼都給占上啦。

乙　這叫插練插練你。

甲　好！你聽下聯：「前車後轍，兩輪左右走高低」。

乙　你對得上嗎？

甲　當然對得上。

乙　「北雁南飛」。

甲　「前車後轍」。

乙　「雙翅東西」。

甲　「兩輪左右」。

乙　「分上下」。

甲　「走高低」。高低即是上下，上下即是高低，此所謂雖不中不遠矣！

乙　嘿！這份兒酸哪。

甲　這叫氣氣你。

乙　咱們不定誰氣誰哪，聽我這個：「牆上蘆葦，頭重脚輕根底淺」。

甲　啃！我給你對「山間竹筍，嘴尖皮厚腹中空」。

乙　好！你再聽這個，「空樹藏孔，孔進空樹空樹孔，孔出空樹空樹空」。

甲　什麼呀，亂七八糟的？

乙　這是個孔子的典故，又是個對子上聯。

甲　還有這麼一個典故哪！

乙　孔子周游列國的時候，有一天走到某處，忽然天降大雨，上不着村，下不着店，沒處藏，沒處躲，可巧道旁有一棵樹，裏面是空的，孔子一想，這一棵樹裏可以藏藏躲躲，這就叫空樹藏孔。

甲　孔進空樹呢？

乙　孔子進了空樹啦，孔進空樹。

甲　空樹孔？

乙　空樹裏面有孔子，空樹孔。

甲　孔出空樹？

乙　雨過天晴，孔子由空樹裏面出來啦，孔出空樹。

甲　空樹空？

乙　空樹裏面就沒有孔子啦，這就叫「空樹藏孔，孔進空樹空樹孔，孔出空樹空樹空」。（做喘不上氣來的樣子）我差點沒放炮。

甲　聽我的。柔、叭達、當、嘩啦、噗騰騰、唉喲喲、嘍嘍嘍、吱吱吱。（柔讀陰平聲）

乙　我說你這是什麼呀？

甲　你那是什麼呀？

乙　我這是列國典故。

甲　我這是本人實事。

乙　典故可以對實事，可是你那有多少字啦？

甲　你那多少字啊？

乙　我這是十八言。

甲　咱們數數。

乙　「空樹藏孔，孔進空樹空樹孔，孔出空樹空樹空」，十八個字兒，你呢？

甲　我這也十八個呀。

乙　我聽有三十多啦！

甲　不信你數着，「柔、叭達、當、嘩啦、噗騰騰、唉喲喲、嘍嘍嘍、吱吱吱」。

乙　也十八個字，可是你這本人實事應當怎麼講啊？

甲　那年北京打仗，我正在床上躺着哪，就聽柔……飛過來一個槍子兒。

乙　叭達？

甲　撞牆上啦，叭達。

乙　當？

甲　落院裏一個炮彈，當。

乙　嘩啦？

甲　房坍啦，嘩啦。

乙　噗騰騰？

甲　我由床上掉下啦，噗騰騰。

乙　唉喲喲？

甲　閃了我腰了，唉喲喲。

乙　嘍嘍嘍？

甲　當時掉了三根頭髮。

乙　吱吱吱哪？

甲　軋死三只老鼠。

乙　嘿！

（鞠躬下台）

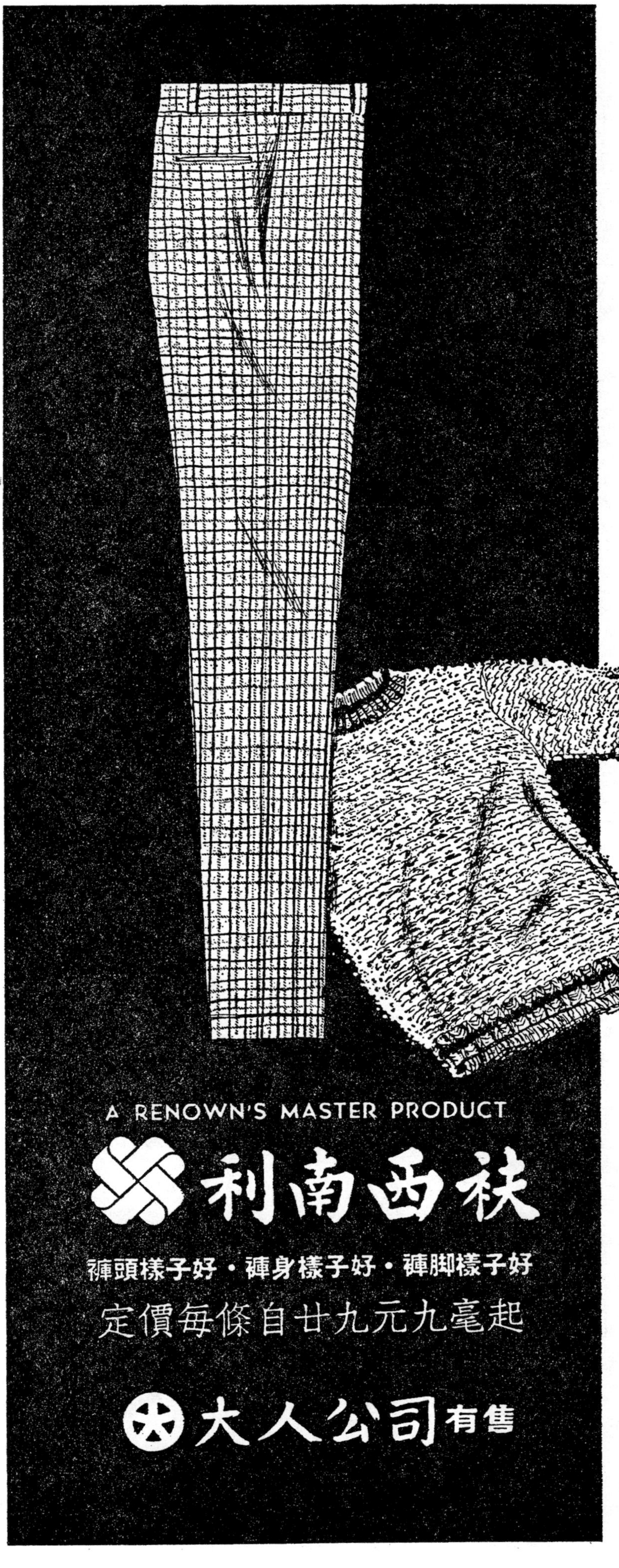
A RENOWN'S MASTER PRODUCT
利南西衭
褲頭樣子好・褲身樣子好・褲脚樣子好
定價每條自廿九元九毫起
大人公司有售

楊小樓空前絕後

・燕京散人・

（續）

三、短打戲（下）

惡虎村

這是楊小樓短打戲的又一代表作。在談楊小樓這一齣戲的優點之前，先談談有關這個劇本的傳說：

相傳有清中葉，有位唱武生姓沈的，受了盟弟誣陷，身入牢獄，不勝憤恨。在獄中拿骨牌解悶時候，就慢慢構思，編出了這麽一齣「惡虎村」。表面上描寫黃天霸忠義，搭救施公。暗含着諷刺他出賣盟兄弟，假仁假義。武打套子新穎緊湊，與一般武戲不同。在最後一場，黃天霸焚莊已畢，尚再三哭叫兄嫂。王棟在旁邊催他：「我說老兄弟，人也殺了，莊院也燒了，你倒是走哇！」在不耐煩之中，皮裏陽秋的諷刺天霸假惺惺。而且在前邊定計之時，王棟也有兩句白口：「……拿住濮武二位，千萬不可傷害他二人的性命。一來看他去世先人；二來你們是衝北磕頭的把兄弟，若是傷害他二人性命，綠林之中，就道兄弟你不義氣啦。」是編劇主旨的畫龍點睛。因爲用骨牌設計佈局，所以這齣戲一共用了三十二個人。這位武生出獄以後，仍操舊業。因爲武打套子新穎，情節也好，「惡虎村」就此大紅，而流傳至今，是短打武生一齣有身份的大武戲。

楊小樓的黃天霸，在這齣裏武功卓越之處，一是走邊那一場，出來的飛天十响，就如疾風驟雨，令人目不暇給。念詩「仁義禮智信爲高……」那四句，邊念邊做身段，手指脚劃，左右旋轉。身段在繁多而均衡裏，透着邊式漂亮。再有就是和郝文一場開打、奪刀，緊湊得眞是風雨不透；其實大部份的精彩還在神情、做派、念白上。

與濮武步行進莊，途經三義廟，用劉關張將今比古，是窺探濮武二人口氣。因爲天霸原不打算進莊，就因發覺濮武二人待他較平常冷淡，這才臨時趕進莊來的。而一方面拉馬，一方面趕向前去，嘴裏還念着：「二位仁兄慢走，小弟來也。」就這在小邊外面，和大邊裏面，往返的連念帶走身段，就得滿堂好兒。

進莊告辭出門，發現駝轎，心中已然明瞭施公在此，却還要保持鎮靜。只這一段戲，就把黃天霸的機警、精細、權變，全都刻劃出來。後來打濮武不過，就要掏鏢，雖被王棟攔阻，但是那種惱羞成怒、內心交戰的情緒，也都從面部表情上，透露無遺。看了楊小樓這一齣，那眞是嘆爲觀止，最佳享受。

民國十七年初，楊小樓把「惡虎村」前邊的情節「酒樓議事」、「公堂辭差」，加在「惡虎村」一起唱，改名「江都縣」。前兩場戲，有流水和搖板的唱工，仍賣神情、白口。晚年不欲多累，就還是只唱「惡虎村」了。

落馬湖

這又是一齣黃天霸的戲。楊小樓在這齣戲的武場子，不必細談，單說拜訪褚彪那一場，楊小樓在和褚彪的問答裏，把黃天霸的焦灼、渴望，打聽施公行踪的心情，充份表達。當褚彪念到：「想老漢保鏢多年，旱路的英雄，並無人在交界胡爲。大人若被他人擒去，老漢吩咐一聲，諒他們不敢。只是水路的盜寇麽，……老漢就不不知了。」小樓急念：「這個」，接着褚念：「呵哈哈哈哈，我倒想起一家來了。」小樓忙把椅子往前稍拉近一點，急問：「是那一家？」那種急切之情，溢於言表，而做得自然，絕不過火。這就是以身入戲。就憑這個小動作，立刻博得台下彩聲。還有一齣黃天霸的戲「殷家堡」，小樓也演得無懈可擊。總之：長靠戲，楊小樓演活了趙子龍。短打戲，楊小樓演活了黃天霸。

武文華

這本是武生開蒙的短打戲，戲也不大，楊小樓是在與尙小雲合演「湘江會」時，帶這麽一齣。時在民國廿六年（一九三七年）初，尙小雲、郝壽臣、劉硯芳，還帶一齣「法門寺」。楊小樓的萬君兆，走邊一場，還走虎跳，那時已經六十歲了，眞叫不容易，十分賣力，所以台下熱烈掌聲不絕。

林冲夜奔

這齣戲是崑曲，見「寶劍記」。主角林冲，戴青羅帽，青箭衣，大帶，厚底兒。上場從「點絳唇」的「數盡更籌……」起，接唱「新水令」、「駐馬聽」、「折桂令」、「雁兒落帶得勝令」、「沽美酒帶太平令」、「收江南」，一直到「煞尾」，要一氣呵成，內行稱爲「一場乾」。邊唱邊做，載歌載舞，身段繁複，非有好武功根底，還得好嗓子，唱不下這一折來。

皮黃班演「林冲夜奔」，始自楊小樓，那是民國十二年初的事，他授自牛松山。但如照崑曲演法，不但劇幅太短，而且也累不了。於是就加添場子和配角，上伽藍，（崑曲伽藍不上，只在後台搭架子說幾句話。）增加徐寧起霸，過場杜千、宋萬過場，還有與徐寧開打的穿插。林冲的扮相也改爲戴倒纓盔，跨寶劍，大帶，薄底兒，也就是現在流行的演法。徐寧原排是勾紅三塊瓦，武淨扮，現在都改爲俊扮了。

筆者聽楊小樓這齣時還年幼，印象不太深刻了，只記得他充分表現了「丈夫有淚不輕彈，只因未到傷心處」的悲切氣氛，唱得响亮。與徐寧劍對槍一場打得乾淨俐落，其他細節就記不大清楚了。後來二十五年我們捧他煩戲的時候，「寧武關」、「挑華車」都露了，就是「林冲夜奔」

他不肯唱，懇商再三也不肯。因爲他不願指指點點馬馬虎虎的一表而過；如處處身段做到了，他的腰腿年齡又不允許。具見老藝人的對藝術認眞負責，決不肯隨便敷衍了事，令人分外欽敬。

趙家樓　這是短打武生的大武戲，「濟公傳」裏華雲龍的故事。聽楊小樓這一齣在他晚年（民國廿五年），而這齣戲除了與王通對刀的卓越武功以外，在神情做派上，他又表現了以身入戲的特點。他扮華雲龍，在神情上，就帶出採花淫賊的輕蕩淫邪來，與飾黃天霸的精明仔細，迥不相同。當大家結拜，規定戴花不採花時，他立刻面現不悅之色，却又帶出隱忍不便發作的氣悶。後來遇見美女，打算採花，又怕遇上王通不便，面帶愁容。經惲飛提醒，必要時拿鏢打他，楊小樓當時兩個小眼睛一瞇縫一笑，說言之有理，決定前往。把採花淫賊的神態，眞是刻劃入微。這齣戲裏，他也照樣跟斗、虎跳無誤。配以錢寶森的王通，王福山的惲飛，劉硯亭、遲月亭的雷鳴、陳亮。尤其郭春山的濟公，醉態瘋顛，堪稱一絕。

五花洞　廿五年（一九三六年）的端陽節白天，楊小樓在吉祥園演日場戲。「戰宛城」完畢，還饒了一齣「五花洞」，以吳彩霞、陳麗芳分飾眞假潘金蓮，郝壽臣的包公，劉硯芳的張天師，楊小樓飾大法官，以快六十歲人，扮出來就和童子神態一樣。雖然開打不多，却俏皮乾淨。這就是爲營業的求全政策，一齣「戰宛城」就值回票價了，再加上「五花洞」應節戲，總算雙齣，當然滿堂。老伶工爲了票房可以不惜力，許多年輕人都缺乏這種毅力了。

楊小樓演勾臉戲「金錢豹」

四、勾臉戲

鐵籠山　這是楊小樓長靠勾臉戲的代表作。只一場起霸觀星，就足以使人過足戲癮，而後面還有許多特色都算饒頭。他的姜維，氣勢凝重，八面威風，完全大將身份。身段繁複而美觀，走起來可以說蓋滿了台。在第一舞台演出，都使觀衆有台上處處都是姜維的印象；在開明、吉祥小一點的台上，就更不用說了。念詩：「小小一計非等閒，司馬被困鐵籠間」，「鐵」字拉長。「龐涓過敵馬陵道，項羽兵敗九里山。」「羽」字走高音滑上去，轉一個身，再接「兵敗……」就這四句詩，能落兩個滿堂好。下面囑咐三軍的念白身段，又使人有姜維跑滿了台的觀感。尚和玉這一場，功夫比楊磁實，却沒有楊邊式好看。尚的定場詩前兩句與楊同。後兩句爲「張良曾學三師法，姜維親得武侯傳」，因爲他「羽」字滑不上去，就只好改一種念法了。

這齣戲的打八件，傳自俞菊笙。因爲俞原學武旦，所以把打出手的玩藝兒都編進去了。楊小樓演來，手揮目送，得心應手，使人看着乾淨俏皮。最後兵敗踹馬一場，穿箭衣帶甩髮，楊小樓把甩髮掄得平而圓，就有如直昇機的螺旋槳轉動一般，好看煞人，使人沒法不叫好。

楊小樓這齣戲的特色，一時也說不完，即以遇老大王的一場而言，「看老大王變臉變色，待我半下雕鞍」，剛一下馬，老大王提槍就刺，一磕，馬上跨腿，轉身。又快又好看，台下有好兒。「老大王，再三逼……迫，恕姜維，無……禮……了。」又是滿堂好。總之，他的姜維，處處考究，場場精彩，使人百觀不厭。

楊小樓的「鐵籠山」演法，有三個階段，最早只是「草上坡」起，行圍射獵，陳壽借兵，起霸觀星，大戰兵敗。而且他的老大王迷當，必用霍仲三。霍工花臉，是他小榮椿科班的同科師兄弟，中年以後，得個點頭兒瘋的毛病，就是隨時隨地，頭總微點不能停，在台上也這樣，別人都不用，楊小樓因爲師兄弟關係，用他一直到老。金少山到北平以後，挑班也用了霍仲三，像「連環套」的梁九公，都是霍仲三的活兒。民國廿二年（一九三三年）起，「鐵籠山」前邊加上「探營」，由李洪春飾前姜維，唱鎖吶。廿三年（一九三四年）起，前面加上「紅逼宮」，由郝壽臣飾司馬師，貼爲「定中原」「鐵籠山」。再以後，就把「逼宮」「探營」「鐵籠山」連起來，改名「九伐中原」了。

艷陽樓　這是楊小樓勾臉戲的又一齣圭臬之作。他最能揣摩劇情，把握劇中人個性。高登是個紈袴子弟，愛習拳棒，喜歡女色；而不是殺人越貨的土豪惡霸。所以要演出大爺高樂、目中無人的派頭。余叔岩說楊小樓的「艷陽樓」

下場身段，鬆鬆懈懈的就下去了，這「鬆鬆懈懈」就是大爺高樂不在乎的神態。其實，楊小樓的高登，他一上場，就把劇中人的個性刻劃到家。當念定場詩，第四句的「……就愛烟花美嬌娘」時。「就愛烟花」念完一頓，右手大扇子打開，身形微幌，紮巾上的絨球禿禿亂顫。再徐徐吐出「美…嬌…娘…」來。這一句連念帶幌的，把高登好色還自鳴得意的心情，完全透露出來，眞是神來之筆。

蹓馬的功架大方，氣勢凌人。開打的「一封書」，有條不紊，每一個亮像都透着美而率。這齣「拿高登」，也使人有嘆爲觀止之感。

尙和玉的「艷陽樓」也自詡拿手，但只是躁泥穩如泰山，把高登的愛習拳棒表現了，把他愛好美色和闊少欺人的性格，却發揮不出來。

楊小樓演「八大鎚」耍雙槍

金錢豹

這是楊小樓傳自俞菊笙的拿手好戲。豹子臉開得大，兇像畢露。這齣戲定場詩：「虎頭豹面環眼裝……」的念法，是咆哮如雷，一派妖氣；和姜維、高登的念法又不同了。娶親之前，涂保告訴他要變化白臉書生前往，楊小樓在念完「你且閃開了，」以後，穿厚底，戴着蓬頭，仍然走虎跳下，中年時如此，六十歲時唱也如此。現在四十歲左右的武生，都不走虎跳了，令人懷念宗師典範。與猴子的抛叉開打，也是疾風驟雨，既勇而悍，處處不離一妖字。楊小樓的豹衣也很考究，中年是黑色上有金色小花，晚年則穿白色而上帶小黑花的。

「金錢豹」裏的猴子很要緊，要能翻能摔。以前由遲月亭配演孫悟空，後來遲亮兒摔不動了，每次貼演，就臨時想辦法。民國二十年（一九三一年）起，用駱連翔幾次。晚年用殷金振（北平戲曲學校出身），他們二人因爲和楊宗師合作，在台上有些緊張，接叉總要漏接一兩次。楊小樓晚年火氣盡消，不但不加責備。反而好言相慰，一笑置之。不過，這齣戲露的機會少，因爲配搭難找。

飛叉陣

這齣戲又名「鬧昆陽」，是牛邈造反的故事，也是俞（菊笙）派名作。楊小樓演這齣，飾牛邈，是反派角色，在兇悍蠻勇上着眼。賣的氣勢功架，開打並不多，因爲戲不大，前面總要帶一齣俊扮的武戲，如「殷家堡」之類。

晉陽宮

「四平山」是老俞的名作，分爲四本：「晉陽宮」、「惜惺惺」、「車輪戰」、「四平山」。從前演法，每天一本，有時合併起來，一天兩本兩天演完。楊小樓與尙和玉，都從俞毛包處學會了四本，而尙和玉所下的功夫尤深。過去老伶工們，對於同行都會的戲，往往互相遜讓，挑自己對功的唱。並不像後來的伶人，不管對功不對功，大家搶着唱同一戲碼。楊以神韻及做戲取勝，尙和玉以武功堅實見長。最早楊對「晉陽宮」和「四平山」都唱，尙和玉則四本全唱。後來楊小樓覺得尙和玉的戲不如他多，爲了遜讓師哥，只動「晉陽宮」，把後三本都不動了；而尙和玉也把「晉陽宮」掛起來，只演後三本了。這是同行之間的義氣與默契。一般人都知道「四平山」是尙和玉的拿手戲，很少人看過楊小樓的李元霸。

楊小樓演陸文龍舞雙鎗又一式

其實他對這個角色的造型，也自有特色呢！「晉陽宮」是以李元霸在宮中與父母議事的戲爲主，可以說文多於武。楊小樓的扮像，是蓬頭上戴紫金冠，勾黑甄子碎臉，有如雷公，帶出一股兇悍的煞氣。黑花褶子，厚底兒，他扮的神態，完全是個渾天黑地的傻小子。對李淵不稱「父王」，而叫「皇上」。一聲高叫，如鶴唳九霄。那種聲調就活畫出李元霸這個不通世故的渾小子來。

對楊小樓的戲，如果只看過他「連環套」和「長坂坡」，很容易對他的印象限于一定範圍。如果看他的戲多了，你就能體會出他這「千面人」的本事來，裝什麽像什麽。以五六十歲的人，扮成十五六歲的李元霸，使你覺得自然、活現。這種藝術的造詣、卓越，眞是天賦，別人學不來，也學不像的。也就是余叔岩所說他的身段「都是意到神知。」「怎麽辦怎麽對，別人無法學，學來也一無是處」之謂了。

英雄會 這是楊小樓在春節元旦喜歡露演的一齣戲。他飾黃三太，本來這個角色是架子花臉工，武生是扮計全的。但楊小樓喜歡扮黃三太，因爲這個角色可以發揮老英雄的威嚴氣魄，有戲可做。不似計全只是打個單對兒就沒什麽可以賣弄的了。黃三太的扮像是勾老紅三塊瓦臉，戴髟滿，棕黃豹衣豹褲，鴨尾巾，古銅褶子。楊小樓這一齣純以功架取勝。佐以錢寶森的竇爾墩，比粗兒，亮相，對打，兩個人在台上的形象，眞可以入畫。

五、猴兒戲

楊小樓最早藝名「小楊猴」，他家學淵源，「楊猴子」（楊月樓）的猴兒戲出色，自然沒有話說。不過皮黃班猴戲不多，只有「水濂洞」和「安天會」。筆者沒有聽過他的「水濂洞」，據老先生們說，他年輕時演「水濂洞」，頭一場在高台上，坐圈椅，有許多驚險的身段動作，就有如「通天犀」的徐世英。鬧海的跌撲靈活，開打火熾更不必說。惜乎余生也晚，沒有趕上。所見過的，只有下列兩齣：

楊小樓（中）馬連良（右）演「八大鎚」說書

安天會 楊小樓的「安天會」，授自張淇林（長保），這齣戲是崑的，而且用人很多。他的美猴王，頭一場穿莽上來的身段，靈活之中，要有王者相。下面偷桃偷丹的身段，換了短打，除了動作敏捷，毛手毛脚以外，還有曲牌「喜遷鶯」、「刮地風」等的唱，而且嗓音清亮，字字入耳，與身段處處配合。同時在唱、念、動作之中，還要有表情。固然偷了蟠桃喝了美酒，吞了丹葯；却也自知闖了禍，而且越闖越大。在肆意放蕩之中，仍有驚慌、羞怯的成份。這些地方，楊小樓都表現得有交代有層次，可以說使出渾身解數。最後紮靠與天兵天將對陣，除了與哪吒的「棍對槍」，是一套嚴肅開打以外，對諸仙那種學女人、學老頭，和與巨靈神的開玩笑，都帶出一種游戲人間的態度，活潑而不過火，輕鬆而不俚俗。

北方韓世昌的崑弋班裏，有一位老伶工郝振基，他也以「安天會」出名，因爲他家裏養了一隻猴子，朝夕觀摩其生活動態，同時，郝本人瘦小枯乾，天生就是猴子相。所以他的「安天會」，在形容猴子的動作上，加意描寫，像抓耳搔腮，擠眼縮脖等，儼然活猴。於是就有一小部份人認爲郝振基的「安天會」，比楊小樓還好。豈不知，戲是綜合藝術，除了學猴動作以外，唱、念、做、打，郝振基那一樣比的了楊小樓呢？何況，藝術是像裏有不像，不像麽又像，繪畫也是如此，如果一定逼眞，就沒有繪畫，只照相好了。須知「安天會」的主角，是演人學猴子，而還得有「齊天大聖」的身份。如果以像猴來衡量「安天會」，則連郝振基也不要看，還是逛動物園好了，眞猴子比郝振基更像猴子了。

二本安天會 民國廿二年（一九三三年）冬，楊小樓排「二本安天會」，初演於華樂，就是齊天大聖在老君丹爐裏逃出，與老君斷打，後來被西天佛祖擒住，壓在五行山的故事。由李洪春飾太上老君，並由他幫同排演。這齣戲裏，前邊猴子與老君的糾纏，沒有什麽新花樣，而且也不夠緊湊。後面的開打，也談不上火熾。同時，李洪春在台上的洒狗血，楊小樓也覺得不大舒服，終覺得此戲比老戲「安天會」差遠了，自己發揮不出什麽來，不願意唱賣嚎頭的戲，所以演了沒有兩三次，就掛起來不唱了。

六、與老生合演的戲

陽平關 此劇又名「黃趙爭功」，係緊接「定軍山」的故事，以老生爲主。不過，戲在人唱。楊小樓陪老譚晚年演過這齣的趙雲，他又以「活趙雲」出名，所以「陽平關」，也稱楊派武生戲之一。但劇幅不大，楊演此劇，定係雙齣，歷來如此。（劇照見本刊第二十八期）

楊小樓在「陽平關」中，前邊賣爭功一場的念做，當黃忠念到：「四將軍，某家今要斬那張郃的頭來，你看如何？」楊小樓當時一聲：「啊，哈哈哈」的冷笑；然後接念「這軍家，焉有常勝之理。」那一笑，聲音中帶有譏諷。念白是提醒、勸告，却又不失恭敬。眞是意到言到，聲容並茂，台下必報以熱烈掌聲。

楊小樓的「陽平關」還有一特點，其他戲裏亦然，凡唱工一句不減。當黃忠力敵曹將不支，有三句快板，趙雲急急風上，接一句腿兒：「又來了常山這條蛟。」「又來了」，走尖子往上挑，必得彩聲。然後架住曹將，黃忠下，再開打。楊以後的武生，這句腿兒都不唱了。黃忠唱完三句，掃頭，趙雲上來就接着打了。事實上，別的武生就是唱了也是「白唱」，（內行管沒有得彩叫白唱。）因爲他們沒有楊小樓那份激越高亮的嗓子。

民國十七年（一九二八年）楊余合作時期，他們二人常貼「陽平關」，碼列大軸，係余叔岩的「定軍山」連演下來的。「定軍山」前邊，楊小樓再帶一齣短打武戲。

楊小樓生平衹演過一次的關公戲「壩橋挑袍」，郝壽臣（左）演曹操

楊小樓晚年，班中只他的女婿劉硯芳湊乎上台，貼「陽平關」時，爲的是有郝壽臣的曹操，但不列大軸，自己另貼一齣放在大軸演了。

八大錘 這齣戲的陸文龍，原本武小生應工，武生兼演陸文龍，始自楊小樓。他此劇授自王楞仙（桂官），武功固然他很有根底，但是陸文龍打四錘將的車輪大戰時，要有十六歲孩童的稚氣。和聽王佐說書時的神情，這就非由小生給說說不可了。楊小樓此戲，也陪晚年的譚鑫培唱過，所以他也自認爲是名貴之作。民國十七年時，曾見他和余叔岩在開明戲院演過。上海杜祠落成，他也和馬連良合演此戲。民國廿四五年（一九三五、六年），北平是冀察政委會時代，楊小樓和馬連良在中南海演過，還不止一次。以後他在營業戲裏沒有演過，一來太累，二來沒有好老生。

楊小樓的陸文龍，也和扮「晉陽宮」的李元霸一樣，先把握一團「稚氣」，但和李元霸不同。陸文龍是天眞、好勝，在車輪大戰裏那些舞雙槍的動作，如耍翎子等等，都充份表現出那少年得意、爭强鬬勝的欣悅來。楊小樓在這一場，面上始終保持微笑，透出志得意滿，而並非驕矜自喜，這個地方很有分寸。說書一場，則天眞、好奇，領悟的表情，層次分明，絲絲入扣。配以余叔岩、馬連良的王佐，那自是功力悉敵，二難相並的局面。

七、在義演裏的群戲

回荊州 連同前面的「甘露寺」，「美人計」合稱「龍鳳呈祥」。營業戲裏，除馬連良的扶風社，其他戲班都不常演。因爲這是羣戲，陣容不硬整，唱出來沒效果。反而在義務戲裏常見，因爲可把許多好角拴在一起，觀衆對這齣長達兩三小時的戲，不會生厭。

所以在北平第一舞台的年終義演裏，常有這齣，平常義演遇見名角如林的時候，也會派出「龍鳳呈祥」來。

楊小樓有生之日，這義務戲「回荊州」的趙雲，永遠是他的活兒。這一場大起霸，梆子班管這一場叫「揉肚子」，也就是指趙雲在劉備樂不思蜀的情況下，苦思促駕還鄉之策，揉靠肚子想主意的意思。念四句詩，是五言的：「虎威常山將，英名非自狂，保主涉險地，赤胆扶劉王」。念完，畧事表白，進宮勸諫一番便了，唱兩句散板下。

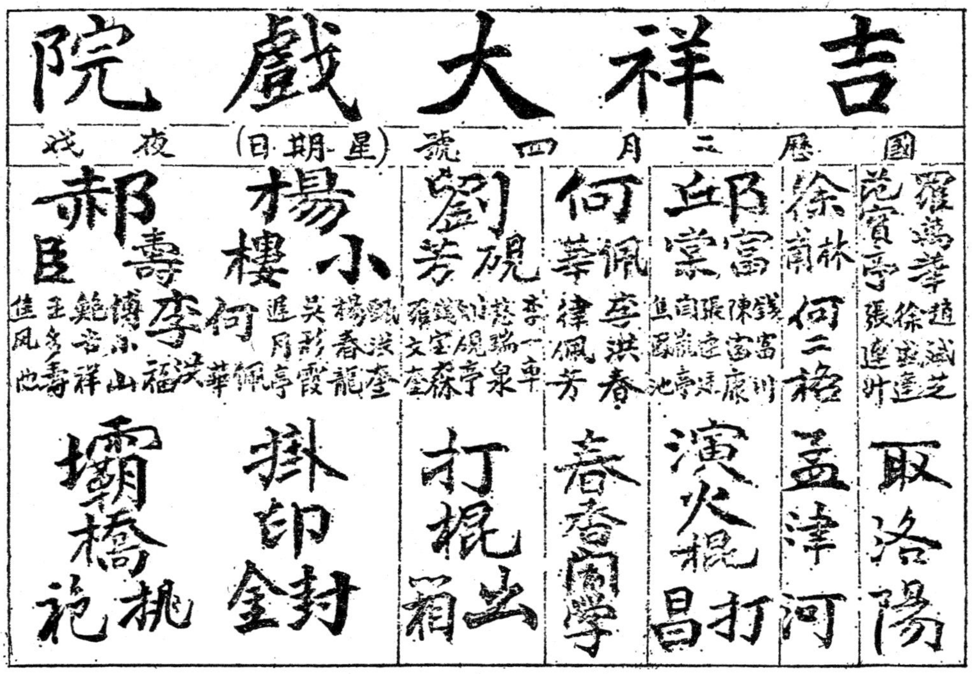
吉祥大戲院
國歷二月四號（星期日）夜戲
羅萬華 趙鴻芝 徐盛達 范寶亭 張連升 取洛陽
徐蘭林 何二格 孟津河
邱富棠 錢富川 陳富康 張連廷 閻嵐亭 侯喜池 演火棍打昌
何佩華 李洪春 律佩芳 春香鬧學
劉硯芳 李一車 慈瑞泉 劉硯亭 錢寶森 羅文奎 打棍出箱
楊小樓 錢寶奎 楊春龍 吳彩霞 遲月亭 何佩華 李洪福 掛印封金
郝壽臣 傅小山 範寶祥 王多壽 侯佳也 灞橋挑袍

楊小樓晚年一張戲單（周志輔先生藏）

下面進宮一場，楊小樓就把趙子龍的赤胆忠心，用唱念逐一表出。先與劉備對白，當劉備表示不耐煩，楊小樓唱兩句搖板，仍被劉備斥責「出宮去吧」！這時一直愁容滿面，緊皺雙眉。馬上打開二道錦囊，念：「主到東吳地，迷戀不還鄉；進宮報一信，曹操奪荊襄。」，念完，再把「曹操奪荊襄」重複念一遍。立刻眉頭展放，打個哈哈，但是還有保留態度，不知此計是否有效？等到再度入宮報信，此計得售，劉備吩咐他安排起程，趙雲應聲「領旨」，出宮後，楊小樓轉身有個背躬，臉上完全眉開眼笑，因爲錦囊妙計成功了，念一句：「先生，你眞乃神人也！」亮住下場，必得彩聲。

以次，劉備、孫尚香、趙雲一行逃走，遇丁奉、徐盛等四將追趕，被孫尚香斥止。念到「趙雲，捧劍斬之。」楊小樓當時躬身回答：「臣，（一頓，加一鑼），領懿旨啊……」高昂入雲，滿堂掌聲。然後唱三句搖板，劉備接一句腿下。

等丁奉、徐盛等過場，逢周瑜追來，一同追趕，同下。下面一場，劉備闖簾倒板：「宮中歡樂程途慘，」和孫尚香（附車夫）、趙雲三人上跑圓場編辮子，又名「三叉花」。劉備必是王鳳卿，孫尚香則多數爲梅蘭芳，梅不在北平，則程硯秋、尚小雲承乏。三個人跑起來，眞是快而不慌，繞而不亂。實際上，每次都是楊小樓領那兩個人跑，並控制速度。如果那一個人慢一點，他便加個蹉步，不使別人跟不上。身段姿勢之邊式、自然，使人看不出來是調整速度，還以爲是跳舞加花步呢！

這種「一顆菜」的表現，頓使台下掌聲如雷，歷久不停，是「回荊州」的高潮。等劉備六句快板唱完，和孫尚香先下，留下趙雲一人，在場上接一腿兒：「要學關公過五關」，唱得滿宮滿調，踢腿，亮住，下場，又是一個滿堂彩。

蚆蜡廟　這一齣是佔人很多的大武戲，適宜在義演的大軸推出，楊小樓每次都飾費德恭。最早黃天霸派俞振庭，俞息影後，派梅蘭芳、尚小雲等反串天霸。後來有一次全體反串，楊小樓則飾張桂蘭，把費德恭讓給馬連良，尚小雲的黃天霸，譚富英的朱光祖，芙蓉草的褚彪，筱翠花的賀仁杰，茹富蕙的施大人，姜妙香的關泰，郝壽臣的張媽，這堂人演這齣戲，其精彩不言而喻。楊小樓演費德恭，賣的是架子、武功。飾張桂蘭，則純粹是開攪起哄湊熱鬧。再早有一次余叔岩反串費德恭，梅蘭芳反串黃天霸，楊小樓反串張桂蘭，出場報名：「奴家福芝芳」（梅太太的名字），台上台下的人，都哄堂大笑。

楊小樓的「長板坡」，晚年在營業戲中不常露，也多在大義務戲中出現了。

八、個人編排的新戲

民國以後，挑班的名伶，除了演老戲以外，都要編排新戲，以資號召，才能維持聲譽於不墜，楊小樓以武生挑班，已屬異數，而他編排新戲之多，較名旦名生不遑多讓，或且過之。下面是筆者曾經寓目的幾本：

陳圓圓　朱琴心曾搭楊小樓班，也曾名噪一時，與四大名旦分庭抗禮，「陳圓圓」是他們二人合作時的產品。朱琴心飾陳圓圓，以唱做歌舞勝。楊小樓飾吳三桂，武場子不多，也是以唱做神情取勝。前半部扮像是閃襟紮靠，到後來降清，改換服制，當場換穿箭衣馬褂，扮像有如「頭本連環套」裏，黃天霸謁彭一場的打扮。當晉京之前，部下歡送大將軍時，他有幾句搖板，記得有一句是：「從今後，再不要叫……，什麽大將軍哪！」感慨悽涼，悲切萬分，台下爲之感動，而掌聲如雷。事隔三四十年，此腔今日猶如在耳，好戲感人深遠，其成功如此。

取桂陽

楊小樓既以趙雲戲膾炙人口，就以趙雲爲題材排新戲，這是趙雲取了桂陽，義拒趙範打算以寡嫂相許的一段故事，也是文武並重的戲。前邊有開打，到趙範相請結爲金蘭起便轉爲文戲。趙範打算獻嫂，趙雲責之以大義，楊小樓有大段念白，同時把鄙夷趙範爲人，和對他加以提防的警覺，都有層次的表達出來。可惜此戲並沒唱多少回。

野猪林

「林冲發配」的故事，一共分四本：「野猪林」、「山神廟」、「夜奔梁山」、「火併王倫」。楊小樓只排了前三本，後來李萬春才把四本排完了。

楊小樓先排的三本「林冲夜奔」，在民國十二年就開始唱了。民國十八年才排「野猪林」，最早由侯喜瑞飾魯智深，後來郝壽臣長期搭永勝社以後，就由郝飾魯智深；郝於此戲也對功，演出的就頻繁一點。楊的林冲扮相，白紮巾，白花褶子，白箭衣，在英俊之中，保持八十萬禁軍教頭的身份。對高俅父子的欺壓，做派充分掌握一「忍」字，有些與「戰宛城」接近。唱工也是搖板爲主，沒有後來本子那些高撥子。這個戲花臉戲份很重，可以說是武生花臉均勢合作。

山神廟

也就是「火燒草料場」、「殺死陸虞侯」的故事，緊接「野猪林」。楊小樓是和「野猪林」同時排的，分兩天演出。這齣戲只是沽酒和最後開打較重一點，前文後武，劇幅不大，楊小樓不久後就不演這一齣了。

所以後來楊小樓只演「野猪林」，而不動「山神廟」和「林冲夜奔」了。

三四本連環套

楊小樓的黃天霸戲有名，「連環套」尤其成功，就再續一續吧，於是接排三四本。叙述竇爾墩起解，梁大興行刺，黃天霸在公堂替竇爾墩求情，竇爾墩出家的故事。楊小樓的黃天霸，仍然頭二本「連環套」的餘緒，重在唱念，但是怎麽安排，也沒有頭二本的緊湊精彩。竇爾墩原排侯喜瑞，後換郝壽臣。侯以身段邊式，和公堂上的大段念白取勝。郝則以起解途中，西皮倒板轉原板那段唱工見長。楊小樓的外孫劉宗楊飾梁大興，行刺有一場走邊，花拳繡腿，單擺浮擱。楊小樓對這齣戲倒偶爾貼演，直到去世前一年，還在長安戲院貼過白天，不過是晚年賣名兒罷了，不如頭二本精彩。

壩橋挑袍

楊小樓因爲藝術卓越，造詣精湛，自己表面上對人十分謙和，內心裏也有一種能者無所不能、藝高人胆大的心理。他對武生的勾臉、俊扮戲都唱了，反串老生和花臉露過了，總想過一過老爺戲的癮。同時，要唱也不能唱老戲，因爲那時北方李洪春已成關戲典範，萬一觀衆有個比較，他九分比李好，一分不如李，在他的聲望和地位上都划不來。因此，要唱就唱新編的戲，他這個意思醞釀很久，到民國廿三年（一九三四年）才實現。

楊小樓所選的題材，是關羽在曹營秉燭達旦，辭謝美女，掛印封金，到壩橋挑袍完。其實，老戲「屯土山」以後，「千里走單騎」、「古城會」以前，有這段戲文的，不過簡略了些。楊小樓則請吳幻蓀（北方名畫家，編劇家，像馬連良許多劇本如「十老安劉」等，都出自吳幻蓀的手筆。）爲他編撰，這個本子，詞藻典雅，場子也很緊湊。

「壩橋挑袍」由楊小樓飾關羽，於民國廿三年（一九三四年）二月四日演於吉祥，也就是癸酉年臘月廿一日，演完了封箱。他爲鄭重其事，特意繡了一身新綠靠，連夫子盔，靴子，一套新行頭。事先齋戒沐浴，在後台很虔誠的上香禱告，揣上「老爺碼兒」，這才上場。臉譜勾得肅穆，神態也保持威嚴，不敢多發揮做戲。功架比他平常的「大寫意」，稍微「工筆」一點。郝壽臣的曹操，戲很重，吳幻蓀給編的唱詞也不少。對於念白、做派，郝壽臣有「活曹操」的美譽，演來非常細膩，李洪春飾張遼，傅小山的馬童，可惜這齣戲祇唱了一回就掛起來了。

甘寧百騎劫魏營

楊小樓把「壩橋挑袍」掛起來以後，心疼這身新綠靠，別穿一回就不用了，於是湊乎這身新靠，又排了兩齣三國戲。一齣就是這個甘興霸的故事，採自三國演義。背雙戟，在劫營之前，與衆軍士席地而坐，有大段白口。主旨係軍人報國，馬革裹屍，以少勝衆，兵貴精而不在多的意思。念得慷慨激昂，抑揚頓挫，能落好幾次掌聲。

壘山谷

是姜維智取鄧艾的故事。這兩齣戲相繼在廿三年秋天、七八月推出。楊的姜維，路子還仿「鐵籠山」。郝壽臣鄧艾，紮靠，臉譜近似馬謖。戲不錯，也不小，楊郝二人都賣力，就是說不出有什麽特色來。所以這兩本綠靠新戲，楊小樓並沒有演多少次。

康郎山

這是楊小樓生前最後一齣新戲，在民國廿六年（一九三七年）一月推出，是演岳傳故事。楊飾曹晟，戴帥盔，白靠閃襟。郝壽臣牛皋，李洪春岳飛。還是那句話，戲也有打有唱，演員也都賣力，就是沒有什麽精彩高潮，好像演員演故事而已。因此，楊小樓沒有多演；而直到逝世以前，仍以唱老戲爲主，把新戲偶爾穿插貼演而已。

後記

以上筆者所談楊小樓的戲，都是見過的，但也有幾齣沒有看過的戲：新戲沒有見過「陵母伏劍」。老戲沒有見過「水濂洞」、「白水灘」、「蜈蚣嶺」、和「五人義」。

「五人義」又名「看看蘇州人」，是明代魏忠賢時，蘇州鬧文字獄的故事，見古文「五人墓碑記」。這原是開口跳的戲，從前以瘋德子稱拿手。俞菊笙很喜歡這齣戲，就把它拿過來，又成了武生戲了。楊小樓承其餘緒，後來總嫌此戲格局不大，自己戲又多，也就把這齣「五人義」放棄了！（下期續完）

亞米茄金表－永久的財寶

瑞士乃是世界製表業之王國，亞米茄表素負盛譽，亞米茄金表尤爲舉世人士所推崇。
亞米茄各欵金表不但具備精密準確的報時性能，並且欵式趨時，迎合潮流，有超薄型或配有特級之水晶玻璃。金鐲型表帶之設計更爲別緻，襯托出表殼的優美線條，佩戴亞米茄金表令你感到親切的滿足和自豪，餽贈亞米茄金表更能表達你的隆情厚意，永誌不忘。每一只亞米茄表都附有全球156個國家之服務保證書，請駕臨各亞米茄特約零售商參觀選購。

A.	BA 368.847	黃金欵式，	港幣$4,400.元
B.	BA 711.1688	黃金欵式，	港幣$4,500.元
C.	BA 711.1675	黃金欵式，	港幣$1,850.元
D.	BA 751.244	黃金欵式，	港幣$2,200.元
E.	BA 353.009	黃金欵式，	港幣$4,000.元

Ω
OMEGA

銀色漫談

「江湖行」大功告成！

·馬行空·

張曾澤導演的「江湖行」，已經拍到尾聲了，忽然又發生了不愉快的事情？打聽下來，原來是小演員裏的糾紛，原本沒有報導的價值；何況現在已經風平浪靜了，但張曾澤在此次的事件之中，表現了很公平而民主的作風，博得了化粧間內一片讚揚之聲，倒是值得記上一筆的。

事實經過如下：「江湖行」裏需要越劇的演出，製片部與越劇名小生高瑾簽了一紙合約，由她負責錄音，並且還得在戲裏粉墨登場，當然要付給她一筆可觀的酬勞，不消說得。話說聲帶錄得之後，女主角何莉莉一聽，認爲她的代唱部份並不十分滿意，於是當場埋怨了幾句，其實也並不嚴重，但負責錄音的高瑾則認爲大失面子了，一口氣不出，就此引起一場化粧間內娘子軍的罵戰。

使得高瑾不服氣的是：何莉莉在家中聽過大陸上傳全香的錄音，比起本地的幕後代唱來，自然要高明得多，但如果以傳全香的藝術作爲衡量標準的話，則高瑾縱有通天的本事，也沒法在港九兩地找到一名理想的代唱者了。因此，高瑾就要追究何莉莉家裏的聲帶，是從什麽地方得來的？結果，她發現特約女演員之中，有一名王琦，也是越劇界熟識的人物，而何莉莉手中的那捲聲帶，正是由王琦借出給她的。

於是高瑾的一股寃氣，少不得要出在王琦的身上。在化粧間裏，高瑾向王琦提出責問，怪她不應該把聲帶借給何莉莉，否則的話，沒有了比較，何莉莉也不會表示不滿了。大概當時高瑾的語氣也嚴重了一些，所以引起那名王琦的反感，理直氣壯的提出反駁理由：那一段幕後代唱，顯然與何莉莉的本嗓不合，在場者有耳共聞，高瑾應該負起疏忽之責，急忙設法加以補救纔是，怎麽可以避重就輕，遷怒於一名局外人呢？再說：她借聲帶給何莉莉，是她與何莉莉的私人交情，與公事無關，任何人都無權干涉，何況一名外來的客串演出的配角乎？這一番說話，火藥氣味甚重，使得高瑾也忍不住惡聲相向，於是化粧間內形勢險惡，幾有大打出手之可能。

根據高瑾對外宣稱：王琦的借出聲帶，絕非無心之失，乃是故意搗蛋，煽風點火，挑撥離間，存心要高瑾面上難堪的。凡事有近因必有遠因，所謂「冰凍三尺，不是一日之寒」，談起此事的內裏詳情來，倒又是一大截「王大娘的裹脚布」那麽長。

「江湖行」計劃拍攝越劇的時候，製片部曾經與特約演員王琦接過頭，要她負起領班的責任，因爲她與越劇界人士頗多往來之故，辦起事來比較方便也。不想後來方逸華的左右手，也就是從前百代唱片公司的汪小姐，向製片部舉薦一名高瑾，製片部當然樂於接受，於是王琦的領班職位也就不翼而飛。按照高瑾的想法：王琦一定是懷恨在心的，所以纔把聲帶借給何莉莉，作爲「借刀殺人」之計。王琦是否有這種「陰謀」？不得而知，但高瑾的指摘則似乎是有根據的，祇不過在提出責問時的態度有點過於「惹火」而已。

化粧間內，有人把這場風波的起因，歸罪於製片部的「過橋抽板」，那是不正確的。因爲製片部很明瞭：就算仍由王琦領班的話，她還是要去請教高瑾等一般有限的幾名越劇演員的，現在既然有汪小姐面子，可以直接與高瑾接觸，那就不需要再經過王琦的一道手續了。打個譬喻來說：製片部好比一名管家婆，無論柴米油鹽醬醋茶，能省的就要省下，這是他們的職務，談不到什麽「忘義背信」者也。

再說高瑾被王琦當着大衆奚落了一番，自然有氣，於是對製片揚言：「有王琦就沒有我！」製片部爲了顧全大局，順利拍攝下去之故，祇可暫時請王琦「捲起鋪蓋」，自炒魷魚，引起小演員們的羣情激憤，都說：「不向着公司裏自己的老夥計，反而向着外人，太不公平了！」

這一把火，到底在紙裏是包不住的，漸漸的就傳到張曾澤的耳中。他馬上叫來副導演陳着，下了一道緊急命令：「打電話給王琦，代表我向她打招呼，並且請她立刻回廠拍戲！」張導演又說：「一切演員的任用，不論大小，都是公司裏的人事上決策，任何人不能左右這個權力，連大明星亦不例外！」這麽一來，很容易的就把火頭給壓熄了；高瑾照常登台，王琦照舊跑起她的龍套來，天下太平，安然無事。就有那個好事之徒，故意去問高瑾道：「你不是說，有王琦便沒有你嗎？」高瑾很快的回答道：「我幾時說過這種話來？我沒說過！」大家哈哈一笑，「江湖行」也就順順當當的拍完了最後一景。

江湖之行 動機甚早

閒話少說，言歸正傳：張曾澤的一部「江湖行」，緊趕慢趕，終於在元月上旬的某日，開出最後一天的城門水塘外景。是日也，天朗氣清，萬里無雲，確是一個秋天裏的春天，正好拍戲，而最湊巧的是：那時水塘水位高漲，平添了許多景緻上的綺麗，眞好像是爲了慶賀這最後一天而特來湊趣似的。此所以張導演滿心歡喜，衆演員工作人員興趣勃勃，當然很迅速而又順利的拍完了該片的最後一個鏡頭。在歸途上，張曾澤忍不住內心的喜悅，對手下人等宣佈道：「我有一個預兆，這部「江湖行」的成績大概錯不了。」拍攝的工作，已經告一段落，至於剪接配音的工作，則還有一陣子的精磨細雕。張曾澤主張用全部國樂，再參加了越劇的曲譜，作爲該片的背景音樂。他認爲如此配樂，則可以增强片中的鄉村泥土氣息，而且也更能製造出那種古雅樸實的氣氛來。主意不錯，但做來可不簡單，連寫譜、按曲、練習、錄音等都計算在內，又需要很不短的一段時間，張曾澤道：「過了年再說吧。」

總之，二月到三月，將是「江湖行」進行善後的時間，一切就緒，也就剛好趕上復活節的映期。張曾澤又笑道：「慢來，慢來。也得等第一拷貝印出來，讓老板看過之後，這纔能夠決定什麽時候推出。期好沒有用，要片子本身好纔能配合得上呢。」話講得很謙虛，但這也是實情。

何莉莉（中）高瑾（右）在影片「江湖行」中演越劇「打金枝」

寫到此處，就要翻一翻舊帳，談談「邵氏」怎麽會發生拍攝這個故事的動機了。

張曾澤參加「邵氏」，拍完一部「吉祥賭場」，而第二部「亡命徒」還沒有開拍的時候，有那麽一天，策劃經理易文把他給請到辦公室裏去，問道：「你看過一本徐訏的長篇小說，名叫『江湖行』的沒有？」張曾澤當時就記起來了：他在台灣的時候，徐訏的「江湖行」正在某刊物上長篇連載，曾經引起過他的注意，斷斷續續的看過幾段，認爲故事性很濃厚，是所有徐訏作品之中比較有眞實感的一篇，當時張曾澤答覆易文道：「那是一本上佳的小說，我看過，但是沒能看得完全。怎麽樣，公司有意思要拍嗎？」易文點頭道：「那麽我要求你把整個故事再詳細的看一遍，你有什麽意思？過幾天，我們再互相研究研究吧。」

近年來，「邵氏」的製片方針，一直是以武俠打鬥爲主的，而且自從陶秦玉樓赴召、天上修文去也之後，「邵氏」出品的文藝片，似有難以爲繼之趨勢，這種情形，常使邵逸夫發生美中不足的感覺，所以念念不忘的要在這方面加以補救。「江湖行」這個題材，是星洲總公司內機要秘書蔡石門（製片蔡瀾之父）向邵逸夫提出的；蔡老先生的文學根底極厚，他能夠看得上眼的作品，當然有絕對可拍之價值，這一點，是邵逸夫所深信不疑的。但是，題材有了，這個導演的重責又應該由什麽人負起來呢？在邵逸夫的心目之中，有兩名導演是可以寄以重任的，一是李翰祥，二就是張曾澤了。

邵逸夫看過張曾澤的「菟絲花」等文藝片，認爲他在這方面的功力，就確是很不尋常的。李翰祥當然也有高深的成就，但他自從進入「影城」之後，正在興趣濃厚的走他自己的喜劇路線，邵逸夫亦不便在此時打斷他的構思，於是想到「江湖行」之時，也就連帶的想到了張曾澤。

易文的提議，果然爲張曾澤所採納，空閒下來的時候，把一本「江湖行」給從頭到尾細讀一遍，發現其中可用的題材甚多，又可以說是太多了，如果照單全收的話，能夠寫出幾個劇本來，至少也能夠寫成上下集。因此，張曾澤又小心的挑選了一番，結果選出該故事開始的一段，那也就是現在這部影片「江湖行」裏以越劇水路班子爲背景的情節了。

張曾澤與易文第二次會面，張曾澤道出他的計劃，易文自然以導演的意見爲意見，張曾澤怎麽說怎麽是了。他二人決定了初步的工作：爲了慎重起見，由易文去請來目前最走紅的編劇名家倪匡，由他負責執筆，另外一方面，易文用電話約妥「江湖行」的原著者徐訏，希望他能與張曾澤會談一次，這也是易文遵重原作者的意思，甚爲週到也。在初步工作進行的同時，張曾澤去拍攝他的「亡命徒」，爭取時間，不致浪費。張曾澤同時道：「我不認識徐訏先生，但心儀其人已久，現在正好趁此機會識荆，而且我也很想聽聽他本人的意見，一切拜託你代爲辦理吧。」

改編劇本 煞費推敲

徐訏是中國有數的幾位名作家之一，按照張曾澤的想法：如要把徐訏的名著給搬上銀幕，他一定有許多嚴格的限制，有他自己的一套主張，所以約他來談談也好，免得日後發生異議。到得約會的那一天，張曾澤與徐訏在「影城」內的貴賓室中初次會面，談了很長的一段時間，不過談話中以張曾澤的解釋佔去大部份，而徐訏則以微笑點頭的時候居多。張曾澤把他的構想與計劃給很詳細的講述一遍，最後並請徐訏提出問題，以便討論。使張曾澤沒想到的是，徐訏祇那麼滿意的一笑，說道：「很好嘛。張導演，我絕對信任你，與你們公司製片部裏的各位，所以沒有意見，就這麼決定好了。」

「江湖行」拍成，張曾澤與徐訏又會過好多次面，倒成了一對很投機的好友。張曾澤在旁人面前談起徐訏來時，總是那麼說：「他是一個極其容易相處的好人，沒有一絲一毫文人的傲氣，太難得了，太難得了……」

如此這般，「江湖行」的初步計劃就算決定了，張曾澤心裏無牽無掛，拍起戲來也塌實得多。不想隔了好多日子之後，負責編劇的倪匡倒反而一點消息都沒有，使得「邵氏」中人大感詫異起來。

倪匡爲「邵氏」不知寫過多少劇本了，一向的作風是又快又好，像此次「江湖行」這樣遲遲未能交卷，倒是從來也沒有過的現象。於是張曾澤與易文商量商量，把倪匡給請到公司裏來，問起情由，纔曉得這位編劇名家也有他的苦衷。倪匡很坦白的告訴張曾澤：截至見面之時，他還沒有動筆，原因是這個劇本很費推敲，不知應該怎樣寫纔好？

雖然張曾澤與倪匡早已決定了一個大綱，但倪匡在提起筆來之時，還是難免心存顧慮，祇因爲他與徐訏也是老朋友，所以他就祇怕糟塌了老朋友的心血，結果倒反而變成一字不出了。張曾澤當塲對倪匡拍胸道：「徐先生既然信任你我，那你就儘管放心大胆去寫好了，好在劇本寫好之後，總要再請徐先生看一遍的，倘有不妥之處，我們大不了多拖些時日，改到他滿意爲止，這總行了吧？」倪匡聽罷，好像吞下了一顆定心丸，當下興辭而去。

「江湖行」的整套對白本，確是經過徐訏的親自核定的，他非但沒有提出過什麼異議，而且還大讚倪匡的改編手法，十分高興的對張曾澤說道：「等你拍完『江湖行』之後，我還有一兩個新的故事，你們也可以考慮考慮。」這一次寫劇本的小小波折，就此雲消霧散，使大家都感覺十分歡喜。

有人問張曾澤道：「你有什麼把握能夠拍得好這個題材呢？」張曾澤正色答道：「我覺得這段小說的故事性很强，情節很熱鬧，還有就是以藝人生活作爲背景的影片，已經好久沒人拍了，可能給予觀衆一種新鮮感。」說起來了：張導演好像對於名著小說頗有偏愛似的，以前的「路客與刀客」、「紅鬍子」、「吉祥賭坊」，以及現在的「江湖行」等俱是，所以他的題材範圍比較廣泛，這大概也可以算是「兼收各派之長」吧？

「江湖行」中有越劇的舞台演出，又有好幾塲的後台風光，於是又有人認爲那一定是「秋海棠」或「風雪夜歸人」一類的性質了。張曾澤搖頭笑道：「不同，絕對不同！我可以向各位保証，這裏頭完全沒有一點陳腔濫調，而是用另一種筆觸來描寫藝人生活的。老實講：這就是我對於那篇小說發生興趣的主要原因。」

既然拍到了水路戲班，自然少不了的是船。「江湖行」的第一堂佈景，就是在「邵氏」的最大影棚裏，搭起一艘長達十餘丈的「陸地行舟」。這一艘木船，除了不能在水中行駛之外，一切與眞的一般無二：有前艙，有後艙，寬濶的甲板，高高的桅杆……船上可以容得下全體演員；此次起用的基本演員、特約演員、臨時演員等，爲數甚夥，製片與劇務相當傷腦筋，還有導演、副導演、攝影組、工作人員等，也都棄陸登舟，那上頭面積之廣，由此可見了。若問這條假船的造價若干？聽說是港幣十五萬元！算計下來，與眞船也差不了許多矣。開鏡的那天，張曾澤指着木船對聞風而來參觀的朋友們笑道：「這就是給大公司拍片的方便之處了，要什麼就有什麼。」

假船不能乘風而破浪，這便如何是好？人們發現在那個船底的下面，安裝了十幾條巨大無比的彈簧，當攝影機開動的時候，幾名工友站在支住船底的木板上，一聲吆喝，大家脚下用力，馬上就看見那艘木船搖搖幌幌的，跟航行在江河裏的情形一樣！這麼看起來，幹佈景師這一行可也絕不簡單。

莉莉挑樑內定已久

在近來「邵氏」所拍的各部影片中，這部「江湖行」也可以算是大製作之一了。常言道：「蛇無頭不行」，一部影片沒有挑大樑的女主角也拍不起來，於是在「江湖行」醞釀開鏡之時，大家對於這個「當家花旦」就十分的注意。結果，發表的是風華絕代、而演技日有進步的何莉莉，如此一來，外面的傳言可就又多了啦！

很多人都這麼說：爲了爭取「江湖行」裏的女主角，何媽媽親自到製片部裏去疏通，何莉莉自己也不惜面見總裁，提出要求。說也奇怪：何莉莉爭戲的名氣，不知怎的就傳播開去了？人們時常可以聽到這種新聞，到現在都彷彿「已經不是新聞」了。前幾次不要去談它，但如要說此次何莉莉的女主角爭取得來的，那可實在是沒有影兒的事。

據熟悉內幕者談：當「江湖行」還在八字沒有一撇的時候，何莉莉早已就是內定的女主角了。這種說法，在乍聽之下，好像理由欠通，因爲既然沒有這部影片，又怎能內定何莉莉的女主角呢？此話說來甚長，其中有個來龍，也有個去脈，繞來繞去，就要繞回去好幾年。

哪一年？可記不太清楚了，反正有這麼一年吧；何莉莉到星加坡去拍戲，在某次宴會裏，總公司裏的那位機要秘書蔡石門老先生，默默的對何莉莉凝視了半天，然後輕聲問她道：「你可曾看過一本名叫『江湖行』的小說？」何莉莉被他這麼沒頭沒腦的一問，倒感覺莫名其妙起來，祇可微笑的搖搖頭。蔡老先生鄭重的吩咐道：「回到香港，有空的時候，可以到書店裏去買一本來看看。」他的話，引起何莉莉的興趣，反問道：「怎麼，很好看嗎？」蔡老先生這纔一五一十的講給她聽：那本小說裏的女主角，論外型，論個性，論一切的一切，都好像是按着何莉莉的模子而塑造的，實在巧合到了不可思議的地步！最後，蔡老先生說道：「假如我們公司要拍這個故事的話，我個人的主張是：其中的女主角，非你非屬！」

據說：何莉莉倒是眞聽話，回到香港就設法去買得來一本「江湖行」，津津有味的看過一遍，不知不覺的也就喜歡上書中的那名女孩子了。幾年過去，公司裏一直也沒有機會開拍這部文藝片，漸漸的連何莉莉本人也把這件事給淡忘了。現在舊事重提，蔡石門的多年願望終於實現，可能是他曾經與他的兒子蔡瀾談起過此事，也可能他和邵逸夫討論過這個人選的問題，所以當張曾澤決定要拍「江湖行」之時，製片部先舉薦的演員就是何莉莉。張曾澤拍過何莉莉主演的「吉祥賭坊」，合作愉快之外，張曾澤對於何莉莉的一教就會的本領，更是大爲欣賞，此次既然是製片部所提議的人選，張曾澤當然沒有反對的理由了。「江湖行」開鏡的那天，張曾澤眼看遠處扮成一名江湖兒女模樣的何莉莉笑嘻嘻的對朋友們說道：「要說何莉莉爭取這名女主角，還不如說是這名女主角在爭取她哩。」他的意思和蔡石門一樣：那個角色是用何莉莉的模子塑造出來的。

另外還有一個傳說：何莉莉拍過李翰祥的「大軍閥」，演過一段戲中串戲的平劇「拾玉鐲」，覺得很有趣，而同時也勾起她的戲癮來，所以現在聽說「江湖行」又有越劇的演出，她當然要大力爭取主演了。這一個傳說，尤其沒有根據，完全空中樓閣，因爲前文已經交代過了；何莉莉主演「江湖行」的動機，發生在幾年以前，那時連個「大軍閥」的影子都沒有，就算何莉莉眞有戲癮的話，也是無法可以勾得起來的呀。

「江湖行」裏的女主角，是一個越劇團裏的花旦台柱，因爲從小闖蕩江湖，在氣質上與普通一般女孩子畧有不同：她有幾分驕縱，可也有幾分溫柔，她的本性正直，可也羨慕虛榮，在徐訏的筆下，那個人物是活生生有血有肉的。私底下的何莉莉天生的就有那股子形容不上來的洒脫勁頭兒，旁人沒法學得像，蔡石門的老眼不花，目光如炬，一看就看出她的這個特點，所以纔連帶的想起徐訏心目中的一名嬌憨伶俐、活色生香的小花旦來。我們也可以這麽說：假如沒有現成的一位何莉莉，也許「邵氏」還想不着拍攝這部「江湖行」哩！

「江湖行」女主角何莉莉速寫畫像

選用男角 爆出冷門

新人李修賢，是一名十八歲的虎頭虎腦的小夥子，經過導演張徹的賞識，參加了「邵氏打仔」的陣容，所以一般人都認爲他是繼王鍾之後的又一名「張家班」小生。但誰也沒有想到的是：李修賢在還未受到張徹的重用之前，竟然被張曾澤選爲「江湖行」的男主角！這一個冷門，爆得十分意外，「影城」以內，紛紛議論，都說：「難道本公司以內眞個沒有合適的小生可用了嗎？」

關於這一點，張曾澤也有解釋：在分派角色之時，他曾經考慮過好多位小生，文的武的都有，但是選來選去，總覺得未能盡如人意，似乎還是新人之中的李修賢，比較的能夠符合了劇本裏的要求。當然，李修賢還沒有主演過任何片子，他的潛質到底是一個謎，但張曾澤則認爲他的外型已經「及格」，祇要他自己努力，將來是不愁沒有表現的。

李修賢雖然年輕，但長得相當魁梧，看上去很有點二十出頭的丈夫氣概了。他不是一名美男子，但生就一副予人以親切感的忠厚相，遇上陌生人之時，老大的個子還會臉紅。「江湖行」裏的男主角是一名熱血的鄉下漢子，帶點北方人口中的「楞頭青」性格，一旦捲入大都市的複雜環境裏，難免要碰上好多的釘子，這樣的一名人物，由初生之犢的李修賢演來，不用說當然是事半而功倍了。

問題呢，還是有的。「江湖行」裏也有武場，但不太多，對於李修賢說來，似有英雄無用武之地的遺憾。至於這部新片裏的文場，却又不少，使一名初担重任的李修賢爲之皺眉。他到底年輕，經驗不夠，因此在拍戲的時候，時常發生情緒不安的現象，被導演看在眼裏，雖然有點着急，但又不便形諸於色，祇好沉住了氣，以不瘟不火的口吻說道：「沒有關係啊，重來一遍好了，誰又能不出錯兒呢？」

在影棚裏，休息的時候，聽見張曾澤指點李修賢的一番話，就曉得當導演也不是好當的了。他說：「不錯，你是一名武小生的材料，最重要當然是拳脚功夫，但現在的打鬥片也有改變了，觀衆的要求也提高了，所有的武小生，都要同時在文場裏也有表現，那纔是挑大樑的『角兒相』哩。你看李小龍，看王羽，再看看姜大衛、狄龍、陳觀泰、王鍾他們，嘴裏不言語，暗含着可誰都不肯輸給誰，一個個都在演技上也有了長足的進步，絕不像以前那樣的一味靠打了。你的年紀最輕，經驗最少，但機會很好，趕緊迎頭趕上，正好跟他們老哥兒幾個比較一日之短長。你不要着急，更用不着發慌，祇要我能夠看得到的地方，咱們沉住了氣慢慢的磨。我不敢包你一鳴驚人，但是有把握可以使你在銀幕上絕對還像個樣子。第一部片子嘛，大體上過得去的話，觀衆們就會喜歡你的，好好的幹吧，小夥子，我對於你有這個信心！」李修賢一面聽，一面又臉紅了。

聽張曾澤的口氣，他確是經過一番暗中觀察之後，纔選中李修賢這名小生的。張曾澤向來有這麼一個慣用的名詞，叫做「慢慢的磨」，李修賢在他的心目之中，却是一塊正待雕琢的美玉，所以更要大「磨」而特「磨」了。李修賢在拍戲之中，有時候會得懊惱的恨道：「我越是留意，越是出毛病，這可怎麼好？」張曾澤忙說：「這就是進步的現象啊，好得很，出了毛病再來一遍，來到全對了爲止！」

李修賢就是那麼一個好勝心太强的青年，緊張起來，忙中有錯。「江湖行」在拍得最起勁的時候，鬧出一場「導演受傷」的新聞，也是在任何影片裏所沒有發生過的意外。

那天拍的是李修賢與谷峰大開拳脚的鏡頭：武術指導的設計，是李修賢從地下躍起，撲向站在樓梯口上的谷峰，谷峰閃身，飛起一脚，李修賢被踢，衝至門上……試過一遍，導演搖頭，認爲李修賢的衝勁還不夠，再來一遍，導演喝道：「差不多了，再多使一把勁，這就正式！」

事有湊巧，剛好有人前來回話，導演吩咐副導演陳着幾句，自到佈景板後面去和來人談話。陳副導演爲了小心起見，又把李修賢與谷峰交手的動作給試了一遍，這纔喝道：「正式啦！」

這次李修賢賣足了氣力，在攝影機前面如箭離絃似的一直竄到門上，去勢甚猛，突然把整個一扇木門給往外撞倒！不想張曾澤剛好站在門外，木門倒塌下來，壓在他的右脚上，張導演祇能喊得出一聲「啊呀」，馬上臉色大變。

影棚內全體都呆住了，尤其是無意中闖下禍來的李修賢，站在當地，臉上一陣紅一陣白，都不知應該怎麼好了。結果，導演被送進醫院急救，在愛克司光的檢視之下，發現踝骨破裂，這可不是三天兩天就可以恢復的了！

導演受傷，工作自然停頓下來，但張曾澤祇在床上休息了一天，就拄起一根手杖，來到影棚。「江湖行」的下半部裏，張曾澤是整個在一拐一蹺的情況之下完成的，他嘆道：「拍片的工作，等於戰爭一樣，全仗的是一鼓作氣，要是在半當中洩了氣的話，那就不知又要拖到什麼時候去了。」

開拍駝龍 要等暮春

「江湖行」總算是大功告成，張曾澤如釋重負的喘過一口氣來，也就到了臘鼓頻催的大年底下了。張導演把「江湖行」拍得的底片交付給製片部時說道：「下一個劇本，你們去準備起來，過了新春假期，我們再一起研究吧。」這是他在參加「邵氏」時講好的條件：劇本由公司方面供應，導演概不負責。

現在我們就要替張曾澤算一算這本帳了：他與「邵氏」所簽的合約是每年兩部，共簽兩年，換一句話說，也就是他應該負責向「邵氏」交出四部新片來。從簽約那日起，到今天爲止，剛好是一年多一點點，但是他已經拍得三部片子了——「吉祥賭坊」、「亡命徒」、「江湖行」——所以在時間上顯然還有許多的富裕，那麼他有什麼支配的計劃呢？

傳說就在「吉祥賭坊」拍得之後，邵逸夫曾經向張曾澤提議過「添食」，而張曾澤則祇同意了一半。此話怎說呢？張導演給予總裁的答覆是：「祇要我在這兩年以內還有多餘的時間，絕對樂於爲公司效勞，也不必再改寫合約條文了。」

實際的情形是如此的：張曾澤與「邵氏」所簽的合約內，除了爲公司拍片兩部之外，他還可以自做老板的另外拍一部，而他的這部獨立製片，如果需要的話，亦可以把星馬版權賣給「邵氏」。這個辦法，對於張曾澤非常有利，因爲片子假如賣錢，則香港與台灣的售座盈餘都可以歸入他個人的私有了，何況「邵氏」還答應他代理香港的發行，以那條院線來說，除非片子本身糟到了不可再糟的地步，否則是穩穩可以賺錢的也。

記得在不久以前，張曾澤曾與台灣的大導演李行對外發表過攜手合作的消息，並且準備拍起一部片名叫做「駝龍」的新片，那大概就是張曾澤口中所稱他的獨立製片了吧？但奇怪得很；張曾澤自從消息發表之後，就一直爲「邵氏」而忙碌着，對於「張李合作」的計劃，好像連一個字都不提起了，這又是什麼緣故？

據張曾澤談：「駝龍」的攝製，絕對不會放棄，祇是時間上的遲早問題罷了。他的計劃是：乾脆在今年春季裏，再爲「邵氏」拍掉一部，前後共合四部，屆時無「債」一身輕，正可以在暮春初夏之交，一心一意的爲「駝龍」工作起來。「駝龍」將是張曾澤的導演，而李行負責製片，至於他倆合作的第二部，（尚無題材，未定片名）則決定走馬換將，輪流上陣，李行導演，張曾澤製片，雙方的工作均等，誰也不吃虧。「駝龍」也是一本在台灣流行的小說，張曾澤爲此自嘲說：「我倒變成專檢現成的了。」至於由誰主演，則此時言之尚早呢。

張曾澤來到香港一年多，有過失意的時期，就是「紅鬍子」的售座情形不甚理想，也有過得意的時期，那是「吉祥賭坊」一舉而突破了百萬大關，然而，他的個性與另外一名導演李行極其相像，好像對於得失的問題看得很淡似的。當「吉祥賭坊」的捷報傳來之時，大家向他道賀，他坦然的說道：「我不大理會八十萬或一百萬之類的數字，我看得最重要的是自己的藝術良心！辦不到的，是我的能力所限，辦得到而沒辦到的，就能使我好些日子都睡不着覺了！」朋友們取笑他道：「喂，在那部『江湖行』裏，你放下去多少個『良心』啊？」張曾澤哈哈一笑，舉手向天，答道：「已經盡力而爲之了，至少，我看見好朋友們不會臉紅！」

大人合訂本　第五集

總目錄

第二十七期　一九七二年七月十五日出版

新的美國革命已經開始　李璜
胡筆江徐新六飛渝殉難經過　李北濤
大人小語　上官大夫
年羹堯者大特務也　林熙
世界各國間諜秘聞　萬念健
我訪問了川島芳子　謝冰瑩
男扮女裝的兩個警察（美國通訊）　林慰君
政海人物面面觀　馬五先生
　左舜生、楊杰、蕭振瀛
申報與史量才（望平街囘憶）（續）　胡憨珠
藝術大師吳昌碩（畫苑春秋）　薛慧山
齊白石作畫的特點　李可染
齊白石的刻印與繪畫　李默存
題吳子深畫譜　陳定山
吳子深的命造（來鴻去雁）　韋千里
我的丈夫高逸鴻（太太的文章）　龔書綿
魯班的故事　金受申
成家與毀家（東戰場囘憶錄）　圓慧
奇人劉髯公　呂大呂
馬場三十年（二十六）　老吉
我的編劇史（下）　陳蝶衣
白景瑞一時成奇貨（銀色圈漫談）　馬行空
戲外之戲　翁偶虹
上海京戲院滄桑（上）　文翼公
「銀元時代」生活史（專載）（十四）　陳存仁
封　　面：黃君璧松鶴圖
封面內頁：大千居士刻印
鉅幅彩色插　頁：吳昌碩、齊白石、張大千三大家畫荷　（定齋藏）

第二十八期　一九七二年八月十五日出版

八月紀事　上官大夫
大人小語　前人
啞行者與香港游記（封面說明）　賈訥夫
歐陸旅游憶語　馬五先生
1972年世運會前奏　萬念健
世運花絮　余不惑
川菜三名廚（美國通訊）　林慰君
梁鼎芬與文廷式　林熙
臥游記窘（新浮生六記之三）（下）　大方
三百年來兩藝人（遺作）　曹聚仁
申報與史量才（望平街憶舊）（續）　胡憨珠
怎樣鑑別書畫　張葱玉
談對聯　王壯為
曾國藩與對聯文學　張目寒
紗廠大王的故事　滄海客
胡筆江命犯衝擊（來鴻去雁）　韋千里
成家與毀家（東戰場囘憶錄）（下）　圓慧
馬場三十年（二十七）　老吉
痲將家庭（對口相聲）　賽寶林
梅蘭芳生前死後（葦窗談藝錄）　葦窗
上海京戲院滄桑（下）　文翼公
花窠素描　陳蝶衣
「洋」門女將蓮黛　呂大呂
王羽一年拍戲廿部（銀色圈漫談）　馬行空
「銀元時代」生活史（專載）（十五）　陳存仁
大人合訂本第四集總目錄
封　　面：蔣彝畫賈訥夫題側目而視
封面內頁：大千居士來函
彩色插頁：清王文治、何紹基、曾國藩、趙之謙對聯　（定齋藏）

第二十九期　一九七二年九月十五日出版

吳可讀先生罔極編拜觀記　賈訥夫
大人小語　上官大夫
貂裘換酒（詞）　陳定山
大風堂近作詩　張大千
大千居士治療目疾經過　陶鵬飛
太炎先生是吾師（遺作）　曹聚仁
我與曹聚仁（東戰場囘憶錄）　圓慧
四百年來的澳門　司馬小
怪力亂神的經驗之談　馬五先生
張競生的晚年及其遺作　唐寧
多子大王王曉籟　裘澤人
瑞麟與潮州魚翅　林熙
譚畏公的書法與書學　王壯為
與君細說齊白石（畫苑春秋）　薛慧山
譚延闓先生教我寫字　雷嘯岑
雪夜燈光格（來鴻去雁）　韋千里
名人婚變說蔣徐　弼士
申報與史量才（望平街囘憶）（續）　胡憨珠
薄游記趣（新浮生六記之四）　大方
穗港澳門狗史　呂大呂
馬場三十年（二十八）　老吉
六十年前看戲之憶　馬壽華
向癌症挑戰　蔣桂琴
「大軍閥」的幕後新聞（銀色圈漫談）　馬行空
書壇見聞錄　張鴻聲
「銀元時代」生活史（專載）（十六）　陳存仁
封　　面：齊白石畫鷄雛
封面內頁：譚嗣同名片譚延闓題識
插　　頁：精印譚組庵先生臨晉唐人書法冊頁　（定齋藏）

第三十期　一九七二年十月十五日出版

美國大選台前幕後　萬念健
蠶肥菊綻憶王孫　賈訥夫
政海人物面面觀　胡漢民、陳調元、賀耀組、易培基　馬五先生
蔣桂琴死了！　白玉薇
曾國藩的幼女崇德老人　林　熙
趙烈文與龔孝拱　劉太希
悼念吳子深師　周士心
訪問希治閣　林慰君
譚延闓澤闓昆仲　王壯爲
譚家菜與譚廚　耐　安
四大名旦命造（來鴻去雁）　韋千里
大人小語　上官大夫
負販記勞（新浮生六記之五）　大　方
張大千題詩惹禍　留　厂
申報與史量才（望平街回憶）（續完）　胡憨珠
梨園老成話蕭姜（葦窗談藝錄）　葦　窗
業精於勤荒於嬉　蕭長華
憶陳德霖老夫子　姜妙香
狗在香港　呂大呂
馬場三十年（二十九）　老　吉
鄭佩佩復出之秘密（銀色圈漫談）　馬行空
歌壇十二金釵（上）　陳蝶衣
「銀元時代」生活史（專載）（十七）　陳存仁
封　面：溥心畬畫仕女
封面內頁：譚延闓遺墨譚澤闓題識
插頁：精印譚澤闓手蹟（定齋藏）

第三十一期　一九七二年十一月十五日出版

讀大千居士長江萬里圖感賦四律　李　璜
四十年回顧展自序　張大千
大人小語　上官大夫
乾隆慈禧陵墓被盜紀實　高伯雨
林則徐與左宗棠　嘯　公
記吳蘊齋予達父子　李北濤
壬子談往（上）　林　熙
政海人物面面觀　陳獨秀、張國燾、陳銘樞　馬五先生
孫中山先生和香港　司馬我
血淚當年話報壇（一）　張志韓
張大千先生作品前瞻　王方宇
記張大千四十年回顧展　陶鵬飛
張善子大千昆仲　陸丹林
大千長壽（來鴻去雁）　韋千里
翁照垣少年時期　舊　史
藍烟囱與太古洋行（老上海閒話）　胡憨珠
放風箏與鬥蟋蟀　呂大呂
秋風起三蛇肥　范正儒
馬場三十年（三十）　老　吉
歌壇十二金釵（下）　陳蝶衣
「大軍閥」台灣觸礁（銀色圈漫談）　馬行空
金少山在北平　燕京散人
惜哉裘盛戎（葦窗談藝錄）　葦　窗
「銀元時代」生活史（補篇）　陳存仁
封　面：大千居士自畫像
封面內頁：大千居士手書自序原稿
巨幅插頁：大千居士畫河山縱橫圖（定齋藏）

第三十二期　一九七二年十二月十五日出版

萬家歡騰話聖誕　司馬我
泰游小紀（詩）　陳定山
政海人物面面觀　邵力子、黃紹竑、繆斌、褚民誼　馬五先生
港九水陸交通新面貌　余不惑
我與中南銀行　章叔淳
抗戰奇人馬彬和　焦毅夫
大人小語　上官大夫
徐志摩與陸小曼（我的義父母）　何靈琰
記冒鶴亭　高伯雨
齊白石與黃賓虹（畫苑春秋）　薛慧山
壬子談往（下）　林　熙
曾國藩國荃昆季（來鴻去雁）　韋千里
血淚當年話報壇（二）　張志韓
太極拳淺談　何小孟
特出劇種英語粵劇　呂大呂
馬場三十年（三十一）　老　吉
釘巴（上海滑稽）　文：笑嘻嘻　圖：王　澤
連台彩頭戲　萬寶全
「天下第一名票」　燕京散人
余叔岩演王平　孫養農
歌壇十二金釵新冊（上）　陳蝶衣
「潮州怒漢」大吼一聲（銀色圈漫談）　馬行空
封　面：黃賓虹人物畫稿
封面內頁：張大千一月兩畫展
彩色插頁：齊白石草虫手卷小品
　　　　　黃賓虹山水手卷小品

狗仔嘜皮鞋

BOBY®

Casual Shoes

（註册商標）

猄皮男鞋

軟皮男鞋

童庄皮鞋

軟皮涼鞋

對對保証

好着耐用

大人公司　平價市場　人人百貨　大方公司　來路鞋公司有售

大人

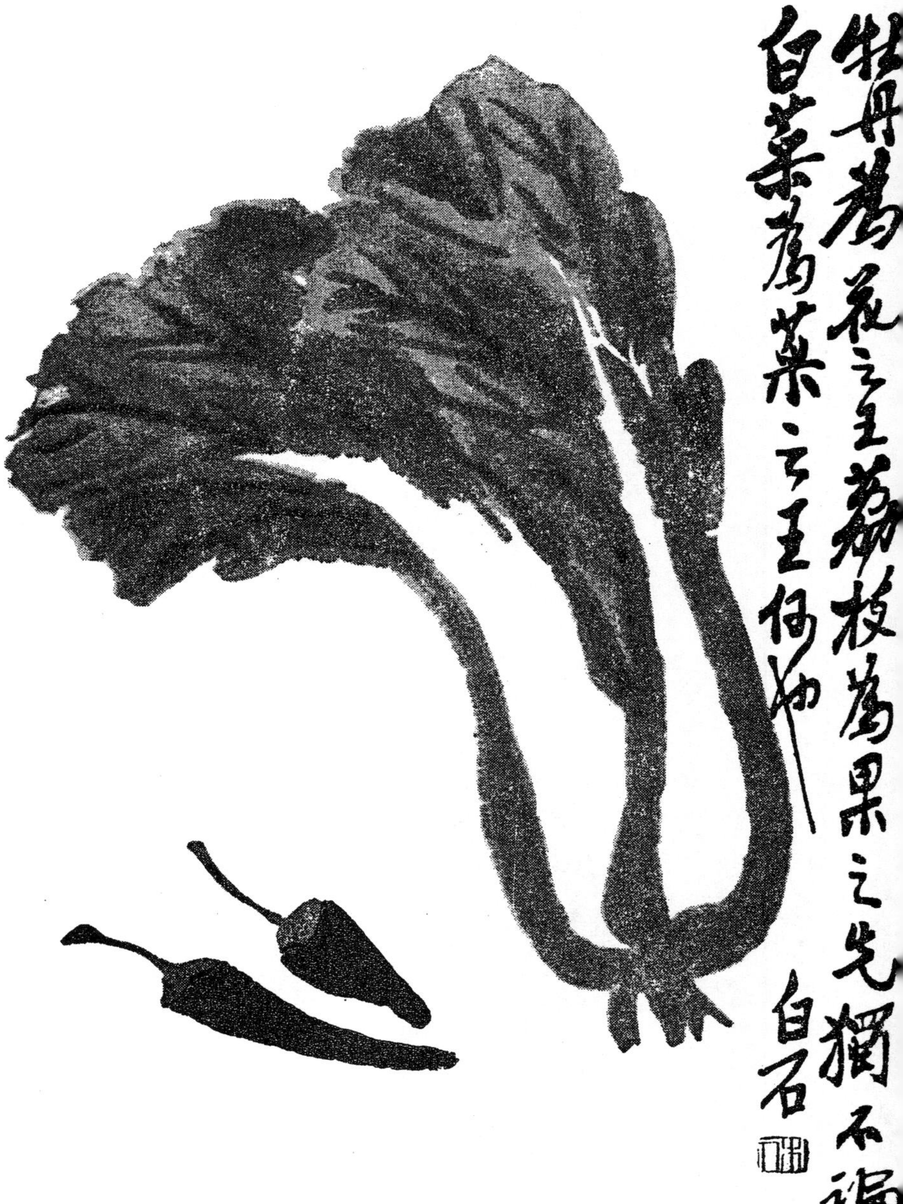

牡丹為花之王荔枝為果之先獨不論
白菜為菜之王何也
白石

論天下大事

談古今人物

第三十五期

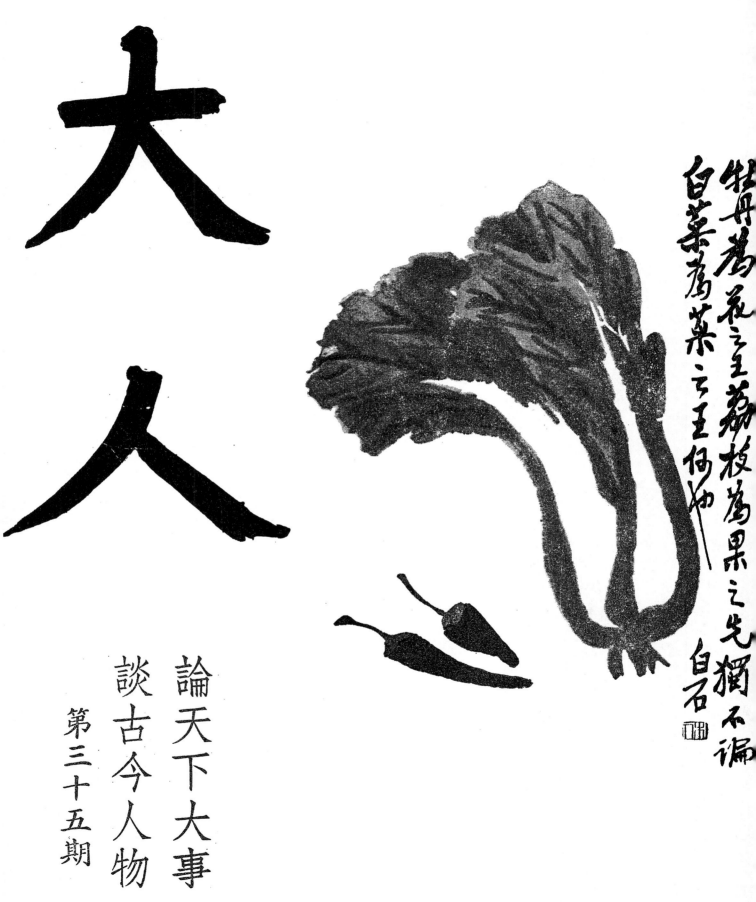

梁啓超致康有爲書札（其一）

夫子大人函丈方馳昨電敬詢 今接快函述旅則
能明遠之古樹寒蓬商略身世則卽希範之驚飛
草長行將閱之程將感歎而況弟子孫歲奉手半生同
患但非木石能勿惻盡入冬以還念我土宇傷心如擣雖
復老萊舞保強為怡然北海傾尊淵雜戟讒及
至羣動響息獨居深念未嘗不怫特激發且求
自試精象索漢四亦當不瞑其間曉井三氏波外忘
履則以盛年久留時譽邁於厄會為世具瞻豈其
偷惹而思自絕壽與通於草莽悍極溺於擾子者
然而上察天時下審人事靜求作出行而有欲安沿不

（其二）

循素位居易之訓守潛德充閭之誡夫任天下者當
犯險難圖也然九敗而冀一成艱可庶幾頂而利
天下險可毋避若乃湛溺自殊而以示勇抱薪救火
而亦致其智者不為仁者亦不為夫以本初健者城府
森峻自謀寡工好臣所教豈其護其智不如葵而乃
欲與狐謀皮過猿緣木安由心傾但願勸吾子胥伍札
可為信讖斯所未喻一也又以河北諸將保塞群薈
扼僅羅不忍首履里運籌相保為捍城待而一鬨
之堅搏沙易散樹循非素背此誰與欲以見放湘累
之澤而抱攀屈父之雁府合慕劉季之奪信軍斯

（其三）

所未喻二也舊朝與軍一二狂童芋螢敢貪為國賊
錄學三家傑黃千刀剝莽匝惟惡無寶上後何今密有
事於北彭且必與為傀就令收跡馳之困且龍驤
以忍以傾城之姿自蒙不潔況手趙燒一建舉國皆
敵內則冢中枯骨作魁甩之喜人知則江東孺子孫
羣盲而吠影子夫所恰無疾而死宜皆之害親戚畔
之若以此為言斯所未喻三也倉龍暴露地保境待時
閱古實馳錢之唐武南牽為上計無使煩言往重
丹穴既有待於匪鉈就彼黃金復難期於西利雖
公存生悔哉不遠嫌而傳矣錢神空勞篤論說

（其四）

今亦何須滑篋作蕑栻卷自纏斯所未喻四也夫極大
難者不拘小節懷遠猷者不辭近怨為保大宗功於
物有濟卽將軀循祭譽義猶為孫權生大
江東呂蒙非復吳下阿蒙械之利彼此共之息奮之形
相倚猶未豈得以如陵之甲狎彼制挺而觀愈風
之概從此倒書既勢從於政心殺枝窮於畫足之若
以此為言斯所未喻五也且西靜而不可動者民情也
可乘而不可抗者時勢也十年以來人心思漢百日
之內運轉之胡既非一朝一夕之故又豈一手一足之所爲
黨風懷授亂其咒之憂因之薄蘊斷腕之勇脫

請參閱本期馬五先生撰「政海人物面面觀」

政海人物面面觀 梁啓超、宋子文、朱紹良、張厲生……馬五先生 二
越南之戰一筆清賬……萬念健 一三
畫壇感舊・聯語偶錄（詩、對聯）……陳定山 一四
南北議和見聞錄（遺作）……張競生 一七
從王羲之蘭亭雅集談起……高伯雨 二九
過年記趣……陶鵬飛 三六
史量才死後的申報（望平街回憶）……胡憨珠 三八
楊小樓空前絕後（續完）……燕京散人 四四
齊白石與李可染（畫苑春秋）……薛慧山 五三
意象慘淡經營中……李可染 六五
閒話題畫……劉太希 六八
大人小語……上官大夫 七一
一世之雄吳佩孚（來鴻去雁）……章千里 七三
血淚當年話報壇（五）……張志韓 七五
三慶會與康芷林……周慕蓮 八三
馬場三十年（三十四）……老吉 八七
薛覺先馬師曾兩大事……呂大呂 九一
歌壇十二小金釵（續完）……陳蝶衣 九七
火燒豆腐店（滑稽趣劇）……江笑笑 一〇三
「冷面虎」扭轉形勢！（銀色圈漫談）……馬行空 一〇六
「抗戰時代」生活史（專載）……陳存仁 一一三
封面：齊白石畫爭王圖　封面內頁：梁啓超致康有爲書札
巨幅插頁：李可染畫暮韻圖（定齋藏）

大人　每逢月之十五日出版

The Chancellor Publishing Company Ltd.

出版及發行者：大人出版社有限公司
督印人：王朝平
編輯者：大人雜誌編輯委員會
總編輯：沈葦窗
社址：九龍西洋菜街三號A 即彌敦道大人公司後面
電話：K八五五七三〇
印刷者：立信印刷公司
九龍新蒲崗伍芳街緯綸工廠大廈11樓
總經銷：吳興記書報社
香港租庇利街十一號二樓
電話：H四五〇五六一 H四五〇七六六
星馬代理：遠東文化事業有限公司
新加坡厦門街十九號
檳城杳田仔街一七一號
泰國代理：曼谷青年文化服務社
曼谷黃橋東北路 五六六之七〇號
越南代理：聯興書報社
越南堤岸新行街二十二號
其他地區代理：
澳門：可大文具店　漢城：汎亞書籍公司
亞庇：利民公司　寮國：永珍圖書公司
千里達：中華公司　斗湖：光明書店
菲律賓：華安書局　菲律賓：玲瓏書局
倫敦：東寶公司　紐約：友聯圖書公司
芝加哥：杏林春公司　紐約：大方圖書公司
波士頓：中西公司　洛杉磯：永安堂
三藩市：新生圖書公司　檀香山：大元公司
三藩市：益智圖書公司　三藩市：文化商店
加拿大：香港商店　加拿大：新國華公司

政海人物面面觀

——梁啓超、宋子文、朱紹良、張厲生——

馬五先生

梁啓超（卓如）

梁啓超生平事蹟中的犖犖大端，世人皆能知能言，他自己亦有紀述流傳着，固毋須筆者再事喋喋贅談的。近閱台北出版的中央研究院近代史研究所專刊「梁啓超與清季革命」一書，把梁說成是與國父孫中山先生「異曲同工」的革命志士，是「避革命之名，行革命之實」的排滿人物。筆者認爲决非事實，近乎溢美，不能不根據若干事証，談談我的見解，以就正於讀者。

據梁氏自述，他在青年得中式鄉試舉人時，對詞章訓詁之學，自信頗有造詣。迨入「萬木草堂」謁見康有爲，自辰至戍，暢論學問要旨後，把原有的學識心得，摧陷廓淸，蕩然無存，洎後一唯康所教是從了。可是，綜觀梁一生的言行，除贊成維新變法，從事言論文字鼓吹外，幷未領受康治學的薪傳，如公羊學、大同書、孔子託古改制與新學僞經等學說，梁皆鮮有闡揚。這亦就是康梁師徒二人終於分道立異的基因所在，但梁表面上始終是以康聖人的顏囘自居呢！

梁啟超（一八七三——一九二九）

一八九八年——淸光緒廿四年——戊戌政變後，康梁得英、日駐華人員庇護，潛至日本，矢志保皇。康曾赴星加坡以保皇黨名義，向當地富商閩人邱菽園，募得經費二十萬元，偕其門徒徐勤、麥孟華等，到日本與梁朝夕共處，致力於保皇運動，鍥而不捨。在戊戌政變之前，孫中山先生會聞梁之名而推薦他担任華僑所設中西學校校長，未及就職而變作。梁亡命日本後，亦與孫公往還，表示志同道合之意。嗣經日人宮崎寅藏、平山周、犬養毅等，介紹孫公與康梁合作，梁亦同意，唯康自稱以保皇黨魁，且奉有衣帶詔，不宜與革命黨人晤面，加以拒却。繼梁乞取孫公函介赴檀島與孫公令兄德璋游，進行募欵，賴有孫公介紹信，當地革命志士皆竭力贊助，梁此行成績頗不壞，但忽然改變態度，倡言保皇，反對革命了。此中原因固係受到乃師康有爲的壓力，蓋梁一家大小流亡海外的生活費用，全靠乃師濟應，孫公無力資助也，然不能不認爲這是梁有虧友道吧？

梁囘至東京，創刊「新民叢報」，宣傳君主立憲，與革命黨的「民報」筆戰經年，絕無絲毫革命思想可觀。到了光緒卅二年淸廷宣諭「預備立憲」，開始釐訂官制，擬設立「資政院」，梁聞之欣然嚮往，曾於光緒卅

移突之見納信補牢之西期今事勢既移前塵
成幻匪直留此虛冤亦孔已亂正以亞菲射的益困
獎爭就今北方之務可實徐勇南風不競所至喪
師然撓替者徧閩左蹶耕者閩隴畔乃至備炊
爭歎小戎國殤半為汪錡嗟此血肉之軀孰我載
斬之亂其至周不可及在義乃所當矜豈以宜焉之
在羣而謂翕猶為當理夫吾徒所志寧亂離亂諸
之戎武亂且益滋更閱歲時伊於胡底而需同殄死
漁人利焉斯所未渝亦也除諸大理還觀我生既未
容餔糟啜醨又安可揚湯止沸故乃閒事文酒毋以不

梁啟超致康有為書（續封面內頁　其五）

三年上書清廷，提供設置資政院內部組織的說帖，次年即在東京創立「政聞社」，贊同清廷立憲運動。此時的梁，不特不談保皇，即對其素所指斥的慈禧后，亦認爲不妨奉戴了！因而革命黨健將張繼（溥泉），乃於政聞社成立大會席上，大罵梁爲「馬鹿」——日語蠢材之意——且當場大打出手，一哄而散，這那有革命的意識存在呢？此時康有爲大概不以梁的行徑爲然，別有主張告梁，梁曾具長函答辯，此函幷未收入梁著作集中，外間殊鮮見，原文云：

夫子大人函丈：方馳咋牋，旋損 今翰，狀寫途旅，則鮑明遠之古樹寒蓬；商略身世，則邱希範之鶯飛草長；行路聞之，猶將感歎，而況弟子弱歲奉身，半生同患，自非木石，能勿惻然！入冬以還，念我土宇，傷心如擣，雖復老萊舞綵，强爲懽笑，北海傾尊，間雜戲謔，及至羣動暫息，獨居深念，未嘗不怫鬱激發，日求自試，搆象索塗，累宵不瞑。蓋聞矇弗忘視，跛弗忘履，矧以盛年，久盜時譽，遘茲厄會，爲世具瞻，豈其偸葸而思自絕，委輿誦於草莽，憚拯溺於援手者？然而上察天時，下審人事，靜眞作凶，信而有徵，安得不循素位居易之訓，守潛德無悶之戒。夫任天下者，當犯艱險，固也。然九敗而冀一成，艱可靡恤，摩頂而利天下，險可毋避。若乃湛淵自殊而以示勇，抱薪救火而云效忠，智者不爲，仁者亦不爲。夫以本初健者，城府森峻，自謀最工，奸臣所教，豈其護足智不如葵，而乃欲與狐謀皮，遏猱緣木，安由心傾，但取齒冷，子胥近札，可爲信讖，斯所未喻，一也。又以河北諸將，保塞羣酋，惓戀舊冠，不忍苴履，思運臂指，俾爲捍城。然而一鬨之怒，搏沙易散，拊循非素，背水誰與？欲以見放湘纍，坐譚西伯，擬尼父之應聘召，慕劉季之奪信軍，斯所未喻，二也。舊朝典軍，一二狂童，羊狠狼貪，爲國妖孽，三冡磔蚩，千刀剸莽，匪惟衆怒，實亦私仇。今欲有事於北，勢且必與爲讎，就令收斯弛之用，能範馳驅，何忍以傾城之姿，自蒙不潔。况乎趙幟一建，舉國皆敵，內則塚中枯骨，作魑魅之喜人，外則江東猘子，聚羣盲而吠影，千夫所指，無疾而死，宣助之至，親戚畔之，若以此爲言，斯所未喻，三也。龜暴𥳑地，保境待時，關右竇融，錢唐武肅，本爲上計，毋俟煩言，然薰茲丹穴，既有待於臣佗，就彼黃金，復難期於五利，雖公孝坐嘯，或不遠嫌，而傳奕錢神，空勞箸論，說食云何得飽，作繭祇益自纏，斯所未喻，四也。夫拯大難者，不徇小節，懷遠猷者，不辭近怨，苟保大定功，於物有濟，即粉軀隳譽，義猶當爲。然自孫權坐大江東，呂蒙非復吳下，器械之利，彼此共之，忿奮之形，相倍猶未，豈得以如陵之甲，狎彼制梃，正恐覩愈風之檄，從此倒戈。既勢絀於攻心，終技窮於畫足，若以此爲言，斯所未喻，五也。且可靜而不可動者，民情也；可乘而不可抗者，時勢也。十年以來，人咸思漢，百日之內，運轉亡胡，既非一朝一夕之故，又豈一手一足之烈！吾黨夙懷投鼠忌器之憂，因乏遴蠻斷腕之勇，脫移突之見納，信補牢之可期。今事勢既移，前塵成幻，匪直留此虛器，不能已亂，正以懸茲射的，益用獎爭。就今北方之强，可賈餘勇，南風不競，所至喪師，然攘臂者徧閭左，輟耕者鬪隴畔，乃至備炊爭歌小戎，國殤半爲汪錡，嗟此血肉之軀，孰非羲軒之胤，其愚固不可及，在義乃所當矜，豈以害馬之在羣，而謂禽獮爲當理？夫吾徒所志，寧非靖亂，靖之以武，亂且益滋，更閱歲時，伊於胡底？兩虎同斃，漁人利焉，斯所未喻，六也。綜諸大理，還觀我生，既未容餔糟啜醨，又安可揚湯止沸？故乃閉事文酒，毋以不樂損年，重理丹鉛，庶幾明夷待訪，豈云巧避，蓋多苦心，茹荼療飢，匪求人喻，抱璞喪脛，終不自悔。今茲我國，譬彼中流，若豆剖終見，瓦全無冀，吾儕雖欲焦頭爛額

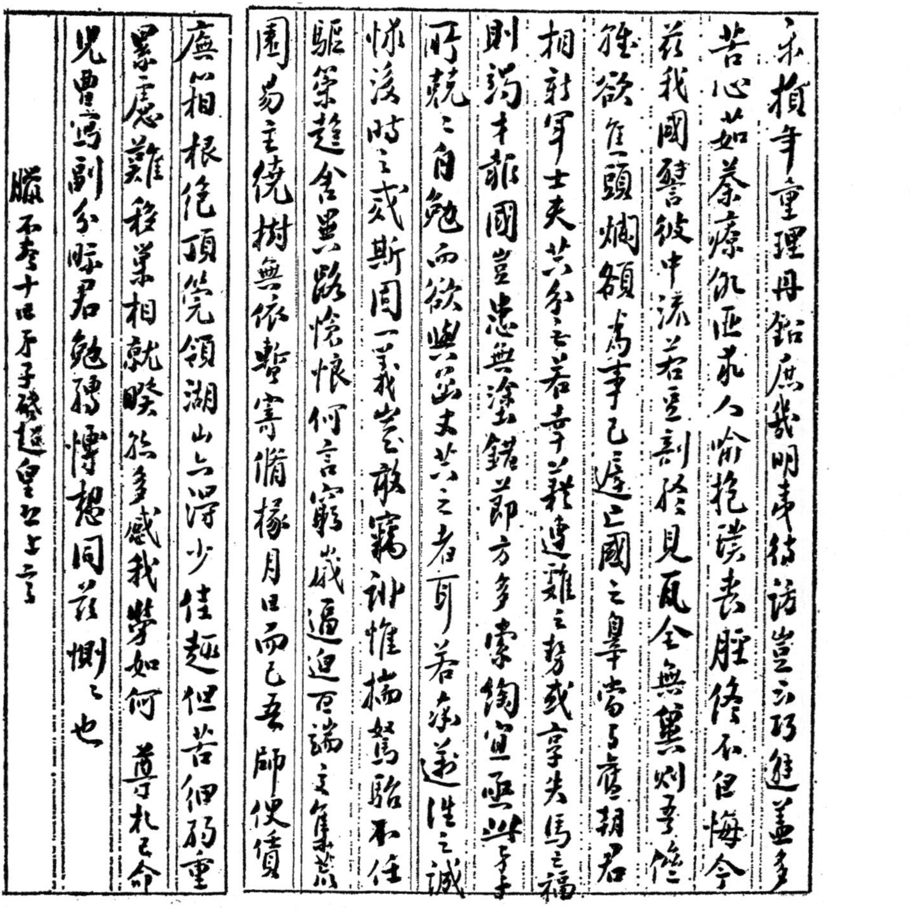
求。損年重理丹鉛庶幾明夷待訪豈云巧避蓋多
苦心茹荼療飢匪求人喻抱璞喪脛終不自悔今
茲我國譬彼中流若豆剖終見瓦全無冀吾儕
雖欲焦頭爛額爲事已遲亡國之辜當与庸胡君

，爲事已遲，亡國之辠，當與舊朝君相，新軍士夫共分之。若幸藉連鷄之勢，或享失馬之福，則竭才報國，豈患無塗？錯節方多，索綯宜亟，此弟子所兢兢自勉，而欲與函丈共之者耳。若承邁往之誠，怵後時之戒，斯固一義，豈敢竊誹。惟揣駑駘，不任驅策，趨舍異路，愴恨何言，窮歲逼迫，百端交集，荒園易主，繞樹無依，暫寄修椽，月日而已。吾師便賃廡箱根絕頂，筦領湖山，亦得少佳趣。但苦細弱重累，慮難移巢相就，睽隔多感，我勞如何！　尊札已命兒曹寫副，分示君勉（按即徐勤）孺博（按即麥孟華），想同茲惻惻也。

　臘不盡十日，弟子梁啓超皇恐上言。

梁此書的主要意旨，既不贊成「以武靖亂」如唐才常武漢起兵之擧；亦不主張再「留此虛器」、「懸茲射的」——意謂保皇名義可以放棄；且期望中國局勢在列強連犄之勢的牽制中，得免瓜分而告瓦全。庶幾竭才報國，亦復有塗。這完全是一片改良主義的政客思想，與革命主義渺不相干。這封信大概是在光緒三十三或四年冬臘寫的，正係梁組「政聞社」最激進的期間。當時參加政聞社的分子如熊希齡、楊度、徐佛蘇等，皆在國內京滬一帶聯絡憲政派人士如張謇等，潛通張之洞、袁世凱這些當朝大員，爲梁說項轉圜，如果慈禧后願意取消梁的通緝令，他早已回國從政作官了。試看光緒帝死後，惲毓鼎所撰「崇陵徵信錄」中，即有怨誹攝政王戴澧既放逐袁世凱，而不召還「東海逋臣」——即指梁——之語，思過半矣。

袁世凱是戊戌政變的禍首罪魁，了無疑義，康梁黨羽被殺者若干人，而康梁的家產亦遭籍沒之災。無論就公誼或私情設想，對袁皆應視爲終生的仇敵。可是，迨辛亥革命軍起，袁欺負孤兒寡婦，盜竊神器後，梁却欣然馳歸北京，媚事袁總統，受命作其臣屬，好官自爲，而與其師康有爲鄙視袁的節操迥異，這能說是具有革命思想的志士氣質嗎？梁若眞有改良國事的堅定抱負，擬利用袁朝職位以付諸實行，則其受袁任使的苦心孤詣，尙可見諒於世，但他幷無此意。

政治家與政客的分野，即在其有無一定不移的政治主張，千迴百轉，不渝初衷。所以，凡抱有改良主義的政治人物，如果爲實現政見而從政，一是皆以所懸鵠的爲本，可行可止，用舍無所容心，仍不失其爲政治家的風格。梁於宣統元年會上書攝政王指袁世凱爲賊，請速除之，越兩年後，又奉戴袁爲大總統，甘作臣僚矣。（見梁年譜）。梁雖靦顏事仇，假使堅持革新政治的主張，合則留不合則去，亦足令人欽崇。可惜他自東京回國，從政袁朝以來，歷事北洋政府幾位元首，以迄最後棄政講學爲止，在政治上沒有絲毫的建樹，與改良主義曁憲政救國志願，相去綦遠。他一到北京作官，不特始終與進步派的國民黨水火，且其所担任的官職如司法與財政總長曁幣制局總裁等，皆與其素學不相適合，當然談不到改革的話，只是一個熱中功名富貴的政客而已。他於民國二年民黨癸丑革命失敗之後，袁世凱毀棄約法，厲行極權主義，施政專開倒車時，依違取容，無所匡救，而以「研究系」黨魁身份，周旋於反動軍閥官僚之間，但求干祿得爵，躋位卿貳，改良主義之謂何，憲政救國云乎哉？迨楊度取得袁父子同意，籌劃洪憲帝制時，梁的研究系幹部藍公武且代表該黨對外發言，聲稱只要不違背君主立憲制，亦不反對帝制。後來以蔡鍔密召雲南舊部來京商洽護國問題，曾問計於梁，而袁世凱此時對梁亦投閒置散，心存忌嫉，梁乃與蔡同謀倒袁，繼有反對帝制之文章發表。假使當年袁仍任梁以顯職，寵之以高位，梁未必參預護國之役吧？因爲他對癸丑以後數年間，袁進行毀法竊國的一切措施，皆默然無聲也。

據梁自述：他與蔡鍔決定護國計劃之際，即相約事成決不居名位，若失敗，唯有死耳。然袁暴殂後，護國之役已慶成功，蔡鍔積勞殉職，他依然在北洋軍閥政府中獵官如故，歷黎元洪、馮國璋、徐世昌，乃至段祺瑞政府，皆紆青紱紫，未肯恬退，且將憲政主張，存而不論，純粹與一般政客作風，了無二致，且倡出「不惜以今日之我，與昨日之我戰」語句向世人解嘲，適以彰其毫無固定政見的本質耳。

綜觀梁一生的行徑，只有兩點足資稱述：一是他在護國之役中，爲廣西督軍陸榮廷策劃反袁軍事，代表陸冒險犯難，隻身進入廣州游說龍濟光，幾遭不測之禍，事雖未成，行却可佩。但他在護國「軍務院」作都參謀時，仍以暗通北洋反動軍閥，傾軋孫中山先生爲能事，充分表現着幷非改良主義者的應有風格。他於媚事袁世凱數年之間，政績固無足述，最後且屈居袁氏「倡優蓄之」的參政員，與一般腐朽官僚爲伍，亦不獲袁重視，纔使他對政治前途感到暗淡。於是乎，受聘爲上海中華書局創刊的「大中華」雜誌總撰，寫出「吾今後之所以報國者」的文章，表示無意從政了。但袁世凱死後，他又馳逐於名利場中，自毀宿約，我很懷疑，如果曹錕、張作霖、吳佩孚等軍閥巨頭，仍如段祺瑞之借重梁，卑以高官，他未必不樂於接受呢！二是他絕意仕進後，入清華大學一面講學，同時努力著述，他所寫的「中國近三百年學術史概要」和「清代學術概論」兩書，確有嘉惠藝林之功。至於世人每稱贊他所寫「異哉所謂國體問題」的反對洪憲帝制文章，認爲有功世道人心，却不盡然。蓋反對帝制一事，全國各界人士百分之九十以上皆有同樣心理，梁文所說理由，亦係普通常識，幷無特殊的見解，稍諳法政義理的知識分子，皆能秉筆撰述的，即使沒有此文，護國之役亦必然應運而起，不成問題。蔡松坡立志護國伊始，梁的文章尙未撰寫啊！

民國十四年孫中山先生崩殂北京後，當地各界人士擧行追悼大會時，梁親往弔奠，在休息室中，對着民黨人士批評孫先生的短處，張繼聞之大怒，斥其無理，衆人從而附和圍攻，使梁陷入窘境，無計脫身，幸得汪精衛從中調解，纔告平息。這亦証明梁不通世故人情，竟對其舊時曾給以贊助的故交，而以弔客身份，對其黨徒，出言攻訐死者，何其戇愚乃爾呢？梁會於民國六年在湖南省議會演說地方自治問題時，亦以教訓口吻告誡議員們，梁詞畢尚未下台，即有省議員彭國鈞起立發言，說吾人受民衆付託，置身議會，對於如何推進地方自治事宜，自信尚能瞭解，用不着梁先生來對我們開腔教訓云云，給梁很難堪。這又表示梁未脫書生習氣，而自視甚高，缺乏政客手腕以取辱也。總之：梁若不作官，始終以言論啓發民智，以著作昭貽士林，其成就必大有可觀。康有爲保皇反袁到底，張勳矢志滿清復辟不移，其行爲固不合時宜，其人格尚稱完整，事業成敗，自當別論，梁親炙康門有年，然其志節殆不可同語。就其對國家的功用而言，梁較乃師畧勝一籌，論品格，則遠遜矣。

宋子文

宋子文自稱爲粵省瓊州人，但他對人講本國語言時，乃係上海話。他是個生長在美國，而一切意識形態和生活方式完全美化的華僑子弟而已。他在美國受的什麽教育，學的那門行業，筆者孤陋寡聞，幷無所悉，茲篇所述，是他歸國從政以後的經過事實，爲功爲罪，有待史家的評判了。

國父孫公於一九〇四年改組國民黨，實行容共政策，聘請蘇俄鮑羅廷爲國民黨顧問，諸凡黨國大計，盡以諮之而後行。鮑不通華語，祗能以英語與孫公言事，所言多關軍國機密問題，自不便假手旁人，然孫公日理萬幾，勢不能隨時與鮑顧問晤談。是時宋子文在美國已學成回國，供職於漢冶萍公司，担任英文秘書，曾以戀愛失敗，甚感沮喪。於是，孫夫人宋慶齡乃建議孫公，可將子文約來廣州，代替孫公與鮑顧問經常接洽，傳達彼此間無關重要的意見，使孫公稍節賢勞，亦不致隨便洩漏內容於外間，計亦良得也。

宋子文到達廣州不久，孫公以其英年頗具幹事之才，乃派他籌設中央銀行，遇事受財政廳長廖仲愷指揮監督，不得專擅。迨中行正式成立，宋子文不無勞績，旋兼任廣東財政廳長，仍受財政部長廖仲愷節制指導，不能獨立行事，此即孫公因材器使，善於駕馭智勇辯力之士的睿智異常表現也。不特對宋爲然，如李協和（烈鈞）將軍，孫公知其能征慣戰，而不善於治軍，每有戰事，必命李爲統帥或前敵總指揮，事畢即任之爲參謀總長，不使負整訓部隊之責，即其明証。

迨廖仲愷被刺，宋對於粵省財政金融，歷練有得，孫公對他倚畀較深，然仍不讓其驟躋高位，視爲事務人才而已。未幾，孫公下世，國軍對討平陳烱明之亂，解決楊希閔、劉震寰的滇桂軍，統一全粵，成立國民政府，宋基於平日與蘇俄鮑顧問比較接近之故，經鮑推轂，被任爲財政部長，此時他的思想亦相當左傾，而與徐謙等人主張一致。如革命軍攻佔上海後，蔣總司令駐節滬上，與當地財政經濟界人士商洽財務事宜時，武漢國民政府通令，非有宋部長同意，任何協議皆不承認，此時宋固在武漢，他對外聲明亦如國府通令所云，足見其政治立場一斑。既而南京克復，宋由武漢東下赴滬，曾在九江停宿於當地的關監督張某家，得見張女張樂怡，驚其姿質非凡——張小姐出身南京教會學校，善說英語——即與論婚，終締良緣。

宋初任財政部長期間，外間盛傳他對於用漢文寫的文件函札，一概不看，若係英文寫的，無不詳加閱覽，因而一般想到財務機關求職者，皆乞人以英文信致宋推薦，求職者若得見宋而操英語，準能成功，確否固不可知，因我從未向宋求過差使，也未見過面。宋的理財方法，除必要時向外借欵外，對內採用美式的托辣斯主義，把民營銀行如中國、交通等行，加進半數官股，即由財政部統制綰領，成爲國營機構了。這與孫公的民生主義建設宗旨是否符合，似乎值得研究。宋首次對外借債即爲民國二十年春間的美棉貸欵，條件苛刻，我方損失不淺，因此引起當時立法院長胡漢民之不滿，認爲未經提交立法院審核通過即簽字，於法不合。唯當年內戰頻發，全國稅收未能統一，而軍費與政費開支甚浩繁，向外告貸，良非得已。這次他由美國完成貸欵手續回國，到達上海之日，在碼頭歡迎他的羣衆不下十萬人，聲勢甚盛，頗遭時忌，因而不久即解去了財長的印綬。

宋理財之方，與其後任的孔祥熙完全兩樣，後者是山西人的作風，量入爲出，不存投機冒險之想；宋則一派資本主義王國的美式思想，大氣磅礴，做了再說。如對日抗戰前，他主持的全國經濟建設委員會，戰後他創立的中國建設銀公司，對於國計民生的裨益如何，縉紳先生亦難言之。不過，有時由於他這種濶綽氣派的手法，無形中亦對時局發生良好作用，如民國廿一年他到北平視察時，內蒙與承德一帶情勢殊緊急，他擬約張學良同赴熱河一行，張謂駐防當地的湯玉麟部隊中，雇有日本顧問，而積欠湯部的軍費亦不少，他若去到熱河，很可能被湯扣留，不敢冒險前去。宋謂：「我替你馬上籌集一筆軍餉，發放全軍，湯部自不例外。軍餉既發了，我和湯無仇怨，你是他的長官，相信決無意外之虞。」於是，宋濳住東交民巷三天，籌到了一千萬元現金給張學良發放軍餉，且先對湯玉麟部的積欠發清，然後與張同往熱河，湯執禮甚恭，招待殷勤，幷矢志聽命，爲國馳驅，張對宋更感深切。往後西安事變經宋子文入陝斡旋而迅告和解，此次宋慨然爲奉軍籌措鉅額餉項的因素，亦有相當關係呢！又如張向華（發奎）將軍於民國廿二年經政府給以考察名義，赴歐美游歷時，公家僅給以旅費三數千元，張在滬上與宋談及，宋即順手簽以五萬元支票付諸張將軍，不失爲大方的作法，亦可替政府收攬人心。

宋對國家貢獻最著的事情，只有在對日抗戰中期，他以中國最高統帥代表身份，久住華盛頓，與羅斯福暨國務卿赫爾、參謀總長馬歇爾等，爲爭取美國對中國戰區的租借物資數量和支配權，暨關於中美英對緬甸的戰略問題，以及撤換中國戰區參謀長史迪威事件，折衝樽俎，用力最勤。尤其是他在參加羅斯福、邱吉爾與美英高級將領研討緬甸戰略會議席上，因史迪威批評我蔣委員長沒有一定戰略的答復之詞，其精警語意，殊出吾人平日對他所抱觀感的想像以外。他在討論緬甸戰略會議中說道：

「諸君應知蔣委員長與世界有名的軍事家合作，幷非初次。張鼓峯諾門坎擊敗日敵之蘇俄加倫將軍，追隨委員長甚久；德國國防軍名將塞克特及魯登道夫作戰科長伏佛萊；以及最近史大林格勒城戰勝德軍之朱可夫；均曾任委員長之顧問，且均服從委員長之指示。如謂吾人遵從委員長之指示爲錯誤，則世界上之錯誤將不限於吾人。」（見梁敬錞著「史迪威事件」）

自右至左：宋子文、顧維鈞、宋夫人張樂怡，一九四五年攝

這番言論出於宋子文之口，允屬難得。若使當時駐美大使胡適參加此會議，未必能夠作此維護國家信譽而擲地有聲之言談吧？此外還有美國以五億盎斯黃金助我整理財經一事，最後雖由陳光甫與美財長摩根索正式協商決定的，然宋事前折衝之力亦多。但附帶的由摩根索推薦共幹冀朝鼎入我中央銀行作高級幹部，貽患不淺。

對日抗戰末期，宋歸自美國，旋被任爲外交部長，基於雅爾達會議羅、邱、史密約，因外蒙古問題而跟蘇俄談判訂立「中蘇友好條約」之故，宋親赴莫斯科交涉有日，大體皆告就緒，只待正式簽字。宋先回重慶報告談判經過，對外蒙獨立一事，耿耿於懷。一夕，在家晚餐，與家屬談及此問題，慨然謂：「我是外交部長，一定要代表政府簽署國際條約，但我簽署了這中蘇條約，把外蒙古割讓後，將來我個人和兒女都要遭受國人唾罵」，表示十分苦悶的心情。這時他的外甥女孔二小姐亦在座，便答道：「舅父既不願意簽署這項條約，那就把外交部長辭掉好了！想作外交部長的人，多的是，不怕沒人接替的。」宋聞之欣然道：「好極了，我馬上就辭職。」不數日，外長乃新任王世杰，由王赴莫斯科簽約完事。

聯合國在舊金山舉行組織大會，宋子文担任我國代表團長。中華民國是聯合國發起人之一，戰後的國際地位已與美英俄併駕齊驅，中華民國代表羣中，各黨派皆有人參加，表現着舉國一致，陣容相當整齊。但團長人選應物色一位學有專長而在國際上具有聲望者爲宜，如王寵惠固屬適才適任，即使孔祥熙担任團長之職，亦比宋子文略勝一籌，因孔是行政院長，又曾代表中國赴英參加英皇的加冕典禮，英語亦可應付，性格和易近人；再則顧維鈞亦視宋的份量爲高。以宋之才識與資歷，實不宜於團長的重任，首先他跟代表之一的胡適即不睦（胡的美大使，是宋主張免去的），胡參加成立典禮即走了，而共黨代表董必武係同床異夢者，顧維鈞怵於宋的權勢，備員而已。代表團內部精神頗爲渙散。宋在大會上的演說，簡單而無內容，更不提中華民國是聯合國創立人的話，可謂失態而溺職，不像是世界四强之一的政治家氣概。不特此也，印度總理尼赫魯之妹甘地夫人，要求謁見宋，等候了幾天亦未見到，我國原係贊助印度獨立最熱心者，別人跟我親近，而身爲代表團長的宋，遲遲未接見，這決非應有的肆應之道；不特此也，英國代表艾德里正式宴請中國代表團，表示聯絡感情，宋既不應約赴宴，亦不教全體代表參加，僅由李璜、胡霖這兩位黨外人士前往敷衍一下，使艾德里大失所望，認爲宋瞧不起他。往後尼赫魯與艾德里之搶先承認中共政權，這次宋對他們的態度，多少不無關係吧？

宋辭去外長後，旋出任行政院長，而其成績却是最糟糕。孔庸之已卸却財政部長之任，改由俞鴻鈞承其乏，宋的第一項紕政即是不顧政府信用，將人民依法訂購的黃金儲蓄，凡在三兩以上的一律尅扣二成不發，理由是幣值低降，人民獲利太厚，却昧於古人所昭示的「藏富於民」之義理。此時日本已宣告投降，輿論界齊聲指摘政府，不應於抗戰結束時，再有此掊尅民財的措施，然財政部公然聲明，政府扣發黃金，是作戰後建設之用，民怨沸騰，毫不顧恤。第二項秕政即是根據武漢一隅的物價指數（中央銀行副總裁陳行的調查報告），將法幣與淪陷區僞幣的兌換率，定爲一元與二百元之比，而京滬與平津粵漢各大都市的物價，乃狂踊上昇，無可戢止。這兩項聚斂搜刮民財的糊塗決策，不特大失人心，亦復大傷國脉，因而政府還都以後，物價始終無法控制，國營事業如郵電與鐵路票價運費，且帶頭加價，助長物價之飛漲，馴致上海市塲的投機倒把事業即隨之勃興。將來歷史家評判大陸淪陷的各種因素，這兩項秕政必居首要無疑，而宋子文這位行政院長的責任是無從卸辭的。

政府復員還都之初，據財政部主管人員說，國庫存有外滙九億美元，加上在淪陷區接收敵僞財產，即令接收的貪官汚吏多所侵佔，然亦不致完全吞沒，姑以一半繳交公家作估計，爲數決不少於九億外滙，殆可斷言。但不到兩年，國庫即一空如洗了！雖因內亂頻發，戰事遍作，然消耗亦不致如斯鉅大而迅速，何況戰後各地所設善後救濟分署，尚有美國供應許多物資呢！宋在四郊多壘、戰亂激化之際，竟將庫存外滙，以每元法幣二〇二〇元的代價，大量售與上海工商業人士——他自己是否亦在此受惠之列，頗成問題——漏巵之大，亦復可驚。大陸淪陷後，若干逃至海外、照樣經營工商企業的人士，即說是「我們之有今日，不能不感謝宋院長以二〇二〇代價，批售外滙的德意」，這類言談，筆者在海隅即親聆甚多，而賴有這種便宜外滙，遠去歐美作寓公或經營工商業的人，爲數亦不少，挾欵必更多，貽害國家，寧堪設想嗎？

宋於民窮財盡之際，掛冠求去，然猶在南京創立「建設銀公司」，經營工鑛事業，完全美式作風，却不瞭解本國的社會情況及其結構是何本質，當然沒有什麽成績，又不知枉費了若干的公私財力。迨徐蚌會戰失利，大局危急，美國停止援華政策後，宋爲要避免輿論指戟，乃將其在蕪湖經營蝕本的一個煤礦，聲明捐送給政府，實際祇是增加政府的負担而已。

一九四八年中共釀亂日亟，局勢逾趨緊張的階段中，中央爲鞏固華南地區，特派宋子文爲粵省主席兼廣州行營主任，論才幹，他是難以勝任的，論人事關係，却以他較適宜，這是宋一生中，最後一次的政治生涯，也是他作得最漂亮的一次封疆大吏。他有志於開發故鄉海南島，由行營聘任了若干學者專家，設計研究，如日後在台灣辦經濟事業很出色的尹仲容便係宋網羅在廣州行營的人才之一。行營的一切額外開支，皆係宋自掏腰包，不用公帑，每月總在五萬銀元左右。對於省主席他是不支薪的，又每以飛機裝運銀元赴南京交國庫應用，在在表示其赤忱報國的意志，晚節可嘉。他交卸粵主席時，尚留下三百萬銀元給後任。迨一九四九年初解職來香港時，他從九龍方面乘專輪到港島卜公碼頭登陸，歡迎的親友們見他胸前滿掛着政府所頒勛章，頗感意外。問他何以異乎尋常？他說：「這是我最後一次官式行動了，所以把大小勛章掛出來，以資紀念。」

宋在首任財政部長時，曾設置稅警隊，分爲數團，把政府從德國購入的新式武器，分作稅警裝備，完全採取正規軍的體制，孫立人就是宋遴用的軍官，黃杰亦担任過稅警總隊長。這部兵力，後來併入交警總隊，對國家不無裨益。至於宋當年對西安事變的斡旋工作，談者已多，恕不贅述。

宋最後卸去粵省文武兩要職後，擬往美國居住，但無赴美護照，乃先到法國，再函託美國務院朋友哈里曼幫忙，替他辦好簽証手續，然後進入新大陸與家人團聚，久已不聞有政治活動了。大概是一九五四年左右吧？忽聞宋來到香港，且破例在其親戚余東璇的廣厦中，招待各報記者茶會。筆者在大陸從未見過宋，這次應約參加招待會，以爲他一定有政治作用，將對記者們發表一篇講演的，乃默然靜候之。詎他僅說了幾句普通應酬話，表示將赴台灣看看而已。後來他入台住了十天左右，即廢然回到美國，大概他跟當道晤談結果，認爲政治上已無可爲力，祇有知難而退了。

綜觀宋數十年來的一切作爲，他祇是一個事務人才，既缺乏政治知識，亦沒有行政技能，更無政治家的風格，殆屬可以小知，而不可大受的一流人物，如國父孫先生對他的驅使方法，可謂允當。他受着美國教育，拜金思想甚濃厚，跟他作朋友最好，跟他共事却不容易相處融洽。他死後遺產只有二百萬美金，誰其信之？唯中共說宋在大陸并無絲毫財產可以沒收，確非虛語，蓋宋絕無歸正首邱之意念也。

朱紹良（一民）

朱紹良原籍浙江，生長福建。民初由日本陸軍士官學校畢業歸國後，從貴州革命志士王文華游，文華任黔軍統帥時，朱受命担任團長之職。黔軍一度攻入四川，佔領重慶，而以反袁（世凱）爲職志，朱躬親戰陣，深得統帥信賴。既而王文華遇刺於上海，黔軍失去重心，返旆貴州，中起變化，朱以外籍人關係，不安於位，旋離黔別去。

筆者初識朱於南京，時在民國十六年五月，我奉委爲國民革命軍總司令部參議，派在參謀長室服務，朱便是直接上司。我未曾幹過軍中生活，總以爲軍官們的本質必非尋常，不易伺候，心情頗爲緊張。繼聆朱的言談很和藹，且其面貌秀逸，膚色皙白，純係書生丰采，觀感馬上改變了。他吩咐我的工作殊簡單，即代擬總司令答復各方面的函件，核稿時亦很少竄改，不像一般軍人之喜歡舞文弄墨，用其所短。但在起草之前，他必將受

朱紹良（一民）

信人與總司令之間的關係叙述一遍，設想甚爲周密。

民十六年六月某星期日上午，總部沒人辦公，我到參謀長室潛寫私信，忽聞蔣總司令駕到，按鈴囑值日副官請參謀長，回報不在；又命請副官長，亦報如前；蔣公說：「怎麽一個人都沒有呢？」副官答曰：「報告總司令，今天是禮拜，都出去玩兒了！」即聞蔣公說了一句「哎！十年以前之中正」，旋離去。參謀長室與總司令辦公室隣接，當時我聽得很清楚，然不明白總座的語意安在？第二天把情形報告朱參謀長，他笑道：「這意思容易瞭解，十年以前尚未作總司令時，星期天亦跟咱們一樣要出去玩樂的，如今官高位尊，想出去玩兒亦不行了，因而不勝感嘅系之啦！」這亦可見朱的思考很深刻。朱此時的香烟癮甚大，喜吸英國產品的三砲台，自稱每天只需用一根火柴就行了，因在進餐之際亦依然燃着香烟不熄的，有時在辦公室還使用長形的旱烟桿，吸吸葉絲烟呢！記得民國十七年下季的一個星期日，朱與西北軍駐京辦事處主任熊斌和筆者等，正在南京龔家橋陳調元公館的客室中玩牌，忽而蔣總司令來了，祇好歇手，我與熊君躲在房內不作聲，主人和朱到客廳裏侍候幾分鐘，蔣公即興辭道別，便問朱云：「你的香烟還吸得那麽厲害嗎？」朱答「我戒了。」蔣公笑道：「你如果能夠戒掉香烟，我就可以戒飯！」可是，到對日抗戰中期，朱眞把香烟戒掉了，嗣後即未曾再吸過，其決心與勇氣，不愧軍人本色。

民十七年二次北伐之役，日本軍閥內閣田中首相出兵濟南，干涉我革命軍行動，中日雙方軍隊發生戰鬥，釀成「五、三」慘案。事後日方指責我四十軍長賀耀組爲禍首，要求撤懲，賀調任國府參軍長，所部交由中央整編爲陸軍第八師，以毛炳文担任師長。未幾，兩粤方面發生戰事，第八師奉命由朱以總指揮名義統率溫征，直至對日抗戰軍興，皆在朱綰領之中，相處極安。第八師的官兵盡係湖南人，本不易駕馭的，然對朱很愛戴。蓋朱對於人事經理絕對公開，既不濫用私人，亦不妄費公帑，全師連年積存的截曠計有十五萬元，原可歸朱享有的，但他一介不取，改作全師的公積金。有此公正廉明的作風，當然博得大衆衷心悅服，竭誠擁戴。

朱於對日抗戰初期，受任爲甘肅省主席，以軍務倥傯，未即赴任，改由賀耀組代理。旋賀以政績不佳罷去，朱乃至蘭州就職，因賀所用的行政幹部被地方人民指控有販運鴉片的事迹，予以扣留查辦。賀在武漢聞訊，致電朱乞顧念同學之誼，不爲已甚，朱即代爲疏解彌縫，得告無事。盛世才在新疆反覆無常，時而請中央派遣黨政人員入新省工作，時又與蘇俄勾結，殘害中央人員。新疆地位以及玉門油鑛，關係抗戰前途甚鉅，斯時中樞對新省的措施，急之不可，徐之亦不可，繼派朱以西北司令長官名義率師進入迪化，朱採取懷柔安撫政策，藉盛曾在革命軍總司令部担任過作戰科長的舊誼，特示親近，爲之解决困難，且以事實行動表示對盛毫無惡意，終使其幡然悔悟，自動輸誠中央，辭去新疆督辦，馳入重慶接任公職，而新省乃確實成爲國家的重鎭，永袪西顧之憂，這是朱對國家最大的功績，佔有歷史上光榮之一頁。

當大陸變色之前，朱奉命綜持福建軍民兩政，時値喪亂，大局瞬息變幻莫測，朱手中旣無可戰之兵，陸續進入閩境的國軍，盡屬疲憊而龐雜的部隊。談防衛，只見士無鬥志，難以振作；講建設，民力凋殘，時不我與；處在這種環境與形勢之下，任何人亦必束手無策的。何况朱以服務桑梓的關係，更不能不小心應付，以期無負於故鄉父老。這是朱一生担任公職之中最不得意、也最黯淡的時期，從此息影台灣，默默無聞，未克長享遐**齡而溘然萎化了！**

朱賦性恬靜，對人不苟言笑，治事崇尙黃老之術，而思慮周密，善於應付。民國十九年中原大戰之際，楊耿光（杰）担任蔣總司令參謀長，未逾月而解職還至南京了。筆者曾詢朱以何故？朱謂：「蔣公的參謀長祇有我才能勝任愉快，耿光決不相宜，例如在前線作戰時，總司令每於深宵偶然想到，限令某處守軍拂曉出擊，實則時間上絕對不可能，因爲由總部傳知前線指揮官，再將命令下達於軍中，各個戰鬥單位還得準備一下，經過這些時間，已逾拂曉了。參謀長按照正規，自應計算時間，告訴總司令不可能的理由，是則無異於揭露上司的短處，証明他的軍事知識太外行了，蔣先生怎肯聽受這套說法呢？我遇到此類事情，必遵照命令轉達如儀，前線指揮官若以時間來不及爲詞，即從電話中告訴他，到時候來報告說已出擊了就是。耿光好逞才華，對於無關重要的問題，亦要跟上司抬槓，當然幹不下去的」。民國廿一年筆者奉命担任湖北第七區行政專員，適朱亦在武漢，我向他談到這是第一次作地方官，請他加以指教，他說：「唯一要注意的，就是莫使地方上的紳士們瞭解你的個性，在他們面前，切不可流露着喜怒哀樂的眞性情，其他皆屬次要。」綜此足見朱之爲人相當深沉，但對人并不刻薄，他的先天秉賦即有黃老氣質。

朱在得意時，對人亦從無驕矜之態，更不作劍拔弩張的英雄模樣，悃愊無華，不尚詭隨，經常表現着一副和易近人的書生面目，興之所至，喜歡唱唱平劇的小生腔，而且頗有造詣。他的才幹，以之勞徠撫綏，則無往而不利；以之衝繁闢難，則有時而技窮也。在筆者所省識的當代文武顯要人物中，朱是值得懷念的一位先進長者，故記之。

張厲生（紹武）

張厲生籍隸河北，青年時赴法國勤工儉學，即加入了國民黨。民國十五年國民革命軍北伐時，他在河北從事地下黨務工作，迨革命軍克復幽燕，統一全國後，曾奉命主持河北黨務，受知於陳果夫，旋入中央組織部担任幹事，洊升為總幹事，屬於二陳派——世俗所謂C・C——的核心份子，資格比洪蘭友為高。民十九年筆者因友人吳醒亞的關係，在南京初識張，覩其翩翩姿態，言談亦謙和不俗，但以職業各別之故，少有往還，也就說不上友誼。越民國廿一年，豫鄂皖三省勦總成立，張由中央黨部派為「勦總」黨政處副處長，筆者供職總部秘書處，與張有所接觸。既而湖北各區行政督察專員發表後，先在勦總舉行黨政講習會三天，研討黨政雙方聯繫問題，即由張出席主講。筆者亦係參加講習會之一人，對於張的口才與風度，相當敬佩，認為係本黨的優秀同志。他經常穿着咖啡色西裝，神采奮發，引人好感。嗣是筆者即未曾與張晤面，直到民國三十一年纔於重慶重逢，但他前後已判若兩人了。

張于役中央黨部有年，內心上總想轉入政治界。可是，有些在二陳派系中資格比他較淺的人，多已貴為簡任官，或担任金融機構的主持者，而他依然如故，自不免抱有懷才莫遇之感，力求進取。對日抗戰軍興，大本營在武漢成立第六部——即後來的政治部，部長由陳辭修（誠）秉任，張奉派在第六部工作，他既欽崇陳部長的才幹，亦瞭解最高領袖對陳信任彌專，期望亦甚厚，乃刻意向陳表示忠誠，每聆及陳部長當衆講演或對客談論的詞旨，即從古籍中尋出歷代名人的相同說法，正楷摘錄進呈，另加註解，末署「職某某恭錄」——到了貴為內政部長時，對軍政部長的陳仍自稱為「職」——因而博得陳辭公的嘉許，視為親信幹部。中樞自武漢遷移到重慶後，由於陳辭公的推轂，張乃平步青雲，一躍而特任為內政部長，張的政治路線即與二陳脫輻，實行跳槽了。

張一登高位，對人的風度為之丕變，官派十足，訑訑拒人，上諂而下驕，習與性成，筆者就親身嘗過他那種「下驕」的味道，說來令人不敢相信呢！民國卅一年他在內政部長任內，我作重慶市教育局長，一日，重慶市自來水公司經理黃應乾，柬約在他的公司午餐，同席只有張和中央大學中國文學系教授柳詒徵與筆者三人而已。我準時而去，張柳尚未到，約莫十分鐘後，我從玻璃窗中瞥見張偕一挾皮包走在他背後的隨員，施施然進入庭苑內，我急起趨前迎候，說聲「好久不見了」的客套話，然他竟以白眼相加，不特昂然無所表示，根本就視若無覩，置之不理；既而主人照例介紹一番，他還是掉頭不顧。當初我很詫異，認為他是健忘了，繼想不對，主人既已介紹我的姓名職業，即使是初識的陌生人士，亦應該予以敷衍一下，纔近人情，何況是曾經交往過的人，更不應有此態度，私忖他已貴為特任官，或許不屑跟我這地方小吏接談了。旋於午餐席上，他居首位，我跟他緊鄰併肩而坐，他對柳先生很尊敬，有說有笑，却始終不與我交一言。這時我乃肯定他是對我擺官僚架子，即轉身側背向着他，默然進食，僅和柳先生畧談數語，餐畢他起身告辭，我亦裝着未看見，還他一個相應不理的倨傲顏色。

張厲生（紹武）

天下就有這樣無巧不成書的怪事情：越民國卅六年春，他仍在內政部長任內，被一般發生選舉糾紛的國大代表鬧得神魂顚倒，坐臥不安。一日，有一部分由中央提名當選後又奉命退讓，或提名而未獲當選的國大代表們，要公推六個代表去面晤張部長。以我曾在內政部任職過五年，大家推我作領隊人，前往該部，我帶頭進入部長室前的小苑中，張從玻窗中遠遠望見，急起來跟我很親切地握手道：「老朋友多年不見了，身體好嗎？男女公子有幾位呢？」當時我覺得好笑，夷然答以「還是在重慶時候的生活情形，并未改變。」談過問題之後，堅留我們進餐，席間不斷的給我敬菸，態度謙恭已極；臨別又以他辦公桌上的電話號碼告知，要我隨時跟他通話聯絡。此時是害怕我對他有所不利，乃不惜前倨後恭，特別對我敷衍。想起在重慶自來水公司的往事，認為他這種作官的方法未免太痛苦而太可憐，我亦就不忍再困擾他了。

大陸變色後，他進入台灣，仗着陳副總裁的背景，初任行政院副院長，繼任中央黨部秘書長，他到黨部就職之日，集合全體工作同志講話，聲稱自己對黨務久未過問，一切皆已生疏，盼望大家隨時指教，有事即來商量，勿拘形迹。大家聽到他這種謙和言談，同聲稱讚張秘書長的民主作風，殊堪佩慰。經過不到一星期，秘書處通知各單位，謂有事若要向秘書長面述者，必須先行請示核許，任何人不得自由進入秘書長室，以維秩序云，大家乃爲之洩氣了。

當第三屆總統選舉之前，因憲法上的臨時條欵尚未經國民大會修訂通過，海外僑胞擁護蔣總統連任的文電紛至沓來，張對此事處置欠妥，深受海外同志非難，引咎辭職。旋奉命赴日本担任大使，他既不通日本語文，亦不懂英文，外交非其所長，自然談不到有什麽建樹，但有一事表現他作官的技術十分到家，令人佩仰。

張担任中央黨部秘書長時，現任外交部長沈昌煥是黨務第三組（管宣傳業務）發言人，也就是張的僚屬。迨他出任駐日大使不久，沈奉派爲駐西班牙使節，赴任經過日本轉往馬德里，曾與張晤面，沈對他事以長官之禮，乞加指導，他亦就不客氣，而以老長官的口吻，聲聲「昌煥兄」，敍述其意見。逾歲，沈第一次調任爲政府外交部長，回國時仍經過日本，張打聽沈乘飛機抵東京日期，親赴機場迎候，見面執禮甚恭，不再呼「昌煥兄」，而「部長」之聲不絕於口了。未幾，張奉命卸職歸來，陳副座已去世，未再担任新職，深居簡出，不預外事，生活已由絢爛趨於平澹，常赴戲院聽平劇，悠然自得。他的體質素强健，應該克享遐齡的，遽攖小疾，即在家溘然長逝，殊出意外。

張一生從事黨政工作，迭躋高位，雖無特殊的績業可稱，亦無顯著的劣迹可指，其爲人固非奸宄之流，本質上還是正派的。唯一的缺點就是熱中功名；而習氣過重，慣事上諂下驕，恬不爲怪，以致見識於儕輩而不自覺，眞是得不償失。他這種性格之所以養成，我認爲是自幼受着北方舊政治社會的薰陶，而又少讀線裝書的原因使然也，惜哉！

陳公博垂死之言：

「八年來的回憶」

手抄本準於下期全文刊出

名作家朱子家先生專欄評述

淪陷區的人民對日本痛惡極了，我此次在日本還看過日本報紙一篇社評，說日本失敗的原因，和平區內的人民不信任日本比較抗戰區更甚，這眞是一針見血之論，不過覺悟太晚了。南京不止對日鬥爭失敗，本身的行政也是失敗。除了任免本身的官吏比較自由外，各省的長官任免是須當地日軍同意的，各縣的長官任免是須各省的聯絡部徵求軍隊的同意，因此各地有些不肖官吏只知有聯絡部，不復知有政府，無論如何貪官污吏驕兵悍將，一有日人支持，不要想懲辦他們。而日本反日日宣傳，說南京政府怎樣沒有力量，時時都在那裏鼓吹改組。物資是在日本人手中，金融是在日本人手中，交通也在日本人手中。這樣南京是失敗了，然而還是鬥爭，一直至解散爲止。自然如我文所述，自有南京，國家和人民的元氣保存不少；但保存至何程度，我卻不好妄爲臆測。此外，軍隊被日軍監視很嚴，特工更可由日本用一個某機關直接支配。二十九年和三十年我因爲特工綱紀太過敗壞，並且影響及於一般政治，報告汪先生應該注意。汪先生也曾太息過說：「你今天還以爲特工是我們自己的嗎？」汪先生這一句話，實在非常痛憤。

日本失敗，在日本自己批評說沒有大政治家。在我看來，自從二二六事變以後雖有善者，已無如何，因爲權已下移，人各驕縱，日本的皇室不敢過問，而政府只好遷就軍人，而所謂軍人權皆不在將官，而在佐官階級。這一般佐官，對於政治是不懂的，經驗是沒有的，理想是盲動的，意氣是固執的，因爲這般驕橫的官佐，日本就這樣失敗，而中國就給這般驕橫的官佐弄得個天翻地覆！（完）

·225·

上文至「天翻地覆」一着「完」字，其實結論未完，當時不知如何被截去最後部份，請注意下期本刊。

瑞士乃是世界製表業之王國，亞米茄表素負盛譽，亞米茄金表尤爲舉世人士所推崇。

亞米茄各欵金表不但具備精密準確的報時性能，並且欵式趨時，迎合潮流，有超薄型或配有特級之水晶玻璃。金鐲型表帶之設計更爲別緻，襯托出表壳的優美線條，佩戴亞米茄金表令你感到親切的滿足和自豪，餽贈亞米茄金表更能表達你的隆情厚意，永誌不忘。每一只亞米茄表都附有全球156個國家之服務保證書，請駕臨各亞米茄特約零售商參觀選購。

A.	BA 368.847	黃金欵式，	港幣$4,400.元
B.	BA 711.1688	黃金欵式，	港幣$4,500.元
C.	BA 711.1675	黃金欵式，	港幣$1,850.元
D.	BA 751.244	黃金欵式，	港幣$2,200.元
E.	BA 353.009	黃金欵式，	港幣$4,000.元

Ω
OMEGA

第二次大戰結束以來

越南之戰一筆清賬

法國退出越南．南北越分治．罷免保大．美國參與越戰．一波三折．和談終達協議

·萬念健·

越南之戰是一場奇異的戰爭，這場戰爭也是一筆難算的賬。有十幾個國家參與這場戰爭，有的出錢，有的出力，有的出武器，有的出面，有的不出面，而受害最鉅的是越南人民自己。

現在我們且來看看越南之戰的全部經過。

× × ×

從政治上說，越南問題應回溯到十九世紀。多年以來，印度支那一直是法國在東方的殖民地，於二次大戰時爲日本所佔領。

羅斯福總統當年認爲印度支那戰後應由國際托管，作爲它完全獨立的第一步，但戴高樂領導下的自由法國必欲要回，並且担保它在法國集團之中取得新的政治地位。

一九四五年，日本戰敗，法國再度取得印度支那。同年八月，胡志明領導的「越南民主共和國」在「八月革命」後立，它在北越地區的勢力日益强大。

一九四八年六月五日，法國與保大組成越南王國。

一九四九年三月八日，越南寮國柬埔寨，同時成爲法國的獨立聯邦。

一九五〇年一月十八日，中共承認越南民主共和國，十二天後，蘇聯亦予承認。

一九五〇年二月七日，美國和英國承認越南、寮國和柬埔寨三邦。

一九五〇年五月八日，美國同意供應法國及其聯邦以軍事及經濟援助——這是美國參與越南問題的開始。

一九五〇年六月二十七日，杜魯門總統在命令美國軍隊抵抗侵入南韓的北韓軍隊時，派遣一個軍事代表團到印度支那，並加速對法國及其鄰邦的援助，以抵抗共黨壓力。

一九五四年五月七日，在越盟包圍奠邊府五十六天後，佔領該地。法軍戰敗，自印度支那撤退。

一九五四年七月二十日，日內瓦會議結束越南戰爭，在十七度界線分隔南北。越南乃有「南越」與「北越」兩個國家與政府。

一九五四年八月，有一百萬人民自北越逃至南越。

一九五四年十月二十四日，艾森豪威爾總統授命直接援助越南。

一九五五年十月二十三日，南越民衆投票結果，罷免保大，成立越南共和國，吳廷琰任總統。

一九六二年六月二日，國際監督委員會報告稱，北越違反日內瓦協會對南越進行顚覆及侵畧。

一九六四年八月二日至四日，詹森總統接獲報告謂兩艘美國驅逐艦在北越海域中受到襲擊，隨即下令空襲北越。

一九六四年八月七日，美國國會授權詹森，得採取任何行動，以保衞東南亞的和平與安全。

一九六五年一月一日，美國派遣軍事代表團約一千人前往越南。

一九六五年三月八日，美國第一批陸上作戰部隊抵達越南，保衞美國在越南的一應設備。

一九六五年十二月九日，胡志明宣稱拒絕詹森總統和平建議。

自此以後，美國陸續增兵越南，至一九六七年間，美國駐越南三軍人員超過五十萬人。

一九六七年三月二十八日，聯合國秘書長建議就地停火，華盛頓西貢表示接受，河內拒絕。

一九六八年三月卅一日，詹森總統中止對二十度以北之空襲。

一九六九年五月十四日，尼克遜總統强調美國有意談判，暗示可能撤軍。

一九六九年六月八日，尼克遜在中途島會晤南越總統阮文紹，發出命令召回美軍二萬五千人。

一九六九年八月四日起，美總統顧問基辛格博士與河內政治局委員兼巴黎和談顧問黎德壽，舉行連串會議，商討和談事項。

一九七〇年十月至一九七二年二年間，和談持續，在此期間，美軍作戰部隊，逐步撤退。

一九七二年三月卅日，北越部隊越過非武裝地帶，大舉侵入南越。

一九七二年五月八日，尼克遜總統下令在北越港口佈雷，並大舉空襲北越以割絕其軍火供應。

一九七二年十月八日，黎德壽首次於巴黎會議中同意軍政分開解決越南問題，討論停火。

一九七二年十月二十六日至十二月十六日間，和談時斷時續，雙方互有指責，無法達成協議。

一九七二年十二月十八日，美國重新展開對北越戰畧目標大事空襲。

一九七二年十二月三十日，白宮宣佈，基辛格將於一月八日重返巴黎進行和談，美軍停止攻擊北越軍事目標。

一九七三年一月十三日，基辛格返美向尼克遜覆命並接受最後機宜。

一月二十三日，基辛格再與黎德壽於巴黎會晤，以完成協議內容。

經最後談判鄭重協議，越南和平協定終於一九七三年一月二十七日正式簽署。

從數字看越戰

十二年的苦戰．以十八分鐘時間結束．耗費財力一千三百五十億美元．投擲炸藥六百八十噸．傷亡人命二百萬．造成難民一千萬以上。

替越南之戰算賬，要從第二次世界大戰以後開始，而美國之直接介入，則始於一九六一年，亦即美軍實際參戰，已達十二年，比兩次世界大戰時間更長。這也是美國歷史上僅次於革命戰爭的時間最長的戰爭，陣亡人數在美國所經歷的戰爭中也高達第四位。

在這場戰爭中，美軍陣亡人數共四萬五千九百四十人，其他原因致死者一萬零二百九十六人。（韓戰美軍死亡人數爲三萬三千六百二十九人），受傷者三十萬三千六百零五人。越南政府軍陣亡人數十八萬八千人，受傷者四十三萬人。其他盟軍（南韓，澳洲，紐西蘭，泰國）至一九七二年十二月卅一日爲止，死亡五千二百一十一人。北越及越共死亡人數，據美國國防部估計，約九十二萬人以上。平民因戰爭而死亡者四十一萬五千人，受傷者九十三萬五千人，因戰爭而造成之難民超過一千萬人。

這場戰爭所耗的費用約爲一千三百五十億美元，比諸二次大戰所耗三千三百億美元爲低。據官方紀錄，第一次大戰所耗費用爲二百七十億美元，但須加注意的是現在的幣值遠較當時爲低。但韓戰越戰，時間相去非遙，幣值相差亦不大，而韓戰的費用爲一百八十億美元，比越戰少了七倍。

美國在越戰中，一共損失了四千八百架的直昇機，三千六百架的噴射機。

美國在越南由飛機和大砲發射的炸葯噸數則創了最高紀錄，直至一九七二年九月爲止，一共投下了六百八十萬噸的炸葯。第二次大戰中，美空軍在歐洲和太平洋所投下的炸彈二百零五萬噸增加了兩倍以上。在韓戰投下的炸葯不足六十五萬噸，亦即不及越戰中所投的十分之一。

總結這場戰爭，自一九六一年一月一日美軍參戰起計，連續凡十二年零二十七天。和平條約簽字，簽署達二百零八次，簽字時間共十八分鐘。

和談大圓桌會議，出席者二十人，美國代表基辛格（左）與北越代表黎德壽（右）相對而坐

畫壇感舊

・陳定山・

乾嘉老輩飛騰過，我輩能支三百年，何日與君重把酒，黃壚醉倒勿論錢。

大千四十年回顧展自序，歷叙畫友專長，嗟乎，大千畫友，亦定山畫友也，但若干人中，歿已過半，當時笑樂，湮爲陳迹。爰倣鍾嗣成錄鬼簿之例，錄已死之友，各系一詩，後之覽者，亦猶今之視昔，悲夫。

徐悲鴻

帆影樓中兩少年，與君同謁惠山泉。歸來海上風雲變，萬柳堂前雨似烟。

惠山廉惠卿先生（泉）提挈風雅，盟主騷壇。余與悲鴻同謁帆影樓，均未弱冠，悲鴻尤爲先生所識拔，獨資遣送留法。學成歸國而先生已歸道山。君寄寓吳仲熊家，仲熊爲任立凡外甥（世傳誤爲任伯年），家藏立凡遺稿甚富，盡出使悲鴻臨摹，悲鴻畫兼中西，後享大名，仲熊有力焉。

吳湖帆

憶昔嵩山雨草堂，叩門常誤聽鸝坊。雙柑斗酒今何處，菊影梅魂倍可傷。

湖帆與馮超翁並寓嵩山路，皆號嵩山草堂，望衡對宇，訪者常錯叩門。一日，湖帆宴客，請柬誤書超翁門牌，客集馮寓，槃談不已，超翁大窘。客亦窘，枵腹而去。湖帆坐候竟日而客不至，亦大窘。他日相値，乃相與撫掌絕倒。

溥心畬

澹泊明心夜出關，無人不愛溥西山。六橋烟柳西湖月，何處琵琶弔小蠻。

湖帆北游，歸而語余：「得一畫伯，眞人中龍。」蓋謂心畬。心畬志節高超，詩書滿腹，爲一般畫家所不及。國變初，君携姬人南竄。至杭州，市長周象賢謂余曰：「非君無以爲溥君東道主」，余闢蝶來飯店東閣招待之。供食住，君貧無懸磬，而怡然自樂。每月上，輒携姬人，挾胡琵琶，泛西泠，琴聲起於水間，岸上人皆謂「相公湖上矣。」

鄭午昌

八駿名流肖馬生，魏園豪俊一時傾。曉風殘月鄭楊柳，遮莫鄰鷄下五更。

鄭午昌、吳湖帆、汪亞塵、楊淸磐、皆肖馬，合甲午生者二十人，爲同庚會，梅畹華、周信芳與焉。魏廷榮家有花園，値會日，各邀嘉賓與會，盛極一時。午昌畫筆芊綿，號鄭楊柳。性好學，夜讀後漢書，至曉不倦。與余及李祖韓醵資創漢文正楷印書局，至今鉛字有正楷銅模，午昌之功也。

謝玉岑

憐君有妹同吾妹，壁月鏤肝翠作塵，地下若逢陳後主，與君重與細論文。

玉岑淸才絕世，今之仲則，有妹曰謝月眉，與吾妹小翠爲莫逆交。中國女子書畫會即其二人所首創，而推盟主於李秋君，一時才女如顧靑瑤（顧若波女孫）、顧飛（佛影女弟）、馮文鳳（鄧仲和妻）、吳靑霞、周錬霞均參加，會員數百人，聲譽甚盛。玉岑嘗戲稱余曰：「陳後主」。

王个簃

缶翁門下俱龍象，歷歷南王與北陳，借問老萍堂上客，可知接火幾傳薪。

缶翁大弟子南有王个簃，北有陳師曾，其在師友之間者南有王一亭，北有陳半丁，人皆知之。若劉海粟、汪亞塵、王濟遠皆由私淑，而剏美專一派，人亦知之。齊白石初年亦由缶翁接火，人或不知。

錢瘦鐵

鐵筆三支沈與吳，叔厓名姓滿東都，畫中國士今誰許，勝得吾盧一席無。

倉石先生稱：「海上鐵筆三支，沈冰鐵、錢瘦鐵、吳苦鐵」。苦鐵，先生自謂也，瘦鐵與余同庚，時年僅三十，而名滿東瀛，畫與橋本關雪齊名。二人皆憂國多情，每及時事，輒相對流涕，至於痛哭。許大使世英稱之爲「畫中國士」。未幾，中日戰起，橋本竟以憂死。瘦鐵客余家最久，娶婦甚美，曰「姍姍」，陸小曼婢也。

孫雪泥

漢陽蔬菓信無雙，數色能教筆力扛。欲向重泉問消息，中原人物影幢幢。

孫雪泥善寫蔬菓，於錢舜舉、金冬心外，別樹一幟。尤善攝影術，創生生美術公司，同文書譜印本多出其手。又善詼諧，每有文集，座無雪泥不歡。

賀天健

天行健筆自超羣，未許吳張得益論，

醉掐青霞呼阿母，疎狂賀老實天真。

賀天健與鄭午昌齊名，自視甚高，目無餘子，於湖帆、大千均少許可；然獨傾服吳青霞，醉浮大白輒呼「青霞」。商笙伯老人年已八十，笑曰：「伊是阿母，非親爺也。」滿座大笑。

吳子深

子深嬌女公高足，我亦葭莩結此親，
五百年來唯一手，君居山水彼鄰彬。

鄰彬，竹班也，見謝宣城詩。徐悲鴻以五百年來第一人許大千山水，予亦以五百年來唯一手許子深畫竹。今子深往矣，往來積牘盈篋，每謂余曰：「天下英雄，唯使君與操耳。」嗚呼！過黃壚五步，而不腹痛，此非人情也，亦孟德語，痛哉！

聯語偶錄

·陳定山·

對聯，是我國特有的文字美。而盛行甚晚，大概要在明代隆慶、萬曆年間。沈石田、文徵明都沒有對聯。我收過方孝孺、海瑞的對聯，那都是靠不住的。明末淸初，其道始盛，王覺斯、張二水、董其昌、王烟客、傅靑主、陳老蓮都有出類拔萃的作品，以至淸末民初的書家如鄭孝胥、沈寐叟、吳倉石、譚組安、張人傑、楊庶堪、樊樊山、朱古微、沈尹默無不出色當行，盡其能事。到了近年，風流頓歇，蓋物質趨向現實，起居都在克難。不但書法視爲不急之務，就是毛筆也幾遭廢棄，「對聯」更不必說了。吾嘗痛之，十年以前，曾集合同志十人，創爲十人書展，同文同志推而有「七友」、「六儷」、「八儔」等，諸君子同聲響應，蔚爲大觀，但皆書畫並重，專以書法共爲研究的，仍只有十人書展耳。

十年之間，人事的變遷，最使我們沉痛的則是丁念先兄的中年怛化，他是十人的中堅，由此一度間息，直到前年（民六〇），我們請到丁治磐先生加入，他姓丁，年齒又長於我們九人，而丁健行（翼）恰是我們十人中最年小的，一向稱他小丁，於是龍頭龍尾正好雙丁，十人書展因此重整旗鼓，而在那次所展出的却全是「對聯」。

這是我所提議的，展出之後，頗開風氣，於是「對聯」一道，又臻臻向榮，爲人所樂道。坊間市肆，對聯的價值，突然躍起，向當代書法家叩門求學者，亦以對聯爲多，此一現象，實足欣喜，蓋日本雖重我國書法，而不懂對聯，以前搜求我國名人對聯而常棄有上欵的一條，而單掛下欵，現在也知道「對」要雙聯，單絲不線了。

不過：用嵌字來撰對聯，雖非自我作古，却是由我創格。從前曾國藩、方地山、張丹斧也多歡作嵌字對聯，但皆用於花月歡場，無登大雅，降至市招村語，不堪句讀。故拘泥保守的人，都不敢嘗試。所以我就獨斷獨行，在去年辭歲書紅，多用嵌字作聯，書以洒金硃箋，廣徵同文以代新年桃符，得者無不大喜，以爲巧奪天工，而登門求字者，雖未戶限爲穿，也就令老翁臂折了。葦窗兄自港來書，要我將去臘所撰嵌字聯，擇尤寫出；其實一個人名字也不能字字入聯，譬如「龔書綿」、「李驊括」，實在要用很多心思琢磨，而「易君秋」、「朱龍庵」則手到拈來，不假思索；至如「梁寒操」一聯，則捨均默先生之外，竟無別人足以當之，可不獨文章天成，妙手偶得了。摘錄十聯，先請教正。

龍孫已放千竿竹
庵主聊爲半日僧
朱龍庵

夢澤詩心坡與谷
大姚山水米家船
姚夢谷

讀畫身行萬里路
思鄉心匝不周山
張行周

玉尺量才錦琴瑤瑟
文章富國蘇海韓潮
玉琴
文海

仙李同舟驊騮開道
括蒼獨秀嵩岱齊眉
李驊括（書家李超哉字）

示我津梁氷寒於水
論交天下使君與操
梁寒操

書帶柳綿龔字硯
畫成高逸草堂鴻
龔書綿
高逸鴻

衛玠譚道平子絕倒
甘泉奏捷相如賦詩
譚子捷

金碧樓臺雲霞煥耀
蘊藏珠玉山水含輝
金耀輝

容膝易安君是矣
秋心如水我知之
易君秋

南北議和見聞錄

張競生編述
張次溪校錄

世人都以「性學博士」四個字的銜頭，和「張競生」三字聯在一起，實則張競生少年時，參加過「京津保同盟會」；且曾爲南方議和代表處的職員。一九五九年，張競生回憶舊事，曾和齊白石老人的弟子張次溪合作撰成「南北議和回憶錄」，原爲他在廣東省文史研究館時用以紀念辛亥革命六十年之作，但未公開發表，今特刊載其原稿，俾讀者獲識這位「性學博士」晚年時期所撰寫的一篇革命文獻。

公曆一九一一年，即辛亥年九月十四日，（宣統三年）淸廷派袁世凱爲欽差大臣，督師到漢口。

袁世凱一面奏請停止進攻，一面遣員與湖北都督黎元洪議和。袁以劉承恩與黎元洪有同鄉之誼，囑劉承恩函黎達意旨，書兩往，不獲一覆，劉承恩復於九月十五日續寄一書，詳述種切，黎亦不答。袁世凱乃於九月十六日特派劉承恩、蔡廷幹二人爲代表委員，自漢口渡江與黎元洪晤商。

袁世凱奉淸廷命督師南下，初駐節於信陽州，遷延不進，復藉口議和，以爲緩兵之計。九月二十一日，劉承恩、蔡廷幹請見民國鄂軍都督黎元洪，先由傳達官通知，黎都督即行許可，特派兩員招待，並遣衛隊十二名沿途保護，劉蔡兩委員乃於是日午後四時，由漢陽門入，直達軍政府，招待員導入議事廳，黎都督及各部長均在，各行賓主禮畢，分別就座。首由黎都督詢問兩委員的來意，劉承恩即宣佈此來的宗旨。茲將彼此兩方的問答畧述如下。（這些檔案都由當局彙送到南方議和團秘書處備查的。）

劉承恩說：「都督首先倡義東南，十餘省相繼而起，實可欽佩，項城之意，不過三世受恩，不忍親見淸政府推倒，故特派代表等來協議，都督所以革命的原因，無非爲淸廷虛言立憲，實行專制，現在淸廷已下詔罪己，宣誓太廟，將一切惡稅苛捐全行改除，實行立憲，與民更始，目的可謂已達，倘再延長戰事，生民益將塗炭。都督本爲救民起見，是救之而反以害之，於心安乎？況某某兩國均派水師提督帶兵入境，不知是何居心，國內交爭，恐彼等乘勢襲取，致釀瓜分之禍。伏望都督統籌善策，顧全大局，傳知各省，暫息兵端。一面公舉代表入京組織新內閣，共圖進行之策，朝廷仍擁帝位之虛名，人民已達參政之目的，所謂一舉而兩善存也。滿人雖居心狡詐，然經此一番改革，大權均操諸漢人，淸帝號雖存，已如衆僧人供奉一佛祖，佛祖有靈，則皈依崇拜之，不然，焚香頂禮，權在僧人，佛祖亦無能爲了。」

黎都督答：「項城眞愚蠢，瓜分之言，可以嚇天下人，能嚇湖北人嗎？現在各國領事均奉各該國政府命令，嚴守中立，各國皆文明之邦，以遵守公法爲第一要義，微論必不干涉，即令各國中有不守公法的舉動，我國十八省熱血同胞，當盡犧牲生命以救國家，以我國四百兆人民與外人辦正當的交涉，外人雖强，當亦望而却步，向來外人對待中國的手段，百端强硬，其所以不實行瓜分者，畏滿政府嗎？抑畏我民氣吧。滿政府存留，能担保各國不瓜分嗎？項城命二位來，其意不惟本都督所深知，即天下人民亦無不洞見其肺腑，彼要藉此解散我省軍心，令各省自相衝突，迨四方平定，彼握大權，然後驅逐滿人，自踐帝位，其用意雖毒，其奈人已不上他當了。若余爲項城計，即今返旆北征，克復冀汴，冀汴都督即由項城担任，以項城的威望，將來大功告成，選舉總統，當得首選，項城不此之爲，乃行反間的下策，註定他必然失敗，吾不知項城何以愚拙至此。如謂三世受恩，不忍坐視滿室傾覆，此言尤無人格。以公仇論，滿人賊也，我主也，我們被賊搶掠妻孥財產已二百多年，今賊反招彼爲之管事，彼當視賊爲仇人或爲恩人呢？以私仇論，溥儀即位後，逐項城於國門之外，雖幸未被刑戮，然已萬分危險，置仇不報，而反視爲恩人，項城雖愚，豈永久做夢未醒嗎？滿人素來待漢功臣，用之則倚如泰山，大功一成，即視如土芥，年羹堯的戰功如許其大，其結果何如，項城豈忘却嗎？總之，項城如表同情革命，則當返旆北向，否則約期大戰而已。我這一番言語，俱是忠告項城，項城不悟，直是滿奴，二位均是漢人，平心思之，吾言果不謬否？」

劉承恩到此，滿面紅赤，不能置答一語。

蔡廷幹繼起說：「都督之言，實同金石，我等均爲驚醒，復命時，定將都督之言，勸告項城，不日當有回覆。」各部長均云，項城如甘爲滿奴，實在無人格，二位當剴切勸他爲是，劉蔡兩委員到此均唯唯。

當晚黎都督盛筵欵待劉蔡，各部長均陪席，席間，暢談革命原理及各國革命歷史，十二時席散，兩委員即宿於軍政府。

二十二日黎都督派衛隊數人護送兩委員渡江，議和消息從此斷絕。

到了十月初七日，袁命清軍奪回漢陽，狂加刧殺，我們「京津保同盟會」同人，與全國人民一樣極爲憤激，恨袁的兇惡與對議和無誠意，遂激起同盟會員張先培、黃之萌、楊禹昌三烈士炸殺袁的義舉，事雖不成，也使袁不敢全恃武力解決的一原因。後經外人再復介紹兩軍議和，清軍乃與民軍約，先於武漢停戰三日，繼又一再展期，且及於全國。

武漢的停戰，第一次爲三日：自十月十三日早八點鐘起至十六日早八點鐘止。第二次亦三日：自十六日早八點鐘起至十九日早八點鐘止。其後則號稱全國停戰者四次，從十月十九日早八點起到十二月十一日止。今將武漢停戰規約五則錄於下面：

一、停戰時各守現據界線，彼此不得稍有侵犯窺探。

二、停戰期限訂於十月十六日八點鐘止，計共三日，兩軍不得在期內開戰。

三、軍艦不得藉停戰之期，泊近武漢南北岸，以佔優勝地位，須至青山以下停泊，至停戰期滿爲止。

四、停戰期內，兩軍不得添兵修壘及一切補助戰力等事。

五、停戰之約，須有駐漢英領事官畫押爲中証人，庶免彼此違背條件，以重公法。

按清廷遣派代表與民軍議和的原因之一，實由君主立憲黨與京津保同盟會主持人汪精衛發起「國事共濟會」於北京後，得到清資政院極意贊助，於是李家駒以此意面達袁世凱，袁謂調和兩方固屬美舉，然誰能當此第三人的責任？須知第三人者，必須於兩方均無關係，且與兩方均無惡感而後可。尋有漢口英總領事介紹議和之舉，蓋先時已有人運動英使朱爾典，英使以有關國際問題，乃授意駐漢英總領事爲介紹人，而日本、英、法、俄、德諸國亦先後贊成，且其時漢口雖被清軍攻下，海軍繼續起義，漢陽雖被清軍所得，金陵復爲民軍所有，清廷庫帑告匱，貸欵無從，購械增兵，均束手無策。袁世凱迫不得已，乃奏明清廷，清廷即派袁世凱爲議和大臣，袁旋請以唐紹儀爲代表，與民軍代表會同討論大局，議和局面於是開始。兹將清廷特派袁世凱爲議和大臣之諭旨錄下：

十一月十七日清旨：現在南北停戰，應派員討論大局，着袁世凱爲全權大臣，由該大臣委託代表人馳赴南方，切實討論，以定大局，欽此。

袁世凱既奉旨，即備文咨行唐紹儀尅日南下，其咨文如下：

欽命全權大使內閣總理大臣袁爲咨行事。本日奉旨：現南北停戰，應派員討論大局，着袁世凱爲全權大臣，由該大臣委託代表人馳赴南方，切實討論，以定大局，欽此。遵旨委託貴大臣爲本大臣之全權代表，希尅日遵旨前往，除分咨外，相應咨行查照可也。須至咨者。

南北和議討論之理由有三：一爲保全外人在長江流域之商務；一爲保全東亞的和平；一爲酌定此後中國政體宜爲君主或爲共和。

又袁世凱同時通電各省，宣佈議和的政見，則謂：此次派唐紹儀赴上海議和，實爲商議改革政治問題，本大臣向來堅持君主立憲政體，即英、德、法、俄、日本，亦均贊成君主而反對共和，故此次上海會議之結果，可預料決無改爲民主之理，乞台端竭力撫綏，幸勿搖動云云。

袁世凱既委託唐紹儀爲總理大臣之全權代表，其參贊有前署郵傳大臣楊士琦，學部侍郎嚴修等，復就各省人士之服官北京者，委託參預議和事宜，計有直隸于邦華；奉天紹彝；吉林齊忠甲；黑龍江慶山；河南陳善同；山東侯延爽；（原派周自齊）山西渠本翹；陝西雷多壽；甘肅劉慶篤；四川傅增湘；江蘇許鼎林；江西蔡金臺；安徽孫多森；浙江章宗祥；廣東馮耿光；廣西關冕鈞；福建嚴復；（原派陳寶琛）湖南鄭沅；湖北張國鈞；雲南張鍇；貴州蹇念益；蒙古熙鈺等二十二人，均於十月十七日同集內閣會議，十八日都乘京漢鐵路專車南下。

是時南方各省代表方集於武昌，會議組織臨時政府事宜，議和之說既定，代表會乃議決推一民國總代表，與唐紹儀議。於是江蘇、安徽、江西、福建、湖北、湖南、廣東、山西、陝西、雲南、貴州十二省代表，公推中華民國外交總長伍廷芳爲議和總代表。

十二省公推伍代表電：

滬都督轉伍先生廷芳鑒：清袁內閣派唐紹儀爲代表來鄂討論大局，十二省公推先生爲民軍代表與之談判，此舉關係至重，元洪已委託蘇代表雷君前往迎迓，務望辱臨，至爲盼禱。黎元洪叩印。辛亥十月十九日。

民國議和代表參贊及辦事員題名

伍廷芳：民國議和全權代表

温宗堯：參贊

汪兆銘：參贊

王寵惠：參贊

胡　瑛：湖北特派代表

王正廷：湖北特派代表

議和代表辦事處職員

張公室（即本文作者張競生）　李範之　曾廣益　以上專任議和事

陳經　虞熙正　闞文湛　余沅　以上兼任外交部秘書
沈寶善　何智輝　曾廣勳　蔡序東　以上兼任外交部翻譯
劉汝霖　朱文柄　以上兼任司法部秘書
史丹欽　潘茂昭　譚熙鴻　以上電政局特派譯電員

照錄照會原文：

中華民國中央軍政府大都督黎，爲照會事。照得鄂省起義，各省先後響應，即宜籌畫進行之方，與對待之法。昨由英領事轉袁世凱電，即日派唐紹儀來鄂開議，此時對待，非望實交孚之員，不足當斯重任。茲由代表團公舉臨時政府外交總長伍廷芳，學問純深，閱歷素優，洞悉外交機宜，堪充茲任，合函照會貴總長迅速首途來鄂，以便對待一切，須至照會者。

右照會臨時政府外交總長伍。黃帝紀元四千六百零九年十月十七日。

十月十八日唐紹儀出都，初議以漢口爲議和之所，蓋鄂軍都督黎元洪因唐紹儀由英總領事轉告，謂議和一事，但認武昌爲主體，遂電告滬軍都督陳其美，請伍廷芳赴鄂。各省在滬代表乃會議對於赴鄂議和之說全數否決，即電請黎元洪派巡洋艦護送唐紹儀至滬，以便開議，因伍如赴鄂議和，近於遷就，有損臨時政府的威望，且漢陽新失，我方初遭挫折，若總代表赴鄂，似是自認敗挫，所以主張和議地點應在上海。

二十一日午前十一點，唐紹儀至漢口，有英領事及英公政局局長與民國代表接至英公政局的客房休息。至二點鐘，民國代表王正廷與唐開秘密會議。王問：「聞清軍有乘停戰期內，由漢口調兵至山陝，以攻民軍，若有此舉，殊非正道。」唐謂：「斷無此事，可以自家性命相保。」王又說：「鄂軍歡迎閣下來漢議和，本已電請伍廷芳來此，但伍因民軍之外交部在滬，勢不能來，余意請閣下至滬如何？」唐謂此事容爲思索，再定行止。王乃告別。

至午後七點，民國代表胡瑛、孫發緒、王正廷等始與唐開正式談判。孫說：「閣下歷游歐西，當知清廷不堪爲中國的政府，閣下肄業美國，想也慕美之政治，閣下爲漢人，豈不願中國得到自由嗎？」唐說：「此次我國起義，我亦甚表同情，清廷以漢人擊漢人的手段，我亦深知，惟此來總以保無戰爭爲目的。」胡說：「閣下誠不愧爲外交的幹員，但某等初意本邀伍君來漢開會，伍君既未至，仍如王君所陳請，請閣下到滬何如？」唐表示允諾。孫君謂既承允諾，某等當請都督派兵輪護送至滬。唐說：「極感盛意，特余甚願與都督一晤，不知能否請都督至美領事署面談？」胡君表示當爲代述，於是散會，此時已是午夜十一時了。

唐紹儀既允由漢口轉上海議和，乃於十月二十四日在漢起程，二十七日到上海，以英人李德立前曾發起調停和事，且由駐滬英總領事介紹，唐即寓於李德立之戈登路寓廬，而定以英租界南京路的市政廳爲議和會所。

各省在北京人士偕唐紹儀來者有：直隸吳毓麟；江蘇趙椿年；安徽楊毓瑩、汪彬；浙江俞文鼎、章福榮；廣東歐賡祥、唐寶鍔、唐汝沅、馮懿同、容尚謙、沈誦清；福建王孝繩；四川鄧孝然；河南王敬芳；湖北胡大勳；湖南范源廉、陳嘉會、薛大可；貴州陳國祥諸人。唐紹儀在二十七日到滬，是日午後即用正式禮謁見伍廷芳。二十八日晨，伍廷芳答謁唐紹儀，暢談半時，臨行面訂二十八日在南京路市政廳會議。

十月二十八日午後二時，清總理全權代表唐紹儀與中華民國議和總代表伍廷芳會議於南京路的市政廳。

廳前警備的有西捕十餘人，印度巡捕十餘人，不穿警服的暗探多人。一點半鐘時，廳前不許人行走，而觀者擠擁不堪，雖印捕屢屢逐走，來觀者仍如故。

二點鐘時，唐之汽車即止於議事廳門前，車中唐之外，凡三人，一爲英人李德立，餘二人則爲唐的隨員，未幾，又來汽車二輛，每輛中有清政府的代表二人。

伍廷芳乘馬車，於二點零五分抵議事廳，同來者凡八人，內有胡瑛、王正廷，皆鄂督所派來的代表。

是日之會，專爲交換議案而設。

會議廳中設二長桌，兩代表各據上座位，伍左唐右，左列各座均伍的參贊，右列各座皆唐的參贊，各有四人。而黎元洪所派爲伍廷芳隨員的王正廷，則坐於伍唐二人的對面。所有隨員，會議時皆不能有發言權，若伍的參贊欲發表意見，亦不能直與伍言，須由隨員手書意見或低聲向本方總代表陳述，再由總代表與對方總代表提出。

唐紹儀的參贊爲許鼎霖、趙椿年、馮懿同，歐賡祥、而楊士琦則未與議。因上海電報局不允用密碼通電，而關於議和事宜必須與袁世凱秘密商談，所以唐紹儀遣楊士琦回京面晤袁世凱報告一切，嚴修則因事未果來。

伍廷芳的參贊爲温宗堯、王寵惠、汪兆銘(精衛)、鈕永建、王正廷。

此外參預和議的，除發起調停的西商李德立外，尚有英日兩總領事，均奉本國駐京公使命令，到場參預，而俄德美法四國要求加入，亦經雙方認可，以故各國領事也得參列其間，他們宣佈宗旨：注重調和，以免戰事延長，妨害商業，而於兩方的君主與民主大問題，仍聽各自主持，絕不加以干涉。

唐紹儀伍廷芳既換驗文憑畢，伍廷芳提議，請唐紹儀致電袁世凱，謂十九日停戰以後，凡湖北、山西、陝西、山東、安徽、江蘇、奉天各省，均應一律停戰，不得進攻，候得確實回電承諾後，始行正式討論。且開議以後，如再有此等情事，須彼此雙方各將擅自行動的軍隊處以嚴罰。唐總代表允即電袁內閣，伍總代表亦電武昌與山陝等省。會議延長至四時許之久，伍廷芳提出要求四事：

一、清帝退位；

二、改行民主政府；

三、以優厚的年金供給清帝；

四、八旗年老貧苦的人，或予以新政府的位置，或賜以恩給金。

當開會時，唐紹儀先發簡短之報告，大致述此次奉命南來，希望會議有成之意，報告畢，即以委任書遞交伍廷芳。伍將委任書審閱一過，亦起而陳述，希望此會有好結果，能使中華得莫大的利益，隨即以民軍的委任書遞交唐氏，會議就此開始。

是日的會議，為兩方議和的預備會，當日決定電袁，要求北軍在北方實行停戰，候得袁覆電允諾後，再定期開正式議會。

是日伍廷芳即接袁世凱來電，准其用袁氏名義，電致各處清軍，在此休戰期內不得開仗。蓋伍曾於數日前向袁氏抗議：謂清軍不應乘休戰之時肆行侵擊。袁即答以電信能及之處，均已飭令停戰，其電信所不能及的，伍或有法可以通信的，可即用袁某名義遍諭清軍將領，藉以表示袁的誠信等語。

事因北方停戰問題，經豫、晉、秦、隴四省協會代表，以正式要求伍唐，令山陝清軍即刻停戰，然後開議，伍唐均允代達，由唐兩電清總理請其發令停戰。清總理覆電允辦，四省代表始行對伍表示清總理既負責任，承認停戰，當即允其開始和議，若清軍不守約，則本會自有强硬手段對付，希即轉達唐使，伍當即允諾辦理。這是二十八日午後二時開第一次談判時，由四省協會代表所要求的結果。

十一月初十日下午二點半鐘，兩方議和代表續開會議於上海英租界大馬路市政廳，唐紹儀以清諭旨一份遞交伍廷芳，所議各問題中，乃以召集國會應在何處為重點。民軍各代表會於下午二點鐘時齊集伍的寓所先行會商然後再往市政廳。此次市政廳內外防衛之嚴，仍與前二次無異，英總巡勃羅斯亦親自到場，清代表先到，民軍代表亦接踵而來。

是日議決各條件如左：

一、國民會議由各處代表組織，每一省為一處，內外蒙古為一處，前後藏為一處。

二、每處各派代表三人，每人一票，若有某處到會代表不及三人者，仍有投三票之權。

三、開會之日，如各處到會之人數有四分之三時，即可開議。

四、各處代表：江蘇、安徽、江西、湖北、湖南、山西、陝西、浙江、福建、廣東、四川、雲南、貴州，由中華民國臨時政府發電召集。直隸、山東、河南、東三省、甘肅、新疆，由清政府發電召集。並由民國政府電知各省諮議局。內外蒙古與西藏，由兩政府分電召集。

清廷對於議和的狀況

代表回京——清廷所派往上海的代表抵滬後，均無發言權。而民軍代表伍廷芳等堅持共和，不稍退讓，致主持君主立憲的嚴復、許鼎霖、劉若曾、蔡金臺等相繼回京。

遜位問題——袁世凱接唐紹儀電，說伍廷芳等均懇請清帝退位，使共和政府早日成立，中國可躋富强，非特國民之福，亦皇室之幸，將來國民對於皇室的待遇，必極優隆等語。袁得電後，甚為躊躇，連日與慶邸及諸親貴會商，尚無結果。惟清內閣連發數電囑唐紹儀如承認共和，須先將優待皇室條件提出議妥。

退兵問題——袁世凱已允民軍之請，於初十日電飭鄂督段祺瑞，將駐紮漢口、漢陽等處官兵，統限於日內一律撤退。

召集國會問題——臨時國會辦法，袁世凱意以為此事關係重大，決不可草率從事，大約須每縣各舉一人，至五個月后，方能開臨時國會。袁世凱即委託李總裁家駒、吳參議廷燮、施參議愚等，將選舉法妥速擬訂。

辛亥年十一月十二日午後二點半鐘，伍唐兩代表續開正式會議，（前兩次會議只是交換第一、二次的提案）議決各事如左：

一、山西陝西由兩政府派員會同往申明和約。

二、張勳屢次違約，且縱兵燒殺奸擄，大悖人道，唐代表允電袁內閣查辦。

三、皖、鄂、蘇、山、陝等處清軍，五日之內，須退出原駐地百里外，只留巡警保衛地方，民軍亦不得追襲，須由兩軍隊簽字遵守。

四、伍代表提議國民會議在上海開會，日期定十一月二十日，唐代表允電達袁內閣，請其從速電復。

五、上海通商銀行目前收存南京解來銀約一百萬元，現在兩代表擬定將此項撥出二十萬元交與「華洋義賑會」為各處災區義賑之用。

唐紹儀等辭職

唐紹儀來滬議和，為袁世凱的全權代表，開正式會議之前，也經彼此互驗文憑，既而唐代表在滬所訂條約，雖經簽字，但袁世凱往往電不承認，唐紹儀等左右為難，遂有聯合隨員電請辭職之事。其電文錄下：

各電謹悉。此次奉派來滬，討論大局，原為希冀和平解決，免致地方糜爛起見。到滬後，民軍堅持共和，竟致無從討論，初經提出國會議決一策，當亦全體反對，多方設法，方能有此結果，今北方議論既成反對，而連日會議所定條欵，宮保又不承認。儀等才識庸懦，奉職無狀，自明日始，不敢再蒞會場，除知照伍廷芳外，請速另派代表來滬，不勝迫切待命之至。唐紹儀、楊士琦、章宗祥、渠本翹、傅增湘、孫多森、張國淦、馮耿光、張鍇、蹇念益、侯延爽、關冕鈞、章福榮等同叩，文。（十一月十二日）

袁世凱允唐紹儀辭職電：

迭接來電，請辭代表之任，現經請旨，准其辭職，除電伍代表外，謹此電達。內閣監。（十一月十四日）

按自唐代表與伍代表會議以來，雍容袵席間，大事垂定。唐代表的顧全民生，維護皇室，兩面俱到，假使袁內閣早從唐代表之議，則國內早一日安全，萬民早一日樂利。今袁有意挑釁，致唐代表不能終任，過失當然全在袁世凱與清廷。溯自袁世凱入京以後，深知全國民心傾向共和，而於清廷一方面，又不願教以武力相角逐，使無數生靈塗炭，故於外則奏派代表赴南議和；於內則施其沉毅狡猾的手段，以布置大局，務使清廷聽其擺佈，而使國家可免瓦解之患，無如清室一般頑固之流，不明袁世凱的用意，既不知贊同其宗旨，又不能協助其進行，以致誹謗橫興，而使唐紹儀不得不辭職。

袁世凱直接與伍廷芳交涉

自唐辭職後，袁世凱與伍廷芳直接商談，可是以有限的文字，傳達無限的議論，而種種不可明言的事實又不可以電報洩露於外，使清廷一方面另生枝節。是以袁世凱電請伍廷芳北行，伍廷芳也電請袁世凱南行。於事實上觀之，伍廷芳不妨暫離香港，而袁世凱却萬不能暫離北京，故所謂南行北行，皆表面之詞。又唐紹儀與伍廷芳所簽的條約，斷無推翻之理。而袁世凱一再以未與大臣商明為言，故作不能承認的理論，電函往還，兩不相讓，但這些尚是表面的官樣文章。而此中爭執最烈的則為國民會議一節，照袁世凱所開條件，非歷數月不能辦到，在袁世凱何曾不可通融辦理，而所以斤斤電爭者，亦未始非表面之詞。一言蔽之，袁之講和，不是為共和不共和，而是全為自己的利益計算。

在清廷親貴公決召集國會之意說：實欲將滿蒙回藏各藩屬仍歸其管轄，如漢族多數皆向共和，即將藉口滿蒙回藏等處皆係主張君主，故要與民軍協議，仍將滿蒙回藏割歸清帝自行組織君主國。故自清太后降諭後，載灃（即宣統之父，當時為攝政王）、奕劻（即慶親王，為當時的軍機大臣領班，最有權力的）等立即召見在京蒙古王公，秘密會議，分電蒙回藏各部落迅速舉員來京會議，如趕辦不及，即以在京王公喇嘛等代之。於是分頭運動蒙古王公及滿洲官員於國民會議投票時贊助保存皇位。並許俟政治解決後，蒙回藏等處即可實行聯邦制度，任其獨立，只存清廷君位名義上的尊稱。

載灃等運動蒙古王公成熟後，面請太后傳旨嘉獎以堅其心，內有皇室存廢，端賴額附王公諸爵等之忠義以資維持等語。（按駐京蒙古王公貝子貝勒等先代皆為清廷前代之額附，故云。）

奉、吉、黑、直、汴五省的選舉，袁世凱擬與各省同一辦法，而親貴欲將滿洲（即奉吉黑三省）選舉之額擴充，更欲將奉吉黑三省都選滿人為代表，奕劻則並欲以在京滿王公充之。

袁世凱自接唐紹儀電，謂國民會議地址在北京一節，伍廷芳決不承認後，即謁各國公使請促領事團代勸伍廷芳允從北京之請，謂會議地址應擇漢滿蒙回藏各處的中心點，故以北京為宜。

袁世凱與伍廷芳直接議和以來，條件紛陳，實以清帝遜位為主要，袁世凱對清廷以此說進，而奕劻等後來亦以此說進，伍廷芳以此說進，內外臣僚亦多以此說進。清太后為保存皇帝安妥起見，已有允許之意，奈不明大局者尚一再抗阻，以致議和的進行極形遲滯。

十二月初一日上午，清內閣開御前會議，親貴如奕劻、載灃、載洵、載濤諸人及蒙古王公均到。禪位詔書本已擬就，擬由近支王公議決署名，而溥偉、載濤、載澤、鐵良、及蒙王某等反對極烈，乃由親貴領袖的奕劻發言謂：「我非欲主張共和，惟大局如此，當籌畫保全皇室之法，似可採用共和，以和平了結，免致皇室別有危險。」溥偉又出而反對：「吾國不能共和，萬不得已，則當南北分立。」載濤意見亦同。奕劻謂：「我年七十餘，無論君主與共和，我皆不及享受，有何成見，但今日君主之說既不能行，南北分立亦徒託空言，故不如逕行共和以救危局。」鐵良、載澤、創議分南北為二國的提議，極形激烈，以致這次御前會議毫無結果而散。

十二月初一日午後三時，清內閣又開會議，國務大臣中惟袁世凱、唐景崇未至，梁士詒先發言謂：「袁內閣有病，不能出席，今以本大臣及趙胡二大臣代表袁內閣，商議組織臨時統一內閣之事。」趙秉鈞接着說：「此辦法係將南京內閣先行解散，而在北方另行組織臨時統一政府，暫理全國事務，一面由國民臨時大會決定君主民主的問題，因北方兵力不敷分佈，且兵餉只敷二月，後即難繼，現時尚能保存者除東三省外，止有直隸、山東、山西、河南四省，這四省人民亦主張共和，密謀起事，所在皆是。徒以兵隊鎮懾，但只能鎮服一時，萬一民軍北來，兩宮的安寧與宗廟社稷皆有危險。今日之事，非空言所能解決，除組織臨時統一政府外，尚未有別種辦法，請為謹慎斟酌。」語畢，國務大臣退去，王公等自開會議。

清太后召見親貴時，對他們說：「時至今日大事已去，民軍死爭共和，非達目的不休，吾苦心焦思，終不得一良策以挽回大局。我朝二百餘年的基業竟喪於吾手，眞令人死不瞑目！」旋又諭令及早各自圖謀生活，現無他法，惟有遜位而已。她語時涕泣不止。

初四日，清廷又開御前會議，滿蒙王公均到，宗室王公到者不限近支，惟奕劻、載洵、載倫未至。七點鐘後入內召對，清皇太后之意以從速決定爲要，蓋不欲久延不決以廢時日。善耆、載澤、載濤、載灃，堅持君主立憲主張，而溥偉持之尤力，他並言着袁世凱辭職，我輩當另組織政府，即開臨時國會，而在北京開會，主持君主立憲，此外不能承認。否則即與民軍決戰。各王公皆表贊同，但以奕劻既在假期，又係親貴領袖，必須就商，以決定辦法，遂公議俟協商後議決。

又聞是日王公入內，首由溥偉痛陳利害，說話極多，並說今日時局糜爛，爲國家存亡危急之秋，惟有一條生路，就是君主立憲，臣等寧決然殉國，豈願一日偷安。次由各王公羣起參劾奕劻，並數其歷年誤國之罪，皆謂此次奕劻主張共和，實係個人私圖，希望保存個人身家性命。旋有某親貴奏言奕劻諸人已與民軍協議，承認皇室經費年四百萬，皇帝遷居頤和園等條約。清太后大怒，詢問溥偉是否有此事？她說：「此等事關係甚大，即使承認共和，亦應將條件商議明白，乃能成議，怎樣奕劻個人胆敢這樣自專！況此時並未承認共和云云。」諸王公惟有唯唯而已。

反對共和者，諸王之外，又以載澤爲最力，他對清后說：「袁世凱言庫欵支絀，軍餉不足，不能開戰，實則籌餉種種名目，如愛國公債，如短期公債，及向親貴大臣勸捐等項，現已籌有一千餘萬，錢既到手，因何不戰云云。」載灃聞之，乃諄囑世續、徐世昌，謂有宣佈共和諭旨，不得大家同意時，萬不能鈐蓋御寶。

溥倫言詞極爲痛切，畧謂：「我族再主中夏，固已無望，即國民會議於我亦無利益，袁世凱雖力欲保持君主，而勢孤力弱，譬之片石，要去抗拒怒流澎湃，何能有濟？目下和議雖未決裂，而南京已組織政府，北伐之聲，日見加厲，京畿各處已有民軍踪跡，袁世凱雖防禦甚堅，設有疏虞，噬臍已晚，與其待兵臨城下，服從武力，何如先自謙讓，尙可稍留地位。優待皇室之說係由民軍提出，決不中變，即民軍欺我滿人，亦決不能欺袁世凱，我滿人恃有袁世凱可以不必深慮。」又說：「新中國總統現雖舉定孫文，但孫文未必能支此危局，主張推袁世凱者已不乏人，即孫文、黃興聞也有電與袁，願推薦他爲總統，而外人也屬意於袁。余觀袁世凱理學氣太重，日來辭職之意甚堅，吾人當勸他不可拘泥小節，只求能保全中國，不獨吾滿人之幸。」親貴中除上所說那些人反對之外，大多數都無異議，而奕劻個人始終贊成共和。

親貴既退，國務大臣入對，首由胡維德叩詢各王公意見，清太后說，彼亦無成見，但望善爲辦理。各大臣合詞說：「此次組織臨時政府，實爲不得已之舉，但臨時政府的組成，仍須召集臨時國會，乃能決定政體的問題。今日究應如何解決，實非臣下所敢妄議。惟若戰端再起，兵不敷用，餉亦無着，甚難措手。」清太后沉思極久，才說：「現在仍以速召開國民會議爲正當辦法，仍望汝等善爲辦理。」即散會。

溥偉、廕昌、訪問袁世凱質問近日計畫，廕昌謂南軍全恃虛憍之氣，其實力究不如北軍，與之決戰，可期必勝，君何以專以禮讓爲事？以致老師糜餉，徒延歲月，今北方軍隊已躍躍欲試，望君主持。溥偉謂君前此不

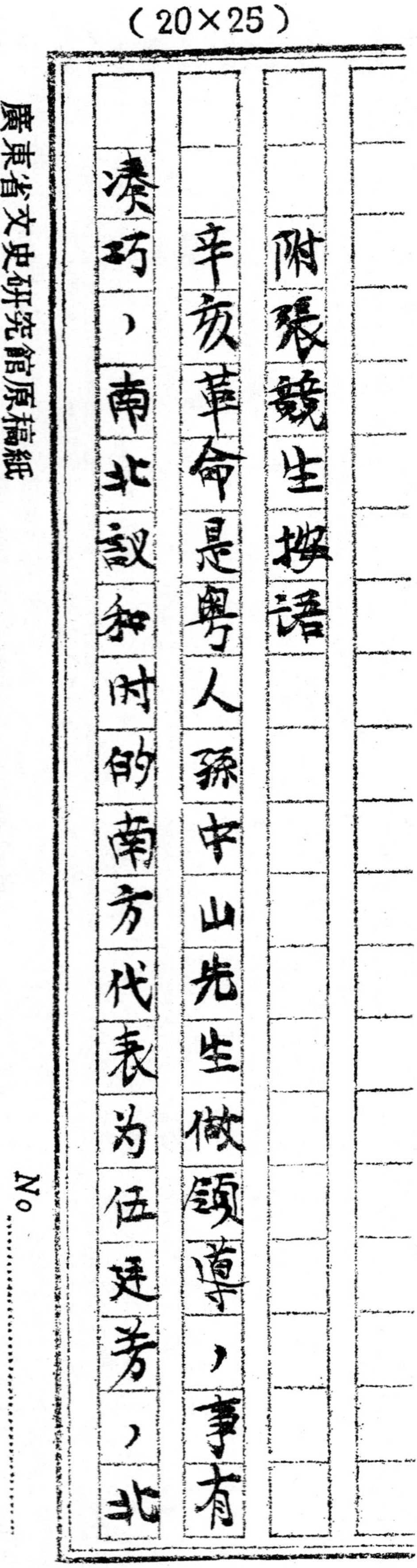
(20×25)

附張競生按語

辛亥革命是粵人孫中山先生做領導，事有湊巧，南北議和時的南方代表為伍廷芳，北

廣東省文史研究館原稿紙　No.

張競生編述張次溪校錄「南北議和見聞錄」原稿一節

欲主戰，藉詞餉項無着，今已頒發內帑及王公捐欵，愛國公債，數額已近千萬，可以支持數月。並說：「和議決無可望，遜位之舉，萬不可行，民軍處處違約進兵，若不速籌備戰，必爲和議所誤。」世凱謂諸位卓見甚爲欽佩，但余才力薄弱，不能負此重任，請自爲之，等語。

初六日，清廷又開御前會議，王公大臣中之反對共和者，以載澤、溥偉爲最，鐵良又暗中運動，擬俟袁世凱內閣解散，將以趙爾巽爲總理，鐵良主持軍務，廕昌督兵赴戰，要全以兵力解決。更有主張借用外兵以平民軍者。

袁世凱以蒙古王公極力反對共和，曾商請奕劻轉勸，謂近與民軍接續議和，政體尚未決定，今彼等倡言反對，竊恐有礙和局，請爲婉言諭解，免啓爭端，而維大局。奕劻答應辦理。

初七日，清廷又開御前會議，滿蒙王公咸集，奕劻以南京所開五條件，已得北京的參議院同意，決不更動，故亦銷假赴會。

初七日，南京開特別大會，磋商政策，對於和議及孫文自願辭職，以總統推袁世凱一節，提出討論。

一、和議所辯論的政體爲民主抑爲君主，須付國會議決。
二、孫文任總統，乃係臨時性質，其去留自然不受有任何法律約束。
三、今孫先生願辭職，並請人民舉袁世凱爲民國總統，係出自己意，民黨先前未有提及，後經孫先生再三勸導，始行公認，庶幾國事問題可以和平解決。
四、孫先生請袁世凱爲總統時，聲明袁須依附民軍，並須由袁世凱自行聲明符合民軍及中國人民的願望，始能舉他爲總統。
五、前致滿洲親王條件，仍舊履行，倘袁如允諾這些條件，則他被舉爲總統時，亦當照前條件一樣切實履行。
六、孫先生政策前後一轍，他極欲早日謀致和平及全國人民幸福，並無絲毫爲自己地位起見。
七、近來外間謠言繁興，不是民軍公敵，便是民軍漢奸，我輩當防備申斥。

初八日，段祺瑞聯合北方諸將姜桂題等四十六人，電請袁世凱代奏要求清帝退位，宣佈共和，由外務部印送滿蒙王公，並即進呈清太后，北方軍隊有此義舉，使北方反對共和政體者更加減少勢力。

此次請願共和的軍隊列名者已達百分之九十餘，其餘少數亦由請願的軍隊派員秘密運動。茲將北方軍隊首領電請主張共和者的姓名列表如下：

軍隊名稱	統兵官之姓名	人數
第一軍全軍	段祺瑞	二萬
武衛全軍	姜桂題	一萬二千
江防全軍	張　勳	二萬二千
右軍全翼	段芝貴	一萬
豫皖新編各軍	倪嗣冲	一萬
河北鎮練軍	謝寶勝	六千
河南鎮練軍	馬金叙	六千
第一鎮	何宗蓮	一萬二千
第二鎮	王占元	一萬二千
第三鎮	曹　錕	一萬二千
第四鎮	陳光遠	一萬二千
第五鎮	吳鼎元	一萬二千
第六鎮	李　純	一萬二千
第二十鎮	潘矩楹	一萬二千
第二十一鎮	孟思遠	一萬二千

以上各軍官兵共約十四萬餘人，均已全體要求共和，此外所餘者惟禁衛軍一鎮，及張懷芝所統數營未與其列。旋知張懷芝、馮國璋亦均贊成，不復反對。（張懷芝曾爲京津保同盟會員所炸，遂不敢堅持反對共和。）

軍隊請願共和的電奏既達，旋由內閣覆電各軍隊，極予表揚，其大意錄下：「朝廷對於此次事變，始終一意，不欲以武力解決，但改變國體事關重大，非付之國民公決，不足以昭愼重，若非關於國計民生重要問題者，朝廷亦決不忍堅持固執，以小害大。該軍隊等所請，發於忠君愛國至誠，殊堪嘉納，着各明白曉諭各該軍隊，靜俟朝廷辦理。」

當是時，議和之局大致將定，而武漢一方面，尚爲南北兩軍所相持，黎副總統因派代表與段祺瑞接洽，段亦派員接待，聲明彼此不願再戰。

初十日午後一點鐘，有君主黨多人，在西安門外西安茶園特開密議，有禁衛軍持槍防守，到議者爲蒙古王公及恭、肅、禮、豫、洵、朗、澤、諸親王，及廕昌等多人，其會議地點均係臨時指定，以期不漏消息。

又有滿人設立的「君主立憲維持會」，及「君主同志會」，皆以反對共和爲宗旨，其活動尚屬於表面上的鼓吹。此中最重要機關，則以良弼所組織的「宗社黨」爲最。該黨經費二十萬元，出自內帑，其用途則專收買無賴之偵探在南京與北京做各種活動，尚有一部份經費爲招買奉天紅鬍子及運動北京巡警之用。幸而良弼被京津保同盟會會員彭烈士家珍所炸死，但該黨的活動仍繼續不懈，並皆爲親貴所主持。

宗社黨首領實爲鐵良，而良弼、舒清阿等副之，滿蒙王公多爲煽惑，而趙爾巽在奉天也附和之。鐵良等在京謀借外兵，趙爾巽在奉天亦招募勤王隊，奉天勤王隊屢有自請入衛之舉，宗社黨大力幫助，秘密召令來京，行至豐合，要求鐵路運載，京奉鐵路總辦以未奉郵傳部命令，不許載運，並由梁士詒密向袁世凱商籌對付之策。該黨人以密謀洩露，又因良弼被炸死，鐵良亦恐懼逃走，勢力因之大衰，遂將機關移至奉天。

當決定改行共和時，清太后即有密旨交袁世凱，命其預備組織臨時政府，迅即撰擬草案，召集國務大臣議定。這個草案計有十條，大旨如下：

一、皇帝辭政，爲國利民福起見，所有保持安寧，恢復秩序，聯合漢、滿、蒙、回、藏等，斷不可無統一機關，故特委袁世凱暫時組織臨時政府，代掌一切政權，以期維持大局，主持外交。俟國會正式舉行，選定大總統後，臨時政府始行取消。

二、皇帝辭政後，仍駐蹕原有宮禁，毋庸遷移地址，以維持京畿及北方秩序，俾免糜爛。

三、將來大總統府第，即在北京擇地另行建築，或以原有新建築的監國府邸爲總統府。

四、自武漢事起，至今三月有餘，南北各省經濟匱乏，不獨國庫爲然，即南京臨時政府亦事同一律，皇帝既經辭政，所有通國一切行政，即應統籌全局以圖富强，但一切行政費用，所需甚鉅，其東南已經獨立省分，能否繼續支持，臨時再行磋商。至北方各省，國庫如洗，目前已屬難支，將來臨時政府成立後，更須力促一切新政的進行，所需政費必較今日爲鉅，應如何對付之處，須預籌妥善辦法，以免臨時棘手。

五、皇帝既經俯順輿情，自行退位，但政權必當統一，南北各省仍當化除成見，扶助中央，酌爲籌解經費，顧全大局，倘有貧瘠省分因此次糜爛，實難兼顧者，中央亦可允其暫緩解欵，以紓民力。

六、皇帝辭政後，京中各行政衙門及國務大臣以下之官員，悉仍其舊。但組織臨時政府，需欵浩繁，所有各部署官員之津貼，自臨時政府成立之日起，統計六個月內，暫不發給，以紓財力。

七、政費一項，以軍餉爲最關重要，所有北方軍隊之餉項，於此數月期內，無論如何，均須按月照給，以維秩序，而免譁潰。其南方各軍隊之餉糈，亦須通盤籌畫，不得少有缺欠。至南北方軍官將校，均仍供職，不稍更動。

八、現所組織之臨時統一政府，一經各國承認後，一切外交事宜悉由臨時政府直接交涉。

九、所有外債以及新舊賠欵之担任，政體既定，即應繼續依期償還，各省無論如何，亦須依舊籌措，按期照解，以昭大信。

十、皇帝辭政時之諭旨，除刋刻謄黃頒行天下外，更須另頒諭旨於各軍隊，俾得曉然於朝廷辭政之深意，以免暴亂，而維治安。

十一日晨，清廷又開御前會議，清太后召見親貴及國務大臣並統兵各大員等，垂詢和戰辦法。聞第一起係近支王公及蒙古王公；第二起係姜桂題、馮國璋、烏珍等；第三起係各國務大臣，惟袁世凱、奕劻均未到。清太后亦無成見。只有國務大臣奏云：「現在大事，不外和戰二者，和戰問題，所關太大，非臣下所敢擅決，還請太后宸斷。且太后並未垂簾聽政，從前國政辦壞之處，斷不能歸咎於我太后。各國改建共和，皆由人民流血强迫，若太后不待人民流血的强迫，即能俯從民意，則將來國民必感激太后，而太后的名譽亦萬世不朽。」等語；旋奉清太后諭，謂明日當召奕劻、載灃商議，決定辦法。

十二日，清太后召集各國務大臣，商議退位事一旦宣佈，對於皇族與各路軍隊應如何處置，以及各部種種的善後辦法。嗣因各大臣議論不一，未能解決，故仍須改日再議。

段祺瑞既聯合北方諸將電請清帝遜位，即派黃開元過江至氈呢廠與黎副總統接洽，黎亦派代表至段祺瑞營會商一切。十三日，段祺瑞遂商請英領事介紹，保護過江，與黎副總統面議，彼此約定，若清廷貴族反對遜位，則決計合兵北伐。

十三日，清廷又開御前會議，清太后先召國務大臣入內諭云：「予於君主民主兩端本無成見，故已屢次召集卿等詳究利害，惟默觀大勢，國已趨向共和，殊難挽回，卿等有何意見？不妨詳陳，時勢已迫，今日應即將政體解決。」旋由胡維德奏云：「人心已去，固無庸諱，北軍全體趨向共和，最是鐵証；且民軍曾先允特別優待皇室，若乘此機會，俯順輿情，且可得禪讓的美名。現在風雲日緊，故敢冒犯直陳，惟乞宸斷云云。」清太后點首，似以爲善，各國務大臣退出後，復召見袁世凱，諭從速與民軍商酌退位後的各項條件，俾得將共和詔旨早日宣佈。

是日，各親貴中奕劻仍贊成共和，載灃亦贊同，惟載澤、溥偉等初猶持異議，繼由奕劻詳陳北軍解體的關係及滿族主戰的無把握。清太后至是大哭，載灃亦泣，溥偉等乃不敢堅持主戰之說。然又聞某親貴與蒙古王公密議後，請清太后與清帝暫駐熱河，決計宣戰。當奉清太后面諭，此事須有把握，不可徒逞意見，現在前敵諸將趨向共和，必不能戰，不幸潰敗，更難收拾，但求退位後永保宗社，於願已足。

十三日，王公大臣至內閣與袁世凱會議國體問題，提出要求五事：一、用中國年號；二、皇帝仍駐紫禁城；三、滿人有被選及選舉大總統的資格；四、由共和政府歲給大皇帝俸一千萬兩；五、八旗俸餉不裁，直待籌出正當的生計爲度。

段祺瑞聯合諸將贊成共和電請清帝遜位後，並派代表吳光新、徐樹錚等來鄂訂立南北兩軍聯合特約，黎副總統深恐民軍方面或有誤會情事，特派周士棟等馳赴孝感等處宣佈事由，使民軍對北軍意見融洽，民軍對此亦能仰承意旨，奉行維謹。

十四日，清廷又開御前會議。清太后對於國體問題，絕不固執，經已擬定採用虛君共和政體，並擬宣佈召集國會，公舉大總統及頒佈君主不干預國政等諭旨。此後一切政事決定由大總統主持。惟王公、世爵、旗民人等、及各路軍隊，各部衙門的善後辦法，必俟雙方認可，方能發表。

清廷親貴反對遜位之說，一折於良弼被炸，再敗於北軍贊成共和，然仍未盡服，迨連日張勳敗耗至京，民軍北伐之勢愈急，乃知清廷大局不可維持，至是，奕劻、溥倫輩之主張共和者，遂占優勝。

十五日，清廷又開御前會議，討論國體。清太后頗主張和平，謂凡事由余一人担承，爾王公等反復推求，遷移不決，以致疑議繁生，將來必演出同室操戈，塗炭生靈的慘劇。語時辭意甚厲，並說：「此後我自主持，無須集議。」奕劻諸人乃各唯唯而退。

自屢次御前會議以來，政體問題，確已解決。清太后頗有見解，不為羣說所動。惟宣佈明諭，非得親貴同意不可，連日召見王公及親貴於御前會議時，主戰之說，全由鐵良、載澤主動，鐵良向持排漢主義，此次江寧兵敗宵遁，欲洗其失守之罪，乃向親貴宣言：「江寧失守，實由袁世凱擁兵不救之故。」並謂清兵既克漢陽，英人遽出而調停，亦因袁世凱與民軍暗相約定，要以和議阻礙清軍進攻，使南京得從容組織臨時政府，其居心實不可問云云。於是親貴對清頗表疑心。鐵良又騙馮國璋說：「蒙古諸王公各願回蒙練兵，以備勤王，可用為恢復的後勁，大功不難成就云云。」鐵良見其計行，遂於御前會議時力主開戰，其實王公主戰者，不過溥偉、載澤二人，餘皆無一定宗旨，蒙古王公亦不認有練兵之說。又鐵良、國璋二人私謀借兵日本，並謀調趙爾巽帶關外馬賊入京，先殺漢人，後攻民軍，以破釜沉舟之力，保存滿洲君主，非達目的不止。可見他們二人的野蠻，實為全國人民的公敵。

十五日二點鐘，袁世凱會晤駐京各國公使，係為清太后已允民軍請求，建設共和政體，詔旨即行宣佈，故先向有條約關係的各國聲明大綱，一俟雙方議定統一行政機關頒佈詔旨後，再行正式通告。

十六日，清旨：「朕欽奉隆裕皇太后懿旨，前據岑春煊、袁樹勳、陸徵祥等，及統兵大員段祺瑞等電請速定共和國體，以免生靈塗炭等語。現在時局阽危，四民失業，朝廷亦何忍因一姓之尊榮，貽萬民以實禍，惟是宗廟陵寢，關係重要，以及皇室之優禮，皇族之安全，八旗之生計，蒙古回藏之待遇，均應預為籌劃。着授袁世凱以全權，研究一切辦法，先行迅速與民軍商酌條件，奏明請旨核准。欽此。」袁世凱署名。

十二月十八日，南京參議院於九時開會，議員出席者二十二人，主席（議長林森）宣佈提前開議政府交來停戰展期案，並討論政府交來優待清皇室各條件。續後，報告議和總代表、議和參贊、政府委員、均來院陳述意見。嗣由議和總代表伍廷芳、參贊汪兆銘、政府委員胡漢民相繼陳述意見，並答覆議員的質問。主席宣佈應先行舉定審議長一人，隨用無記名投票法，以李肇甫（蜀議員）當選（八票）。劉彥（湘議員）提議，關於滿蒙回藏各族待遇的條件，不得與關於、帝優待的條件及關於諸王族優待的條件，一并正式電覆，應僅以默許之意通知。並一面將關於滿蒙回藏待遇之條件附一宣言書，以正告滿蒙回藏，而釋其疑懼。主席用起立表決法，多數可決。又將逐欵討究公決後，再付審議會，審議會審議畢，審議長退席，議長始出席報告會議的結果。秘書長宣讀議決各條欵，由主席用起立表決法，全體可決。遂行散會。

十九日，清廷又開御前會議，清太后召見近支王公、國務大臣、諮詢優待條件事宜，並決定發表清帝退位日期，惟應召者人數寥寥，多無成見。清太后對於此等優待條件頗為滿意，載灃亦無異言。僅有某王對於皇室經費一層，持之甚堅，謂分文不能短少；又謂其餘條件亦應酌為增益。清太后謂此項條件，乃自我提出，此時已無可更動之理，況亦無更動之處，某王乃無言。遂議定再召奕劻諸人妥商一切。

段祺瑞等前致各王公大臣聯電，其意以為王公阻撓共和，破壞大局，要統率全軍將士入京，與王公大開談判。袁世凱既接此電，即於十九日在內閣公署邀集近支王公、蒙古王公、統兵大員、各部大臣，傳閱該電畢，溥偉憤然說：「段祺瑞此電近於脅迫，本爵等前因朝廷既欲讓出政權，不敢再事反對，故已先後署名認可，何竟指王公為敗類。」言時聲色俱厲，幸袁世凱極力勸解。蒙古王公亦謂某等對君主民主並無成見，但願雙方和平解決，則為我五大族之幸福，況朝廷已欲頒詔退位，某等敬謹遵旨，決不反對。而姜桂題、馮國璋說：軍士同是中國人，若再開戰，是同胞互相殘殺，為兵者雖多粗漢，然亦何忍出此，某等所希望的，即在和局早成，拯救百姓，於願已足。最後由袁世凱發言說：「諸公政見甚是，如此則和局不難有成，諸王公既已俯順輿論，允認共和，想退政諭旨不日可下。惟現時最緊要的係段軍統有意率兵來京一事，如任其來，則互相猜疑，局面不免擾亂，擬即阻止，但須將各王公贊成共和意見向他表明，諸公以為何如？」衆人稱是，即擬成長電一通，由袁世凱領銜，王公大臣依次署名後，當時發出，遂行散會。

十九日，袁世凱既得南京參議院議決優待皇室條欵電文，即入宮見清太后，商議良久。段祺瑞亦於十九日進京，即往見袁世凱，密商布置退位事宜。

二十日，清廷又開御前會議，結果則頗一致，雖間有反對者亦無效。二十日，清內閣會議，磋商優待皇室條件，民軍對此已大部份認可，對於每年四百萬皇室經費則請減少。蓋南方以四百萬外，民軍尚有担承特別典禮費及謁陵寢沿途費，一概共計不止四百萬兩，於國民負担太重，宜減爲常年二百萬等情。當時與議者爲外交部、民政部、郵傳部、農商部、海軍部、度支部等部長，袁內閣以清既將政權讓出，若再減優待費，何以對太后，即由閣丞華世奎起草電駁。

二十三日，袁世凱得伍廷芳電覆，對於條件上有「世世相承不替」字樣，堅不承認，且聲明以後絕無商量的餘地。二十四日，袁入內面奏清太后，請定辦法，清太后謂此事仍須由汝作主，事已至此，除承認外，尚有何法，惟有速電上海，即日宣佈諭旨。世凱謂此事仍當由近支王公協同議決，清太后謂伊等現皆逃避，其心中已不知有我母子，此事始終責成汝等辦理，日後決無怨言。況近來若非汝等維持之力，我母子已不知生死存亡。世凱既退，即電覆承認一切條件，遂於二十五日宣佈。

清帝遜位之事，迭經南北電商，親貴會議，以袁世凱一人周旋其間，北軍、八旗皆能受其化導，不至一矢相加，這樣革命得到和平的勝利，實爲古今革命史所稀見。茲錄遜位諭旨如下：

清廷遜位詔旨

其一：十二月二十五日，「朕欽奉隆裕皇太后懿旨，前因民軍起事，各省响應，九夏沸騰，生靈塗炭，特命袁世凱遣員與民軍代表討論大局，議開國會，公決政體。兩月以來，尚無確當辦法，南北暌隔，彼此相持，商輟於途，士露於野，徒以國體一日不決，故民生一日不安。今全國人民心理多傾向共和，南中各省既倡議於前，北方諸將亦主張於後，人心所嚮，天命可知，予亦何忍因一姓之尊榮，拂兆民之好惡，是用外觀大勢，內審輿情，特率皇帝將統治權公諸全國，定爲共和立憲國體，近慰海內厭亂望治之心，遠協古聖天下爲公之義。袁世凱前經資政院選舉爲總理大臣，當茲新舊代謝之際，宜有南北統一之方，即由袁世凱以全權組織臨時共和政府，與民軍協商統一辦法，總期人民安堵，海內晏安，仍合滿漢蒙回藏五族完全領土爲一大中華民國，予與皇帝得以退處寬閒，優游歲月，長受國民之優禮，親見郅治之告成，豈不懿歟。欽此。」

其二：清旨，「朕欽奉隆裕皇太后懿旨：前以大局險危，兆民困苦，特飭內閣與民軍商酌優待皇室各條件，以期和平解決。茲據覆奏，民軍所開優禮條件，於宗廟陵寢永遠奉祀，先皇陵制如舊妥修，各節；待遇滿蒙回藏七條；覽奏尙屬周致，特行宣示皇族暨滿蒙回藏人等，此後務當化除畛域，共保治安，重覩世界之昇平，胥享共和之幸福，予實有厚望焉。欽此。」

（甲）關於大清皇帝辭位之後，優待之條件：今因大清皇帝宣布贊成共和國體，中華民國於大清皇帝辭位之後，優待條件如左：

第一欵：大清皇帝辭位之後，尊號仍存不廢，中華民國以待各外國君主之禮相待。

第二欵：大清皇帝辭位之後，歲用四百萬兩，俟改鑄新幣後，改爲四百萬元，此欵由中華民國撥用。

第三欵：大清皇帝辭位之後，暫居宮禁，日後移居頤和園，侍衛人等，照常留用。

第四欵：大清皇帝辭位之後，其宗廟陵寢，永遠奉祀，由中華民國酌設衛兵，妥愼保護。

第五欵：德宗崇陵未完工程，如制妥修，其奉安典禮，仍如舊制，所有實用經費，均由中華民國支出。

第六欵：以前宮內所用各項執事人員，可照常留用，惟以後不得再招閹人。

第七欵：大清皇帝辭位之後，其原有之私產，由中華民國特別保護。

第八欵：原有之禁衛軍歸中華民國陸軍部編制，額數俸餉仍如其舊。

（乙）關於清皇族待遇之條件：

第一：清王公世爵，概仍其舊。

第二：清皇族對於中華民國國家之公權及私權，與國民同等。

第三：清皇族私產，一體保護。

第四：清皇族免當兵之義務。

（丙）關於滿蒙回藏各民族待遇之條件：

今因滿蒙回藏各民族贊同共和，中華民國所有待遇者如左：

第一：與漢人平等。

第二：保護其原有之私產。

第三：王公世爵，概仍其舊。

第四：王公中有生計過艱者，設法代籌生計。

第五：先籌八旗生計，於未籌定之前，八旗兵弁俸餉，仍舊支放。

第六：從前營業、居住等限制，一律蠲除，各州縣聽其自由入籍。

第七：滿蒙回藏原有之宗教，聽其信教自由。

以上條件，列於正式公文，由兩方代表照會各國駐北京公使轉達各該政府。

二十五日午前九時，袁世凱等，以遵旨擬就退政各詔，候清太后升養心殿進呈，清太后覽未終篇，淚如雨下，即交世續、徐世昌蓋用御寶，清太后痛哭，袁世凱等亦大哭不止。袁並奏陳奉職無狀，天命如此，請太后節哀等語。世續、徐世昌既用御寶後，將各旨陳於黃案，亦跪近清太后座右哭，並勸解說：「皇太后以愛民之心，俯順輿情，退出政權，改建共和，即係公天下之心，以保國基，非前代亡國可比。」清帝於清太后痛哭時，亦立近清太后懷中哭泣。並聞世續哭陳，有「臣所以不即身殉者，即報先皇厚恩，並我皇太后懿旨，飭臣等衛護聖躬」云云。時已十一時餘，始行退班，清太后哭仍未止，即由太監扶掖還宮。

退位各詔，係學部副大臣張元奇擬稿進呈，清太后交世續、徐世昌斟酌，經徐世昌刪訂潤色，然後蓋用御寶。

退位詔旨既下，袁世凱即傳知國務大臣、馮國璋、曹錕、姜桂題、烏珍等，午後二時會議於內閣，所議事項，爲關於辭政後一切維持大局辦法，尤着重於京師治安秩序。

此次下詔退位，頒佈共和，實以奕劻之力爲多，當東南各省紛紛獨立時，奕劻宣言，如以兵力平亂，猶抱薪救火，後悔莫及，故有清廷十九條約的宣布。袁世凱至京時，謗言百出，奕劻力言救國者即是此人，故清太后信任日堅，北五省得以鎮定。議和之說亦由奕劻創議，其中波折，一日數變，又復暗中維持。十二月初，反對者謂袁世凱有帝制自爲之意，世凱自此決計乞休，奕劻復挽留再三。優待條件爭執多日，奕劻又從中斡旋，得力極多。

（全文完）

附張競生按語：

辛亥革命是粵人孫中山先生做領導，事有湊巧，南北議和時的南方代表爲伍廷芳，北方代表爲唐紹儀，兩人都是粵人，故可說辛亥革命是以廣東人爲骨幹，也不爲誇張。

伍廷芳當時爲南京臨時政府的外交部總長，他對共和政體貌爲贊同，但這人是一個狡猾的大官僚，只知個人的名利，說不到主義不主義，他在滿清時代爲駐美公使時，賣官鬻爵，獲得大量金錢，在上海賣得一大座洋樓，我們南方代表的辦公室就設在他的屋內。

伍雖爲南方代表，但其人毫無深遠的見識，他是老官僚，又是崇美派者，官僚與洋派混合一氣，使人見之不快。可是他雖爲代表，而凡重要的事宜，都由參贊汪精衛秉承南京政府主持，使他坐受議和的功績，實在不配。後來有人在越秀山爲他樹一銅像，長衣馬褂，表現出一副可憎的面孔，後來終於被推倒移去了。

唐紹儀也是洋派十足的，他一日就要抽雪茄烟至數十元，不過他比伍少些官派，但也是極端崇美的。他也知共和政體的優越性，但未能實力奉行，總之，他不過是袁世凱的一個大走狗罷了。

說到袁世凱——這個竊國大盜的袁賊，當然更不知共和主義爲何物了。他的議和，全是爲自己個人利益計算，他知道南方革命實力如果消滅，他也如先前一樣被滿族排斥於政權之外，所以他極力拉攏利用革命黨人爲他鞏固地位，當汪精衛、李石曾與我們一班人在京津組織「京津保同盟會」時，袁就派他的長子克定時常與汪李聯絡，鼓勵京津保的革命活動，足見他是利用革命黨的勢力以恐嚇滿族爲自己利益計算的。

在會議時，孫先生表示如袁贊成共和，就讓他爲總統。由此更加努力促成清廷的退位，實則他不過爲自己打算。至於袁北方軍閥受袁的指使，以段祺瑞爲首的數十人也通電贊成共和，都是爲自己利益打算，毫不知共和爲何物，終於鬧成後來若干年南北軍閥的爭權奪利，人民大受災殃。

這次講和，只有達到推翻清廷的一結果，雖則暫時南北停戰，但造成此後軍閥的兇橫，南北混戰互數十年，故使當時南北不停講和，由南方革命勢力組成北伐，其結果必定勝利，軍閥當可剷除，國計民生定有成績可觀。

在此議和時，當孫先生提出讓袁爲總統，我們一班人甚表反對，最少要袁對共和政體有一種實力的保障，雖則初時袁也一答應實行責任內閣制，但這是袁的別一種騙局，所以宋教仁一出組閣，便被袁派人暗殺了。

總之，當時除孫先生及南方一班代表實心建立共和政體之外，其餘的，如以袁爲首的北洋軍閥，與南方的政客，都不知共和爲何物，所以鬧成民國數十年間徒有虛名，而底裏却受軍閥的實禍。

在此和議時，我們不能抹煞汪精衛的功績，他於出獄時，即與李石曾及我們一班青年組織「京津保同盟會」，並組織敢死隊，如炸袁，炸張懷芝，炸良弼等的影響於議和的大局甚大。他的末節竟變爲日本的大走狗，實爲千古的罪人。

末了，我當時爲南方議和代表辦事處的職員，故稍知當日的實在狀況，除却親身見聞的事件之外，其他事件，在這「見聞錄」裏所錄出的，乃從報刊與檔案中代爲介紹，自知當有許多錯漏，尚望讀者指正。

公元一九五九年記於廣州

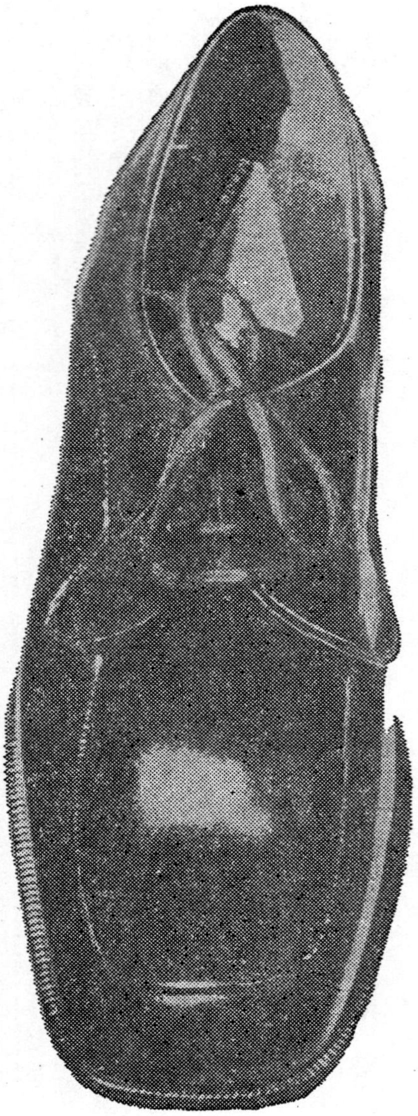

MANZ

MADE IN W. GERMANY.

sitzt wie nach Maß

MEN'S SHOES

大人公司 平價市場 人人百貨 大方公司 來路鞋公司有售

從王羲之蘭亭雅集談起

——今年三月，正是第二十七個癸丑——

·高伯雨·

中國古時代，人們的假期很少，沒有所謂星期日休息的日子，所以農村中特別重視節日，而文人雅士則注重上巳、重九。近三十年，都市中人，自有洋化的節令可過，對于舊日的民族佳節，已覺得多餘而且沒趣味了，至于上巳修禊是什麽一囘事，除了承學之士知道外，老百姓們已對之漠然。因爲這個節日向來只爲士大夫和知識分子所重視，與老百姓是毫不相干的。

什麽是「上巳」呢？「漢書·禮儀志」說：

三月上巳，官民皆潔于東流水上，曰洗滌祓除去宿垢疢，爲大潔。

這是說，漢代的人在三月上旬中的巳日，在水濱作狀洗滌一番，爲人身大掃除。「晋書·禮志」說，自魏以後，只以三月三日爲上巳，不拘定以三月上旬的巳日爲上巳了。

上巳既屬于士大夫階級，他們修禊之時，自不免作詩文，以志一時之盛。古今以來，上巳雅集之名最爲煊赫且深入知識份子腦海者，只有王羲之的蘭亭修禊，六十年前梁啓超雖然也在民國二年癸丑在北京踵效山陰故事，但知者仍寥寥可數。然則何以梁的癸丑萬生園修禊不及王羲之的蘭亭修禊之深入民間呢？明顯得很，現代的中國人已不喜歡這一套玩意兒了，潮流所趨，很難使之復興，即使萬生園修禊會熱鬧一時，但轉眼間也知者不多了。

王羲之蘭亭修禊所以能响亮了千多年而不衰者，自以一文一帖有以致之。文是「蘭亭集序」，帖是「蘭亭帖」。「蘭亭集序」，開頭說：

永和九年，歲在癸丑，暮春之初，會于會稽山陰之蘭亭，修禊事也。群賢畢至，少長咸集。

永和是東晋穆帝年號，九年是公曆三百五十三年。今年歲在癸丑，上距永和癸丑，已是第二十七個癸丑年了。六十年間始逢一癸丑，一個人能見到兩個癸丑的不多，即以梁啓超癸丑萬生園雅集那一次來說，參加此會的有三十六人，他們盡在一九七〇年之前全都作古了。

王羲之在蘭亭修禊，集者有四十二人，即席作詩的有王羲之、王渙之、王凝之、王徽之、王彬之、王蘊之、王豐之、王玄之、王肅之、孫綽、孫嗣、孫總、謝安、謝萬、謝繹、庾友、庾蘊、徐豐之、曹茂之、曹華、袁嶠之、令茂華、郗曇、桓偉、魏滂、虞說等。作不出詩的有十六人，各罰酒三杯，其中包括有王羲之的兒子以寫字出名的王獻之在內。王羲之本人作了兩首詩，一首四言，一首五言，現在鈔錄王羲之的詩給讀者欣賞，餘不盡錄。詩云：

代謝鱗次，忽然以周。欣此暮春，和氣載柔。詠彼舞雩，異世同流。迺携齊契，散懷一丘。

仰觀碧天際，俯瞰淥水濱，廖閴無涯觀，寓目理自陳。大矣造化工，萬殊莫不均。群籟須參差，適我無非親。

王羲之先作詩還是先作序，已不可考；不過，他這兩首詩似乎不大爲後世人所傳誦，倒是他所作所寫的序文，成爲千古傑作。相傳他作序之後，乘着酒興，用鼠鬚筆把序文寫在紙上。寫成後，他覺得字跡很滿意，後來重寫，沒有一幅比得上最先的一幅，遂爲時人所重。千年以來，歷代的書法家，幾乎一致推爲古今行書之祖，已著盛名的書法家，很少不是學蘭亭的字體的。

民國二年癸丑（公曆一九一三年）北京萬生園修禊，是梁啓超發起的，赴會的人有四十多，但集會所拍的相只得三十六人，不知是否臨時有人退席。就拿嚴復來說吧，照片中沒有他在場，但王蘧常所著的「嚴幾道先生年譜」民國二年條下有云：

上巳，先生與鄭叔進秘書沅、王書衡參議式通、李木齋總長盛鐸……等數十人，修禊京師萬生園，觴詠流傳，不減山陰蘭亭之會。

則似乎嚴復有親自到會了。（王氏此說，引自陳灨一的「新語林」一書，却沒有說明是梁做主人，反而使人誤會是嚴復作東。）或者嚴因畏寒，或者小病，沒有到會，但分韻作詩，却寫了四首，以「流觴曲水」爲韻，今錄其一：

任公橐被放，星紀海外周。操簡綴國論，木鐸徇春遒。代謝始歸國，翩若鷹下鞲。暮春值癸丑，遐想山陰游。梅發西郊得名園，觴詠招勝流。酒味洌，鳥和琴聲柔。舉杯酹西山，憮然懷靈修。黄竹去不返，愁雲彌九州，忄魂瑤池宴，王母戴虎頭。借問王右軍，感慨猶此不？

這一首詩是追叙梁啓超在戊戌維新及失敗之

事，又說到光緒帝被幽死，有一種惓惓懷念的感情。嚴本人的遺老思想很濃厚，當時與會修禊的名士，他們分韻所作的詩，大都對革命厭惡，而對維新運動有顧戀。這樣，袁世凱就利用這批人來排斥革命派，從而發展其野心。

梁啓超除一詩外，又有小記一篇云：

吾生有極，駟隙不返，徒顧影而悼歎，寧假日以游娛。始吾墜地以還，逢癸丑之上巳，山陰褉事，正屬今辰；逋亡歸國，山川猶昔，撫茲令序，尚全今我。風景不殊，玄鬢非故，落落舊侶，藹藹新知，游心于爽塏，假物于陽春，永一日之足，攄千年之慕。群賢不遺，就我呴沫，和以醇醪，拾此芳草。流傳觴詠，寧遠永和，何必天地為大，而枋榆之足小也。癸丑三月三日，梁啓超記。

修禊盛會後，有兩件事是流傳下來的，一是印成「癸丑修禊集」，由畫家姜筠繪圖，把名士所題的詩文收集在一起；一是參加盛會的人同攝一影。相片旁邊有梁啓超親筆題字云：

晉永和後二十六癸丑，集群賢修褉萬生園留影。啓超記。

萬生園俗稱三貝子花園，爲清初康親王杰書的樂善園，後來歸康熙帝第三子允祉，名可園，咸豐末年又歸內務府大臣文銛，改名繼園，但北京人一向都稱它爲三貝子花園。光緒末，文銛奉旨報效修理三海水道，因無現銀，故以繼園當作十五萬兩歸官。光緒十二年（公元一九〇六年），農工商部要創設農事試驗場，奏准以三貝子花園爲場址，幷于其中附設植物園、博物館、動物園，故此又有人稱它爲萬牲園，梁啓超以牲字太俗，故題作生。萬生園是沒有曲水流觴之勝的，不如西山的潭柘寺却有流杯亭可以傳觴，只是地處僻遠，交通不便，雅集非所宜。（流杯亭于乾隆年間重修，賜額曰「猗玕清境」，簷下琢石爲渠，作蟠龍相對勢，引泉自東西，杯放水上，即自東而下，古人所謂流觴曲水矣。）

六十年前的三月梁啟超發起在北京萬生園修禊圖

丁文江「梁任公先生年譜長編初稿」四一六頁，有記癸丑修禊事。它說：

四月初九日，即舊曆三月三日，先生邀集一時名士四十餘人修禊于京西萬牲園，先生次日給其女令嫻的信裏言發起其事的緣起說：「卅八號四十號稟悉。我尚留京數日，十四五乃返津，返後即命任發行，衣裙等即帶去。今年太歲在癸丑，與蘭亭修禊之年同甲子，人生只能一遇耳。吾昨日在百忙中，忽起逸興，召集一時名士，于萬牲園修禊賦詩，到者四十餘人（原注：有一老畫師爲我造像，尚有二十年前名伶能彈琵琶者），老宿咸集矣。竟日游讌，一滌塵襟，歸國來第一次樂事。園則前清三貝子花園，京津第一幽勝地，牡丹海棠極多，頃尚未花，我恨不得汝即日歸來，挈汝同游，然行期無論若何迅速，歸來總在花謝後矣。大亂在即，明年花時，不知更作何狀，故我望汝速一睹此盛，但今已無及矣。法源寺主持今日來請看牡丹丁香，數日後當一詣也。極樂寺海棠，團瓯之亂及去年兵變，戕毀無算（原注：唐時所植），其最大者又移入頤和園，隨分尋芳，不勝今昔之感。黨事極棘手，合併已中止，我亦將褰裳去之耳。」（民國二年四月十日與嫻兒書）又十二日一信論當日所爲詩（原注：詩見「庸言報」第一卷第十號，又乙丑重編本「飲冰室文集」卷七十八）說：「修禊詩錄一份寄汝，共和宣布以後，我第一次作詩也。同日作者甚多，我此詩殆壓卷矣。並將請南中名流各爲題詠（原注：有圖兩幅，一爲姜穎生畫，一爲林琴南畫），蘭亭以後，此爲第一佳話矣。再閱六十年，世人亦不復知有癸丑二字矣，故我末聯云云，感慨殊深也。」（原注：蘭亭集末句「後之覽者，亦將有感于斯文」，又「後之視今，亦猶今之視昔。」（民國二年四月十二日與嫻兒書。）

癸丑北京萬生園修禊，確是辛亥革命後京師一盛會，有不少文人雖無赴會，也循例依韻賦詩。詩人樊樊山時在上海做遺老，亦于是日在樊園修禊，會者十人，賦詩以杜工部麗人行爲韻，其它各地舉行者，不可勝計。一九七三年太歲又在癸丑，距上一癸丑已一周甲，此日海內外文人雅士，必有踵山陰故事者，未必梁啓超所說「不復知有癸丑二字」，但無昔年之普遍，那是可以斷言的。

王羲之圖像（故宮博物院藏）

故友唐天如（恩溥）先生曾參加癸丑萬生園修禊，他也分到一張照相。一九五三年我向唐先生借出來複攝一張，相中三十六人，我相識的只有十一人，唐先生相識的三十四人，貼相片的硬紙板上，印有各人的名字。現在試把這三十四人的名字、籍貫、簡歷、卒年，分述于後，其所不知者則待考。

照片前排坐地上的四人，由左至右（下仿此）：時慧寶、夏壽田、秦稚芬、羅惇曧。

第二排：陳慶佑、顧瑗、楊增犖、鄭沅、姜誥、關賡麟、姚華、唐采芝、姜筠、陳士廣、袁勵準、袁思亮、易順鼎、黃孝覺、李盛鐸（僅露一頭）、顧印愚、王式通、夏曾佑、譚天池（穿西服者）、林志鈞、郭則澐、×××（此人不識。在照片中長袍小帽者）、×××（不識、相中露一頭半脚者）、姚梓芳。

第三排：黃濬（倚樹身，一手扶枝者）、梁啓超（立易順鼎後高出者，易穿半臂）。

第四排：藍公武（倚樹而立見半身者）、楊度、羅宗震、唐恩溥、梁鴻志、朱聯沅。

時慧寶，原名炳章，字智儂，蘇州人，爲咸同間著名青衣時小福次子，以唱鬚生著名。一九四三年二月廿八日死于北平，年六十二歲。

夏壽田，字午詒，湖南桂陽人，光緒戊戌科榜眼，官編修，辛亥後歷任總統府秘書長，一九三五年死于上海。工詩詞。

秦稚芬，小名五九，京劇名伶，梅蘭芳的姑丈，一九一六年後逝世。

羅惇曧，字掞東，號癭公，廣東順德人，光緒癸卯順天副榜。名詩人，著有「癭庵詩存」，一九二四年死于北京。

陳慶佑，字公穆，廣東番禺人，陳蘭甫先生之孫，約在十年前死于北京。

顧瑗，字亞蘧，河南開封人，光緒十八年壬辰進士，選庶吉士，授編修，官理藩部右侍郎。民國元年趙秉鈞做內務總長，薦爲秘書。著有「西征集」。

楊增犖，字昀谷，江西新建人，光緒廿四年戊戌進士。著有「昀谷詩存」，楊死後王揖唐爲印行。

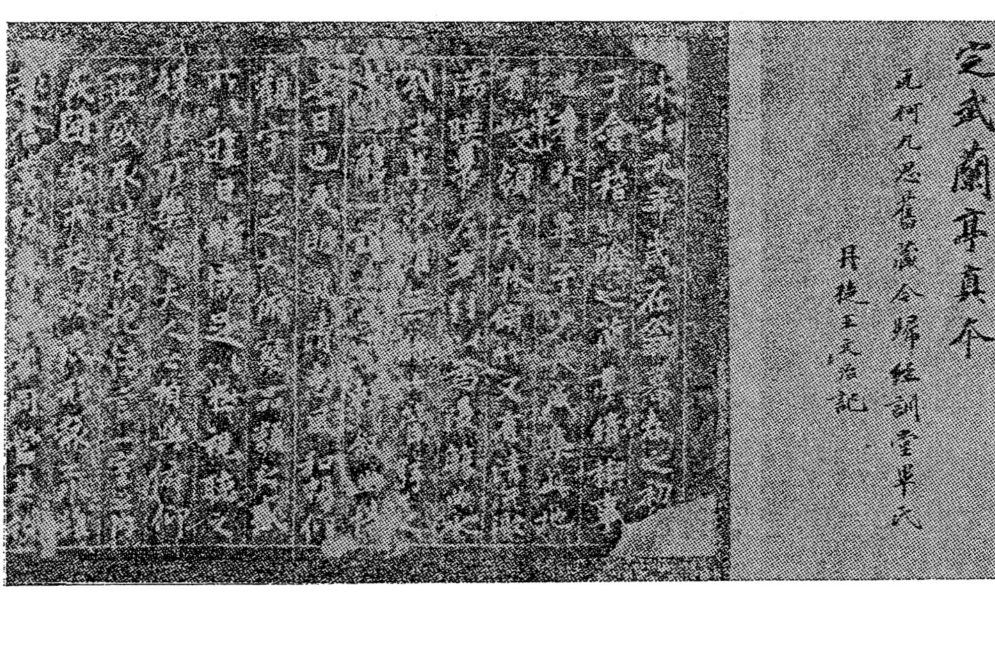

王文治題定武蘭亭真本

鄭沅，字叔進，湖南長沙人，光緒二十年甲午探花，官至侍讀，辛亥後，任總統府秘書。

姜誥（不詳。）

關賡麟，字穎人，號稊園，廣東南海人，癸卯舉人，甲辰進士，清末官郵傳部，其後歷任各鐵路局局長等職。工詩，一九六二年三月死于北京，年八十二歲。

姚華，字重光，號茫父，貴州貴筑人，光緒三十年甲辰科進士，官郵傳部，工詩文金石書畫、詞曲，著作甚豐，一九三〇年在北京逝世，年五十五歲。

唐采芝，他是羅癭公帶往赴會的，秦稚芬的門徒。梁啓超說二十年前名伶能彈琵琶者，即是此人，富連成有旦角唐富堯，即其子。

姜筠字穎生，號大雄山民，安徽懷寧人，工書法，山水師王石谷，亦善花鳥。他參加此會時已七十一歲，一九一八年逝世。

陳士廣，字翼謀，湖南湘鄉人，光緒甲辰進士，官郵傳部主事、秘書。民國初年著有「長安夢」小說，馳名文壇。

袁勵準，字玨生，號中舟，河北宛平人，光緒廿四年戊戌進士，選庶吉士，授編修，官至侍講。溥儀在天津時，他也入值「南書房」。工書法詩文，藏墨極富。一九三五年乙亥正月十五日逝世，年六十歲。

袁思亮，字伯夔，湖南湘潭人，兩廣總督袁樹勛之子，光緒廿九年癸卯科舉人，工詩。辛亥後任政事堂印鑄局局長，一九四一年死。

易順鼎，字實甫，號哭庵，湖南龍陽人，一九二〇年死，年六十二歲，易君左之尊人。

黃孝覺，廣東人，舉人出身，官法部。辛亥後官至潮循道尹。

李盛鐸，字椒微，號木齋，江西德化人，光緒十五年己丑科榜眼，官至山西巡撫，一九一七年一任農商總長，一九三七年二月逝世，年七十七歲。

唐閻立本畫蕭翼賺蘭亭圖卷

顧印愚，字印伯，號所持，四川華陽人，舉人出身，官至湖北武昌知縣，工詩，亦長書法。他參加此次雅集後，即于陰曆六月在北京長逝，年五十九歲。

王式通，字書衡，山西汾陽人，光緒廿四年戊戌進士，清末歷官大理院推事、大理院少卿。辛亥後歷任政事堂機要局長、國務院秘書長、清史館纂修、禮制館總纂。工詩文，一九三一年死于北京。

夏曾佑，字德丞，號穗卿，浙江錢唐人，光緒十六年庚寅科會元，成進士，選庶吉士，散館改禮部主事，官至安徽泗州知州。精史學，著有「中國古代史」等書，一九二五年逝世。

譚天池，廣東人，光緒末年的留美學生，入康奈爾大學習農科，得碩士學位。

林志鈞，字宰平，號北雲，福建閩縣人，留學日本習法政，工詩文書法，著書甚多，又著有「三希堂法帖的研究」（油印本，係未定稿，寫成後不久即謝世），一九五一年任中共文史館館員，一九六〇年謝世，年八十一歲。

郭則澐，字養雲，號嘯麓，又號蟄園，福建閩縣人，光緒廿九年癸卯進士，選庶吉士，授編修，官至浙江提學使，辛亥後官國務院秘書長，兼銓敘局局長、僑務局總裁。工詩文，才思甚捷，著書極多，一九四七年謝世。

姚梓芳（第二排最右一人，白衫黑馬褂），字君慤，廣東揭陽人，京師大學堂畢業，喜爲古文，亦頗能詩，一九五二年逝世，年八十餘。

黃濬，字哲維，號秋岳，福建閩縣人，京師大學堂卒業。工詩文，一生在政壇中充當秘書一類的職務，一九三七年因通敵嫌疑伏法，享年四十餘，死後數年，友人爲印其「聆風簃詩」及「花隨人聖盦摭憶」。（後一種香港有影印本及「補篇」。）

藍公武，字志先，廣東澄海人，生于蘇州，自稱江蘇吳縣人，留學日本，爲梁啓超進步黨之健將。一九四八年任華北人民政府第二副主席、政協委員、國務院法律委員會委員。一九五七年逝世。

楊度，字晳子，號虎公，湖南湘潭人，日本留學，與梁啓超相識即在其時。袁世凱營帝制時，爲籌安會六君子之首。晚年依張宗昌爲活，其後又在上海爲杜月笙座上客，一九三一年逝世。

羅宗震（羅癭公長子，其時不過七八歲。早死）。

唐恩溥，字天如，廣東新會人，光緒廿九年癸卯舉人，清末一任山東肥城知縣，辛亥後任粵海道尹，清史館纂修，又曾任吳佩孚的秘書處處長。一九二六年後即隱居香港，晚年侫道，喜扶乩，一九六一年二月三日謝世，年八十一歲。

梁鴻志，字衆異，福建長樂人，京師大學堂卒業，北洋軍閥段祺瑞的心腹人物。一九四六年伏法。工詩，有「爰居閣詩」行世。

朱聯沅，字芷青，浙江海鹽人，京師大學堂卒業，學部小京官，工詩，與梁鴻志、黃濬爲陳石遺詩弟子，早卒。

上文曾說過蘭亭修禊，以一序一字著名于世，王羲之所寫的蘭亭帖，竟成爲後人奉作寫字的正宗，而王羲之也成爲「書聖」，原來唐太宗最愛王羲之的字，不止愛而且喜歡摹仿，後來工力漸深，竟能在右軍筆法中脫胎換骨，自成一格。我小時候曾臨過唐太宗所寫的「溫泉銘」（係上海文明書局影印本）數月，很喜歡它，但也發生一個疑問，爲什麼唐太宗的書法很像王羲之而奔放過之。不久後讀葉昌熾的「語石」，才解決這疑問。它說：

唐太宗喜右軍書，至以禊帖（按：指蘭亭序帖）殉葬昭陵，上之所好，遂移風尚。懷仁聖教序出，舉世奉爲圭臬，「東觀餘論」引「書苑」云：「近世翰林詩書，多學此碑，學弗能至，了無高韻，因自目其書爲院體。……（按：「聖教序」是唐太宗因玄奘取經回國後，御製序文，後來由和尚懷仁集王右軍字刻碑上。故唐代所立的「聖教序碑」，能出于晉人之手也。）

禊帖殉葬昭陵，自唐末已有此說。據說，後來昭陵被盜，禊帖又出人間，從此就下落不明了。此帖怎樣落在唐太宗手上，也是藝壇一件極有趣的故事，現在畧談一下。

王羲之的七世孫智永禪師，工書法，臨終時，以蘭亭帖眞蹟傳給他的徒弟辯才和尚。唐太宗知道了，就派人去騙了回來，從此蘭亭眞蹟就藏在內府。唐太宗收藏王羲之的字很多，單單沒有蘭亭，現在騙到手了，喜出望外，連忙叫會寫字的大臣摹了幾份出來，刻在石上，供人臨寫。這樣做法還有可取，遠勝辯才和尚秘不示人了。

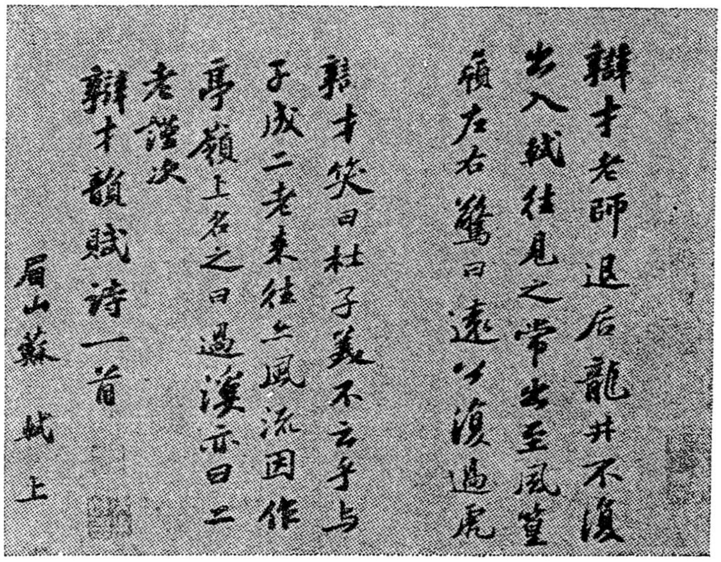

蘇東坡次辯才韻賦詩

唐人小說有「蘭亭始末記」，是玄宗時何延之所作的，後延之百年的張彥遠，在他的「書法要錄」卷三也載有此文。這兩人皆爲唐人，所述比較可靠。我就根據此記改寫如左：

辯才自得師父傳給的蘭亭眞蹟後，恐怕在亂世中容易失去，特在禪房中的正梁上，鑿了一洞來收藏。唐太宗知他藏有此寶，就召辯才入宮做佛事，對他很是優禮。偶然同他談及蘭亭，畧露出收買之意，和尚就大耍太極，說什麼以前確在師父處見過，自師父死後，久經喪亂，已不知下落。唐太宗無法得到，只好另出他術。房玄齡就介紹西臺御史蕭翼，謂此人足智多謀，派他去騙辯才，一定不辱君命。蕭翼見太宗時，向太宗借用內府王氏父子法帖三兩件同行。

蕭翼改裝作書生模樣，到了會稽，趁黃昏時分入寺，假作欣賞壁畫。辯才遠遠望見有個書生，愛好藝術，見他人頗不俗，便上前攀談。書生自稱從北方來此買蠶種，順便到各寺院參禪。他們談得很投機，和尚就請他入方丈室下棋。原來這個辯才俗姓袁，祖先是梁朝大官，他博學能文，琴棋書畫，皆極俊妙，所以兩人立刻成爲知己，和尚還留他在寺中住宿，餘興未盡，兩人還限韻賦詩，一直到半夜才止。

以後蕭翼就常到寺中探訪辯才，還不時帶酒食去同和尚雅集，雙方感情，日好一日。有一次，蕭翼拿出帶來的梁武帝的一卷「職貢圖」請和尚欣賞，和尚贊不絕口，便談到書法，蕭乘機說：「兄弟自小喜二王法書，時時臨寫，即外出遠行也帶在身邊。」和尚聽了很高興，叫他下次帶來一看。下一天蕭翼果然帶來了，和尚看後說：「雖屬眞品，然非右軍劇蹟，我藏有一帖，那才是天地間王右軍的絕品呢。」客人忙問什麼帖，他說：「就是蘭亭。」蕭詐作失驚曰：「禊帖迭經散亂，久已不在人間，恐係摹本耳。」辯才忙分辨道：「那有假的！老僧向來不作誑語，先師臨終時，親手交給我保存，你明兒來，我給你瞧。」

第二天蕭翼到了，和尚親自搬梯子上屋梁，把蘭亭拿了下來，蕭翼見了故意吹毛求疵，百般挑剔，說是摹本，兩人畧有爭辯。自此之後，和尚便不再把蘭亭上梁，和向蕭翼借來的二王帖放在一起，暇時在窗下臨寫。那時和尚已八十多歲了，還是那樣用功。

蕭翼同和尚成了親密的朋友後，寺中大小和尚也同他斷混熟了。一日，和尚赴施主家中飲宴，這對蕭是一個大好機會，便溜往禪房，對童子說他忘記了一些東西在房內要去取回。童子見他是師傅的好友，就開門讓他進去。蕭隨手在書案上拿了蘭亭和二王帖，一直到永安驛，對驛長凌愬說：「我是御史蕭翼，奉旨來這裏辦一件事。現有墨敕在此，你快去和都督說知！」驛長聽說有聖旨在此，怎敢怠慢，連忙報知越州都督齊善行。齊馬上去拜見蕭。蕭翼取出御筆給他看了，說出此行任務。齊立即派人去找辯才和尚，但和尚仍在施主嚴遷家中吃齋未回。過後和尚聽說都督、御史找他，不知有何事，連忙往見，原來御史就是那位老友蕭先生。蕭先生把奉命來賺取蘭亭的因由對和尚說了，辯才聽後，一急就暈了過去，衆人趕着施救，半晌才醒了過來。

寶貝既已到手，蕭即日起程回京復命，太宗大悅，擢升他爲員外郎，加入五品官裏，還賞賜珠寶、駿馬、住宅等物，以酬其功，連薦人房玄齡也沾了光，得賜錦綵千段。

邵氏拍攝「賺蘭亭」由李翰祥導演井淼演辯才和尚

初時唐太宗頗生氣辯才和尚屢次騙他，故使人回騙也是爲了出一口氣，現在寶貝已到手中，因和尚年老，不忍懲罰他欺君之罪。過了幾個月，仍賜辯才錦三千段，穀三千石。和尚收到越州都督送來上方頒賜之物後，不敢據爲私有，移來建造一座三層寶塔，算是爲皇帝、國家祈福。

老和尚痛失蘭亭，又經這一嚇之後，生了一場病，飲食日少，一年後就死了。唐太宗既得蘭亭，命供奉拓書人趙模、韓道政、馮承素、諸葛貞等各摹數本，分賜皇太子、諸王、近臣。貞觀二十三年（公元六四九年）太宗病危，吩咐太子李治將來把蘭亭眞蹟殉葬，太子即位，即遵照遺命辦理。

因有何延之一記，後世的文士、藝術家，多以此材料來作文章，繪圖畫。著名的畫，有閻立本畫的「蕭翼賺蘭亭圖」，此圖一共有兩本，一存東北博物館，一存台灣故宮博物院。據所知，最先畫這個故事的是閻立本，其次又有唐人吳侊所畫的，見「宣和畫譜」，南唐時代的顧德謙、五代的巨然都畫過。

宋人桑世昌所編「蘭亭考」，其中載有吳傅朋跋閻立本畫「蕭翼賺蘭亭圖」，文云：

右圖寫人物一軸，凡五輩，唐右丞相閻立本筆。一書生狀者，唐太宗朝西台御史蕭翼也。一老僧者，智永嫡孫，會稽比丘辯才也。太宗雅好法書，聞辯才寶藏其祖智永所蓄右將軍王羲之蘭亭修禊眞蹟，遣蕭翼出使求之。……閻立本所圖，蓋狀此一段事蹟。……

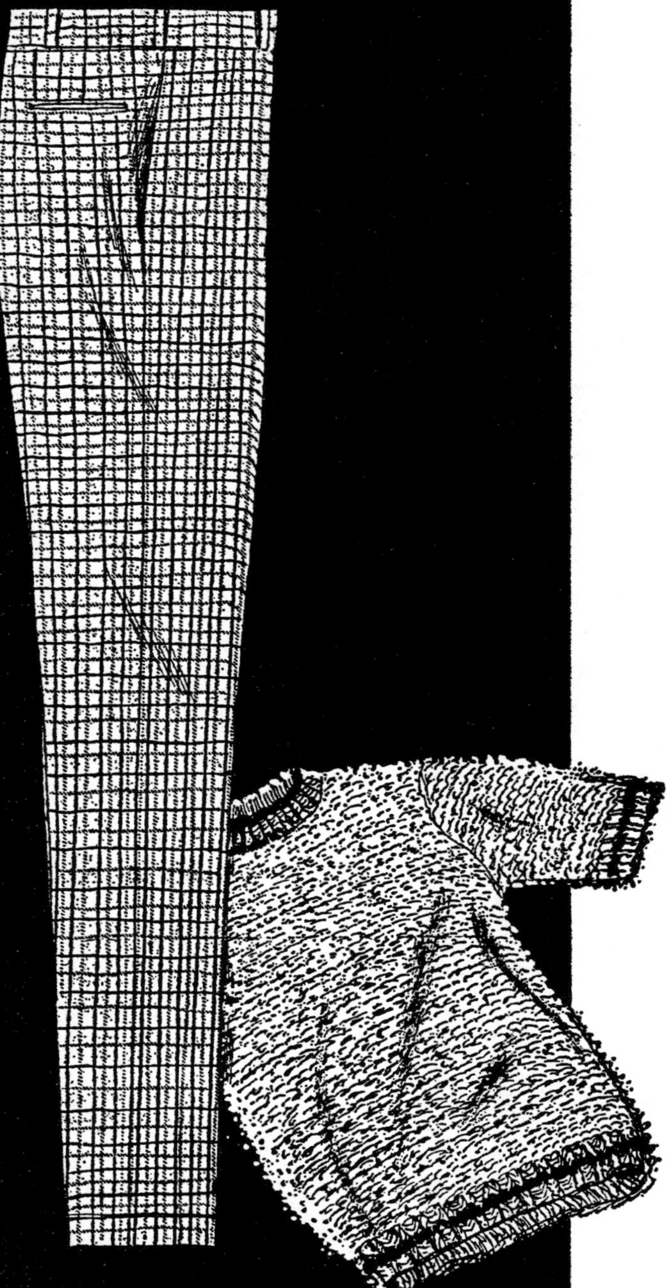

A RENOWN'S MASTER PRODUCT

利南西袂

褲頭樣子好・褲身樣子好・褲脚樣子好

定價每條自廿九元九毫起

大人公司有售

過年記趣

——在大千居士家過農曆新年追記——

・陶鵬飛・

今年一月五日，張大千先生夫婦在環蓽菴招待新由台北來美的梅派名家金素琴女士，正好川菜名厨婁海雲先生從紐約來此籌備即將在風景區 SANTA CRUZ 開幕的「四川飯店」（其他股東有東京四川菜名厨陳建民及黃昌泉二君），由他做了樟茶鴨、粉蒸肉等好菜。席間金女士憶及，民國卅四年在重慶大千先生府上過年，大家擲骰趕點，大千的一幅大畫被她得到，可惜這幅畫沒帶出來，丢在大陸，不知大千先生這些年在海外，是否還是這樣過年？

大千先生說：「如果你們今年都來，我就再畫一張讓大家趕點，以前在巴西還舉行過幾次，近幾年在美國沒人作菜，所以不請客，現在有海雲在此，有好菜請你們吃了。」話還沒說完，從來爽快的海雲就接着說：「老太爺請客過年，我來做菜，大家熱鬧熱鬧！」

大千居士夫人徐雯波女史雖然在外國住了很多年，但是家裏的一切，都還是遵循我國的古禮和習慣——年是過中國年，節是過中國節，每逢年節和先人的冥壽，都是供上祭品，全家大禮參拜。兒女們更是講禮節，父母的生日，要叩頭拜壽，出門和回來，都要向父母問安，父母陪客人，要站着應答，這樣尊重禮貌的人家，不但在海外，恐怕在國內也不多見了。

大千先生在美國加州的「可以居」和「環蓽菴」已經過了好幾個舊曆年，可是每次過年的時候，不是身體不大舒服，就是眼睛不好，情緒也跟着不好；加上家裏沒有用人，有客人都要張夫人自己下厨，所以左近的朋友，雖然很想和他們一起過年，大師也好熱鬧，但是總覺得不好意思去增加麻煩。今年大師既然特別高興，又有人做菜，所以就邀好友前去過年。今年也確是和往年不同，對大師個人來說，過去的一年，有幾樣特別高興的事：先從他的健康說起，最要緊的是，左眼復明；自從四月十七日施行手術後，視力越來越進步，休養三個月後已經能畫細筆，能寫半寸方的小字。十一月間因為事情太多太累，和吃東西不小心，視力曾一度「退化」，引起担心，幸而十二月檢查結果，視力又恢復正常，並且還稍有進步。醫生才决定開方又配了幾付「看遠看近」不同的眼鏡，如果這樣下去，只要視力能維持現狀，就能分顏色，就能畫粗筆和細筆。他最近畫了一個灰白小蝴蝶，只兩吋平方大，紋清鬚細，眞是靈活到家。大千先生除了糖尿病需要時時注意和打針外，整個的健康很好，血壓高一百二十，低八十，比普通人還好；體重總是一百四十磅左右，心臟正常，血裏的脂肪不多，睡眠也好，胃口更好。但他嚴守醫生的「警告」，不能多吃，更不能隨便吃。健康好，視力好，精神也好，所以他的畫興也很好。

其次是環蓽菴的新畫室已經完工，假山和魚池也修好，園子裏全是中國花樹：桂花、玉蘭、臘梅、松、竹、木棉、柳、桃、梨、李、蘋果、海棠，凡是送花樹的大千不但樂於接受，也常向好友們「索取」，他最喜歡的是：中國的國花梅花，已經搜集了九十四棵，眞是各色各形俱全，可稱為海外最大的「集梅家」。大門前三棵大的「三張」是張岳軍、張漢卿、張目寒送的，後園一棵最大的是盧燕女士從南加州用大卡車送來的。大千先生說：「這棵梅花至少有七十五年，就是以前在蘇州，也難找到，可稱『梅王』！」

大千先生對於佈置花園眞有興趣，對於花樹眞是喜歡，每條枯木，每塊石頭，每棵花樹，都要親自選擇地位和方向，灌溉施肥，也常躬自為之，有時深夜起來，賞月觀花，至於「昨晚念此樹開花，乃一夜未眠」，也不止一次。更有趣的是有一位紐約的日本名園藝家東木先生，慕名前來參觀花園，發現園中的瀑布和魚池不夠風格，願意義務重為修改，求大千先生一幅畫為酬。東木帶了三個工人，作了五天，竣工後大千先生大為滿意，送了一幅又加一幅，並連聲說：「這件交易，做得很好！」

再者是「四十年回顧展」自去年十一月十五日在金山「德揚博物館」開幕，二千二百三十六人冒雨參加慶祝酒會。原定展出一個月，後來該館又接受觀衆要求，延長兩星期，幾千本的精印目錄，閉幕前早已售罄，眞是一次極富歷史性的展出。

大千先生在過去的一年內有這樣多值得高興的事情；夫人及公子葆蘿雖遇車禍，僅受輕傷，所以今年的年也過得特別高興，舊曆十二月三十日，金素琴女士和我及內子等於下午到的時候，匡仲英先生正在貼對聯，他說老師很久沒寫對聯了，這次由他特地從台北要來紅色帶金星的舊紙，老師特別高興，剛寫完這付對聯：

風景不殊，百本梅花為老伴；

日月其稔，三杯竹葉祝新年。

門上並貼着老友由台北寄來膠質紅色金字的：「迎春接福，萬事如意」，門前懸掛一個中國式的紅紗燈，十足過年的氣氛。前後院梅花盛開，屋子裏已相當熱鬧，除大千先生夫婦外，家人有：公子葆羅、心澄，女兒有紐約來的心嫻、巴西來的心沛、心聲，孫子承先和聰聰，孫女綿綿、雲雲，和一個小貝貝。

客人有：厲志山夫婦，金素琴母女，郎毓瑞夫婦和女兒，蘇珽夫婦和女兒，王渤生、林慰君夫婦和女兒，王成釗夫婦，顧正言夫婦，顧天錫夫婦，侯北人夫婦，夏道師先生，盧燕女士的母夫人李冬眞女士，也正巧從羅省來大千先生家作客，還有心聲的一位洋女友瑪利亞。

一九六三年大千先生離開香港上飛機時，孟小冬女士曾經以她新唱的錄音帶，專誠送給大千夫婦，大千先生常提起這個錄音帶，並說：「要聽孟老師的戲，一定要有一個特別的機會才行。」（按：環華菴大畫室中聽戲，以本刊主編沈葦窗兄所唱首先破例，此爲第二次）。果然那晚就放了冬皇的錄音，計有：罵曹（平生志氣），失街亭（兩國交鋒），珠簾寨（太保傳令），洪羊洞（爲國家及嘆楊家），罵曹（讒臣當道起），沙橋餞別（提龍筆），八大鎚（怎能夠），搜孤救孤（實兒錄音），可以說是世上僅有的錄音，也比冬皇拜余叔岩爲師前的唱片「捉放曹」、「珠簾寨」等，在腔、調、字、韻、及各方面更爲考究，本刊作家燕京教人會說，只有她和余叔岩唱戲是「一絲不苟，全力以赴」，眞是恰當。

聽完戲開始吃晚飯，海雲作了六菜一湯：雞茸燕窩湯、滷鴨、陳皮雞、煎蝦、炒年糕、蜜炙火腿、冬菰油豆腐燴白菜，張夫人等「巡迴」招待，敬菜敬湯，誠意可感。

菜足飯飽後，大家齊集畫室，開始高潮節目「趕點爭畫」，大千先生畫了三張畫作獎品，以往只是一張，今年因爲人多，特別加上兩張，第一張是梅花美女，題字是：「爭春舊例足張皇，報導花開便舉觴，不讓放翁專一樹。樹邊端合倚紅妝。環華菴梅花盛開，爲爭春之會，因作此圖用代博塞之彩，六十一年不盡日，爰翁七十有四。」第二張是沒骨荷花，題字是：「綠萍浮池，朱荷出水，朱荷自是朱荷，非泛指紅蓮也。二語出洛陽伽藍記。六十一年壬子除夕爰翁。」第三張是梅蘭與水仙，題字是：「歲朝清供（篆字）」，六十一年除夕寫頌癸丑新春百福，爰翁。」

趕點用六個骰子，每人一「局」輪流擲三次，三次點數加起來最多的得獎。三「局」三張獎品，每人共擲九次，有三次得獎的機會。結果第一「局」侯北人夫人張韻琴女士以七十八點得第一張，第二「局」顧邢潤玉以八十二點得第二張，第三「局」顧正言以八十一點得第三張。第三局最緊張，本刊作家王渤生夫人林慰君女士擲七十九點，夏道師擲八十點，眞是一點兒都差不得。骰子是我帶去的，可是三「局」中我擲的點都沒超過六十五，盧燕去紐約開會沒能參加，特請內子代擲，可惜點數也是差得太多。好在顧家和侯家都是我家近鄰，承蒙面允，歡迎隨時前往「觀畫」，也算不無小補了！（自舊金山寄）

大千居士在其新建大畫室中與本刊主編促膝長談　（李順華攝寄自紐約）

望平街憶舊

史量才死後的申報

胡憨珠

史量才生前，幫徐采丞開過民生紗廠，其資本卽貸自中南銀行。史量才死後，他那位秋水夫人又幫徐采丞開過協興紗廠，虧蝕了秋水夫人的私蓄五十萬元。申報在張蘊和主政時期，編輯部人員有館內館外之分，如撰寫社論的王顯廷，卽屬館外人員，雖其後申報編印同人錄，全體職工共達五百餘人，王顯廷依然名落孫山，未能列名其間。

協興紗廠的開設，乃是在史量才死了以後的事情，以其時考之，大約在民國二十四年的時期中。蓋在此時的徐采丞，已因史量才之死，不再去史公館裏作樓上客，更不去做如陳彬龢所說陪侍老闆娘秋水夫人抽鴉片烟的任務工作了。但在塵世間有些人類的生性，總覺得有如被飼養的蒼鷹一樣，飢之則附，飽之則颺，雖說吾人不應譴責蒼鷹飢附飽颺的現實主義，以譴責徐采丞的德行涼薄，要知這也是他天性的所稟賦使然，如果他是稍有良知之人，怎爲對秋水夫人做出這樣見不得人的大翻戲之醜惡事。不過話也該說回來，秋水夫人的一雙慧眼，却能認識酒樽前的史量才是一代人傑，可以付託終身，竟不能辨識烟榻上的徐采丞是絕世奸儈，怎奈她的謬寄心腹，這一着之失，大錯鑄成；幸而她的私蓄數額，尚稱富饒，否則如此鉅額的錢財被騙，教秋水夫人其將如何以堪呢？

史量才當年不知如何，竟會輕信了徐采丞一片遊詞，把他誘致於經營紗廠的一業之途。但可以理解猜測，必然的是徐采丞對他所進誘惑之詞，那是他把他們無錫同鄉所經營紗廠業務而發了迹的若干人士舉說出來，作爲對史量才所進遊說最好的現實辯證。相信就中當以榮宗敬、德生兩昆仲爲偶像人物，諒以榮氏弟兄二人所經營的申新紗廠，自一廠二廠的陸續增設，此時已擴充增設到申新共有六廠之多。他倆弟兄早已隱然執該業的牛耳，被世人稱做紗廠業大王的雄號，可是溯軔之初，亦屬由小成大的事業。凡此所說的言詞，實具有無比强烈的高度誘惑性，試想以一個對事業向有萬丈雄心的史量才聽來，尤爲如響斯應的句句入耳，直叩心扉。因此他就毅然決然與徐采丞密謀出資發起在滬西曹家渡方面，創辦了一家民生紗廠。更不知他爲何此次興辦紗廠一事，是他本人深深隱居幕後，毫不露面，却一概以徐采丞爲該民生紗廠出面人的全權總經理。

所以民生紗廠的當時創立，史量才所投的資本數額究有多少，對此問題，既未有人知悉，其次據說他有時難得與親密不過的幾個至交朋友，偶爾於不經意的談起。稱說：他爲了幫助徐采丞事業成功，就從中南銀行取得鉅額貸欵，來創辦紗廠，究竟這筆貸欵爲數幾何亦無有人深曉。總之史量才對於民生紗廠的創設，是他本人的投資，與代爲取得中南銀行的貸欵，無一不以運用他高度秘密的行爲出之。便亦因此，有關他名下的損失所負，與利益所佔，其數字實無一人能說得出眞實正確的數字來，足以資爲他擁有財產數額損益的徵信。是以後來該民生紗廠的經營結果，宣告虧蝕和倒閉，終於被貸欵方面的債權人中南銀行首先全部接收了。此時，外間的各階層社會人仕們，對於史量才個人的聲譽地位，並不因民生紗廠的倒閉，有所毀譽的齒及，這就是因爲他在該廠的名義上，沒有一點什麽的連帶關係之故。不知這是他的聰明智慧呢？還是他的愚魯笨拙？對此兩個界限，任誰也都不能作明白清楚的指說得出。

胡筆江接收兩家紗廠

平心而論，史量才以主辦申報而起迹成名，亦以主辦申報而發得大財。在他名成利就之下，出其餘緒，從事創辦紗廠的一行實業，這對國計民生，實是件大有裨益之事。準此而言，他的創辦民生紗廠，却不能訾評他的立意設想，「計何左矣」的那句譴責之語。只能可惜他經營紗廠事業，至少遲了二十餘年，否則憑他的策劃多智，與胆魄力量，得早投身於紗廠界中，則榮氏弟兄紗廠大王的雄號，還不知竟是誰家的天下呢？

再說當年史量才聽信了徐采丞的誘騙之話，斥資貸欵，創辦民生紗廠，以其時考之，則爲民國十七年。此時紗廠業務的悽慘黯淡，人所共曉，有些紗廠的阽危局面，亦已有見。料不想以被人稱許爲聰敏絕頂、精明卓越的史量才竟會自投陷阱，得弗奇怪。

傳說中民生紗廠經營兩年多的短短時間，却虧損得相當鉅大，其數究竟幾何雖無人知。但知該廠對中南銀行的一筆鉅額貸欵，因迭次追索歸還無着，最後逼得中南銀行總經理胡筆江爲了責任問題，爲了交代問題，只有與史量才當面懇切作談判。據說談判的結果，就將民生紗廠所有的廠基房屋、機器生財，全部交由中南銀行接收，藉爲抵償貸欵，以示清訖了結，不過他們雙方的友誼之間，從此却發生不愜於心的重大裂痕。胡筆江親手所放的貸欵，於民生紗廠之外，尚有徐靜仁所開的普益紗廠亦有一筆大貸欵。這兩家紗廠，却是一般情況傳說中胡筆江對接受普益紗廠時，其情緒方面却要輕鬆得多。據說他對徐靜仁滿帶着笑容稱：「老兄是你既然辦理不好，就請你放了手，讓我來代你辦罷。」徐靜仁倒也歡然答應，於是胡筆江便派人前去接收，代爲主理廠務，力予維持原狀，不使普益紗廠宣告閉歇。所以有人說胡筆江對兩家紗廠，一樣接收，處理辦法，各不相同，實是一個令人費解之謎。

王顯廷與申報同人錄

不佞妄事塗寫這篇「史量才死後的申報」的蕪文，當着筆之時，覺得尚有幾件未了事情，爲我遺漏未寫。於是憶述追記如上，雖然深知一代人傑如史量才先生，其一生的言行作爲，在在都足以爲後人引起景念。試想他以赤手空拳的一介書生，人地兩疏，孑然隻身，到上海來闖打天下。全憑其聰慧的天才，便捷的口才，優良的肚才，是他呢就以這些所謂「三才」者，與世人相周旋，向世事作奮鬥。綜觀他的奮鬥結果，從一無所有，成爲無所不有的社會聞人，發而到終極，以致於登上了報業大王的寶座，亦可謂偉矣。

現今要記述史量才死後的申報，仍要從張蘊和身上說起，因爲他與申報的關係，實在是太密忒深之故。試想他從日本學成歸國，即入席子佩主持時代的申報，承担總編輯職務。身經兩朝，歷事二主，是他一生的心血所耗與精力所費，都在這份申報上邊。如今垂垂老矣，還要再事下一代少主人史詠賡主政下的申報，仍然弗荒弗懈，夙興夜寐的治事不輟。那一片忠心耿耿地惟申報自務，大有諸葛武侯的鞠躬盡瘁死而後已之概。但看他自從申報革新運動展開之日起，緊緊掌攬申報館編輯部的職權之門，始終不放心一個異己之人進入編輯部裏治事。縱然後來久已爲申報撰寫社評文章的王顯廷，毫不例外能獲得一些優異的重視；但當張蘊和處身在編輯部之日，王顯廷總被摒棄申報門外，祇能列在館外人員之例，決不排放於館內人員之儔。其立法的嚴密，洞察的深遠，設想的周到，信守的堅强，確屬少有少見。因他對王顯廷自被史量才承允爲申報特約撰寫社論的館外人員，知其來源去脈以後，就生防範戒心。認爲非我同道，其志必異，此所以張蘊和在申報館之日，要讓王顯廷永遠做着申報館的館外人員。

原來王顯廷爲常州資產階級人家的子弟，曾赴美留學。及學成返國，乃走黃炎培、陳彬龢二人的路線，而後再透過史量才的關係，因是而入申報館爲館外人員。其人言行舉止，頗爲拘謹樸實，故深爲張蘊和所寬容。尤其是所撰寫的社論文章，倒也立意純正，措辭温和，很少有爆炸出亂子的火藥氣息。關於這點最爲吻合張蘊和的心意，因爲他向來是性喜太平無事，最害怕的是報上闖禍出亂子。現在看閱王顯廷所撰寫的社論文章，倒是寫得四平八穩，篇篇保險極少有動筆刪改之處。不像對陳彬龢的社論文章，張蘊和總要看不一看，亦必要大加修改。有時在修改中不是頻頻搖頭，即是顰顰皺眉，滿臉現出不愉快的煩惱之色。有時甚至修改得不耐煩起來，索性把社論文章遞交給他助手鄺笑庵代爲修改發排。實因陳彬龢的社論文章雖好，爆炸性太爲强烈，原來這種好文章多出於他幕後的左派捉刀人之手。要不是張蘊和緊緊抓住「發排」權力，申報所闖的文章買禍，其禍事將闖得纍纍如貫珠了。

後來，張蘊和對於陳彬龢稍予放縱，對於這「發排」權不再緊緊抓住，任其自由把社論文章發交排字房排印。不料這一放縱，就闖出一場大禍來了，那即是陳彬龢把「造匪與剿匪」爲題的一篇社論，發排印行。據傳說此舉是出於黃炎培與左派份子的密謀和策動，申報因是被國民政府封鎖交通，對該報報紙禁止郵寄，不能在長江五省銷售達六個月之久，這筆損失已屬甚大。於是，黃炎培、陳彬龢、陶知行等亦因而開除去職，不能再潛伏於申報館內。可是自陳彬龢被革除離去以後，申報社論便由王顯廷長期担任，從此編輯部裏的防奸氣氛無形消除。風平浪靜，心安意舒，一反過去劍拔弩張的緊張局面。度理衡情每日王顯廷所担任的撰寫工作，實無異於館內人員，但是張蘊和還是把他列入於館外人員之例，每至月終，例必發給稿費單一紙，任由王顯廷自向會計室領取現金。雖然，申報館的定例，特約館外人員的稿費所收，比之館內人員的薪給所受，較爲優厚得多。意者其謂「文章有價」吧？但不過對有無得失職業的隸屬歸類問題來說，却令人會產生有家鷄與野鶩的貴賤之感了。

趙叔雍與王顯廷的友誼感情，非常敦厚篤實。這大概他倆是常州同鄉的鄉誼導致所使然罷？所以趙叔雍對於王顯廷職業的隸歸問題，顯得相當關心。是他的觀念中，可能認爲申報館的「館外人員」一詞，等於一個賣淫妓女沒有「生意浪」芳標艷幟的「牌子」一樣？任憑她長得美麗如仙，風華絕代，如果她深居閨閣，步門不出，却要被人錯認爲「住家野鷄」。如果她外出走動，却隨處逛覽，必然的要遭人視做「馬路淌白」了。以一個妓女尚且要重視她的「牌子」問題，怎可以給一個撰寫社論文章的文人，那是這個「館外人員」的浮動職位名詞來啊。爲此，趙叔雍偶爾和張蘊和閒談，有時會提出這個問題來作話柄，他要想把「館外人員」的王顯廷，變成爲「館內人員」。他說得對，一個長期爲申報幹做實際工作之人，怎好一輩子掛着「館外人員」的浮動牌子，應該給以內勤記者、或外勤記者的實際名堂的職銜，以便王顯廷有時候對外，確定其工作有所歸屬的。但是張蘊和老是這樣的囘說：「慢慢來，慢慢來，且等等機會，等到有機會時再說罷。現在王顯廷的待遇問題不是很高，很好麽？要知『館外人員』是個特殊名堂，自有他的特殊待遇。所以非要等到有特殊機會，才好調整更動，此刻尚非其時，慢慢來」。趙叔雍想想事實果然，也只好打個哈哈作罷。

王顯廷本人對於申報館外館內的稱謂問題，瞧看得反非常淡漠，自從他得知趙叔雍代他向張蘊和請求變更名稱不成之後，在他內心所感，只覺得「叔雍厚我」的一點鄉誼友情而已。但是他經由陳彬龢與黃炎培的汲引，進入申報任做館外的特約撰稿人以來，所撰寫的社論文章，應用與否的發表之權，全操在陳彬龢的手裏。幸而黃炎培、陳彬龢兩人先後被館方解職，退出了申報。故此後的申報轉入於寧靜狀態之中，王顯廷也因此把工作任務反而自我的特別認眞，份外賣力。本來他每天供應申報所需的一篇社論，可以在家撰寫，稿送報館交由張蘊和過目以後，發排刊登就行。如今他却爲求取論題的廣泛與時新起見，每夜必赴申報館編輯部，選擇當天所發生中外的新聞事件作爲社論題材。凡見有值得足以撰寫評論的新聞事件，就拈題撰文，抒發己見，作爲善意的批評和論斷。縱不評說得語語驚人，篇篇佳作，但却撰寫得頭頭是道，理路分明。這樣工作到民國二十六年（一九三七年）「八一三」的中日事變發生，造成第二次的淞滬之戰。中國忠勇的將士一致浴血對敵抗戰至上海租界四週全被日軍佔領，淪陷成爲孤島以後，申報遂於是年的十月間，與大公報、時事新報、上海晨報等同時停刊，祗有新聞報、時報等三數家報紙仍然照常出版。及至民國二十七年的雙十節，已經停刊了一年之久的上海申報，此日却宣告出版復刊了。這次申報的復版，那是任由美國人阿特姆司（W. A. Adams.）來出面經營，成爲一份美商的華文報紙。我覺得此事對申報經營歷史的過程來說，正是無限酸辛，萬分悲楚，大有如「歷盡滄桑一美人」之概。嗟念該報於清代同治十一年（一八七二年）的四月三十日出版，到了停刊後又復刊的民國二十七年（一九三八年）雙十節，計其報齡，約爲六十六年之數。如所皆知申報的原始牌子所屬爲英商美查洋行，後來由英商而改爲德商西門子洋行，最後由德商而改爲日商太倉洋行，如此荏苒數十年，都在國際間時離時合的情況中渡却。終於因時代推移，中國五四運動的局面展開，全國的中華民族主義爲之奮發飛揚。申報館當局覺得這日商牌子太不吃香，曾化去一筆大錢，於是乎這日商牌子亦予取銷。從此申報總算得以復族歸宗，還我自有自主的中文報紙組織的獨立體系。不料曾幾何時，却被逼得又要投入於美商牌子的卵翼中了，說來多麽的可耻而可哀啊。

民國二十七年申報在美商牌子下復刊

這次申報的復版，全由阿特姆司出面組織「美商申報有限公司」，向美國政府申請註册登記。據說當時此人的現任職業係是美國一名走紅的大律師，律務非常繁忙，實無餘暇時日，來照顧遠東上海方面的這個出版事業。所以他在名義上是申報董事會的董事長而兼總經理，但把他實際職務的處理工作，却全部委託他的朋友阿樂滿（N.F. Allman）與安迭生（P. M. Anderson）全權代爲處理的。這阿樂滿是在上海執行律師業務的美籍律師，而安迭生却是僑居上海的一名美籍商人（按係九江路永年人壽保險公司大班），但他們二人名義都是董事會的董事，不過阿樂滿兼了總主筆，安迭生兼了協理，這樣支配對兩個美籍董事來說，正是春色平分，各得其所，居間爲二人負翻譯責任的則爲秘書室主任唐鳴時。至於其他華人方面所有經（理）編（輯）兩部的工作人員，全是申報館的舊人，悉復原職，極少變動，是以藉收駕輕就熟之效，與事倍工半之功，因此結果，皆大歡喜。不知何人倡議認爲在此大時代裏，難保將來不發生亂離情事，應該有「美商申報館同人錄」一書的編印之必要，此事報館同人無不贊成。當編集稿件時，主持其事的趙叔雍却又懷想着王顯廷名落「同人錄」外。而發生無限的遺憾與慨喟。所以有天和張蘊和在編輯室閒聊，偶爾談及其事。趙叔雍還故作滿面笑容着說：「王顯廷的此生遭遇，可說不幸之至。想自民國二十二年開始以來，辛辛苦苦地每天爲申報撰寫社論，嘔心瀝血，絞盡腦汁，歷年凡五年之久。但其身份始終是個申報館的館外人員，怎不叫人對他要扼腕嘆息其實命不佑啊」。

潘公弼慰情聊勝於無

傳說中當時張蘊和答覆趙叔雍的話，非常微妙，也相當有趣。他說：「叔雍兄，你不用說他了，王顯廷眼前安處在香港，不是情形很好麽？如果他認爲香港版的申報沒有前途好景的話，當我們於復版之前發寄通告給一班申報在港舊人，要他們回來工作。你看所有調到香港去的經編兩部幾位工作人員，都已個個歸來，人人報到。惟獨王顯廷一人，通告寄去，人不歸來，這可能他別有主張，另作打算。所以你也不必因爲他的不歸，以致他失却更調職位稱謂的機會而意感有所不快，可是我却知道他會回到上海的申報館來的，他也會成爲申報的館內人員，就請你等着瞧罷。」原來王顯廷在史詠賡到香港創辦出版上海申報的香港版時，也被調到香港工作，不過當時王顯廷所負抱的志願甚大，所爭取的欲望殊深，蓋他一心希望要任做總編輯。但是馬蔭良趙叔雍二人力主以陳陶遺任當總編輯爲最理想的人選，不論文才學識、資望經歷，陳陶遺在在都高超出王顯廷之上。所以他倆的決定以陳陶遺出任總編輯，以王顯廷改任翻譯英文的電訊工作，不過王顯廷是個有大志而不狡謀、有深欲而不貪婪之人，最好的一點，就是有自知之明，他知道自己難與陳陶遺作抗爭，便安心做他英文電訊的翻譯工作就算數啦。

在上海申報復刊的籌備之時，王顯廷確屬收到要他回去工作的通告信，只因他逕與在香港的陳彬龢商量，就被勸阻而不放行了。如所衆知，陳彬龢過去在上海替申報撰寫社論時，當他的文稿轉到張蘊和助手鄭笑庵的手上，不滿一週就其原稿所發現的便被辨認出社論文章出之於多名的捉刀人之手，因爲文章有天寫得極好，有天寫得極壞，有時別字連篇，有時文氣虛脫。縱然陳彬龢每晚親自送稿到編輯部交給張蘊和時，並分別向編輯人員甚有禮貌的點頭招呼，但編輯部人員對他都不予以尊重，這就是他因爲才調不足以服衆之故，可是奇怪之極，他的才名竟會洋溢乎國中。這還不是全仗了他的幕後捉刀人之力，要知捉刀人對他，過去在上海極爲需要，現今在香港更爲需要，王顯廷那是他有最親密關係的捉刀人，既然來到香港，他怎肯放他回上海去呢？自然的堅不放行了。至於張蘊和對趙叔雍所說王顯廷自會回歸上海申報，也會成爲館內人員，在當時無非隨話答話，誰知後來的事實果然，陳彬龢竟會奉日方佔領上海租界的海軍報導部橫山部長的命令接收申報，而王顯廷竟亦隨同陳彬龢進入申報館，榮任副經理的職位，如此這般一一盡如張蘊和所說之話，但不過此話的演變實現，則時日推移，却要在「同人錄」編印之期，約爲二年有餘之後的事了。

原來該「美商申報同人錄」的編印出版於中華民國二十八年四月，書爲三十二開本。全書共計五十六頁，內容所載，除報館的組織體系、職別、名稱、與同人的姓名年歲、籍貫、住址等外。對文字敍述，不着一字，是以展開首頁，即爲「組織系統表」。表內列明「股東會」居首，其次「董事會」，再次爲「總管理處」。處下傍出，即沒有輔佐性的三個組織體系的名稱，計（一）是「業務設計委員會」，委員爲王堯欽（主席）、唐鳴時（書記）、潘公弼、瞿紹伊、黃幼雄、顧叔奇、武廷琛、許燦庭、黃子健、黃炎卿、趙宗預。（二）是「人事委員會」，委員爲瞿紹伊（主席）、趙宗預（書記）、伍特公、王堯欽、陸以銘、許燦庭、顧叔奇、黃炎卿、潘秋藩。（三）是「編輯研究會」，委員爲伍特公（主席）、趙君豪（書記）、武廷琛、潘公弼（副主席）、黃幼雄、胡山源(助理書記)、瞿紹伊、馮都良、孫恩霖、姜立齋、顧昂若、濮九峰、馬崇淦、沈鎮潮、蔣槐青、顧孟愉、鄭笑庵、周瘦鵑、黃寄萍、張叔通、張一蘋、金華亭、唐世昌、許承緒、朱銘新、馮柳堂、張一凡、王堯欽、陸以銘、唐鳴時、趙宗預、顧叔奇、許燦庭、陳堯君、楊載皋、邵朗秋、戴志超、共三十七人之多。

只要看了上邊三個組織體系的排列程式，與人選遴擇。就可覘知該報館幾個主要的中心人物，於組織安排時，曾經煞費心機，縝密考量。纔得編排出這份陣容堂堂堅健無缺的名單來，的確可說支配得是人盡其才，各本其能的了。就其組織系統表上所見，「總管理處」屬下分有五部一室。這五部即爲編輯、營業、主計、人事、稽核，而一室即秘書室是也。於是，在部之下，即分設科，於科之下，再分爲組，至於每部所屬科股的多寡，須視該部所經轄業務事業的繁簡而定。現以申報的編輯部爲例，分有社評、新聞、副刊、校對、參考（按即資料）、收發等六科，組則分設有十七個組。又以申報的營業部爲例，只有廣告、發行、印務（按印工務）等三科，設組却分成有二十五個組之多。總之，這一份「組織系統表」，如果有人要創辦大型報館，可以作爲籌備時的借鑑之助。或者新聞學系的教師要撰寫講義時，該表上的某些部份亦可作爲參考的資料之需的。

「同人錄」的後邊大部份全爲申報同人的通信錄。每人的住址里弄門牌號數，無不刊載清楚，凡家有電話的亦詳爲列入。即董事長阿特姆司雖然其家庭工作都遠處美國，但亦嚴格遵守定例刊載他四川路二九〇號中國營業公司的通訊處，就可見該「同人錄」的眞實和周詳之一斑。非僅此也，這本「同人錄」編印得也非常的民主化，一點沒有貴賤之分的階級觀念，存在其中。只要從事執業於申報館的館內人員，雖業務工作是最低層的執行人，其人其名，無不排列在內，眞正實現其「職業無貴賤」那句話的精神。是以從最高級的董事長以次，直到最低級掃垃圾的清潔工人爲止，全部五百餘人的身世畧歷，都集中刊印在「同人錄」中。那正是做到「有人皆在，無名不留」的盡情狀況，實覺難能可貴之極。近代全中國報業自有報學史以來而能編印同人錄一事，相信亦祇有上海的申報館一家而已吧。只因該書印發之日，上海雖已淪爲孤島，但是國民政府決定對日作長期抗戰的國策，還在邁入初期的展開激烈戰鬥的執行途徑。是以此時申報館的執政當局爲了防奸防敵起見，對這本「同人錄」認爲非常珍秘重要。所以每本書封面，加蓋「請×××先生妥爲保存」字樣的特製印章，再經給發該書本的經手人塡寫收受人的名姓於×××處而後發給。可是於接受時，該給發人還一再叮囑，要收受人妥爲保存，謹防落入壞人歹徒之手。但不過後來發生該申報高級人員如王堯欽、陸以銘等本人或家屬，被「七十六號」的壞人歹徒們綁架而去，凡共十一人之多，案事駭人，是否這本「同人錄」起了「按圖索驥」的惡化與臭化作用的串連關係，那就非局外人所知了。

這本「同人錄」中的所有之人，都是在申報裏工作有年的舊人。若於這次申報復版時期進入館中的新人，除了阿特姆司、阿樂滿、安迭生等三個美國人以外，在中國人方面祇有一位潘公弼先生。不要認爲潘氏是上海新聞界中後進的新人，其實他於民國初葉的前後年間，早已嶄露頭角於上海的新聞界了。他是江蘇嘉定人，爲政論名家張東蓀的外甥，當他留學日本歸國，那時張正在主持辦時事新報，張東蓀苦於手下無人，便把他這位外甥硬拖出來時事新報館幫忙。潘公弼正是新聞界中一代傑出的全能人才，在編輯部裏若要他寫社論就寫社論，要他主編要聞就主編要聞。在經理部裏若說廣告他就能爲廣告設計招徠，若說推銷就能爲推銷擬具計劃。總而言之，他在經編兩部的任何工作，他都能動得起手，見得出功。揭其成績，不但是好，而且大好，察其效能，不但是精，實屬極精。因此二十多年來，只是在時事新報的總編輯、總主筆、總經理三把座位椅上，作輾轉調遷。有時單挑，有時雙兼，直到「八一三」滬戰爆發，上海淪爲孤島以後，時事新報光榮停刊，他也光榮離職而去了。

傳說中潘公弼在離開時事新報以後，曾出國作南洋之行，一度應新加坡某報之聘，任担專寫社論的主筆職務。在職數個月之後，眼見當前國際局面，感覺中日風雲的硝烟火藥氣息，已漸漸有向南洋吹來之勢。於是他就於心有所不安起來，便向報館方面辭職，附輪回還上海。當輪船經過香港時，就離輪上岸，擬在港地稍事勾留，以便分訪留港一班相熟的要好朋友，因而獲見了前任上海市長的吳鐵城。原來潘公弼對於吳鐵城極有知遇之感，蓋在早幾年前，他與國民黨發生關係。爲之力予拉攏結合的就是吳鐵城在上海市長任期內所做成的一件有意義之事，即所謂「爲國儲材」者是也。便亦因此，他們雙方的友誼感情，只覺得越凝結越深厚，正如上海聞人們所常說「大家是自己人」的那句口語。所以一直以來，吳鐵城對於潘公弼却是時加照拂，常作扶持，極盡其卵翼護助之力。此次他見他從新加坡的報館辭職歸來，本屬其將淪於失業之儔，而要爲他耽心動腦筋。說來該是時機湊巧，因知上海申報正由美商出面，辦理復版時期。吳鐵城於是便即親筆寫了一封情詞懇切的介紹信，信是交由潘公弼面致張蘊和與馬蔭良二人，要請他們汲引潘公弼進入申報工作，並且說明希望任做總主筆或是總編輯。當時張蘊和與馬蔭良對於潘之爲人，因有如此的行爲表現，頗起反感，似有不大歡迎的表示，這是他倆沾受着申報館的傳統觀念所致。

原來申報館的傳統觀念認爲報館從業員的操守，應該清高自恃。萬不能與現政府的官員們往來通聲氣，否則難免有同流合污之嫌。如今潘公弼持着吳鐵城的薦書，前來求職，報人的職業尊嚴，全被損害無存。惟因他既有國民黨的背景而來，張蘊和與馬蔭良却又覺得是自不便堅拒其人了。於是他倆經研商之下，乃以編輯部的「社評科」主任一席的名義職責，安置了潘公弼。但對他本來所求的總主筆或總編輯的希望目的，不但大相徑庭，而且地位懸殊。大概是時代關係吧，或是環境使然吧？潘公弼竟會欣然受命，歡然就任，意者其內心所感，正如陶淵明詩所謂「慰情良勝無」的了。由是潘公弼每晚必到申報館的總編輯室撰寫社論，連帶於大樣完成之後。經他畧畧過目，然後由報館的汽車送他回到愛文義路的麥特赫司脫路「四維邨」的家裏。雖然，他每晚回家的時間，輒在子夜二點鐘以後，但例行工作未嘗有稍爲鬆懈的一日，似乎隱隱然負有監督申報的任務模樣。

直到民國三十年（一九四一年）十二月八日之夜，黃浦江畔，突然發生聯珠般的隆隆砲聲。經申報的外勤記者們紛紛四出探聽消息，回來報告，據說是停泊在黃浦江上兩艘英國小型兵艦，被日本的海軍四面包圍，逼令投降。這炮戰聲即發自英日雙方的海軍兵艦，所作攻守之戰所造成云云。此時，編輯室中大家因談話今夜的戰事情形，不免起了一陣輕微的嚷擾聲。只有潘公弼的神態寧靜如常，伏案撰寫社論以及等看大樣如故。及他要乘車回家去的臨行時，便對張蘊和說：「蘊老，我從明天起，不再來報館工作了，現在就向你作個口頭辭職罷。不過本報掛的是美商牌子，有天會受到敵產管理的遭遇。蘊老你自己的私有物件，早該做個檢點的準備才是，尊體保重，別矣再見。」說罷，便與張蘊和緊緊的握一握手，揚長而去。從此潘公弼去了大後方的重慶，張蘊和等待不及抗戰最後勝利的日子到來，已做了泉下人，他們在申報編輯室中這場握手，却成了永別。（二）

荷蘭貓嘜毛毡

大人公司有售

楊小樓空前絕後（續）

·燕京散人·

九、演戲的嗜好和忌諱

楊小樓是名父之子，他父親楊月樓是文武老生，他自己總覺得只唱武戲不過癮，總想過一過文戲的癮。他也知過，自己沒學過文戲，並沒根底，但是有嗓子，也見的很多，就希望在不破壞梨園成規之下，找機會試一試。早年時候，在第一舞台演「洛陽橋」，這一齣照例有戲中串戲，於是楊小樓唱了一齣「坐宮」。民國十七年（一九二八年），第一舞台大義務戲，北平全體名伶演出「紅鬃烈馬」，從「彩樓配」到「大登殿」，楊小樓就演了一次「大登殿」的薛平貴。晚年楊小樓在自己的營業戲裏，演過一次「法門寺」的趙廉，只唱「叩閣」，不帶「大審」。

楊小樓的嗓子高而亮，有點左，時常涼調。但是他演趙子龍和黃天霸，即使涼調，大家也喝彩，因爲那是感情的激越表現，格外拱託氣氛。而演老生戲，觀衆就要在腔調、韻味上推敲了；那楊宗師的標準，實在難能及格，更談不到好。大家因爲崇拜他的武戲地位，還是捧場，不喝倒彩，實在是曲意包涵。而楊小樓自己明知不行，却壓不下這過癮的興頭去，只好算是嗜好吧！

除了老生以外，楊小樓還有反串花臉的癮，這也許是精力才華過剩，欲求發洩爲快。這一方面他倒很成功，因爲他唱慣勾臉武生戲，對花臉戲只要沒有大段兒的唱，總是得心應手。早年貼「黃鶴樓」時，後面必帶演「蘆花蕩」，他前趙雲，後張飛，是錢金福給他說的。而他的肯援張伯駒「失空斬」的馬謖，也就是這項心理之故了。

楊小樓對藝術認眞、負責，而又迷信。因此，他對某一齣戲如果出點差錯，就馬上掛起來不唱，他迷信怕再出錯。因爲有這個忌諱，有的戲他演過幾回，一出事故就不動了；甚至有的戲於第一回公演出事，就掛起來不唱了。據筆者所知，他因忌諱而掛起來的戲，有下列四齣：

白水灘。楊小樓年輕時代，身手正矯健，短打戲常動，而且打得也衝忽，應該使左手把棍抗在肩後，右手往右邊上揚的武生姿勢。下意識地却

民國十七年一月十三日北平第一舞台窩窩頭戲

大回朝	裘桂仙
馬鞍山	時慧寶
收關勝	尚和玉
彩樓配	王琴儂（寶川）
三擊掌	陳德霖（寶川） 貫大元（王允）
探寒窰	王幼卿（寶川） 松介眉（王夫人）
投軍別窰	李萬春（平貴） 程玉菁（寶川）
誤卯三打	周瑞安（平貴）
赶三關	馬連良（平貴） 朱琴心（代戰）
武家坡	余叔岩（平貴） 程艷秋（寶川）
算糧	荀慧生（寶川） 高慶奎（平貴）
銀空山	王鳳卿（平貴） 小翠花（代戰） 朱素雲（高思繼）
大登殿	侯喜瑞（魏虎） 尚小雲（代戰） 楊小樓（平貴） 梅蘭芳（寶川） 龔云甫（王夫人） 張春彥（王允）

（故薛觀瀾氏按）

竊按一年一度之窩窩頭會戲，爲戲班中慈善事業義務戲，其性質隆重，不問可知。本屆「紅鬃烈馬」排得精彩絕倫，決非任何陣容，所可比擬。是夕以唱工重頭歸諸余叔岩與程艷秋，無怪程沾沾自喜，然而梅楊尚荀各據要津，亦不失其身份。惜在叔岩唱「至「倒也安寧」一句，艷秋「寧」字拖過中眼，一慌，便爾脫板，引爲終生恨事。楊小樓饒有父風，喜唱奎派鬚生，惜其嗓音畧左，唱不搭調，爲憾耳！梅尚分飾寶川代戰，恰到好處。是夕龔云甫特別賣力，得彩甚多。愚稱窩窩頭會，爲京劇名角之考場，溯自民六英秀歿後，小樓，資深望重，迭膺大軸，直至民國十二三年，梅始爭得首選，殆衆望所歸。惟自民國十五至十七年之間，叔岩蒸蒸日上，寖與畹華抗顏行矣。小樓乃退居第三席，是亦當時梨園得失之林也。

使了個右手往左上方彎過來，齊眉手掌朝下的「水濂洞」美猴王下場姿勢，台下一陣敵笑兒，楊小樓很難爲情，從此，「白水灘」不唱了。

狀元印　這是一齣武生勾臉的大武戲。主角常遇春，勾紫三塊，紫紮巾盔，帶後兜，箭衣。戴黑滿，使大槍。趟馬一場身段繁多，唱曲牌，手眼身法步，非常講究。馬跳圍牆後，教場比武，連後邊大戰元將，開打場子很多，非嘴裏考究、武功堅實的武生不敢動，是楊小樓拿手戲之一。此戲用的花臉很多，架子花飾薩墩，永勝社向來用張春芳，（花臉名教師，王泉奎等全出其門下，能戲很多，但在台上並不很出色。）他因爲這個活兒演得好，在梨園行裏，外號就叫「薩墩」。武淨依資格深淺，分飾赤福壽、李金榮、白彥圖。開口跳或文丑飾吳福。

楊小樓比武架式，自右至左：王鳳卿、王楞仙、楊小樓、余玉琴

楊小樓從民國八年（一九一九年）開始排演這齣戲，就是以錢金福飾赤福壽，許德義飾李金榮，劉硯亭飾白彥圖，王長林飾吳福，配搭極爲齊整。

民國十七年（一九二八年）楊小樓、余叔岩第三次合作時期，好戲疊出，有時二人合作一齣，如同「八大鎚」、「戰宛城」。有時互讓大軸，譬如余叔岩演「全本一捧雪」，自搜盃到審頭，他前飾莫成，後飾陸炳。楊小樓的「艷陽樓」是齣大戲，也排在壓軸。十一月底，余叔岩演最後一場營業戲「失空斬」，因爲楊小樓貼「狀元印」，就把「失空斬」排壓軸，讓「狀元印」大軸，楊此劇的名貴可知了。而在這有紀念性的一場戲裏，「狀元印」就出了差錯。

那時候錢金福、王長林，雖然還都健在，錢已經六十七歲，辭班退休。王長林在「失空斬」前邊有一齣「跑驢子」，很累；這是崑曲，見「霞箋記」，在大軸不能再趕一個角色了。於是赤福壽和吳福全得換人，吳福換了王福山，而赤福壽的換人問題，就成了起禍根苗。

按北方梨園行舊例，班中的角色出缺時，其所担任的活兒，按資歷深淺遞補，像錢金福出缺了，就應該派許德義赤福壽，劉硯亭李金榮，再換個人演白彥圖，一級一級往上升，不料後台管事劉硯芳，他是楊小樓女婿，他覺得大權在握，可以任意而爲，就派他哥哥劉硯亭演赤福壽，而仍使許德義飾李金榮。等許德義進入後台時，看見劉硯亭已開始勾赤福壽臉，氣眞不打一處來，這是破壞戲班成規的。他不管，坐下就勾赤福壽臉。劉硯亭一看，明知劉硯芳理虧，也不敢和許爭，就把已勾一部份的赤福壽臉洗掉，重新勾李金榮的臉。那天配角還有遲月亭的方國楨，范寶亭的陳友諒。

戲雖如時上場，許德義却心懷不忿，遷怒於楊小樓，打算當場報復。等到與常遇春開打時，常遇春應該有一個退步，由赤福壽的右脇下，退到上場門。這時許德義看機會來了，就故意把胳臂肘稍微下低，使楊的紮巾盔過不去。在台下看，好像是被許的靠膀子掛住了，其實並沒掛住，而是被許的右胳臂所壓住。許又假裝用手幫楊來整理，實際是用力强把紮巾盔的後兜往下拉。結果，楊小樓的盔頭，被拉到耳邊。楊小樓把頭「舐」了，露出尖頭前額來，台下自然有人發笑，於是楊小樓倉皇下場。下面赤福壽與吳福在台上演義結金蘭的戲文，楊小樓才又重新勒頭，把盔頭整理好，等常遇春再上演托千斤閘，逃出圍場那些戲文時，許德義已經沒事了。在後台下裝洗臉，自己陰謀得逞，使楊小樓在台上出洋相，給他個難堪，正自得意。這時戲已終場，楊小樓下來，摘去盔頭、髯口，未及卸裝，拿起大槍來，怒不可遏地，奔往水鍋那邊就打許德義。許德義猝不及防，拿起水壺來，就要打出手，幸經後台衆人勸住，從此，楊小樓班中便把許德義辭退，而把「狀元印」也掛起來不唱了。

金沙灘　「金沙灘」的楊七郎，原來是武淨的本工，從俞菊笙起，就像「鐵籠山」、「艷陽樓」一樣，把這齣戲拿過來，也變成武生戲了。有一年，楊小樓也打算露一露這齣戲，就由錢金福給他說，說會了就貼出來，前面還帶一齣俊扮的短打武戲。他的楊七郎，臉譜的一筆虎勾得精細好看，扮像也如生龍活虎，氣勢雄偉，不在話下。在「雙龍會」那一場，宋王（楊大郎假扮的）和遼王坐定，擺好酒宴以後，照例韓昌從上場門上，楊七郎從下場門上，急急風台口站住，兩人比粗、亮像兒，各自保駕身傍。不料到了該出場的時候，錢金福的韓昌出去了；楊小樓大概在下場門裏面和朋友聊天，也不知道怎麽疏忽了，沒有出去。錢金福到台口一看，沒有楊七郎，這和誰比粗兒呀？也沒法再叫楊小樓出來，出來也誤了。倒底是老伶工，經驗多，能應變。站定把手一抬，叫起來：「哈哈，哈哈，啊，胡哈哈哈哈。」三聲大笑，使個身段，亮住，轉身又從上場門下去了，還得了彩聲。

「金沙灘」原本是開場戲，當初捧角的習慣，不到大軸子不來，所以捧楊小樓的大部份觀衆，就沒見過「金沙灘」。這樣演法，還以爲原排老本就是這樣的呢！不以爲意。少數見過「金沙灘」的人，雖然沒見楊七郎上來，有點和過去所見不同；但是，這也許是楊派演法，與衆不同，也沒有異議。因此，這場戲經錢金福一彌補，毫無痕迹的沒露出破綻，也沒落倒好兒。

楊小樓在後台一聽見錢金福三笑，這才覺出不對來，沒有這三笑哇！再一想，這一場自己應該上去，當時是急愧交加，要沒有錢金福的急智兜着，可得挨罵了，於是等錢金福一進後台，馬上趨前躬身道謝，非常惶恐而誠懇。後面起打，當然他一場也不漏了，而從此也就把這齣戲掛起來了，事實上，也不能再演了。

因爲從前的老戲迷，如果捧一個角兒，不但某人的每戲必聽，每次都必聽。也就是說，對某一人的某一齣戲，並不止聽一回，而且次次都得聽的。假如楊小樓不久再貼「金沙灘」，那一場「比粗兒」他出不出呢？他將錯就錯不出去吧！日久大家必都明白，錢金福也不能每次都三笑，他那闇啞而永久傷風的嗓子，笑起來也不怎麽悅耳。如果再演時出去吧，那麽明顯上次是誤場了，這不是自打嘴吧，給自己「抖漏子」嗎？所以只好掛起來不演。這也是盛名之累，連補救改過的機會都沒有。還有一齣只演一次就掛起來的戲，就是——

楊小樓少年時代演「蓮花湖」之韓秀，王鳳卿演勝英

壩橋挑袍

楊小樓生性迷信，初動老爺戲，事先焚香頂禮的，就怕出錯兒。那天的馬童是傅小山，那年傅才四十多歲，還在盛年，武功跌撲極有根底。老爺戲因爲老爺只能端着，就靠馬童跌撲，才顯着火熾一點，好襯託戲的氣氛不太瘟，楊小樓自然也不例外。就在戲快結束之前，傅小山不知怎麽一來，在台上把腿摔傷了，按說不應該，也不至於，可就是發生了。於是馬童勉強草草終場。楊小樓演完很別扭，認

楊劇小記

張聊止

民國廿三年，楊小樓因頭痛，在津聲明不再演關公戲，是年春和院登台，末晚，原擬演唱之關公戲「掛印封金壩橋挑袍」，乃改爲「安天會」與「長坂坡」雙齣。是晚座客大滿，小樓之「安天會」，於十時即登台。（「安天會」前，曾墊一齣「雙搖會」。）偷桃偷丹各場，身段姿勢，輕靈矯捷，使人不信其年已望六，唱崑曲，宏亮動聽，舞捧尤見精熟。「安天會」下，接演郝壽臣之「審李七」，唱白做派，宛然當年之黃潤甫，此劇確爲壽臣傑作，喜瑞魄力，不能及也。再下，即爲大軸子「長坂坡」，曹八將上場，而曹操不上，改扮不及，只可從畧。小樓之趙云，說白唱工，以至起打各場，精細熟練，迥異尋常，唱白因嗓音寬亮，句句能打入聽衆心坎，如見張飛之「豈肯怕死與貪生」，及見糜夫人之「主母懷抱小主人」等句，皆可稱絕唱。起打後，抵擋曹將，台步絲毫不亂，「脚底有眼」，洵非溢譽，帶演「漢津口」，始終不懈，座客皆非常滿意，掌聲好聲，不絕於耳。此劇小樓獨擅勝場，一時無兩，誠近代伶界之奇蹟也。壽臣曹操，唱作均見精彩，此外各角，不必殫述矣。

爲自己不應該動老爺戲。

「壩橋挑袍」初演是廿三年（一九三四年）初，不久以後，天津春和大戲院來人約楊小樓去津演出短期，指定有這齣「壩橋挑袍」。楊小樓有點不願意演，說這齣戲的公事另外談；但春和一定要這一齣，只好加點包銀，勉强答應，實在也不願意放棄這次天津之行。

原來北平的梨園界，因爲戲班多戲院多，一位名伶一週至多演一兩次，賺不了多少錢。而且票價低廉，一家一家比着，你也不能隨意加價，所以在北平演出，只是維持開支，盈餘有限。在民元到民十七以前，所謂北京政府時代，是全國政治中心，堂會特別多，名伶們都賺了錢。北伐成功以後，政府定都南京，政壇中心南遷，北平繁華一落千丈，堂會大見減少，名伶們賺錢，只有靠着出門跑外碼頭了。第一，北平一週演一兩天，外埠不論十天、半月或一個月，每天演出，這收入就多了。第二，出外的習慣，院方四管（吃，住，接，送）以外，包銀比北平的收入倍增。大抵天津、濟南、青島是雙倍，上海、南京、漢口是四倍。名伶去一次天津，能吃半年，去一次上海，能吃一年，當然不肯輕易放棄出外呢。

這時傳小山在家養傷，腿疾未痊，楊小樓班的開口跳，改帶蘇斌泰。春和這一期，上座非常好，最後一天「壩橋挑袍」，加價到每票四元，（銀圓，那時一元二角一袋麪粉），而預售踴躍，沒開演即告滿座。

楊小樓到了天津，心裏總帝古這件馬童摔傷的事。假如蘇斌泰再摔了，再出事怎麽辦呢？自己已受關聖點化一次了，不可以再得罪關老爺了吧！日有所思，夜有所夢，就在「壩橋挑袍」上演前夕，居然夜夢關公了。夢中情由，未曾傳出，反正楊小樓起來以後就頭痛心慌，說什麽晚上的「壩橋挑袍」也不能唱了。與院方緊急磋商之下，第一不能回戲。就是退回票欵，觀衆也非砸園子不可。第二，如果改戲，要特別繁重的。因爲前幾天前排三元，今天加價到四元；不要說戲碼軟了不行，連同等份量的都不行。最後楊小樓因爲是自己出爾反爾，貼了又不唱的，遂豁出老命改演「長板坡」與「安天會」雙齣，這兩齣都是平常可各演一天的大軸戲，一天演出，可算破天荒了。大局已定，楊小樓的頭也不痛了，養精蓄銳，白天多休息，等晚上演雙齣了。

春和戲院老板雖然得了這麽一個結果，也沒有更好的辦法，但仍有點担心。晚上的觀衆會有什麽反應？戲院會不會有什麽麻煩？仍舊小心翼翼的等待晚上開戲。

當晚春和戲院門口，高豎起一個啓事牌，紅紙黑字，說楊小樓夜夢關聖，不敢動此關戲，改演「長」「安」雙齣，以酬謝觀衆等語。那時沒有電視、廣播。午間決定的事，連晚報也趕不上發消息，只好如此臨時通告了。院方還附註上：如不願聽此兩戲，照退票欵。好在天津捧楊小樓的老戲迷不太多，大部觀衆都是慕名而來。許多人沒看過他的「長」「安」兩戲，有的只看過一齣。現在一張票聽這兩齣大戲，何樂而不爲，塞翁失馬，安知非福，誰知道「壩橋挑袍」好不好呢？所以絕大多數的人，都欣然入座，毫無怨言。只有少數聽楊小樓的老戲迷，對那兩齣，都看過多次了，就爲「挑袍」而來，不想再炒冷飯，不免埋怨。但其中大部仍勉强進場；只有少數中少數，退票而歸。這塲大風波，算平安渡過，春和當局，非常欣幸。楊小樓那晚在台上，也非常賣力，兩齣戲都很精彩。現在找到民國二十三年天津大公報名評劇家張聊止記該晚盛況，附刊如上。

楊小樓演「戰宛城」之張繡

楊小樓攝於後台「鐵籠山」勾臉之後

十、「霸王別姬」和「武戲文唱」

讀者看到此處，也許會問筆者：「你看了楊小樓這麽些戲，也談了幾期楊小樓，你認爲楊小樓最拿手的是什麽戲呢？」筆者願意回答：「楊小樓的每一齣戲都好，各有特色。但是最有深度，最見火候，依個人體會，當屬：

霸王別姬

項羽是見諸經傳的歷史人物，幼有大志，要學「萬人敵」。見秦始皇車駕，說「彼可取而代之」，這口氣多麽大！所以項羽是蓋世英雄，不是草莽，也不是勇將。只因率直而耳輭，不諳政治技巧，所以才兵敗垓下，自刎以終。楊小樓最能掌握劇中人的個性，領悟劇情，他在「別姬」裏不論天賦條件，和人爲的表演，都是卓絕登峯，不作第二人想。

先說天賦，楊小樓軀幹碩偉，出人頭地。勾上那壽字眉可上無雙譜的霸王臉，在第二塲大開門上，唱「粉蝶兒」。扮像，台風，氣派，聲勢，眞是叱咤風雲，氣象萬千，儼然活的霸王重現。下面再談他的做戲：

見李左車來降，先疑是詐，表示粗中之細。經李左車詭辯，以死相挾，哈哈一笑，回嗔作喜，自以爲試出眞假來了，其實還是君子可欺之以其方。鍾離昧呈上韓信榜文，念完打哇呀呀，起唱搖板，表示一激即怒，但是絕不鹵莽。三塲進宮和虞姬商議進兵，還是一意孤行。以及四塲發兵，旗折馬吼，撤回人馬，與衆將虞姬商議，又有猶疑，而仍是強項，處處有分寸，有交代。六塲在李左車失縱以後，念：「唉！悔不聽妃子與衆將之言，誤中奸計，悔之晚矣！」此時楊小樓一面念，一面左右而望，念完把頭稍微低下，把心中忐忑，又悔又恨的情形，溢於言表，傳神已極。底下與漢將的開打，也與別的戲裏不同，既不能火爆勇猛，可也不能端着不動。因爲崑曲「千金記」裏的「十面」，故事與「別姬」相同，飾項羽的花臉，講究平端着大槍，出塲入塲許多次，所以梨園界有一句「端死霸王」的俗語。皮黃班裏的花臉不擅打的，或是武生武功不佳的，在「別姬」裏的起打，只是招招架架，以端槍爲尙了。其實項羽有萬夫不當之勇，他怎麽能竟端槍而不打呢？只是身份不同，既不能像強盜妖怪的猛烈暴燥，也不能像武將俠客的勇往直前。楊小樓的項羽，照舊開打，不過以穩健、凝重，和功架大方取勝，處處霸王身份。和趙雲、姜維都區分得很清楚，此之謂以身入戲。

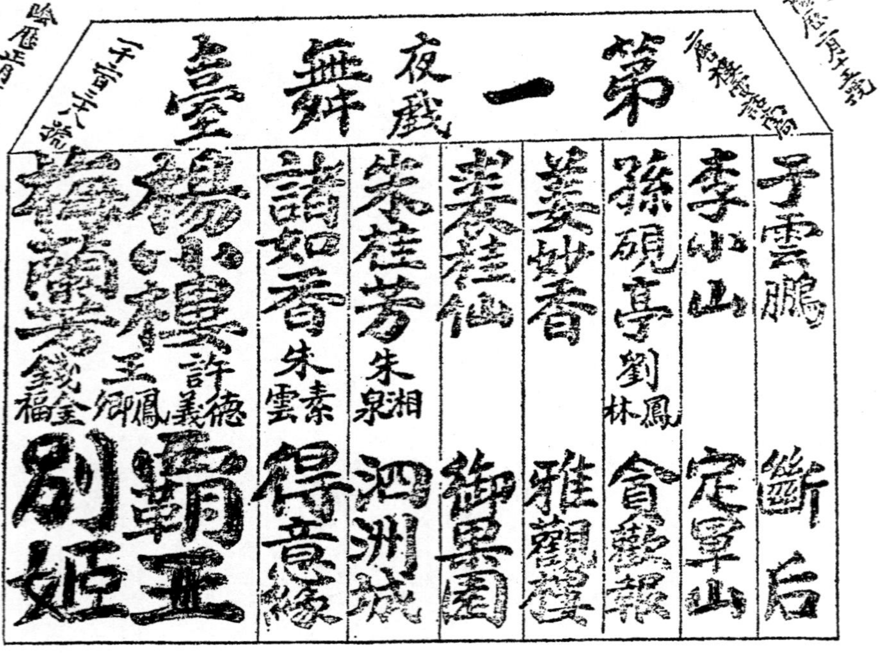

楊小樓梅蘭芳合演「霸王別姬」戲單
（周志輔先生藏）

兵敗回營以後的戲，就偏重英雄氣短、兒女情長了。明知已敗，却不甘認輸；難捨虞姬，又恐落於他人之手。到了唱牌子「力拔山兮氣蓋世，……」那一段，慷慨悲歌，不但令虞姬淚下，觀衆也都熱淚盈眶，其感人之深切嘆爲觀止。

但是楊小樓的霸王雖好，唯有梅蘭芳與他合作的「別姬」，才稱千古絕唱。可以說當初梅的編這一齣戲，在寫作時就以楊飾霸王而着手的。他們二人演來，彼此默契，絲絲入扣，自然之處，使你有不是置身戲院，而有重睹歷史之感。

除與梅蘭芳合演外，楊小樓先後曾和新艷秋、雪艷琴、陸素娟合作過這齣。以雪艷琴最好，陸素娟次之，新艷秋最差。當然她們距梅蘭芳此劇，有一大段距離。

一般人對楊小樓的評論，往往認爲他是「武戲文唱」，近幾十年來且流爲概念，筆者頗對這幾個字作一分析和詮釋。唱戲的人要唱做念打四種劇藝平均發展到某一水準，才算成功。事實上，具有這樣功夫的人太少了，只有三項夠水準，甚至而兩樣很精彩，就可以成名了。老生如余叔岩夠，馬連良打差一點，譚富英念做都差，但都享大名。梅程尙荀也非平均發展。楊小樓的武生，不但武功好，有嗓子能唱善念，又最擅表情，他四樣條件都平均發展。年輕時身手正好，觀衆都注意他的武功，沒有人認爲「武戲文唱」。到了中年以後，武功因年齡關係，當然退化；而唱做念反更精進，相形之下，只看過他晚年戲的人，所見到的只是他唱做念的精湛表現，而在武功上並不突出，就認爲他「武戲文唱」了。其實他何嘗不賣武功呢？不過較年輕時間簡畧一些罷了。他脚底下地方之準，尺寸之快，已入化境。他走兩步轉一個圈，你快走三步都趕不上。打把子也是，看他動得少動得慢，你要很快才跟得上，這是火候，但在一般人眼裏，就認爲「文唱」了。所以楊小樓的劇藝，年輕時，唱做念各打九十分，打是一百分。到了晚年，唱做念各打一百分，打還是一百分的底子，而表現出來像八十分。

楊小樓在舞台上的姜維造型

十一、弟子和傳人

楊小樓的劇藝，誠如余叔岩所說，只能欣賞而不能學。即使學，也只能學他的把子、打法、身段、架子。唱念做派和體會劇情是沒法學的，而他也不收徒弟。

楊小樓早年有個下把丁永利，後來不上台就當武行頭了，此人很是細心，他和楊小樓配搭多年，很仔細注意楊小樓台上的一切。因此北方一般武生，都拜在丁永利名下學楊派戲，不過學些在台上的地方和皮毛而已，而就以楊派武生自居了。記得起來的，吳彥衡、李萬春、李少春、李鳳翔、王士英，以及富連成的楊盛春、高盛麟等，出科以後都給丁磕過頭。

民國廿四年（一九三五年）春，北平警察局內六署（等於現在的分局）署長延庚，字少白，旗人，他與楊小樓很熟，又託名流推荐，把他兒子延玉哲，拜在楊的名下。延是北平戲曲學校學生，和傳德威很好，因此，楊小樓做整人情，收延玉哲、傳德威兩人為弟子，在中山公園水榭，舉行拜師儀式，這是他一生正式收的徒弟，其實也不教給什麼，只是指點指點而已。傳德威功夫很磁實，領悟性較差，指點幾次也得不到什麼。後來又拜尚和玉，這倒對了路道，受益不少，「戰滁州」、「四平山」這些戲，傳都演得不錯。延玉哲後來到了台灣，沒有唱戲，在四十六年（一九五七年）病逝台北了。

楊小樓有義子名克明，曾經搭過楊韻譜的奎德社，既學不好戲，也不務正業，只學吃喝嫖賭抽，後來索性由大烟改成白面兒，其不成材，比「狀元譜」裏的陳大官還厲害，最後被楊小樓「趕奔在外」了。楊小樓女兒很精明，嫁劉硯芳，生子劉宗楊，他長得太像他外祖父了，小眼睛，通鼻樑，言笑無不相似，許是隔代遺傳吧。楊小樓對他十分寵愛，期望很大，希望能傳他的衣鉢，對武戲悉心教授。怎奈劉宗楊不成材，他是錦衣玉食的大少爺，只知道玩兒，學戲也是比劃、敷衍，台上扮像很漂亮，就是太花俏。他的「林冲夜奔」，專在行頭上考究，倒纓盔的帽沿兒上有花兒，箭衣上有花兒，那個神氣和氣氛，好像林教頭不是「夜奔逃難」，而是「觀光旅行」。他名雖「宗」「楊」，却沒有學到楊的一點眞正技藝，又奉楊小樓之命，拜馬連良為師，想來一個文武雙全，可什麼都不行，不幸短命死矣，還死在劉硯芳之前。

學楊有點譜兒的有兩人，一是高盛麟，他在科班時就私淑楊小樓，他在科班時，會得班主葉春善特許：「奉旨看戲」。出科後，和楊家劉家走得很近。楊小樓演戲他必到場，把楊小樓攙上扶下的，有如子侄般的恭謹伺候。他把楊小樓晚年的演出，「薰」了好幾年，他的悟性很高，因此有點晚年楊小樓的意境，也就是三四成而已。請注意！他是看來的，不是楊小樓教的。

再有一位，就是比高盛麟資深的楊派傳人孫毓堃，他是俞振庭的外甥，自幼坐科斌慶社，藝名小振庭。先從他舅父那兒學了不少俞派的基本玩藝兒，出科搭班以後，除了拜丁永利，又觀摩楊的演出。他身材高大，面形削長，和楊小樓還有點虎賁中郎之似，條件很好。楊小樓逝世後，他把永勝社班底接過來，也在吉祥長期演出，捧楊的人也繼續捧他，他得了有楊的四五成。

孫毓堃兒子孫元彬，富連成社六科畢業，又得父親家學淵源，很有幾齣戲是楊派路數，現在台灣大鵬劇團。他的「狀元印」、「麒麟閣」、「五人義」這些楊派戲，已經算得是在台灣的一人而已了！

十二、楊小樓死後風光

民國二十七年（一九三八）二月十四日，那天正是農曆正月十五，楊小樓病逝，享年六十有一。楊小樓死後，因為兒子已經趕出去了，一份家當全歸了女兒，也就等於全給了劉硯芳。劉的為人，眼光短小，自私自利，他給楊小樓管事一

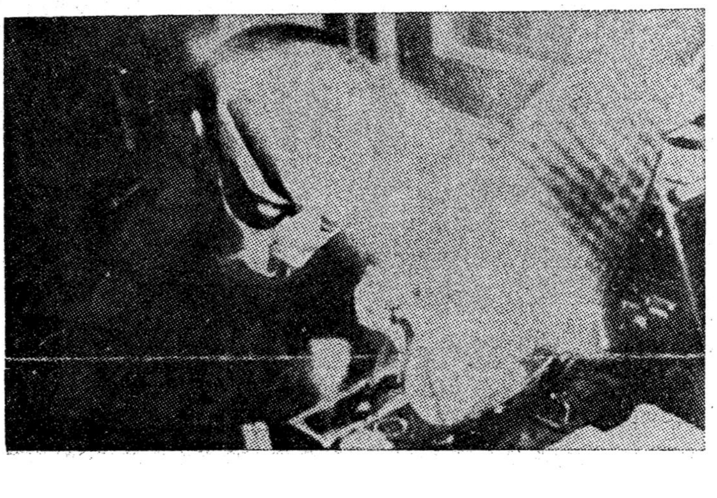
楊小樓後台勾姜維臉譜

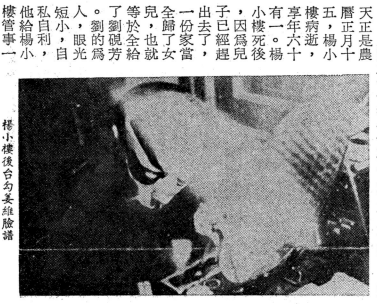

輩子，替楊小樓招了許多怨，像前文所談「狀元印」事件，就是一例。他也有自知之明，知道自己種毒很深，人緣太壞，對楊的喪事，如果不辦的舖張一點，更會有人說閒話，說自己把老丈人的財產都獨吞了。因此楊小樓出殯，成了當年北平梨園行一件大事，非常哄動，有幾點特色：

一、楊小樓在廿六年爲張伯駒配演過「失空斬」的馬謖以後，張認爲是平生殊榮，沒齒難忘。因此，除了戲後送楊一部汽車以外，小樓死後，送了三千元的賻儀，還特別禮聘，請四川翰林傅增湘（沅叔），爲楊小樓點主，這在梨園行的殯儀裏，也是一件殊榮。

按自清朝慣例，出殯時請有功名的人，在靈牌上的王字上，（某某府君之神王，王字加上一點，成爲主字，所謂點主即此。）用硃筆點上那麼一點，是十分有體面的事。點主的人，必然朝珠補掛，全套禮服，迎接的人也必恭必敬，非常鄭重。喪家全部紮白綵，但接待點主名人那間廳房，却全部紮紅綵，名爲紅廳。還得請兩位有功名的舉人秀才之流，接待翰林進士，這才可以依例點主，還得揖讓迎送，好大半天呢！

楊小樓演「英雄義」之史文恭

二、殯儀本身自然極其考究，簇新棺罈，六十四人大槓，劉宗楊披蔴戴孝，以承重孫的資格頂喪架靈。最稱特色的，是雇用「一撮毛」撒紙錢。北平喪儀慣例，有一個人隨着靈棺走，在發引到墓地的途中，沿路要撒白紙錢，講究扔得高，撒得遠。有個人外號叫「一撮毛」，因爲他有一顆痣上的毛很長，眞姓名反倒埋沒了。他的手勁兒非常好，從小兒幹這一行，已成專家，幾十年下來，撒紙錢已成特技，還有種種名堂。扔上一把很高，再落下來的，叫「一鳴冲天」，撒的不高，而普及附近天空的，叫「滿天星」。他撒紙錢多年，已有積蓄，就退休不幹了。楊小樓的殯儀，像六十四人大槓，有錢的人就辦得到，不算新鮮；也不知道誰給劉硯芳出個主意，把已退休的「一撮毛」，重金禮聘出來撒紙錢，就不同凡響了，也好像把退隱的名伶請出來義演一次一樣。「一撮毛」聽說是楊小樓的喪事請他再撒一次，自己也很興奮，於是重作馮婦，果然表演得賣勁兒而精彩。北平的看熱鬧閒人最多，一聽說有「一撮毛」撒紙錢，爲他也要看看楊小樓的出殯。屆時，果然萬人空巷，與楊家不相干的人，都隨着靈柩走了很遠，爲的就是看「一撮毛」沿路撒紙錢。

三、北平的戲迷最多，但是他們只能在戲園裏看到名伶的台上表演，很少有機會看到名伶的眞面目。楊小樓是國劇宗師，梨園公會的會長，他的殯儀，不但全體武生、武行都去送殯，所有生、旦、淨、丑的名伶，管事、場面、衣箱各方面的稍有頭臉人物全到了。也可以說，梨園行人，以給楊老板送殯爲義不容辭，且與有榮焉的味道。因此，送殯的人，除了名流、親戚以外，竟是一次北平梨園界的便裝集體大游行。戲迷們如何肯放過這個機會，約定同好去看，指指點點，這是誰，那是誰，敢情他在台下是這樣的呀！尤其本名于連泉，藝名筱翠花的這位筱老板，黑臉蛋上兩顆烏溜溜亂轉的大眼睛，長頭髮，身穿一件藕荷色長衫，一手舉香，一手拿塊紫色的大手帕，看見熟人，就用手帕捂住嘴一笑，招搖過市，引人注目。那是他送殯哪，好像表演「雙鈴記」的「趙玉兒進了永定門」啦。這種鏡頭是平時難得一見的，戲迷們怎麼不趨之若鶩呢！

楊小樓轟轟烈烈的唱了一輩子戲，死後出殯也是轟轟烈烈的哄動一時，稱他爲空前絕後的一代宗師，眞是當之無愧了。（全文完）

安息吧！楊小樓演「長坂坡」之趙雲特寫

齊白石與李可染

薛慧山

中國畫之創新，必須繼承和發展自己民族的傳統，這已成爲確立不移之論。但從整個中國歷史文化演變的觀點來說，它大河不擇細流，可以無所不包容，即外來的一切，也無所不可以潛與同化之。近世若干畫家，從事嘗試於中國畫滲入西洋畫法，縱有勉强凑合而成的，但多少也有些可取的業績，其中，李可染即是較傑出的一位。

李可染獨創的藝術風格，是帶了幾分「拙」，雖不免矯揉做作，却不能不說他有些聰明才氣。尤其他撰的畫論：——意境是山水畫的靈魂，即可知非讀萬卷書、行萬里路者不能有此等妙悟。他的山水人物畫，果然出現了新的技法與新的意境，單從那幀翻來覆去畫過多少次的柳蔭浴牛圖看來，確乎是他本人親身感受的得意之作，令人聯想起他兩句座右銘：「可貴者膽，所要者魂」，一些也不錯。

同時，我們知道：齊白石生前所給予李可染的啓發很大。齊白石直到晚年才大變特變，而李可染則以師承有自，却因之加快了脚步，從西洋畫跨到中國畫，居然突飛猛進，一蹴而幾的創造了一項奇蹟。由此，更可證實，所謂創新，非從傳統的淵源中深入鑽研出來不可。

藝術是一國的民族文化精神最具體最眞切的象徵表白，中國畫的傳統優點，且已爲全世界所認識與肯定，故我們正不必妄自菲薄。因此我在評述李可染文中，順便也談談中國畫創新之路，究竟將進行如何方向，俾與讀者諸君共同商榷。

牧童出身

據一九五六年北平老畫家胡佩衡的記載如下：

「李可染，江蘇徐縣人。早年學習中國畫和西洋畫，都有很深的基礎，後來又拜齊白石爲老師，專研究中國畫，並到全國各地寫生。所以他的畫眞是突飛猛進，有新的氣氛，也富有古人傳統的風格。」

這樣說來，李可染之崛起，還是抗戰以後的時期。他今年還不過六十左右罷，但已很早建立了他個人藝術風格，所謂「有新的氣氛，也富有古人傳統的風格」，他的書畫都表現了一種稚拙美，筆情墨趣和意境清新，活潑可喜，儼然獨創一格。但據黃蒙田在「畫家與畫」文中又這樣記述：

「……最初見到李可染的時候，他還是一個西洋畫家。那是一九三八年冬天，在桂林，我第一次看到他的作品是一些抗戰宣傳的大布畫，素描工夫很好，雖然是用水粉色畫的，但全部是油畫作風，一望而知有大家氣派。」從另一方面考證：一九三八年，李可染還不到三十歲，他原在國立藝專肄業，在校長林風眠的薰陶下，致力於素描與油畫，確也有些基礎與業績，曾在藝專担任了助教工作。至於說到他學習中國畫，還是在助教時期開始，距今也不過三十年的歷史，而已有此突出的造詣，不能不說「眞是突飛猛進」了。

據黃蒙田的回憶：「第一次看到他的水墨畫，大約是在抗戰第四年的四川，那是一些水墨册頁，全部是畫京戲人物的。記得一起去看的是剛自昆明來的畫家關良，關是票友，不但喜歡唱京戲，而且還用油畫和水墨去畫京戲，當時他看到可染的水墨京戲，喜歡到不得了；那些水墨畫可以用『稚拙』二字包括了它的全部，讀來趣味之至。」但那時在黃蒙田眼中，還不認爲可染已經是或將要成爲一個水墨畫家。這也難怪，從西洋畫家搖身一變而爲中國畫家，可不是一宗輕而易舉的事。一個魔術家可以「眼睛一眨，老母雞變鴨」，說變就變；而畫家呢，說要「變」罷，就非得需要長期的經過徬徨、探索的醞釀過程，十十足足付出了相當的心力代價，才能等於煉成金丹，而達到所謂脫胎換骨的新境界。

不錯，就在那時候，在中國內地，有不少西洋畫家紛紛嘗試過國畫的習作，葉淺予、吳作人都開始改變方針，一天到晚大畫其水墨，但似乎僅止於「玩票」性質而已。實在說，這樣的變，決不是標新立異，譁衆取寵的玩意兒，而非絕對嚴肅認眞，努力從形式而追求內涵不可，這其間的蛻變過程，辛苦殆不亞於蠶經三眠一樣。李可染是當時潛心苦練的一個，何以他後來竟然會變得那麼好，而又那麼快呢？這由於他在藝專時期，已用心搜羅了所有古今的畫論畫史，並仔細進行研讀其中的精義；更由於他的理解力相當强，能揚棄其糟粕而吸收了精華，肯定了中國畫求變創新的正確方向。同時，在抗戰結束以後，他北上覓得了一位名師齊白石，朝夕追隨几席，當面求教問益，果然學到了許多東西。而後又回到江南各地寫生，以大自然實景當做他學習的稿本，才逐漸形成了他那一套富有時代感情，和民族風格的藝術特徵。

自古以來，杭州、富春江、太湖一帶優美的風景，不知絞盡了多少畫家的心血，而各人的胸懷稟賦不同，從來在畫家筆下的江南風景也就各有其特性。例如元代四大家筆下，黃大痴的富春江長卷，倪雲林的太湖平遠之景，以及梅道人、黃鶴山樵各有創造性的描繪。但後來的畫家却一味偷懶，一味摹仿他們不肯再求變化了，弄得陳陳相因，千篇一律。此際，在李可染實地寫生之下，本來已有素描工夫的他，加上對筆墨的運用，掌握了其中變化規律；尤其面對着眞山眞水，他能深入觀察其自然變化，懂得剪裁，懂得誇大，懂得組織，懂得一切的藝術加工，而最重要的仍在於他自己思想感情的發揮。李可染乾脆指出：「一個眞正成熟的藝術家在創作時，技法問題已不是主要的，往往像忘掉了技法，才能把全部的思想感情貫注在作品裏」。惟有這樣，其作品的藝術感染力，才能比別人來得深切。何況出現在李可染畫面中的人物，絕不是什麽穿道袍的古人，而是今天江南風景裏活着的人物，使人看來格外親切有味。黃蒙田這樣形容說：「讀他的水墨畫，彷彿在酷熱中飲一口清涼的甘泉，那感覺舒適極了」。

李可染有一幅「太湖渡頭」，用一片廣濶的湖面來表現它的特色，已經是大胆造意，渡頭與遠處的房屋遙相呼應，境界十分空曠，而空白處也就是畫。他一再畫過頤和園的畫中遊，被人讚爲新的界畫，這些都是初露頭角時的習作。

後來，他畫了一幀「晚涼風中看浴牛」，疏落的柳枝蒼勁中帶着輕柔，已儘點出這是夏日的午後，這境界因了赤膊的牧童而更具體，牛的表情是給他畫絕了，那畫面筆墨簡潔，而結果變化複雜的墨色之奧妙，猶其餘事了。畫得最妙的是：兩頭牛在河中沐浴而竟無一筆着於水面，可是那些空白的宣紙，却因其部份的烘染而使我們感覺到它的河水在瀲漾。

他的老師齊白石見了這幀畫，大爲激賞。本來他老人家也常畫同一題材的柳蔭牧牛圖，但柳絲既沒有這樣簡練，而牛也不是浸在水裏的。因此他對李可染說；「你畫牛畫得比我更有神氣，這究竟爲什麽？」可染祗得恭恭敬敬回答：「老師，要知道我在孩童時期，便經常在柳蔭水中替牛沐浴過的呀！」白石爲之恍然，掀髯笑道：「原來你跟我一樣是牧童出身爲好罷，從此我不再畫牛了，就讓賢弟這一條路」。從此，這浴牛圖便成爲可染筆下專有的代表作，算來這二三十年來他已不知重複畫過多少幀了。

得一「拙」字

正如歷史上的大藝術家那樣，白石老人對於後輩畫家的培養誘掖，是盡心盡力的。門弟子拿畫請教，他總是細加指點，或勉以嘉言。他曾寫過一篇序，更可說是他平生藝術態度的精闢剖白。原文是：

「夫畫者本寂寞之道，其人要心境淸逸，不慕官祿，方可從事於畫。見古今人之所長，摹而肖之，能不誇師法，有所短，捨之而不誹。然後再觀天地之造化，來腕底之鬼神，對人方無羞愧，不求人知而天下自知，猶不矜狂，此畫界有人品之眞君子也。今二三同學，心無妄思，互相研究其畫，故能脫畧凡格，即大葉粗枝，皆從苦心得來。」

白石諄諄告訴他的弟子不要追求個人榮利，要把苦心學畫視爲「寂寞之道」，對老師的畫法也不是一味盲從。要留心學習，盡力創造才好。但白石的弟子羣中，能遵從師訓而去做的，又究有幾個？一般人祗襲取一些皮毛，學得若干粗枝大葉的花卉畫，以求其形似酷肖便已滿足，甚至專造白石的假畫欺世而已。殊不知白石早就說過：「學我者生，似我者死」，一個人如其學畫學得像古人或老師一個拷貝似的，那祗是低級的畫匠，畫的死畫罷了，又有什麽意趣！

畢竟李可染這個人，是比較有藝術慧根的。他既然讀書讀通了，從理論而到實踐，對於白石，師其意不師其迹，祗吸取其滋養，採取其神髓，不畫那套花鳥蟲魚，却一變而爲山水人物畫這一格。到今天，不少白石的弟子似乎都畧輸文采，稍欠風雅，只識依樣畫葫蘆而已，惟有一個李可染後來居上，出人頭地，因爲惟有他眞能自出機杼，自成面目。

一九五〇年，白石九十壽辰，舉行一次大規模的畫展，可染撰文很中肯地對他老師讚揚與批評說：

「藝術原是爲羣衆而創造，而舊國畫數百年來，却演着遠離羣衆的悲劇。成百成千的畫家都在嘆息着：『陽春白雪，曲高和寡！』却不知深入地挖掘這矛盾的根源。白石老人處在這樣的藝術環境裏，獨能以艱苦自學，天才創造，接近羣衆的欣賞，博得了廣大的愛戴，這不能不使我們驚佩！當然他的創作，受了時代的限制，所表現的題材，有一定的限制。但我們從他作品中至少可以認識到：國畫中的水墨畫可以寫實；可以使用艷麗的色彩；可以表現欣悅向上的情感；並且有他高度的表現力。這在國畫創新上，具有啓發的作用。」

是的，白石給予可染的啓發作用很大。可染不像別的弟子那樣，所採用的題材，祗局限於水墨或色彩艷麗的粗筆花卉，却能苦心孤詣，摸索出了一條自己的道路，既然國畫水墨可以寫實，他便專門致力於山水的寫實。除了上述江南風景、浴牛圖之類外，其後可染曾旅行了華山廬山寫生，又曾訪問紹興魯迅的故園、白石故鄉湘潭等地，不斷地產生了新作品。這些畫用的是水墨，於虛實簡繁黑白之間，予以靈活運用，倍覺其表現力强烈。而題上的字款又那麽歪歪斜斜，忽濃忽淡，有如小孩之信手塗鴉，那是他特別强調一個「拙」字。

本來，所謂「拙」，也就是要求「熟中求生」的意思。熟而後生，是恐怕太熟了，容易逞才使氣，流爲霸悍或纖巧，故而在筆墨上不得不作主觀的遊戲，有意的收斂含蓄一下。中國畫論中一向尙拙的說法，即明代董其昌所說：「詩文書畫少而工，老而淡，淡勝工，不工亦何能淡」。其實遠在宋代，黃山谷論書已說過：「凡書要拙多於巧，近世少年作字，如新婦梳妝，百種點綴，終無烈婦態也」。蘇東坡也說：「筆勢峥嶸，文采絢爛，漸老漸熟，乃造平淡，實非平淡，絢爛之極也」。李可染似乎參透此秘，他所作的書畫，便有意無意的抓住一個「拙」字，作爲他個人藝術特徵，說來正是所謂浪漫主義手法表現之一端。

他的人物畫「觀蓮圖」、「換鵝圖」，筆墨與人物造型，畫來都簡而且拙，一片天趣盎然。「換鵝圖」畫的是王羲之故事，他把這位歷史上的大書家，寥寥幾筆便寫出其風情蕭散之狀，而那個籠與兩隻鵝，也都生動有趣。顯然，李可染的底子是很厚的，西洋素描嫻熟之外，用中國毛筆也夠蒼勁有力，却故意帶些生拙的味道。尤其他作畫目的在乎求其神似，即所謂「不似之似」。

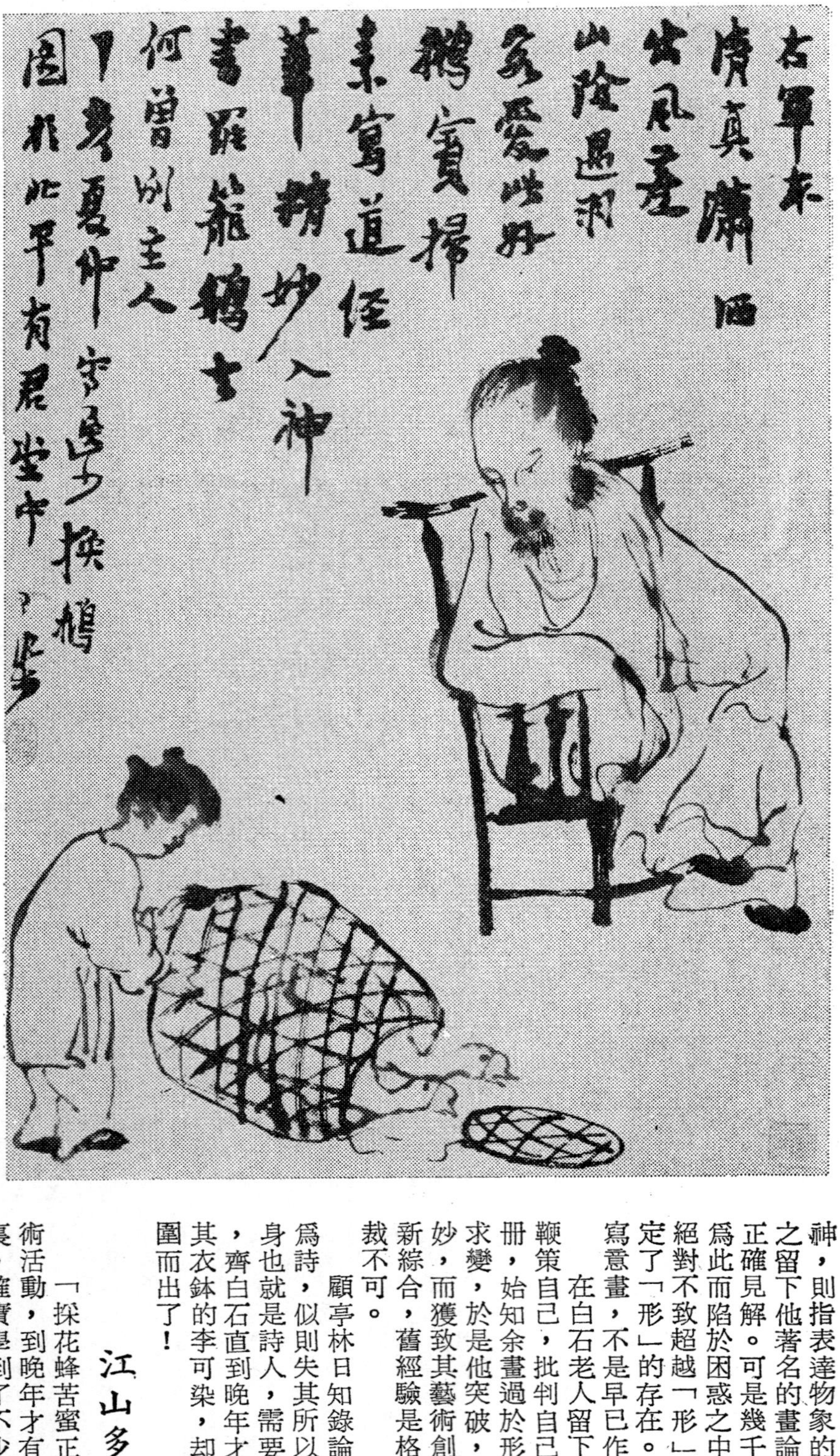

李可染畫換鵝圖（張碧寒先生藏）

齊白石平生，有幾句極其辯證的名言：「作畫妙在似與不似之間，太似爲媚俗，不似爲欺世」。這眞是道破了中國畫寫神的訣竅所在，且解答了一切藝術在實踐上的難題，倘能對之會心領悟，而更運用得當的話，那就夠使你一輩子受用無盡。本來，中國畫家很早就提出寫形與寫神的關係問題。寫形，指在畫中求得對象外表的形似；寫神，則指表達物象的神態與內在精神。晉代顧愷之留下他著名的畫論，就提出「以形寫神」這一正確見解。可是幾千年來，全世界的藝術家始終爲此而陷於困惑之中。直到到今天，自然主義者絕對不致超越「形」的範疇，而抽象派則根本否定了「形」的存在。其實，半具象半抽象的中國寫意畫，不是早已作浪漫主義的實踐了嗎？

在白石老人留下來的題畫詩文中，曾不斷地鞭策自己，批判自己。他曾說：「獲觀黃癭瓢畫冊，始知余畫過於形似，無超凡之趣」。於是他求變，於是他突破，終於領悟到「不似之似」之妙，而獲致其藝術創造。所謂創造，即舊經驗的新綜合，舊經驗是格律摹倣，新綜合則非自出心裁不可。

顧亭林日知錄論詩有云：「不似則失其所以爲詩，似則失其所以爲我」。詩畫相通，畫家本身也就是詩人，需要有這樣的妙悟才好。這一點，齊白石直到晚年才恍然想通了過來，而一手接其衣鉢的李可染，却因此靈竅大開，一下子便突圍而出了！

江山多黑

「採花蜂苦蜜正甜」，齊白石辛勤一生的藝術活動，到晚年才有高度的成就。李可染從他那裏，確實學到了不少好處。他記得有一次在老師家裏，一位客人問老師說：「我想學畫，請你講

白石晚年画

講學畫最重要的是什麽？」當時躺在籐椅上的老師還未答話，站在旁邊的看門人老尹却插嘴說道：「喝！你老要學畫，趕快用大板車拉滿一屋宣紙，等把紙畫完啦，再來說罷。」老尹說的雖是笑話，實則他跟白石工作日久，見到其作畫之勤苦，因而有感而發。白石桌上一塊又粗又厚的石硯，硯底已經很薄，別人替他磨墨時，總是囑咐墨從厚處磨，不要把硯底磨穿了。他老人家又對可染說過，他一生十日未作畫，一共只有過兩次，一次是母親死了，一次是他害了重病，此外總是天天作畫，功夫從不間斷，白天時間不夠，晚上張燈繼續。其畫上常有「白石日課」「白石夜燈」的題字。有時大門落了鎖，以謝絕酬應，甚至在門外貼上「齊白石已死」的字條，一時傳為逸聞。

白石臨終之前，給可染最後一張字條是「精於勤」三個字，可染奉之為座右銘，終身恪守弗忘。

可染回憶說：「……老師晚年的作品，眞是到了如他所寫的一副聯語：『漏泄造化秘，奪取鬼神工』的境地。一些看來極平常的事物，一到他手底，似乎都可『點石成金』『化腐朽為神奇』。……最為可貴的，到了他逝世的前一二年，還能經年不斷地創作，這些作品精力飽滿，一點未見衰頹之氣……長生不老，青春永在！」

後來，有次可染在江南寫生，一天午後躺在一棵大松樹下睡着了，醒來仰觀天際伸出的松枝，忽然感到似在那裏見過，想想才恍然知道那分枝布葉及松子的神態，原來就像一幅齊老師的畫，於是嘆服其「胸羅萬象，造化在手」，誠不可及。其實，白石不可及的地方太多了，在長年累月千萬次的磨練下，他對於墨性、紙性、水性，固研之有素；再配合他對於山水人物禽鳥花草，無一不有深刻的感受，因此他的畫中用筆的輕、重、頓、挫、遲、速、中、側不同方法，充份表現出皴、擦、點、染、乾、濕、濃、淡、陰、陽，凹凸各種水墨效果。可染祇學到了其中幾度散手，便足以脫略凡格，下筆有神了。

歷來，在中國繪畫的領域內，山水畫可算是重要的一門。宋代韓拙有云：「山水之術，其格淸淡，其海幽奥。至於千變萬化，狀四時景物，風雲氣候，悉資筆墨，而窮極幽妙。」明代唐志契云：「山水原是風流瀟灑之事，與草書相同，不是拘攣用工之物。如畫山水者，與畫工人物工花鳥一樣描勒界畫粧色，那得有一毫趣否？……昔人謂：畫人物是傳神，畫花鳥是寫生，畫山水是留影。然則影可工緻描畫乎？」基於這論斷，李可染悟到自己一面要繼承傳統，一面要有胆量，敢於突破，敢於創造。他自稱不僅是用技法畫畫，最要緊的是用思想感情作畫。因而在他筆下，連那些牛也擬作人性化，與楊柳溪水往往打成一片，是活生生的。淸、奇、古、怪的幾棵漢柏，也畫得氣勢磅礴，眞像龍蛇一般飛動起來。至於畫山水並不是畫什麽地圖之類，其重點還在乎畫家對景與情的結合。「意匠慘淡經營中」，這樣才能感動自己與別人。於是，他主張畫面要剪裁，但求主要部份更為凸出。他主張表現要誇張，才有感人的魅力。又主張重新組織，不錯，畫家應該是有改造宇宙的特權。但千句併一句：創作山水畫必須掌握其唯一的靈魂——「意境」。

請看李可染畫的山水罷，這裏可拿兩幀作品來代表作解釋。一幀畫的是重慶，看來不是散點透視，而近於焦點透視法，像從飛機上向下作一鳥瞰，那密密層層的房屋，擠滿了一島，其上塗滿了墨水，似乎濃得化不開來。另一幀畫的是三峽，太陽剛要落山，晚霞返照中，樹木千株萬株，高山像要壓到頭上來，景像在模糊中而又十分深厚。據說也作了許多次嘗試，終於想出了一個辦法，那就是：先把所看到的一切，較清楚的畫了，然後再用濃淡墨慢慢籠罩上去，使原有的輪廓漸漸糢糊以至僅有，那效果才與當時的感覺比較接近了。他自稱這項方法是「從有到無」，其實是採用了西洋畫的煊染法罷了。

這種煊染法，在古時的中國畫中也有的是。例如倒影問題，顧愷之文中即說：「背向有影，下為潤，物景皆倒」，但後來此法失傳了，畫水改以一片空白替代。古畫中也有染天的，畫雨雪烟霧都可以染天。染水則與染天的道理彷彿。如此的煊染法，自從傅抱石把東洋畫風帶了回來，李可染又從西洋畫中借用之，這些作品風格尙能融洽貫通，由於他們幾位多少保持傳統的筆墨，筆中有墨，墨中有筆之故。

中國畫用墨之法，原也變化多端，無所不可。明代王思善云：「運墨有時而淡，有時而濃。有時用焦墨，用宿墨，用退墨，用厨中埃墨，有時青黛雜墨，墨水不一而用，則不一而得。」據個人看法，近代用重墨還是黃賓虹首先所竭力提倡，後起的畫家便多數受他的影響，甚至變本加厲，畫得愈來愈黑，連煊染亦然。其實濃墨與淡墨應該同時運用，相成相破較為適當。方薰有云：「作畫自淡至濃，次第增添，固是常法，然古人畫有起手落筆，便隨濃隨淡者，有通幅淡筆，而樹頭坡脚，忽作焦墨者，覺精彩異常」。這是一種用墨的互救法，質諸可染，以為何如？

而今，在一片烏黑的水墨山水畫流行之際，人們口頭也流行了一句諧而且虐的諷刺語：「江山如此多黑！」

創新之路

說來也夠奇妙，這時代像一個熔爐，一個漩渦，什麽事物都會錯綜融化在一起，祇看中西藝術互相影響了，即產生了如此現象。凡學過西洋畫的劉海粟、林風眠、徐悲鴻等輩，他們從歐洲回國以後，都宣告轉變了，對中國畫都竭力推崇而終於皈依；即後起的葉淺予、吳作人、李可染諸人，也一齊親炙於齊白石的門下，很快從西洋畫跨入了中國畫之中。這究竟爲了什麽？實在中國畫比之西洋畫更有其吸引力，更有其藝術的內涵，與筆墨的趣味。而今，可說是「東風壓倒了西風」，而事實上，它已使全世界藝壇都受到非常重大的影響了。

其間確鑿的證據多的是，即印象派與後期印象派繪畫的中國畫化，日本伊勢專一郎且謂在中國六朝的顧愷之的藝術中，可以窺見千五百年後荷蘭的谷訶在遙遙呼應着。歐洲近代美學與中國古代畫論若相脗合，抽象派先驅者康定斯奇的藝術論暨其書法抽象畫，與中國畫論全然一鼻孔出氣。唯其如此，喚起了中國學西洋畫的畫家們一致覺悟，爲了表現藝術上的民族風格，紛紛以企求能轉變爲中國畫家爲唯一出路。他們之中，雖也批判過「四王」畫派的公式化概念化，但沒有一個不珍重中國畫傳統的優點，實在深感西洋畫原來具體寫實之道路已窮，不得不轉向中國畫虛靈抽象的風格上努力。

其中李可染即曾肯定地指出：「傳統是重要的，離開傳統，就很難談到創造」。惟有他看明白也想明白了，才毅然決然下了這麽斬釘截鐵的結論。對於一般沒有在傳統方面用過工夫，就盲目亂嚷什麽反傳統而要創新的新潮水墨畫家之流，就不啻給予有力的一個當頭棒喝。

今日不談中國畫則已，談中國畫就非繼承傳統不可，唯繼承而才有創造。要知道，中國畫與西洋畫向來有其本質上的差別。打比喻說：中國畫的表現如「夢」，西洋畫的表現如「眞」。中國畫的內容，無非是畫家本人心靈中想出來的，甚至是這世間沒有的物或做不到的事。所以，它不像舊派的西洋畫那樣用透視學，像攝影機般力求刻板逼眞；它也不像新派的西洋畫那樣全盤抽象化，亂塗一通，而說不出所以然。中國畫論中所謂「遷想妙得」，即畫家遷其妙想於萬物之中，與萬物共感共鳴的意思，因此

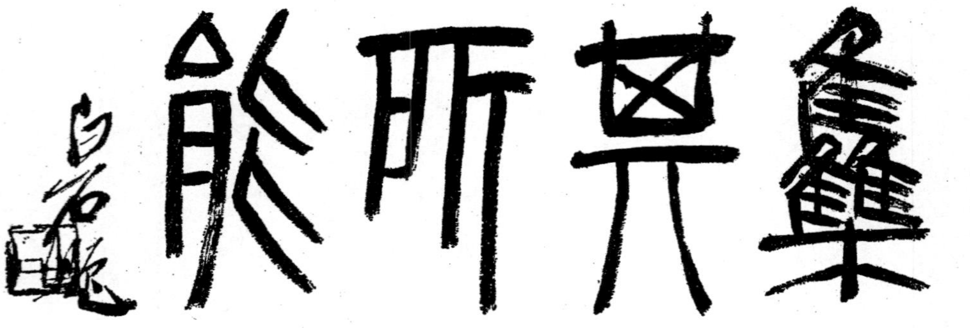

齊白石篆書（定齋藏）

它是主觀的，自我的，也就是李可染的說法一般，必須由畫家發揮其思想感情，把握對象的精神實質，予以藝術加工，刪除其不必要的枝節，而誇大其最必要的重點，這儼然與西洋畫「感情移入」的說法有共通點，但又更進了一大步。所以，學過西洋畫的人，如欲有志蛻變而爲中國畫家的話，其先決條件，要耐煩地作筆墨技法上的基本訓練，同時一定要多讀書，多讀書才會有「胸中逸氣」，也就是有了藝術創造的一種精神靈魂。

李可染的畫，幾年前已被法國出版界搜集編印專冊。我一度在香港辰衝書店看到，以售價過昂而未能購致。這畫冊印得極精緻，其中作品除了畫得太濃太黑外，有一幀「杏花春雨江南」，全用淡墨畫成，一片淋漓中，且點染了粉紅色，看起來却又雅韻欲流。顯然，在李可染的筆下，已能把中西畫法揉雜貫通了，這也無愧爲一個大胆的突破。

令人發生興趣的是：現存的西洋藝術大師畢加索，也曾採用中國毛筆與宣紙，偷偷地在學齊白石的水墨畫，但沒有正式發表。十多年前還見到他用水墨畫的鬥牛圖一套，說是仿自中國漢代石刻，確也古拙有味。中國畫輝煌的遺產太多了，要創新，要求變，所可走的路子正復不少。旣然國有瓌寶，我們又該如何誠心誠意來珍重它，運用它。

關於中國畫如何求變創新？對這一問題，我曾與現居本港有經驗有見解的老畫家彭昭曠兄，共同作過長期的討論研究。彼此舉出了綱目，並將其方法歸納可得七點：

一、倍加功力，學習先賢成法，接受傳統中的優點。

二、經常接觸自然，精密觀察物理物情物態，天下奇景眞太多了。

三、多方面深入體驗生活。

四、博覽世界各國名畫，究其法，識其變，吸收其長處，亦即可以調和統一者取之，不然者捨之，不可勉強湊合，否則弄巧成拙，徒勞無功。

五、區別中外人士對於美的觀點異同之處。

六、多讀文史、哲理諸書，增加思想之深度與闊度。

七、應知中國書畫相通的原理，經常習練書法最多裨益。

倘能堅持以上幾點方法，祗消業精於勤鍥而不捨的磨練下去，那麽誠如石濤所云：「古今字畫本之天而全之人」，深信誰都不難那樣子「筆落驚風雨，詩成泣鬼神」一般，創出眞正具有時代感情與民族性格的作品來。

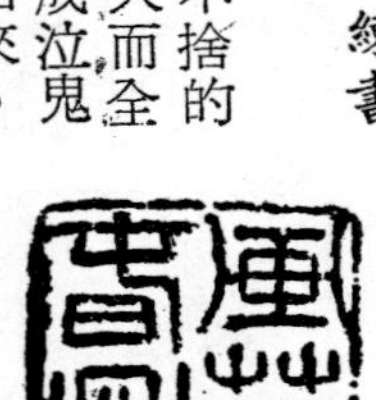

原稿
缺頁

原稿
缺頁

原稿
缺頁

原稿
缺頁

原稿
缺頁

原稿
缺頁

原稿
缺頁

原稿
缺頁

意象慘淡經營中

——論中國山水畫——

李可染

傳統豐厚

山水畫是對祖國、對家鄉環境的歌頌。中國人的「江山」、「河山」一類的詞，都是代表祖國的意思。地球上有很多錦繡河山，俗語說：「三山六水一分田」，可見山水在人類生活中多麼重要。中國人很喜歡園林，特別愛好山水美。自隋、唐五代至宋、元、明、清，不知出了多少著名的山水畫家。爲什麼中國的山水畫這樣發達，很值得美術史家進一步研究。

中國有四山五嶽，長江大河。山水壯麗、幽美兼而有之。我們人民熱愛祖國，熱愛家鄉，熱愛和平生活，這種感情自然就和愛山水聯繫起來了。全國名勝古蹟很多，幾乎每個大小縣份都有「八景」，桂林多至二十四景，連我家鄉江蘇徐州這樣一個不以山水著稱的縣城，也有八景。人民愛山水園林，希望生活在美好的環境裏。山水給人以最好的休息，孕育聰明智慧，所謂「鍾靈毓秀」，它給人以精神上崇高的啓示。中國歷史上有不少才德之士，都是出生或寄迹在山水壯麗的地區。

在南北朝時（公元四二〇——五八八），風景畫作爲宗教人物的背景出現在畫面上，後來獨立出來了，發展成爲山水畫，這不能不說是一個進步。山水畫往往要表現數十里的空間，處理複雜的結構和深遠層次，表現氣氛，表現多種事物的關係，在這方面，中國歷代山水畫家經過長時間的探討，積纍了豐富的表現方法。這不僅是今後山水畫發展的寶貴遺產，而且對各種式樣的繪畫來說，都有值得從中吸取的經驗。例如，過去的人物畫多用線描，皴擦只用於表現山岩樹木；近年則有許多人物畫也開始用皴擦的方法，特別是在大幅人物畫中，可以使形象顯得更加厚重，這就是從山水畫技法中吸取來的。傳統是重要的，離開傳統就很難談到創造。齊白石老師的畫爲什麼好？有人說得對：「好在底子厚」。厚在哪裏？厚在他繼承和發展了自己民族的傳統。在中國雄厚的繪畫傳統中，山水畫是重要的一部份。

最要意境

畫山水，最重要的問題是「意境」，意境是山水畫的靈魂。一九五六年，我出去畫山水，用兩句話作爲座右銘：「可貴者膽，所要者魂。」勉勵自己一面要繼承傳統，一面要有膽量，敢於突破，敢於創造。「魂」即是「意境」，如長江三峽氣勢雄偉，振人心魂；太湖煙波浩森，開闊胸襟；桃花迎風含笑，荷花出汚泥而不染，這裏都可以寄託畫家的思想感情。沒有意境，或意境不鮮明，絕對畫不出好的山水畫來。對着一片風景，不加思索，坐下就畫，結果畫的只是比例、透視、明暗、色彩，是用技法畫畫，不是用思想感情畫畫。這樣，可能畫得準，但是畫不好，畫出來的東西沒有靈魂。當然，技法是非要不可的，但藝術上的規律、技法是表達思想感情的手段，不是目的。只有當畫家充分掌握藝術規律；表現方法和技法完全聽命於思想感情，能靈活自在地運用，甚至不覺得約束。到了「隨心所欲不踰矩」，這才是藝術的最高境界。一個眞正成熟的藝術家在創作時，技法問題已不是主要的，往往像忘掉了技法，才能把全部的思想感情貫注在作品裏。音樂家不是靠方法演奏的，大音樂演奏時，是整個思想、情緒在講話，而不是在數節拍，考慮的是四分音符還是八分音符，畫畫也一樣。

寓情於景

什麼是意境？我認爲：意境就是景與情的結合，寫景即是寫情。山水畫不是地理、自然環境的說明和圖解，不用說，它當然要求包括自然地理的標準性，但更重要的還是表現人對自然的思想感情，見景生情，景與情相結合。如果片面追求自然科學的一面，畫花、畫鳥都會成爲死的標本，畫山水也缺乏情趣，沒有畫意，自己就不會感動，當然更感動不了別人。

在我們的古詩裏，往往有很好的意境。表面上雖然關於「人」一句話也不寫，但是，通過寫景，却充分表現了人的思想感情，如李太白「送孟浩然之廣陵」的詩句：「故人西辭黃鶴樓，煙花三月下揚州，孤帆遠影碧空盡，惟見長江天際流。」這裏包含朋友惜別的惆悵，使人聯想到依依送別的情景：帆已經遠了，消失了，送別的人還遙望着江水，好像心都隨着帆和流水去了……情寓於景。這四句詩，沒有一句寫作者的感情如何，尤其是後兩句，完全描寫自然的景色，然而就在這兩句裏，使人深深體會到詩人的深厚的友情。

怎樣才能獲得意境呢？我以爲要深刻認識對象，要有强烈、眞摯的思想感情和豐富的想象。

意境的產生，有賴於思想感情和想像，而思想感情的產生，又與客觀事物認識的深度有關，要深入全面的認識對象，必須身歷其境，長期觀察。例如，齊白石畫蝦，就是在長期觀察中，在不斷表現的過程中，對蝦的認識才逐漸深入了，全面了；也只有當對事物的認識全面了，作到「全馬在胸」、「胸有成竹」，白紙對青天，造化在手，才能把握對象的精神實質，賦予對象以生命。我們不能設想，齊白石畫蝦，在看一眼畫一筆的情況下，能畫出今天這樣的作品來，而是對蝦的精神狀態熟悉極了，蝦才在畫家的筆下活起來的。對客觀對象不熟悉或不太熟悉，就一定畫不出好畫。

寫景是為了要寫情，這一點，在中國優秀詩人和畫家心裏一直是很明確的，無論寫詩、作畫，都要求站得高於現實，這樣來觀察、認識現實，才可能全面深入。

表現事物

中國畫不强調「光」，這並非不科學，而是注意表現客觀事物長期觀察的結果。拿畫松樹來說，以中國畫家看來，如沒有特殊的時間要求（如朝霞暮靄等），早晨八點鐘或正午十二點鐘都不是重要的。重要的是表現松樹的精神實質，像五代畫家荆浩在太行山上描寫松樹，朝朝暮暮長期觀察「畫松十萬本，始得其實」。過去見一位作者出外寫生，不加思索對景揮筆，兩個星期就畫一百多幅，這當然只能浮光掠影，不可能深刻認識對象，更不可能創造意境。如果一位畫家眞正力求表現對象的精神實質，那麽一棵樹可以唱一齣重頭戲。記得蘇州有四棵漢代的柏樹，名叫「清」、「奇」、「古」、「怪」，在明代經歷過風暴雷擊，有一棵大樹已橫倒在地下，像一條巨龍似的，經過兩千多年，不斷與自然搏鬥，古老的枝幹堅如鐵石而又重生出千枝萬葉，使人感覺到它的氣勢和宇宙的力量。一棵樹，一座山，觀其精神實質，經過畫家思想感情想像的誇張渲染，意境會更鮮明，木然的畫畫，是畫不出好畫的。每一處風景都有其各自不同的特色，如同人的性格差異一樣，四川人說得好：「峨嵋天下秀，夔門天下險，劍閣天下雄，青城天下幽。」這「雄」、「險」、「秀」、「幽」四字，值得山水畫家深刻的玩味。我們看頤和園風景，則是富麗堂皇，給人以金碧輝煌的印象。一個山水畫家，對所描繪的景物，一定要有强烈、眞摯、樸素的感情，說假話不行。有的畫家沒有深刻的感受，沒有表現自己親身感受的强烈慾望，總是重複別人的辦法，就談不到意境的獨創性。

還要意匠

肯定的說，畫畫要有意境，否則力量無處使，但是有了意境不夠，還要有意匠；為了傳達思想感情，要千方百計想辦法。意匠即表現方法、表現手段的設計，簡單的說，就是加工手段。齊白石老師有一印章「老齊手段」，說明他的畫也是很講究意匠的。

意境和意匠是山水畫的兩個主要關鍵，有了意境沒有意匠，意境也就落了空。杜甫說：「意匠慘淡經營中」，又說「語不驚人死不休」。詩人畫家為了把自己的感受傳達給別人，一定要苦心經營意匠，才能找到打動人心的藝術語言。

前兩年，和一個青年到四川寫生，船過三峽，一片動人的景色把我們兩人驚得呆了：太陽剛要落山，晚霞反照中，樹木千株萬株，雄偉的山和櫛比的房子幻像似的隱約可見，景象模糊中而又十分深厚。這景象怎麽表現？很困難。我想任何有本領的畫家都不會輕而易舉地一下子就表現出來。有時用輕描淡寫的辦法，也能畫出來；可是單薄得很，不能表現出那主要的精神。作了許多次嘗試，終於想出了一個辦法，那就是：先把所看到的一切，較清楚的畫上去，甚至越詳盡越好，然後用濃淡墨慢慢翻覆、皴擦整理底色調子，使原有的輪廓漸漸模糊以至似有未有，那效果才與當時的感覺比較接近了。我們稱這種方法是「從無到有」、「從有到無」。意匠的設計，不是一時就能成功的，往往要經過許許多多次的嘗試和失敗，才能比較完美的實現。

意匠三要

中國藝術的意匠加工手段是大胆的、高超的，中國戲曲有高度的加工，中國畫也如此。關於中國畫的意匠，就我所體會的，大體有以下幾個方面：

一、剪裁：任何藝術都不能沒有剪裁，然而中國畫，長於大胆剪裁，常常剪裁到「零」。中國畫、中國戲曲都講究空白，所謂「計白以當黑」，意思是空白處在作者的計劃之中，與黑處處於同等地位。這決不是表現力的消弱，相反的，而是畫出最精華之處，使畫面主要部份更為凸出。在中國畫家看來，客觀事物永遠都只是藝術的資料、素材，要就要，不要就不要，或强調，或降低。畫一枝花不一定要表明它是插在瓶子裏或是長在盆子裏的；畫蝦，可以一筆水都不畫，却能在蝦的本身上表現出水的感覺來。空白含蓄，才能使藝術有無盡之意；才能使欣賞者的想像得到發揮的餘地，白居易「琵琶行」中有一句詩：「此時無聲勝有聲」。「空白」、「含蓄」、「弦外餘音」，是中國藝術中一門很大的學問。

藝術，應是爐火純青的，它要求的是純鋼，不是滿帶渣滓的毛鐵。「要」與「捨」是矛盾統一的，要好的，就必須把不好的捨掉，捨不得去掉壞的，也就得不到好的。應取其最有代表性的精華。例如畫船，假使你在嘉陵江邊用電影機拍攝一隻過往的船，在幾百張底片上，恐怕只有極少的幾張是合乎畫面的要求的。既要表演船的整個結構；又要表現

易大厂

出水的深度。有人畫船，像盤子一樣，因而沒有把精萃處畫下來。

二、誇張：藝術應把現實中最重要的拿過來，强調表現。誇張是在感情上給人以最大的滿足。藝術表現愛和憎，要充分表現感情就要誇張。「牙根咬碎」、「愁腸寸斷」，這些誇張語句所以能從古到今一直被人使用，就是因爲它在感情上給人以最大的滿足。母親稱贊孩子，一定是誇張的，但我們不能說它不眞實。實際上只有誇張才是藝術上最眞實的，只有眞實的誇張才有感人的魅力。

三、組織：畫面一定要根據對象重新組織。構圖就是組織，根據自然本質的要求「經營位置」。爲了佈局妥貼，有藝術表現力和感染力，山可以更高，水可以更闊，遠的可以拉近，近的可以推遠，這都是允許的，畫家完全有此權力。在這方面，自然主義是愚蠢的。

畫面的組織、經營位置，往兩旁、上、下伸長比較容易，要透進去，往裏深最難。爲了經濟畫面，不浪費，就要盡量利用空間，構圖的角度和深度很重要，近景中穿插遠的，空間感就明確了。

以小現大

「一寸畫面一寸金」，應把複雜的事物組織穿插起來，以最經濟的筆墨畫最豐富的畫，以最小的紙畫最大的畫。堆砌、平舖和羅列，一定不會產生好的構圖。藝術的尺度和生活的尺度並不一樣，「咫尺有千里之勢」，這個勢字才是藝術眞正的尺度。所謂「紙短情長」、「言簡意賅」，藝術永遠要求這樣。

在山水畫的技法上還有筆墨的問題，這裏暫時不談了。

總之，藝術是表達思想感情的艱難的創造性的工作，它決不能如「探囊取物」那樣輕而易舉。任何天才畫家當他進行創作時都要如獅子搏象「全力以赴」的，要想畫好一幅山水畫，首先要掌握山水畫的靈魂——「意境」。意境產生於全面深入的認識對象和作者强烈眞摯的思想感情，以及豐富的想像力。要表達意境，就必須千方百計地進行意匠加工，只有有了高强的意匠，才能充分地以自己的思想感情感染別人。杜甫贊美李白的詩說「筆落驚風雨，詩成泣鬼神」。藝術到了高度，不要說是人，就是風雨、鬼神都要受感動的。

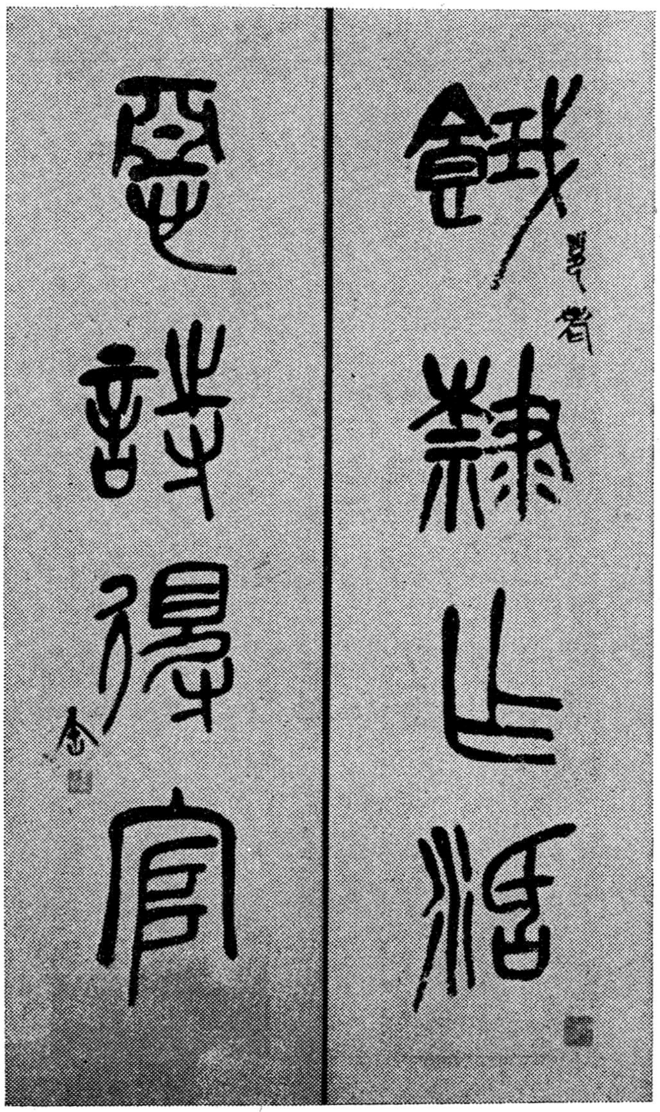

吳昌碩（一八四四——一九二七）與高邕之（一八五〇——一九二一），交稱莫逆，此爲吳贈高之篆書對聯。

（博雅藏品）

閒談題畫

劉太希

一幅畫上面題詩或記，大約開始於宋代，這從故宮博物院所陳列的古畫可証。宋以前的畫，署名之外不多題字的。至於杜甫說鄭虔三絕，那似乎不是指一幅畫上的詩書而言。我倒以爲畫上題詩，無疑是畫藝方面一大進步，因爲畫的本身固美，再加上詩書的美，更相得益彰；但重要的是詩書二者的水準問題，假如書法不佳，題在畫上，畫必減色，詩也如是。月前師大藝術系畫展，一般青年學生，有很多畫很夠水準，惟不能題字，很好一幅畫，若題上幾個很劣的字和那畫不能相配，那這幅畫便犧牲了！相反的畫雖不十分好，而詩與書都好，那這幅畫倒襯託得好起來，由此可見題畫的重要。

現代的畫家、詩和書法都好的不多，除了大家熟知的南張北溥之外，早年在上海的鄭午昌，詩書畫都好。我曾見他畫的一幅白菜，畫的本身簡單無奇，却因爲那時西北兵災，人多餓死，他在那白菜畫上題句云：

莫嫌咬得菜根苦，西北如今人食人。

這麼一來，人們對這幅白菜，觀感便大大不相同了，題畫的意義，便在於此。

談到西北，我想起了在太原看到一張畫，那是陳樹人畫晉祠內的周代柏樹，陳是嶺南三家之一，他畫的這幅周柏，是于右任所題，句云：

載華春秋又此篇，猶聞太息晉祠前，
祠中古柏知何紀，曾見桓文兩少年。

題得很妙，這樹曾經見過齊桓公、晉文公的少年時代，這樹的年齡不問可知了。于題後，又有汪精衛所題一詩云：

枕流端爲聽寒泉，別有虬枝上接天，
此樹得無同臥佛，沉沉一睡二千年。

因爲畫中的柏樹是橫臥式的，故汪所題也很切實。于右任文字落筆大氣磅礴，曾見他以浣溪沙題張大千六十自畫像云：

大將于今數老張，飛揚世界不尋常，龍興大海鳳鳴岡。
作畫真能爲世重，題詩更是發天香，一池硯水太平洋。

好個「一池硯水太平洋」，非有此七字，不能形容大千，也惟有大千，才配受此七字的讚禮。

于說大千「題詩更是發天香」，這話也非溢美，大千的詩畫爲名所掩，其實他的詩，溫柔敦厚，悱惻芳馨，確是詩人之詩。四十年前大千在南京展畫，一幅華山雲海，大千題了一首西江月，我對大千的印象之深，即始于這首詞。詞云：

到此欲騎日月，回頭又失蓬萊。西風吹出井蓮開，何處長安塵埃？　雪下玉龍游戲，月中青女徘徊，此時憶着錦江來，今古紛紜玉壘。

那次大千畫展中還有二幅仕女，其一題云：

飛瓊阿姊妹雙成，阿母瑤窗笑語頻，
欲向麻姑乞陵谷，妝臺不共海揚塵。

其一則玉體橫陳，星眸半啓，輕綃微掩，雲髻峨峨，極浪漫風流的一幅白描，大千所題是一首律詩，上二句我已忘之，下六句云：

眼中恨少奇男子，腕下偏多美婦人，鬢髮拋散雲亂捲，
修眉傾國玉橫陳，從君去作非非想，此是摩登七戒身。

由此以觀，大千少年時代，固亦風流人物也。有一次他寫了一首舊題畫詩相示，詩云：

嬌麗高賢妙主持，誤他舉舉與師師，
劇憐春日凝妝態，聊賦冬郎側艷詩，
此是誰家新眷屬，老來愁對好花枝，
少年張緒風流甚，幻作人間三影詞。

我說他風流人物，這是有詩爲証了。

大千題畫名作極多，不勝枚舉，我對他畫峨眉金頂的一詩，印象亦深，詩云：

千尋雪嶺飛靈鷲，一片銀濤護寶航，
五嶽歸來恣坐臥，忽驚神秀在西方。

眞是吐屬不凡之作。

前人所稱的才子，在我生平所見的人物，要算鶴山易大厂最爲我傾倒。我於民十二三年在上海，那時一些文友組設了一個書畫會在四馬路棋盤街，每天下午三時後，多集合會所，大厂每天必到，會友如傅菩禪、鄭午昌、王秋齋之流，都是書畫能手，但都要請大厂題記，大厂也毫不客氣，有畫便題，經常一口氣題二三十張，他不起稿，也不思索，振筆直書，如寫便條，而且首首切題，并不空泛。舉例如：某君畫了一張山水，顏色太紅了，大厂立題云：

怪彼夕陽三萬斛，染成赤壁八千年，
筆前奇氣胸中墨，吐向人間盡紫煙。

他一面揮毫，一面飲酒，有一次吃得八成醉了，題字亦太多了。某君再拿出一張畫鶴請題，大厂說明天題好嗎？某君固請隨意寫幾個字，大厂即大書鶴—鶴—鶴。某君暗暗着急，怕他眞醉了題壞了畫，只見大厂繼續寫：

我是山人君不覺，畫來狂態都如昨。

因大厂是鶴山縣人，所以這題格外有味。

不久我要回江西，臨行請大厂畫松，他誤以爲寫條幅，攤紙即書：

天高有尋丈，不及吾胸次。

我說：「我是請你畫松的呀！」他即寫

太希要畫松，在此最愜紙，居士先作詩，
醉後有此致，携歸潯陽江，且示潯陽妓。

寫完在下面所餘空白畫一小株松，非常別致，眞是十足才子型。

我因企慕大厂，所以對於題畫，亦多少受了他的影响，數十年來，所識畫人獨多，亦常常與人題畫，也學學大厂隨手寫在畫上，從不起稿，所以題完即了，亦無從留稿，有印象的尤其不多。只有一次，和葉公超同宴後在馬路閒步，公超偶然發感慨說：我們生於此時此地，眞有如杜甫所云「零落依草木」。邊談邊走，到了華陽藝苑，公超乘興畫竹一大張，畫好叫我題詞，我隨即寫云：

愛竹須高人，非人竹則俗，東坡有名言，不可居無竹。
畫竹須高人，非人竹則濁，葉侯英雄人，書畫故清淑。
淡筆君子姿，洒墨盡寒玉。題竹須高人，非人竹則辱。
嗟余老無成，零落依草木，非敢附高人，聊欲繼高躅。

公超見我寫到零落依草木，他說「文章本天成，妙手偶得之，足下眞是妙不可言了。」

題畫的要求是盡雅，並不一定要詩詞韻語，我曾題張穀年秋景圖云：

高柳晚蟬，秋花小蝶，雖風光掩映，而物候差池，穀年於此合爲一圖者，殆東坡所云：莫道西風幾時來，只恐流年暗中偷換也。

又如題黃君璧山水畫云：

日對此幀，如坐渭水之濱，觀華嶽諸峯，何知人世繁華鐵馬金戈之事。

昔在北平，見林琴南先生畫，畫境不高而題詩及書法均極有味，當時民初軍閥割據，政象紛然，林題雪景云：

十年賣畫隱長安，一面時賢胆即寒，
世界已無清白望，山人寫雪自家看。

又題一幀荷池垂釣云：

人生知足真難事，賣國曾能得幾錢，
我自垂綸楊柳岸，荷花無際水無邊。

亡友陳芷町以畫竹名世，而詩書均美，他題竹的作品名句亦多，例如

偶賦凌雲偶倦游，偶然詩酒傲公侯，
偶然種起千竿竹，掃盡人間萬古愁。

他說詩酒傲公侯，並非誇說，知芷町者當能了然。余昔贈以詩云：

無窮盖世回天意，盡在高樓隱几時。

差可狀其彷彿。又余題其畫竹云：

疾風不偃談何易，脫屣紛華亦大難，
醉倚高樓濡大筆，要留勁節與人看。

這詩意亦足爲芷町寫實。

目前畫家精於題詩的，我很傾倒吾家延濤，蓋由讀書多，積理富，加以文學修養，故下筆無一點塵，題跋雖小道，然亦未易言也。延濤題于右任翁八十畫像作浣溪沙詞云：

開國風雲第一功，詩篇草聖古無同，春秋大筆自由鐘，
涇渭東流春浩蕩，嵯峨西峙意沉雄，河山再造日方中。

詩筆開張而跌宕，其他題畫之工，足窺一鱗。

題畫的字，最好是譚祖安那一種行書，隸書楷書都不相宜，想起四十年前大千兄弟黃山畫展，譚祖安題云：

蜀國雙髯並世英，元方磊落季方清，
人間蠻觸關何事，一笑黃山頂上行。

眞是堂哉皇哉的傑作。

本文作者劉太希現任台灣政治大學、淡江書院中文系教授，榮獲六十一年中華民國教育部文化局文藝獎書法之部。

JOY
DE
JEAN PATOU
PARIS
是世界上
最名貴的香水
總代理：藍鐘(香港)有限公司
九龍東英大廈 416-418 室

大人小語

基辛格之言

美國中共來往年餘，基辛格認爲，眞正勝利屬於美國。

其言曰：中共戰勝其敵人，全憑一個「恨」字，今美國已使中共對美國仇恨大減，無異美國已將對方最有效之武器繳械，所以將來雙方若有戰事，中共已不能再勝。

盡在不言中

基辛格訪問大陸歸去，發表「中美聯合公報」，內容對台灣地位局勢，隻字不提。

粵諺說得好：「畫公仔何必畫出腸！」

外交手法

美國與中共之「聯絡辦事處」，我曾預測其主管人員爲「代辦」級，不料發表時，竟爲「大使」級。

於華盛頓與北平各設「聯絡辦事處」，無異將「地下大使」公開於「地面」，稱之爲「辦事處主任」而不稱爲「大使」，是外交手法中最典型的一種。

唯美國方能有之

加州大學校長年俸美金五萬三千五百元，高於州長年俸四千四百元。

此事祇能見諸美國，却不會見諸於香港、台灣，香港大學校長的年俸不可能高於港督，台灣大學校長的年俸，也不可能高於台灣省政府主席。

高高在上

天文台有史以來，二月份氣温以今年爲最高。

今年三月以前，香港百年來之物價，亦以一九七三年二月份爲最高。

防不勝防

消防局計劃擴充，俾於火警發生後，消防車可於六分鐘到達現場。

消防車於到達現場之後，可否於六分鐘內「開喉」放水，却有點防不勝防。

垃圾虫之歌

香港沒有國旗，但是有一面香港旗；香港沒有國歌，也沒有一支香港歌。

如果認爲需要一支香港歌而一時缺乏「現貨」，不妨以「垃圾虫之歌」暫代。

「法治」舉例

爲爭取與取締新證券交易所創立，官民鬥法，筆者肯定預言，官方必勝，民間必敗，屆時果驗。

蓋香港爲「法治」之地，而「立法」之權操於政府手中，因此它祗要開一次會，就可以把「非法」變成「合法」，把「合法」變成「非法」。

愚人節之事

娛樂稅定四月一日起開始取消，戲院業定於四月一日漲價。取消之娛樂稅爲原票價的百分之二十，漲價的百分率可能在原票價的百分之二十五以上。

四月一日爲愚人節，聰明的必然是戲院當局。

價廉物美

下年度港督府全部支銷，預算共爲一百二十八萬八千九百元，其中九十六萬六千一百元爲工作人員薪津。

除去薪金總額，以不足三十萬之數，維持一個編制中有五十八名人員辦公的港督府，可謂價廉物美。

更大的榮譽

本屆奧斯卡金像獎，非屬「教父」不可，該片男主角，則已決定拒絕領獎。

獲得金像獎是一項「榮譽」，拒絕接受金像獎是更大的榮譽。

當作罰欵

英當局擴大宣傳，勸男女老少減少吸烟。

本港烟酒，月初漲價，當作不肯戒烟戒酒之一種罰欵可也。

教堂與澡堂

某先生星期六之夜必然荒唐，禮拜天早晨必去教堂。

他把教堂當作澡堂，目的是想把隔晚的骯髒洗個乾淨。

廣東人與京戲

廣東人不懂京戲，以爲張文祥刺馬，被刺的眞是一匹高頭大馬。

又一位廣東朋友，第一次初聞上海人談及「四郎探母」，還道是「四狼偷馬」。

上帝與玉皇大帝

基督教徒最敬畏上帝，許多人因此不敢做壞事。

佛教徒不怕釋迦牟尼佛，他們怕的是玉皇大帝。

變性成功

觀世音據說不是女性是男性，灶君菩薩據說不是男人是女人。

如果生於今日，準有人說他們吃錯了「生殖靈」，或是實施了外科手術變性成功。

·上官大夫·

一世之雄吳佩孚

（來鴻去雁）

韋千里

清同治十三年三月初六日子時生

甲戌　戊辰　戊申　壬子

五歲	己巳
十五	庚午
廿五	辛未
卅五	壬申
四五	癸酉
五五	甲戌
六五	乙亥

吳佩孚，文人武將。其師張某，精研命理，謂吳命宜武不宜文，乃放棄科舉，就讀於「講武堂」。若干年後，吳果由營長而躍至統帥。但當全盛時代，某卜者謂其曇花一現而已。民國十五年，果爲北伐軍所敗，從而一蹶不振矣。今請討論吳氏之命運。戊土日元，得令於三月，得助於衆土，申金吐秀，甲木疏制，固屬輕裘緩帶，儒將身份。惜干不透印，福澤有所不足耳。岳州之戰，在戊午年，身旺敵殺也。直皖之戰，在庚申年，直奉之戰，在壬戌年，歲運值金鄉，制殺有力也。第二次直奉之戰，在甲子年，財生七殺，戰而無功。丙寅年偏官祿旺，與國民軍戰於汀泗橋，一敗塗地，武漢且不能守，退入雞公山。六十八歲乙亥大運，辛巳流年，歲運相戰，壽終北平。按吳造大氣磅礴，具見精神，所以坐鎮洛陽之時，屹然爲天下重，大有「八方風雨會中州」之勢。晚年矢誓不入租界，堅拒日寇引誘，雖敗猶榮。固「一世之雄」也。

（覆香港萬鴻先生）台造：丙子、丙申、甲子、乙亥。命中少土，土爲甲木之財，男子以財爲妻星，所以婚姻遲滯，看來今明後三年，依然紅鸞未動，四十一歲丙辰年，方結絲蘿。財業亦在四十歲後，大展鴻圖，予取予求矣。

× × ×

（覆香港 H. Ynen 女士）台造：丁亥、辛亥、乙巳、丁亥。水泛木飄，以地利而論，宜在南方熱帶，香港固屬熱帶，則居處又以半山勝平地矣。命以水多爲患，幸哉，去年除夕，已脫丑運，今後木火運程，接軫十餘年之久，富貴榮華，多采多姿。

× × ×

（覆九龍朱瑛先生）台造：己巳、丁卯、辛亥、庚寅。五行無缺，一生温飽。但了無精彩。運途亦如浮雲淡水，乏味之至。僅四十八歲至五十一歲，可致小康之富。尊夫人命造，雖亦平凡，但行運大好，明年起，亟應發展事業，不必忙於「中饋」也。

× × ×

（覆香港鄭穎茵女士）台造：水雖旺，木火亦多。過去無一步好運，三十一歲起，始見明朗。婚姻有着落，事業有成功矣。將來夫佳，無子，或以他人之子爲子，幼吾幼，固何樂而不爲哉。茲雖賦閒，今夏頗多良機，好工作不一而足。格屬「偏官」，絕非「六陰朝陽」。

× × ×

（覆香港朱敏康先生）台造：己丑，乙亥、己未，丁卯。木重土輕，憾於少金，華而不實之命。明後年偪促之至。二十八歲好轉。三十二歲起，數十年土金運途，日新月異，美景如花，自然勢而有功。但絕無僥倖所得之「橫財」、「偏財」。

× × ×

（覆馬來西亞李智强先生）台造：辛巳、丁酉、癸未、甲子（夜子時）。金水旺過於木火，成名而未必成利。但三十四歲至三十九歲，名利雙收，有厚望焉。按命與運，得一「穩」字，四十九歲以後，即老無能爲矣。命中如有一「午」字，便成大富，妻配屬「馬」，自然最佳。名取「馬部」之字，亦屬有利。

× × ×

（覆九龍吳鴻佳先生）台造：庚申、丁亥、己亥、丙寅。金水佔優勢，火土較弱。早歲行運，粟六無奇。晚來五十七歲至六十二歲之巳運，大放光明。或謂寅申巳亥四冲，不無遜色，余以爲冲者動也，過去太平靜，此運多變，變則通矣。或甚奔波，但有利可圖。孔子曰：「富而可求，雖執鞭之事，我亦爲之」。

× × ×

（覆九龍銀雲先生）台造：甲申、癸酉、甲辰、庚午。秋木，喜有癸水。午火制金，尤屬可貴。安吉之命也。茲行子運冲午，不如意事常八九。三十二歲起，丁丑兩運，步步春風，十年奠定基礎矣。四十二歲以後，概取守勢可也。大利屬火或屬水之工商業。所忌者，屬金之事，或與人合股耳。

× × ×

（覆官塘周厚義先生）先生來港廿載，乏善可述。此係運也，非命也。蓋爲「三奇格」，用時上偏財，命非下乘。歷行癸未壬午等運，迄無起色。去年入辛運，逢貴人於萍水，得機會於偶然，應有建樹矣。將來五十八歲之庚運，秋山紅樹，晚景更佳。

× × ×

（覆香港曾少賢女士）承問命與相孰爲準確。按命定一世榮枯，相觀臨時禍福，各有其可取也。台造：庚寅、丙戌、戊寅、壬戌。八字全陽，豪爽有過鬚眉。二十七歲行未運，最多煩惱。三十二歲行壬運，夫榮子秀，本人財業更佳。今年尚可，明年諸事不宜。

（覆九龍邵維淥先生）人生何處不相逢。上海一別，茲又得以通信，想謀面亦不遠矣。台造：丙寅、乙未、壬寅、庚子。好在庚子時辰，一金一水之救壬，否則生命早塡溝壑矣。查過去行運，顧此失彼，悖入悖出。今年秋冬有利，明後年又是利少煩多。大好在於五十六歲之庚子兩運，十年成功，足娛晚境，可不勉乎。

× × ×

（覆九龍李華英先生）台造：戊寅、己未、庚午、辛巳。土重埋金，又患火炎，命局一無是處。三十七歲至四十二行亥運，應有收獲。先生精究相法，「眼」部如何，其與命理吻合否。按旺火熔金，四十歲丁巳一年，火勢猖獗，肺病可憂，幸在亥水運中，生命可以無害。

× × ×

（覆九龍歐栢青先生）台造：己亥、戊辰、丁卯、辛丑。命局四平八穩，多讀書，將來以「學問」「技術」，而度中人以上之生活。行運亦都無榮辱，安分守己，循級而上，何必蠅營狗苟，不可終日。妻宜屬馬屬羊或屬虎，此係硬性規定，若配其他生肖，都屬不利。

× × ×

（覆馬來西亞怡保葉兆熊先生）台造：辛卯、丁酉、甲戌、壬申。先生擬研究美術，余以爲可作玩賞，勿太認眞。蓋命局宜於政治或商業也。經商，大利屬水屬木之事。今年起，已爲發軔之始，明後年特別見功，從容獲益。

× × ×

（覆吉隆坡林玉珍小姐）台造：丙戌、庚子、甲戌、壬申。來信未寫男命抑女命，但視「玉珍」之名，想係女性。八字全陽，寒木喜有丙火，氣魄不凡，乃巾幗英雄也。今年還有委屈。明年必變，變則爲龍爲鳳矣。中年運程頗佳，夫，子，事業，均爲第一等。但四十三歲至四十八歲之申運，困於病魔，尤以頑固之惡疾爲可憂。

× × ×

（覆元朗許舜堯先生）台造壬午、壬子、癸丑、丙辰。水歸冬旺，妙有丙午兩火，但支無寅卯，火乏所資。前運不俗，去年今年有挫折。卅三甲寅，卅四乙卯，卅五丙辰，卅六丁巳，乃畢生之黃金時代，隨心所欲，任意而爲。卅七歲戊午，卅八歲己未，雖亦有利，頗多爭執。四十歲行辰運，荆棘滿途。四十五歲行丁運，康莊坦道。一生固多起落也。

× × ×

（覆官塘景毓先生）台造：己卯、乙亥、辛亥、庚子。旺哉水也，金患水洩。十二歲至三十七歲，一路金水運程，縱有冲天志，難得登雲梯。三十七歲至四十二歲之未運，亥卯未會木局，流年更佳，施爲無不利，到處好周旋。四十七歲行午運，還有一段好光景。

× × ×

（覆九龍廖錚先生）台造：壬子、丁未、丙申、己丑。畫龍而未點「睛」，睛即「辰」也。又無辰運，才大投艱，有志未伸。今年癸丑，歲運併臨，有益而無損，蓋命局喜水，癸爲雨露之水，丑爲北方之土也。但明年甲寅起，漸走下坡，尤以精神不勝繁劇，自無發展之可言。急流勇退，最爲上策。

× × ×

（覆馬來西亞斗湖謝眞芝女士）台造：丁丑、己酉、乙巳、戊寅。秋木，好在寅時爲根。但無論如何，先天後天，都屬荏弱。幸行運一路水木生扶。今明後三年，方興未艾，大有可爲，不限於「旺夫益子」也。早運（二十四歲前）瀕危，晚來（四十九歲後）康泰。

× × ×

（覆吉隆坡張佛鴻先生）台造：丁丑、辛亥、甲寅、丙寅。水木兩强，火爲瓌寶。過去祗一丁火運（三十一歲至三十六歲）差强人意。去年入未運，惜乎流年欠佳，難如理想。大發展在於四十一歲以後也。按比肩重重，不宜經商，而以技術性之工業爲最妙。

× × ×

（覆香港梁玉卿女士）台造：乙酉、戊子、己未、丁卯。提綱財貴，干透官印，非但夫榮子秀，亦且有才有財。三十三歲起，行運四平八穩，風調雨順，雖非大富大貴，夫，財，子，祿四個字，得其全美也。茲行辛運（二十八歲至三十三歲）太多麻煩，養浩然之氣，但求無過，不求有功。

× × ×

（覆柴灣張遠村先生）台造：戊寅、甲寅、癸未、壬子。時下得祿，傷官又得祿，自宜工程技術，勿作普通吏胥。但年運多磨折，棄政就工，飛黃騰達，當在四十三歲以後，尙有七載煎熬，幸晚運極佳，有志竟成。

× × ×

（覆澳門一工讀生）先生既不願以眞姓名見示，余亦無詢問之必要。惟查台造：壬辰、丙午、甲申、丙寅。水火不濟，最妙名字有「水」，明後兩年屬木，再投考香港大學，恐其仍落孫山。二十九歲起，方始驥展，美運接軫，有十餘年之久。妻尅子艱，事業大利近水地帶。

× × ×

（覆九龍鄭靜文小姐）台造：乙酉、戊子、辛未、壬辰。金清水秀，「傷官傷盡最爲奇」，行財運乃大好。今年癸丑，無是無非。明年甲寅，婚事諧矣。後年乙卯，喪喜並見。將來運程大都吉利。年齡較高之時，防有哮喘病。夫與子皆不俗。承問婚姻是否在外國，恕余不才，無法看到。

× × ×

（覆官塘周雲龍先生）先生已辭職某廠，而擬自謀發展。按台造：戊辰、丙辰、辛丑、庚寅。土重埋金，今年癸丑，水土各半，有順有逆，新張伊始，或多辛苦，然而正可自耕，四七甲寅，四八乙卯，大木疏土，必有驚人之成功。俗云

：「不種今年竹，那有來年笋」，勉之哉。

× × ×

（覆香港劉佩雲女士）台造：壬辰、乙巳、己卯、庚午。火炎土燥而喜水，如在前年或去年結婚，美滿可賀。財殺印全，爲賢妻，爲良母，必有其温暖之家庭。二十七歲至四十七歲，榮華足享。但恐討福不討壽，四十七歲之戌運，爲一坎也。

× × ×

（覆香港張晋羣先生）台造：甲寅、甲戌、甲申、己巳。三甲有寅，雖爲秋木，根深蒂固。干透財，支藏財，財用毋憂匱乏。前運駁雜，了無所成。今明後三年，依然故我。六十三歲起，四載極佳，俗云：「黃河尚有澄淸日，人生豈無得運時」，謹以奉慰。六十七歲庚申年，最得意，最危險，得意者，名成利就也。危險者，壽元有阻也。

× × ×

（覆九龍麥滿祥先生）台造：丁亥、戊申、辛巳、丙申。辛金秋生，喜火煉，宜水潤，茲既有水有火，自屬佳命。地支巳申亥動而不靜，則奔波難免，東南西北中，可能跑遍全世界。運程無一不利，尤以二十八歲之後，步步高陞。所憾者，結婚離婚，生子尅子，精神創痛之至。

× × ×

（覆香港程佩婣女士）台造：庚寅、癸未、戊辰、癸亥。化火不成，因有水也。燥土喜水，水又爲「恩神」矣。精神寄託，在於美滿之婚姻，俊秀之兒女。事業則以行運步高步低，栗六無成，不過在未婚之前，聊爲消遣而已。今年或後年，紅鸞星動矣。明年擾攘多事。

× × ×

（覆紐約鄧森先生）台造：壬辰、甲辰、丙戌、己亥。土多金少。三十九歲以前，一路南方火運，英雄無用武之地。青年人大都急功躁進，須知時運未到，欲速不達，不如多讀書，求智總勝於求利也。三十九歲起，峯廻路轉，別開勝境，二十年經之營之，豈曰小就哉。妻宜猴、雞。子則個個出色成材。

× × ×

（覆九龍尹銓先生）台造：壬戌、甲辰、乙丑、丙子。乙生暮春，木有養氣，水潤木，土培木，惜無伐木之金，馮唐不遇，李廣難封。五十四歲行庚運，斧斤以時入山林，自然風雲際會，盛極一時。大器晚成，此之謂歟。日坐財星，妻必賢淑。時落貴人，子更傑出。

× × ×

（覆紐約郭飛澎先生）台造：癸未、戊午、甲寅、乙亥。夏木有水，喜行火土運，乃二十七歲起，廿年木運，心力交瘁矣。不得已求其次，卅四丙辰，卅五丁巳，卅六戊午，卅七己未，四四丙寅，四五丁卯，四六戊辰，四七己巳，此八年爲短中之長，如小草遇春風，片時得志。四十八歲後，平安而已。妻有才幹，子不得力。

× × ×

（覆九龍陳子屛先生）先生爲一商業機構之成員，僅足以餬口，現擬另謀出路。查台造：丁亥、癸丑、庚子、辛巳。水多爲患，今年癸丑，還宜守舊，或作思想上之準備，亦未始不可，急進則容有未妥。明年起，不必求，儘有遇，蓋二十八歲至三十八歲戌己兩運，爲畢生之黃金時代也。

× × ×

（覆九龍李中柱先生）先生已高年七十八歲，下問未來命運。按台造：丙申、丙申、甲辰、壬申。秋木怕金，幸有火之制金，水之養木，自然得享遐齡。茲行甲運，康强逢吉。八十二歲行辰運，仍有可爲。惟八十五歲庚申年，災病重重，體力有所不支，俗所謂「老健春寒爲時暫」也。

× × ×

（覆香港黃世傑先生）台造：丁亥、己酉、庚戌、己卯。秋金當令，火不夠而爲頑金。幸行運自廿二歲起，非火即木，勞而有功。明後年水到渠成。三十歲、三十一歲、三十二歲，大名大利。此後五年，較爲冷靜。三十七歲至四十七歲，乃爲中興時代，鼎盛之秋。如妻配「馬」肖，瑟好無尤。子有「馬」命，强爺勝祖。

× × ×

（覆香港顧華先生）台造：己卯、壬申、庚子、甲申。金水兩强，去歲交入巳運，可以進展，尤以今年起，力爭上流。既爲電子工程師，何勿自樹一幟，不必寄人籬下矣。婚姻雖遲，但後年乙卯，必有佳偶。配蛇配犬尤妙。

× × ×

（覆香港劉素齡先生）台造：壬午、癸丑、甲申、庚午。寒木，庚申壬癸皆爲忌神，所可取者，兩重午火耳。大利南方熱帶。三十五歲起，廿年火土運程，最爲可喜，命不好而運好，雖無大得意，必有小如心。去年壬子，多事多故。今年癸丑，拖泥帶水。明年甲寅，東奔西馳。後年乙卯，女子小人。

× × ×

（覆越南黎啓慶先生）來書謂離鄉背井，一事無成，可有出頭之日否。按台造：甲午、甲戌、己亥、壬申。財官兩透，明年甲寅，運行丙火正印，支全寅午戌，大有「插柳成蔭」之妙。如其求變（轉學，就業，遷地），則更通矣。中晚年運程都佳。惟二十六歲至三十一歲之子運，女子與小人爲難養。

韋千里先生應本刊挽請爲讀者分析命運請開列性別出生地點年月日時附上列印花寄大人出版社依序奉覆

血淚當年話報壇

——追憶抗日戰爭中上海新聞界一幕鬥爭史——

·張志韓·

那吳秘書又說：「因為湖北人最工心計，善用謀畧，但四川人比了湖北人，更勝一籌，因為四川人還有能言善辯的長處，可以說得人心中萬分佩服，於是易為所乘。至於四川人何以能言善辯，則緣四川多的是茶肆，一條短短街道，祗有二十來戶人家，却會開上七八家茶肆，閑來無事，大家都到茶肆去躺在椅上大擺龍門陣，因此練成一張利嘴。」他又指指自己鼻子，自說我係四川人，所以告訴老兄，並非自暴其短云云。試想他當時如此推心置腹，無話不談，怎不使我渾忘杭兄之言，反引之為知己。吳秘書的太太是蘇州人，似係出身書寓，會唱京戲，自認乃屬簉室，但人頗忠厚，並無小家習氣，所帶一個女兒祗有五歲，也會哼上幾句戲轍兒，閑來無事，逗以為樂；祗是軍車中那些士兵，還是和他們不甚合作，幾於不理不睬，一些不以為他是長官。車隊將抵贛州，他們的氣氛突然緊張，而且押運的陳副官，特別向大家講話，說贛州乃蔣專員治理之區，推行新政，最為澈底，尤其是酒禁一項，執行極嚴，希望同行乘客，免遭麻煩。好在乘車的旅客，並未攜帶禁物，押運士兵，則把幾瓶土酒，大家打開痛飲，就這樣消滅罪證，一概灌入肚中，倒也非常痛快。車過贛州城內，街道寬大，不愧有名都市，值中午，便分別在城內飯館吃飯，稍作休息，繼續前進，我們既未遭遇盤查，反覺有些傳說，不盡可信。

贛州新政嚴酒禁　未到先行作鯨吞

那知過了贛州不過半小時路程，碰到一個檢查哨，却命令全隊車輛，一概靠在路邊候檢，他們逐車畧一察看，單單指定了這位吳秘書滿裝大木箱的幾輛軍車，由他們逐一抬下，分別開箱詳細檢查，最干例禁的酒類，並未有所發現，但內中男女衣服，全部新裝，而且都是名貴質料，有些必須在上海方面，始可購到，時值抗戰最緊張的時期，後方衣着均極樸素，這些名貴男女衣料，當時除了重慶昆明那些發戰爭財的人才有能力購買，一介平民，誰有能力穿着，此外尚有未經裁剪之衣料，以及名貴化裝用品亦不在少數。這位吳秘書，一家三口，兩大一小，決不可能買下這樣多，顯而易見的利用軍車，藉此圖利。於是檢查人員，把吳秘書請去問話，這位吳秘書却也口齒伶俐，承認這些衣物，盡為伊所購置，亦並非他夫婦兩人穿着，因他祖籍四川，家中大大小小，人口衆多，此次卸職歸去，不免為家中人順便購置，既非圖利，似無罪責。但這些檢查員明知他的辨白全屬飾詞，不加駁斥，祗是把握他們認為不合的理由，這是軍車，並非私人所有，足下利用軍用車輛，帶了這樣多衣物，假公濟私，顯屬不合，於是讓所有車輛，全部停在道旁，不讓前進。這位吳秘書，則奔前奔後，滿頭大汗，足足躭擱了兩小時以上，仍未解決，而我們遭受池魚之殃，陪他在路旁受罪；不知如何，吳秘書忽然向檢查站的主持人，如何吹起我也在車上，他把我以前在上海抗爭吃苦，此番奉命去渝的前後經過，大事捧場，居然這位主持人，特地前來和我聊天，要我去他們的辦事處畧事休息，並為了檢查費時，躭擱我趕路時間深抱不安，就這樣，我竟不揣冒昧，替這位吳秘書順便求情，居然大事化小，小事化無，檢查站的主管，要我簽具担保書，保證這位吳秘書的衣物，全部自用，絕無走私圖利之意，我祗有慨然照辦，於是車隊繼續上路，大家歡天喜地。記得當晚車隊進入閩邊南平縣境，這位吳秘書，特地邀我一家，共進晚餐，並把他五歲女兒，做我義女，小孩子還當筵一曲，高歌為娛，就這樣一路上愈見親密。此後又由閩邊而入贛境，越大庾嶺，進入南雄，此處已屬粵省，民風又覺不同，年輕姑娘，穿了木板鞋，並無扭捏之態，個個健美而又婀娜，地域不同，體格亦異，就這樣長驅前進，一路到了曲江。依照我們在上饒出發之前，我可以附搭這隊軍車，一路直到貴陽為止，但從曲江以至廣西的金城江，沿路都有火車可搭，既快捷，又安穩，我們從江西一路南來，軍車停停走走，有時抛錨，有時老牛破車，無法爬上山路，必須大家同心合力，推行而上，每天弄得灰頭土臉，滿身塵垢，有時司機老爺，發發脾氣，欲走不走，停上半天，有時同伙之間，互相吵嘴，必須勸說排解，始息爭端，像這樣的長途遠征，眞是多姿多彩，非常煩惱，而且既到曲江，他們也須休息一二天，再行決定何時出發，所有搭客和吳秘書他們，都說改乘火車為上策，我自然首先贊成，於是辭別車隊，謝了他們辛勞招待，去車站改搭粵漢路車了。

在抗戰時，任何方面均有特殊現象，迥非我們平日偶處一地、一步不出的人所意想得到，所謂讀萬卷書不及行萬里路，尤屬至理明言，顚撲不破。我們在將到曲江之時，那位吳秘書便這樣的告訴我，買火車票必須如何如何的安排，我們車隊到了曲江，住一夜旅館，打聽清楚上午火車開行時間，必須買特別快車，更要買臥舖票，最好查明在粵漢湘桂路交界之處，火車時間可以銜接，買車票他們要我全權代為負責，他說你是淪陷區撤退的報人身份，中央早有通令，不但沿途軍政機關應當妥予護送，甚至搭乘車船也有優先權利，他說我們知道明天火車的時間表，大家進罷早點後，先將行李車到車站集中，由他們代為看守，我則前去找站長，表露身份，說明要買火車的臥舖票，如果站長完全照辦，這是大家運氣，沒臥舖票而買到車票，也算上上大吉，因為那時旅客衆多，購票極難，黃魚票必須出以高價，甚至連黃魚票也難買到。我聽他吩咐自然樂於照辦，但見到站長，能否給予方便，委實沒有把握；誰知這樣的安排，居然馬到成功，我買到了八張特別快車的臥舖票，共計我們四張，吳秘書大小三人共兩張，另一對由上饒同車而來的年青夫婦兩張，不但粵漢路如此，到轉搭湘桂車，也是如此，我們這樣做，路上非常安穩舒適，祇是換車時際，他們忙着搬行李，我則打衝鋒去找站長買票，不過湘桂路車當時祇買到桂林為止，我知道桂林有許多新聞界朋友，而且當地有許多報社，很多是上海和香港方面撤退來的同業在那裏主持，但也祇逗留兩天，初次嚐到逃警報的經驗，而且無意中跟着大家奔跑，到得一個大山洞，內部燈火通明，且有擱樓搭建在內，但見許多人都穿行入內，我自然也跟他們魚貫而入，但覺這個洞宏大深奧，而且曲折有緻，洞內有洞，洞上也有洞，可以拾級而上，也可以繞行去另一條洞內之路，洞頂有時很高，石壁崢嶸，奇詭非常，洞中也有小溪，由前洞可以去後洞，出路很多，當時係避日機轟炸，我也不知道這是著名的七星岩，更兼掛念着內人和孩子，根本無心瀏覽，祇是跟着衆人亦步亦趨，居然在洞中穿來走去，消磨許多時光，警報解除，避難人陸續散去，我也覓途奔回旅舍，而且也無心再留，於是又買了車票去金城江，結束這一段火車行程。

爭車被人施詭計　貴陽城內喜相逢

凡事總屬巧合，我和這位吳秘書一家，到了桂林本已分手，而且他比我心急，早我兩天便到金城江，誰知寃家路窄，不聚不散，我在金城江的中國旅行社招待所找到了寄宿之所，住處有了着落，不免和家人外出看看當地夜景，因為金城江是戰時的一個新興地點，火車終點即在此間，大家必須在此駐脚，然後可以取道去貴州重慶，於是那些行商水客，集中於此，一個原本荒僻的區域突然興旺起來，一到夜晚，許多茅棚木屋，戶外燃起了炭精燈，門前擺滿了各式各樣的商品，竟變成了一個十分熱鬧的露天市場，再加上許多簡陋不堪的飯館旅舍，也都湊合在此，因此人口衆多，生意興隆，如此情形，在戰時的內地，固不僅金城江一隅為然。中國旅行社的招待所，在此間真是鶴立鷄羣，一枝獨秀，這個招待所，規模不大，房間不多，但內容整潔非常，房間以外，附設餐廳，可是普通人很難住入，因為房間少，生意好，達官貴人，經此的都先事洽訂房間，暫作居停之所，難得有幾間空出，也得應付新到的旅客，記得這個招待所的主任姓夏，一個小胖子，十分好客，我幸而獲得他幫忙，原本已無空房，他特在客廳一角，臨時佈置了房間，讓我們得以安心住下，此所謂在家靠父母，出外靠朋友，我不僅獲得朋友們沿途給我的隆情厚意，也叨了中文大美晚報的光，幾年來在上海所受種種苦難，總算連大後方都清楚明瞭，所以到處獲得意外的優待，一路上比了別人方便得多。就在那天晚上瀏覽夜市熱鬧情形，忽然又碰上了這位吳秘書，他見到我歡然相迓，畧述日來別後情狀，才知他到此以後，因為還沒找到便車，未能即刻去黔，承他見告，此去貴陽重慶，如要搭乘商車，必須與驛運管制社接觸，因為所有公商車輛搭乘人客，統由該站管制，任何人不得私相授受，當然其中也有許多訣竅，但以我的身份，前去登記，必可優先辦理云云，這又是一種戰時行旅常識，所以第二天我便去拜訪管制站的齊站長，蒙他查核所有公商車站北去名冊，告訴我下午便可有答覆，這一關打通，幾天之後便可達重慶。回到中旅招待所，那位夏主任也十分高興，認為機會難得，因為有許多人在此苦候多日，尚無端倪，我居然一經接洽，便有眉目，他也認為難得，所以我下午依照齊主任約定時間，前去見面，承他通知，據說明晨八時，有一輛公家運貨車，裝運錫塊，前往貴陽，我們可以搭乘前往，我對齊站長的辦事敏捷爽快，真是無限感激。所以第二天不敢怠慢，執拾行李，趕往管制站前，準備登車，誰知竟然出了紕漏，這輛貨車，竟給吳秘書一家大小，代我搭乘而去，而且車行時間也提早了一小時出發，這真是晴天霹靂，為旅途中唯一不大不小的打擊！我自然不免向齊站長交涉，詢問此中原委？這位齊站長他反而責怪我自己出爾反爾，指出我自己心甘情願，讓與吳秘書搭乘，何以事後又生反悔。這一指責，却使我不服氣了，於是追究前因後果，他說在昨天替我編配車輛以後，那位吳秘書傍晚前來，據說由我介紹往晤，說我尚須等候朋友，稍遲幾天啓程，願把此車座位轉讓他們，他以為此事並無不可，所以允如所請，却不料此人原來一片謊言，使他信以為真云云。事情變得這樣，根本出我意料之外，其中不盡不實之處，我為行旅之人，不願多所開罪，所以我也並不十分責怪，祇要齊站長負責另覓車輛，又何必多事爭執。這位站長先生也是一個老公事，他自知此舉也有未妥，於是為我再行查閱公商登記冊，總算辦事迅捷，查出下午有一輛資源委員會的鎢砂車，由此直放重慶，比了早上裝錫車輛，還要舒服，而且在貴陽稍作停留，即開重慶，簡單明瞭，別無週折，我自然再向他鄭重道謝，把行李携回招待所。夏主任聽到經過，也覺吳某此人未免太過，後來我獲悉這位吳秘書那天居然會移花接木，朦混管制站，事後又去和司機接洽，要那位駕駛員明日提前一小時登程，這種種安排，當然大有文章，我晚到一小時，他竟先我而去，於是我也想起他以前所說湖北佬四川佬的諺語，誰知竟應在他自己身上，出門人豈可不小心哉！我們所搭的鎢砂車，因為體積很重，所以車上看來所載不多，除了內子小女，仍坐車頭之外，我與另一位大美同事以及其他乘客在車後也頗舒適，因爲這是公家車輛，所載乃係重要物資，運到了重慶，還得飛越駝峯，直運美國，據說便是提煉原子能的要素，所以政府特別重視。運鎢車輛都以汽油爲燃料，司機也很負責，戰時的司機爲天之驕子，後方姑娘寧願嫁給駕駛員，不願嫁給什麽長或什麽將，則以他們進益既多，又可買到名貴用品，我們從江西出發坐軍車，便稱呼司機爲駕駛長，到金城江以後，便跟別人叫司機員，一路之上，他是高高在上，任誰都須聽他命令，有時日未下山，他到了一個市集，便停止不前，叫大家覓地休息，他自己則去小公館中，會他戰時情人。所有沿路旅社食肆，對這些駕駛員也待如上賓，因爲祗有他們出手濶綽，揮金如土，所以他們一到，早有人笑臉相迎，歡迎財神老爺。車離金城江後，一入貴州境界，景象大異，山荒土瘠，與桂省截然不同。我們在叢山峻嶺之間，初次看到後方特有的馬隊，一行十匹或二三十匹，當先一匹老馬，頭插金花，頸懸紅絨銅鈴，一通鈴聲响處，風送入耳，另有一種幽韻，老馬身後跟着許多馬匹，祗有一兩個趕馬之人，手執長鞭，不時聽到他們口中吆喝，這些馬隊，依序而進，絕不混亂。甚而有時祗見老馬帶路，無人督領，所謂馬首是瞻，老馬識途，又是給予我們一種活的教育。我們又見到了貴州山間的苗人，他們男男女女，面上刺了花，有的騎馬，有的步行，三三兩兩，不時相値，於是一路行過都匀獨山而到達貴陽，未晚先投宿，鷄鳴早看天，這種後方的鷄毛店，我們有時借宿一宵，有時吃上一餐。到了貴陽，又是一個大都市，當時此爲貴州省省府，那時吳鼎昌開府其間，建設得頗爲像樣，少不得拜訪朋友，參觀市容；突然在貴陽城內，與那位乾親家吳秘書正面相見，正想上前打下招呼，問問他何以逞巧施騙？這位先生眞是萬分機智，向我一領首竟拔足狂奔，向相反方向一溜而去，從此天涯何處，不復相逢，甚至以後他老師杭石君兄，撤退來渝，據說與他斷絕音信，一塲朋友，變成歡喜寃家，此爲生平趣事之一，今日記之，猶自覺莫名其妙。在貴陽住一宵，人說此間天無三日晴，地無三尺平，人無三分銀，笑貧不笑淫，以我所見殊不盡然。我到之日，天氣頗佳，街道整齊，商肆繁盛，最爲遺憾的，旅社中老鼠奇大，白蝨盈千，不但使我們不能安枕，滿身奇癢，甚至掛在牆壁間的食物包上，也都爬滿了白蝨，我內子爲此忙了整天，才把這些小小醜類，予以肅淸。從貴陽搭原車去重慶，一路而行，有許多大縣大城，以前曾爲當年貴州軍閥猶國材、王家烈等爭奪之區，所以名字並不陌生，市容也頗爲繁盛，而車過七十二盤，爲去渝途中使人心驚胆怕之區，所謂吊死岩者，懸崖峭壁，路陡而險，崖下的確有許多墮下的車輛，見了不寒而慄！有一處山上小鎭，好像名叫石板屋，那些古老房舍，屋面蓋的盡是石板，因爲山風剛勁，普通瓦片，易被吹落，此與衡山絕頂祝融峯之鐵瓦寺，同其用意也。這輛鎢砂車，一路尙算順利，就這樣把我們裝到重慶南岸的海棠溪，時已入夜，司機員宣告任務完成，於是我們交易而退，揖讓而別，就在海棠溪路邊一家旅社住宿一晚，算是全部旅程告一段落，而我們戰時流亡途中的新生活，從此開始，人生旅程，又開始了另一章新生活。

行到陪都心事了　歡迎會上窘不堪

翌日天明渡江去重慶，一看我們在海棠溪投宿的這家旅社，奇怪得很，臥室後面，竟無門窗牆壁，昨夜到時，室中一燈如豆。床上另有蚊帳，室後根本墨黑一片，我們旅途勞頓，但求棲宿休息，並未詳細觀察，幸而地方治安還好，否則如此情形，簡直和露宿彷彿，豈不令人駭怕。到海棠溪渡江，方才領畧到長江水流湍急，依稀渡登對岸之處，似爲通轅門底下，爬上馬路，又使人駭了一大跳，因爲其時長江水淺，由渡頭以至岸上，簡直懸崖百尺，高不可攀，此所謂山城景色者，在我們下江人看來，眞是一個奇蹟！幸而這裏多的是轎伕，眷屬行李，僱他們舁送登岸，我們則拾級而登，好在路上已練習了爬山越嶺的本事，並未十分吃力，就這樣我們業已到達了重慶。第一件事，當然望門投止，先要找一個寓處，我們早已知道上淸寺爲政府集中區域，有許多朋友住在牛角沱，中央通訊社在兩路口，如要和朋友們取得聯絡，祗須去中央通訊社查問，一切都能迎刃而解，於是僱了黃包車請他們駛往兩路口相近的旅社作爲下榻之所。重慶的黃包車，又是一個奇跡，我們初次僱乘，一路上去兩路口的方向，屬於上行道路漸漸爬高，所以走得其慢無比，將上兩路口跨上中一路時，又要盤旋而登，那裏佈置得尤如一個小花園，看來頗爲舒服。經過左盤右旋之後，爬上中一路，那條寬大的中一路，市容頗盛，而中央通訊社便雄踞在一角，很觸目，使人一望而知。車伕替我們找的是一家四川大旅社，剛剛在兩路口上去不遠而通到上淸寺政府中心區的方向，交通很方便，我們畧事安頓，第一個節目是找朋友，最先接觸的是吳紹澍和馮有眞，他們聽到我來，便告訴我早已爲我們物色了一個住處，要我馬上搬去，還說這是聽到你來渝消息之後，即刻弄好這房子，偏因足下姍姍來遲，已被幾位香港朋友捷足先得，再不搬去，恐將無法容納。於是我們從四川大旅社遷地爲良搬到他們替我預備的住處，這層所謂綑綁樓房，從山坡脚下數去應當已是第五層，但我們從中一路大街進去，只算第二層，樓梯樓板，竹木交互而建，搖搖擺擺好像打鞦韆，初時不免心驚胆戰，習慣了到處皆然，甚至許多外表看來一座大洋房，實際上也是竹片和三和土混合建成，減工省料，却也堂皇美觀，自此以後，我便由吳紹澍、馮有眞兩人替我安排，分別拜謁了有關當局。這時從淪陷區撤退來的報人，共分三路，我們上海屬於華東區，香港屬於華南區，菲律賓星加坡等則屬於海外的南洋地區了，衆家英雄拜受日軍之賜，大家都是九死一生的奔來重慶，投向祖國懷抱，政府當局，不但花了許多錢，還要給予我們精神上鼓勵，於是一個規模相當龐大的歡迎會，由中央黨部秘書長吳鐵城以及中央宣傳部長王世杰的主持下擇日舉行，我們應邀參加，却不料使我碰上了一個大難題。在人數極多把中央宣傳部的一個大禮堂擠得滿坑滿谷的盛大場面中，首先由宣傳部長王世杰致詞歡迎，他感謝上海香港和南洋各地的報紙在過去的艱苦奮鬥以及此番不避艱險，投向祖國懷抱，表示衷心感謝及歡迎之忱，然後，要我們這些被歡迎的落難貴賓，分別發言。忽然有人把我第一個提名推舉，要我首先致詞，接着又是一陣掌聲，拍得震天響，霎時間使我宛如五雷轟頂，魂靈兒飛上半天，因爲我之爲人，平日和朋友聊天聚晤，倒也口若懸河，談笑風生，但對於正當場面，要我公開講演，總是沒法推辭，從上海來渝途中，雖在幾家學校對一些中小學生講一些陷落以前的大上海情況，但這些對象，都年齡較小，說得或好或壞，可以無人批駁，現在當着這許多當朝顯貴，大後方的同業先進，以及文化界知名人士，我這個後生小子，叫我怎樣開口，而且事先又無接洽，根本未有準備，眞是窘不堪言，不知所措；尤其我突然想到在上饒時袁業裕對我的一番箴言，要我切不可以過去中文大美晚報的諸般苦難，逢人訴說，這樣不但引不起別人同情，反會招人妒嫉，認爲自我標榜，所以我當時在無可奈何之中，首先向政府當局，感謝給予我們的援助，以及上海成爲孤島後，隨時隨地給予我們精神上鼓勵。然後畧述幾年來在上海的冒險違難，原爲每一國民之天職，不僅新聞界如此，所有上海之百工百業，莫不心向祖國，誓與敵僞不同戴天，此番因租界淪陷而放棄原來崗位，在我而言，等於一個逃兵，心中有愧，却承政府當局，不以爲責，自然萬分感激。但我目前雖倖而到達大後方，一念及上海新聞界同人，絕大多數猶處身於敵僞魔掌下討生活，彼等爲事勢所迫，當然俯首帖耳，佯爲服從，但跡其內心，誰願甘爲順民，自毀歷史，深願中央當局，早日拯彼等於水火之中，實爲我個人今日代表上海整個新聞界同人之心聲。回想我當時渾渾噩噩，語無倫次的說了一通，事先聲明我不善國語，祇能以上海話出之，實則我之上海土話，相信到場參加盛會之人士，能聽懂者絕對不會超過半數。事後會有一位在場的湖南朋友，他聽不懂我全般說詞，就詢於王世杰，王氏是湖北人，他也以聽不懂三字相答，此是日後這位湖南朋友親口告我，使我不禁大笑，幸而他們聽不懂，否則當場出醜，更不知如何情形哩。當時講話既畢，祇聽得一陣掌聲，不知他們是捧是嘲，總算把我在一陣錯愕中清靜下來。接着便是大公報的張季鸞，他代表香港報界，潘公弼代表南洋報業，報告他們此番歷險歸來，這兩位是報業祭酒，文章言論，自然不凡，他們演辭的內容非常充實，尤其對如何逃離日軍虎口，說得有聲有色，我自然跟了別人的掌聲，歡呼附和，而結束這場盛會的是中央黨部秘書長吳鐵城，他除了嘉勉我們這些逃難朋友外，特別稱贊我們上海新聞界同人過去與日僞間的鬥爭情況，以及許多烈士的爲國捐軀，他特別指指我，說大美晚報的犧牲最慘，所受的苦難亦最多，中央一定對淪陷區歸來的報人給予適當安置。然後大會告畢，茶點招待，算是政府當局第一次對於所有上海香港以及南洋各地的來歸報人的招待盛會，我則在這一個大場面中，幾乎變做了一個罪犯，窘得無可再窘，事後還給一個大美晚報同人大罵山門，說我不應當遺漏了過去轟轟烈烈的鬥爭史，却說些感謝政府又代表上海新聞界同人心懷故國的這些廢話，他又說：今日之會，別人都想聽聽日僞方面昔日如何對大美晚報幾位同人行凶的眞實故事，以及如何抛擲炸彈，綁架職員等等的驚險場面，誰想到你應說的不說，使他愈聽愈氣，愈聽愈忿云云。他又說：今天安排你第一人講話，足以表示中央方面重視上海新聞界，你却一味謙虛，表現得渺小不堪，丟盡了上海人的面子，我給他一陣排揎，更是面紅耳赤，甚至使我不願再參加以後其他幾個招待會，而詹文滸便成了上海新聞界的代言人，他因爲當年曾爲中美日報總編輯，也足以代表我們，此君舌粲蓮花，由他描述許多險難慘痛故事，使聽者動容，聞者擊節，詹文滸在戰時，曾爲上海世界書局總編輯，其後中央派吳任滄爲黨政特派員時，創辦中美日報，詹文滸以周訪渭爲名，出任總編輯，他與上海新聞界人士平日無多接觸，我在上海也祇偶在電話中有所商討，從未一睹盧山眞面目，到重慶後，中央派我出任中央日報總社總經理，詹爲中央日報昆明分社主任，其後又和我對調，他到重慶，我去昆明，日本投降，他飛返上海，他奉命爲中宣部新聞特派員，其後又爲新聞報總經理，現在僅知其在上海而情況如何，却完全不明了。

通轅門畔郭瞎子　去向休咎卜前程

我們初到重慶，在政府和朋友們多方協助下，深覺人情温暖，渾忘旅途之苦，但個人對於中央日報總經理這一個職務，却感到萬分惶惑和不安，因爲我雖然算得是一個報人，但向來的工作地點祇偶處於上海一隅之地，而且我的工作，祇限於採訪和編輯部門，從未過問經理部方面的職務，生平對於銀錢出入，最感頭痛，而經理工作的龐煩和瑣碎，更不合我的個性，目前要我去做這一工作，簡直造屋請了箍桶匠，自然不敢應命。再則中央日報爲政府唯一的機關報，尤其當時的重慶已爲全國的神經中樞，這一份報紙地位的重要，可以想見，雖說總經理上面還有一個社長綜持全局，我不過是他的屬下，但一旦出膺此職，自然要負起報社中除了編輯部門以外的全部責任，甚而要和許多方面肆應，自審不材，難負重寄，但吳紹澍和馮有眞兩人，竭力勸我担當此職，並說社長陳博生，是一個老報人，時下知名之士，他不但身任重慶中央日報總社社長之職，還兼任中央通訊社的總編輯，他身負新聞界兩項最崇高最重要的職務，在他下面做事，正可加以學習，隨時請益，而且陳氏爲人虛懷若谷，忠厚老成，我的這項任命，又是中央方面迭經攷慮由中央常會正式通過，任命書也早已發下，不可能再行變卦。不但陳博生先生親自來訪，要我勉爲其難，他又開誠佈公的述說當時中央日報內部情形，希望我以一個超然人物，替他從事大刀濶斧的整頓，一切由他全力支持。除了陳博生先生這一番誠懇談話之外，我又獲得俞鴻鈞的另一鼓勵，他因爲我自承對經理部門工作，全盤外行，因此徬徨憂慮，他便指他自已說，你看我是否是財經專家，現在却担任財政部的次長，不要怕，你儘管去，一定能應付裕如，慢慢會習慣的；此外，吳鐵城是中央黨部秘書長，他好像我們上海人的家長，他當年在重慶，每月舉行「七七月會」，紀念抗戰開始由北平蘆溝橋而延及上海，所有在重慶的上海市政府舊同人以及旅渝的上海人士，大都參加，他邀我去出席月會，也替我大壯其胆，還說有問題可以找他，各方面都這樣鼓勵我，支持我。最妙的我還去問過名聞一時的摸骨專家瞎子郭泗海，提起此人，凡是抗戰時去過重慶的幾於人人皆知，大大有名，據說他曾替衛立煌將軍摸骨，衛祗穿一套平常的小兵制服，郭泗海當然看不到他衣着，但摸了衛立煌的手和頭骨，便指出他是一員大將，而且又將膺方面之寄，不久之後，衛氏出任遠征軍總司令，於是郭泗海的大名更著。我對星相之道向不迷信，但也並不否定他全屬騙人之談，因爲我自己也曾親身經歷過若干瞎子先生靈驗非常的預言，這次前去本是陪着吳紹澍、馮有眞還有一位平漢路黨部的執行委員張平以及另一位王委員，首先替吳紹澍相，說他身爲特任官吏，而且文中帶武，武中帶文，經常在危險場地討生活，但能平安無事，又指出他一年半後，將有重大變故，吳聞之色變，詢以有無生命危險，則曰生命並無問題，但名譽必大受打擊，最後還得出國云云。那時吳紹澍雖非特任官吏，但江蘇監察使係屬特派之職，不能謂之不準確，至於身履險地，來去安全，此則指在滬工作，係在敵僞勢力下秘密從事，自然更覺信而有徵，至於一年半以後身敗名裂之說，當時以爲不經，但稽之時間，則遲至勝利之後，吳身爲上海副市長又兼社會局長，更主持上海市黨部與三民主義青年團，此外除仍兼江蘇監察使之外，復膺軍事特派員及黨務特派員之職，固勝利時期上海最紅而最出風頭之人物也，曾幾何時，各方讒言紛起，吳之部下有被扣留查辦者，千夫所指，以爲吳乃接收大員中貪官之一，幸而謠諑非確，但吳之聲譽，已如郭泗海當年所言，確已大受打擊矣。此時吳氏本身，復與多方面招怨樹敵，於是而江蘇監察使、上海副市長、社會局長，甚至上海市黨部，一切職權均被解除，最後僅剩者爲三民主義青年團之書記一席，以及苦心經營之正言報亦復於金圓券發行上海實行經濟管制查封揚子公司等案之後，亦被查封，如此盛極而衰，我爲旁觀者，不勝搖頭太息，而當共軍席捲上海時，吳之行踪，忽無消息，初以爲去港或去台，詎我等違難離滬，遠適南荒，始知吳已背棄歷史，與楊嘯天等投向紅朝，其後又聞遠適北平，任職於共方交通部中爲一名參事，若干年前，又聞列名右派而被鬥，近且聞已逝世。吳與我相交在艱苦患難之中，不特處處予我鼓勵指示，且多方宣揚我等在滬與敵僞鬥爭之勞績，我之去渝，吳之援助更多，以及日軍無條件投降，上海光復，吳在抵滬之初，即致電甫行任命之上海市長錢大鈞，請於返滬之日，務與王曉籟、奚玉書及張志韓同行，蓋當時由渝返滬交通至難，錢氏身任上海市長，所有滬市各局首長及重要人員，中央特請美車撥機十一架，專程飛滬，我幸獲吳氏之助，以及錢將軍之特准，得於光復之後，爲第一批復員報人，其後我刊行大美夜報，更復刊華美晚報，草創之始，備極困難，設非吳氏陸續假我白報紙廿五大筒，並由當時之青年日報與正言報，相繼爲我承印，則我之報人生活，當時必將另作一番奮鬥，於今流光卒卒，世事日非，甞吳者曰此人如何如何，亦有譽吳者指此人又如何如何，以我而言，則此中起伏，皆有因果，因記郭泗海當年之言，吳之運命，豈非若合符節。

當日吳紹澍之摸骨相既畢，其次爲王委員，瞎子先生摸王之手，繼摸王之頭，及其枕骨，則曰君命大佳，此後枕骨爲足下之安全骨，一生之中，可賴此安全骨脫於險難，並指王氏身任軍職，昔日三度失意，當時甚至失却自由，此後則一帆風順，前途無量。更可貴者，一生樂於助人，風義相照，福田心種，可喜可賀，郭之所言如此，我當時不知王氏何時失意，何時失却自由，但見吳紹澍微笑不言，王亦頻頻頷首，可知瞎子之言，似亦可信。

禍福推求憑十指　娓娓言來若有神

於是再次爲我推相，則云足下之工作非公非商，很是奇怪，因爲足下既屬非公非商之人，爲何過去幾年却天天處在死神身邊討生活，未免出於想象之外，但足下雖日處危險之中，却能安然無恙，而且處境愈險，其名愈彰，委實使他難以索解，於是他脫口詢我，足下過去所操何業？我以新聞記者告之，郭泗海不禁拍手而言，對了對了，新聞記者不能算商人，但也不能算公門中人，眞是三百六十行以外的事業，但何以足下身爲新聞記者，却要碰上許多險難？當時我笑着不說，吳紹澍是爽快人，他代我說出以前在上海從事此道，被敵僞視爲眼中釘，不免日處驚濤駭浪之中，幸而數年以來未遭虎狼之吻，而今逃得命來，到達重慶，却爲了一件新工作徬徨莫決，要郭代我卜卜休咎，於是郭又在我手指之間，摸來摸去，他說新工作不錯，但必須在半月以後到職，如果提前視事，難免許多口舌糾紛云云。郭之言當時聽來，未敢信以爲眞，但是我隔了三天，便去中央日報視事以後，種種遭遇，又使我大爲佩服，因爲他的預料，果多不幸而言中也。吳紹澍爲我問了前程，我却急着要郭替我算算命中財富究竟如何，因爲過去所過，盡屬寒酸生活，此番來渝途中，甚至中道被阻，資斧告罄，設非當局再予接濟，我在上饒已有難以舉步之苦，目前雖已到渝，但川中生活，除了昆明以外，物價最高，此後如何應付，未免心中害怕，於是詢郭以此後的經濟問題，却不料郭泗海一聲哈哈，他說足下不必躭心，連同今日到此算命的幾位在內，都是身價在百萬千萬之間，何必多此一問。我聞言之後，也不禁向郭開一玩笑，不如把我百萬千萬之身價，向君先行抵借數十萬，以後發跡，定必本利全歸，決不食言，郭知我開他玩笑說道時已過午，他規定看相時間已到，有事明日再談，此際尚有馮有眞和張平兩人未曾輪到，馮則無所謂，約以日內再來，但張平堅決請他一相，而且說正有疑難之事待決，要他破例一算，於是郭泗海又伸出手來，把張平十指摸來摸去，沉吟半晌，他仍是不肯再算，連說足下且待明日再來，始可直言無隱，今日則無論如何，不敢應命，我們見他說得斬釘截鐵，當然不便相逼，辭出相館，張平首先搖首稱奇，却是沉吟不語，吳紹澍則勸他千萬忍耐，不可造次，因爲相命先生當場拒絕，其中必有道理。事越數日，始知張平爲了競選平漢路黨部委員一席，與人相爭，甚至聲言在看相日的下午，雙方來次決鬥，以定勝敗。郭泗海的摸骨算命，據說就憑這種心得，可以知道各人手指之間的精氣神而懸斷吉凶禍福，再憑各人之骨格而測度一生遭遇，我們當天幾個人，僅僅摸手摸頭，不及其他，據說有人曾經脫衣露背，大摸全身，甚至男女間的尻骨陰門，必要時亦須摸上一摸，被摸者不特不以爲忤，指爲非禮，事後且大贊其神驗非凡，證諸張平之事，那天下午，竟有生死之爭，則其心理上必有一種異感，因而在手指上的神與氣，難免有異平時，郭泗海不肯做他生意，當然大有道理，而張平給他這麽一說，再加吳紹澍的勸說，頓時改變主意，不與對方相爭，結果則保全生命，並未出事。馮有眞和張平第二天再去光顧，郭泗海祝張平厄運已過，此後一路平安，而對馮有眞則似乎祇說準了一半，他說馮有眞是軍人，不對，他說馮有眞過去出生入死，足履險地，也幸而頭上有一根安全骨，可以化險爲夷，說得還對。再又說馮氏以後必做特任大官，又不對，馮氏勝利之後，和我們一樣仍幹新聞事業，他還是中央通訊社的上海主任，又一波三折的辦了一張上海中央日報任社長，最後則與彭學沛同機由滬飛港，撞落在距離啓德機場不遠的山頭，全機搭客無一倖免，想想馮氏生前和我們患難相扶，他更處處給我吹噓遊揚，悉力提攜，吳紹澍與馮有眞誠爲我倆人生平僅有之知己，而今已矣！而今已矣！以言昔日共處危境，與敵人漢奸相抗爭，輒覺不盡低迴，黯然神傷也。更憶及郭泗海當年所言我等皆爲億萬富翁之語，亦屬奇驗非常，蓋戰後法幣貶值，金圓券又慘遭失敗，當時我人固皆擁資億萬者也，惜乎此億萬數字，爲值奇低，如郭泗海爲神人，我等豈非受其奚落而當時冥然妄覺乎。實則郭爲一平常瞎子，據聞其後生涯寥落，不復爲人所信，郭其時在通轅門外一破屋中，四週盡爲頹垣瓦礫，爲日機轟炸大重慶之遺跡也。

中央日報新職務　化龍橋畔舊營生

我因中央日報之職務，業與陳博生先生約定視事日期，其時之中央日報，社址在郊區化龍橋，另設營業部於市區之過街樓，化龍橋由重慶市區前往，須搭公路車，戰時物力維艱，一滴汽油一滴血，整個報社，祇有一輛老爺汽車，祇供社長一人乘坐，但亦祇每晚前去治事時來回各一次而已。依據編制，總經理應有滑竿一乘，亦以經濟關係，空列名目而已。戰時重慶報社都爲避免轟炸，設於自李子壩以迄化龍橋一帶，由上淸寺中央宣傳部附近，折入牛角沱一路前進，可見時事新報、大公報、掃蕩報，然後越化龍橋而至中央日報，與之爲鄰者又有新蜀報與新華日報。中央日報地勢頗佳，傍山而建，防空洞在百尺巉岩之下，排字房機器房均設於洞中，洞作丁字型，不但電力設備，獲得特殊供應，偶有停電，亦無影響，且自備柴油發電機，任何時間，均可如常工作，防空洞之外爲辦公室及職員宿舍，洞頂小間，則爲工人宿舍，或爲瓦頂，或爲草蓋，戰時之大重慶，到處皆然，除全社員工以外，更有特警一中隊，負責拱衛，公家報紙氣派畢竟不同，我每日上班下班，進出社外通道時，守衛崗警，必立正爲禮，有時爲之嚇了一跳，小百姓向不經此，習慣後乃成自然。中央日報自上海瓶建，其後改遷南京，戰時由京而渝，首任社長，似爲賴璉，而後爲程滄波，程到渝不久，去職赴港，中央另派何浩若，聞何祇視事一週，不復再去，於是中央再命陳博生出任斯職，陳博生亦知此一任務，非常艱鉅，故當時祇允以中央社總編輯身份兼攝，因當時身爲國民參政員，並薪水亦未領分毫，報社所供者祇老爺汽車一輛，及家中工役一名，由報社負責薪水，其廉潔有如此者。我當任事之初，陳博生爲我簡介社中概況，最困難者爲經濟，而最成問題者爲社中收支情況，簡直一場糊塗，甚至出納銀錢，並無日報表，身爲社長，不知今日庫存多寡，亦不知收支若何，其所以如是脫節者，爲程氏之去，何氏之來，當時未辦交收，總經理一席，本爲張明煒負責，但陳博生於接事時，張又去成都自瓶另一中央日報，因此關係，內部工作鬆弛，甚至每日支應，須向營業組與出納股商洽，索蘿補屋，左支右絀。當時陳氏雖另派一高璋卿君爲副總經理，高君爲陳氏昔日北平晨報之老同人，隨同到社，負責經理部工作，其人忠厚誠篤，君子人也，我在該報，高君助我最力。陳博生要我以大刀濶斧精神，首先進行兩項工作，一爲提早出版時間，俾與新華、大公爭一日之長，蓋以該報每日遲至九、十時左右，始見街頭有售，當局對此，嘖有煩言，報紙銷數更無起色，此爲報紙之生命線，自然列爲首要。其次則經理部門而不知每日收支情形，庫存多寡，在公在私，均屬大忌，戰事物價高昂，不肖者輒以公帑購日用品，待貿遷獲利之後，始以歸公，聞經理部若干職員之宿舍中香煙肥皂等堆置甚多，有人報告，此中實有內幕，而化龍橋若干茶館，每日酒食徵逐者亦爲經理部中之豪客，但此事苦乏佐證，首要之圖，爲迫令負責出納者，必須辦到每日收支必有日報表，然後知銀錢出入，有數可稽。陳氏力云大力支持，不稍姑息，我亦以爲既負其責，義不容辭，於是先與工務組商量獲悉工房大體情形，再與編輯部斟酌發稿時間，使兩者密切聯繫，從容銜接，居然奇蹟出現，出版時間，逐漸提早，由晨間九十時而提早至七八時，甚至六時左右，已可由化龍橋運去市中，我當時卜晝卜夜，等於不眠不休，蓋上午八時以後，即須在經理部工作，下午五時以後，又須料量編輯部發稿時間，其中廣告部文稿之校對，屬於經理部門，亦須督促遠在市區之營業部務須於入晚之前，送到排字房，而校對工作，甚而改換拼版等時間，事先均作有系統之規劃，幸而當年中央日報之總編輯詹辱生、副總編輯許君遠、副刊編輯孫伏園，皆新聞界知名之士，與我聲應氣求，共同努力，我晚間則不斷進出岩洞中之排字房，與工人等隨時聯繫，昔日萎靡之氣，一掃而空，乃知昔日遲遲出版，其病不在同人，而今之突然改觀，其中亦無奇蹟，凡事皆屬人爲者也。

中央日報掃蕩報　兩家併作一家春

當時陳博生氏既大爲欣慰，中央當局屢予嘉獎，可惜此一努力，其後竟爲意想不到之致命傷，蓋其時當朝權要不乏聰敏之人，以爲中央日報既能起死回生，而當時之掃蕩報爲唯一軍方日報，每月所費頗多，時正和談熱烈，國民黨與共產黨之間，爲抗日而合作，化內爭爲對外，掃蕩報初期之時，原爲掃蕩共黨而設，目前干戈將化爲玉帛，對內何必掃蕩，不如將掃蕩報按月之欵移之中央日報，兩報合而爲一，不但發行廣告可以倍增，而人力支出，可以減半，爲計之善，莫逾於此，張治中對此更表贊同，因該報大部份經費，當時由政治部支出，張爲政治部長，合而爲一，在當局固輕輕一言，易於借火，但實行之難，有非想象可得者，如報名之存廢，當然不可能廢掃蕩報而僅稱中央日報，但掃蕩報亦不願壽終正寢，必須繼續葆存，於是以中央日報掃蕩報兩名並列，下加聯合版二字，以示兩者並存不悖，以年資論，中央爲老大哥，自然居於首席，掃蕩報則列於左，此怪模怪樣之報眉，實爲一大奇蹟。至於人事，掃蕩報社長何聯奎乘機引退，則以副社長劉威鳳爲聯合版副社長，原任掃蕩報之總編輯總經理，則爲聯合版之副總編輯及副總經理，此爲名義上之安排，掃蕩報同人虛懷若谷，一致接納，但其他方面，則不可能兩合爲一，事實上之困難，且有出乎想象之外者。以工人言，原來工人不可能併於中央日報，蓋原來之地位有限，工作之器材固定，勢不能予以容納，但亦不可能予以裁撤。此外機器生財，亦屬無法遷徙，甚而廚房餐具，工人眷屬，一切安排，均不可能兩合爲一，幾經商洽，則規定在掃蕩報原處工場，一仍其舊，排版印刷，分工合作，但實行之後，困難萬狀，因兩地排印，在時間上極難配合，而印報多少有隨時增減可能，往往一處已印八千一萬，另一處祇印二千三千，且當時之印報機，極易損壞，兩家各有平版機多架，但誰能保證事事盡如理想，其中且包括工人情緒，設備優劣，因此兩報合併以後，出版時間大爲延遲，此爲當時之最大打擊，中央日報負主持聯合版之責，於是首當其衝，受盡指斥，所謂以兩報之人力物力，可以事半功倍者，至此已成夢想。陳博生與我在苦思焦慮之後，深覺祇有由中央日報另購新印刷機，集中一處印刷，始可挽救，但此事非錢不可，商之中宣部長王世杰及中央黨部秘書長吳鐵城，由秘書處担保向中央銀行貸欵，向機器廠訂購新印機三架，無如遠水不能救近火，頹勢一時無法挽回，而中央日報本身，却爲了購買新機背上債欵，須要按月拔還，陳博生最頭痛是錢的問題，他一切諉之於我，我既身負總經理之責，自不能不設法調度。說也奇怪，一家偌大的官方報紙，除了與銀行往來存放之外，其他方面，從無交道，此時我祇憑私人友誼關係，向銀行界的朋友把中央日報的支票借調現欵，說來慚愧，因爲從未做過此種事情，根本不知道貼現和利息，我的朋友祇知道應當予我幫忙，也因爲中央日報是一家最大黨報，不會吃倒賬，所以他們給我調取現欵，從未提到利息兩字。我如此苦心孤詣的爲中央日報調度頭寸，應付日常開支，誰又知道出了一次不大不小的毛病，鬧到陳博生因此辭職不幹，我則在陳氏安排之下，在他未走之前，先行調往昆明中央日報，而把在昆明的詹文滸調回總社，因詹的要求，除了他名義上是總經理外，再給他冠上副社長銜頭，陳博生之所以如此調動，心中委實有難言之痛，因爲自與掃蕩報合併以後，他身爲兩報聯合版社長，不知者以爲他野心勃勃，做了中央日報社長，又搶去了掃蕩報，當時已有人紛紛批評，他們不知道合併之意，出自當局，合併前後的困難重重，均須苦心應付，當時主持掃蕩報的諸公，都是通情達理之輩，所以大家一談合作，非常融洽，但須知掃蕩報是一張軍中報紙，不但全國軍人十分重視，而黃埔軍校的一些前輩，也認爲此報屬於他們的言論機關，在此抗戰重要關頭，何以要把它合併，事實上等於停辦，他們心裏始終懷着相當不滿，其後見到所謂兩報聯合版者，不但未見有何特色，且出版遲遲，銷數不振，於是群相攻擊，指爲失策。（五）

Wearing Levi's is better than wearing pants!
Levi's ®

三慶會與康芷林

·周慕蓮·

在我國的劇種之中，川劇以格律謹嚴、變化多端馳名。特別在清末民初，出了一位優秀的小生演員，名喚康芷林。因爲當時的康有爲有聖人之號，四川人就把康芷林也稱作康聖人。大家公認康芷林的戲德、劇藝，在在出人頭地，超凡入聖。三慶會就是以康芷林爲首的一個戲劇團體，本文作者周慕蓮，工旦角，人稱四川梅蘭芳，又有個外號「表情種子」，曾和康芷林同台演出。

「三慶會」是川劇藝人最早自辦的一個戲曲團體，一九一二年在成都悅來茶園（即錦江劇場舊址）成立。當時由康芷林、蕭楷臣、唐廣體等老師傅，邀約了「長樂班」的劉芷美、「宴樂班」的楊素蘭、「翠華班」的譚芸仙等著名演員組成的。所以取名「三慶會」，就是用以慶祝以上三個班社團結、合作的意思。

我進「三慶會」以前，在「永遇樂」唱戲，就聽到川劇藝人中常說：「要操眞本事，就到三慶會」；又久慕「三慶會」中康芷林老師的藝術好，品德高，這樣我便有了加入「三慶會」的念頭。我把我的想法，告訴了關心我的同人，他們大都鼓勵我去；但其中也有個別的人勸我不要去，說「三慶會」是窩子班，會裏有科生，陣容整齊，外來人恐怕要受夾磨，怕我受不了，勸我仍然留在「永遇樂」，我當時想：不趁年輕時學點藝術，將來老了一事無成，怎麽辦呢？我不虧人，人也不會欺我，大家都是藝人，只要自己多加注意，也可以相處得好的，于是便下定決心，加入「三慶會」。當時我們藝人在警察廳立案，不能隨便走動；要調換一個班子，還得走個「過場」。當時，我照着別人給我出的主意：先離開「永遇樂」，在親戚家耍了一年，幷與唐廣體老師接洽好加入「三慶會」的事。第二年我隨李鳳蓮老師初下重慶，在「東舞台」演出，與張德成老先生同班，演了兩個多月，重回成都後，才正式加入了「三慶會」——時在一九二〇年。

這時候的「三慶會」正處在全盛時期，羣英薈萃，名角如云，演出陣容整齊，各人都有不少獨到的劇目，在戲曲界和觀衆中的威望很高。康芷林任會長，楊素蘭是副會長。生角有芮炳章、周名超等；小生有康芷林、蕭楷臣、唐蔭甫等；小丑有蔣潤堂、唐廣體等：淨角有賈培之、周輔臣等；旦角有楊素蘭、劉世照、譚芸仙、劉芷美、游澤芳、白牡丹等；和我同輩的有薛月秋、白玉瓊、筱瓊芳、玉飛瓊、筱玉梅、筱靈芝、陳碧秀、楊雲鳳等；還有名鼓師唐德彝和李錫生。

我加入「三慶會」後，第一次上台是和唐蔭甫合演「生子上路」，劉芷美老師在場面上看了我的戲（當時的樂隊設在舞台的正面，面對觀衆）。戲完後，劉老師到後台對我說：「不受塵埃半點侵」（「生子上路」中的一句唱詞）中的塵字應重讀，侵字應輕讀。話雖不多，但聽者受益，使我感到「三慶會」的老師傅對青年藝人是很關心的。

「三慶會」講究「三德」。所謂三德，即口德、品德、戲德。我進會不久，康芷林老師就教導我說要重視這「三德」，「三慶會」的人，最忌說下流話，挖苦人。同學、老師見了面，都是客客氣氣的。在台上演出講究配合，看到人家出了錯，不准台上「壞」人（即諷刺人）；壞人家，來顯露自己，這就有喪戲德。康老師自己就是重戲德的人，和他同台，有時你忘了詞，他會幫你引上路來。他還說：「生旦戲中調情戲本來就多，表演不能過分。過分的表演引起觀衆狂呼怪叫，那不是贊賞你的技術，而是笑你的品德低下。」記得有一次我和蕭楷臣老師合演「偷詩」，蕭老師在台上脫了靴子睡在床上，康師傅看到了，就叫唐廣體轉告給蕭楷臣，說他的表演太過分了。後來我和康師傅合演這個戲，他演的潘必正，文雅穩重，看來毫無輕佻之感，給了我很大的啓發。還記得有一次唐廣體和唐蔭甫合演「百寶箱」，其中有一段戲是：李甲（唐蔭甫飾）要以扇子打孫富（唐廣體飾）一下。唐廣體被打後，開了一個玩笑，他用扇子指指天，加插科說：「侄兒打舅公，天理安在！」（唐蔭甫是唐廣體的侄子）。這在戲裏本來是沒有的，觀衆也知道他們是故意逗趣，頓時大嘩，破壞了劇情。他們回到後台，周名超老師指摘唐廣體是「狗吃牛屎，不圖味道光圖多」；還有很多老師都說他不該「亂中飛揚」。當時唐廣體說：「我下次改了就是」，知錯認錯，幷不計較。「三慶

三慶會師生歡聚一堂，自右至左坐者：唐蔭甫、陳碧秀、周慕蓮、楊雲鳳（席地）、筱群芳、白玉瓊、熊蕊官，立者：芮炳章、賈培之、康芷林、唐廣體、唐德彝、蕭楷成。時在一九二五年，合攝於成都。

會」對待藝術的認眞態度，講究戲情戲理，配戲不配人，派角色從戲出發，而不是按工價大小，總之是以嚴肅整齊爲原則，這是素爲戲曲界所稱道的。「三慶會」有自己的一路戲和演出風格，這和「三慶會」團結戲曲作者共同合作有關係。當時成都的所謂「五老七賢」，他們旣是劇作者，又是觀衆和演員的知心朋友。他們編寫的劇本，經過演出，反復加工；藝術上逐漸豐富、完整；「三慶會」也因得到他們的支持，積累了一批上演劇目。成都黃吉安編寫的「柴市節」、梁山冉樵子（筆名梁樵）編寫的「刀筆誤」、尹仲錫編寫的「離燕哀」等劇，都是「三慶會」經常演出的劇目。「三慶會」還在戲曲作者的幫助下，試編了不少時裝新劇，如「黑奴光復記」、「武昌光復」、「刺恩銘」、「軒亭寃」等；以及根據歷史題材新編的故事劇，如「西太后」、「咸陽夢」等等。「三慶會」裏還有「研精社」的組織，參加的都是老師傅，目的在于精研藝術。我剛入會的時候，只能站在一旁聽講，後來才給了我一個座位，有資格泡上一杯茶，靜聽老師們傳經點竅。我們每天上午也要圍坐在院子裏喝茶，研討當天的戲，諸如表演、音樂、角色等等方面，我確實學習了不少東西。藝術有潛移默化的功能，聽的多了，日子久了，也就有所領悟和提高了。

「三慶會」還辦了一個「升平堂」科生班，學生都是藝人們的子弟。經過老師傅的熱心傳藝，培養了不少優秀的演員。如白玉瓊、玉飛瓊、筱玉梅、筱靈芝、唐蔭甫、游澤谷、黃開文等，都是「升平堂」培養出來的，對川劇藝術的發展起到了一定的作用。

在劇團和演員的經濟關係上，「三慶會」首創固定的分賬制度，不論名演員、龍套或者是場面音樂人員，一律按成分賬，這在當時也是一種革新。劇團到了青黃不接的時候，（藝人俗稱「拖黃」），工價高的演員自動減薪，康師傅總是以身作則。這樣，即使在最困苦的時候，也保證了苦哈哈演員的最低生活。「三慶會」演出的後台，供有一幅「百壽圖」，凡是參加過「三慶會」的人，死後的名字都登上「百壽圖」，以資紀念；死者遺留的子女，如果生活無着，會裏也可酌情撫養。所以，有些藝人進了「三慶會」就不想出去了，以會爲家，總算找到一座靠山了。

「三慶會」是培育我藝術成長的地方，會裏的許多老師，給了我多方面的教導，這是我的藝術生活中的一個重要階段。每當我回憶起「三慶會」來，我總是懷着深深的敬意，感謝老師傅們對我的教導；尤其忘不了在道德、藝術、生活等方面給我教益最多的康芷林老師。

康師傅平生待人誠懇，律己甚嚴，在藝術上有極高的造詣，廣大觀衆和戲曲界都尊稱他爲「戲聖」。他是邛崍固驛鎮人，生于一八七〇年（清同治庚午年）二月十三日。兄大鑾，名級三，是「老慶華班」有名的大面演員。弟名三鑾，在故鄉開中藥鋪。康師傅也會學過醫，有很好的舊文學根基，還善于繪畫。他十餘歲時就進了「老慶華班」，業師彭元子，是有名的旦角演員。他的藝術，除了受益于彭老師以外，還受到「明珠班」小生傅萊生、「賓樂班」小生何心田的不少教益。他生活儉樸，沒有任何不良嗜好；交游審慎，常說：「君子以道（藝術）爲朋，小人以利爲友。」他非常注意鍛煉自己的身體，房間裏有兩個鐵環，一早起來，先練吊環，活動肌肉，然後從他的住所（成都科甲巷）一直走到東門大橋轉一圈，再回家來練功，每天如此，從不間斷。他說：「武功是喂不到家的，一不練，功夫就會丟。」例如「尖子功」，一般演員要先上前參一步才能起尖子，康師傅隨便一踢，脚尖就貼眉尖，看來毫不費力；尤其是他的偏尖子，准能踢在太陽穴上，不偏不斜。他所以有這樣好的「尖子功」，是經過了一番非常艱苦的鍛煉而得到的。曾經有這樣一個故事：他年輕時，有一次和另外兩個小生合演「蟠龍劍」，演員要踢尖子上塲，那時他還沒有尖子功，在後台就央求另外兩個小生出台不踢尖子，以免相形之下，難乎爲情。當時，那兩個小生表面上答應了，但一出馬門都不肯踐約，仍然踢起尖子來，弄得他非常難堪。康師傅受了這塲耍笑，便發奮練尖子功。他聽人說在澡堂裏洗澡，熱水泡了之後，全身筋骨會鬆軟，利于練功，便去試了試，果然很有效。那年班子「扎冬班」（嚴冬營業清淡，封箱停演），他便天天跑到澡堂裏去練尖子，持之以恒，練了一個冬季，尖子功終於練出來了。

本文作者周慕蓮演「情探」，表演拋綾子

康師傅會戲很多，善于表演各種角色。他特別講究唱做，嗓音宏亮，行腔優美而富于變化，表演細致而又含蓄；注重戲情戲理，雖小處也不含糊，把握角色很準確，在舞台上創造了一系列生動的藝術形象：有寒酸十足的呂蒙正，有見義勇爲的裴禹，有英氣勃勃的呂布，有退隱山林的曹莊，也有風流儒雅的潘必正等等。他在「八陣圖」中，創造了陸遜形象，更是他的傑作。熱愛他的觀衆，在追悼他的時候，贈送他一幅對聯：「功蓋三慶會，名成八陣圖」。可見這個戲在觀衆中的影响之深！他每演這個戲，我總是在後台觀看，眞是百看不厭。他演到陸遜困陣，查看地下有無埋伏時，紫金冠上的翎子，或左或右，或前或後，單挑雙繞，劃圓圈，分陰陽，成「太極圖」式，心到力到，運用自如。唱完「擒不住劉備不回東吳」一句後，一個尖子，隨着鑼鼓的節奏，把花槍丢向左邊，翎子倒向右邊，翩然而下，表現了儒將的風度。他在拋冠時，翎子不亂，無須用手，羅帽即隨紫金冠飛起，水髮也同時直竪，大有怒髮沖冠之勢；打雜師不出塲，陸遜的紫金冠就會向後台直飛而來，成爲表演絕技。再如他演的「鐵龍山」，當呂后登塲哭父王時，他每一抽噎，頭上翎子即攪成一個「太極圖」；（表演時，頸右偏，翎子就向右倒，耍左翎子；左偏時耍右翎子），以表示哭泣

周慕蓮演「情探」行路時一陣陰風

，不是爲耍翎子而耍翎子。他曾經告訴我，耍翎子要靠頸骨的勁，切忌搖膀。女角的翎子在腦後，學的時候要戴着帥盔練習，也靠頸骨的勁道，他還認爲一個演員要做到「死學活用」。所謂「死學」，就是老老實實地學，學得規矩，學得扎實；要求演員多見、多聞、多問。他說：「只有戲怕人，沒有人怕戲。藝術無止境，瘟則不問，問則不瘟。」所謂「活用」，就是融會貫通，靈活應用。

康師傅初演「評雪辨踪」中的呂蒙正，幷不是很成功的。有一次演完戲後，一位熱心的觀衆給他提了一條意見說：「康先生，你有點冷得過分了，呂蒙正果眞是那樣冷，恐怕就過不了冬，後來就中不了狀元了。」這意見康師傅聽了，開初不以爲然；後來覺得也有點道理，便琢磨起來。他想：「別人說我演過分了，究竟有哪些不好呢？是不是只表現了呂蒙正的冷，而在其他方面表現得不够呢？除了冷，在舞台上還需要表現什麽呢？他想了很久，還是沒能悟到要領，歇了一段時期沒演這出戲。

康芷林（中）周慕蓮（右）合演「評雪辨踪」

有一年冬天，成都下了一塲大雪。一天清晨，康師傅起得很早。冒着紛紛大雪，出城到杜甫草堂附近逛了半天。他一邊欣賞着雪景，一面專心地默着戲。回到戲園子裏，他就在「評雪辨踪」的本子上寫下了四句話：

環境——冷，
情緒——窘，
呂蒙正，蛟龍未能得雲雨——寒酸，
劉翠屏，志不遂心意在難——難熬。

他把這四句話，叫做演「評雪辨踪」的「四訣。」

不久，戲碼上又開出了他的「評雪辨踪」。那天，我給他配演劉翠屏，他在說戲時給我講道：「評雪辨踪」好比一張紫檀木的桌子，既無雕龍刻鳳，又沒鑲牙穿花，平平穩穩，要在素雅中做戲。冷、窘、酸、難四個字，就好比它的四條腿，缺一不可立。我過去只抓住了它的一條腿——冷字，所以擱不平。冷，是呂蒙正、劉翠屏當時所處的環境，是世態人情的冷；而天氣的冷，在劇中是次要的。窘，是呂、劉二人心情上的窘。比如說：破窰外面的「男踪女迹」是窘，窰內的「柴完米盡」也是窘……。由于呂、劉二人心情上的窘，才反映出他我所處的社會環境和世道人情的冷；由于社會環境、世道人情的冷，又加深了呂、劉二人心情上的窘。劇情就在這「冷」、「窘」二字中起伏。如果脫離了窘，光在冷字上做功夫，那這個戲就演不好。再說，呂蒙正蛟龍未得雲雨，顯得有些寒酸；劉翠屏志不遂心，、感到處境有點爲難。演員既要表現出呂蒙正的寒酸，又要把握住他是未得雲雨的蛟龍；如果只表現呂蒙正性格的一面，而沒有另一面，那就不全面。演劉翠屏的演員，也要明白這個道理。」

從那次演出之後，康師傅「活蒙正」的美名便在觀衆中傳開了。

康芷林老師對我的教益，我是終身難忘的。「一日師，終身父」，我與康師傅的感情是深厚的。川劇歷史悠久，有成就的老師傅很多，康師傅只是其中的一個，他的藝術造詣之深，正說明川劇傳統的豐富。我們今天向老師傅學藝，條件和過去大不相同了，應破除門戶之見，不能只認定向一個人學，要依據自己的條件，向更多的老師傅學習，博采衆家之長，才能更好地繼承與發揚傳統。

「三慶會」和康芷林，在近代川劇藝術的發展中所起的作用，希望有更多的同志們去研究、分析。我就記憶所及，寫下這篇回憶；談得不全面，也很零碎，故名瑣憶。

一九五八年

川劇特色

川劇的劇目豐富多采，相傳有「唐三千、宋八百、五袍、四柱、江湖十八本、四大高腔、四大彈戲、數不完的三國列國、唱不完的封神西遊記」之說，據初步估計，共有劇目在二千個以上。

在川劇的崑曲、高腔、胡琴、彈戲、燈調五種腔調中，高腔戲最能代表川劇的特色，像著名的「情探」就是高腔戲。高腔戲有一個顯著的特點，就是有幫腔，幫腔是一種合唱的形式，川劇藝人稱之謂「齊吶喊」。幫腔的作用可以喧染舞台氣氛，幫助演員發揮感情，表達劇中人物的內心描寫和代表第三者說話等等。

馬場三十年

老吉

上次講二十年前馬王之一的「夜遊人」，這匹當時在馬場，咤叱風雲了幾年，相信對本港賽馬事業，凡是知道一些馬匹的，無論是老行尊或新進，大多數都一定會知道這匹長短途全材，但時時會外避，却一樣會贏馬，而且一五九重磅，對牠從不發生問題的良駒。

「夜遊人」初到香港時，根本就無人知道牠後來會這樣大出風頭的好馬，原因是當年不同現在。當年馬會當局從澳洲購入馬匹之時，同那一方面的馬販子，在簽合約時，其中有一條是：凡運來本港的新馬，絕對不能在澳洲方面任何地區曾經出賽過一次，換言之，就是當年每一批新馬運到香港，無論多少匹馬，一律不能在澳洲跑過，所以爲了這個緣故，運來香港的馬匹，十九在當時是憑估估吓而决定某一駒的前途如何的。

因而，「夜遊人」來港之時，我相信除了這位現在早已退休，而在澳洲自置牧場中頤養天年的，當年久負盛名的老練馬師托麥考夫一個人認爲此馬將來必有將來之外，其他的可以說知者絕少，就算知道多少的，也不過是靠「估」而已。

我因「夜遊人」在五五年贏「廣東讓賽」做運財童子，乘便講到當年每一季馬會的大搖彩票開獎，祇有幾次，因而獎金特別的多，然後再要講一講近兩三年，却完全變了質，因爲，現在賽馬，幾乎每天的尾塲多發售小搖彩票，這對馬會與政府抽佣及抽稅，當然多了，可是買的人次次可以買尾塲小搖彩票，那有不影響大搖彩票獎金之理。但看今年的「廣東讓賽」，雖然要在第五次賽馬時舉行，而頭獎祇有八十二萬〇七百五十七元，可見比以前少得多。還有，在一九五五年的「廣東讓賽」，「夜遊人」運財的一百廿萬元，這個幣値與今天一比，你話要高出多少倍呢，眞可以說得一句廣東話叫做「冇得比」了。

到今時，每次賽馬有尾塲小搖彩開獎，每季則仍有四次大搖彩票開獎，則是「廣東讓賽」、「香港打比」、「董事杯」與「皮比士杯」，獎金雖不及當年多，而得獎的次數却增加了不少，「針無兩頭利」，這句俗語，一點也不錯。

「夜遊人」做了運財童子之後，便休息了一個多月，等待五六年一月二日爭第一班馬的「董事杯」。

這一塲杯賽的路程是六化郎，「夜遊人」對此程也曾失敗過，但今時不同往日，馬成熟而有了大進，當然此一時與彼一時了。

同塲出賽馬十一匹，連贏過「打比」賽的「神行太保」都參加競賽。

「夜遊人」當然要負頂磅一五九了，二熱門是曾經打倒過牠的「雪蹄仙」，仍由布林利執轡

這是「夜遊人」跑一哩一七一碼創紀錄的中途圖片。在馬會對面的大石鼓（箭咀），「夜遊人」已經與放頭馬「金枝」接近即將越過了。

，祇比牠輕一磅，因爲牠對此程是以往有佳績者，所以成爲當然的第一大熱門，獨票有三萬三千多，而「夜遊人」第二熱，負票二萬六，比「雪蹄仙」少了六千多，「沙城」（司馬克）第三熱，則祇有一萬五千多票了。

「沙城」照例放頭，「雪蹄仙」跟第二，這一次郭子猷不肯落後了，「夜遊人」一早已跟在「雪蹄仙」後面了。

直路上，「沙城」又照例乏力，「雪蹄仙」與「夜遊人」雙雙打衝鋒，結果出人意料之外，終點到，「夜遊人」竟贏了「雪蹄仙」四馬位而得到了「董事杯」。

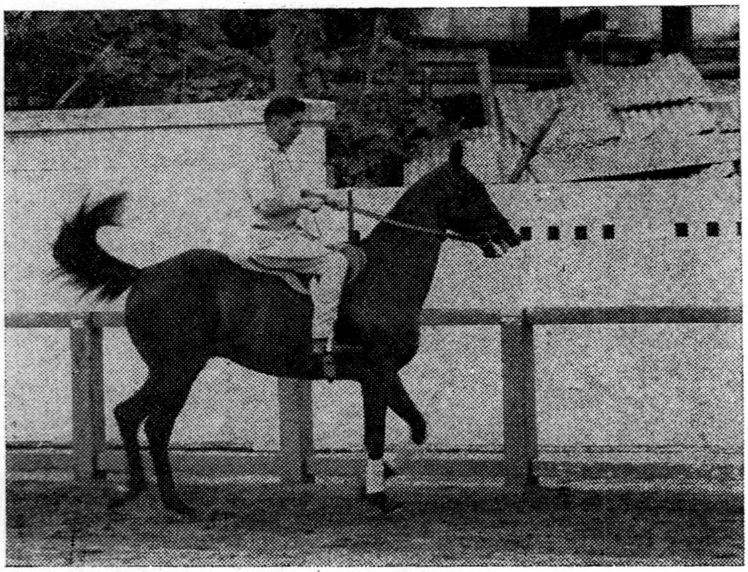

一九五七年下半年暑期中，練馬師老托親操「夜游人」之影

因爲路程是六化郎，有的馬迷認爲布林利與「雪蹄仙」，負磅雖是一五八祇少於「夜遊人」一磅，可是「雪蹄仙」的前兩段速度，跑短途會比「夜遊人」快，所以獨票比較多一些，「夜遊人」難得獨彩有十四元一角可派，「沙城」眞是祇有五化郎韌力，因而連第三都爲莊洪康騎的大冷門「金冠」搶去，第三位置派了卅九元正，比獨彩多之又多。

又過了兩個月，「夜遊人」休息足夠，剛剛第一班有一哩一七一碼路程，這是牠的拿手好戲，負一五九頂磅已是重到了不能再重，因而馬會讓磅員李清中校祇能將同賽各駒減磅了，（這位李清中校，是香港馬會在這四十多年來評磅專員中的首屆一指者，他對馬匹認識之深，我可以說得一句，現在這幾年來馬會所重金聘來的評磅員，搭飛機都追他不到，中校對馬匹的升降班與評磅，眞是目光如炬，他從來沒有像現在的評磅員這樣，某一馬匹贏過之後，升一班是升了，可是卻會比贏馬時一減卻減了十五到二十磅之多，這一來，就好像再送一場頭馬給這一匹升班馬一樣。我舉最近一個例出來，對看我這篇拙文而現在仍是進馬場的讀者，一定知道「中發白」、「力勁」與「好威力」這三匹現在仍在本港馬會賽跑的馬匹，這便是我們現在的香港馬會評磅員大跌眼鏡傑作的一斑。「中發白」本屆初出時，在去年十月七日第一天賽馬，當時牠在第五班，跑一二三五公尺，以一三〇輕磅贏出，當時贏來輕鬆之至，其實就應該升班，可是讓磅員並未將牠升上第四班，卻祇加了十一磅，再出此程便又跑了第二。第三次出塲，又祇再加五磅，不料又贏了九七五公尺短途，於是乎祇升一班到第四班，可是一減減了九磅，這一下，「中發白」便又再易勝了一二三五公尺。如此四出三勝、一第二，極應該老早跳班，但牠至今仍在第四班中，三勝祇升一班，「中發白」的新馬主眞是便宜之至。還有「力勁」，在第二班中，負一四〇磅跑九七五公尺，從頭至尾，一路放到易勝，當時負一四〇磅，升上第一班，卻減了五磅，於是乎又勝了第一班的一六五〇公尺，其實，在上一次易勝之後升班，早就該加磅了。至於「好威力」，本屆初出，在第四班負一四〇磅跑二二三〇公尺，加七磅第二，第二次仍在四班跑一六五〇公尺長途跑好應該結果易勝，當然要升班，可是讓磅員等牠在第三班再跑一六五〇公尺時，卻將牠一減減了十七磅之多，無疑的又送了牠一次頭馬，因爲又是祇負一三〇輕磅，當然又不升班，本刊出版前的五天（二月十日），此馬在三班中又要出一八〇〇公尺，看牠能不能再勝或打入三甲，便可知現在的評磅員之如何低能。除此之外，尚有不少應升不升、應降不降的馬匹，我也不想多寫，因爲提及當年的李清中校對評磅有獨特見解，於是再看看現在的評磅員之低能，相信不僅是我，凡看香港跑馬有十年以上資格者，都會知道當年李清中校的「架勢」法，他在一九六四年辭職離港，迄今將近十年，其中從六四年下半年起到六八年上半年這四屆之中，評磅員是保亨上校（不是騎師保亨君），也得不到馬迷們的好感，此後由布拉漢君到現在的莊士頓君，他們的評磅成績就是我講的「搭飛機」都追不到李清中校的話了）。同場七駒，最重的「銀翼」與「斯利時」都不過一四五磅，比「夜遊人」輕了十四磅，可是仍不能抵禦他的威力。

這一場賽事，「夜遊人」當然大熱，獨票近三萬，而其餘七駒的負票卻不到三萬；也可見「夜遊人」的得人信任了。

賽跑的結果，「夜遊人」這一次特別跑得好，而郭子猷君也騎來特別合拍，因而跑到大石鼓時，已在外疊與放頭馬謝文玖君騎的「金枝」並肩齊驅，到下大石鼓後，已絕塵而去，到終點前五十碼時，郭君已按轠任馳，可是跑出的時間卻大大驚人，竟然是一分五十二秒三，打破了在此以前三匹馬跑一樣一分五十三秒的紀錄。（這三匹馬創紀錄的日期，是一九四一年三月九日的「薩巴」，騎師戴維士，一九五〇年五月廿七日的「空中霸王」，騎師陶柏林，與一九五五年三月十二日的「金谷鈴」，騎師莊洪康；三駒大家都是一五九重磅。）而且在最後的五十碼已是無馬競爭，否則，大可以再快幾線至一秒鐘，並非難事，我在這裏對這一場賽事之特別錄出的理由，就在我對「夜遊人」有特別好感，我覺得這樣的好馬，實在不可多得！

一九五六年的五月十九日，「夜遊人」參加「冠軍賽渣打杯」也即是爭「馬王」了，這是此馬第一次搶冠軍寶座之戰，這一天因賽前大雨傾盆，場地大爛，因而一共衹有四駒上陣，那是「夜遊人」、「斯利時」、「大文豪」與「雪蹄仙」，平磅負一四七，當然「夜遊人」是全熱門，全部一萬四千獨票，而「夜遊人」竟佔有一萬一千多票，贏出來獨彩衹有五元一角可派。

這一場賽事，出毛病了，「夜遊人」非但跑不過同廄洪燊康騎的大冷門「斯利時」，而且輸了一條街，還犯了一個末段大外避的毛病，眞是意料不到了。

好在此賽之後，休息渡暑假，但練馬師老托却大傷腦筋，因爲任何馬匹最怕的事是末段大外避也。

到一九五七年元旦，「夜遊人」再出「董事杯」六化郎，當然仍負一五九磅，大熱門三萬獨票的牠，直路上又再度大外避而奪不到此杯，映相敗於莊洪康騎霍子華兄的「雲深鹿」，（霍兄是老馬主，到今天，他仍在馬會中豢有「雲中鹿」與「雲威鹿」兩駒，而且「雲威鹿」最近還兩勝頭馬）。

此後，這匹好馬水準變了不穩，末段外避的劣脾時好時發，因而在這一季中，除了奪得「華商會所杯」之外，其餘參加「沙宣挑戰杯」與「渣打杯」賽事，完全失敗。

在這一個暑期之中，老托下其苦功，親自每早操練，果然在半年之中，將「夜遊人」的外避病，逐步改好，（在下大石鼓到轉直路時，特別注意不讓牠前左脚先出，以免避出去），於是在五八年元旦，再出爭「董事杯」六化郎。

這一次特請由老師傅韋耀章兄上陣騎「夜遊人」，而郭子猷君則策騎五七年「打比」馬「飛俠」（這匹「飛俠」的馬主，是我的老友梁田新醫生的寶駒，眞可惜，牠在這一場賽事中傷足被燬），仍負一五九磅，也仍是大熱門，出閘後，一路由「雲深鹿」與二熱門布林利的「紅光」放頭，「夜遊人」跟在第三，老韋在轉正直路，不令「夜遊人」外避之後，再拼命催策，結果如飛而上，終點到，贏了「紅光」一乘半而得杯，跑出時間一分十三秒三，又創出了此程的新紀錄。

跟着「夜遊人」再由郭子猷君贏爛地半哩一七〇碼，再贏「沙宣挑戰杯」，（這是香港馬會所有錦標賽中的最大一座銀杯），是年五月廿六日，到底還奪得了「冠軍賽渣打杯」，眞的成了「馬王」了。

這一年度牠連勝四場，又得「董事杯」、「沙宣挑戰杯」與「冠軍賽渣打杯」，創香港馬史中，第一班馬從來未有的殊榮，因爲這個紀錄，至今還未能打破也。

盛極必衰這句老古話是永遠不會錯的，「夜遊人」轉戰四年幾乎所向無敵，到底傷了元氣，因而做了馬王之後的一九五八至五九年度，祇能在早期上陣兩次，但第一次敗於「從心所欲」（阿圖茂），得第二，第二次又敗於「紅光」與「雲深鹿」得第三，此後就休息到五九至六〇年再出一次大熱門無位之後，馬主認爲此馬勞苦功高，不如退休而留盛名於世，因而向馬會當局申請，在一九六〇年四月十五日正式退休。

「夜遊人」除了得到無數錦標之外，前後還爲李國豪兄得了六萬〇二百五十元獎金，這個數目，在現在不出奇，可是在十年前，却是一筆可觀的數字呢！

（卅四）

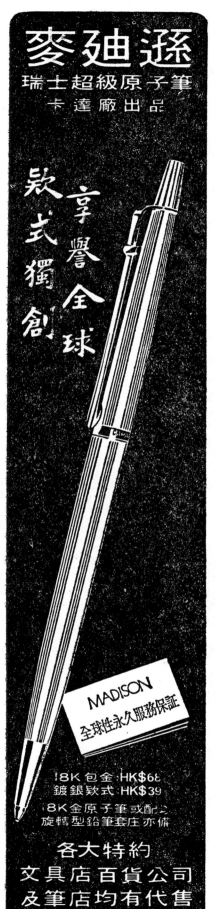

LLOYD

HANDMADE QUALITY

World's proudest, most expensive, elegant, comfortable & durable men's footwear

西德名廠「利來」男裝鞋

飲譽全球·鞋中權威

大人公司 平價市塲 人人百貨 大方公司 來路鞋公司有售

薛覺先 馬師曾 兩大事

○呂大呂○

未寫大事先來小序

薛覺先與馬師曾在粵劇界是一時瑜亮，粵劇戲迷，無不知道，內行人無不承認。自有薛馬以來以至於今日，沒有一個人會說過一句：「我的藝術好過薛覺先」！也沒有一個人敢說一句：「馬師曾比不上我」。可知薛馬二人，在「戲行」裏是如何的高踞第一把交椅，如何的得人傾服。他們死了，也一樣的名垂不朽。

但薛覺先和馬師曾在廣州各有兩件大事，都是幾乎送了命的。薛覺先會離粵逃滬，為的是什麽？就為的這一件大事。馬師曾又是離粵逃匿在港轉美，為的是什麽？也是為了這一件大事。要是當初他們兩個人不走，或是走不及，可能薛馬兩人都死在鎗下，不會有後來這段光輝的日子，不會在粵劇各據一把交椅，造成後來薛馬爭雄，稱王道霸之局。

薛馬這兩件大事，可以說是吉人天相，也可以說是粵劇得以處處改進是注定在他兩人身上。也許華光師傅有靈，不讓他們死去，使粵劇獲得光輝燦爛一個時期也說不定。

這樣的兩件大事，該是薛、馬的一頁最重要的歷史。筆者在前兩期的「大人」寫了一篇分上下續的「薛覺先與馬師曾」，由於素材太多，沒法子可以把他們這兩件性命交關的事一起寫進去。但這樣的兩件大事，如果漏了不寫，未免不對。好些老戲迷，他們知道薛覺先有個時候由廣州逃了去上海，許久不敢回來，但不知道他為的是什麽原故？也有好些人知道馬師曾試過給人擲手榴彈，碎片傷了他的一隻左脚，此後便不准他在粵演戲，但畢竟為了什麽原因，也是知其一不知其二？就為了這原故，他們兩個人的兩件大事就非寫不可了。

先說薛覺先的大事

薛覺先在梨園樂那一年，是他初走紅的一年。梨園樂的班主是靚少華，他在梨園樂自是「文武生」，而以薛覺先為「小武」。演出是由薛覺先「担戲」。這一屆班「正印花旦」是陳非儂，「武生」是靚東全，另外還有個稱為「頭笑旦」的子喉七。第一屆組成，已經極其叫座，第二屆人選照舊，更為「收得」，演到那處，旺到那處。

當時的風尚，好些大老倌也有保鏢，他們稱這些保鏢為「炮手」。靚少華的「炮手」最多，他為人濶綽，多養幾個「炮手」，像是多幾個「幫閑」的人罷了。當時跟着靚少華的「炮手」頭子是叫做「旗下七」，陳非儂的「炮手」名「崩鷄發」，薛覺先却不同他們，他的頭腦樣樣比較的新，因而沒有請「炮手」，他覺得這些大老倌派頭，要不要也罷了。

却是在第二屆梨園樂的時候，由於薛覺先的私生活並不太嚴肅，他年少貌美，又沒有結婚，舞台上倜儻風流，自然不少太太小姐、紅牌阿姑對他追求。有一個叫做「十家團」的，十姊妹金蘭結義，最大的叫「一家」，最小的叫「十家」，她們都是富家小姐而又未嫁的。她們的結合，組織這個「十家團」，是要同心協力來追求薛覺先。

由「一家」至到「十家」，沒一個不生得美麗。她們一個個也有錢，在河南一處地方，買了一所華厦，作為她們的「司令部」。經過一個時候，薛覺先作為她們的入幕之賓了，經常在她們的香巢裏，說不盡的温馨綺膩，除了「十家」外，艷事也很多。

就在這時候，有許多不利於薛覺先的謠言。這個說，會有人要把薛覺先置之死地，那個說，會有人要把薛覺先打到他殘廢。而且說來有聲有色，不像空穴來風，而是大有根據。

薛覺先為了週遭都是不利他的消息，他自己知自己事，着了慌。經過一番深思熟慮，對班主靚少華提出一個意見，他打算躲起來，絕跡舞台一兩個月，待謠言寢息後，才來再登台。當然這個提議，不會獲得靚少華的接納。薛覺先在梨園樂是擎天一柱，沒有他誰來拍陳非儂？而且薛覺，先先後在兩屆梨園樂中，透支了靚少華二萬多元，無論於情於理，薛覺先也不可能不出台一兩個月。因此靚少華一聲不答應，薛覺先便沒話說。但情勢這樣惡劣，做一晚慌一晚，如何可以？靚少華爲此叫薛覺先也僱用「炮手」，他願意借出旗下七和另外一班「炮手」給他，拍心口說：有了他這班「炮手」，保管無虞。爲的旗下七是個多方面也有交道的人，所有江湖上三山五岳人馬，無不給他幾分面子。

却是薛覺先對靚少華這番好意，並沒有即刻接納；但他並不是不接納靚少華這個提議，而是不接納靚少華借用旗下七和一班「炮手」。他的意思，如果要請「炮手」，自己可以請。而不知這樣一來，便鑄下了大錯，幾以此而召殺身之禍，他要亡命逃走上海，便是由這一件事而起。

兩班炮手形同水火

當時許多伶人，都和公安局的偵緝有來往，薛覺先既然不想僱用靚少華的「炮手」，便和幾個有來往的偵緝商量。其中一個偵緝名「香山祺」的，他把一班在佛山有名的「打仔」介紹給薛覺先，這班「打仔」，以「肥仔標」爲首。

但靚少華這時候已經對旗下七說了這件事，他並不知道薛覺先會另聘「炮手」，他對旗下七說，叫他和幾個「炮手」開始保護薛覺先。還說，此後就在薛覺先那裏支錢，也在他那裏支原有的錢。却不想跟着不久，即見到薛覺先出入帶着一班「炮手」，這是以肥仔標爲首的一班人。他們神氣十足的追隨着薛覺先，沒有把旗下七的一班人看在眼內，這使到旗下七大爲光火，他認爲薛覺先分明是對他「剃眼眉」。

首先他就提出質問靚少華，靚少華此時已知薛覺先另聘「炮手」。旗下七問他，他便說，這不打緊，依然向他支錢好了。旗下七氣冲冲的道：「不是支錢問題，而是面子問題。薛覺先簡直是剃了我們的眼眉！」靚少華只好極力勸解他，但旗下七畢竟憤憤不平。

肥仔標和這幾個「炮手」，只知出入保護薛覺先，其他不理，他們見了旗下七，認爲各爲其主，彼此並無關係，因之從沒有和旗下七打招呼。旗下七更認爲太不給他們面子，時時對肥仔標這夥人冷言冷語的。肥仔標後來知道旗下七對他們不妥，一查原委，也光火了，說道：「人家不用你，只好怨自已沒本事罷了。」就在此情形之下，兩班「炮手」便積不相能，形同水火。

不去容奇變起禍端

靚少華這班梨園樂，本來是「省港班」，不會落鄉開演的。却是靚少華這個人很豪賭，就在這個時候，他輸了不少錢，剛好順德容奇一間戲院來廣州「買戲」，他們想買梨園樂演出容奇一個台。和靚少華這位大老倌兼班主商量，願出高戲金來買梨園樂，靚少華正在輸得利害，提出如果給他過半定金，便前去開演，那位院主照給了他。因此靚少華便決定由廣州拉箱落鄉演一個台，他的行期是去佛山演兩日，返回海珠演一日，然後這晚在廣州動程，開出兩艘「紅船」到容奇去演一個台。

這件事並不爲薛覺先所接納，他只答應到佛山去演兩天，爲的佛山是個鎮，也不算是落鄉；但去容奇，是落鄉了，他認爲不能去。

靚少華爲了這事而大傷腦筋，他知道薛覺先不去，全班的兄弟都一定附和薛覺先不去，即使是薛覺先不去而全班去，容奇方面，一定不接納。他已經收了一筆大大的定金，而且已經花光了，如果不去便要退定，從那裏有這一筆錢呢？他爲了這事很急。

事聞於旗下七，他正對薛覺先不滿，便對靚少華推波助瀾一番，說道：「我看他不敢不去，由我來出頭，必要他答應去爲止。」靚少華已經沒有主意，便一切由着旗下七，旗下七即準備對薛覺先施壓力。

這事可又給肥仔標知道了，他說：「旗下七有什麼權，他只是班主的炮手，難道班主的炮手可以壓迫老倌去那裏演戲便那裏演戲，他這炮手有這權力，我們也有權力，說不去便不去。」

這時薛覺先已經對陳非儂、靚東全、子喉七幾個人，叫他們附和他，一於反對去容奇這個台。當天，去佛山的清平戲院演出，陳非儂帶着他的「炮手」崩鷄發去一間茶樓飲茶，却見肥仔標率領着幾個炮手，另外佛山幾個有名的「打仔」人物，據着兩張枱子，大杯酒大塊肉的吃喝。另一台是旗下七率領了一班「炮手」也是在那裏吃喝，他們有時是怒目相視，有時是出言譏諷。

陳非儂見到這情形，已知不妙。突然，旗下七却問陳非儂，是不是不去容奇？陳非儂答他：「如果個個都贊成去，我是一定去的。」肥仔標却接過來說：「薛覺先是不去了，他不去，誰再去。」旗下七道：「我就不信他不去。」肥仔標道：「我倒要看看你憑什麼要他去。」旗下七冷笑道：「返回海珠這一台，你便知道了。」兩個人就此你一言，我一語，大有劍拔弩張之勢。陳非儂怕他們爆起火來，連忙做好做歹的勸着，旗下七這才悻悻而去。

經過這一次事件，旗下七就決定要讓肥仔標這一班「炮手」知道利害，待拉箱回海珠時便下手來對付他們。而佛山這一台，對於去不去容奇，彼此間還是相持不下。大家決定，拉箱回海珠這一晚，演完戲，開一個班中會議來解決。却是拉箱回廣州，在海珠戲院這一晚，會議還未開，大事發作了。

海珠院前伏屍數人

海珠這個台期，只是演一晚。演完這一晚，照行程，天亮時便開容奇，要去容奇戲院演出一個台了。但去與不去，要取決於海珠演罷，在紅船來開會議。

旗下七要逼使薛先覺就範答應去容奇，替靚少華立功。他的計劃是先除了肥仔標幾個人，一則顯一下自已之威風，二則洩了心頭之恨，三則使薛覺先沒有「炮手」保護，要逃離紅船也不能。因此海珠戲院裏正演着戲，戲院前却由旗下七一班「炮手」佈防，隱伏殺機，一觸即發了。

當晚演的戲是「玉梨魂」，薛覺先演得心神不屬，他知道自己的「炮手」和靚少華的「炮手」不睦，隨時會生出人命關連的事。另外，演完戲要開會，決定去不去容奇。他担心着旗下七就會在會議時生事，因此才演了兩場戲，他便决定不演下去。

由於靚少華這齣戲只是頭場有份，他演完了頭場，已經回「紅船」去休息，抖擻精神，準備開會時勸服薛覺先。爲了這個，薛覺先不演下去，可沒法子找靚少華說，他只有對陳非儂說出來。陳非儂自然勸着他，薛覺先說出他心神不寧，確無法演出。提出一個辦法，由他的徒弟「靚寶珠」（即光復後在港爲武生的白龍珠，前幾年已去世）瓜代，陳非儂無奈答應。薛覺先即忽忽洗粉下台，旗下七一班人沒有發覺，肥仔標一班人也不知道。薛覺先由海珠戲院返回紅船，他不知道靚少華是不是在紅船裏，因而沒有找靚少華說話。

戲將近演完，肥仔標和一班炮手才從茶樓返回海珠戲院，準備保護薛覺先落台。上到後台才知道薛覺先已回了紅船，他們忽忽離開後台，出海珠戲院，打算返回紅船，保護薛覺先開會議時，不至於受旗下七等威脅。那裏曉得旗下七一班人已經埋伏四面，一見肥仔標和幾個「炮手」出來，當即拔出了鎗。一輪鎗掃過去，當堂把幾個人掃低。

這時戲院裏已經知道出了大事，陳非儂和靚東全、子喉七三人，連忙離開海珠返紅船。剛踏下橋板，却見薛覺先從橋板上來，陳非儂連忙推他返回船去，氣急敗壞的說：「你還上去。海珠院前已經開火，肥仔標幾個人已經陳屍馬路了。」與薛覺先數人返回紅船。一落紅船，鎗聲又起，一個班中管事，名「死魚春」的，慌忙揭開了艙板，把他們幾個人推下去，蓋回艙板，讓薛、陳等四個人在下面暫避。過了好一會，上面已經寧靜，靚少華也在艙位出外，查知薛陳都在艙底，便開了艙，叫他們上來。

移花接木 潛逃無踪

他們在紅船尾的一張枱圍坐着，談論着剛才發生的事。突然旗下七率領着幾個「炮手」，聲勢洶洶上到紅船，旗下七一見了薛覺先，即拉出鎗來指着薛覺先的胸膛，說非打死他不可。嚇得薛覺先面青面白，却見靚少華一手撥開旗下七的一枝鎗，大聲喝止，說道：「你千萬不要這樣做。我用了幾萬銀在他的身上要等他還。他死了，我可沒有了這幾萬元了。」旗下七喝着薛覺先道：「你究竟去不去容奇這個台？」正在這樣聲勢洶洶，突然幾個警長率領着一隊警員到來。旗下七一見，慌忙逃走，警察由這邊上船，他們由那邊走下小艇，開走了去。

警察上了船，四下裏搜查，他們要找的是旗下七和他的一班人，海珠門前命案的肇事者。當然旗下七已經逃走，找不到，他們查問着靚少華，幸而帶隊的海珠警察分局長，一向和靚少華是老友，可沒有怎樣對這件事爲難，拉隊走了。

在這時候，這個會議是決定去不去容奇的關鍵，只好擱後一會兒才來開，他們先各自回到艙位去休息。

薛覺先認定如果對容奇這個台，反對到底。在這情勢下一定吃虧，但即使去，此後旗下七總會給自己多多麻煩，甚至不利的。而且肥仔標幾個人給打死，這件案自然容易牽涉到自己身上，因此認爲他不可能還在梨園樂演下去，決計出之一走。

這時尹自重也在他那裏，尹自重是薛覺先的好友，他有梵鈴王之稱，後來和呂文成等稱粵劇音樂界四大天王，現在居住美國，七十過外了。他把這件事對尹自重說知，叫尹自重替他準備一條小艇，灣泊在他艙位的旁邊，只要夜一點，便下小艇逃出。

那裏曉得，旗下七這幾個人，突然在這時候回來，薛覺先曉得情勢不好，同時靚少華也差了人來請薛覺先到他的艙位去。薛覺先已經想到了應付之方，趕忙去見靚少華。一進去，便見旗下七和靚少華睡在床上抽烟，薛覺先第一句便道：「我已改變初衷，一於去容奇了。」旗下七大聲道：「這才是夠義氣的人！」即叫薛躺下烟床「打三星」，替薛打荷，前嫌盡釋。

此時陳非儂、靚東全也來到，看見旗下七正和薛覺先「抓烟槍」，知道事情已緩和。薛覺先一面「打荷」，一面對陳非儂道：「實行去容奇了，連會議也不要開罷。」當然陳非儂和靚東全都表示無異議。大家談了一會，一聲「一言爲定」，各自回艙位睡覺，這時已經三點多鐘了。

到四點鐘，靚少華吩咐「櫃枱」的辦事人到各人艙位去點一下人，看看如果人齊，便即開動紅船往容奇去。却是去到了薛覺先艙位，看到艙位有人蓋被睡覺，當然以爲這人便是薛覺先。就此開船到容奇，等到抵達容奇，才知道中了薛覺先的計。

在船泊好「上箱」的時候，子喉七行過薛覺先艙位，要把薛覺先推醒，發覺艙位是團衣服紮成的假人，大驚，連忙告知靚少華。大家這一驚眞是非同小可，旗下七爲此暴跳如雷，對靚少華道：「我早就說要一鎗打死他了，偏偏你說他欠你幾萬元要他還，現在不是一樣沒有得還。」靚少華懊喪欲絕。

沒有個薛覺先，戲院方面當然不肯甘休。彼此爭持，結果由駐容奇的福軍統領「公仔駒」極力斡旋，扣一部份戲金，由薛徒靚寶珠（即白龍珠）瓜代全台，演罷回廣州。

在廣州出盡人打聽也沒法子得到薛覺先消息，而不知薛覺先當晚乘了小艇，由河南登陸，藏身「十家」那裏，趁着梨園樂還在容奇開演，他隻身到黃浦乘搭太古藍烟囱一條開往上海的船，就此到上海去了。

另一大事　在滬傷目

且說梨園樂少了個薛覺先，靚寶珠的份量不夠，只好另行物色，結果找到靚少鳳來替演小武，但仍舊無法演下去，經過幾個月，不得不另謀出路，全班到上海開演。就在上海，見到了薛覺先，才知道薛覺先早已在上海多時了。

當天，船抵達上海，戲院方面派出人來接船，陳非儂看到碼頭上站了一個人，口咬着一枝大雪茄，不覺驚呼着道：「這不是老揸？」果然見到薛覺先行近一點，對他揚手示意了。

在上海和薛覺先見了面，才知薛覺先在上海很活躍，他正和唐雪卿打得很熱，準備結婚，也正進行拍着一部電影，名為「浪蝶」。結果薛還拉攏陳非儂飾演一個收眼人，在「浪蝶」這部影片露臉，而梨園樂在上海演完回去也散班了。

薛覺先唐雪卿拍攝「浪蝶」之時

陳非儂回粵後，海珠戲院院主、國華報社長劉蔭蓀組織空前巨無霸班，以陳非儂拍馬師曾，成為紅極一時最為「收得」的班，這便是大羅天。劉蔭蓀雄心萬丈，要想網羅薛覺先另起一班。那時薛覺先也有鳥倦知還之意，且已和唐雪卿結了婚，頗思回粵在粵劇發展。由陳非儂拉攏，保薦回粵。劉蔭蓀即另起一班名「天外天」，人選為靚元亨（馬師曾師傅，由南洋回）、新丁香耀、嫦娥英等，却是不知如何，竟然大大不旺台。劉蔭蓀虧折過鉅，全班頂讓與港商馬斗南，改易班牌為新景象，又是虧折。馬斗南却以新景象頂與利舞台主人利希立，改名大江東，又是虧本生意。最後薛重投人壽年，拍千里駒，亦失意。

這是薛覺先戲劇生涯最不得意的一段時期，他憤然擺脫班事，與唐雪卿再到上海去，打算在電影界謀發展。

經過了兩年，陳非儂脫離了大羅天組鈞天樂，一年後改組為新春秋，然後以新春秋全班赴上海演出於廣東戲院，至此又與薛覺先在上海相見。却不想陳非儂去滬不久，薛覺先便又發生了一件大事，這件事便是人人皆知的「薛覺先傷目」，却不知起因何在，現在也不會有幾多人得知。

陳非儂這次在上海逗留最久，其時唐海安為江海關監督，欲在上海興建廣東醫院。唐是粵人，他拉攏薛覺先、陳非儂，還加入前在廣州極有名氣的坤角李雪芳，在天蟾舞台演戲籌欵，便使薛覺先給人用胡椒粉傷了薛覺先的一雙眼，幾乎成為一個盲人，斷送了薛的藝術生命。

且說在新春秋赴滬開演之前，有一班全女班從廣州去上海開演，這班坤角，正印花旦是小珞仙（後為粵語片明星，易名陸小仙），三幫花旦是宮粉紅（後為陳非儂妻，即陳寶珠之母），文武生為陳紹雄，丑角為鄭恢恢。在上海演了一個時期，虧折極鉅，一班人流落在上海，欠下許多債，沒法子離滬返粵。乃請求陳非儂加入演出一晚來替她們籌欵，更煩陳非儂請求薛覺先也來一起作一晚的客串。

陳非儂對此，認為義不容辭，當即找着薛覺先商量，薛覺先也答應了，就此便又闖了禍。原來薛覺先在此之前，他曾拒絕上海一班在黑社會有潛勢力的人邀請演戲，這時候却答應這班全女班客串演出，激怒了這班人，便來下此毒手。

薛覺先不答應這班人的邀請演戲，本來是極有理由的。當時有個廣東女唱家名胡美倫，在上海很出風頭，也是交際場中的活躍份子，胡美倫唱的腔口極新奇而又極有法度；戰前和光復後在香港歌唱界中也極邀譽，現已隱居為老太太享福。上海有一班在社會中頗有潛勢力的人想捧她在粵劇中露臉，因而派了人和薛覺先商量，想薛覺先和胡美倫演出粵劇。薛覺先認為胡美倫唱的子喉確有獨到之處，但她全沒有舞台經驗，並沒有演過戲，這如何可以和她拍演？因此沒有答應，這件事，本來已成過去了。

不想薛覺先拒絕了那班人之請，沒有和胡美倫拍演，却在後來答應那班全女班演出，這便激怒了那班人，他們決定要對薛覺先下毒手。

當晚薛覺先和陳非儂加入這班全女班中來演戲，演出地點是在虹口福生路的明珠戲院。演的一齣戲是薛覺先交出來的，戲甌是「秦淮月」。當演至一半，有一場戲，薛覺先鞭馬入場。那裏曉得才入到「虎度門」，却見左右兩個人各把手裏拿着的一包胡椒粉朝着薛覺先的一雙眼撒去，薛覺先固然避無可避，連站在虎度門等着出場的鄭恢恢也殃及池魚。鄭恢恢是這班坤角中的丑角，她是盲了一隻眼的，班中稱她為「單眼恢」，這時她連忙把一隻眼掩着，大聲嚷着道：「連我這一隻眼也盲了，我可要死給你看了。」薛覺先也掩着一雙眼嚷痛，下手的人見已得手，從後台一片混亂中倉皇逃走。

當晚，唐海安也在座看戲，知道發生了這件事，立刻到後台，由他用他的自用車親自護送薛覺先到醫院療治，經過一個時候才痊癒。

這是薛覺先一生中兩件大事，兩件大事都由於黑幫而起，兩件大事都很危險。但此中並沒有桃色關係，而薛覺先吉人天相，再從上海回粵，起覺先聲，便成為粵劇祭酒、萬能老倌，風生水起，享譽一時了。

說到馬師曾一大事

當馬師曾在粵最紅的時候，他的私生活最爲不檢。他和「冇鼻婆」這件事，好些人說他財色兼收，其實這件事是寃枉他的。「冇鼻婆」的兒子貞哥，和馬師曾相交很厚，常常在家請吃飯，馬也常常在他家中來打牌。馬當時正名利雙收，便是女人的路也多得很，他怎會對一個鼻樑也沒有的人發生興趣。當時社會的人是爲了羽公報把他和「冇鼻婆」的關係說得有聲有色。「冇鼻婆」一怒，延律師控告羽公報誹謗，却給羽公報把官司打贏。社會上的人對此就認定羽公報所說的是眞，而不知羽公報之所以打贏官司，是爲了誹謗證據不足而勝，不是爲了他們的報導眞實而勝的，因之說這件事實在是寃枉了馬師曾。

本來馬師曾經過如此一件事之後，應該明白止謗莫如自修才是。偏偏他就不管，因此便幾召殺身之禍。如果他不是大命，他已經給手榴彈炸死了。便不給手榴彈炸死，也在華盛頓餐室裏，給一枝「臥龍曲」打死了。

但馬師曾在這一役中，他雖然沒有死，却傷足，更要亡命逃港轉美，給廣東省政府不准他在國內演出。而且，他後來在香港，還一連兩次給人狙擊，都是源出一脈的，如果不是經過中日抗戰，馬師曾還休想回國。

馬師曾這件性命交關的大事，和桃色有關。「冇鼻婆」的事是寃枉，這件事却是千眞萬確。

病軍長有妹爲麗人

這件事完全關係一位軍長，這位軍長姓陳，有「病軍長」之稱。爲什麼會有「病軍長」這個稱號呢？原來他長年累月都要養病，他長住在廣州一間有名的醫院「頤和園」中。但他德高望重，在粵的軍官，不少是他的學生，總司令陳濟棠和有名的香軍長都是，因此這位病軍長就可以長住醫院，什麼軍旅之事也不必勞動他。

病軍長有個妹，生得非常的艷麗，她喜歡看馬師曾演戲，每逢馬師曾演出，他便帶着婢女傭婦，坐在第三行位。久而久之，她識到了馬師曾了，時時和馬師曾秘密約會。她本來已由病軍長替她訂了婚，對象是一位少年軍官，但她不理，一顆心全在馬師曾身上。馬師曾也正是色胆包天，明知陳妹是病軍長的妹子，未婚夫又是個很高地位的軍官，爲了陳妹的美麗，他和陳妹便打得火般熱了。

就有一天，馬師曾在長堤的東亞酒店開了個房，差人給了一封信約陳妹去幽會。馬師曾這一個台是演出海珠戲院，東亞酒店距離海珠戲院不遠，在東亞來和陳妹幽會，眞可以說是「公私兩便」，却不想這封約會的信便惹出了大禍。

陳妹一接到了馬師曾的信，看完便放在袋裏，依準了時間，忽忙化裝換衣服，除下來放着馬師曾這封信的一件衫，既沒有把信取出，也沒有把衣服摺起，丟了在床上，什麼也沒有收拾便趕着前去了。

她去後不久，病將軍的太太也就是陳妹的嫂嫂，她偶然走進陳妹房中，進到去才知道小姑已經出外去。看到房中衣物凌亂，便動手來收拾一番，就此發覺了衣袋裏的一封信。她看見這封信，才知道她這位小姑以黃花少女和馬師曾搭上了這關係。大驚，當即打了個電話去頤和園，如此這般的告知了病軍長。

病軍長一怒非同小可，他估計馬師曾這個約，這時候當然還在東亞酒店，當即打了個電話給香軍長，氣衝衝的把這件事說出來。他叫香軍長派出了幾名武弁，立刻趕到東亞酒店第幾號房間，即刻就把馬師曾亂鎗打死，無須考慮。香軍長對於病軍長他這位老師的吩咐，不敢怠慢，當即派出了幾名武弁，對他們說出東亞酒店的房間號數，叫他們馬上前去，見到了馬師曾便開鎗掃射，就地解決。却是那班如狼似虎的武弁去到後，馬師曾和陳妹都已經興盡而返，他們撲了個空，只好回去向香軍長覆命，香軍長也只好用電話報告病軍長知道。

病軍長餘怒未息，他吩咐香軍長，對於馬師曾，無論如何非取他命不可。他叫香軍長便宜行事，務要打死這個「淫伶」，一切由他負責。香軍長聽了，即來佈置一切，要在海珠戲院門前把馬師曾的一條命收拾。

殺馬佈置百密一疏

香軍長的佈置很週密，他派出的武弁差不多超過十名，除了叫他們帶着「快掣駁壳」外，還帶同手榴彈，必要時使用手榴彈來對付。香軍長知道這件事是一件非同小可的事，海珠戲院門前行人多，因此他吩咐所有負有任命的手下，必須要注意這個，極力避免傷及途人。

除此之外，他又親自打了個電話給公安局的偵緝課長吳國英，說道：「今晚海珠戲院門前，會發生事，你切要交待你的夥記千萬不要理會。」說完便收線。

在香軍長這樣來通知吳國英，他是以爲這樣最爲週密。同時又沒有說明是什麼事，更使到吳國英樂於「合作」。却不想這正是香軍長的百密一疏，反而因此使到吳國英得以救了馬師曾一命，說起來也不能不說這是馬師曾大命所致，眞的是什麼事都是註定的。

吳國英是個老差骨，當然有頭腦。他聽到香軍長說今晚海珠門前有事發生。想起海珠演的是大羅天，顯然事情是發生在馬師曾身上的。對於馬師曾，吳國英固然和他是好友，而且他有保護馬師曾的義務，除非不知道，知道了是必須要援救馬師曾出險境的。

爲什麼吳國英會有這個援救馬師曾的義務呢？原來，吳國英是「聯義社」的重要份子，當時許多伶人都加入「聯義社」的，馬師曾也有加入。另外吳國英是「優善社」的主持人，稱會長，這個「優善社」的社員，全體是優伶中人，故名「優善」。是吳國英爲了平日和粵劇中人來往，特地發起組織的，當然馬師曾也是「優善社」的一份子了。有上了這關係，吳國英便認爲如果事

馬師曾在「包公審郭槐」中反串花臉

情眞的關係到馬師曾，他就非出盡了方法來救馬師曾不可。

更有一樣妙的，是香軍長並沒有對吳國英說明白，海珠戲院門前會有事是什麽事。因此如果吳國英救老馬就大有藉口，他可以說不知香軍長的目的是什麽，看見了馬師曾受到不幸，他以爲這只是殃及池魚的，當然便要使馬師曾出險了。有了這關係，使他爲了香軍長一個電話，而立刻展開了一個和香軍長對峙的陣線。

他把許多偵緝召到來，對他們說，今晚要特別注意海珠戲院門前出事。出什麽事可不要理，要是馬師曾因此而受到牽連，必須設法極力保護馬師曾出險。

海珠門前擲手榴彈

當天晚上，大羅天在海珠戲院演出，演的戲是「天網」。將近「煞科」時，馬師曾的兩個表妹，開出了一部自用汽車，泊在海珠戲院門前等候馬師曾散場出院，載他回去，這是習以爲常的事。馬師曾的一位姑母，名馬麗瑰，是西關一間女子中學的校長，她有兩個女兒，平日打扮入時，每晚置有自用汽車，她們很喜歡看馬師曾的戲，每晚開出汽車泊在海珠門前，進去看戲。看完戲即出院坐上車來等候馬師曾。馬師曾洗粉出院門，便坐上她們這部車回去，當晚自不例外。她們坐上車，倒不知道有一班便衣馬弁，已經在汽車左右等候馬師曾出來。

當馬師曾出院門時，本來散了場，沒有觀衆了。却是有些戲迷，他們還聚在戲院門前等候大老倌出來，瞻仰一番。因此馬師曾出來時，人就擠着他，使到那班馬弁不敢開鎗，爲的他們都拿着「快掣駁壳」，一按掣，便連珠彈發的。

和馬師曾一起出院門的是「開戲師爺」陳天縱，他先上車，馬師曾跟着上，右脚剛踏上車門，一個馬弁看見已經急不容緩，鎗放不得，只好擲手榴彈，他想把這手榴彈擲進車廂內，這樣要馬師曾和車內的人不「一鑊熟」也難。却是手忙脚亂，只擲在離車二尺多的地上，砰的一聲，馬師曾那隻還未踏上車的左脚，已經給破片射入，受傷了。陳天縱在車裏慌到發抖，兩位表妹却花容變色。

就在這時候，伏在海珠門前的便衣偵緝，連忙拉出鎗來，然後趕緊把馬師曾扶着，幾個人扶着馬師曾，那幾個馬弁自然不敢再動手。

偵緝把馬師曾扶進了海珠隔壁的華盛頓餐室，讓他坐在酒吧的圓椅上，突然「閣仔」上面有人射了一鎗下來，但却射不到馬師曾，幾個偵緝，分開了兩個拔鎗保護着馬師曾，另外兩個却跑上「閣仔」去，只見那裏有兩個人，枱面上放着一枝臥龍曲尺。上面這兩個偵緝喝着下面的兩個偵緝快扶馬師曾走，他們在上面監視着這兩人，但却彼此也不敢「爆火」。

馬師曾上了另外一條汽車，到「優善社」去敷藥，立刻由吳國英派出大隊偵緝，保護他當夜落了省港船，次早啓行，安然抵達香港。

在香港把傷脚醫好，已知道省府下令大羅天改組，並命令不准馬師曾在粤演劇。

在港一連兩次狙擊

馬師曾的脚醫好後，在香港誠恐也不能立足，乃受聘去美。在美遇騙，又因合約期牽長，滯留兩年方返，全仗太平戲院院主源杏翹滙錢給他還清債才回來的。回港後，源組太平劇團，他用陳非儂。剛好港例開放男女同班，花旦先用譚蘭卿爲正花，至此馬譚合作，大放異彩。

這裏順帶提一筆，港例開放男女同班之禁，是由高陞戲院的主持人呂維周爭得來的，呂維周是羅文錦律師樓的大寫，他質問港府，爲什麽看戲的男女同座，演戲的却不可能男女同班？結果港府乃開禁，馬師曾便率先派人往廣州定了譚蘭卿來。

馬師曾在港紅極，廣州的病軍長餘怒未息，原因他的妹子已非原璧，既玷辱家門，又和未婚妹倩生出了風波而至結怨，因此便派了人來香港狙擊馬，務要置之死地。

最先一次，馬乘黃包車，有人在騎樓上開了一鎗射下來，由馬的兩股間射下，打中車板，貫穿下地。馬立刻棄車而逃，得以無事。

一次是馬的私家汽車正在行駛中，又是有人放鎗，打不中馬而打中馬的司機阿年，但傷勢不重。至此，大約對方亦以爲馬大命，在廣州在香港都打他不死，也就息了把他置之死地之心了。

經過幾年，劉紀文任廣州市長，開了一個廣州聯歡會，他要馬師曾上廣州開演。馬師曾見到可以藉此機會解禁，欣然答應，戲箱都已運上廣州了。事爲陳濟棠所悉，爲了陳是病軍長學生，他不想以此使病軍長不安，便重申禁令，結果戲箱只好運返香港。到香港淪陷前，馬師曾依然沒法子踏進廣州一步。香港淪陷後，馬入自由區，在國內作出一番籌欵、勞軍，才什麽事也沒有。

從薛馬所遇兩件大事來看，薛兩次遇險都沒有和桃色有關係。馬鬧出這軒然大波，却是爲了一件桃色事件而起的，由此可知薛馬兩人不同之處，也以此留待後世的批評。

最後消息，和馬師曾離婚多年的紅線女，最近在廣州又和一位作家華山結婚，也算得是「歷盡滄桑一婦人」了！

歌壇十二小金釵（下）

陳蝶衣

六：櫻　花

櫻花，在歌籍中屬於星加坡系統。她有個英文名字叫 Sakura，即是日文「櫻花」的音譯，而她的眞姓名則是鄧彩瑛。

有人以爲拈取「櫻花」二字爲藝名，可能是由於她愛好日本國花那種燦若雲荼之美色，因而願意作爲八重櫻的化身；甚至還有人懷疑她是在東瀛誕生；其實全都不是。

櫻花之祖籍是蘇東坡詩中所說的「四州環一島，百洞蟠其中」之瓊崖，而出生地點則是馬來西亞的蔴城。因爲她的名字中有一「瑛」字，而小時候又另有乳名叫「阿花」；於是「阿瑛」與「阿花」都成了習慣的叫喚；這樣，就可以明瞭她採用「櫻花」二字爲藝名的由來了！原來「櫻」與「瑛」音同字不同，易「瑛」爲「櫻」而與「花」聯綴在一起，便成了一個現成名字了。

一九六五年，櫻花開始踏上歌壇，初展歌喉的地點是星加坡新世界游樂場內附設的「新生歌臺」。

那一年櫻花是十七歲。當時與櫻花同臺獻歌的還有一個小凌雲，與櫻花年齡相仿，她們很快就成了志同道合的好朋友，經常相偕出入。歌臺主持人符舒雲看在眼裏，想出了一個新的設計，叫她們作拍檔演出；此一嘗試非常成功，兩人穿着同樣服裝在歌臺上載歌載舞，形象既生猛，同時也顯出了場面之熱閙，因而極受觀衆的歡迎，也就由此奠定了「雙妹牌」合作的基礎。

次年即一九六六年，櫻花爲星加坡的百代唱片公司所羅致，簽訂了基本合約；又次年與凌雲會同灌錄了第一張合唱的「新桃花江」唱片，問世後非常暢銷；直到現在，櫻花仍是「百代」旗下歌星之一，合約一再續訂，「百代公主」的頭銜亦保持如故。

櫻花

她第一次應約來港，即是與凌雲拍檔，在北角的「金舫夜總會」聯袂登場，成了以時代曲爲主體在香港作 Show 演出的先驅者。其後許多以姊妹花姿態出現的歌星，不能不說是鑑於櫻花、凌雲之成功而纔相率效尤。

由於櫻花與凌雲的歌藝日趨成熟，稍後即分道揚鑣，各奔前程。踏入一九七三年，櫻花在歌壇上已度越了八年的歷史。她的行蹤，遍及於東南亞各地，包括地球極南端的印尼與沙勝越在內。她之去往沙勝越的古晉是在去年的一月，一個擁有十九位成員的「大馬羣星歌劇團」在古晉的國泰戲院演出，就是由她率領；參加此一歌劇團的歌星，除了櫻花本人之外，還有星洲筷子姊妹張梅蘭、張紫蘭，以及任約翰、林金山、梁翠霞、李玉玲、雲娣、山尼多等人；其中山尼多是一位巫籍華語歌手。

櫻花最值得誇耀的一件事是：她曾羅致了五位青年音樂家，組織了一個「櫻花電子樂隊」，隨着她到處伴奏，使她成爲華籍歌星中擁有私人樂隊的第一人。她之率團去往古晉演出，就有樂隊同行，由此更顯示了這位歌星的聲勢不凡。惜乎此一計劃未能放之四海而皆準；有些地區的歌廳夜總會，本來僱有樂隊，邀請櫻花時多一班樂隊就要多一筆支出，反而變作了談判簽約的一重障礙。因之在香港，這一支「櫻花電子樂隊」僅如曇花之一現，後來便無可奈何地解散了！

去年八月二十八日，櫻花曾一度加盟由沈殿霞、杜平領導的「歡樂歌藝團」，與羅文、金翎、陸碧儀、陳美納、江鷺、方正、黃尊尼等一行遠征新大陸，在洛杉磯、紐約、三藩市，以及加拿大的渥太華等埠作巡迴演出，直到十月十九日纔飛返香港。

在訪美期間，櫻花曾趁着假期，去往著名的Las Vagas賭城遊覽了兩天，第一晚欣賞了全美國最大規模的The Star Dust Davla之演出，第二晚又看到了曾經到過香港的「木匠合唱團」，以及作為退休演出的女明星Davia Reyrala之演唱，使她大開眼界。

這位黃髮、大眼，生得嬌小玲瓏的星系女歌手，是唱家班中新潮派的代表人物之一，她的特徵是性格朗爽，活潑好動，更兼口才便給，在歌台上往往用數種言語向聽衆答謝，國語、粵語、英語一連串；唱英文歌則照例稱之為「鬼歌」，因之歌聲未起便會引得座上客哄然大笑。所以她每到一地，總會成為一位出色而又成功的歌迷偶像。

最近，她結束了港九兩岸三個場子的演出，已匆匆飛往台灣，踐高雄市的「藍寶石夜總會」之約；稍後可能還要飛往日本獻歌。

對於東奔西走的歌唱生涯，櫻花曾在答覆新聞記者的訪問時，作了如下的妙語：

林竹君參加香港節留影

『……我是靠歌唱吃飯的，厭倦？怎會呢！要是對歌唱厭倦，豈不是自己打破飯碗？不過我也想過，一是我有了對象結了婚，做了人家的太太，自然不能唱啦！二是我老了不能再唱，「老母雞唱歌」誰喜歡聽呢？我想請你來聽，你也會搖頭吧？』

從以上的談話，可以窺知她坦率與諧趣的個性之一斑。

七：林竹君

一九六九年舉行的第一屆「香港節」，林竹君曾以嘉賓身份，從星加坡飛來香港參加演唱，並接受「無線電視」的訪問，這是她首次與香港的歌迷們相見。

林竹君之在歌壇崛起，是始於首次來港之前，報名參加了星加坡電視台主辦的歌唱比賽，她以一首「戀之火」壓倒所有的競選者而奪得冠軍，自此即飛上枝頭作鳳凰，成為著名的星系女歌手之一。不過她有一點與衆不同之處，那就是迄今未作職業性的經常演唱，而只是側重於錄灌唱片，此外並為電視台担任節目主持的工作，當然少不了也要在螢光幕上亮相。

一九七〇年十二月二十一日，林竹君又由星加坡電視台要員陪同，二次飛來香港。這一次，她是接受「無線電視」的邀請，而在馬來西亞的文娛遊覽公司贊助之下再度蒞止。她除了為「無線電視」拍攝聖誕及新年兩組特輯之外，另一重大目的是訪問香港的歌樂界前輩，因而有一次介紹筵的舉行，我與李厚襄、秦燕伉儷，都曾應邀出席。林竹君在奪得歌唱比賽冠軍以後所錄灌的處女作唱片「林竹君之歌」第一集，她曾攜帶來港，於介紹筵上初次覿面之時持以見貽。

躋身於歌人之列以後的林竹君，經過了兩度飛臨的宣傳，在香港也很快就成了羣衆非常熟悉的一位名歌星。她的新唱片陸續問世，其中第四輯歌集還曾把訪港的經過繕成說明，下走亦曾蒙在文字中提及。

「香港節」間歇了一年，第二屆於一九七一年十二月再度舉行，林竹君又重獲邀請，擺脫了星加坡方面繁重的工作飛來參加盛會，在九龍的摩士公園當衆唱出了動人的歌曲，任務完成後又匆匆飛返星加坡。

這位無論化妝與衣着都保持了「樸實無華」風格的星系女歌手，我與她先後有兩次晤談，一次就是再度來港的介紹筵上，她曾於筵次提出了若干問題，顯示了她對求知的重視。另一次即是她來港參加第二屆「香港節」的前晚，在希爾頓酒店的咖啡座上不期而遇，據她見告：星加坡的聽衆多數喜歡抒情的歌曲，對於毒口惡吻的新潮歌曲並不怎麽愛聽，甚至多少還有些厭惡。我問她：「是不是星加坡的聽衆比較保守？」她說：「大概如此。」

目下，林竹君已在星加坡自資組織了唱片公司，陸續出版了不少新唱片。她一家共有兄弟姊妹十人，她排行第五，也有一個英文名字，叫做LENA。她的胞姊林惠文，也是一位歌星。

八：尤雅

尤雅以一曲「往事只能回味」，成為台灣歌壇上的天之驕女；在此之前，她是一個「養在深閨人未識」的尋常女孩子；她之成名也有些「一朝選在君王側」的類似光景。當人們厭倦了叫囂流派的歌曲之時，突然有一首較為輕鬆的抒情歌出現，頓時配合了飽饜芻豢之後忽思藜藿的聽衆們之胃口；是歌曲幫助了小尤雅，使這位婉孌好女踏上了成功之途；不過小尤雅唱得非常動聽，自然也是促成她享譽於時的原因之一。

自從「往事只能回味」的唱片銷數創造了奇

跡似的高額紀錄之後，小尤雅也就一登龍門，聲價十倍。一九七二年一月七日正午，尤雅以當時得令的姿態，由台灣飛臨香港，一下飛機就由「海天夜總會」主持人把她接到海運大厦，隨即舉行記者招待會，宣佈了她應邀而來，將在「海天夜總會」與港九人士相見的消息；然後是趕回酒店更衣，進入電視台接受訪問並獻歌。

一個初出茅廬的新進女歌手，在短短的時期即由出生地開始而揚名於海外，光榮的際遇給她帶來了忙碌，小妮子的那一份心中喜悅，是不問可知的。但在現實環境裏，這一位涉世未深的少女歌手，少不得也要接受人生歷程的磨練了。

尤雅在「海天夜總會」只唱了一個短時期，不久就飛往星加坡踐約。

她之二次來港是接受「東方歌藝團」的邀請，在「香港歌劇院」登場，我會一度作爲座上客，仔細聆聽她唱那支招牌歌「往事只能回味」。

這一支歌其實有一個基本缺點，便是從頭到尾複唱一遍，歌詞完全相同，似乎缺少了一點變化。其次，許多歌星國語咬字欠準，往往把「心」字唱成「欣」字音，小尤雅亦然如此。不過她唱來頗有韻味，如非細辨，便不易發現瑕疵。

另有一晚我偶然去往後台探班，發現小尤雅淚承於睫，戚然不歡，原因何在不可知，但遭遇了拂逆則殆無疑問。前面我提到她小小年紀就要接受人生歷程的磨練，即是這一次印象給予我的感覺。事實上，小尤雅正當求學時代的年齡，忽然踏上歌壇對她是否是一種幸福？這也只有她自己纔能有較深切的體會了。

尤雅

九：羅嘉美

羅嘉美，最近似乎消瘦了！初見之時，她是頗有一些豐腴之美的。

嘉美之步上歌壇，是始於一九七一年，「拉丁屋夜總會」爲了增聲勢，出綽頭，曾有「香港歌王歌后」競選之舉行；這一種公開的歌唱比賽，也是歌壇新人的進身之階；如能奪獲一個頭銜，便不難在歌壇上取得立足之地。羅嘉美就是憑了此次機會，在複賽進行中被「新都城夜總會」的星探發現了她的美質，因而邀請她加盟演唱。她通過了家長之後允諾了！從此便披上歌衫，成了職業歌手。

在此之前，嘉美曾投考「麗的電視」主辦的第四期藝員訓練班，錄取後經過爲期一年的嚴格訓練，獲得了畢業証書，旋即參加「男人世界」及其它話劇的演出，亮相於螢光幕上。追溯她的藝術生命，實際上乃是以電視爲出發點。

由於嘉美天賦一副悅耳動聽的嗓音，聲線清朗而突出，不久便由「麗的」製作部門調派她負責配音工作，這對她的練聲也很有幫助；她一方面爲電視服務，一方面又投在秦燕門下進一步正式學唱時代曲。

在訓練班受訓時期，秦燕就是班中的歌唱教師。對於時代曲，嘉美已在那一段時期研習有素，懂得了如何運用橫隔膜發聲的訣竅；再經過了單一程序的指授，歌藝自然也有了長足進境。

嘉美在「麗的」配音部門工作了六個月，終因參加歌唱比賽而顯露了她的華色含光、體美容冶之形象；與「新都城夜總會」的合約一經簽訂，她的藝術生命便有了新轉變。

之後，嘉美累次轉換陣地，曾唱過香港的「翠谷」「銷金窩」，星加坡的「東方蓮花」，澳門的「愛麗都」等多間夜總會；目下則是九龍「夏瑤夜總會」的基本歌星。

時代曲的熱潮在香港掀起後，歌壇上人材輩出，新秀與新秀間的競爭相當劇烈，獲得理想的演唱場子並非易事。羅嘉美從業只有短短兩年，已能在唱家班中露出頭角，站穩陣腳，可以說：一半是她的幸運，一半也是她努力不懈的成果。

羅嘉美

葛茵

一〇：葛　茵

葛茵也是「新潮老師」秦燕的女弟子，稚齒韶顏，輕小有如越燕，正好是「十八姑娘一朵花」的時期。

初入門徑，第一首學唱的時代曲是「淚的衣裳」。小葛茵選擇這一首歌作爲啓蒙，看來與她的家業也有一些關係；因爲她的父親葛天民，是「茵茵時裝公司」的主持人。

葛茵歌運亨通，纔學會了啓蒙的一首歌，便有夜總會的代表作口頭邀約，請她加盟。她父親聞訊後爲之失笑，對女兒說：「一首歌就可以唱遍天下嗎？」事實上，葛茵私底下琅琅上口，能歌已不止一首；但她的家長爲了她造詣尙淺，不贊成她貿然下海，只與女兒約定：「等到能唱一百首歌的時候再說。」

小妮子見父親作出了遠期允准，胆氣頓壯，於是繼續練習第二首歌，然後第三首，第四首，一路學下去。

一九七二年七月一日，澳門「愛麗都夜總會」開幕，先在香港物色歌手，葛茵與師姊羅嘉美同時膺聘，破題兒第一遭的公開演唱便是出門走埠。這時候，葛茵能唱之歌已滿百數；她正式披上歌衫，家長也就不加阻止了。

在澳門唱滿了合約，累積了經驗回到香港，又與羅嘉美同在「夏璐夜總會」登場。最近則又轉換了場子，成了「金寶夜總會」的基本歌星。此時此際的小葛茵，已是一位出色的少女歌手，在台上一面引吭高歌，一面手揮目送，顯得頗爲熟練，不復有羞澀之態。

不可不附帶一記的是：葛茵有一個有趣的小名，叫「娃娃」；直到現在，她還是一副娃娃臉型。

一一・一二：張梅蘭・張紫蘭

一九七〇年十月的某一晚，去往「香港大舞台」後台探班，經人介紹之下初次與星洲筷子姊妹識面，兩姊妹形貌相似，雖經介紹人逐個指點，告訴我張梅蘭是姊姊，張紫蘭是妹妹。一時之間我仍然分不清楚誰是梅蘭？誰是紫蘭？

直到後來見面次數多了，我纔明白：站在一旁不常開口的是姊姊梅蘭，代表發言能說會道的是妹妹紫蘭，私底下如此，在台上亦然。

有一次，小紫蘭向我提出了一項請求，要我爲她們姊妹倆寫一首新歌；我說：「妳們的歌還不夠多嗎？」小紫蘭笑着說：「我們要一首自己的歌。」

當時我不暇考慮，姑妄應之。事後想到：對孩子們是不能言而無信，諾後即忘的；於是畧一思索，便決定把她們常唱的「採紅菱」歌詞改寫一過；「採紅菱」起句是：『我們倆划着船兒採紅菱。』我便援筆另作，以『我倆是星洲筷子姊妹花』爲起句，循此一路改寫，很快就全部脫稿。此後，這一首「星洲筷子姊妹花」便成了她們的招牌歌，在「香港大舞台」，在「環球」「鑽石」兩家戲院，在所有的夜總會，她們都載歌載舞，以這一首招牌歌代替了過去的「採紅菱」。

最有趣的是：她們還特製了一雙巨型筷子，於唱出這一首歌的時候作爲表演之道具，因之而更增添了幾分諧趣的氣氛。

這一雙小妮子抱有熾熱的向上之心，在繼續跑遍了台灣、菲律賓、印尼、棉蘭、沙朥越等地之後，又於去年飛往英國倫敦，進入學校求深造，每逢星期一、二、四學 TAP DANG，星期三、五學現代舞；獲得假期到從事遊覽，她們去過愛丁堡與蘇格蘭。每至一地，必有信來報道詳情，並且附以攝影，使我閱讀之下有「親若家人」之感。近年來我從事於歌人照片的搜集，最多的就是星洲筷子姊妹了！

（全文完）

星洲筷子姊妹在倫敦

滑稽趣劇：

火燒豆腐店

·江笑笑·

甲　中國地大物博，同樣一件事情，各處地方，各種說法，都不一樣。

乙　那倒是眞的。

甲　譬如沒有這麼一件事情，說得若有其事，各地的說法都不同。

乙　你倒說說看。

甲　紹興人說起來，就叫「講造話」。

乙　啥叫啥「講造話」？

甲　是造出來的閑話。

乙　倒有點道理。

甲　一樣一句話，上海人講起來就要秤份量。

乙　講閑話哪能好秤份量？我不相信。

甲　我說出來你就會相信，上海話「瞎三話四」，三加四是七，份量很輕。

乙　噢！這樣的份量。那末，份量重的有沒有？

甲　北方人說起來份量就重，叫「五說八道」，五加八，是十三，比上海人份量重。

乙　錯了！北方人叫「胡說八道」，不是「五說八道」。

甲　不要去管它，就是「胡說八道」，八總比七重一點。可是蘇州人說起來，份量還要重得多呢！

乙　怎麼重呢？

甲　蘇州人叫「瞎七搭八」。

乙　七加八是十五，對，又重了一點。

甲　到了寧波人嘴裏可不得了，重得嚇壞人！

乙　叫「瞎九搭十」？

甲　沒有「瞎九搭十」的。上海話叫「瞎三話四」，北方話叫「胡說八道」，蘇州話叫「瞎七搭八」，份量都很輕，寧波人叫「亂話三千」，一跳就跳到三千！

乙　倒利害的！

甲　就爲了「亂話三千」，份量太重，幾乎送脫兩條人命。

乙　講兩句「亂話三千」，怎麼會弄出兩條人命來呢？

甲　你不相信，我可以講給你聽。

乙　倒要請教。

甲　這件事體在廿多年前，還是我在「大世界」唱獨脚戲的辰光。有一天，我的家主婆要去望親眷，早上沒有去買小菜，臨出門辰光，來喊醒我：「死人啊，我來不及去買小菜，晏歇吃中飯，你自家去買點熟小菜，死人，我去哉！」

乙　你的名字叫「死人」？

甲　你這個人好像沒有做過男人，連「死人」都不懂，家主婆叫男人「死人」末是要好。

乙　要好叫死人，那是再親熱點要叫僵尸了！

甲　家主婆叫醒了我，出門去了。我一個翻身倒又睏着，一覺醒來，已經十二點鐘。

乙　死人！你倒也會自家醒轉來格！

甲　儂倒一學就會。我要緊起來，着好衣裳，揩好面，拿了一只碗就跑。

乙　買點熟小菜，快點吃飯，我看醬猪肉蠻好。

甲　儂是大塊頭，喜歡吃肉；我油勿進。

乙　格末醬鴨。

甲　牙齒勿靈，醬鴨要嵌牙齒。

乙　叉燒。

甲　更加勿來事哉。我要買的小菜！最好是又要多，又要好，又要省錢，又要有營養。

乙　這樣小菜很難想。

甲　我跑到轉角子上，看見一家豆腐店，一想，買豆腐吃最好，醬麻油一拌，又不嵌牙齒，營養又好，三只銅板可以買一大碗。

乙　轉彎抹角，說了半天，原來是吃豆腐。

甲　我到了豆腐店門口，一看，老板立在店堂裏，我把碗送上去，說：「老板，買三個銅板豆腐。」叫啥老板兩只眼睛對我一彈，「扎搭」一把，把我拉牢。

乙　「哈哈！格朝來東來，阿拉認得儂格。」㊀

甲　我一看末格只面孔從來沒有看見過，陌陌生生拉牢我作啥？我一想勿好，不要從前豆腐店裏有過强盜搶，這個强盜面孔生得像我，老板當我强盜……

乙　死人！格是吃勿消格！

甲　儂還尋得落開心！我是急得要命，手又撥伊拉牢，逃也逃勿脫，要緊說：「勿是格！勿是格！」

乙　「你是唱獨脚戲的江笑笑，還說勿是？」

甲　咪咪！㊁「老板，嚇人勿作興實梗嚇法！」

乙　「喔唷，阿拉每日來格大世界看儂唱獨脚戲，儂的亂話三千聽得人家笑煞快，喂，儂格亂話三千什麼地方來的？」

甲　我一聽就隨口敷衍伊：「這叫吃什麼飯當什麼心，有些笑話是老先生傳下來的；有些是書上、報上看得來的；也有些是自家編出來的……。」

乙　「江笑笑，我最喜歡聽亂話三千，今朝機會難得，儂隨便講兩句亂話三千給我聽聽，阿拉豆腐送撥儂吃好啦！」

甲　塌便宜貨也沒有這樣塌法，大家在馬路上拉牢我要我講兩句亂話三千，我怎麼吃得消。我就說：「老板，晏歇儂到大世界來，我多講兩句亂話三千撥儂聽聽，老觀衆，特別優待。此地怎麽講呢？」

乙　「江笑笑，儂搭沙㊂架子，現在就講兩句撥我聽聽又勿要緊的。」

甲　買豆腐碰着仔牛皮糖，眞是要命，我就順口說：「老板，隨便講兩句，沒頭沒腦，勿來事的。」

乙　「譬如儂來該台上，隨便講兩句好哉。」

甲　在台上末先開起場來，還有下手同我搭腔，現在立在豆腐店門口，奉送亂話三千，怎麽可能？我就說：「立到台上末我的亂話三千就從喉嚨口穿出來哉，在儂豆腐店裏我不會講的。」

乙　「柴㊃！江笑笑，儂勿寫意，阿拉要儂講兩句亂話三千，是捧儂場，爲沙豆腐店裏勿會講，儂看不起我開豆腐店是不是？阿拉預備鈔票晦氣，叫儂堂會，儂是十四塊八角一個堂會，阿拉叫儂三個堂會，買倒儂！看儂講勿講？

甲　儂看豆腐店老板阿猛門？當我唱獨脚戲的是啥物事，我倒也光火哉。

乙　是豈有此理，勿講末定規勿講，喊堂會也勿講。

甲　不過我只手還撥老板抓牢，總要想個脫身之計。我說：「老板，叫我堂會自然歡迎，不過叫堂會要到我屋裏來請我，也沒有自家送上門來的，現在儂鈔票多做多，我勿講！」

乙　「江笑笑，儂火氣毛㊄大，我實在喜歡儂講亂話三千，隨便講兩句好哦？我們大家軋個朋友。」

甲　老板實頭是個蠟燭！我閑話一硬，伊倒軟下來，說好話哉。我一看今朝勿講勿來事，就說：「老板，講兩句亂話三千無所謂，實在我有點要緊事體，沒有時間，等一歇講撥儂聽好不好？儂手末放放脫。」

乙　「江笑笑，儂想金蟬脫殼，儂去了還肯再來，儂倒講講清爽，倒底有沙些要緊事體？」

甲　「我要到黃浦灘去撈黃豆去。」

乙　喂，那能弄出撈黃豆來哉？

甲　儂叫沒有做過豆腐店老板！黃豆兩個字在老板耳朵裏「吱」一聲鑽了進去，叫啥面孔會得變花樣，閑話也兩樣哉。

乙　「柴話？黃豆是要拿鈔票去買格，怎麽好去撈的？」

甲　「老板，儂勿曉得，今朝黃浦江裏有一只黃豆船撥外國兵艦撞翻脫，搖航船格老大嚇得逃走哉，一船黃豆都沉在黃浦江裏，我娘舅在碼頭上做生意，曉得這件事體，特地來通知我，挑我去賺點外快，所以我吃過飯馬上要去撈黃豆，慢了要撥別人撈光的，所以沒有工夫講笑話。」

乙　「那好，亂話三千晏歇再講，我問儂，儂格黃豆撈來派沙用場？」

甲　「我撈得來末賣撥豆腐漿攤，或者賣豆腐花的。」

乙　「儂個壽頭！豆腐漿攤、賣豆腐花好用多少黃豆？一樣賣，儂賣撥我，黃豆我是多做多要的。」

甲　「儂開豆腐店要黃豆做什麽用場？」

乙　「哈哈，叫聲儂江笑笑，儂只會唱獨脚戲，講亂話三千，豆腐是黃豆做的都勿曉得。」

甲　「啥？豆腐是黃豆做的？豆腐末是水做的，叫水磨豆腐、水磨豆腐，豆腐都是水磨出來的。」

乙　「水磨得出豆腐，自來水龍頭開開都是豆腐哉，儂作沙還要到我店裏來買豆腐？」

甲　「好好，格末統統賣撥儂。不過老板，黃豆好做豆腐，儂爲啥不去撈一點？」

乙　「柴？我也好去撈格？」

甲　「只要我搭娘舅講一聲，大家好去撈的。」

乙　「好極哉！阿拉一道去撈。」

甲　「我還要先去吃飯，儂豆腐快點賣撥我。」

乙　「用勿着買，豆腐送一板撥儂！」

甲　好勿容易，老板把我只手放脫，從豆腐架子上拿了一板豆腐撥我。

乙　一板豆腐儂吃得完？

甲　「吃豆腐」我老門檻哉。燉豆腐、煎豆腐、拌豆腐、炒豆腐、白篤豆腐、紅燒豆腐、豆腐燒豆腐……

乙　好，儂變成吃豆腐專家哉。

甲　等到我一頓飯吃好，跑到豆腐店裏去一看，只有老板娘在店堂裏。老板娘一看見我，就問我：「江笑笑，儂飯吃好哉，今朝的豆腐嫩勿嫩？」

乙　老板娘講閑話那能有點汗毛凛凛。

甲　我說：「今朝格豆腐嫩透嫩透，醬麻油一拌，豆腐也尋勿着哉！」

乙　儂眞會吃豆腐。

甲　儂勿曉得開店格總喜歡聽兩句好閑話，吃了他們一板豆腐，阿好嫌比豆腐勿嫩？我說：「老板呢？」「老板來該裏頭換衣裳，儂阿是搭伊去撈黃豆？衛生拉阿伯，衛生拉阿伯，江笑笑來了，儂快一眼呀！」

乙　那能弄出個衛生拉阿伯來？

甲　老板有個兒子，是在老板做衛生豆腐乾的辰光養的，所以起的名字叫衛生，也是紀念紀念的意思。老板娘一叫衛生拉阿伯，老板馬上跑出來，身上一套短衫褲，袖子管捲到臂膀上，褲脚管捋在脚彎里，赤脚，頭上一頂大凉帽，右手一根扁担，左手拎了麻袋。

乙　倒是一面孔撈黃豆面孔。

甲　伊拉夫妻淘裏倒也蠻要好格，我同老板要走，老板娘對老板說：「衛生拉阿伯呀，撈黃豆要當心點，早點轉來，等儂吃夜飯。」

乙　「儂放心，撈到黃豆就轉來，儂在店堂裏不要跑開，門戶當心，衛生不要撥伊馬路上瞎跑，要是我轉來晏，你早點打烊睏覺，煤球爐子要當心，水火不讓人的。」

甲　我搭老板離開豆腐店，就一直朝東，跑到外灘白渡橋，脚裏已經吃勿消哉，老板塊頭又大，跑得氣喘吼吼，把麻袋當矮凳，在白渡橋旁邊一坐，扁担邊浪一擱，凉帽拿下來當蒲扇，搧個不停，我就問伊：「老板，阿是走勿動哉？」

乙　「江笑笑，黃豆船沉在沙地方？」

甲　「楊樹浦。」

乙　「還有介許多路，去晏了黃豆阿要撥別人撈光的？」

甲　「一船黃豆，一、二百個人也撈勿光，只要有麻袋去裝。老板，儂帶幾只麻袋？」

乙　「兩只。」

甲　「阿是一人一只？」

乙　「兩只和總⑥是我格，裝滿黃豆，剛剛一担，我扁担也帶來了。」

甲　「老板，儂勿作興，那能勿搭我也帶兩只？我現在一雙空手，到楊樹浦，介許多路，去撈兩把黃豆？我勿高興去哉！」

乙　「柴話？儂麻袋嘸沒帶來沙？儂勿去勿成功，我又勿認得儂娘舅。眞要命，剛剛為沙勿講，麻袋有沙希奇，阿拉店裏幾十只也拿得出來。」

甲　「有啥辦法，要末我回到儂店裏去拿。」

乙　「眞是大出喪忘記扛棺材！儂快去快來，阿拉也跑得着力煞，我就坐在堂頭⑦等儂。」

甲　我一口氣跑到豆腐店，老板娘看見我一個人回來，就問：「江笑笑，衛生拉阿伯呢？」

乙　阿好「衛生拉阿伯」少叫聲把，實在汗毛凜凜！

甲　我說：「老板娘，勿好哉，出了事體哉！老板胆子太大，到了黃浦灘，也不看看清爽，就跳下去撈黃豆，剛剛潮水漲，老板又不會游水，一個浪頭捲上來，只看見老板冒了幾冒，幾個水泡，老板沉到黃浦裏了！」「柴話？」我說：「老板沉煞在黃浦裏了！」老板娘一聽，拉開喉嚨就哭，「衛生拉阿伯呀，儂硬得落心腸丟開我去啊！衛生拉阿伯呀，儂為仔撈黃豆送掉該條命啊！（「四明講經調」）西方路浪兩盞燈，一盞清來一盞昏，清燈要照天堂路，昏燈要照地獄門……啦……來……」

乙　老板娘講閑話末難聽，哭親人倒蠻有調頭。

甲　我看老板娘哭得一把眼淚一把鼻涕，就說：「老板娘儂勿要急，總算碼頭上人多，手脚快，馬上把老板救了起來。」「啊喲，儂要早點說清爽啊。」我說：「老板人是救上來哉，不過老板更加胖哉，一摸胸口跳也不跳，鼻孔裏氣也沒有哉。」老板娘一聽老板氣沒有了，又「上」哉：「衛生拉阿伯呀，儂末兩脚一挺到水晶宮，格朝叫我柴弄弄⑧：……」我只好勸老板娘勿要哭，人死不能復生，現在是料理後事要緊。

乙　眞的弄出人命來哉。

甲　老板娘哭得六神無主，只是問我：「柴弄弄？柴弄弄？」我說：「我拿塊排門板去把老板尸首扛回來，我男人跑得快，我先去哉。儂要看老板尸首，就照南京路一直朝東走，在半路上會碰得着。」我揹了排門板，要緊一口氣奔到外灘。老板看見我勿拿麻袋，揹了一塊排門板，心裏奇怪，我要緊講：「幸虧搶得快，搶着一塊排門板！」

乙　「哎，江笑笑，儂個人魂靈頭有𠲎？撈黃豆拿塊排門板有沙用場？」

甲　「勿好哉！老板，儂店裏出仔事體哉！」

乙　「柴話？」

甲　「着完哉！」

乙　「我是說，『柴話』，勿說說『着完』。」

甲　「豆腐店火燒，統統燒光了！」

乙　「那能會着起來的？」

甲　「是老板娘不當心打翻煤球爐着起來的。」

乙　「格朝要死哉！格末儂掮塊排門板作沙？」

甲　「咦，火燒只要拿着一塊排門板，保險公司可以賠償儂格損失。」

乙　「要死！要死！我年年保險，剛剛過期，今年偏偏沒有保險！」

甲　「格是排門板搬來也沒有用場。」

乙　「頂要緊老板娘人呢？」

甲　「老板娘眼睛哭得像燈籠，一把鼻涕，一把眼淚尋儂來啦。儂要看伊，就從南京路一直朝西跑，半路上會碰得着她。」

乙　「格朝完結哉！」

甲　「老板，豆腐店總歸燒光哉，我看還是去撈黃豆吧！」

乙　「勿撈黃豆不會出事體，還要斷命撈黃豆，撈儂格骨頭！」

甲　老板麻袋、扁担都勿要哉，就從南京路一直朝西趕回去。老板一走，我拎起麻袋扁担，回家去睡覺。

乙　死人！老板、老板娘勿要尋着儂？

甲　老板拔脚望西跑，跑到新世界相近，就看見老板娘在一路過來，傷心啊！老板娘是只顧低着頭走，一把鼻涕一把眼淚哭「衛生拉阿伯」，恰巧碰着老板。

乙　「老濃⑨哎，哭有沙哭頭，都怪我自家貪小利，撈撈黃豆一家人家撈光，事體已經來東⑩，好得阿拉兩家頭年紀還輕，重新再爬起來好哉。」

甲　老板娘聽見老板聲音，勿要嚇格？「啊呀！衛生拉阿伯！阿拉夫妻淘裏一向蠻要好格，我胆子小，儂勿要陰魂勿散來嚇我！」

乙　「柴？燒是格燒脫哉，儂亂話點沙些。」

甲　「我是嚇勿起的。是儂自家勿好，撈黃豆勿留心沉下去，我總請和尙道士七七敲、八八做搭儂超渡好哉，儂勿要嚇我！」

乙　「喂，到底那能燒起來的？儂講啊！沙個和尙道士？」

甲　老板娘聽聽閑話勿大對，對老板看看。「儂到底是人還是赤老？」

乙「有介好賣相格赤老！鮮龍活跳格人啊！」

甲「讓我再看看清爽：地上有人影子末是人，沒有人影子末是赤老——咦，是有人影子的，衛生拉阿伯，儂沒有死啊，是伊拉拿儂救起來啦？」

乙「儂不要亂講，店裏柴會得燒起來？」

甲「儂那能會得沉下去的？」

乙「店裏柴會燒起來的？」

甲「阿是一個浪頭捲上來，儂冒了兩冒，沉下去的？」

乙「阿是打翻煤球爐子，燒起來的？」

甲 兩家頭纏仔半日，總算弄清爽。老板娘說：

「儂觸啥霉頭，煤球爐子老早已經熄掉，店裏幾時着火？」

乙「阿拉黃浦江水也沒有碰着一眼，柴會得沉下去？」

甲「才是江笑笑格赤老闖的窮禍，衛生拉阿伯，去尋着伊！」

乙 我倒要問儂：「豆腐店沒有火燒，儂爲沙把排門板撥伊呢？」

甲「排門板末是來扛儂格尸首啊！」

乙「呸！還要扛尸首！阿拉搭儂尋江笑笑去，阿拉同伊前世無寃，今世無仇，爲沙要尋我個開心。」

甲 我曉得老板要來尋着我。我奔到屋裏，就關照二房東老好婆：「有人來喊堂會，說我在屋裏；要是有個寧波人來尋我，說我到塲子裏去了，不在屋裏。」「曉得曉得，喊堂會末在屋裏；寧波人來末不在屋裏。」我剛剛跑到房間裏，預備脫脫衣裳睏覺，下頭有人碰門哉。

乙「開門！開門！」

甲 老好婆聽見有人敲門，就問：「啥人？」

乙「我！」

甲「尋啥人？」

乙「尋江笑笑！」

甲「江笑笑關照格，是喊堂會末在屋裏；是寧波人末不在屋裏。」

乙「喔唷，江笑笑倒門檻精的，好，儂對伊去講，阿拉喊伊做堂會，三百六十五個堂會一道唱。」

甲 老好婆一聽，一路從樓梯浪喊上來：「江笑笑，儂竄上哉，有人喊堂會，三百六十五個堂會一道唱。」我一聽三百六十五個堂會一道唱，介結棍，覺也不睏了，要緊跑下樓來，開門一看，老板對我就是當胸脯一把！

乙「好！江笑笑！我搭儂沙個寃家……」

甲 老板娘也開口，「儂爲沙要同我尋開心？」

乙「拉儂到巡捕房去！」

甲「我又不犯法，爲啥要拉我到巡捕房去？」

乙「儂害得阿拉夫妻兩個幾乎性命兩條，我同儂到巡捕房去講道理。」

甲「啊呀，老板，我是搭儂尋尋開心，說說笑話的。」

乙「打棚勿是這樣打法的。差一眼眼兩條性命去脫，假使我性子急一點，聽見豆腐店火燒，不要跳黃浦自殺；老板娘聽見我沉煞拉黃浦裏，不要上吊，阿是性命兩條？」

甲「格殺千刀江笑笑勿是物事！害得我哭得死去活來，我要打他兩記耳光！」

乙「拉儂到巡捕房去讓儂吃兩個月官司！」

甲「老板，閑話是我講的，我不賴；不過儂不能怪我，是儂逼牢我講的。」

乙「柴？是我逼儂講的？」

甲「老板，儂勿要光火，我問儂，我到儂豆腐店裏買豆腐，是不是？」

乙「是的。」

甲「儂說：『我認得儂，儂阿是唱獨脚戲的江笑笑？』儂說過沒有？」

乙「我說過的。」

甲「儂問我這麼多亂話三千啥地方來的。儂問過沒有？」

乙「問過的。」

甲「儂要我講兩句亂話三千，是不是？」

乙「是的。」

甲「我不肯講，儂光火哉，說喊我三個堂會，用鈔票買倒我，阿說過？」

乙「我也不賴，我說過的。」

甲「我撥儂逼得沒有辦法，只好講兩句亂話三千。」

乙「江笑笑，儂當面說亂話，儂又沒有講過亂話三千。」

甲「咦，阿是儂要我講兩句亂話三千？」

乙「是啊，我要儂講兩句亂話三千。」

甲「我是只講了兩句：第一句，老板撈黃豆沉煞在黃浦江裏；還有一句，豆腐店裏火燒。儂叫我講兩句，我就講兩句，第三句也沒有講。」

乙「柴！格兩句就是亂話三千呀！」

甲「是啊，格兩句就是亂話三千。儂還要聽嗎？我有一肚皮亂話三千啦。」

乙「格亂話三千沙人吃得消？」

甲「講兩句亂話三千，一家人家幾乎鏟光哉，還好再聽！衛生拉阿伯，毛同伊講了，囘屋落去，囘屋落去！」

乙 格種亂話三千，份量太重，隨便啥人都吃勿消的！

（幕下）

一、豆腐店老板是寧波人，說的是寧波方言。
二、小孩受驚，大拍其胸，口中連呼咪咪，表示不要驚慌。
三、沙是寧波方言「什麼」之意。
四、柴、柴話，都是寧波話，意同「什麼」。
五、毛，寧波話「不要」也。
六、和總，寧波方言「都是」「共計」之意。
七、堂頭，就是這裏。
八、柴弄弄即是怎麼辦。
九、老儂，寧波俗語稱妻子。
十、來東，事實俱在。

銀色漫談

「冷面虎」扭轉形勢！

馬行空。

不多幾天以前，與一位導演，姑隱其名，還有一位製片家，也不必提名道姓了，在一起嘆其咖啡。話題談到今日獨立製片公司老板的「殺法厲害」，該導演不勝感慨的說道：「早知如此，還不如當初就投奔鄒文懷哩。」那位製片家同意道：「雖說東山老虎吃人，西山老虎也吃人，但『嘉禾』的吃人方法，到底不像有些獨立老板那麽殘忍，就是被他們吃了肉去，骨頭總還是有得啃的。」聽到這幾句對白之時，暗暗的替鄒文懷高興不止；他居然能夠博得了「取之有道」的美譽，這就很值得自傲了。

開設一家電影公司，目的爲的是什麽？當然是想賺錢，其理甚明。「嘉禾」自然亦不例外，祇不過鄒文懷的手腕高明，籠絡人心的辦法佳妙，所以在互有利益的情形之下，能夠拉攏得來最叫座的李小龍、羅維、王羽等人，公司固然獲利甚豐，而旗下的這幾位也都面團團的成了富家翁。

李小龍不必談了，據說：羅維夫人劉亮華的手中，到今日爲止，着實有個幾百萬元的「花頭」，以一名導演而能掙得了偌大的財富，在目前的國片界裏，可以稱得起是頂兒腦兒的頭一份！使李翰祥、胡金銓、張徹等都瞠乎其後矣。

自從「冷面虎」在春節裏大顯威風之後，外面頻傳羅維將要休息一個時期，作一次環遊世界的豪舉。但現在連報上都發表消息了：羅維的周遊列國計劃，正式取消；他剛剛放下鄭佩佩主演的一部「鐵娃」，緊跟着偕同夫人劉亮華又飛到台灣，與王羽、上官靈鳳等洽商下一次合作拍片的大計去也。其中的理由，非常簡單：第一，羅維本人的導演癮頭極大，沒法可以閒得下來，第二，他目前正在走紅之時，各方面都希望與他合作，所以欲罷不能，第三，鈔票多得嫌燙手之事，現在世界上到底還沒有發生過也。

王羽在「海員七號」中和日本女明星南風夕子

連遭敗績　王羽失勢

話說當年王羽跳出「影城」，飛到台灣去另打天下，頓時就成爲最搶手的「熱門貨」。製片家捧着成堆的台幣，來到台北市忠孝路的王府，說上幾大車的好話，口吐蓮花，聲淚俱下，還祇怕王夫人林翠不肯收下呢。那個時候，祇要林翠輕描淡寫的說一句：「好啦，把錢放下吧。」聽在製片家的耳中，就好像奉到了玉旨綸音的一般，眞個是說也說不上來的那份感激！

難道製片家們的鈔票實在多得沒處花去？難道製片家們對於王羽的「藝術」竟然佩服得到了瘋狂的程度？其實非也。像以上所形容的那一小段「銀壇現形記」，如果揭穿來說，無非一個「錢」字作祟耳。

王羽主演的影片，在外埠片商盲目搶購之下，非但頓成奇貨，而且價值也不斷的提高。製片家們暗地裏劈劈拍拍一撥算盤，發現就是把所有的外埠版權費都付給王羽的話；再說也用不了那麽多，他們的手中還有台灣與香港兩個地方可搏，一樣的有利可圖。這就叫做不下本錢（資本已經由外埠片商代出了也）而穩賺的買賣，連打着燈籠都沒處找去的好機會，請問又怎能不使他們爭先恐後，醜態百出乎？

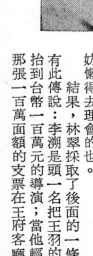

王羽夫人林翠，是一名非常有見識的女性，在她的眼睛裏，看得是再清楚也沒有的了。那個時期，擺在王羽眼前的祇有兩條道路；一是「掙氣」，二是「掙財」。所謂「掙氣」也者，就是拿定宗旨，不是猛片不拍，哪怕出品不多，收入不豐的話，也要掙一口氣給「邵氏」看看。所謂「掙財」也者，就是良機當前，一世難逢，樂得來者不拒，照單全收，「拉在籃裏的，都是菜」，先把花花綠綠的鈔票給收足了，至於後果如何？那是製片家們自己的事，王羽大可聽其自然，「出門不認貨」。此一想法也不能算錯，因爲當一個人的銀行存欵達到飽和點之時，有些事情是不妨懶得去理會的也。

結果，林翠採取了後面的一條道路。有此傳說：李瀚是頭一名把王羽的片酬給抬到台幣一百萬元的導演；當他輕輕放下那張一百萬面額的支票在王府客廳裏的茶几上之時，王羽沉吟久之，還沒有答應簽約的意思，但是林翠對丈夫施了一個眼色，把王羽拉到另一個房間裏去，正色說道：「陽明山上的那幅地皮，我已經決定要買下來了，你說怎麽辦吧？」王羽能有什麽辦法呢？他一聲不响，回到客廳裏，取過原子筆，就在李溯隨身帶來早已準備好的合約上寫下了「王正權」三個字。

陽明山上的那幅地皮，就是王羽在一年內接片二十多部的開端。今年的春末夏初，一座佔地一萬多呎，絕對現代化的花園別墅就可以落成了，假如王羽從現在起不拍戲的話，他大可以在風景秀麗，環境幽雅的陽明山上，種花養鳥而優遊於林下。這都是林翠眼光獨到，當機立斷的成果，你能說她做得不對嗎？

於是，整個去年之中，王羽主演的片子源源出籠，使觀衆們實有應接不暇之苦。再說一句不客氣的話：其中有幾部，在製作上顯然是太潦草了一點，這也難怪，因爲王羽在一天以內要趕三四個場地，雖然他已經不眠不休的盡出了最大的努力，但製片及導演在支配時間上，攝製過程中，都沒法太講究了。偶而有一部失去水準，觀衆會得加以原諒，接連幾部都不符理想，這就能引起了觀衆們的裹步不前。發展到最後，也就是一九七二年的下半年裏，王羽在香港的叫座力量一落千丈，情勢惡劣，那些一窩蜂的獨立製片家們害苦了他，同時也害死了自己，眞是何苦來哉？

「死亡游戲」中的李小龍與七呎多高的美國巨人

李溯是頭一個使用銀彈（李導演自己沒錢，他的靠山是著名片商上官業傳）來引誘王羽走上這樣路子的，但結果受苦最烈的還是他。李溯導演的一部「狂風砂」，在香港售座奇慘，慘到了出乎情理以外！這一次，連王羽自己也有意見了，所以直到如今，就聽不到他與李溯再度携手的消息，李溯手中失去了這張「王牌」，等於是「孫大聖不見了金箍棒」，立刻玩兒不起來啦。

王羽的片子，在香港不能叫座，進一步而影响到整個東南亞的賣埠問題。片商們都是十分現實的，他們深明跟紅頂白，見風使舵之理，於是在購買版權之時，就沒有像以前那麽踴躍了，甚至還有要求在看過拷貝之後再談價錢的。此一形勢變遷，等於是斷絕了許多獨立製片家的財路，因爲他們再也不能憑着一紙王羽所簽的合約去變出鈔票來，若要叫他們先墊出資本來拍攝，可說是戛戛乎其難哉。

除非王羽從此洗手不幹，那就無話可說，假如他還想再拍下去的話，這個一瀉千里的情勢就非得施以挽救不可。王羽不笨，而且聰明得很，他對台灣的新聞界發表消息：「我今後不接獨立製片了，要好好的拍幾部像樣的片子出來！」這是一個好消息，但他將要用什麽方式來重振自己的雄風呢？

一片叫座　整個改觀

常言道：「吉人自有天相」；王羽的一步鴻運還沒有走完，偏偏就發生了羅維與李小龍分手的事件。

凡事有個後果，必定也有個前因：李小龍由美歸來，初拍「唐山大兄」之時，就與導演羅維好像不怎麽合得來，但等拍到第二部的「精武門」之時，聽說李小龍在影棚裏意見多多，很引起羅維的反感，因此，他倆的第三部合作，也就似乎不可能了。果然：李小龍發表了他將要自導自演一部「猛龍過江」，而羅維則更是大爆冷門的決定了與王羽携手合作，從今以後，「你走你的陽關道，我走我的獨木橋」，這兩位一拍兩散，分道揚鑣。

但是，誰也沒想到，羅維會得轉回頭去，與王羽重修舊好的。大家都曉得：羅維與王羽有這麽一點「過節」，而且互不相容，形同冰炭，雖然說：「電影圈子裏沒有家，也沒有親家」，但他倆的分而復合，到底顯得十分突然。羅維解釋道：「我與王羽沒有仇，以前祇不過是在『邵氏』同事的時候，發生過一些不必要的小誤會而已。現在大家都走出影城了，同時在外面另打天下了，那還有什麽叫不開的地方？」

其實，這裏頭另有原因，是羅維不便挑明了講出口的。羅維以「精武門」而博到「四百萬大導」的榮譽，得來不易，未可輕意失之。今後凡是由他導出來的片子，就算不能叫進四百多萬的座來，但至少也得有個一頭二百萬的纔像樣。否則的話，就好像羅維全靠的是李小龍了，豈非丟人之至？因此，羅維在考慮了許多日子之後，認爲祗有他與王羽的兩股力量合併起來，纔是兵家取勝之道。事有湊巧：王羽在那時也頗有徬徨歧路之感，正不曉得應該如何是好哩，偏偏就有羅維的「特使」劉亮華到來，說起「修盟」之事，正中王羽的下懷。因此，他倆由一拍兩散而又化爲一拍即合，可見天下事都有一個緣份在內，並非人力可以强求者也。

羅維與王羽重新携手，到日本去拍成「冷面虎」與「海員七號」兩部片子，歸來之後，羅維大讚王羽了得，而王羽也表示對於羅維十分服貼，當時有許多人以爲那祗不過是一種宣傳的手法而已。但等到「冷面虎」上映之時，觀衆有如浪潮一般的湧來，售座成績，竟然超過了當年王羽威盡一時的「龍虎門」！大家這纔曉得「羅王合作」的力量是絕對不可輕視的了。

「冷面虎」的叫座，所起作用甚大。對於羅維說來：沒有李小龍，他也一樣可以拍得出叫座的片子，總算吐出了一口鳥氣。再說：王羽目前正在走下坡的檔口上，可是經過他的導演之後，馬上就有了不尋常的表現，由此可以證明他的功力確屬不同凡響。我們這位「胖導演」，天性樂觀，向來有一個沾沾自喜的老毛病，現在「冷面虎」又在新春假期裏以壓倒之勢而雄踞賣座冠軍的寶座，那就難怪他整天嘻開個嘴而合不攏來了。對於王羽說來，這更是一個非常重要的轉捩點，「冷面虎」在香港能夠賣到二百萬，則外埠各地的版權也自然因之而水漲船高，外埠片商的搶購之風，也會得有如死灰之復燃。換言之，這部片子可以說是王羽向片商們示威之作，正告片商們不得低估了他眞正潛力，從今往後，在他的藝術生命裏重新燃起了光明燦爛的火花，過去的種種挫折，就好像一股輕煙似的消逝得無影無形。

還有更值得慶幸的是：外界對於「冷面虎」的批評，大致上譽多於譏，報紙上屢屢提起羅維的導演手法，與王羽的武功表現，都認爲頗有值得欣賞之處，可見該片並非完全沾了新春佳期之光，而是實在拿得出一點玩藝給大家看看的也。

羅維導演「馬路小英雄」

「嘉禾」中人則認爲「冷面虎」的成就，尚不止我們在銀幕上所看到的那些。據說：「冷面虎」的運氣欠佳，在送檢的時候，正好逢上香港政府厲行禁止暴力的開始，所以在王羽賭塲獨鬥斧頭黨，與他和惡黨頭子天台決鬥的兩塲裏，被剪去很多精采激烈的打鬥過程，是爲美中之不足，否則的話，該片的叫座力量當可比現在强盛得多。言外之意：「冷面虎」收進了二百萬元，還好像委屈了似的，究竟事實上是否如此？那就不得而知了。

羅維與王羽的合作，在日本的兩個多月之中，一共完成了兩部片子，除去已經映過的「冷面虎」之外，尚有一部蓄勢待發的「海員七號」，未能與香港觀衆們正式見面。有人問起過此事：「這兩部片子，在你們的看法之中，到底哪一部比較好些？」羅維與王羽的答覆都是一樣的：他們自己認爲「海員七號」的成績可以超過「冷面虎」。是不是由衷之言？祗可等待事實來證明之。現在新春已過，下一個旺期是復活節，但一般人相信：復活節內「嘉禾」大概會推出李小龍的「死亡遊戲」，因爲在那部片裏，李小龍網羅了各國的武術高手之外，還有七呎多的美國巨人參加，噱頭的確不少，將是「嘉禾」的另一個財源廣進的大好機會也。所以「海員七號」的亮相，根據一般的推測，恐怕要到三伏天氣裏，學生哥都放了暑假之後，此片如何威水？要到那時始能分曉。

李羅分手 細說從頭

寫到此處，想起李小龍與羅維正式分手時的一段傳說，似乎還沒人加以詳細的報導，不免附帶的寫將出來，以供讀者在茶餘酒後作爲閒談的資料。

話說一九七二年新春初三早晨，李小龍親自來到九龍太子道上的羅公館向導演拜年。那是「唐山大兄」震驚影壇之後，「精武門」已經拍攝完畢而尚未公映之前，「李三脚」與「羅胖子」雖然早已心存芥蒂，但還沒有達到公開決裂的程度之時。

雙方見面，照例「恭喜發財」一番，然後喝元寶茶，吃蓮子湯，順便聊天。李小龍在談話中表示了一些不滿現狀的意思，認爲當演員終久是沒有太大出息的；他那時的片酬還是美金一萬元，花紅另計，羅維笑道：「那還不容易，你隨時可以當上導演，祗要你向鄒文懷提出要求的話，但是你也必需要有充份的準備，導出的影片纔可以像個樣子。」當時李小龍默然若有所思，心眼好像已經有點活動了。

按照他們的原定計劃：新春過後，立即籌備「冷面虎」的開鏡，並且決定仍由羅維導演，與李小龍的主演的。所以過了幾天之後，羅維先把劇本弄好，交給李小龍，徵求他同意。李小龍答應看過劇本之後，如無意見，馬上可以開始工作。

不想羅維在家裏痴痴的等，一等就是兩三個星期，而李小龍方面的消息則有如石沉大海。於是羅維向公司報告了這個情形，鄒文懷打電話找到李小龍，所得到的答覆是：「對不起得很，這一陣的私事實在太忙，我還沒能抽出時間來看劇本哩，過幾天再說吧。」羅維心裏先就老大的不高興起來。

又過了一些日子，「精武門」終於上映，造成了四百多萬元輝煌的紀錄！根據羅維的猜想，很可能是那部片子又增强了李小龍信心，所以對於「冷面虎」就越來越不感興趣了。姑不論羅維的想法對與不對，但李小龍的拖延態度則似乎相當可疑，於是羅維就破釜沉舟的親約李小龍面談，希望他坦白攤牌。李小龍這次倒很痛快，開口第一句就是「劇本不妥當」。羅維急忙反問道：「什麽地方不妥？祇要你指出來，改寫是很容易的。」李小龍搔頭笑道：「我也說不上來是什麽地方不妥。這麽辦吧：讓我親自動筆，等改好之後再還給你吧。」這一次的會談，等於沒談的一樣，羅維雖然心中不悅，但也拿他無可奈何。

總之：就像這樣的一拖再拖，拖過了約莫三個月，羅維在火裏，可是李小龍在水裏，不管羅維怎麽催促，反正得不到一個確實的答覆。那個時候，羅維也有點看出來了，曉得李小龍正在另打主意，那麽他就得趕緊想出一個補救辦法來，否則的話，這部「冷面虎」就有胎死腹中的危險。

李小龍在「死亡游戲」中

上面已經提過了：羅維想來想去，在整個國片界裏，能夠頂替得了李小龍的，彷彿祇有一名王羽，祇怕他的牛性子不改，講上去時碰一鼻灰，那就實在無趣了。當羅維正在舉棋不定之時，他的賢內助，女製片劉亮華挺身而出，願意到台灣去做一次說客，因爲王羽雖然與羅維鬧翻，但劉亮華與王夫人林翠還是親近的閨友，談起話來究竟方便得多也。

如此這般的，劉亮華飛了一趟台灣，與王羽夫婦談判下來，竟然意外順利。劉亮華做事向來爽氣，她一方面與在香港等候消息的羅維通過電話，一方面早就和王羽敲定了動手赴日的日期，這一個久懸而未決的拍片大計，就在三兩天以內，快刀斬亂蔴的達成協議，使羅維化憂爲喜，撫掌稱快：「吾家娘子，不愧女中豪傑也！」

羅維與王羽携手的消息，很快的就傳到李小龍的耳中，當然他不會感覺十分痛快的了。據傳：李小龍曾經在「嘉禾」辦公室裏，不依不饒的向鄒文懷提出抗議，並且聲稱他已經決定要拍那部「冷面虎」了，倒好像一名頑皮的孩子跟大人鬥氣似的，弄得鄒文懷十分爲難，祇可溫言勸慰，安撫一番。當時李小龍很講了一些氣惱的話，然後悻悻而退。

過了一兩天，自然有人把李小龍怒闖寫字樓的經過去講給羅維聽，這次可輪到羅維沉不住氣了，他拿起話機，就撥了一個李小龍家的號碼。羅維劈面第一句問道：「聽說你對於我很不滿意，是嗎？」對方的李小龍也回答得乾脆：「不錯，是的！」羅維道：「那我就要請問一聲了：我有什麽地方對不起你？」李小龍理直氣壯道：「你爲什麽不徵求我的同意，就把『冷面虎』裏的角色給了旁人？」羅維道：「你這話不對，因爲我已經和你商量過好多次了，是你自己下不了決定，怪我何來？」李小龍道：「難道我不可以考慮嗎？」羅維道：「當然你有這個權利，但我的時間非常寶貴，沒法再等待下去……」他倆就這樣的在電話裏頂撞了半天，談到最後，羅維提出質問道：「聽說你在外面講：你將要對我採取行動了。請問你這個『行動』二字是怎麼解釋的？是不是你要打我？」李小龍冷笑道：「我不是某人，我不會打人的。」羅維很生氣的說道：「我現在要談的，是我們兩個人之間的事，請你不要牽扯到旁人的身上去，我不愛聽！」說完這句，羅維就把話機掛上了。

那次的電話是羅維與李小龍的最後交談，目前他二人就是在公司裏見上了面，既不談話，亦不招呼，連點點頭都懶得點，就算是正式的「劃地絕交」了。這種情形，在影圈內很少見到，因為影人們大多數擅於演戲，就算心裏把對方給恨得要死，但是在見了面之時，還是握手拍肩，嘻嘻哈哈的，表面上一點都看不出來。像羅維與李小龍，可都是直性子人，說翻臉就翻啦，沒有那麼許多做作。

「鐵娃」中的鄭佩佩

這又可以說是王羽的福星高照，否極泰來；他憑一部「冷面虎」而扭轉了形勢，揚眉吐氣，一雪前恥，使得在過去說過「王羽完了」的人們，都大嘆其「跌眼鏡」。要曉得一名演員在「下坡」的時候，居然能夠回頭奮起，力爭上游，把失去的觀衆們又給重新拉了回來，那可是一件絕對不容易的艱鉅工作哩。

繼續攜手 順理成章

電影圈裏的人事，眞個是千變萬化，莫可捉摸：王羽與羅維這一對，在一年以前還是活寃家、死對頭，到了現在，却一百八十度大轉變，親如一家人。王羽全家在香港渡過的新春，時常可以見到他們在羅府裏晚餐，親近得已經完全不分彼此了。

自從「冷面虎」大顯威風之後，王羽少不得要向羅維商議繼續合作的計劃，羅維自然也表示同意，但問題是什麼時候拍？拍些什麼？

王羽有一個建議：他們可以換一換環境，到南韓去拍兩部片，因為前次在日本拍攝「冷面虎」與「海員七號」之時。他已經獲得了在外地工作的經驗，不妨再利用一下，也許有更好的成績出來都說不一定。再說：到韓國去拍片，可以與那裏的製片人合作，在攝製成本上能夠節省不少，彷彿是很劃得來的也。

其實王羽肚子裏的是什麼主意？羅維看得很清楚。在「冷面虎」之前，王羽已經和「第一」的黃卓漢簽了六部合約，拍過兩三部，還有三四部正待履行。黃卓漢與韓國片商訂有合作契約，一直還沒有開工，如果王羽和羅維到韓國拍片去，則王羽可以向黃卓漢交出兩部來，豈不是合約的負担減輕了好多？王羽這叫做「一石二鳥」之之計，端的十分巧妙。

問題是：羅維為「嘉禾」打工，除了導演費之外，另有若干成的利潤可分，如果為「第一」打工，這筆帳應該如何算法？非得詳細討論不可？還有：「嘉禾」到底是香港「兩大公司」之一，而「第一」則祇不過是台灣的一家獨立製片公司而已，羅維在權衡輕重之下，是否願意為「第一」打工？亦是一個很大的疑問。

據說羅維曾把這個計劃向鄒文懷提出討論，鄒文懷立刻加以反對，他的意見是：羅維應該繼續和王羽合作，但今後的拍片方式不出下列三種：一、完全是「嘉禾」出品，王羅二位屬於打工性質。二、是羅維的「四維」出品，由「嘉禾」支持之，像「精武門」的性質一樣。三、是王羽的「正明」出品，與「嘉禾」合作，和「獨臂掌王」的方式相同。至於他倆要去和任何其他獨立製片公司合作，那就好像犯不着了。

何況羅維自已也不很喜歡到漢城去工作，原因是人地生疏，諸多不便，所以他曾經向王羽建議道：「你如果想換換環境，我倒認為泰國是一個相當理想的地點。我在泰國拍過『唐山大兄』，一切都還順手，再說：泰國觀衆對你非常捧場，我們不妨借此機會加强宣傳力量，將來在賣埠的價錢上又可以提高不少，豈不是兩全其美嗎？」王羽當時也沒有反對的意思，所以當他在元宵節過後，回到台灣去之時，報上就發表出來他要與羅維到泰國去拍片的消息，但其實祇是有此一說而已，究竟如何？尙有待於羅維的最後決定。

按下王羽不表，再說正在此地拍着「鐵娃」的鄭佩佩。

我們這位「武后」的復出，說實在的話，對於她的藝術前途可的確關係重大，頗有「祇許成功，不許失敗」之勢。現在「鐵娃」已經拍到尾聲了，除了鄭佩佩大意傷腿之外，一切尙稱順利，而鄭佩佩對於羅維則信心十足，表示願意與羅維再合作一部，而且已經一再的向「羅叔叔」表示過誠意了，使羅維在高興之中，又暗暗的感覺爲難。

「武后」復出，由美返港拍片之時，大家搶着要她簽約，使鄭佩佩實有應接不暇之苦。結果，還是女製片劉亮華的手腕高明，替羅維拔得了頭籌，可說是來得不易，現在既然鄭佩佩有意「添食」，按理說羅維是求之而不得的，但爲什麽又爲難起來了呢？

羅維的肚子裏另有一把算盤：拍完鄭佩佩之後，正好接着拍攝上官靈鳳的「奇謀奪寶小英雄」，但同時也不致於冷落了鄭佩佩。原因是他首次所拍的上官靈鳳、許冠傑等合演的「馬路小英雄」，曾經繼「冷面虎」之後又大收旺場之盛，居然也賣到了一百六十餘萬，使他感覺十分興奮，所以希望「打鐵趁熱」，再來一部。至於鄭佩佩方面，因爲遠在尚未開拍「鐵娃」之前，就已經決定另外爲胡金銓拍一部的了，所以羅維當初並不急於與鄭佩佩二度携手，反正還有胡金銓夾在當中，他正可以騰出時間來去拍上官靈鳳與王羽，把他與鄭佩佩的下一部戲押後再說。

不想這位胡金銓導演又犯上了他的老毛病；一部「忠烈圖」拍了近一年，結束之日，還是遙遙無期，鄭佩佩一看這種情形，心中未免打鼓。她此次毅然從美國回到香港來，說一句老實話，主要的目的還是多撈幾部片子拍拍，所以她的時間非常寶貴，一點也不能糟塌了，假如像胡金銓那樣「慢功出細活」的話，那就與她此次復出的宗旨大相逕庭矣。於是鄭佩佩在仔細考慮之下，祇有向羅維去催促開拍新戲的一個辦法，雖然她明明曉得羅維確有分身乏術之苦，但爲了顧全自己的工作不致中斷之故，說不得也祇好强人之所難了。

另一方面，上官靈鳳在台灣宣稱：她很快的就要拍完「第一」的兩部新片，而且在近期內即可重來香港，參加羅維的「奇謀奪寶小英雄」。

此一消息，馬上使得羅維慌了手脚，槍法大亂，因爲他手中現有的王羽與鄭佩佩還沒能「搞掂」，半腰裏又殺出一名上官靈鳳來，如何安排，煞費思量。此所以當王羽飛返台灣之時，同機內又多出羅維劉亮華夫婦，根據一般人的臆測，他們大概是到台灣去看看上官靈鳳的動靜的，有沒有辦法把羅維的拍片時間表給徹底的整理一下？

香港有些銀色專欄作家們，認爲上官靈鳳的那項宣稱，祇不過是虛張聲勢，說說而已。因爲在去年中，上官靈鳳曾經對記者們一再的堅决否認她與「第一」簽約之事，但結果還是簽了，並且乖乖的跟着黃卓漢回到台灣去拍片。那次的經過，很引起一般專欄作家們的不滿，已經屢次在報章上透露過口氣了，所以此次上官靈鳳發表消息，使大家難免發生「狼來了」的感覺。但對於羅維說來，他現在倒有點希望上官靈鳳的支票不能兌現，並不是他不想拍「小英雄」，相反的說來：因爲他前次與上官靈鳳合作，工作得非常愉快（這是他在私下親口所講的），所以對於「小英雄」續集的興趣特別濃厚，祇不過目前的形勢，是不容許他三方兼顧的；假如上官靈鳳暫時不能來港的話，羅維到底可以鬆動得多，「小英雄」早晚是要拍的，祇求不要在這個檔口上來擠熱鬧而已。這就是我們這位「四百萬大導」說不出口的苦衷，可是又有誰能夠瞭解呢？

羅劉亮華 突傳倦勤

當羅維的這「一堆亂頭髮」還沒能整理出一個頭緒來之時，「嘉禾」裏又另外傳出一個不大可也不小的驚人消息，就是聽說該公司的開國功臣之一，女製片家裏第一把好手，羅維夫人劉亮華突然表示倦勤，對外揚言：「本小姐不幹啦！」

大約在一個多星期以前，筆者曾與劉亮華通過一個電話，目的是想問「奇謀奪寶小英雄」到底拍還是不拍？劉亮華的答覆非常出人意外：「這件事情，請原諒我不能告訴你什麽，因爲我已經辭去『嘉禾』的職務了！」筆者在驚訝之餘，當然要追問原因了，劉亮華祇那麽淡淡的答道：「沒有什麽原因，好在現在一切都由何冠昌作主，我也變成無事可幹了，那又何必坐在『嘉禾』裏乾拿薪水呢？」筆者一聽，這裏頭好像有點「權力鬥爭」的味道在內，於是祇好放下話機，不便再談下去了。

事有湊巧，就在與劉亮華通過電話的第二天，在街上碰到「嘉禾」製片茅蘆，急忙一把拉住了他，問道：「劉亮華到底是怎麽一回事？」茅蘆笑答道：「沒有事，稍微鬧點情緒，現在已成過去了。」茅蘆又肯定的補充了一句：「鄒先生是不會放她走的！」劉亮華跟着羅維飛到台灣去了，當然爲的是拍片的公事，假如她確有「辭官歸故里」的决心，那又何必僕僕風塵呢？

一、一塊錢盡是血淚　二、地窟下藏銀揭秘　三、章太炎事以師禮　四、結婚前失戀滋味

五、抗爭後中醫不廢　六、藥王廟遭遇離奇　七、吳稚暉妙喻性理　八、于右任圖報知己

九、丁福保指導購地　十、李時珍墓前萋萋　十一、編藥典百折不移　十二、城隍會別具深意

十三、遊日本風俗怪異　十四、接財神空有所期　十五、謝利恒師情回憶　十六、上海灘人才濟濟

十七、法幣成功銀元廢　十八、市面繁榮改風氣　十九、爲防牽累急走避　二十、一枚銀元值千億

抗戰時代生活史

——淪陷時期生活紀錄——

陳存仁

日本對中國不宣而戰，始於一九三七年（民國廿六年）八月十三日，終於一九四五年（民國卅四年）八月廿一日到芷江投降爲止，時間的經過一共是八年。

作者在這八年之中，沒有離開上海一步。最初的幾年，我住在公共租界區域中，過着孤島生活，還算沒有失却自由，並且始終站在抗戰意志的崗位上，盡自己的力量，精神言論支持抗戰。

等到日本與中英美等國宣戰之後，軍隊侵入租界，我和許多上海人一樣，也沒有到後方去，所以這個時期可以說是淪陷時期，這篇文字正是淪陷時期的生活紀錄。

本來我在大人雜誌上已寫過六篇關於淪陷時期的文字，計有：

第六期『褚民誼糊塗一生』

第七期『抗戰爆發在上海』

第八期『烽火三月話上海』

第九期『十里洋場成孤島』

第十期『傅筱庵熱中做市長』

第十二期『維新政府的一台戲』

這六篇文字寫的都是上海抗戰的前期情況，寫到維新政府結束之後，就是所謂前漢時代終了；到了汪精衛登場，一般人稱爲後漢時代。就是指出漢奸們的動態，分別出前漢和後漢的界限。

當時我本來預備一直的寫下去的，當然後漢時代的情況，格外熱鬧精彩，但是前漢的人物大多數已經死了，落筆可以無所顧忌；惟是後漢時代的人物，至今尚在人間的依然不少，而且有幾位還是素所相識的朋友，有的私交很好，有的我對他的才華很爲欽佩，況且我又不是他們『圈子內』的人，僅憑我當時耳聞目覩，和在生活上體驗到的情形來追述舊事，自知一定會有若干錯誤的地方，所以當時寫到傅筱庵之後，就擱筆了。

自從『銀元時代生活史』寫完，印成單行本，這雖說是我憑一時興會所寫，但埋頭寫稿，時間上常感無法應付，所以幾次要擱筆不寫，可是經不起編者的熱誠催促和讀者們的函件紛至，祇好再抓起筆桿來續寫這篇『抗戰時代生活史』。

但是先要聲明，本文如有記憶錯誤，紀載失實，讀者不妨隨時加以指正，我是很樂意接受。更要鄭重說一句話，我在落筆寫到幾個素所相識的人，絕對不會提到他們的眞姓名。因爲何必提到他們的往事？刺傷他們的舊瘡疤。好在本文不是寫抗戰史事，要論年月先後，祇是以個人生活爲出發點，所以希望相識或不相識的朋友，不必介意。

還有一點，以前寫的一篇『銀元時代生活史』，承讀者們很熱心的鼓勵我要出單行本，現在已把若干錯誤小節逐一改正，又補充了兩篇文字，更有許多讀者，熱心供給我珍貴圖片，竟達四十多幅，現在印成厚厚的一本『單行本』。前前後後又化了好多心血，有系統的改正或補寫，一段段的小題目，分得很清楚，大約在日內可以出版，全港九報攤上都可以買得到，由吳興記出版社總經銷，每冊港幣三元。

七十六號　首先開張

我首先要講的是提起了令人心驚胆寒的『七十六號』，這個七十六號，初時是由李士羣、丁默邨兩人主持的，地點在滬西極司非而路七十六號陳調元舊宅，他們首先向上海的青幫和紅幫兩個頭子招人馬，不論是强盜、小偷、匪徒，祇要會打架，會開鎗，有不怕闖禍的勇氣，都量才錄用，他們這種手法，就比早期的漢奸常玉清要高明得多，因爲常玉清手下的人，祇限於自己的徒弟，範圍窄，聲勢小，權力不大。

七十六號的組織，先向『紅幫』頭子龍襄三收買人馬，龍襄三雖是紅門山頭的首領，但是他窮得很，從前做一件案子不容易，搶也搶不多，偷也偷不大，綁人的事件也不易爲，不像目前香港的匪徒可以隨心所欲，予取予携，報紙上天天有搶刧的事件。那時紅幫中的壞份子生活很艱難，龍襄三手下的人，做的案子無論是搶是偷，都採取大家庭制度『有案大家做，有錢大家分』，所以當時上海有人被打荷包，祇要向黑社會中人說明被搶的所在地段，他們就會替你找回來，或是拿回一半失欵，或是收回所有文件。龍襄三是幫口頭子，但也很窮，所以七十六號一招手，龍襄三就率領他的弟兄們，投奔這個組織。

那時還有一個幫會，叫作『青幫』，青幫中的壞份子，比較『活得落』，有些販毒，有些走私，有些開賭台，有些開花會（又名字花），有些辦烟窟，有些包妓院，青紅兩幫比較，貧富相差很大。

上海青幫頭子算是曹幼珊，他比較有骨氣，開口總是駡日本人，無論如何不肯參加七十六號，那時青幫中掌門人是季雲卿，於是七十六號對季雲卿就百般的拉攏，送上無數珍貴禮物，豈知季雲卿也有一些不在乎，同樣不肯出面去做這種事情，倒是他的司機吳四寶說：「老頭子，你不做，就讓我去做吧。」

吳四寶在季雲卿門下，是一個心兇手辣的徒弟，逢到要用鎗的事，都由吳四寶下手。吳四寶本來是世界書局沈知方的司機，逢到車子有損壞的時候，都由司機負責修理，那時修車的車行少得很，他有一個南通同鄉是開修理汽車行的，而且有車床的設備，車床的用途大得很，什麽零件什麽機器都可以車出來，吳四寶對這車床興趣很濃厚。

那時青幫中人私藏各式手鎗或盒子炮，大約有幾十件，凡是損壞了，都交給老頭子季雲卿想辦法修理，季雲卿就交給吳四寶去辦，吳便轉交給他的同鄉去修整，每次修好之後，交還吳四寶到郊外去試鎗，因此吳四寶鎗法逐年進步，由他試過，萬無一失。連吳四寶的妻子佘愛珍都會開鎗，而且能左右開弓，雙手發射。

季雲卿出出入入，也怕寃家尋仇，他不用保鑣，就由司機吳四寶兼任保鑣，遇到有事，吳四寶開鎗還擊是百發百中的，所以在圈子裏有神鎗手之稱，因此吳四寶就進入了七十六號。

起初，七十六號的組織還不夠龐大，李士羣派出去做暗殺的殺手，別人往往擊而不中逃了回來，惟有吳四寶打一個中一個，因此他就坐上了行動組的第一把交椅。

在七十六號中殺人最多，立功最大的就是吳四寶，短短的半年之後，就成爲七十六號的主腦人物，祇要李士羣開出名單來，他都可以按圖索驥，置於死地。

後來，殺手逐漸增多，吳四寶就很少親自出馬，但是七十六號魔窟的聲威，却震驚了整個上海，那時候汪精衛還沒有正式登場呢。

國軍敗退　汪氏變節

我們知道在唐紹儀被殺之後，傅筱庵當了僞上海市市長，我們侷處在租界上，這時租界雖說已成孤島，敵僞勢力，並不直接侵入，一切還算自由，各種反日論調的報紙照常出版，對僞組織百般抨擊和諷刺，連日本人也奈何他們不得。

報紙是市民的精神食糧，戰爭看上去，國軍一路敗北，日軍一路的深入，每逢一個重要的城鎮失守，總不說一個敗字，往往說是『轉移陣地』，看報的人，明知戰事不利，還是抱着一種希望，認爲日本人泥足愈陷愈深，大家心理都有一個『最後勝利必屬於我』的信念，這種信念十分重要，我們的全部希望，就寄託在這一句話上。

觀察日本軍方的行動，雖然佔領的區域越來越大，可是祇是佔到一些「點」和「線」，除了點和線之外，的確全是游擊隊的區域，而這種游擊隊，多數各自爲政，游而不擊，於是上海有上海的繁榮，游擊區也有游擊區的繁榮，這種繁榮，可以說是畸形的。

在上海黃浦江以東的浦東，一片大地，都是游擊區的所在，浦東人到租界來的很多，全是一些走單幫的。談起浦東的情形，日本人祇是在沿黃浦江佔領着若干區域，其餘遼濶的地區，還在國軍手中，所以我們對抗戰的看法很是樂觀，精神上一些也沒有頹廢和懊喪，加上報紙上的新聞和言論天天在打氣，好像抗戰的前途，必有勝利的一天。

萬不料，有一天報紙上登出一個消息，汪精衛脫離抗戰陣線，由重慶搭飛機到昆明，這張飛機票是他手上的交通部次長秘密爲他安排好的。

汪精衛到了昆明之後，又乘飛機逃出國境，飛到了越南，這個消息來得非常突兀，我們就想到軍事上儘管敗，要是政治上起了變化，那末敗起來眞要排山倒海了。這個消息，令到大家驚惶而氣餒。

報紙上的消息亂得很，但是民間有一種傳說，比報紙所載還要詳細，說是汪精衛在重慶鬱鬱不得志，他本來有極大的領袖慾，他的妻子陳璧君一直要想做第一夫人，然而在重慶從來沒有坐過第一夫人的位置，招待外賓輪不到她，招待軍政首長又輪不到她，所以她滿心蓄意的要推翻原來的局面。但是我們總在想，汪精衛是早期的革命人物，清末在北京行刺攝政王，有一首詩所謂「引刀成一快，不負少年頭。」就是他的名句。無論如何他即使脫離重慶，一般的推測，或許跳出重慶的圈子，決不會做漢奸，大抵他到了越南，再乘飛機到法國，靜候戰局的變化，打開一個新的局面。這時候，又有一種傳說，認爲汪精衛離國出外，是政治上的一幕『雙簧戲』，一個扮紅面，一個扮白面，大家想來或許是有默契的，這是一般人自然而然的天眞想法，實際情況誰也猜不出，總之大家認爲汪精衛不會做漢奸的。

可是不幸得很，汪精衛在河內發表了一個電報，主張和平。這個電報發出的日期是十二月二十九日，代日韻目是個『艷』字，就是後來著名的艷電，電報的內容含有投降性講和意識，這電報使大家很失望了。

過了幾個月，消息又傳說汪精衛在河內高朗街一個小住宅中，遇到刺客，他的親信曾仲鳴被擊中要害，新聞公佈出來，就打破了『唱雙簧』的傳說，因爲雙簧畢竟是假戲，假戲是不會做到這般眞的。而且事後捕獲槍手，曾被越南當局拘捕，都承認是來行刺汪精衛的。

從這一個事件發生之後，汪精衛驚惶不已，立刻離開越南，搭乘一艘日本的小火輪北光丸，逃離越南，轉輾到了上海，住在虹口土肥原的舊居『重光堂』，消息傳得很快，因此上海人就想到汪精衛眞是要落水做漢奸了。

上海人對汪精衛做漢奸的這件事情，起初祇

是懷疑，希望不會是事實，大家紛紛談論，有些說汪精衛是讀書人，必然有相當的骨氣，不會認賊作父；有些人說汪精衛一生反覆無常，叛國也有可能的，有人考查出汪精衛過去的所作所爲，在袁世凱想做洪憲皇帝之前，曾和袁氏長子袁克定結拜過弟兄，幸虧袁世凱祇做了八十三天皇帝，活活的氣死了，否則汪精衛也是洪憲朝廷的一員。在北京擴大會議時，他又與許多軍閥和民國的敗類混在一起，担任過擴大會議主席。後來在武漢政府時代，汪氏又搖身一變成爲左派極端份子，儼然以共產黨自居。以後雖然屢次被南京所愿宥，然而總是弄到不歡而散，所以從這些歷史的引證，汪精衛做漢奸是有可能的。

不過，別人做漢奸，都起不了什麼顚覆國家的大作用，但是汪精衛做漢奸，大家當時都惶恐起來。因爲向來做漢奸的人，都承認落水做漢奸，沒有國家，沒有祖宗，祇是爲了錢，雖由然日本人拿出錢來經營種種機構，但是都不免要避東避西不敢公開露面，成羣結隊，祇好住在虹口或滬西，苟安一時。租界警方即使知道，也奈何他們不得，但是汪精衛一做漢奸，却高唱和平主義，形勢就爲之大變了。

託辭和平　實行賣國

汪精衛的艷電文稿以及一切演講詞，會得把極荒謬的主張，說成一套動聽的話，這是汪的長處；但汪精衛從重慶香港帶來的人手，實在少得可憐，爲了要充實他的陣容，第一件事就是伸手向日本人拿到一筆『開辦費』，拉攏流亡份子，組織一副班底，因爲他知道祇要有錢，就有人來附從了。

果然在他的組織手法下，許多失意的人鑽頭覓縫，如蟻附羶的由四方八面走來依附他。最初我祇知道在威海衛路有一間『太陽公寓』，好像青年會之類，有公寓的設備，從前是許多高級知識份子寄宿的，因爲這裏化費不大，所以都下榻在這裏。太陽公寓內本來有一個中社，此時忽然成爲汪派一個招兵買馬的驛站，一般僞組織的人，美其名爲『招賢館』，招賢的風聲一傳佈開來，於是許多失意政客，或者託人，或者毛遂自荐的投上履歷片去接線頭。

各行各業中最可憐的人，既不能經商，又不能挑担，說起履歷來從前都是什麼長什麼長，一旦失了依靠之後，就會十年八年的賦閑沒有事幹，所以投奔招賢館去的人數，實在不少，而且一經錄用的話，就可以拿到一筆「賣身銀子」，以後月月拿到乾俸，靜候組織成功，分派職位，袍笏登場，這個組織我就隱隱約約知道有許多相熟的可憐人物都去應徵。

汪派最着重的是要吸收從前在國民黨中做過執行委員，或是幹事之類的舊員。八一三開戰之後，上海還是有一個國民黨上海特別市黨部的地下組織，人數也有一百多人，這一批人因爲在戰時經費不裕，薪俸改削得很薄，而且避東避西苦得很，這一類人，除吃『黨飯』之外，不要說經營商業，連跑單幫都不會。有錢的黨老爺，早已溜走到後方去，沒有錢的幹部留在上海，都是很可憐很清苦。而且做過國民黨幹部的人，就是日本人要逮捕的對象，這一班人正在徬徨無所適從之際，經過一接洽，竟然整批的倒了過去，這是汪精衛第一砲『銀彈攻勢』的收獲。

上海黨部，本來有一位姓吳的『黨皇帝』，這時他恰巧不在上海，不過暗中一切支配，都是由他指揮；一旦他的全部班底全部變節，而且成爲汪派組織中一支新軍，這一下子，黨皇帝受到了重重的打擊。而汪派中人，對於黨務組織，却駕輕就熟，瞭若指掌了。

本來這批人員，是反日的中堅份子，而且要領導民衆繼續做抗戰工作的，如今竟搖身一變成爲汪派的『和平隊伍』，當時對汪的確非常有用，可是這批人到了後來幾年，在派系鬥爭中，所佔的地位很低，祇有兩三個人撈到一些錢，其餘的人依然是過着窮光蛋生涯，不過初初參加時，大家都拿到一筆身價銀子而已。

市黨部人員附逆之後，上海的抗日中心也跟着瓦解了，祇靠民衆的正義，不和日本人合作。在汪派未成立之前，國民黨的特務，處死了附逆份子如唐紹儀、傅筱庵等，大義鋤奸，一個個的倒下來，令到漢奸們個個提心吊胆，人人存有戒心。

自從市黨部的人倒過去之後，其中有幾個著名的鎗手心中也動搖了，因爲參加汪派得到的金錢多，勢力大，又有賭場，又有女人可玩。因此他們對抗戰的意志起了變化，銀彈政策也發生了很大的效力，祇要一經汪派人士的游說，就有幾個得力的鎗手也倒了過去。

巧立名目　組府還都

我對汪精衛的才能，老實說，在學生時代是很崇拜的。記得在我十多歲時，於南市民立中學讀書，民立雖是一間有名的學校，但是沒有圖書館，也沒有閱報室，四點鐘放學，就要到小西門口『少年宣講團』去看書看報，這個團體相等於青年會之類，所不同的，它並不是一個傳道的宗教機構。逢到星期六下午，必請一名人演講。

當時的名人演講，我聽得很多，祇覺得黃炎培（任之）講得很動聽。有一位稱爲演講家的戈鵬雲，講得也不錯，而且他提倡一種『大糞主義』，說得更是有趣。平時演講會聽的人很少，難得見到滿座，祇有一次，他們請了汪精衛來演講，這天却上上下下都坐滿了，汪氏登台的時節，見他穿着筆挺的西裝，風度飄逸，由他的妻子陳璧君陪同前來，演講時陳璧君坐在一旁。

汪精衛一開口，就是廣東國語，由於他口舌敏捷，說得十分流利，講些什麼，現在我已記不起來，不過對他有一個深刻的印象，就是他說的話，頭頭是道，極爲動聽，聽罷了他的演講，大家都有『此人不出，如蒼生何』之感？所以我在年輕時代，對汪氏就是傾倒的一份子。

待到民國廿七年十二月二十九日，汪精衛在河內發出艷電之後，大家對汪精衛的看法，為之一變，我對他雖然失望，仍希望汪氏變出一套新戲法來，可是傳佈全國之後，抗戰的前途，無論軍民人等，心理上都發生極大的變化。若干恐日病的患者，認為從此之後，抗日之戰，便要支持不下去了。

我對汪的希望，總以為他必有一套，不會步一般漢奸的後塵，但是待到汪由河內乘日本船來到了上海，避居在虹口日軍勢力範圍之中，我們一班人才發覺他真的要做大漢奸了，對他的變節，認為可惜得很。

當時我們所有的朋友，三三五五相聚談的無非是汪精衛叛國的這件事。我和丁惠康等有一個聚餐會，每次都在法租界『十三層樓大廈』丁的診所中舉行，名義上規定每人都要約一個女性來參加，汪精衛的心腹褚民誼幾年來每次都來，有時候還帶了一些「小電影」來放映。

自從汪精衛到了上海，褚民誼依然從不缺席，不過談到政治的話，他總是說：「叫我唱戲，打太極拳，或是踢毽子，我是個中能手，對政治，大家還是不談為妙。」話雖然是這麼說，可是褚民誼畢竟是一個糊塗人，用旁敲側擊的方法去激動他，他還會從無意中透露出消息來。原來汪精衛未到上海之前，陳璧君已由香港到了上海，這和平運動的策動已醞釀了好久，牽線的人，並不是褚民誼，而是一個大家料想不到的大學教授傅式說。

傅式說純粹是一位學者，向來不談政治，也沒有做過官，私生活嚴謹得很，他寫的學術性文章也極著名，是日本首相近衛文麿的同班同學。中日戰事愈演愈烈，沒有一個收拾的方法，那時節傅式說還在上海執教鞭，近衛就要他出來設法斡旋，約定如果汪精衛發出和平宣言，近衛就會有同樣宣言響應發表，當然還談定了雙方可以接受的和平條約，而且日本願意趁機退兵，結束這場戰爭。

這個說法，是褚民誼在酒後吐露出來的，大家信疑參半，靜觀其變，因為近衛是一個文人，軍人另有軍人的一套，特別是陳璧君要求數目驚人的和平運動費用，日本特務完全應允，不知其數的鈔票，交給陳璧君，於是決意聽日本人擺佈。所以後來偽政府成立，傅式說先做鐵道部部長，所轄的鐵道只有短短的從下關到城裏，後來又調任浙江省政府主席。

從前落水做漢奸的人，都是第三流、第五流的人物，汪精衛到底另有一套，他仍然要保持着國民黨的系統，要保持國民政府的名義，和使用青天白日滿地紅的國旗，所以想出來的運動，叫作「還都組府運動」。

這種做法，他向來有一套的，譬如他在反對國民政府時代，他組織過「中國國民黨改組委員會」，以後又有什麼什麼委員會，所以這一次他還要保持着他的一貫作風。

首先組織的，就是中國國民黨中央委員會，羅致從前吃過黨飯的一般人重組一個中委會，好在周佛海早已到了上海，他的改組派的人員流落在香港上海的很多，這時他極力想法拉攏，褚民誼當過中央委員，當然也是其中之一。

不得已而求其次，就是要羅致上海市黨部的一些黨委員。

凡是任何職業界中的人，都有一種職業上的技能，惟有一做了黨政人員之後，地位一高，做什麼生意都拿不上手，閒下來就活不下去，所以汪精衛一招手，大家都搶着要擠入名單之中。

金錢萬能　羣醜畢集

汪精衛潛伏在虹口時節，最重要的助手，就有周佛海、林柏生、梅思平、丁默邨等，他們雖然做漢奸，但派系不同，傾軋得還是非常利害，起初傳說汪派要接收江海關，因為海關有一筆『關餘』，數目大得很，可是那時海關還在英租界的勢力範圍之下，這個念頭，終屬妄想，幸虧周佛海長袖善舞，想出來的辦法另有一套，日本人祇能乖乖地從某種款項中，撥出一筆鉅大款項來供給他們運用。

日本人的軍票，本已四處推行，可是拿軍票出來收買漢奸，還是行不通，所以由正金銀行供給大批老法幣，也不知這筆老法幣是從那裏來的，祇知道是周佛海弄到了一筆可觀的數字，拿到的都是聯號簇新的紙幣。

誰分到多少，局外人不得而知，我祇知道有一個朋友，叫作江亢虎，在開戰之後，窮到一身之外無長物，住在『落上落下』的擱樓上，天天找商務印書館交際博士黃警頑借錢，黃警頑收入也不多，因此往往在中午時間，同我陪他到飯店弄堂去吃餐飯，吃過之後，還要用紙把殘餚和白飯包成一包帶回去。

自從汪記招賢館開了張，江亢虎自以為是一個了不起的人物，他曾辦過社會黨自稱黨魁，後來還辦過幾個莫名其妙的黨和當過什麼南方大學校長，這時他認為投入汪派一定可以拿到不少錢，可是事實上令到他很失望，拿到的祇是一筆很少的生活津貼。

他多年窮困，一旦有了些錢，便頭輕脚重起來，到處招搖，要組織新黨，這一下子，犯了汪派的大忌，所以一筆津貼用完之後，來源斷絕，又回復窮漢模樣，足見那時的一般人心，對汪派深惡而痛絕。（按後來汪精衛到了南京，江亢虎親自訪汪，在大哭大鬧之後，汪利用他有一點點名氣，給他當了一個考試院副院長）。

我又認識一位老先生，叫作袁希洛，他和袁希濂是昆仲，在教育界中極有地位，不過袁希洛有一種怪脾氣，喜歡罵人，對國民黨的大員，罵得很厲害，可是大家因為他是大教育家，對他還是很恭敬，袁氏以寫字為生。我也因為要寫一些東西，去訪問過他，那天正有一個說客，要他參加汪派出面組織江蘇省教育會，他一面聽話，一面不出聲，把汪精衛從前兩句詩改成：『引刀何曾快，作了漢奸頭』，寫出來示人，一時報紙大登特登，大家對汪過去刺攝政王的一幕，如果眞的把他的少年時的頭顱殺了下來，那就可流芳百世，現在卻眞的辜負他的頭而成了漢奸頭子，遺臭萬年倒是有份了。

有一部份人都爲汪精衛可惜，認爲他一入日本軍人的牢籠，以後任由敵人擺佈，漢奸之名總是洗不了，於是『唱雙簧』的說法漸漸沒有人再提了。果然後來汪精衛的理想完全成空，死在日本，甚至葬在南京的坟墓，也被人夷爲平地。

推測汪精衛當時從重慶退出，蓄心已久，在上海佈置着褚民誼留在租界的一隻棋子，在香港又佈下了陳璧君的一隻棋子，這是因爲他早已認爲抗戰要勝利的話，難過登天。所以還令一部份部下留在港滬兩地靜觀其變，他眞正想軍事崩潰下來的話，就出來收拾殘局，獨當一面的幹一番，如願以償的過一下領袖慾，即使在日本人的卵翼之下，他也不惜忍辱含垢的幹下去。

大概在傳式說最初接洽時，日本人樣樣答應，祇要汪精衛肯出來重組南京政府，日本軍方肯逐期撤兵，全國的行政完全由汪精衛領導，不但維新政府取銷，連華北的聯合政府也歸汪精衛指揮，重訂中日平等條約，一切都照汪的心意。他明知日本人外交方面與軍事方面行動不一致，但祇要面子上過得去，他就可以當上這個主席。

萬不料一到了上海，一切都起了變化，北京方面的政局動也不能動，南京的維新政府也霸住不走，祇肯合併，上海的市政府，市長傅筱庵也不肯讓，因爲各有日本軍人撐腰，所以最初談的條件，全部成爲幻想。

汪精衛想想住在虹口日本人區域之內，終無法展開自己的手法，到租界上來又怕被人暗殺，當然英法兩租界也不會歡迎他，他在無所適從的情况之下，第一個行動就是周佛海付出鉅欵，收買了七十六號暗殺機構，而且大事擴充，召集了無數神鎗手，準備用手鎗來掃除外界一切的阻力，所以在我的記憶之中，是七十六號成立在先，汪組織公開成立在後。

七十六號的用處大得很，因爲上海租界內外人民都是抗日的，極少數是有職業的抗日份子，極多數的人民，是非職業的抗日份子，全部報紙又都把矛頭指向汪精衛，沒有一張報紙對他的行動是同情的。

汪精衛做事，第一着重宣傳，而宣傳方面，竟然沒有一個人和他相呼應，汪精衛印了好多小冊子，其中有一冊叫作『擧一個例』，看的人很少同意他的主張。而且汪派吸收的行動人員到租界上來，往往一下子就丟了性命，於是汪派在展開行動時，就着重七十六號的槍手，對異己的人，就是用一個『殺』字。

國旗之上多了一條尾巴

有一個時期，上海天天有暗殺案，首當其衝的目標是租界，一方面發出一張八十三人的黑名單，一方面派人利誘這八十三人，其中也有胆怯的人上了鈎，或是避到內地去，不上鈎的人就在鎗殺之例。

當然還有許多被暗殺的人，不是報界中人便是國民政府留下來的黨、政、軍人員，所以有人說句笑話：『鎗桿子出政權』，這是指惟有軍隊可以奪到政權，可是汪精衛的劊子手用的都是手鎗，所以說不上『鎗桿子』三字，可是威脅與利誘還是起了作用。後來南京僞府的成立，七十六號的『神鎗手』都成了僞組織的開路先鋒。

國旗之上 多條尾巴

汪精衛簽下了中日和平條約，這個和平條約的內容，相等於袁世凱時代的廿一條約，比較上還要具體。

原來所謂中日平等相待的說法，全是子虛烏有，但是汪精衛爲了要一嘗領袖的滋味，竟然把這種條約簽了字。

有一天，黃雨齋（按黃氏是上海的生意白相人，以放高利貸爲生，此間稱『大耳窿』，最初他爲了掩飾放高利貸的生涯，在門口，掛了一塊滙中銀號招牌，後來到了敵僞時期，他又拼命與漢奸們打交道，弄一個銀行牌照，成爲滙中銀行），爲了新屋落成宴請親友，他就推褚民誼坐首席，他又知道我和褚相熟，要我做陪客，我心裏很不滿意，可是一下子就被他拉到褚的席上，倒也不好意思就走。

席間褚民誼透露出兩件事，一件是汪精衛到滿州國去的第一天，作了一次對全滿的廣播講演，開口第一句話，就是『親愛的滿州同胞們呀，』，接着說是『過去你們是我們的同胞，現在仍是我們的同胞！將來更一定是我們的同胞！」日本人聽了大爲震驚，可是汪精衛却侃侃而談，令到聽者黯然淚下。

另一事件是汪精衛參加某一集會，場子上升起了一面青天白日滿地紅的旗幟，一面日本國的旗幟，在日本的旗幟升起時，全場肅靜無聲；但是在青天白日滿地紅的旗幟升上去時，在場的人鼓掌歡呼。褚民誼舉出這兩件事來，似乎是替汪精衛洗脫罪名，和表揚汪的才幹。

我在旁聽了，暗暗的在想，這面青天白日滿地紅旗幟之上，是否有一條黃色的飄帶，我也不便問，不一會，忽然來了一位琴師，主人黃雨齋就請大家隨便唱幾句，褚氏就高唱了一段黑頭戲，再也不談政治。

在汪精衛未到南京之前，同日本人談判種種條約的儀式，名稱則決定用『組府還都』四字，意思是國民黨重新還到南京，政府的名稱仍然叫『國民政府』。汪精衛不担任主席，安上了林森主席的名義，那時節林森在重慶，當然不會來，不過汪氏作爲『虛位以待』，意思是表示林森受到重慶的包圍，不能脫身，遲一步也會來的。這已是很滑稽的。

關於黨的方面，重組中央政治委員會，汪當了主席，委員的人選，如陳公博等，確乎是國民黨的舊人，但是還有許多人，如維新政府人員臨時入黨，即刻就做了中央黨部的委員，也是很滑稽的。

關於僞府的國旗，仍舊用國民黨時代的老旗，日本人却不答應，雙方不知爭執了多少時間，總是解決不了，後來不知道那一個想出一個折衷辦法，就是旗幟仍用國民政府舊旗，不過在國旗之上，加上一條尾巴，是長三角形的黃帶，帶上附有『和平反共建國』六個字，這六個字，的確是汪精衛想出來的。

關於『和平反共救國』六個字，和平兩字是極有意義的好字眼，但是一放上了這面旗幟上，和平即變成『投降』，就滑天下之大稽了。

這個形式的旗，報紙上一發表，大家竊笑不置，認爲任何一個國家的國旗，不應該另加上什麼東西，因此大家就稱這種旗，爲『拖尾巴的國旗』。

汪記軍隊旗上也有尾巴

在汪精衛到南京袍笏登場的日子，就有許多彪形大漢，到租界上來推銷這種拖尾巴的旗子，凶神惡煞的態度，强迫民間懸旗，但是到期，還是沒有一家肯把它掛出來，所以有好多人沒有看到過。

隔了相當時期，這面國旗上拖的辮子，忽然自動取消了。這是有原因的，據說是日本陸軍方面提出抗議，他們認爲到中國來打仗，就是要打倒這面旗，上面拖不拖辮子與旗無關，一定要汪澈底取消這面旗。那時節的外交部長就是褚民誼，褚糊糊塗塗的答非所問，問非所答，令到日本人不得要領。

汪在政壇上混了這麼久，他最痛心疾首的就是他手下沒有軍隊，所以一到南京就要組織軍隊，名爲和平救國軍，吸收了許多老軍人到處練兵。但是可笑得很，兵的人數少得很，倒是幾個向來做强盜綁票案的人，汪精衛一個一個封爲師長，到處掛了『和平救國軍』第幾師的招牌，有一隊是南京僞府直接訓練的，就駐在南京太平門外，天天豎着這面有黃辮子的旗，耀武揚威。

有一天，防守南京的日本軍人，把這一批僞軍包圍起來，用機槍掃射，所有僞軍死得乾乾淨淨，於是又由僞府外交部去交涉，日本軍人推說是新到的日軍所爲，他們的任務是肅淸國民黨，所以見到青天白日滿地紅的旗就開鎗掃射。日軍且固執得很，說是以後再用這種旗幟，發生任何事件，槪不負責。因此汪精衛就把這條尾巴旗幟藏起來，並下令取消尾巴。隔了一個時期，逢到什麼典禮時，還是掛上了老國民政府旗幟。

報紙之外 新聞更多

當時上海的報紙所持的態度，始終是反日反汪，不過大報總有大報的報格，看的人覺得不夠刺激，倒是幾張下午四時之後出版的晚報，每一件新聞，不僅報導詳細，而且標題也頗有刺激性，所以當時有一句俗語，叫作：『夜飯吃飽，快買夜報。』因爲夜報中常常刋出日報所不刋載的新聞。

戰事當然不利，國軍一步一步退，日軍一步一步進，不過日夜報新聞的寫法，已有了一種公式，在節節敗退聲中，總是說『轉移陣地』，或是說『我軍已完成任務，陣地已無軍事價値』，或者說是『轉進集中某地』，諸如此類的代名詞，一部份有心的人，當然肚裏明白這是『敗兆』，但是大部份人看報，不究其詳，祇要知道『日軍死了多少』，或者『某處日軍敗退』，就歡欣鼓舞。所以在這個苦悶時期報紙的銷數特別好。

在汪精衛密鑼緊鼓準備登場前的一段時期，各報紙對汪派人物的動態，攻擊得很厲害，有許多醜史都盡情發表出來，所以汪派恨之入骨。

七十六號起初的暗殺行動，是以國民黨未撤退的人員爲對象，到這一時期，鎗頭就指向新聞界的人物。

他們果然發出一份八十三人的黑名單，準備逐個的來暗殺掉的。

黑名單發表之後，差不多天天有人被槍殺，著名的有朱惺公、張似旭、金華亭等。當然其中也有人向汪派暗中接線，如果接洽妥當的話，不僅可以免得一死，而且月月還可以向有關方面領到一些津貼。

汪派又出版一張報紙，叫作「中華日報」，最初幾天，我也看過，但是主要的新聞說得不夠刺激，連到好多新聞都不登，因此也就不看了。

一天，忽然有三個人到我診所來，聲勢洶洶，强迫我要訂閱『大陸雜誌』和『新申報』。大陸雜誌是一本日本式的大型畫刊，新申報是日本人主辦的中文報紙，我診所中的掛號先生見了這班人，嚇得呆了，立刻付欵訂閱，因爲不訂閱就會有麻煩找上門來。

後來知道，全市的店舖和住宅，家家戶戶都有人上門推銷，要是拒絕訂閱，他們就用恐嚇的話來威脅，要是稍有出言不遜，他們就會拳脚交加，打到你服貼爲止。

我看大陸雜誌，實際價錢並不貴，而且可以看到許多日本人的動態，雖然明知這許多動態假的多，然而多少也有一些是眞的，可惜祇出了三期便停辦了，這倒不是推銷人員動用了訂閱費，而是日本國內已經亂得很，對出版物無力維持下去。

新申報天天派到，從未中斷。我研究它的創刊日期是在蘆溝橋事變前已經發行了，日方揣摩中國人的心理，一般喜歡看新聞報和申報，所以他們就從這兩個報名中，各取一字，定名爲「新申報」。這張報的內容，編排印刷都不錯，而且用的鉛字，字體特別工整，比中國報向來用的老字體，醒目得多。

新申報曾發表一段新聞，說汪氏那年六十歲，當然又有一番熱鬧，日本人都去向他祝壽，日本人飲醉了酒之後，肚裏有文才的人都喜歡做詩，汪精衛也做了一首六十初度的詩，詩云：「六十年無一事成，不須悲慨不須驚，尙存一息人間世，種種還如今日生。」

我覺得他這首詩做得並不好，可是第一句說他自己混了六十年，一事無成，倒是眞的。

當時我們除了每天看報紙之外，友朋相集，就談一些報刊所未載的各種各式秘聞，這些秘聞，一傳十，十傳百，傳得很快，這種互相傳遞的新聞，一部份人稱它爲『螞蟻傳』，意思就是說好像螞蟻互相傳遞消息一般。

這種螞蟻傳的方式，厲害得很，不要說一傳十，十傳百，實際片刻之間，可以傳到盡人皆知，當然這種傳來的消息，未必件件是眞，但是有許多消息，事後都經証實，因此大家格外的重視『螞蟻傳』。

有好多消息，我已記不清楚，祇記得有兩件事情，一件是汪精衛在南京開府之後，每晚都要飲點酒，他不喝點酒就不能睡覺，足見他內心的痛苦，是不足爲外人道的。

又有一件事，是陳璧君對待汪精衛管頭管脚，講話時動輒用命令式，汪精衛從不敢拂逆其意。例如汪精衛歡喜喝兩杯酒，但陳璧君時常不許他多飲，且見之於汪精衛的雙照樓詩詞集，有句云：「不辭痛飲醉顏酡，却顧恐被孟光訶。」

這種螞蟻傳得來的消息，起初大家不相信，後來我在席間碰到褚民誼，他在飲醉之後，親口講出來，証實不但汪精衛時常受陳璧君訶責，連褚民誼也怕她。

汪精衛雙照樓詩集一頁，冰如爲陳璧君字

蒼天近咫尺．風日清且曠．白雲如蓮花．開滿碧海上．

癸未中秋作此示冰如

幼時嬉戲慈親側．最愛中秋慶佳節．遶庭拍手唱新詞．大餅團團似明月．今年兩遂含飴願．對月開樽翁六一．坐聞咿啞爲忻然．卻憶兒時淚橫臆．月兮月兮我生與爾長相從．有影必共光必同．周旋朔漠千堆雪．流轉南溟萬里風．悲歡離合無重數．喜爾清光總如故．屹然照此白髮翁．鐵骨冰心不相忤．芙蓉花影今宵多．依然壁上蔓藤蘿．不辭痛飲醉顏酡．卻顧恐被孟光訶．

同是奴才 互相傾軋

這種消息，傳的人很多，汪氏親信的人，稱陳璧君的外號爲『老太婆』，凡是有什麽事，『是老太婆說的』，或『是老太婆要的』，誰也不敢違拗，如此看來，汪精衛怕老婆的程度，是遠遠的超過古代的陳季常。

陳璧君貪墨好貨，性格怪僻得很，所以僞政府的成立，陳璧君要負大部份責任，因爲她是爲了利慾權勢，決心要做漢奸，嚐嚐第一夫人的滋味，暢所欲爲的幹一下，其中還有報復的觀念在內，至於國家主權的喪失，她是漠不關心的。

有若干僞府要人和汪在室內談話，告訴他外面的情形，汪精衛祗是流眼淚，可是那個老太婆會大發雌威的闖進室內呼喝來人快走，無論對方是什麽人，一聽到老太婆的聲音，都會避之則吉。這種消息談的人很多，在我的觀念中，從前總認爲汪精衛是一個人材，但是到了這個地步，竟然成爲老太婆的奴才，眞是爲他可惜而又可憐！

汪精衛做了傀儡之後，深居簡出，倒從來沒有聽到過要錢的事情，儘管部下個個弄權弄勢，弄錢，弄女人，但是汪本人還算是潔身自愛，看來他對女色方面，決不會有一些些放肆 何況有雌老虎日夜看守看，所以他的私生活， 可以算得是循規蹈矩，本來既做了漢奸，第一是要錢，第二是縱慾，汪精衛做這場戲，眞不知他所爲何來？

汪精衛初到上海和日本人接觸時，在報紙上看來，他的態度還是相當硬，居然常常爲了爭執某種主權，鬧到不歡而散，最有名的就是爲了一面國旗，連還都的日期都更改了，因此我又想到汪精衛多少還有些骨氣，不像一般漢奸的唯命是從，豈知我這看法也是錯誤的。

這也是所謂「螞蟻傳」的消息，梁鴻志對南京僞府的批評說：『王叔魯（克敏）在北京，日本人向他討十樣，他還價五樣，結果討了八樣去。我在南京維新政府時代，日本人向我討十樣，我還價八樣，結果討了十樣去。汪先生上台後，日本人向他討十樣，他一口氣就給他們十樣，結果又被日本人加添兩樣，拿了十二樣去。』這些話也成爲了敵僞時期的「名言」。

汪精衛（右）王克敏（中）梁鴻志（左）青島會談

還有一點，北京的僞政權，一切與南京僞府，毫無聯繫，北京幣制完全用『聯準票』，和華中的經濟，刻劃了一個極深的洪溝，本來汪精衛登場之前，日本人答應他當淪陷區全國最高領袖，維新政府取消，北京政權也由他改組，但是事實上做不到，北京僞政權對他理都不理，一切軍、政、黨的措施，一些也不能達到北京，連到還都組府成立時，北方不肯派代表來道賀，不知道經過怎樣的手續，北京才派來幾個人，作象徵式的道賀。這種情況，有人說出，大家是漢奸，北京還是前輩，汪精衛是後輩，所以後來就有前漢後漢之說。

總之，應了一句俗語：『同是奴才，老奴才看不起小奴才，小奴才更看不起新奴才。』

實際上華北的僞府，對華北幾省，確能相當的控制。倒是南京的僞府，祗控制了江浙兩省，安徽、江西、湖北幾省，勢力就及不到。所以南京僞府對整個華中也沒有辦法，經過了無數次向日本人要求，要給他一些面子，可是日本人始終是到一省組織一省的僞政權，這種僞政權都成立在汪派之先，所以要想調動的話，簡直動都動不得，後來不知經過什麽交涉，才允許凡是日軍佔領華中的省份，或由汪氏加委，或由汪氏派員去當一個名義上首長，這種被派去的人，也起不了作用，稍稍講幾句話就要被當地人憎厭，所以政府的聲勢第一在南京，第二在上海；但租界是不在內的。

日本人也有理由充份的說法，說汪精衛初初接洽，至少有二十師國軍會倒過來，歡迎他的人民至少有幾十萬，半個國民黨也會倒過來，但是後來事實表現，一些都不能兌現。

後來大東亞戰爭開始，日軍進入租界接收一切，海軍部接收了申報，陸軍部改組了新聞報，照理時報、時事新報，應該由汪派接收，可是連一點也沒有接收到，全無成就可言。（一）

狗仔嘜皮鞋

BOBY®

Casual Shoes

(註册商標)

猄皮男鞋
軟皮男鞋
童庄皮鞋
軟皮凉鞋
對對保証
好着耐用

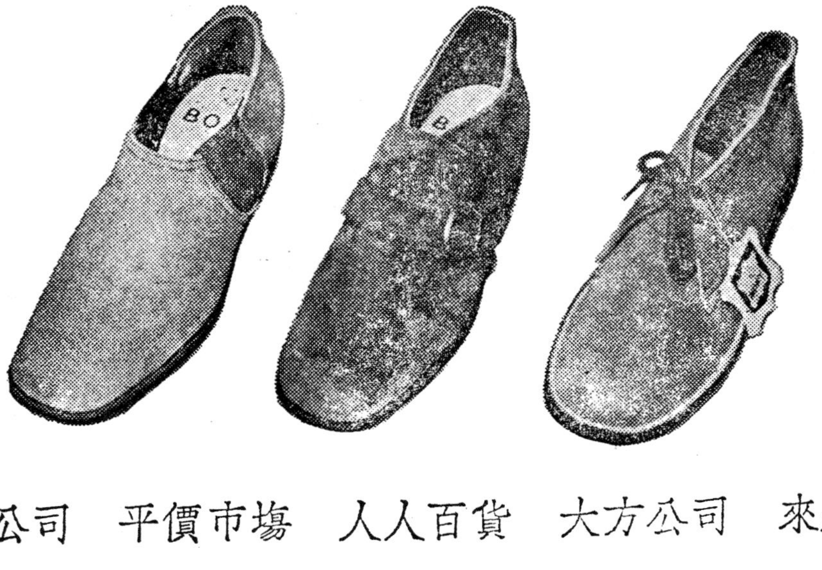

大人公司　平價市場　人人百貨　大方公司　來路鞋公司有售

粵菜滬菜

珍寶大酒樓附設滬菜部，稱大人飯店，供應標準滬菜。全層席開二十桌，設有禮堂，可供喜慶宴會之用。並有貴賓室多間，裝修富麗喬皇。宴客或雀局，必須定座。

珍寶大酒樓

九龍奶路臣街十一號・電話K九六〇二二一(十線)

大人

論天下大事

談古今人物

第三十六期

陳公博撰「八年來的回憶」手抄本一部分

為中國前途着想，向當局陳述些意見。

第一，在第一次歐戰，我沒有經驗，但在此次戰爭，我有很多不祇是耳聞，而且是目覩的事實。我總以為世界還是停滯在部落時代，沒有進步。部落戰爭的結果，都是把敵人的財產和婦女擄掠過來，以供己用，而在此次戰爭，實際毫無所異。日本在中國和南洋的強姦婦女，蘇聯攻入柏林時的行動，此次日本投降，美軍進駐，也當明令日本供給妓女七萬人，并指令七個美軍分配一個娼妓，這都是見之報紙紀載的。因此我想到世界文化進步是表面的，而骨子裡還停滯在部落時代，以此中國對於軍備亟應注意，我們無疑的是愛好和平，不願侵略，但為保持和平，防止侵略，注意我們不要再做被征服的部落，對於軍備，應該加緊整備。

第二，教育重要是老生常談，我最近十餘年以來是承認中國教育失敗的，在政府不易得一個奉公捨己的公務員，在軍隊不易得一個潔身自肅的軍人，在社會不易得一個盡責守己的國民，以後教育方針怎樣定，教育方法怎樣改良，我以為是當前一個嚴重問題，我亟盼當局重新考慮教育方針，至於掃除文盲，真要全國動員，不要再敷衍下去。我看見日本戰後那樣困苦，而人民那樣鎮定，我真不寒而慄，我不是說日本還能貽害中國，但中國怎樣自立自強，才能領導東亞，極是一個問題。

第三，我在實業部時候，自最迷信重工業，但經這次戰爭痛苦，我感覺我們基礎不足，技術不夠。不要說重工業，就是一般民生需要，立刻發生嚴重的威脅。我不是說重工業不應提倡，但是輕工業和化學工業也應同時并重。現在已經沒有日本的威脅，對於輕重工業不妨作一個長期縝密的打算。

最後更有一個嚴重問題，即是民德的墮落，自經此次中日戰爭，不獨物資打完了，道德也打完了。內地怎樣情形我不深悉，但在淪陷區中，我覺得大眾如趨狂瀾，如飲狂藥，一切道德都淪喪盡了。大家不知道有國家，有社會，有朋友，祇知道有自己。不知道有明日，祇知道有今天。不知道有理想，祇知道有享樂。我也想過，在一

請參閱本期朱子家特稿「陳公博垂死之言」

陳公博垂死之言（附「八年來的回憶」全文）……朱子家　二
政海人物面面觀　陸榮廷、劉存厚、唐式遵、何浩若……馬五先生　二一
新世說……陳定山　二九
國父的異相（附「來鴻去雁」）……齊東野　三一
大人小語……上官大夫　三五
香港舊事錄……上海移民　三七
史量才死後的申報（望平街回憶）（續）……胡憨珠　四一
也談徐悲鴻（畫苑春秋）……薛慧山　四六
任伯年評傳（遺作）……徐悲鴻　五四
鄧石如繼往開來……容天圻　五六
南樓記困（新浮生六記之六）……大方　六九
蔡哲夫「名士風流」……高伯雨　七五
血淚當年話報壇（六）……張志韓　八四
梁祝哀史考證……陳蝶衣　八九
「八大拿」的時代背景……周志輔　九四
馬場三十年（三十五）……老吉　九七
雪艷琴與陸素娟……燕京散人　一〇〇
新「七十二家房客」……文：楊華生　圖：張樂平　一〇六
「抗戰時代」生活史（專載）……陳存仁　一一七
封面：黃君璧畫山水　封面內頁：「八年來的回憶」手抄本
精印插頁：鄧石如篆書冊（定齋藏）

大人　每逢月之十五日出版
The Chancellor Publishing Company Ltd.
出版及發行者：大人出版社有限公司
督印人：王朝平
編輯者：大人雜誌編輯委員會
總編輯：沈葦窗
社址：九龍西洋菜街三號A　即彌敦道大人公司後面
電話：K八五五七三〇
印刷者：立信印刷公司
九龍新蒲崗伍芳街緯綸工廠大厦11樓
總經銷：吳興記書報社
香港租庇利街十一號二樓
電話：H四五五六一　H四五〇七六六
星馬代理：遠東文化事業有限公司
新加坡廈門街十九號
檳城沓田仔街一七一號
泰國代理：曼谷青年文化服務社
曼谷黃橋東北路
五六六之七〇號
越南代理：聯興書報社
越南堤岸新行街二十二號
其他地區代理：
澳門：可大文具店　漢城：汎亞書籍公司
亞庇：利民公司　寮國：永珍圖書公司
千里達：中華公司　斗湖：光明書店
菲律賓：華安書局　菲律賓：玲瓏書局
倫敦：東實公司　紐約：友聯圖書公司
芝加哥：杏林春　紐約：大方圖書公司
波士頓：中西公司　洛杉磯：永安堂
三藩市：新生圖書公司　檀香山：大元公司
三藩市：益智圖書公司　三藩市：文化商店
加拿大：香港商店　加拿大：新國華公司

陳公博垂死之言

——附刊陳公博「八年來的回憶」全文——

朱子家

在對日抗戰時期，南京出現了一個主張與日本停戰和平的新政權。領導這一政權的汪精衞氏，稱之爲還都的國民政府，在淪陷地區的人，稱它爲和平政府，日本人又稱之爲南京政府。勝利以後，蔣介石氏領導的國民政府稱之爲僞組織，有些「忠貞」之士，則索性稱之爲漢奸政府，而一般人稱爲汪政權。以一個政權，居然有那樣多不同的名稱，豈非怪事？它自一九四〇年三月三十日成立，至一九四五年八月十六日正式宣告解散，前後經過了五年五個月又十七日。

如其不純以成王敗寇這一立塲來衡量那個政權，他們之所以甘冒天下之大不韙而另創局面，或者還會有他們的看法與想法，也就並不能直覺地即認爲是一羣賣國求榮者漢奸們的醜劇。今天，離這一幕已經二十八年之久，正如雙照樓詩中所說：「良友已隨千刼盡；神州重見百年沉」！過去的已經過去了，蓋棺既已論定，也不勞我這個當年微末的角色來爲他們洗刷。但是，有些事，雖蓋棺而仍不能論定的正多，歷史上的無數大事，經千百年後而依然爭議不息。特別是汪政府的那一幕，說他們是爲了賣國求榮嗎？平心想一想，政權建立在日軍的佔領地區，在這一地區中，國家的主權和土地，人民的生命與財產，都早於戰爭中失去而在鐵蹄下的日軍掌握之中，尚有何國可賣？說他們是求榮嗎？正好相反，抗戰既已成爲國策，違反這一國策而與日人交往的，人們就會毫不思索地說他是漢奸。況且日軍在節節勝利之後，首都已自南京一遷而至漢口，再遷而至重慶。使日本軍人的氣燄囂張到了極點。在戰爭之前，他們可以在國內發動政變，殺害首相，此時連日本傳統上奉爲「神」的天皇裕仁的諭旨，且可以陽奉陰違，而對日本的內閣，更是頤氣指使。汪政權建立在日軍的直接控制之下，交涉的對手又是失去人性的日本軍人，尚何榮可求？

說到「榮」，汪氏也實在太夠了。他是中山先生生前與胡漢民爲其左右手，僅四十歲的年齡，他就出任了廣州時代第一任的國民政府主席，連蔣介石氏的第一軍軍長職務，還是由他委任的。一九三八年汪氏脫離重慶的時候，雖然已辭去了行政院院長一職，但他還是國民黨的副總裁，戰時國民參政會的議長。也儘管政見與蔣氏有所不合，而在形式上蔣氏仍不能不對他表示尊敬。異族的日本軍閥，會那樣對他禮遇嗎？誠榮于何有！

汪氏曾經留學日本，在幫助中山先生從事革命的時期中，更有過一段長時間居留在日本，他對日本人應該有較深的瞭解，況且在他担任行政院院長的時候，對日本的交涉更有過痛苦的經驗。全面抗戰以前，最不爲人所諒解的兩件大事，一是一九三一年九月「九一八事變」因不抵抗而失去了東北；二是一九三三年五月爲了挽救華北的被蠶食以確保平津，與日本簽訂了屈辱的塘沽停戰協定。關于前者，汪氏在歐聞警，星夜搭輪返國，宣稱以「跳火坑」的精神參與國政，爲蔣氏分憂。關于後者，在國力尚未能對日作戰前，挺身負責。在簽訂塘沽停戰協定的這一事上，蔣氏還特派了與他私交最深而又爲他最所信賴的黃郛赴華北主持其事。在這一事件上，蔣汪之間的意見是應該一致的，但簽訂這項協定，又是最不爲國人所諒的。人們也自然歸咎于汪氏。但汪氏却有其不可爲而爲之的精神。在局勢最危急的時候，也是我國要當機立斷的時候，汪氏有兩個電報打給黃郛、何應欽與黃紹竑，充份表現出他對國事犧牲小我，勇于負責的態度。

（一）民國廿二年五月二十一日電

「北平何部長敬之兄、黃部長季寬兄：馬未、馬酉兩電敬悉。（1）軍費自當盡力籌措，政府存在一日，決一日不放棄責任。其籌措方法，容與財政部商定再告。（2）我軍應付方案，政府實難遙制。茲授權敬之（何應欽）、季寬（黃紹竑）、膺白（黃郛）三兄便宜處置，安危榮辱，與兄等共之，即使國人不諒，祇求無忝于職，無愧於心，一切皆非所計也，敬覆。汪兆銘、馬亥」（見黃膺白夫人沈亦雲女士所著「亦雲回憶」下冊四七九頁）

（二）民國廿二年五月二十九日電

「北平何部長敬之兄、黃委員長膺白兄：承示代表已派定，明日在塘沽開始談判，請兩兄查照國防議決堅決進行。倘因此而遭國人不諒，反對者之乘間抵隙，弟必奮身以當其衝，絕不令兩兄爲難。區區之誠，祈鑒察爲幸。兆銘、豔午」（見「亦雲回憶」下冊四九二頁）

汪氏也確實具有這樣不畏謗的倔強性格，他

的哲嗣孟晉曾對我說過幾句話，一直留着極深刻的印象。他說：「我並不想爲親者諱，但論我父的一生，在私生活上，他不賭博，不吸烟，不二色，也不斂財；他唯一的樂趣，僅是淺飲與吟詩。對于國事，可說他無日不在焦思苦慮，儘管有些事也許會被視爲錯誤了，而他的動機是純潔的，除了國家民族，絕不曾爲自己打算過。戰爭中在南京時期，他一再告誡我們，要準備接受失敗的勇氣。他說：有一天，我們家破人亡了，也就是國家得救的時候了」。知子莫若父，反過來說，知父的也應該莫若子吧。

假如不純以成敗的偏見或成見來論人；也假如並不完全主觀地以意氣、立場等的關係而評論歷史上的一件大事，就應該依據各個方面的事實與文獻來發掘眞相。我以爲汪政權的那一幕，留下來無數有歷史價值的文獻中，不是發動對日和平，汪氏從河內所發出的「艷電」，也不是証明最高國防會議决議接受德國駐華大使陶德曼調停的「舉一個例」。因爲汪政權的最高領導人物，自然是汪先生本人，他從這一政權的成立起，直至一九四四年十一月十日病逝日本名古屋帝國大學附屬病院爲止，他一直担任着主席和行政院長的名義。那年的十二月二十七日，陳公博繼汪氏而出任了代理主席，他們兩人，才是這一幕歷史悲劇上的兩個主腦人物。以常情來說，像汪氏與陳公博，論他們的學識、抱負與歷史，都不應該喪心病狂得竟會墮落得甘心爲賣國漢奸的。汪氏離渝出走的時候，舉國正在屢北屢戰；而且國人皆曰可戰的時候，他的獨排衆議，想的是什麼；爲的又是什麼？至陳公博的繼任主席，已在日寇在華所爲，原形畢露，太平洋戰爭，也已到了日暮途窮，那他爲什麼要這樣做；又爲誰而做？到底是求榮還是犧牲？要眞正瞭解他們，那末，汪氏于病革時所立的國事遺書——「最後之心情」，與陳公博在南京獄中所寫「八年來的回憶」，應該是這一幕中兩個最重要的文獻了。

引起爭論的汪氏遺書「最後之心情」，在一九六四年二月初，才有人郵寄給我的。因爲汪氏逝世以後，許多接近汪氏的人都曾經詢問過汪夫人陳璧君以汪先生有無預立遺囑，汪夫人曾堅决說：「沒有」，我們也因此而一向相信汪氏臨終前未留一字。其次，因那封信的來路不明，也使人疑竇叢生。但當我澈夜雒誦之後，覺得遺書的語氣，遺書的筆調，都不是別人所可模仿的，原文雖非出之於汪氏的親筆，而「最後之心情」五字則是無疑是汪先生自己的墨跡。我所寫的那部「汪政權的開場與收場」全書六冊（吳興記書報社經銷），儘管限於才力，寫得不好，但當我下筆之時，因斗胆要爲歷史作証，憑我良知，力求眞實，自不能雜以一項出于他人僞造的文件。我在把它作爲拙著第五冊的附錄而加以發表之前，心情很亂，自不當以贋鼎充數；也不欲對這一最重要的歷史文件，一手加以湮沒。因之我曾先後遍訪汪氏遺屬與追隨他多年的朋友們，請他們提出意見，以供抉擇。反而是汪氏的遺屬沒有一人認爲出之于他人的仿冒，特別其中有一位更提供了我有力的線索。雖然他想不出汪氏何時寫下這一份遺書的，但有兩項遺書中所指出的往事，却非他人所知的：如民十九的擴大會議通過憲法，張季鸞在天津「大公報」上爲文論之，謂政局失敗而憲法成功。其次，汪氏于戰前在港創刊南華日報，苦無註冊之保証金，而英國首相麥當納自英倫電港，免其繳費。汪氏認此二事爲雪中送炭，而時爲其家屬言之。寄給我遺書的人，雖無附函，但要我轉交給汪孟晉夫人譚文素女士的地址與姓名的附言，赫然出于龍榆生的筆跡。龍榆生爲汪氏生前的詩友，又與汪夫人同羈于京獄，他又曾一度授孟晉夫人以國學，他雖仍留身大陸，而與我所訪問的那位汪氏遺屬，那時還保持着通信關係而熟識其字跡。他相信爲汪先生贈

陳公博（中裝戴船形帽者）行刑前攝影

錄遺書的是他，轉輾寄遞的是他，也唯有他，汪夫人才會以此遺書交他保藏。我所以决心把它發表，就根據了這一席話。也儘管汪先生的有些朋友，還堅決認爲是出之僞造，甚至說是我的僞造，但他的理由却太可笑了，他說：「我認爲僞造的，就一定是僞造的」。

其後，日本三大報之一的「每日新聞」，也把這遺書的全文加以譯載，該報爲鄭重計，事前先邀約了在華多年，不斷對汪氏曾親謦欬的日本大使館的清水董三，日本軍部後往芷江洽降的今井武夫等人舉行座談會，以鑑定其眞僞。却一致認爲從他們當年與汪氏談話中所獲得的印象，與遺書中所表露的是一致的。雖然曾任汪氏在上海所創辦的「中華日報」主筆的胡蘭成，「胡說」一起，對我大加攻擊，但他同樣不曾否定汪氏遺書的眞實性。

在相反情形下，另一重要歷史文獻，陳公博在南京獄中所寫的「八年來的回憶」（附刋于拙著第四冊之末），却從無眞僞之爭。我記得這一件文稿，公博雖寫成于南京繫獄之中，而發表則已在蘇州高等法院開庭鞫訊之際。他在庭上表示生死榮辱非所計，而唯一的要求，則是把這一篇「八年來的回憶」，予以公開發表，俾明心跡，那時政府爲了表示其民主作風，各報固競相刋載，有些書店，還印成專書出售，我還在上海提籃橋獄中時，已由獄吏私帶進來而看過。當一九四九年中共進入上海以前，所有留在書齋中的一紙一書，認爲可遭時忌的，一律于以焚燬。故一九五〇年我再由上海來港，倉皇登程，更未携有片紙隻字。

但當我撰寫「汪政權的開場與收場」那部拙著時，又想到了那篇「八年來的回憶」。我曾經盡最大的努力在港訪求，而且我也確知有幾位留港的公博好友還有人保藏着它。無如他們什襲珍藏，始終秘不示人。我正在十分懊喪的時候，突然有一位文友郵寄給了我。他已經是馳名國際的學者，因他諄囑我不要透露來源，今天還不便指出他的姓名，以表達我感泐之忱。他寄給我的那一份，是上海書肆出版的鉛印本，最後且還着一個「完」字，我也眞以爲已經是全文的完璧了。

最近本刊編者沈葦窗兄遠道貽書，說他不久前無意中在舊書攤上獲得了一份「八年來的回憶」的手抄本，發現了在拙著上所刋其最後一節的結論中，竟然遺漏了七段語重心長的文字，篇末且有「民國卅四年十一月於南京」的字樣的寫成日期。葦窗兄辦事的認眞，一向爲我所心折，他于獲得該項文件後還急急地邀集了當年汪政權的舊人，出以傳觀，以確定其眞僞。而據當年與陳公博同機飛日的陳君慧先生對葦窗兄說：陳公博先生在獄中的草稿文字，多數由同獄的前汪府司法行政部次長汪瀚章爲之重行謄錄，這一份抄本，也就可能即是汪瀚章所寫，眞僞自更不待言。葦窗兄來書要我對此有所評述，客中無俚，亦且義不容辭，就不能不抒寫出我個人的一些率直的感想，若說這是阿私文飾，則我豈敢。

老實說：我對陳公博的爲人，當年曾有過極端矛盾的觀感。陳公博與顧孟餘是汪氏最所倚畀的左右手，正如中山先生之有汪精衛與胡展堂。對汪而言，恐怕也只有他們兩人才敢進一些諍言。但不幸得很，當汪氏在重慶暗中進行對日和平的時候，陳公博因遠在成都並未參與其事，直至他因公赴渝，與汪氏見面，才隱約爲其言之。當時他的態度，鑒于戰局的節節失利，他雖不反對汪氏提出和平主張，但却力阻汪氏不宜在兩國交戰中，另立政權，陷國家于不利，貽人以口實，一度且引起汪夫人的不快。其後汪氏轉輾由渝而越而滬，于一九三九年八月從上海飛抵廣州，公博且由港赴穗，再加勸阻。以後汪氏又在上海召集幹部會議，以決定應否建立政權，公博又派了何炳賢專程赴滬，作最後的努力。也可以說，所有汪氏的部屬中，也只有陳公博一人，曾一再表達了反對的意見，可見他決不是一個求榮之輩。

直至一九四〇年的三月，當原屬于CC系而首先與日方暗通欵曲的高宗武，在渝媒孽汪氏晌應日首相近衛文麿和平三原則的陶希聖，忽然叛汪而去，公博在港聞訊，覺得汪氏左右已爲CC系的周佛海、梅思平、丁默邨等人所包圍，不忍見汪氏陷于狼狽之境，乃不遑自謀，才毅然由港就道去滬。

論公博與汪氏的關係，以及過去他在黨國方面的地位，他之抵滬參加，一般認爲會代汪氏而出任行政院院長的。而最後竟然屈就了無事可爲也且無可展佈的立法院院長的那個冷衙門。其後他又兼任了上海市市長的職務，不客氣地說，他却做得了無政績。當時使我所認爲奇怪的，他與周佛海、梅思平等不屬于同一派系而却能融洽相處，交往甚密。陳氏有着英俊的外表，一襲中國長袍，一頂船形帽，操着夾雜有廣東音的國語，瀟洒中有些吊兒郎當的樣子。我看到他的毫無展佈，形同伴食，而且在私生活上也相當放縱頹不以爲然，及今思之，他既反對這一政權的出現，而又目擊日人的專橫無狀，他之所以隨汪，已抱定了爲友殉身的決意，如此又怎樣能教他會熱心從事？而且醇酒婦人，也許正是英雄末路的一種消極表現吧！

在接到葦窗兄的來信，準備撰寫本文時，我特地去訪問了兩位日本友人，聽聽他們對陳氏的批評。第一位我所看到的是小川哲雄，勝利前他是陸軍中尉，服務于影佐禎昭主持的機關。（現在東京聯友公司經商）公博一行的赴日暫避，是他奉命一路護送而去的。我率直地問他對于他所目擊的公博在他最後一段生命之路的感想。他說：「在去日的飛機上，陳先生已面臨着自己的生命，家屬的命運以及國家的前途那一份複雜的情緒。不論爲追悔或憤激，論理總該有些表露，而他却默默地坐在機上，非常的鎮定，不，應該說是出奇的平靜，一切像是對他毫不縈心似的。我對他不能不感到驚訝，因爲我是一個軍人，有些我的長官們，平時意態飛揚，而一旦要開往前線作戰時，就會露出那種慌張或驚惶的神態，沒有一個人會像陳先生那樣出奇的平靜」。「我與他分離的最後一刻，更使我萬分敬佩。他們抵日後，幽居在京都的金閣寺中一處水閣內。一天，時任外務省次官的大野，匆遽趕來，他說：『陳主席來日的消息，因在中國的日本軍部所發的密電，爲重慶方面所查出，行踪已無法掩藏，這將如何是好？』而陳先生却毫不考慮地衝口而出說：『那末，我就囘國去！本來我就準備隨時要囘到我自己的國家的。但我有一個條件，請通知國民政府，我不坐美國飛機，就請政府派一架飛機來接我囘去吧。』」小川中尉說完了這一段話，又感慨地說：「在我的印象中，陳先生確是當代的一個偉大人物」。

寫到這裏，忽然想起了一段插曲。數年前我在東京遇到了矢崎堪十中將（現已去世），戰時他是華南特務機關長，又是香港的軍民長官，最後還任汪政權的最高軍事顧問。太平洋戰爭爆發的上一年，在廣州舉行了一次東亞新聞記者大會，我被派爲中國代表團的團長，赴廣州出席，曾與矢崎有過多次接觸。那時他態度囂張，神情傲慢，在拙著中，曾備加指摘，而在東京重逢，他雖看到過我寫的那本書，却未存芥蒂，反而屢次邀我在他主持的亞東工商協會演講。有一天，他請我在一家酒樓中宴聚，忽然問到我汪夫人陳璧君怎樣了？我說：「已從南京老虎橋獄移押上海提籃橋獄」。他又問我她犯的是什麽罪？我說：「漢奸罪」。他忽而大笑地說：「奇聞！奇聞！當年在廣州時期，雖然我是有權力的日本特務機關長，但我最怕看到的是她。一見面她總是嘮嘮叨叨、聲色俱厲的指責我們日本，而我們却無法動搖她半點，她居然也會被指爲漢奸，這眞是天大的笑話」。日本人與中國人對于汪政權，竟會有那樣不同的看法。

我訪問了小川哲雄之後，又去看了岡田酉次少將，他現在是橫濱日本發條公司的副社長，戰時往來于南京上海之間，担任着日本陸軍經濟方面的職務，他是周佛海的密友，他知道佛海的任何公私上的秘密，所以當佛海兼任上海市長時，他又是上海市政府的最高顧問。他對汪、陳諸氏，都有深刻的認識。我向他提出了關於公博先生的問題，他却避免作直接答覆，他笑笑說：「我正在寫一本當年在中國時代的囘憶錄，預定年內完成出版。我爲什麽要寫這本書，有兩個目的：（一）爲了我自己，戰時我把妻子兒女都留在國內，孑身在中國工作了十餘年，我要告訴我的子孫，我那時究竟做了些什麽。（二）本着我所看到的一切，我要告訴世人，中日戰爭的時期，重慶方面的抗戰是爲了愛國，但從事和平運動的汪精衛、陳公博、周佛海等人，也同樣熱愛着他們自己的國家。我所體驗到的，他們怎樣也不能稱之爲漢奸」。

當我在獄中看到了公博的「八年來的囘憶」之後，使我對他本已完全改觀。而他在獄中判處死刑的放棄上訴，作爲服法的範則，臨刑前，當被提離監獄時，特趨向汪夫人獄室前說過的一段話：「夫人！請恕我先去了，今後，請夫人保重！我此去，也可以有面目見汪先生于地下了」。公博也眞正做到了以身殉友而無憾。他在法庭上寫遺書時的那份泰然的表現，在臨死之前，假如胸懷愧怍的話，此時更決難掩飾。我在香港曾遇見過一位由重慶歸來的人，他對汪政權抱有很深的成見，但因爲過去他與公博也是朋友，他驚訝于公博居然也甘心做了漢奸，特地去看公博在法庭受鞫以及被執行時情形。最後他嘆息着對我說：「公博眞做到了從容赴死的程度，他那份氣概，使我每一念及，迄今還感到了無限的痛悼」。

公博假如在汪先生離渝後，仍在蔣先生領導的國民政府下工作，任何人會相信他反而會受到更大的寵遇。懸想他那時是痛苦的，一方面不願有負于平生知己的汪先生，一方面又無日不想做到「黨不可分，國必統一」的局面。他終于封金掛印，飄然引去，擬之古人，關羽差堪相比，但有人一定以爲我擬于不倫，但三國鼎立，而曹操挾持的漢獻帝，以正統的眼光來看，還是國家的正朔呀！

他的遺書「八年來的囘憶」，共分七節，而在拙著上遺漏的，就是結論的最後幾段。公博在獄中，既決以一死酬知己，而且願爲服法的範則，文過飾非且屬多餘，又何在乎身後的是非呢？那篇遺書，說得那樣坦率，那樣沉痛，那樣眞摯，語重心長，不但顯出忠于汪先生，爲了整個國家民族，他也同樣忠于蔣先生。這裏不必我再多辭費了，「大人」的讀者，自會有公平的判斷。這一份遺書，可留作千秋萬世之後，讓治史者來把它作爲評騭的依據吧。「大人」重刊全文，幷補充結尾的闕漏，我認爲是太有意義了。

（一九七三年三月廿一日寫于東京旅次）

一九三九年

八月九日：汪精衛由上海飛廣州，陳公博由港往見，力勸汪氏以發表國是主張爲止，勿另組政府貽人口實。

一九四〇年

三月十三日：陳公博由港抵滬。

三月三十日：汪政權成立。

一九四四年

十一月十日：汪精衛在日本逝世。

十二月廿七日：陳公博繼任代主席。

一九四五年

八月十六日：陳公博下令解散政權。

八月廿五日：陳公博偕林柏生、陳君慧等飛往日本京都。

十月三日：陳公博被遞解回京。

一九四六年

六月三日：陳公博在蘇州被處死刑。

附錄：陳公博「八年來的回憶」全文

我這篇迴憶，是從二十七年離川寫起，是一篇自白，也可以說是汪先生和平運動的簡單實錄。本來在今日大統一時候，我對於保存國家和地方人民元氣的心事已盡，對於汪先生個人的心事已了，是非功罪，可以置而不述。但既然奉命要寫一篇簡述，那麽，對於汪先生的心境，我是不能不說的，不說明汪先生的心境，和平運動就無法說明它的起源。對於我的主張也不能不說的，不說明我的主張，這幾年來的經過，便無從說起。對於這幾年來我的工作和心情，也不能不說的，不說明便不知道這幾年來此間人們的苦悶和掙扎，類於矯飾，而不是坦白的自白。我也知道，我參加和平運動的經過，由反對而牽之參加，重慶的同志們都很了然，就是不寫，大家都很明白，因此我決定不諉過，不矯飾，很簡單的寫這一篇迴憶。不過，我對於汪先生的心事是算了了，然而至今還抱極大的缺憾的，就是我自民國二十年底囘到南京以後，總想這次外有日本的侵畧，內有共產黨的搗亂，國民黨總不至於再有破裂了罷。若要不破裂，祇有從我做起，所以由民國二十一年起，以至汪先生離重慶止，而且一直至到現在，我對於黨始終沒有批評過，對於實際政治也沒有批評過，然而還有汪先生離開重慶的一件事，更有組織南京政府的一件事，這是我夢想不到，而引為絕大遺憾的，以下分段說明這幾年來的經過。

一　汪先生的心境

關於汪先生的和平理論，我不打算寫了，汪先生的和平理論這幾年來有出版的言論集，我要寫的是汪先生由民國二十一年以至民國二十四年，尤其是民國二十五年後的心境。明白了汪先生的心境，便可以知汪先生主張和平的動機。

汪先生在民國二十一年上海一二八之役是主張抵抗的，在民國二十二年長城古北口之役是主張抵抗的。在二十一年曾因張學良不願意抵抗而通電邀張學良共同下野，因此出國，在長城古北口之役，又匆匆自海外歸來，共赴國難，那時候汪先生總以為中國祇有抵抗才有辦法，可是也因長城古北口之役最使汪先生所受的刺激太深。因為前方將領囘來報告，都說官兵無法戰爭，官兵並非不願戰，實在不能戰，因為我們的火力比敵人的火力距離太遠了，我們官兵並看不見敵人，祇是受到敵人炮火的威脅。汪先生聽了這些報告，以後便慢慢有主和的傾向。

汪先生那時不但主持行政院，還且兼了外交部長，我當時大不以為然，在南京的各同志也大不以為然。外間的批評都集中於汪先生一人，以為主和的祇是汪先生，所以當日許多人都曾勸過汪先生說上海的淞滬協定是汪先生所知的，而塘沽協定是事後才知道的，汪先生也應該分辨一下。汪先生說：「我絕不分辨，誰叫我當行政院長，行政院長是要負一切責任的」。汪先生這一句話可以表明他當日的心境。同時他還對我說：「武官是有責任的，他們絕不說不能戰，文官是沒有打仗責任的，他們當然可以唱高調要戰。今日除我說老實話，還有誰人」。我告訴他，外間的批評很是惡劣，我希望汪先生事事慎重，汪先生很憤懣的答覆我：「我死且不懼，何畏乎罵」，我祇得默然了。

到了民國二十三年，環境更是一天一天惡劣了，當日的國事，我知道是蔣先生和汪先生共同負責的，然而外間的觀察，顯然已劃分為兩個分野。我也知道汪先生不惜犧牲，願意替國家負責，願意替蔣先生負責，可是據我觀察，國事至是，危險非常，第一、中國要戰，應該舉國一致，中國要和，也應該舉國一致，如果把蔣先生和汪先生認為兩種主張，那麽國內不難明顯的分為和戰兩派，在大難當前，而有黨內兩個不同的見解，可以促成黨的分裂。第二、國內搗亂的份子很多，惟恐國民黨團結，惟恐蔣汪眞正合作。有此分野，更易予挑撥者以機會，國的分裂，黨的分裂，是我決不願再見的。那時國內的報紙，對於汪先生攻擊已漸漸明朗了，例如南京有一家報紙記載日本公使有吉囘國，汪先生到車站，還哭了一場，報上還譏諷汪先生，登了兩首詩，那兩首詩的全文，我已忘記，祇記得有兩句：「桃花潭水深千尺，不及汪倫送我情」。我那時眞苦悶極了，我不是不愛國，同時我愛汪先生，極不願汪先生就這樣犧牲了，因此，我又勸汪先生辭職，等到和戰大計決定之後，再負責任，也不為晚。

我正在勸汪先生辭職的時候，倏然聽到一個消息，說汪先生的兒女也反對汪先生兼外交部長。有一晚汪先生夜膳，喝酒微醉，家人又反對他兼外交部，汪先生大哭，說：「現在聰明人誰肯當外交部部長」。我聽了之後，非常難過。同時想起上海一二八之役，陳友仁離職以後，汪先生對我說，蔣先生意思要我做外交部，我力辭不幹。當時我不幹有兩個理由，第一因為英美報紙久已宣傳我是一個極端左翼份子，那時外交正在緊迫，不能不靠英美幫忙，如果我幹外交部，恐怕和英美隔膜，於中國無利。第二，我的性格最不喜歡應酧，而外交官第一個要件就在應酧，這樣我幹外交部，於公於私都沒有好處。不過，我聽見汪先生這一句聰明人不肯幹外交部的話，立時想替汪先生分謗，顧不到英美的隔膜和我自己的性格了。第二天我遂見汪先生，提出我願意幹外交部的意思。汪先生說：「我現在幹外交部，就是人家不聽我的話，還得要考慮一下，如果你來幹外交部，恐怕人家連考慮也不會考慮」。我說：「這樣，請汪先生向蔣先生說，我自告奮勇去幹駐日公使怎樣」？汪先生說，你要替我分謗的心事，我是明白的，可是外交部和駐日公使是一樣的情形，我聽了之後，更無話可說。

至到民國二十三年下半年，我的確苦悶達於極點，除了一般人攻擊汪先生主和之外，還有些人見了汪先生面時主和，離開汪先生便主戰，還有些人力勸汪先生不要主和之外，還來見我，要我苦勸汪先生不要主和的。其實當時情勢混沌達於極點，戰固然說得太早，但和也無從說起，我勸汪先生以暫退爲宜，末後我見汪先生堅持負責，我祇好單獨向汪先生提出辭職。可是我每一次辭職，汪先生總不答覆，這樣一直拖至民國二十四年夏天。

民國二十四年夏天，大概是六七月罷，汪先生肝病復發，到上海進醫院了，後來依醫生的勸告，又到青島養病。在八月初旬我在南京接到汪先生一個電報，說：黃季寬剛由重慶見過蔣先生回到上海，携有對日方案，定於八月五日由滬來青島，囑我同黃季寬一同到青島一談。我遂於八月五日在南京飛機等候黃季寬，當天飛至青島，下午同黃季寬一同見汪先生。汪先生那時病得很消瘦，看了那個方案以後，沒有說什麽話，回頭祇對我說：「公博，你是不是還要不幹」？我說：「是的」。汪先生說：「這樣也好」。我聽說汪先生允許我不幹，如釋重負，和黃季寬一齊退出來，當夜便和青島市長沈鴻烈痛飲一頓。第二天早夜均和朋友喝酒，沒有去見汪先生，至到第三天中午還是喝酒，汪先生使人來找我了。

我酒還沒有大醒，去到海邊一個別墅見汪先生，這次我自有生以來和汪先生面紅耳熱說話的算是第一次。過去我雖然和汪先生討論，有時免不了辯論，然而那一次簡直可以算吵起來，事後迴想，眞不勝悲涼之至。汪先生一見我，便很嚴肅的問我：「公博，你說不幹，是眞的不幹嗎」？我說：「我不願幹，自去年已具決心，那還有假的」。汪先生說：「我病還沒有好，或許今天的說話是病態的說話，我不獨我要幹下去，我勸你也要幹下去」。我那時眞是醉還未醒，我說：「汪先生能否容許我說幾句」？汪先生說：「當然可以」。我說：「汪先生你說是病態的說話，我今日是醉態的說話。現在許多人都罵汪先生是秦檜，我今天就承認秦檜是好人罷，但秦檜是犧牲了，然而終無補於南宋之亡。一般人都說汪先生賣國，但賣國還是有代價，像今日的情勢，一日蹙國百里，談不上賣國，簡直是送國罷了。我想送國不必你汪精衛送罷」！汪先生奮然說：「公博，你的話是爲汪精衛說的，不是爲中華民國說的，人家送國是沒有限度的，我汪精衛送國是有限度的。公博，我已經五十多歲了，你也快要到五十歲了。中國要復興，起碼要二十年，不要說我汪精衛看不見，連你陳公博也看不見。目前能夠替國家保存一分元氣以爲將來復興地步，多一分是一分，這是我和你的責任。因此不獨我要幹，我勸你也要幹」。汪先生這番話，使得我無話可說。我祇好說：「汪先生既然要跳水，難道我好站在旁邊袖手嗎」。我是在八月十日回到南京，同時我知道，蔣先生將於二十左右回京，可是在十八日我接到汪先生一個電報，說他決定辭職，我禁不得一喜一疑，喜的是汪先生肯辭，疑的是汪先生在青島時那樣堅決要幹，不到十天又決定辭職。可是我的心情，祇求汪先生願意不幹，其中變化的理由，我也不再去問了。

那年十二月汪先生被刺於中央黨部受傷了，更因受傷而出國療治了。我對於汪先生受傷是極痛憤的，對於汪先生出國是極高興的。汪先生出國一直至到西安事變後才匆匆歸國，自西安事變發生後，汪先生更是傾向和平，以爲中國對日應該尋出一條和平之路，如果中日兩國戰爭，結果在國際恐怕祇便宜了蘇俄，在國內祇替共產黨做機會。總括汪先生的心境，他的主和，遠因是受了長城古北口之役的影響，近因是受了西安事變的刺激，或者他人的觀察和我不同，而我個人的觀察還是相信比較正確的。關於汪先生的心境，我寫得似乎太長了，但不詳寫汪先生的心境，便無從說明汪先生主和的癥結。至於後來因主和而離開重慶，那是我始料所不及，並且我前後反對了二十餘小時，還不能阻汪先生的離渝，那更是始料所不及了。

二　和平運動前後和我的主張

如果有人問我，汪先生的和平運動從什麽時候開始的，我實在沒有方法答覆，因爲我至今還不知始於何時。在汪先生通知我的時候，我祇知盡我的力量反對，無暇探問始於何時。到後來事機已成熟，我仍是反對，也懶得去探問始於何時，大概是二十七年十一月初罷，時間我已記憶不清，我正在成都籌劃如何訓練黨員，和公開在四川省黨部召集在成都的中學生分期演講「三民主義與科學」，我接到汪先生的電報，說參政會開會在即，囑我早一兩天到重慶，本來我在黨裏是被指定爲參政會內國民黨黨團的指導員，因此我即起程赴重慶，到達重慶，我還記得是早上去見汪先生的，當時汪先生通知我，對日和平已有端緒，我眞像丈二和尚摸不着頭腦，我一句話也不能說，祇聽汪先生自己講述。我心想眞是太奇怪了，這樣大的事情，爲什麽汪先生事前一點也不關照我，當時在座的人，我一時也記憶不清，彷彿除了汪夫人之外，有周佛海、陶希聖、梅思平幾位。我等他們走後，我聽見汪先生所說，又彷彿蔣先生是不知道的，又彷彿說待時機成熟，汪先生還要離開重慶的。我聽了之後，大不謂然，因爲那是太反乎我的主張，我當然對汪先生陳述幾個理由，第一是自從國民政府於十四年七月一日在廣州成立，以至北伐成功，中間經過好幾次黨的分裂，好容易在民國二十年底寧粵合作，黨復統一，方今國家多難，不容再破。第二是對外問題，首在全國一致，戰固然要一致，和也要一致。固然在戰爭時候，和戰見解，國內或有不同，但儘管別黨別派不同，而在國民黨內萬不可有兩種主張，否則易爲別黨所乘，黨一失敗，國亦不救。第三，日本情形，我絕不熟悉，但由過去幾年交涉而論，日本絕無誠意。日本對中國的要求什麼是他們的限度，我們是沒有方法知道的。對於一個國家，我們不知道他的對我要求至何限度，而率然言和，是絕對一件危險的事。其他還有許多理由，我現在也記憶不清，要而言之，我固然反對汪先生言和，更反對汪先生離開重慶。這樣辯論到十一時，汪夫人說，你們辯論時間太久了，食過中飯再談罷。我離開汪公館。便一逕到中南銀行找佛海，並順便找陶希聖，佛海對我說：「你一定嚇一跳罷」？我說：「怎麼不是呢，這樣大的事情，爲什麼到今天汪先生才通知我」。佛海說：「我也對汪先生說過，應該通知公博，可是汪夫人說，公博近來太懶，等到成功再通知他，若果我們都走，他是不能單獨再留的」。佛海的說話這樣，陶希聖也是一樣。我聽見這句話，默然無話可說，祗得長嘆一聲，心想，那裏怕懶，祗怕我反對罷了。下午食了午飯，我再見汪先生，力陳不能和、不能走的理由，這樣又辯論到黃昏，我才囘旅館。以後我每次見汪先生，汪先生都不贊成這個主張，後來汪先生說，這事雖有頭緒，尚無結果，等到將來發展再談罷。

說到此地，我可以說說自民國二十年底至到離開重慶，甚至乎至到今日我的主張了。我的主張說起來很是簡單，就是個人無論如何犧牲，最要緊黨萬不可以再破裂。我還記得在擴大會議失敗之後，我個人到歐洲住了半年，在二十年廣州有非常會議召集，我即沒有過問。到了九月我想這樣住下去也是不了，倒不如囘國試試進行一種黨的團結。歸途剛抵錫蘭的哥命堡，即聞有瀋陽九一八之變，我還記得當夜在船上做了一首詩：「海上淒清百感生，頻年擾攘未休兵，獨留肝胆對明月，老去方知厭黨爭」。自是決心進行黨的團結，衷心總以爲黨有辦法，國事才有辦法，否則黨一失敗，國亦隨之而亡，縱倖不亡，亦必衰敗。

但要黨團結，先從那裏着手呢？我以爲先須從本身着手，因此，我自二十年底囘到南京以後，對於實際的政治從來不批評，對於黨也從來不表示意見。老實說，我並不是沒有批評和意見，但是再想多一種意見，便多一種糾紛，而且更自己反省，我的意見是不是絕對好的，就是好是不是能行的。倘不是絕對的好，那更不必說，倘好不能行也不必說。我爲謀黨的統一和團結，先不必期之別人，還是先求之自己，我心中所祈求的，黨萬不容再分裂，蔣先生和汪先生千萬須合作到底，這是我在二十年底囘南京後以至今日的一貫主張。

而且當日國家實在也太危險了，中日問題時刻都有立刻戰爭可能，軍需工業，中國還談不到，而且也不可一促而幾。但中國每年缺乏食米一千六百萬担怎麼辦？每年缺乏麵粉二千萬担怎麼辦？民國二十一年中國棉花產量祗得七百萬担怎麼辦？中國一有戰事，衣食均缺，眞可不戰而屈。這都是我的實業部職權範圍，我應該埋頭於解決這些問題。黨的問題，我爲團結，我且讓其他同志幹去。

我對黨務求團結，不但我在實業部四年如此，就是我離開實業部也是如此。我還記得我離開實業部後，張岳軍先生曾奉蔣先生之命徵求我做意大利大使的同意，我堅辭不就，固然我的母親太老，我不願意離開她，同時我深怕離國太遠，而汪先生又離國治療，易爲造謠者製造謠言的機會，黨內的謠言一生，結果有時非意料所及。我離實業部以至八一三事變，始終未離南京一步，這是我爲力求黨內團結的苦衷，當時或者沒有人會了解的。

在民國二十七年我們退到漢口時候，黨的統一呼聲又起，我記得有一次陳立夫和陳辭修兩先生來德明飯店看我，陳辭修先生說，過去黨的糾紛，我們三個人都應該負責任。我笑說，在民國二十一年以前，可以說我應該負完全責任，在二十一年以後，我絕不負任何責任。立夫先生也說，這幾年來公博先生實在沒有責任。黨的統一是我極端贊同，不必等到二十七年，我在二十一年已經開始以靜默的態度而等時機的來臨了。其實在我歷年的迴憶，在每次糾紛當中，我都不是居於發動地位，而結果每一次都變成首要。例如十六年寧漢分立，我在南昌主張國府和總司令部遷漢，當時我知道共黨並沒有多大力量，總想以國府與總部同時遷漢，可以鎮壓下去，但後來畢竟引起寧漢的分立。在十八年自「革命評論」停版以後，到了歐洲，本想作久居之計，後來汪先生和汪夫人日夕促我囘國，遂有張桂軍之役和擴大會議。至今迴想，自己也覺有些不可思議。我叙述這些經過，我並非諉過，並非卸責，因叙述之便，不覺引起這麼的感想。

至二十七年的十一月底罷，時間我已記憶不清了，我又接汪先生從重慶來一個電報，叫我立刻至重慶。我到重慶時，汪先生告訴我，中日和平已經成熟，近衛已表示了幾個原則，一、承認滿洲國，二、內蒙共同防共，三、華北經濟合作，四、取消租界及領事裁判權，五、相互不賠欵。中國如答應，則日本於兩年內撤兵。我對於第四第五兩原則沒有意見外，其餘第一第二第三等原則都不贊同，尤其是不贊成的是汪先生離開重慶，我的大原則是「黨不可分，國必統一」，黨的分裂痛苦我已受夠了，我們要救國才組織黨，今黨不斷分裂，救國更從何談起。汪先生說，中國的國力已不能再戰了，非設法和平不可了，我在重慶主和，人家必誤會以爲是政府的主張，這是於政府不利的，我若離開重慶，則是我個人的主張，如交涉有好的條件，然後政府才接受。而且，假使敵人再攻重慶，我們便要亡國，我們難道袖手以待亡國嗎？現在我們已無路再退，再退祇有退西北，我們結果必爲共產黨的俘虜。當時我已辯無可辯，我說，我在二十六年底奉蔣先生之命至歐洲，當時原可以不必急急歸國，當日很多人在歐美多藉口辦理外交或採購物資，逍遙海外，以待世變，我不忍各同志在國內掙扎苦鬥，故願同甘共苦，匆匆求歸。我的志願如此，我寧願眞到了這個時期，一同犧牲算了。汪先生說，我們革命黨死何足懼，難道眼看幾千萬的老百姓也跟着我們同死嗎？汪夫人這時說，好了，我們一定走的，你不走時，一個人留在此地好了。我們辯論，到了此時，已經無法可辯。我已無法阻汪先生離渝，至於以後怎樣，我不得不再考慮。

汪先生是決定於十二月二十左右離渝了，我回成都以後，苦悶達於極度，第一想到我不隨汪先生走，不難人家看作我個人留在內地作汪先生內應的工作，就是不這樣看法，我也不忍眼看各人在我面前大罵汪先生。第二想到我若跟汪先生走罷，數年來我苦心孤詣，隱忍自重以求黨的統一的苦衷都盡付流水。第三，我更想到倘然是和平成功，東北是丟了，內蒙共同防共也等於丟了，所謂華北經濟合作也等於共有，於中國前途絕無好處。自回成都以後，每夜都不能合眼，我祇有最後一個希望，即希望離川以後，以個人的努力，阻止汪先生組織政府，更希望黨對汪先生的制裁能夠緩和，減少汪先生的衝動，這樣我可以從容努力。如果汪先生能夠中途中止他的行動，這是我旦夕所祈求的。時日已記不清楚，大概在十二月十三四左右，汪先生派一個副官來成都通知我，叫我務於十八日到昆明，我因爲天氣關係，延至二十日始由成都飛雲南，但汪先生已先一日赴河內，我又祇好赴河內。到了河內，我寫了一封信呈蔣先生，託張岳軍和朱騮先兩先生轉呈，中間畧述我的主張，並盼黨能對汪先生寬大，使我得盡最後的努力。

在河內住了幾天，近衛聲明已發出，汪先生起草一個答覆，交周佛海、陶希聖和我三個人帶香港發表，是即所謂豔電。我臨行之時，力勸汪先生不要離河內，並且不要和日本人來往，以示無他。我回到香港以後，心想我的心願已了，祇求汪先生不要再有行動，或者可以得重慶各同志的諒解。

中央黨部終於二十八年一月一日對汪先生下了處分，末後更有曾仲鳴之死，我想我勸汪先生不要離開河內的主張怕又會中變了，我那時悲觀達於極度，想請汪先生不要離開河內恐怕不能實現了。我那時眞是感覺人微言輕，以我和汪先生二十年的關係不能阻其離渝，以六年來苦心孤詣以求黨的團結統一而敗於一旦，我尙有何話可說，恰值我的母親病重，我遂閉門不出，更不表示意見。不久聽見汪先生赴滬了，而且更聽見汪先生要到日本了，我忍不住，打一個電報給汪先生，那個電文我已不存，我祇記得大意，說以先生的地位萬不宜赴日，並且最後一句話說得很嚴重的，先生如此，何以面國人。汪先生覆我一電，說弟爲國家人民而赴日，有何不可以面國人，而且在此國家敗亡之時，更不計及個人地位。我接到這個電報，又祇有長嘆而已。

大概是二十八年夏末罷，汪先生到了廣州，叫我到廣州一行，並且派人對我說，他和日本已定有一種君子協定，他不求我贊成，祇希望一見以便討論。我到廣州住了兩三天，汪先生出示中日的君子協定，現在內容我也記不清，大致和近衛聲明及後來的中日基本條約差不多，我終認爲不滿，非中國所能接受。

不久，上海又召集幹部會議，邀我和何炳賢出席，我決定不去，祇是何炳賢赴滬，我囑咐他最要是阻止汪先生組織政府，其餘善後問題，我再設法挽救。其後何炳賢的確極力反對組織政府，並且和當日出席的人起了非常激烈的辯論。我當日一種癡想，以爲我什麽都不參加，或者汪先生不致於組織政府，那裏知道以我個人之力，阻不了汪先生的決心，更不能排除當日的羣議呢！

到了十二月，汪先生又要我到上海一行，說中日基本條約的草約已開始討論。如果我不到上海，以後就是反對也來不及。我想這或者是一個關鍵罷，如果我逐一反對，那麽組織政府可以延擱，以後就要和平也可以等到全國一致才舉行，因此我又到上海住了半個月。那裏知道我到上海時候，所謂基本條約已討論了一半，因此我知道汪先生是不必等我來才討論了。我住上海半個月，祇是和須賀辯論些海軍問題，這都是無關宏旨的虛話，我再無心逗留，終於十二月底又回到香港。在將離開上海的幾天，一夜汪先生請我們食飯，我碰見影佐禎昭，我說：那裏是基本條約，簡直日本要控制中國罷了。影佐答覆我說，在目前不能說日本沒有這個意思。飯後我把影佐的話報告汪先生，並希望汪先生愼重，汪先生奮然說，我們偏不使日本控制中國。

三　南京政府的組織和我決定的原則

我是在二十八年十二月二十回到香港的，當日我在上海時候，已聽見有組織政府的消息，可是汪先生始終沒有和我談起，祇是從旁聽說某人預備做什麽部，某人預備做什麽部而已。我反正不願與聞，就不願與聞到底，我心想趕快離開上海再說，同時我希望重慶急急想出一個辦法，我不是說因爲汪先生要組織政府，重慶不能不及早謀和，而是重慶最好有一種表示，使上海一班人們不至急於出以積極行動。可是我回香港以後，我沒有辦法通知重慶，在香港誰人可以代表重慶，我是不知道的，我在二十七年到歐洲時候，曾携張岳軍先生一本「羣密」，在八月時已知道不適用了。正在焦急之中，在二十九年一月的初三或初五罷，陶希聖和高宗武兩位早上忽然來訪我了，我吃了一驚，問他們爲什麽來香港？他們說我上船之後，他們也隔一兩日便走了。他們兩人當時並沒有說什麽，祗說他們走後，汪先生便更要找我了。我當時實在驚詫不已，找不出什麽話可談，等到第二天再找他們時，一個也找不着，我那時實在不知高陶兩位的意見，在滬時候他們對於佛海不滿意，說了佛海許多閑話我是知道的，至於對基本條約不滿意，我始終沒有機會聽到，直至後來他們公開發布基本條約初稿，我才恍然大悟。我對基本條約不滿和反對組織政府，他們是很明白的，但爲什麽不對我說呢？不贊成汪先生組織政府，也爲什麽不早對我說呢？

汪先生畢竟赴青島舉行會談了，在事前我毫無所聞，不過至今回想，就是事前有所聞，也是毫無用處。那時似乎箭已離位，扣弓無益。我心想汪先生實在太危險了，在一般和運的份子，我所稍爲稔熟的祗有周佛海和陶希聖兩人，佛海是我在民國十年認識，其後以職務的不同，不止談話很少，就是見面也很少。至於希聖是比較稔熟的，現在已和高宗武脫離，在上海在汪先生左右的，我實在找不出一個熟人，汪先生脾氣易於衝動，我是知道的，如果逕情直行，對於汪先生的前途，對於中國的前途，我眞抱莫大的憂慮。

我光是在家憂慮，如是又延至三月初旬，汪夫人又來邀我到上海，我問汪夫人是不是要組織政府，汪夫人說你對於這點贊成和反對，請你到上海對汪先生說。我還記得在我臨行之前夕，曾和錢新之和杜月笙兩先生見一次面，他們問我是否到上海，我率直答覆是的。他們拜託我最好勸汪先生不要組織政府，我說當然要勸汪先生，同時我表示我實在對高陶兩位不滿，倘然他們早些對我明白表示，或者合三人之力，可以阻止汪先生。末後我仍希望他們兩位轉達蔣先生有無更好的辦法，使我得以從中盡我最後的努力。

我是在三月十三日到上海的，我到上海時候，還都南京一切都準備好了，我簡直無法開口，我知道再勸也是沒有用的，不過勸雖無用，也不能不勸，汪先生說政府再不組織，祗有宣布和平運動失敗，人也會散了。我知道事已至此，挽救是無法了，今後祗有從事補救的一法，當時我向汪先生提出兩點，第一點，戰由蔣先生戰，和亦當由蔣先生和，南京地位祗好處在一個中間交涉的地位。換一句話說，南京極力向日本交涉，得到最優的條件，通知重慶，務必全國一致，然後乃和。第二點，南京對於日本在中國作戰，應當極力阻止，尤其萬勿命令所轄的軍隊參加作戰，以免由外患而轉變成爲內戰的方式。這兩點意見，汪先生極爲贊成，並且說我這些意見就是他的意見。

汪先生允許我的提議，並且要我幹行政院，我堅辭不幹，轉而就立法院，我當時極願以閑散之身，使得心胸稍稍寧靜，徐謀補救，使國家和黨復歸於統一，至於我本身又該怎麽呢，我自己也決定我應當作的幾件事：

第一是反對中日基本條約　在基本條約簽定以前和簽定以後，我都一直反對，二十九年底算是正式簽定了，在正式討論時候，汪先生叫我參加討論，我堅辭不肯，因爲我知道要修改只是文字上的事，如果我參加討論，那麽簽定以後，我再不好反對。我要保留反對的地位，所以不肯參加。在簽定後，阿部信行大將其時是駐南京的大使，他問我基本條約會不會發生影響？我說，絕對不會發生影響，因爲，第一所謂基本條約，顧名思義，應該謀中日兩國友好的百年大計，照這個條約內容，連停戰協定都夠不上，更談不上基本。第二，照近衛聲明，口口聲聲說「東亞新秩序」，而基本條約內容無一條不是舊秩序，而且是舊秩序中最壞的惡例。不過這個條約固然發生不了好影響，也不會再發生惡影響，阿部問這是何解？我說，一般現象已經惡了，大家都已對日本不諒解，這個條約不過是對日本不諒解中一個證明而已。其後無論本多、重光來任大使，我都這樣反對，三十一年和東條英機見面，也是一樣反對，並且對任何中日人士，我都這樣解釋和宣傳，直至三十二年底，才把所謂基本條約廢止。

第二是反對華北特殊化　在基本條約中在華北中日經濟合作，祗是那麽一句話，但事實上何止合作，簡直是獨立，在二十九年三月底，我得到美聯社一個消息，說北平興亞院的森岡很怕南京政府還都，影響到北方，曾秘密電東京，主張華北應當採取永久半獨立的狀態，我在二十九年五月以答禮的名義赴東京，首先對米內內閣總理和有田內務大臣提出質問，而且更對近衛文麿質問。米內和有田極力否認，而近衛則因已下野，說是否有此事，他以不在其位，毫不知情。然而事實上，華北何只獨立，簡直是一個國家，舉凡政治、軍事、經濟、金融、交通，無一而非獨立。尤其特殊之特殊，南京和北平的文書交涉，和一切接洽，都要經日本的手。我在三十一年又寫了一篇文章登在日本雜誌，題目是「告日本國民」，當中一段攻擊華北特殊化，並說我們絕無南北之見，要中國南北分立的不是中國，祗是日本罷了。因爲那時日本宣傳說中國的南北見解不同，似乎華北的特殊化是中國北方的要求，而不是日本故意使其分立，所以我有這麽一篇公開的言論。華北獨立，一直至基本條約廢止之後，及日本採取所謂對華新政策，才慢慢有統一的傾向，然而也是傾向爲止，因爲日本軍人把持於上，商人把持於下，至日本投降時候，還保持一種特殊的狀態。

第三是提倡民族主義　南京政府還都之後，三民主義重復在淪陷區內公開宣傳，我尤其極力提倡民族主義，我深怕人民習慣於日本統治。更怕軍人習慣於日本支配，使得中國永遠不能翻身，我對汪先生提議重復設立政治訓練部，我的用意，因爲在南京政府還都時候，一個兵都沒有，所有的僅有任援道的綏靖軍，和日本利用完了的謀畧部隊。這些部隊在二十六年底即歸日本軍隊支配，至到二十九年初已有兩年多。日本所謂謀畧部隊，祇求他們不對日本放槍，其他事情日本是不問的。因此思想龐雜，紀律廢弛，我深怕他們貽害人民，尤其怕他們傾向日本，則國家將貽無窮之患。因此我把各部隊的軍官抽調來京訓練，灌輸他們以民族思想，提倡不可靠人，更鼓勵他們以國家自由獨立的精神，勿爲外人利用。我就用在成都時對中學生講演的「三民主義與科學」作藍本，另外寫一本「政治工作須知」，最注重「負責任，求知識，守尊嚴」，我所謂守尊嚴，固然一個軍人、一個國民不能驕傲，同時更不能卑屈。我當時實在看不慣有些人對日本那樣卑屈的態度，我不獨引爲國民之恥，更恐怕由此墮落而使民心不能自拔。

第四是提倡廉潔政治　我最引爲恥辱的是在民國二十三四年，聽到日本批評中國，說中國無一公忠體國之人，同時我更反省到，中國之受外侮，常因政治不修而起。我感悟到四書有句話：「人必自侮而後人侮之，家必自毀而後人毀之，國必自伐而後人伐之」，因此我想，我不來則已，既來應當示日本人中國並不是沒有公忠體國之人。以此首倡廉潔政治，而爲各人表率。而且我更標出四句格言：「復興中國，從做人起，建樹人格，從立志起」。我以爲不會做人，也無從救國，國家雖然喪敗，如果人人能夠立志做人，不以和平爲發財的門徑，或者中國還有出頭的一天。不過，我承認失敗了，我雖然這樣標榜，而且在上海實際幹了四年，對僚屬發生不了很大的影響，貪污還是層見疊出。社會也發生不了影響，奢侈淫靡還是茫無止境。人們都如飲狂藥，似世界末日將至，能夠享樂一天算是一天，什麼是中國危險，他們似乎不在乎，怎樣才可以使中國復興，他們更以爲不干他們的事，這眞是使我非常之痛心的。

南京政府五年半中，可以說無日不與日本鬥爭，除了和日本力爭和平條件之外，在政治上爭行政的自由和統一，在軍事上爭軍事上的獨立和脫離日本的束縛，在經濟上爭取物資的保存和國家人民的元氣的保存。至於具體事實，我因爲沒有檔案在手邊，而且太長而瑣碎，祇好問各部門的負責者了。我還記得去年有人對我說，和平運動是失敗了，我說，南京這幾年中對日本就沒有和平過，無日不在那裏鬥爭，和日本的總軍部鬥爭，和日本大使館鬥爭，更和東京政府鬥爭，既然沒有和平過，那麽更談不上失敗不失敗，至於全面和平更談不上，這都是五年半的事實。

四　敵性的南京和危險的南京

我所謂敵性的南京，是日本人眼中的南京，我所謂危險的南京，是我眼中的南京，現在我分兩段畧述如下：

（甲）敵性的南京　日本人對於汪先生是相當尊敬的，同時也認爲南京是含有敵性的，因爲汪先生有汪先生的理想，而日本人有日本人的見解。汪先生的理想，以爲我以誠待人，人總是有良心的，也會感格的，近衛既然聲明日本並無滅亡中國之心，那麽日本在華軍民也是一樣的。因此日本應當讓南京統一南北，使南京得到行政上的自由。使南京得以建樹强有力的軍隊以保持和平區的治安。使南京支配一切經濟以保持國家人民的元氣。使南京可以自由處置貪官污吏。使人民可以安居樂業，數年以來的戰爭痛苦可以稍得蘇息。使南京自己可以保護人民，排除日本憲兵的非法逮捕以保護人民的生命。而日本的見解那就大不同了，許多軍隊和官吏曾受日本支持的，他們不得不繼續支持，至於貪污與否是與日本無關，有時或者因爲貪污，他們才更易利用，至於南北對立更是他們奪取物資的機會。軍隊不必强有力，祇須能夠做到日本軍的步哨爲已足，南京政府軍隊有了力量，總有一天聯合重慶反攻日軍。日軍是以戰養戰，物資在所必需，倘然由南京支配，南京一定不肯盡量供給日本的需要。南京是和重慶休戚相關的，重慶份子南京必然掩護就足以妨害日軍的安全。凡此種種都是汪先生的理想和日本的見解完全對立。日本在二十九年乃至三十年還企圖南京能夠進行全面和平，及後慢慢承認南京爲含有敵性的政府，除對汪先生表示尊重之外，發出一種批評，說重慶是武裝抗戰，南京是和平抗戰。因爲視南京爲敵性政府，對於政治以前採一種半干涉的態度不復再打算解除。對於軍隊的調動，故意拖延，使南京無集中軍力的機會。對於經濟，以辦理統制應由民間辦理爲名，要求南京在上海成立各種統制委員會，而實際上由日人把持處置。

除各種束縛以外，更發出南京毫無力量的宣傳，由這種宣傳，對於各地政府以及物資處置更採一種脫離運動。照我的觀察，假使日本的軍事不失敗那樣快，南京政府的存在是很成一個問題，倘若美軍登陸，南京的部隊無疑的先給日軍繳械。

（乙）危險的南京　在去年即三十三年三四月間，是南京最危險的時期，也是中國全局危險的時期，因爲東條內閣末期，東京已有和共產黨妥協的動議，我們且接有日本參謀本部有派人赴延安商議的情報。在中國方面，有許多當地的日本軍已實際和共產軍默契，例如蘇北清鄉計劃，日軍事前先期通知新四軍和八路軍，日軍和新四軍實行交換物資了。新四軍首領陳毅負傷，由日本憲兵護送至上海療治，共產黨的代表在上海公然活動，且公然住在滄洲飯店。大使館的書記官池田以托羅斯基派名義掩護出而爲共產黨宣傳。谷正之大使公然對我說共產黨並不壞，其政治且較重慶和南京爲進步。汪先生是於三月二日赴日本治病，把軍事委我負責，把行政院委佛海負責，我既然負軍事上的責任，我不得不替中國的前途打算，不得不替地方治安打算，尤其是不得不爲中國統一後打算，因此我決心如果日本一定和共產黨妥協，祇有和日本破裂。同時我得到一個情報，說共產黨決定以蘇北的阜寧爲第二根據地，這樣，東南經日軍破壞之後，更要經共產黨一次蹂躪，我實在對不起國家，並且不能履行離重慶後呈蔣先生信內國必統一黨不可分的諾言，因此我一面決定一種軍事計劃。並一面召集各將領在南京會議。

日本的態度曖昧如此，而南京的軍事情形怎樣呢？除了任援道的第一方面軍分佈於蘇浙皖各不相聯外，蘇北的李長江舊部和原有的部隊，自經項致莊改編以後成立兩軍，這些部隊以分防的關係沒有方法訓練和教育，而且械彈缺乏，配備不完，我打開地圖一看，我們沒有一個隊伍不給共產黨包圍，而警衛一、二、三個師，除了第一師劉啓雄留守南京以外，日本總以分防爲詞，不讓我們集中。至於三個師的內容，配備比其他各師較優，一、三兩師的軍官多數是軍校學生，雖然反共的意識堅强，但是待遇方面因爲不是地方部隊，無特別的津貼，也較各師爲薄，以是逃兵很多，兵額不足。我經過很長的時間考慮，暫時北以隴海路爲限，南以錢塘江爲限，先作一個防共區域的準備。因此同時將蘇北、江蘇、浙江三省長官更迭，將江蘇交任援道，將蘇北交孫良誠，將浙江交項致莊，企圖將這個地帶保持住，使東南得到一個安全地域，一旦有事，不致淪於共方之手。

當日我召集各將領會議，我會聲明，爲中國的前途，爲未來的統一，我不能不作這個打算。重慶贊成聯合剿共，我們也剿共，重慶不贊成聯合剿共，我們也剿共。日本不和共產黨妥協，我們也剿共，就是日本和共產黨妥協，我們也剿共，我是不惜因爲剿共問題和日本反臉的。當時我曾提出（一）由河南調孫良誠的部隊到蘇北，增厚蘇北的兵力。（二）將蘇北三個師調浙江，因浙江除第一方面軍程萬軍一師，沒有其他隊伍。（三）集中第一方面軍防守京滬線。（四）以上海交稅警團和保安隊。（五）將警衛三個師集中於南京，清剿茅山共區，打破共黨三山一湖的計劃，並防止共黨渡江之路。我這計劃是在三十三年四月提出，而孫良誠的部隊於十二月才完全到達蘇北。因爲孫良誠的部隊是駐在河南，而調動河南隊伍必需和華北軍部商量，東一拖延，西一阻撓，竟費八個月的光陰，才能完成一部分計劃。中間尤幸東條內閣倒台，日本和共產黨妥協的計劃又告停頓，否則今日之南京及東南三角地帶成何狀況，我是無從去懸想的。可是因爲日本的種種的障礙，共產軍已得自由來往渡江，浙江各地的共產軍曾一時非常猖獗，攻陷天目，威脅於潛、玉山，莫不由此，如果當日沒有日軍那樣障礙，或者可以早遏亂萌，也未可料的。

至於吳化文部隊由山東調駐安徽還是今年的事，其初我想將吳化文調隴海，而將張嵐峯調安徽，末後也因日本障礙，沒有實行。除了軍隊佈置以外，最缺乏是子彈問題，日本是從來限制我們部隊的子彈的，南京修械所是沒有辦法了，無烟藥是買不到了，我祇好囑咐各軍自行設法購買和製造，最好是不要讓日軍知道，以免又發生掣肘的事情。其次更密囑各軍於和中央部隊聯合剿共時，設法密送械彈過來，使得增厚剿共的戰鬥力。其餘我專候中央部隊的反應，使東南各地於日本退兵時，不致淪入共方之手，致對統一又發生多一重障礙。

以上所述的軍事佈置，都是事實，我今日不是以爲還有功可言，更不是以共產黨問題爲投機的題目，政府可以詢問各軍，都可以知道我的佈置和主張。

五　汪先生逝世以至日本投降

汪先生終於三十三年十一月十日不治逝世了，我一方面非常悲慟，一方面更想我對於汪先生的心事已了，但怎樣可以結束這個局面以使中國復歸於統一呢？南京政府不是我一個人主張就可以解散的，立刻解散，一定受到日本的脅害，同時也沒有別的機關可以維持治安，如果東南一亂，我仍舊對不起國家，仍舊不能達到中國順利統一的理想，因此我不肯就主席職務，祇以代理名義維持，等待國家的統一。同時於十一月二十日發布聲明，宣言「南京國民政府自還都以來，自始即無與重慶爲敵之心」，更强調聲明「黨不可分國必統一」。我這個聲明是表示我數年來的思想，並且回溯我離四川後呈蔣先生那封信。當時南京仍在日軍扶持之下，我不憚率直的表明南京無與重慶爲敵之心。而南京政府算是各黨各派無黨無派合作的，我也不憚明白表示黨不可分的理論。我並不是今日要叙述我的勇氣和決心，祇是八年以來的一貫主張，到了我可以發言的時機，應該披肝瀝胆與人以共見。

布置是差不多了，主張也表示過了，所苦的我不能和蔣先生通消息，那原本我有兩個電台，一個是我自己設立的，在上海開納路的七十四號，那電台設於三十一年下半年，是供給蔣先生侍從室劉百川用的，那呼號是GWAZ，XZW，LXV，我從來沒有直接消息報告蔣先生，因爲總感到關於日本的普通情報自然有人報告，關於日本謀和事件，總以這些條件我自己都不滿意，那能告訴蔣先生。至於關於個人問題，祇有等候蔣先生命令，我無自己表示的必要。其次一個電台是戴雨農先生底下的陳東平的，那個電台一次爲上海日本憲兵破獲，把人全捕去了，我出面保釋，並要求交回電台，叫陳東平繼續設立，那電台的呼號是QSF，AVL，ZQB，JYO，GDT，JQH，UGQ，後來陳東平因爲恐憲兵監視，或作或輟，多數電報都送往浦東。自我就任代理主席，劉百川早回內地，第一個電台經日本憲兵干涉了幾次，終於把電台封閉了。剩下陳東平的電台，據說沒有和蔣先生通信的密碼，那時我簡直沒有辦法，祗得企圖蔣先生有人到京滬，可以使我表示我的心境，和在此地的布置。

我還記得，我見過幾個人，一位是何世楨先生，一位是顧寶安先生，一位是兩路黨部負責人（姓名我已忘記，可以問傅式說），一位是胡鄂公先生，一位是趙冰谷先生，我都託他們把我的心情和布置轉達蔣先生，我告訴他們，我對於汪先生心事已了，責任已完，現在此間，正候蔣先生指示辦法。至於防共，我已盡我的力量，大致東南不致有什麽問題。將來無論如何，我絕不會割據，我絕對服從蔣先生，我極盼望黨能團結而國復歸於統一。何世楨先生是駐上海的，其餘各人或者要回去內地，或者自己要去內地的，並且我鄭重告訴顧寶安先生，請他轉告立夫先生，或可能時呈明蔣先生，派一位相當重要人來滬，這樣可以直接聯絡，直接通電，可是至到我離京之時，我依舊沒有方法和蔣先生通消息。

不過在軍事方面已和顧墨三和何柱國兩位取得聯絡，大概今年五六月間，有一位姓楊的湘人（名字我也忘記，可以問趙尊嶽）奉陶廣軍長之命來見我，商量軍事合作，共同剿共，我和佛海商量之後，派陸軍部督練處處長張帆和陶先生的代表到浙江，張海帆不但見了陶軍長，並且見過顧墨三先生，顧先生還派高級參謀柏良來滬商議具體的問題，我立刻叫參謀次長祝晴川至滬，和柏先生商訂軍事共同行動幾個綱領，後來我回京之後，聽說柏先生又因道路不通，逗留杭州，到日本投降時候，他已回達浙江沒有，我不知道。除共同剿共問題，我會和柏良談起日本問題，我主張不必在日本本土登陸，日本即會屈伏，在台灣登陸犧牲較少，而成功則一。柏先生主張我派一代表往見蔣先生，可是我實在沒有一個熟人可派，祇請柏先生轉告顧先生，請他代達我的意見。

何柱國的代表吳樹滋也來南京見我了，並携有何先生一封信，說奉蔣先生之命來聯絡共同剿共的，那位吳先生是林柏生介紹的，我囑軍令部次長楊振和吳先生接洽，何先生並要求我派蚌埠綏靖公署參謀長郭爾珍和他接洽，可是郭爾珍患病未行，後來我到蚌埠，還催郭爾珍前往，並親手寫了一封信給何先生。我叫楊振在南京設立一個電台和何柱國先生通電，並曾囑張嵐峯和何柱國先生見一面，商談軍事問題。

軍事合作正在進行，日本投降了，以往的事，不過因敘述之便，簡單說一個大畧，以下還簡說我的心情，然後說到南京政府解散以後一段故事。我自到南京，除前述幾個原則之外，我決定第一不批評抗戰，更不願意誹謗蔣先生，我總覺抗戰是應該的，和平是不得已的，我是贊同蔣先生的主張的。因爲和平到了南京，目覩日本的種種行動，我更感覺有抗戰必要。我還記得內地有人出來，傳說南京的人們以爲抗戰愈烈，和平愈有辦法。這種傳言，並不是謠言，的確是事實，也是南京的見解和主張。第二，我手寫文章不會稱過日本爲友邦，因爲我不認日本足爲朋友，大家覆按過去幾年來我寫的文章，可以知道我的心境。第三，不請重慶的同志和部隊參加和運，我總以爲我到此地是受苦，我是來補救的，是準備受苦的，我自己已是受苦，我更不願意拖其他同志受苦。至於部隊，除了後來因聯合剿共之外，我始終沒有和一個內地的長官交通過，因爲我不願意拆散抗戰陣營，尤其不願以一個師長或一個團長受日本一個尉官指揮監視。我不願和留在重慶一個同志或部隊通過信，或者希望他們出來，除非同志已經出來，那我祗好替他找一件工作，這可以查考的。第四，凡是重慶同志有被日軍逮捕的，除非我不知道，或者出乎我力量之外，否則必定設法保釋，我不是藉此見諒於同志，而是援黨不可分之義，實行我的主張。第五，凡是被俘的軍官，我都贊助汪先生設法安置，我總覺得內地軍官的民族意識和反共思想比其他雜湊的隊伍强烈得多，中國不幸而敗，可以作復興中國之基，幸而戰勝，則這部分軍隊終可爲國之用。第六，在上海範圍之內，尤其在去年十一月以後，我對於重慶的情報人員，極力掩護，並同意於各地軍政人員和中央人員交通。

至於傳達日本和平條件，我只有兩次，兩次都託一位朱文熊先生往內地報告，第一次大概在前年底，時間記不清，比較具體的是去年小磯內閣登台以後，由柴山陸軍次官携來五條，內容我已有些模糊，大致是中日對等和平，日本立刻全面撤兵，中國在和平後可以中立。我以爲這些都不大相干，最要緊是可以談東北問題，撤消滿洲國，柴山答覆可以討論，我認爲比較具體，所以和佛海商量，又託朱先生往重慶一行。朱先生是商人，與政治無關，朱先生是在汪先生逝世前動身的，至到今年夏天才回上海，問日本更有無進一步的表示，那時已過了舊金山會議了。我勸日本大使谷正之最好日本託重慶調停，谷正之不敢作主，要報告東京，後來我在今年八月底到日本，才於報上得有消息，日本擬派近衛赴俄，託俄國調停。我當時主張由中國出面調停，以爲可以增强中國的地位，增加中國的發言權，並且將來收復東北不致有其他意外，不料日本倒信蘇聯而蔑視我的提議，大概日本還以爲日蘇還有互不侵犯條約的關係，而且在德蘇戰事正烈時候，日本不動，總以爲蘇聯可以幫她的忙罷。

六　南京政府解散和赴日歸來的經過

日本是於八月十五日公布投降消息，日皇和鈴木內閣總理廣播投降，南京政府也決於十六日宣布解散。南京最危險的時期是在十日至十三日那幾天，因爲南部陸軍大臣在十三日還發布繼續作戰命令，並勖勵官兵努力作戰，而在南京的日本總軍部態度始終不明。我那幾天分頭和軍部及大使館接洽，以爲中日感情如果要恢復，如果我們更要爲中日兩國前途計，應該服從日政府命令投降，並且千萬勿在此時更留一惡劣印象在中國，使中日感情萬切不復。我當時所最憂慮的有兩件事，一件事是日軍繼續作戰，如果日軍不顧一切，那麽中國一半地方必會糜爛不堪，人民傷亡更加慘重。一件事是日軍和共產黨聯合，成爲長期內戰，因爲日軍部許久就放出謠言，萬一無路可走，祇有和延安携手。一直至八月十四，情形已比較安定，谷正之會勸岡村，說投降已是不免，但日本能夠協助中國復興，使中國能爲東亞領袖，則東亞尙有前途，而日本也可以依中國自存，這也是一種事業，這也是一個偉大理想。至到十四日谷正之正式來見，說明日本投降已沒有問題，軍部的今井少將，海軍的小川少將也分別來見，報告日軍決以最大誠意履行投降條件，並表示一切設備都不破壞，俾得換取中國的好感，以留將來中日合作之基，至此我才放心。十六早上佛海也由上海來京，下午舉行會議，宣布南京政府解散，並發布宣言，勗各將領統一爲重，不得有軌外行爲，更不得意圖割據，宣言的全文已登在報紙及即夜廣播，請大家去查考，我手邊也沒有這種原稿了。同時因爲辦理各部門的結束是要有機關的，於是成立一個南京臨時政務委員會，維持各地治安也要機關

確保國家統一自由獨立．

向復興之途邁進

陳公博爲全國統一敬告同胞

陳公博於八月十六日宣告解散政府廣播詞

的，於是將以前的軍事委員會改爲治安委員會。我連夜草了一個電報報告蔣先生，說明南京政府業已解散，並報告蔣先生幾件事，那個電文我已沒有存稿，大致第一件是說明日軍投降沒有問題，不過集中是需要時期，由小隊歸中隊，中隊歸大隊，集中於杭州、上海、南京、徐州，聽候繳械歸國，希望中國勿迫之太急，恐有意外。第二件是日軍決定不再對共產軍作戰，因爲岡村說共產軍也是中國的部隊，除非共產軍襲擊，否則日軍必定退讓，我特別請中央注意。第三件報告宣城已爲新四軍佔領，蕪湖被圍，六合告急，南京岌岌可危。大意如此，並乞指示機宜。這個電報是寫了，可是沒有密碼，更是電台叫不通，十七日下午我才交何世楨先生轉譯電呈蔣先生的。

南京政府解散的那夜，京滬行動總隊發動了，我在下午六時，接有報告，說周鎬擬於是夜行動佔領各機關，我祇知周鎬是佛海推荐爲軍委會的科長，後又推荐爲無錫行政專員，我打一個電話給佛海，說在此時治安是第一緊要，南京一亂，恐無法收拾，請他勸周鎬不要隨便舉動，等候蔣先生派人來接收各機關，以免南京混亂。佛海說已派人找周鎬來勸告了。不久警察總監李謳一又來報告說周鎬已張貼告示，着銀行不能提欵，其他還有好幾條，都可以搖動治安的，並揭那張告示來見。我叫謳一去見佛海，請示辦法，因爲我那時已解除一切職務，所謂臨時政務委員會，治安委員會，祇是臨時機關，就是指揮罷也祇能指揮原有的機關，對於行動總隊，我是無法處理的。我又以電話問佛海，佛氣說找不到周鎬。到了十一時，軍官學校又來電話，說有人至軍官學校演說，要接收軍校，這樣四方八面報告，使我無法處理，如果要鎭壓，必至立刻衝突，以致剛在日本投降以後，同室操戈。如果不鎭壓，眼看南京立刻成了混亂狀態。我徘徊至天明，我想，支持南京殘局是佛海和我共同負責的，佛海既無意見，想或者另有辦法，我可以趁這個時候卸責了。拂曉時，軍官學校又來電話，說是否讓人接收，我立刻答覆，倘然於國家統一有好處，於地方治安有好處，就聽候接收罷。到了十七日八九時，說蕭叔宣受傷，趙尊嶽、吳頌臯及其他許多人都已被捕，我祇好回到西康路辦公室聽候事態的發展。我託人約周鎬和祝晴川於十一時來一談，我想接收機關沒有什麽大問題，但南京治安和一切善後，我倒想知道他們的辦法，等到十一時，兩人都不來，我決定三件事，一再不打聽消息，二不向日本人要求援助，三靜坐辦公室內等候逮捕，這樣在辦公室內屹坐，一直至十二時半才回家。

到了下午兩點鐘，軍校全體員生都武裝到西康路了，當時我還以爲他們奉命來要我表示態度，或是來逮捕我的。我一問才知道他們是不肯改編，而來請示的。我集合學生的代表，問他們有何要求，並且告訴他們在中國大統一的時候，應該服從蔣委員長。他們說，他們絕對服從蔣委員長，

但不願受不知那裏來的人收編。我只好向他們安慰，答應去電蔣先生，請示辦法。同時佛海派人送來一信，說已由日軍部小笠原出面調停，周鎬已停止行動，此事已告一段落，新街口新四軍散發傳單了，四郊的新四軍也蠢動了。南京秩序，我祗好勉强維持，十七日下午五時後才會見佛海，我和他兩個人打了一個電報報告蔣先生，請即派大員來京維持，以免紛亂，佛海又終於十九日上午又匆匆的回上海去了。

任援道在十四日以前曾派兩次人來京，說已就蔣先生委任的先遣軍總司令，維持京滬路及南京治安，我極盼他早日來京，商量一個辦法。不知任先生從那裏聽來謠言，說我在南京集中兵力反抗，所以他原定十六日和佛海同來的，至時也不來，並且在蘇州車站對佛海說：「公博要幹，那是我不能去的」。我想想眞是奇怪，我於去年十一月已發布聲明，黨不可分國必統一，爲什麽援道還有這種懷疑。而且日本以一百多萬的軍隊力量都投降了，我難道擁這些殘破部隊來反抗中央嗎？我深深自嘆，數年來的心情，而被人誤會至此，眞是無話可說。我在十六日見援道不至，和佛海連名去電促其來京，恰巧援道也派他的軍長徐樸誠來探聽消息，我把我的心情告訴徐樸誠，並囑其轉致援道立刻來京一行，共商維持治安辦法。

援道是於十八下午到京的，可是局面又僵住了，第一，岡村說沒有蔣先生的正式通知，不承認有先遣軍可以執行職務。第二，警衛師劉啓雄不願受援道的改編。第三，海軍不願編入先遣軍，要等候蔣先生的命令。我那時的地位已處於萬難之境，南京治安是要維持的，治安委員會的地位是不夠指揮的，軍校學生住在西康路不肯撤退，正等蔣先生的後命。江北叠次告急，無兵可調，眼見南京感受極大的威脅。行動總隊還要行動的消息每日還有這種情報。我還能指揮的，僅有軍校一千餘學生、憲兵，和警衛，倘然南京一旦有警，我是無法可對國家的，祗有盡我個人之力維持罷。我又草了一個電報報告蔣先生，說明以上情形，那電報是借市黨部許志遠密碼打的，那個電稿我已不在手中，大概說明任援道不便指揮劉啓雄，盼示機宜，海軍最好仍暫以凌霄主持等候交代，軍校請蔣先生自兼校長，俟蔣先生到時再行解決。

最後想到我本身問題，國家能夠統一，能夠勝利，這是我數年來夢寐求之之事。蔣先生如果以我過去數年之事爲有罪，我應該束身歸罪。如果置數年之事於不問，而認我終爲統一的障礙，也請蔣先生定罪。因此我決定留京待罪，聽候蔣先生命令。但任援道先生到京以後，告訴我許多消息，說蔣先生是對我諒解的，因此我不宜留京，若滯留南京，反使蔣先生處置困難，任先生直接勸我兩次，間接託人勸我兩次，當時我無法能得蔣先生的眞意，而能通電的據說祗有任先生。任先生還說蔣先生要我離京是不會來電，而且不好來電的，但我還是等候蔣先生命令，而且我一離京，治安是否發生問題，殊不敢必，我非俟有人來京，我不好輕易離開。

至到二十四日今井少將已由芷江見了何敬之先生回京，報告赴芷江經過，並說，冷欣副總參謀長將於二十六日抵京，中央部隊將於二十七日由飛機輸送抵京，何總司令可於三十日抵京，這樣負責有人，我可以暫時離京了。在國家大統一的千載一時之機，我怎麽可以使蔣先生爲難，而且二十四日三時任援道還帶張海帆來見，海帆勸我急於放手，我想還有什麽手可放，因此在二十四日下午五時與日本使館接洽，借中華航空公司的飛機於二十五日離京，當時預定或飛青島等候海船赴日，或飛日本，都沒有決定，因航路已發生種種障礙了，臨行之前我留呈蔣先生一函，說明我的心情，並謂鈞座一有命令，公博當出而自首，那封信很長，並沒有留稿，但回京之後會問蕭毅肅參謀長，他說已經見過，那麽蔣先生一定也見到了。我兩封信是留交淺海和岡田兩顧問轉致何敬之和王東丞兩位先生轉呈的。我把那封信交淺海和岡田，是我不知我離京之後，南京再有何人留京，日軍是等候繳械，不致走的，所以我託了他們。此外留一函給任援道和胡毓坤託他們維持治安，因爲他們都是治安委員會的副委員長。我再留一函給冷副參謀長，有云望兄之來，有如望歲，請他召集原有軍警機關，維持治安，我預料我二十五離京，冷副參謀長二十六抵京，南京治安決沒有問題，我也可以放心卸責了。

於此，我附帶說明幾件事，第一，我離南京是不是放棄責任？我記得何世楨先生在八月十六日到南京，携有顧墨三先生一個電報，是給周佛海、丁默邨、羅君强、任援道，和我五個人的。那電報據說是侍從室打給他轉的，說日本投降，叫我們協同國軍繳日軍的械，可是那個電報並沒有命令叫我們維持南京治安之責。同時另外有一電報是命佛海維持上海，委任援道爲先遣軍總司令維持京滬線及南京治安。我立刻發生困難，因爲援道已受命維持南京不必說，警衛第一師劉啓雄也已接援道的通知爲先遣軍第一路指揮，負責有人，我再不能負責了。我呈蔣先生兩個電報，一個是報告南京政府解散及日軍動態情形，一個是報告警衛第一師，第二第三師，海軍，及軍校情形，中間免不了有所條陳，是亟盼指示的。除第一個電報交何世楨先生代發，我恐怕輾轉遲到，後來因爲重慶和南京電台已叫通，兩個電報一起都借市黨部許志遠的密碼再發，及後又以電台的密碼再發（重慶電台和南京電台約好，暫以總理遺囑作密碼），可是截至二十四日，我得不到蔣先生或侍從室的覆電或指示。不過我因爲任援道還未能執行先遣軍的職務，依舊勉强維持，這九日以來，眞是筋疲力竭，寢食不安，幸而據今井報告，冷副參謀長可於二十六到了，中央部隊也可於二十七到了，我在二十四下午還召集憲兵和首腦會議治安，這樣我自問已盡了我個人應盡之力，而且我不但顧到南京治安，並且顧到各地治安，我深怕各軍還有疑慮到沒有保障，我於二十前後打了一個通電給龐炳勳、孫良誠、張嵐峯，吳化文，孫殿英、郝鵬舉，勉勵他們並囑咐他們接受中央命令，維持地方。同時我更廣播，叫各軍接到蔣先生委任的，應該立刻接受和服從，沒有接到委任的，請他們直接電呈蔣先生請示，這個廣播詞也登各報，都可以覆按，這樣布置完畢，我才準備離京。第二，我爲什麼赴日呢？因爲當日京滬謠傳，我還要擁兵反抗，援道疑我固不必說，而且援道對我說已有人報告蔣先生，蔣先生並說「公博斷不至此」，可見有人報告我擁兵自衛是眞的了。我要離京，最近的不外揚州、蚌埠、徐州那三個地方都有南京前轄的部隊，豈不又要發生謠言，使我無從自明。我想青島是沒有南京部隊的，日本是打敗仗的國家，國軍就要進駐的，這總可以免去擁兵反抗的嫌疑了。第三，我要說明的，這次同行的有五六人之多，或者外間又會謠傳有一種結黨行動，其原因因爲林柏生和陳君慧在那天二十四中午兩個人的狗同時被人毒死了，這事太過於離奇，令各人不由得發生恐怖，所以一併暫離，而且我當時也曾聲明合法的裁判，而不願受恐怖的威脅，何時蔣先生有命，即何時回來，以此大家同去，大家也同返。

二十五日離京，飛機以天氣關係，一直飛日本的米子，事前毫無聯絡，到了米子，才找旅館，三日後東京外務省才派吉川科長來探視，我當日表明我到日本祇是暫居，何時蔣先生有命，即行歸國，並不要求日本任何保護。九月初旬離米子赴京都，住在金閣寺，大概是中旬的十八九，外務省的大野局長來見，說何總司令有一個備忘錄給岡村，說我自殺是假的，要日本護送歸國。日本政府已指示岡村答覆說陳公博是愛國的，絕不會反對政府，希望中國重行考慮。我當時答覆大野，我愛國不愛國，自有國人的公評，日本無代爲辯護的必要，可是我引爲駭詫的，我已留呈蔣先生一函，爲什麼有我自殺的謠傳。祇要有命令，我即自首，更何必有備忘錄。我問大野，我留呈蔣先生一函竟究淺海和岡田已交何總司令沒有，他說不知道，我託他打電報問岡村，俟得消息，然後歸國。九月二十四早，大野又來，說我那封信到了十九日才由岡村交何總司令，至於何以延誤，他不知道，並說了許多道歉詞。他並說何總司令曾派鈕處長見岡村，依舊希望我回國自首，我立刻草了一個電報交他回東京拍發，我又恐密碼有錯，再抄一份電文，和致何總司令一封信，交他寄南京，因爲他說最近將有交通機可以至京滬各地，我現在把函電的稿文，抄錄於下：

陳公博等一行在日本京都金閣寺水閣幽居處

南京何總司令敬之兄勛鑒，並請轉呈蔣主席鈞鑒。公博在八月廿五日離京之前，曾留呈一函，想達鈞覽。數年鬱鬱之私，一旦得達，殊快所懷。公博原決留京待罪，祇以當日傳聞，有謂公博宜早離京滬，庶免鈞座處置困難，以故對於京中善後諸事，處理完畢，即匆遽離京。此行決非逃罪，故留呈函中，曾有鈞座若有命令，即行出而自首之語。頃聞本月九日總司令部對於公博之事，有一備忘錄送致岡村，二十日復派鈕處長傳達鈞意。輾轉傳達，今始得悉。公博能回國自首，本爲日夕祈禱以求，今既出鈞意，歸心更急。惟交通困阻，船機不通，伏望能派一中國飛機至日，俾得早日回國待罪。區區之忱，尚希明鑒。陳公博叩有。

敬之總司令吾兄勛鑒，八月廿五日曾於離京之前，留呈蔣先生一函，託兄及東丞兄轉呈，內容想已達覽。弟之離京，決非逃罪，祇以當日傳聞，謂弟若再留京滬，轉使蔣先生處置困難，因是不得已匆遽離京，以待後命。頃聞總司令部對弟歸國之事，曾有備忘錄送致岡村，復派鈕處長傳達尊意，弟決本留呈蔣先生函中原意，歸國自首。惟有一事請兄代弟轉達者，當日來東，本非夙心，惟無論暫居國內何地，皆有軍隊，深懼予人口實，造作蜚語。蔣先生之意既明，弟歸心更急，最好能由國內派一中國飛機來日，俾得早日成行。此種請求，或爲逾分，然區區之心，度亦爲兄所深諒也。再者本月廿五日，弟爲自首事，曾有一電致兄，並請轉呈蔣先生，恐電報梗阻，文意或有不明，茲再抄錄一份，尚乞轉呈爲禱，專此即請勛祺，弟陳公博謹啓九月廿五日。

託大野拍了這封電報，寄了這封信以後，渺無消息，直至九月三十夜間，外務省駐京都的辦事人山本來說，已接到外務省的長途電話，說中國飛機已到米子，因於十月一日夜間乘火車到米子，翌日下午遂於米子動身，因爲風雨所阻，在福岡又住一夜，在十月三日回京。抵京以後又聽到兩個離奇的消息，一個謠言說我自殺是收買新聞記者故意放出的，一個謠言是我曾和一個共產黨叫做馬隆的接洽過。放第一個謠言的，實在太不知我的心情，我一生就沒有收買過新聞記者，而且自殺是一種消極反抗。實在說，汪先生逝世，我對於汪先生的心事是了了，而對蔣先生的心事還未了，我所謂未了，是怎樣可以表示擁護統一和服從蔣先生。固然蔣先生用不着我擁護，但我終不願有任何反抗的痕迹。自寧漢分立以後，或者蔣先生對我有誤解，我不免對蔣先生也有誤解，但自二十九年到南京以後，身受公私的痛苦，深知以往黨的糾紛，並非我想的那麽單純，非身受其痛者不能自知，所以我决定找一機會向蔣先生有所表示和自見。在中國千載一時的大統一時候，我應該束身待罪，任何處置，我甘受無詞。我是自命主張黨不可分國必統一的而有反抗行爲，那麽共產黨破壞統一，更使中央難於處置。至對於死生我早已付之度外，當二十九年來京赤手空拳在敵人的勢力下要保護人民，要保存物貧，隨時隨地都可以死，不過以死而反抗蔣先生我是不爲的。我離京時曾留蔣先生一函，說若以過去數年爲有罪，請蔣先生處置，就不以過去數年爲罪，而認我足爲將來統一障礙的，也請蔣先生處置，這是我一種對蔣先生心事未了的心情，這是我一種見解。至於說我和馬隆接洽，任援道先生更對人說，他花了兩百萬才買到這個證據，我自十六年分共之後，即沒有和共黨往來，前年我曾草過一篇「我與共產黨」一文，登在「古今」雜誌，可以參考。馬隆是怎樣一個人，我不知道，共產黨有無馬隆其人，我更不知道。空穴來風，是丹非素，謠諑之來，我眞不知什麽原因和怎麽一回事。

在日本一個月，所得的材料也不少，尤其日本在投降後的動態，更值得我們注意，我於十月三日抵京，在五日曾作一個簡單報告託何總司令轉呈蔣先生，因我想將來受處分是一件事，而我是一個國民，有向蔣先生報告日本情况的義務又是一件事，現在把那報告抄在下面：

蔣先生鈞鑒：八月廿五日留呈一函，九月自首有電，諒達鈞鑒，茲將居東一月以來觀察所得，擇要報告，或於將來對日政策，可供採納。

（一）美國在華盛頓公布交馬克薩執行處理日本方針，中有祇利用日皇及現政府，而不一定支持日皇及現政府之語，則美國政策，至已明顯。惟公博觀察，日本皇室有一千餘年之歷史，自明治維新以來，人民迷信已久。恐國體革命須期之第二代，而非目前可以一促即成。目前日本自降服之後，舉國秩序尙大致安堵，軍閥經已剷除，而社會尙無新生之力量可以繼起，我國對日宜注意此點，不知鈞意以爲何如。

（二）日本降服之後，其政策絕對傾向美國，而感情則絕對傾向我國，以爲日本已無力量，並可使東亞地位有一轉機，極盼我國成爲實際之東亞領袖國家，不但可以使日本有靠，即在華之投降將領，其意甚誠，可謂舉國朝野一致。不但日本本土如此，例如對英之外交，亦復如此。惟日本國力已微，舉措均感不便，因對某一聯合國表示親善，深慮其他一國不滿。我國有四不敢進行。萬萬五千萬人口，苟加上七千萬之日人懷誠，本有淵源，今亦猶疑，於中國前途，有莫大裨益。至於如何運用，則鈞座想已有成竹在胸矣。

（三）聯軍初進駐日本之時，日本政府對於赤化，非常恐怖。恐美國極端提倡民主主義，或足煽動共黨氣焰，最近聯軍總部曾秘密通知日政府，令其嚴防赤化，日本政府始告放心。此係近衛文麿親對公博所言，諒爲事實，亦殊可注意。（公博居日一月，未嘗與日政府要人往來，上月底近衛以母喪開弔來京都，而公博亦决定十月一日離京都歸國，於十月一日下午始允一見，合併陳明）。

（四）現在日本政府决履行波士坦宣言，朝野均具誠意，惟其中尙有若干距離，聯合國所希望，要日本履行該宣言最大之限度，而日本以國力太微，希望實行該宣言之最小限度。因此距離，後此內閣將不斷更迭。聞吉田已有組織過渡內閣醞釀，將來日本內閣不斷更動，政潮當然長在動盪之中。是否可以因此惹起向上之革命，抑因此而惹起反動，對於中國孰爲有利，深望鈞座預爲考慮。

（五）日本國情，自降服後有相當之轉變，舉國上下，絕不矯飾，皆自省自責。全國報紙即在美軍統制之前，亦公然承認錯誤，譴責軍閥，並登載日軍在外之暴行，使全國婦孺，皆知愧怍。其餘政府命令全國一致遵守，曾無異言，中間雖有一度八月十五日警衛師事件，然迅即平伏。公博對此，殊出意表，故對今後之日本，亦似不宜輕視，亟應定一對策。

右所報告，皆爲在日所得，至於內政，公博不敢妄有所陳，不敢以待罪之身壅於上聞，謹此報告，專請鈞安。

陳公博謹肅十月五日

關於日本問題，我可以不再說，不過我實在不能已於言，呈蔣先生的信，還是很簡單，可是我們不可不加注意。日本有兩個極大的難關，一個是每年缺乏食米三千萬担，一個是將來解除武裝的軍人回國都失了業，於政治社會都有極大的威脅，除以上兩大問題以外，日本的組織力和教育科學仍是不能漠視，馬克薩元帥曾發表談話，說不使日本國力伸張於本土以外，日本已不能成一强國，但就以本土範圍而論，無論你想也罷，不想也罷，日本終不失爲東亞的領袖。我聽他這幾句話，心內有無窮的感想，我倜現在也在講復興，日本也在復興，但結果誰的收功快，我是有些不寒而慄的。日本如果成功比我們快，我們至少精神上感受一種威脅，日本如果不成功，又增加了中國的負担，並且間接必受其累，這眞是一個論理學上的兩難論，我深盼蔣先生對日早定一個政策。

七　結　論

平情而論，南京政府組織以後，對於國家和人民的元氣保存不少，這也是事實，可是無論如何，我終不以爲然，我不願意汪先生離開重慶，不願意眼看着汪先生犧牲，更不願意汪先生受人批評，更不願意蔣先生和汪先生有裂痕致爲別黨所乘，這是我個人的心情，而汪先生認爲我的理由是單爲汪精衛而不是爲中華民國的。但是爲汪先生也罷，爲中華民國也罷，我就是這樣，不但民國二十七年如此，就是二十七年以至汪先生逝世也是如此。

汪先生現在逝世了，他的理想，我是不忍埋沒的。他總以爲中日兩國是鄰國，終不能永遠打仗，應該找一個機會和平。他總以爲中國國力不能抵抗，祇求日本無滅亡中國之意，不妨講和平，他總以爲中國共產黨要煽動中日戰爭以收漁人之利，因此更應該求和平，他總以爲日本常說中國沒有誠意，我現在表示極大的誠意，這樣可以成立中日間的眞和平。中日能夠眞正和平，我汪精衛是任何犧牲在所不卹的。中國能夠保存多一分元氣以爲國家復興之基，我汪精衛就是受人唾罵也是甘受的。可是理想是常與事實相反的，我也承認日本無滅亡中國之心，可是他無滅亡中國之心，是他沒有滅亡中國的力量，並且無滅亡中國的勇氣。無滅亡中國的力量是大家所知道的，至於無滅亡中國的勇氣，就因爲日本的文化大部分是由中國去的，大部份的日人除了以武力自驕之外，心內總有日本文化胎於中國的思想，因此不由得起了對於中國有一種說不出的和潛伏的敬畏心。不過不滅亡中國是一件事，而要控制中國又是一件事。有了控制中國的心事，無論汪先生的理想如何遠大，誠意如何眞摯，總是格格不入。而且日本是還要戰爭的，在中日事變沒有結束以前，仍然以軍事爲第一，因爲軍事第一，軍需也第一，任你的理論如何遠大，日本還是搜括物資，壓迫民衆。

南京和日本無日不在鬥爭之中，中日協力是一個鬥爭的代名詞，日本所謂對南京協力就是干涉，而南京所謂對日本協力就是爭取。其初南京以中日合作爲號召，日日向日本爭回中國的物資，末後太平洋戰爭起後，更以參戰的名義，日日向日本爭回中國的物資。收回租界，撤消治外法權，取消辛丑駐兵條約，都是南京向日本鬥爭的一種表現，至於各部門的鬥爭，看各部的檔案，可以知其大要。

鬥爭一天天的尖銳化，末後日本已採孤立南京轉而直接壓迫民間的政策，所謂商統會、食糧統制委員會、棉紗布統制委員會等，都是日本孤立南京一種奇妙方法。我認汪先生的理想失敗了，以前我在二十八年十二月，也曾勸過汪先生，在中國軍閥的軍隊佔領的地方，而可以實行我們的理想，何況外國軍隊佔領的地方，尚且不能實行我們的理想。無如汪先生有他的理想，有他的勇氣，總以爲精誠所至，金石爲開，以爲日本總會覺悟，而且已慢慢的覺悟，他總有辦法。

淪陷區的人民對日本痛惡極了，我此次在日本還看過日本報紙一篇社評，說日本失敗原因，和平區內的人民不信任日本比較抗戰區更甚，這眞是一針見血之論，不過覺悟太晚了。南京不止對日鬥爭失敗，本身的行政也是失敗，除了任免本身的官吏還比較自由外，各省的長官任免是須當地日軍同意的，各縣的長官任免是須各省的連絡部徵求軍隊同意的，因此各地有些不肖官吏祇知有連絡部，不復知有政府。無論任何貪官汚吏驕兵悍將，一有日人支持，不要想懲辦他們。而日本反日日宣傳，說南京政府怎樣沒有力量，時時都在那裏鼓吹改組。物資是在日人手中，金融是在日人手中，交通也在日人手中，這樣南京是失敗了，然而還是鬥爭，一直至解散爲止。自然如我上文所述，自有南京，國家和人民的元氣保存不少，但保存至何程度，我是不好妄爲臆測。其餘，軍隊是被日軍監視很嚴，特工更可由日本用一個梅機關直接支配。二十九年和三十年我因爲特工綱紀太過敗壞，並且影響及於一般政治，報告汪先生應該注意，汪先生也曾太息過說，你今天還以爲特工是我們自己的嗎？汪先生這一句話，實在非常痛憤。

日本失敗，在日本自己批評說沒有大政治家，在我看來，自從二二六事變以後，雖有善者，已無如何。因爲權已下移，人各驕縱。日本的皇室不敢過問，而政府祇好遷就軍人，而所謂軍人，權皆不在將官，而在佐官階級。這一般佐官，對於政治是不懂的，對於經驗是沒有的，對於理想是盲動的，對於意氣是固執的，因於這班驕橫的佐官，日本就這樣失敗，而中國就給這班驕橫的佐官弄得天翻地覆。

以下即是從未公開過「八年來的回憶」最後部分

在過去幾年中，南京的交涉對手是誰，也是一個最奇怪的謎，一切問題，東京差不多無權處理，要問總軍部和大使館，過去更有所謂興亞院。而這三個機關就意見不同，有時積極的鬥爭，有時消極的推諉。就是總軍部應該負責罷，還要問上海登部隊的同意，登部隊更要問蘇州部隊的同意，至於北方，更不必說，華北不止對中國特殊化，就對日本的總軍部也是特殊化，這樣不止一個佐官可以破壞一個政策，一個主任尉官也可以破壞一個政策。不止南京對手是誰是一個謎，連日本本身誰是負責者也是一個謎。除了極少數的人和日本有私人經濟關係以外，沒有一個人不反日，甚至乎和日本有經濟關係的人也在那裡罵日本，這是這幾年來我在南京眼見的普遍現象。南京和東京、總軍部、大使館鬥爭，各省政府和縣政府是和各省的日本當地部隊鬥爭，至於一班學校的青年和民衆更是激烈的反日，我不是替南京辯護，我是描寫一種事實，我願大家平心靜氣去考慮。最近我聽到南京的各學校要解散，以備重新訓練，我以爲南京反日的情緒是夠的，民族意識也夠的，重新組織是必要，因爲組織已經渙散了，可是重新訓練，我以爲應該愼重處理。因爲他們本來是反日的，青年有青年的心理，他們以爲我是反日的，現在被視爲親日而重新訓練，或者會引起一種異感。撫慰民衆和青年是目前一件重要事情，我希望當局考慮我的意見。

我寫了很長的事實，一切立言和觀察，似乎我不是一個當事人，而是一個第三者。是的，因爲要寫事實，我不願意矯飾，但我同時也不諉過，陳列許多事實，聽候蔣先生判罪。

我寫得太長了，我應當就此結束。但經過這次戰爭，我還有些感想，我既然是一個國民，應當爲中國前途着想，向當局陳述些意見。

第一、在第一次歐戰，我沒有經驗，但在此次戰爭，我有很多不祗是耳聞，而且是目覩的事實。我總以爲世界還是停滯在部落時代，沒有進步。部落戰爭的結果，都是把敵人的財產和婦女擄掠過來，以供己用，而在此次戰爭，實際毫無所異。日本在中國和南洋的強姦婦女，蘇聯攻入柏林時的行動，此次日本投降，美軍進駐，也曾明令日本供給妓女七萬人，并指令七個美軍分配一個娼妓，這都是見之報紙紀載的。因此我想到世界文化進步是表面的，而骨子裡還停滯在部落時代，以此中國對於軍備亟應注意，我們無疑的是愛好和平，不願侵略，但爲保持和平，防止侵略，注意我們不要再做被征服的部落，對於軍備，應該加緊整備。

第二、教育重要是老生常談，我最近十餘年以來是承認中國教育失敗的，在政府不易得一個奉公捨己的公務員，在軍隊不易得一個潔身自肅的軍人，在社會不易得一個盡責守己的國民，以後教育方針怎樣定，教育方法怎樣改良，我以爲是當前一個嚴重問題，我亟盼當局重新考慮教育方針，至於掃除文盲，真要全國動員，不要再敷衍下去。我看見日本戰後那樣困苦，而人民那樣鎮定，我真不寒而慄，我不是說日本還能貽害中國，但中國怎樣自立自強，才能領導東亞，極是一個問題。

第三、我在實業部時候，最迷信重工業，但經這次戰爭痛苦，我感覺我們基礎不足，技術不夠。不要說重工業，就是一般民生需要，立刻發生嚴重的威脅。我不是說重工業不應提倡，但是輕工業和化學工業也應同時并重。現在已經沒有日本的威脅，對於輕重工業不妨作一個長期縝密的打算。

最後，更有一個嚴重問題，即是民德的墮落，自經此次中日戰爭，不獨物資打完了，道德也打完了。內地怎樣情形我不深悉，但在淪陷區中，我覺得大衆如趨狂瀾，如飲狂藥，一切道德都淪喪盡了。大家不知道有國家、有社會、有朋友，祗知道有自己。不知道有明日，祗知道有今天。不知道有理想，祗知道有享樂。我也想過，在一個國家破敗之餘，明日我將如何，我還不知，倒不如盡一日生命享樂，以求一時滿足。但是這種風氣所趨，恐怕非一時所能挽救。一個國家勝利，是不是會驕盈，充驕盈之所至，會不會宴安淫逸，這是我引爲極大憂慮的。

末了，我這篇迴憶寫得太長了，其中有事實，有意見，可是并非是文過飾非，更不是意圖自行辯護，法律是問行爲而不問動機的，我寫完這篇迴憶，我心事更是了了。至於寫這篇迴憶，因爲許多參考材料不在手中，或者略其所應詳，詳其所應略，這是無可如何的事。（完）

民國卅四年十一月於南京

政海人物面面觀

——陸榮廷、劉存厚、唐式遵、何浩若——

馬五先生

陸榮廷（幹卿）

陸榮廷廣西武鳴縣壘雄村人，生逾歲即孤，五歲母亦去世，寄養於外家，小名阿宋。稍長以膂力過人，好與椎埋游俠之徒爲伍，善技擊與槍法，遠走龍州謀生，而人地生疏，無可爲計，流落緊隣安南境界的水口鎮。該處地方不靖，時有篝火狐鳴之輩，從安南境內出沒刼掠桂邊，而地方缺自衛武力，法國殖民地政府託詞未便越境清勦，致盜匪横行無忌，民不聊生。陸乃糾合儕輩若干人，專向安南邊界剽掠，相約以異域人家與行旅爲對象，且不擾害貧民，有所獲，每以賙濟水口鎮一帶的貧乏無告者，因而深受當地民衆愛戴，聚衆日多。譚浩明與其姊，原係水口鎮與安南交界處的渡船業者，姊弟同作榜人，陸常渡河往來，對譚亦常予以接濟生活費用，日久乃對譚姊滋生愛情，終且結爲伉儷。

前清光緒年間，法軍侵襲桂省邊地時，桂林唐景崧以吏部主事奉命勘越事，自立景軍五營，陸與其同夥應募入「選鋒營」以抗外侮。諒山之役，我軍大勝，南疆响震，詎清廷昧於敵情，竟與法軍媾和，將士怏怏不平，陸尤憤慨，糾衆環請唐景崧勿聽命，仍與敵軍周旋，唐不從，臨去以所部選鋒營數百人授陸便宜行事。陸率衆馳入安南陝區襲擊法軍，遇敵衆則避走，瞰小敵即掩殲之，所謂游擊戰術也。安南民衆爭輸糧供應之，陸阿宋名震一時，高平、七溪、廣淵、諒山諸地區人民多附從者，實力日增，法軍每大舉掃蕩，陸部即退入水口鎮與龍州一帶，隨時偸襲駐在安南邊陲的法軍，掠奪其武器彈藥與錙貨，如是者凡數年。法方苦於應付，乃商請吾邊防軍統帥蘇元春予以招撫，徙陸部衆離開安南近區，且相約不得任用陸阿宋爲軍事將領。時岑春煊任兩廣總督，得蘇元春報告，許之，任命陸爲健字前營管帶——即營長，易名榮廷，以淸鄉弭匪盜有功，累遷至榮字軍統領，旋以勦山寇著績，奏授陸爲廣西右江鎮總兵——即鎮守使，聲名鵲起。法國駐華公使聞悉後，根據前約向清廷提出抗議，朝命岑春煊查覆，岑覆言中國任用軍官，非外邦所能干涉，且從前爲患於安南者名「陸阿宋」，現任的右鎮總兵爲陸榮廷，名字各別，豈可指鹿爲馬耶？法使爲之語塞。陸在安南邊境以小名著稱，故法方與蘇元春立約，只請招撫陸阿宋，未幾，陸擢升廣西提督，儼然方面大員了。初時蘇元春麾下馬統領部屬有哨官陳炳焜，曾受軍事教育，常與陸往還，情誼融洽，陸受招撫時，陳炳焜從中奔走接洽頻繁，寖成患難之交。日後陸顯達，譚浩明與陳炳焜皆以師長地位，曾担任桂、粵、湘各省督軍，非偶然也。

辛亥武昌起義，廣西响應，而以巡撫沈秉堃爲都督，按察使王芝祥副之。兩月後，沈、王率桂軍踰嶺馳援武昌，乃以陸代理都督職務。時黎元洪正受北洋軍馮國璋部壓迫，漢陽已失，武昌岌岌可危，得桂軍來援，聲勢又振，頗感陸扶危濟困。迨孫大總統讓位於袁世凱後，袁對起義各省都督一律予以正式任命，陸的代理都督亦成爲眞除職位了。

陸榮廷起家草澤間，未嘗學問，然重義氣，對讀書人亦能謙下，他在初期統治廣西之際，悃幅無華，亦不似一般軍閥之野心勃勃，濫事擴充武力，搜括民財。他對中央政府忠誠不貳，曾遣長子裕光入北京總統府充任侍從武官，藉堅袁世凱之信任。但到民國四年籌安會產生，知袁將帝制自爲，心不能從，乃託病乞袁許其子假歸侍疾，袁即照准，迨裕光南下至武漢，忽以暴卒聞，此爲陸對袁携貳的基因。既而帝制公開進行，袁皇帝錫封陸以公爵，封廣東督軍龍濟光爲郡王。蔡鍔入滇與唐繼堯、李烈鈞等密謀護國討袁，適梁啓超由上海密函致陸，勸他附義，陸與梁素無交往，即派親信持復書赴滬密晤梁氏，請梁來廣西相助爲理，聲明梁朝抵桂林，夕即宣告獨立。嗣以梁展轉從香港經安南繞道入桂，稽延時日，而廣東龍濟光已派乃兄覲光率兵五千進入桂境百色，進攻雲南，陸以事勢危急，迫不及待，即一面通電加入護國軍，同時派其部將馬濟，協同進至桂境的護國第二軍總司令李烈鈞部，夾擊龍軍，覲光與陸原係兒女親家，然陸公爾忘私，視爲仇敵，覲光大懼，急電親家母陸夫人救命，陸乃貸龍一死，僅將其五千兵士繳械改編，而以其輕重武器一部分交給護國第二軍使用，許龍覲光生還。這一着，影响護國軍之役甚鉅，若讓龍軍五千人襲攻雲南，直薄昆明，滇軍大部已出征，唐繼堯勢難抗禦，護國軍根據地一旦失陷，不特廣西無法倖存，其他各省亦必無起而响應者。尤其是廣東的龍濟光，更不會讓岑春煊等人到肇慶設置軍務院，號召討袁。所以陸之毅然獨立，解决假道攻滇的龍軍之功績，實不在唐、蔡諸公之下。祇因陸榮廷幕中缺乏

陸榮廷

政治人才，不善宣傳，世人乃以廣西之响應反袁，與日後相繼獨立各省份等量齊觀，這是不公允的。

岑春煊之入粵主持軍務院，亦係仗有陸榮廷的舊關係，陸對岑甚尊重，廣東郡王龍濟光反覆無常，陸遵奉軍務院命令，親自統兵攻粵，而與護國第二軍李烈鈞部分進合擊，將龍濟光逐出廣州，竄往海南島，不待洪憲皇帝暴殂，局勢即已奠定勝利基礎了。

龍濟光敗亡後，初由陸担任廣東都督，迨袁世凱暴死，黎元洪繼任總統，南北和議告成。黎元洪於辛亥起義時，對陸已有好感，即特任陸爲兩廣巡閱使，而由陸保薦陳炳焜爲粵督，譚浩明眞除桂督，且邀陸晋京商洽國事。陸抵京受到盛大歡迎，時名伶譚鑫培已抱病輟演，因政府對陸隆重招待，舉行堂會演戲，由步軍統領强迫譚伶扶病演出「洪羊洞」名劇以相娛，譚伶勞累過度，旋即逝世，時人謔言「歡迎陸榮廷，氣死譚叫天」，信不誣也。

陸榮廷嫡系幹部，計分爲陳炳焜、譚浩明兩派。陳有相當知識，左右多屬受過教育的青年軍人暨才俊之士；譚以船伕出身，幕中皆粗魯之輩。然因譚與陸具郎舅之誼，對陸影响特深，因而陸的事業，自護國戰役後，即逐漸走下坡路，最大原因就是昧於時勢，未能顧全大局，共體時艱，而以息事寧人爲宗旨。如粵省長公署所屬巡防軍三十營，省長朱慶瀾於去職前，建議陳撥交陳烱明編爲援閩軍，開赴福建，藉以消弭民黨與桂系間的忌嫉摩擦，陳慨然應允，即其例証。民六護法之役，譚浩明統兵進入長沙，綜持軍民兩政，時先君在長沙任職，一日晋謁譚督，同謁者計十餘人，中有蕭堃亦在候見之列。譚浩明持名片，按次傳呼入座談話，輪及蕭君，譚連呼「蕭方」數聲，蕭認爲別有其人，不敢應。迨客盡散去，譚已起身進入辦公室，蕭君急詢副官以尚未召見之由，副官將蕭君名刺轉示譚督，譚謂剛纔叫了他幾聲都不答應，現在沒有工夫再見了。譚以不認識「堃」字，乃讀成「方」，以致貽此笑柄。此係先君事後告訴我的，一點不假，即可見譚浩明的知識爲何如了。

譚浩明任廣西督軍時，曾創設「模範營」，以日本士官學校畢業生馬曉軍（曾任立法委員，在台北以車禍喪生）爲營長，黃紹竑、夏威、白崇禧分任連長，這幾名軍官都是有知識才幹的軍人，若善加任使，可奏整軍經武的新猷。然譚左右親信皆行伍老粗、少識之無者，對這些青年有爲之士，排斥甚力，以致不安於位，相繼成爲反對派。馬曉軍辭去營長，別謀出路，各連長亦望望然去，最後被黃紹竑將模範營裹脅合編「定桂軍」，蛻變爲反對陸榮廷的基本部隊了。

譚在湖南未及半年，即率軍退歸廣西，陸榮廷將陳炳焜調回桂省，而以莫榮新轉任粵督，莫榮新在粵不特橫征暴斂，且仇視民黨不遺餘力，暗中聽受吳佩孚教唆，遇事與國民黨人過不去。如對孫大元帥派員在粵招募衛士，竟指爲土匪而殺戮之；如嗾使李根源與李烈鈞爭奪駐粵的滇軍統帥職位，且派桂軍攻擊李氏所部滇軍，迫使李部避入湖南，而莫通令北江各地桂軍沿途截擊，指爲大股土匪過境；這樣乃逼得陳烱明的援閩軍於民國九年返戈回粵，當時就粵桂雙方兵力而言，桂軍佔絕對優勢，而財力更雄厚多了。駐粵的桂軍旅長沈鴻英，原係陸榮廷的乾兒子，驍勇善戰，然以莫之低能無識，專靠參謀長馬濟主持戰役，馬亦跋扈自恣，（馬係陸的侍衛長出身）對前線作戰部隊的指示命令，多不用莫督名義，而僅以馬濟二字行之。於是，各路桂軍皆聲言不願爲馬家打天下，沈鴻英首先退却，使粵軍迅速進至石龍，粵境各地民軍紛起响應，桂軍全線動搖，祇好敗回廣西，不復能立足於粵境了。

粵軍凱旋不久，孫公積極準備北伐，慮廣西有後顧之憂，乃命陳烱明進軍桂省，一鼓而擊潰陸榮廷的殘餘部隊。嗣以陳烱明密謀叛亂，將駐桂的部隊掃數調回廣州，發生砲轟總統府之變，乃使陸得有死灰復燃機會，再起綰領桂省軍民兩政，然亦有如廻光返照，不久即完全消滅了！

陳烱明叛變後第二年，孫公號召滇軍楊希閔、范石生，桂軍劉震寰、沈鴻英各部入粵討賊，陳烱明敗走，而沈鴻英暗中擴充實力，通欵北洋軍閥政府，受任爲廣東軍務善後督辦，旋在西江防地宣告就職。嗣經駐粵各軍擊潰，鴻英率殘衆逃返廣西，然實力仍居桂軍的首位，駐防梧州、柳州一帶，揭出反對陸榮廷旗幟，爭取桂省統治權。時李宗仁、黃紹竑、白崇禧等，亦擁衆觀變，陸被沈軍圍困於桂林，檄調各地所屬部隊馳援，南寧僅由原有的模範營戍守着。李、黃、白等乃密議應付戰局策略，白崇禧認爲沈鴻英兵力雖較優越，然社會基礎脆弱，聲譽不佳，而陸極得人心，兵力較遜於沈，不如先助陸攻沈，去此勁敵，然後再作計劃。李、黃表示同意，卒將沈軍掃蕩，然陸實力更虛弱了。未幾李宗仁號稱「討賊軍」，與黃季寬的「定桂軍」合作反陸，陸不能支，迅告崩潰，隻身馳赴龍州，轉入安南前往上海，旋卜居蘇州，不復再起，廣西遂由李、黃、白三人所據有，垂廿餘年不替，直至大陸淪陷時爲止。李、黃諸人的勳業名位不及陸遠甚，而統治省政歷久不敝，此即知識超越陸所致。至於陳炳焜、譚浩明、馬濟等人，自從陸榮廷失敗出亡後，沒沒無聞，不知所終了。

陸以綠林豪傑之資，因緣時會，專折開府，控馭兩廣，固一世之雄也。然知識淺陋，不能網羅人才以資輔弼，雖有護國的功勳，而罔知時代趨勢以及地緣政治影响，誤信讒言，走錯路線，遠倚北洋軍閥政府，近與革命勢力爲敵，自取敗亡，於人無尤也。據桂軍將領徐啓明（現任國大代表，住在台灣）言，陸失敗出亡時，曾對徐自述前失，悔恨交加，談次欷歔泣下。陸於隱居蘇州後，對人絕口不談政治，亦鮮交游，僅與寓居吳門的章太炎、李根源稍有往還。陸逝世後，章太炎爲撰墓表，謂陸「言語姁姁，未嘗有不平色。貌瓌異，喙銳決前出寸所，與明祖絕相似」；又謂陸「獨謾於張勳，率爾任舉」，此係指民六張勳復辟之役。蓋是歲陸北上入京，道經徐州晤及張勳，張傾心結交，待以殊禮，洎陸至京覲見黎元洪，即盛稱張勳才氣，緩急可恃，黎因受段祺瑞唆使北洋軍閥困辱不已，乃信從陸言，召張勳入京調處，致釀復辟之禍云。

劉存厚（積之）

劉存厚四川簡陽縣人，出身中產人家，自幼熟讀詩書，亦嫺史籍。滿清末葉入四川武備學堂肄業，以成績優異，保送日本士官學校深造，與李烈鈞、閻錫山同期。畢業歸國後，投効北洋軍學督辦段祺瑞幕中，旋由雲貴總督李經羲檄調至昆明訓練新軍，與唐繼堯、李根源、蔡鍔等因士官同學關係，往還密切。迨辛亥武昌起義，劉協同唐、李、蔡暨新軍幹部密謀响應，於是歲九月八日夜間起事，劉担任前衞司令，會同唐繼堯營，進攻總督府，下之，舉蔡鍔爲都督。李經羲潛匿駐昆明之英國領事館，被捕獲，衆擬置之死地，劉與蔡都督以舊巡防軍尚遍佈各州邑，態度不明，主張護送李出境，懷柔舊軍，經羲乃得生還，而滇省秩序亦告安謐，舊軍相繼歸附革命陣營了。

時四川已宣告獨立，都督尹昌衡邀劉回川，劉亦以在滇不易發展，應命遄返故鄉，受任陸軍第二師師長，殊出望外。巴蜀自民國肇建以至廿四年川局統一期間，羣雄割據，擾攘不休，初爲民黨與其他黨派之爭，繼爲川黔滇各軍爭城之爭，烽火連綿，歲無寧日。劉固非革命黨人，亦缺乏政治理想，憑藉着一師武力，周旋馳逐於內戰之中，而以攫得川省統治權位爲目標。自尹昌衡、胡景伊先後離川，劉在巴蜀軍人中的資格，與熊克武不相上下，如劉湘、鄧錫侯、田頌堯、孫震等，都是他的舊部。熊以國民黨人的關係，退出川省，率部投奔廣州，從事革命戰役，終因故而一蹶不振。劉擁兵雄視鄉邦，亦與一般勇於私鬥的軍頭無異，其中差堪稱道的事情，即爲民國五年初响應雲南護國討袁運動，對國家貢獻不小。

劉存厚

先是，袁世凱於民國二年敉平國民黨人二次革命之役後，派遣親信爪牙陳宧（二庵）爲四川都督，統率北軍入川，劉雖不是革命黨人，亦在被嫉視之列。斯時，他的部隊駐在川西成都一帶，係川軍中的實力最强者，陳乃藉清鄉名義，派任劉爲下川南清鄉總司令，幷將其部隊分割，以一半留駐川西，劉統率殘衆進駐瀘縣，實行清鄉工作。迨民國四年十月雲南護國軍興，蔡鍔以第一軍總司令率滇軍進攻川省，袁世凱派遣大軍南下防禦，但以關山遼濶，緩不濟急，陳二庵乃命劉停止清鄉，率部馳赴敘永，而以主力扼守古藺的雪山關，此地係自滇境入川的捷徑，形勢極險峻，外來的軍隊在沒有空軍的時代，要想攻取是不容易的。蔡松坡基於與劉同學，且曾在雲南共事的關係，即派人與劉聯絡，爭取他加入護國軍的行列，劉鑒於遭受袁黨嫉視的情形，自忖雖爲袁黨賣力，終無發展希望，亦樂於跟護國軍採取一致行動，作孤注之一擲。乃一面向陳都督索取械彈，同時將自己原來儲存在成都的軍械，託詞運來防區，俾便擴充兵力，佈署完成後，於民國五年一月卅一日通電宣佈獨立，發出討袁檄文，滇軍即由古藺雪山關疾馳入川，進佔敘府，聲勢爲之大振了。若沒有劉附義討袁，蔡松坡以兩個梯團的兵力，——蔡鍔於軍次致電唐繼堯、劉顯世，即有「我軍現額實不足四千，其中義勇隊近千人，戰鬥力尤弱」等語——要想攻克雪山關，以進入敘府，殊非易易，而廣西陸榮廷之獨立討袁行動，亦必顧忌不敢遽發，曠日持久，蔡部少數滇軍，很難制勝曹錕、張敬堯與陳宧所率的北洋數萬之衆，滇軍若敗績，護國戰役的成敗，那就未可知了。又假使陳宧不忌嫉劉，善爲拊循，而於雲南起義伊始，方派劉師進駐敘永、納溪之線，抗拒滇軍，誘之以名利，則以劉平日的思想作風，亦不致冒險而附和護國運動，殆可斷言。滇軍很輕易地佔領了川南，廣西即繼起獨立，進而聯合雲南的護國第二軍李烈鈞所部，先把龍覲光侵入桂境的五千人馬解決，脅迫廣東的僞郡王龍濟光亦不得不宣佈獨立，造成西南一致討袁的形勢，而四川的陳宧亦實逼處此，通電脫離袁皇帝關係，使袁一氣殞命，洪憲帝制迅告幻滅，推究本源，劉存厚的功績是不能泯滅的。可是，梁啓超事後發表的護國戰役作品中，對劉贊助蔡松坡進軍川南的事實經過，避不道及，認爲護國軍的成功，祇是他和蔡師生二人的勳勞，難怪許多史乘皆不足深信呢！

當陳宧被迫與袁皇帝脫離關係之際，志在保持都督位置，但怕被劉取而代之，遲疑不決，劉曾致書表明心跡，內有「存厚本公舊部，知遇之感，耿耿常懸，此次興師，全爲義動，絕無權利之心。公若能幡然改圖，當躬率各路義軍，敬承教令，河山不改，共聞此言」等語，故陳於通電獨立後，即任命劉爲第二軍軍長，仍兼第二師師長，而以素來擁護袁世凱政府的川軍十五師師長周駿爲第一軍軍長。旋周奉袁任命督理四川軍務，錫以益武將軍之銜，與陳反目相攻，陳急電促劉兼程至成都，將以川事相托，未幾，袁暴斃，陳亦狼狽出川了。

袁死後，南北停戰媾和，北廷命蔡鍔爲四川督軍，而命劉會辦四川軍務。旋蔡因病赴日就醫逝世，原隨蔡入川的滇黔軍，乃與川軍大起衝突，劉就是中堅人物。至民六張勳復辟之亂告平，滇黔軍亦已離川，黎元洪乃任命劉爲四川督軍，這是劉一生事業最得意的巔峯時期。可惜他缺乏政治智能，氣宇亦欠恢宏，左右又無才智之士相輔弼，不特對桑梓沒有什麼建樹，且長期捲入內戰的漩渦中，重苦人民，未盈年即被迫去位，而由楊森繼其後。洎是始終依附北洋軍閥政府，領其舊部在巴蜀旅進旅退，碌碌無所表現，渾不似曾是參預護國討袁陣營的赫赫將領，而與一般蝸爭蠻衝的渺小武夫，殊無二致，最後討取了一個「川陝邊防督辦」名義，侷促於達縣綏定一帶的貧瘠地區，仍不易其橫征暴斂的軍閥作風，因而民衆怨聲載道，信譽大隳。民國十五年國民革命軍北伐之役，他如果是有政治頭腦的軍人，實係再起稱雄的大好機會，如楊森之揮戈進擊武漢共產政府，如劉湘派軍征討鄂西紅湖的共黨賀龍部隊，然他昧於大勢，依然効忠北洋軍閥政府，而以偏安割據爲滿足。越民國十六年夏間，南京國民政府成立，他的老同學李協和先生以常務委員，主持中樞政務，劉氏曾派代表持書至金陵求救於李常委。渴望再主川政。是時筆者隨李先生任國府秘書，李公囑起草答復劉來函，我問復書要旨如何？李公告語云：「就說一個軍人帶兵弄政十幾年了，應該放下槍桿，另闢新天地，老是抱着一只破碎的舊飯盒以過活，有什麼意思呢？他若不甘寂寞，請到南京來找老同學商量好了。」嗣後劉再無函件與李公來往，大概是對於老同學的忠告不表同意吧？

越民國廿二年十月，共黨徐向前的第四方面軍，自鄂北竄入川省達縣，突襲劉的川陝邊防督辦署所在地綏定城，劉倉皇逃走，將庫存尚未使用的意大利造步槍五千枝，以及連年來聚斂所得的銀元四百餘萬，盡爲共軍掠奪以去，徐向前即藉此擴充實力，安然坐大，到廿三年徐部的第四方面軍，號稱十萬大軍，即在達縣成立「四川人民自治政府」，實行剷除土劣，退租退押等政策，由政委張國燾綜持其事，因而張國燾與毛澤東大鬧意見，彼此互以「中共中央」名義，開除其黨籍，間接就是受到劉所遺大批軍械銀錢的影响，劉亦因此被撤職查辦，隱居家園，不復問世了。民國廿四年秋，筆者奉檄入川，于役成都，時劉湘綜持四川軍民兩政，劉存厚曾來成都與劉湘晤面，湘對存厚待以前輩之禮，言談間仍以「督辦」相稱呼，但劉湘亦作過川省督辦，存厚對湘照樣稱呼「督辦」而不名，於是兩人互以「督辦」相呼，一時傳爲佳話。

劉存厚與熊克武積有夙怨，民國卅九年川省淪陷時，熊以素爲政府當道所不喜之故，與其舊部共幹劉伯承暗事勾結，曾以「保境安民」相號召，自不願離開家鄉，然劉慄慄危懼，深虞熊乘機報怨，乃毅然携眷出川，進入台灣以避禍，而於民國四十九年善終海外扶餘，迥異其後輩王纘緒、鄧錫侯之流的枉遭共黨折磨凌辱，可謂幸運也矣。劉氏逝世後，家屬蒐集他隨身所存的詩歌，印行「椰廬詩藁」一卷，貽送友好。筆者初不意其能詩，迨閱讀詩稿，頗爲驚奇，他的作品幷不庸俗，且有可誦者，七律如咏水仙花云：

瓊玉仙人自淡粧，神凝秋水碧雲裳，瑤臺月白篩花影，
水榭風清引暗香；曉見黃冠含露艷，晚憐翠袖怯春涼，
凌波一瞥驚鴻逝，孤負陳王錦繡章。

七絕如次答友人介壽云：

卉服山妻費剪裁，黃冠那合繪雲臺，只今游釣蠻江上，
一棹烟波歸去來。

具見其舊學的造詣，超越當代軍人之上，以視秀才出身的吳佩孚所作，尤高一籌也。

唐式遵（子晉）

在我所識的巴蜀軍事將領中，除劉湘而外，爲人誠樸無華，私生活不糜爛，而對國家忠心耿耿，大節無虧，不失爲職業軍人本色者，當以唐式遵居首選。將軍雖無藉藉名，然其行誼與一般軍人迥異，是可傳也。

唐是四川仁壽縣鎮子場人，生於民國紀元前二十七年，幼年頗讀詩書，稍長投筆從戎，於光緒三十年考入四川陸軍速成學校，與劉湘同學同班。畢業後，適清廷派遣鍾穎統兵二千人入西藏，奉調隨行，任排長之職，宣統三年抵拉薩。辛亥武昌起義，建立民國，西藏達賴喇嘛受英人唆使，叛變反抗國軍，唐所率士兵全排戰死，唐匿伏屍叢中，倖免於死。旋回川，投入劉湘麾下，由連營長以戰功不次擢升至師長軍長。劉湘所部三軍嫡系將領爲唐與潘文華，另一軍長王纘緒，原係楊森部師長，半途投入劉軍的。潘文華多嗜好，財色以外，尙有阿芙蓉癖，練兵作戰非其所長，惟唐氏恪盡職責，能征慣戰，每有戰役，唐部即係先鋒主力，功績卓著。然唐氏對於名利，不若一般軍人之熱中攘奪，在駐防地區亦不隨便搜刮民財，他坦然不以掊克自肥，常人乃加他一個綽號，稱爲「唐二瘟」以相誚謔，他坦然不以爲意。民國十九年曾兼任渝簡公路總辦——由重慶到簡陽——工程不小，他採用兵工政策，至廿二年完成通車。從簡陽至成都一小段工程，是由成都省府方面建造的。

七・七事變發作，抗日軍興，唐時任第廿二軍軍長（原由劉湘担任多年），首先表示請纓殺敵，且將成都住宅捐獻國家，藉作軍費。滬戰發生後，劉湘出任第七戰區司令長官，唐升任第廿三集團軍總司令，與潘文華率其所部出川，初赴河南新鄉一帶集中，準備北上抗戰。是時上海戰事緊急，日寇大量增援，我最高統帥部估計上海終不能久守，即檄調唐與潘文華部隊，由新鄉馳戍安徽廣德，掩護滬上我軍退却，預定川軍如能守住廣德三天，即可使上海我軍從容撤退。但潘文華恇怯不前，聞訊且潛回巴蜀，所部交由副軍長指揮，唐率領一旅人（旅長童熙贊）進據廣德，苦戰堅守了十天，曾奉最高統帥傳令嘉奬。旣而南京告警，中樞軍部以唐、潘兩軍駐在皖境，而第七戰區司令長官劉湘亦已親臨前敵，擬以劉担任南京防守之責，俾便指揮川軍作戰，旋劉長官病赴武漢，乃改以唐生智承其乏。

唐式遵

未幾，劉湘病逝漢口同仁醫院，巴蜀社會頓失重心，人心惶惶不安。中樞明令張羣爲川省主席，而潘文華以次的原二十一軍將領如王纘緒等，皆表示反對。蓋川軍自民國初元以來，即有一軍系與二軍系的分野對立，一軍系首腦爲熊克武，二軍系領導人原爲劉存厚，存厚失勢後，劉湘曾爲存厚部將，乃繼起爲二軍系的首腦。張羣於民初熊克武統治川省時，曾任成都警察廳長，屬於一軍系人物，此時雖係中央大員，然潘文華等狃於歷史成見，對張氏不表歡迎，張乃逡巡不前，川政無人主持。此時唐在前線默爾而息，不問川事，有人建議他不妨向中央活動一下，唐謂：「我出川抗戰時，誓言非戰勝敵人，決不回川，現在大敵當前，戰事方殷，豈能中途變志，食言以自肥嗎？」拒不應。繼有人勸其乘機轉而支持張羣，而以繼任第七戰區司令長官職位爲交換條件，實係順理成章之事。即或不然，只要跟張氏合作，將來關於川軍的補給與人事配備，得張氏幫忙說話亦多，軍人沒有政治家協助，事業不易發展，政治家沒有實力支持，權位亦難穩固，這是一定的道理。唐對於後一說頗有所動，乃密商於潘文華，仍嚴詞拒絕，且懷疑唐有「蟬曳殘聲過別枝」的意念，深致不滿，唐爲表示居心不貳，乃寢其議，旋中樞明令以王纘緒代理四川主席，川局暫告安定了。

劉湘逝世後，第七戰區參謀長傅常，倉黃收拾一切，逕自回川，司令長官部等於無形解散了。唐所部改隸第三戰區建制，唐兼任第三戰區副司令長官，始終馳驅沙場，努力抗敵，直至民國卅五年日本宣告無條件投降，方應召回重慶晉謁最高當局，實踐其出川抗日的諾言，允屬言而有信。旋請解除軍職以見志，即被任命爲武漢行營副主任，然以主任程潛之剛愎自大，唐徒擁虛名，鮮所主張。嗣後戡亂數載，唐以解甲之身，無從効力，然其同儕輩如王纘緒、王陵基等，皆已封圻開府，蔚爲方面大員，時人頗爲唐抱屈，但他恬淡自安，不以爲意，且於重慶南溫泉國立政治大學舊址，創立南林學院，捐產興學，自任董事長，其立身行己的風範，不愧爲當代巴蜀軍人之佼佼者。

越民國卅八年秋間，大局日趨危急，南京棄守之前，中樞特派張羣爲西南軍政長官，坐鎭重慶，而任命唐爲副長官，然舊有部隊早被改編淘汰，英雄無用武之地。熊克武、劉文輝、鄧錫侯之流，且倡言保境安民，隱示離心傾向。友輩以唐旣已退役，兒女亦在國外留學，後顧無憂，勸他移居台灣，或遠赴異域作寓公。但他意志凛凛然，謂從軍已近五十年，此爲最後報國的機會，不宜放過，擬號召舊部與愛國同胞，從事游擊戰，反共到底。

當中央政府由廣州轉移重慶時，原在滬粵一帶的川籍民意代表皆相率回川，而外籍的公職人員進入巴蜀者亦不少。行政院長閻錫山曾聲明所有在川中的各級民意代表，政府必要時，即派飛機送赴台灣，希望大家安心。唐於卅八年冬初，重慶淪陷前三日，即號召舊部撤往成部，他的夫人羅子桓女士入成都昭覺寺削髮爲尼。唐一面與西康擁有相當武力的土司羊仁安密切聯繫，一致反共，同時宣告就任西南第二路游擊總司令，於仁壽、大邑、新津、邛崍各縣，集合團隊民兵三千餘人，期與羊仁安一致行動。此時成都亦岌岌可危，航運飛機日益缺少了，於是轉徙在巴蜀的外省籍與四川籍民意代表千餘人羣集勵志社包圍閣院長，迫其履行諾言，派機撤離川境，情勢洶洶，緊張異常。唐覩狀，認爲非所應爾，挺身出而調處，先將自己在成都的宅第，供應外省民意代表暫住，然後分組造册，作爲分配飛機座位的依據。他又建議讓外省籍的民意代表先行，川籍的同人不妨押後，以示禮貌，大家認爲唐的處置很合理，亦佩其風度之佳，羣情翕然無譁矣。詎料外籍民意代表剛運走數批，尙待繼續輸送川籍代表之際，忽聞香港的中央、中國兩航空公司叛變消息，民航飛機根本沒有了，軍用飛機更無空位可使民意代表乘坐。因此，川省兩百多位國民代表以及數十位立監委員，除却自想辦法，及時離川的少數人士外，大多數皆陷身大陸，無從逃生。唐一片好意，竟使本省人士遭受損失，殊非始料所及，然其宅心醇厚，公正無私，亦少有加以怨尤者。

成都淪陷後，原任西南第一路游擊總司令王纘緒乃變節投降共黨了。唐本其堅决意志，不膚撓，不目逃，率部於川康交界各縣實行游擊戰，曾攻入新津機場，克復彭縣縣城，進薄成都南郊。共酋賀龍囑降將劉文輝、潘文華、鄧錫侯等，聯名致函唐停止戰鬥，前來成都，絕對保障其安全與地位，唐答以寧爲文天祥，不作降將軍，峻拒不屈。時西北軍政長官胡宗南已蒞臨西昌，與西康省主席兼警備司令賀國光策劃軍事，唐乃會合「游擊隊之母」趙老太太，攀越冰封雪積之大相嶺，於卅九年二月行抵西昌，洽請援助械彈。胡、賀以唐年事已高，不必冒險犯難，勸他先到台灣，再隨政府共圖匡復河山，唐决心以死報國，拒不從命。迨三月間，共軍從滇川兩路進襲西昌，二十六日西昌亦撤守，胡、賀仍請唐氏一同乘坐飛機離去，仍堅拒如故。即於是日午後，率領所部百餘人離開西昌，當晚乘車抵達距西昌六十里之禮州，棄車徒步前進，經瀘沽，入越巂境，擬間道遄返四川，二十七日行至福臨鎮，遭遇共軍與夷民夾擊，而此一代模範軍人，乃與沿途糾合的三百餘健兒，全部壯烈成仁了！綜觀唐氏一生毋忝厥職，更毋負於國家，然政府有負於唐者孔多，以視一般大言不慚、臨難苟免之同輩武人，謚爲軍人之神，不亦宜乎！

何浩若（孟吾）

何浩若湖南湘潭人。湘潭的地理形勢雄奇，在湖南省不失爲鍾靈毓秀之區，因南嶽自從衡山延長到湘潭，即隔水停峙穩定，而上游瀟水、資水自衡陽與湘江滙合奔流至湘潭，即構成靜態的深水港，碧潭安瀾，允屬奇蹟，潭之爲言，深也，故以名其縣焉。縣中多產生文學經濟與藝術方面的奇拔之士，如王闓運、齊白石、八指頭陀、楊度，以及清末的名翰林趙啓霖等，皆湘潭人，即最近逝世台灣的名詩人李漁叔亦是也。

孟吾於民初在舊制中學修業期滿後，赴北京入清華大學肄業，以成績優良，送往美國深造，初入士丹佛大學，繼改入威斯康辛大學，習經濟科。時國內南北戰事頻發，內亂日亟，兵戈連緜不輟，軍人得勢。何畢業文科大學後，再習軍旅之事，入美國某私立軍校，學成歸國時，適逢國民革命軍北伐之役，偃文修武，曾投身革命軍中担任團長，與黃埔一期生蔣伏生同事。何本係熱中功名之士，大概以其非黃埔軍校出身關係，不易升遷，而戰績亦未著，頗感失意，旋解甲入湘省當道兼國軍第五路總指揮何鍵（芸樵）部中，任政治訓練處長，何頗具語言天才，常識亦充足。某年夏間，蔣總司令蒞臨長沙時，何鍵集中各中學學生請蔣公訓話，屆時何背負斗笠，戎裝綁腿，足登草鞋爲總領隊，精神奕奕，一切動作與報告皆中繩墨，聲音亦宏亮，博得蔣公嘉勉。維時湘政半自主，省府的人事進退，皆由主席何芸樵推薦中樞照委任，而中央財政部長宋子文亟謀統一全國財務與稅收，何乃以留美學生關係，常與宋部長通英文函件獻策，宋亦答復，何芸樵認爲何與中樞財政部長具有交誼，推任他爲湖南財政廳長，冀與中樞容易溝通。何少年得志，意氣昂揚，一日，湘潭紳商代表爲本縣稅收問題，晋謁何廳長有所請求，何昂然答言：「我不是湘潭人，你們不要來找我」，諸代表祇好狼狽退出，嗣後縣人對何廳長乃多不滿。民國卅六年現行憲法頒佈伊始，全國選舉民意代表時，何原有意回湘潭競選立法委員，然縣人說他會不承認是湘潭人，揚言拒選，何即中止回湘潭了。

何任湘省財政廳長不久，盱衡局勢，在湘省殊不易發展，自忖旣非手握兵符的軍官，得任省委而兼廳長，已屬高位了，然其志固不僅此也。乃先赴南京中央大學執教，竭力與宋子文親近，未幾即調任爲河南省財政廳長，省主席劉峙（經扶）爲人渾厚，以何係宋部長簡拔者，相處甚融洽。然何對於本職不甚熱心，唯經常以密電致宋部長列報豫省內部情況，深得宋嘉許。迨對日抗戰軍興，何在重慶担任中央物資管理局長，即係宋部長推轂的。是時孔祥熙以財長兼行政院副院長，代行院長職權，聲勢甚張，然何常與孔扞格，不願折節謹事，即恃有T・V・宋作後盾。又以留美關係，與當時美國派來重慶經管美援物資大員納爾遜往還密切，更使孔代院長對他不能輕視。

民國卅年，西北一帶棉產歉收，何以職責所在，親赴西安視察後，回渝面覲最高當局陳述一切，謂係天災所致，實非人力所能挽救，當局指其强辯卸責，詞氣殊嚴厲。外間盛傳何當時誤聆「强辯」二字爲「槍斃」，惶恐告饒，確否未可知，但何本人曾對筆者談到此事，指係別人故意揑造以挖苦他的笑話。此際宋子文在美國爲爭取援華物資與黃金貸欵案，久未歸來，而何與孔財長相處日益不諧，未幾乃辭去物資局長職務。不久，又被命為「外事局」局長，專負與駐渝美國文武大小官員交際往還之責，他的英語不錯，人亦活躍，允屬適才適任。迨日本宣告投降後，美軍駐華總司令兼中國戰區參謀長魏德邁將軍，建議將我國東北地區，先由美軍接收，俟與蘇俄交涉妥當，俄軍撤退後，再交我國管治。中央因此召集高階層會議，詳加研討，認為八年抗戰，為的就是東北問題，於今抗戰勝利了，却不能收回東北，實無以副東北人民的期望，即派何將此意面達魏將軍。據他事後告訴筆者經過情形說：「魏將軍駐在一樓上，他將中央決策報告給魏將軍，魏默然無言，起立繞室徬徨數分鐘，即語何云：我知道貴國當局此項收回東北的決策，完全為的是面子問題，可是，國家大事決不是這些面子問題所能夠解決的！」

抗戰結束還都後，宋子文任行政院長，何與宋關係素來密切，應該有所借重的。但何自認在戰時不無勞績，非特任官職不屑再幹，而尤措意於經濟、財政或交通部門。然政府與各黨派進行政治協商，準備實施憲政，各部長人選須有友黨人士分佔之，而經濟部長已由青年黨人担任，交通部俞大維不能變動，財政部俞鴻鈞亦為上峯所倚畀，何的志願一時自不易達成，未幾宋子文即下台了。同時大局因戰事緊急而不安定，何亦係聰明人。逆料局勢日趨艱困，即不復作爭名於朝之想，一度到廣州與宋子文商洽

何浩若（左）與魏德邁（右）

，知無可為之機，乃携家前往美國居留。由於他是留美學生，對日抗戰時又在重慶任外事局長，多識當時美方若干外交和軍事與財經界的官員，這些人戰後皆活躍於美國政治界。何經彼邦友人推介，初入國務院遠東司服務，負責搜集中國大陸上中共方面的資料，提出意見。未幾，受美國中央情報局委託，專門蒐羅中共的情報，大概是一九五八年左右，他由美國來到香港，表面是以美國一個擬在香港創辦盤尼西林廠的公司顧問名義，請他到香港籌劃一切，實際是為搜集中共區域的情報。所以他當時與香港「友聯出版社」的朋友很接近，因「友聯社」對中國大陸上的資料收得最多，足資參考，他在「友聯社」作過一次講演，高談湘潭縣地理形勢的優越性，引經據典，說來頭頭是道。既而美商在港設立盤尼西林廠的事迄無進展，港政府對何的行動乃加注意，多所防制，他即進入台灣了。他曾告訴筆者，謂二十餘年前上海破獲的俄共代表牛蘭案，美方很留心此事，但缺乏資料，認為本案的詳細卷宗皆在中華民國保存着，他要到台灣向主管單位要求閱覽。既而筆者到台北問他已看到此案卷宗否？他說，主管單位告以由大陸搬運卷宗來台灣時，因保管欠週密，深受潮濕，紙頁黏住成塊，不能逐一分開，形成廢物了。我心裏暗想，這是主管單位不欲將國家機密文件，給予為外國做情報工作的人查閱，乃設詞予以婉却的。

何住台灣多年，在國防研究院當講師，專講反共問題與經濟理論。他對經濟學確有相當修養，當年在美國大學畢業的論文是談「經濟學中的時間觀念」(The Time Concept in Ecnomic)，頗得教授康蒙斯贊許。何在台灣尚有一項對反共的文化思想很有裨益的工作，即他從美國會紀錄和中央情報局的資料中，查出美國現時一般學人——特別是哈佛大學的教授與學生，十九皆抱着左傾親共思想的根源，是英國費邊社在七十年前派人到美國開始宣傳而然的。俄共首腦列寧係費邊社社員，列寧的布爾希維克黨第一次在倫敦開會時，一文不名，幸得費邊社員麥唐納（曾以工黨首領任英內閣總理）捐助一筆經費，方得開成大會，列寧一般人的住所亦是費邊社供應的。英國文學家蕭伯納是費邊社一分子，他著書立說認為工人決非眞正的革命人物，工人都是想做資本家的。唯有知識分子纔是純正的革命之徒，他們先行在思想上「洗紅自己的旗幟」，而以「不可避免的漸進方法」進行反資本社會的革命工作。費邊社曾在倫敦設立一所「經濟學院」，專門傳佈蕭伯納這套理論，繼即派人赴美國游說，亦在美開設一所經濟學院，闡揚社會主義思想，第一個成立「社會主義學會」的就是哈佛大學。經過英國費邊主義者在美國對左傾學說思想，進行了五十年以上佈道工夫，養成許多所謂前進左傾的知識界人士，而以哈佛大學為大本營，如現時著名親共學人費正清、巴乃特、斯卡拉皮諾……等活躍於美國政治與學說界的人士，盡是哈佛出身的，這便係英國費邊社在七十年前開始在美國

傳播共產社會主義思想的結晶。他的論斷有根據，有史事証明，對現階段的中國人很有益處，功不可沒。

何對經濟學確有相當的知識，他在台灣寫過了幾種談經濟問題的書，而以「自由民主的經濟制度」一書比較精闢，另有「民生主義的經濟建設」等小冊子，都是他在國防研究院的講演稿。何的性情頗熱心功名富貴，他單身久居台灣，目的依然是希望幹幹經濟部長，藉以展其所學。筆者與他相交日久，無話不談，但不便問他是否仍與美國中央情報局有關係，只勸他把家眷接回台灣來，意思是懷疑他的家在華府，仍領取情報局的薪金過活，則必然影响他從政的前途，蓋中國的政務官，決不能任由一個與外國情報機關有關係的人士承其乏也。何在台的住所暨一切開支，均由信託局供應，他原係信託局的理事，而局長陳漢平又是何在重慶作物資局長時的科長，所以對何這位老長官特別招呼，優禮有加呢！

何浩若日常好作詼諧之談，朋輩皆喜與聊天，筆者每到台灣時，即常係何宅的座上客。何的私人住宅，每二年必遷移一次，我笑他自找麻煩，大可不必，且告以我在香港的住所已逾二十年未曾別移過。他却說出一段遷居的大道理，振振有詞，并批評我的性格是「很聰明而不精明」，這眞是知己之語，深中肯綮。譬如朋友有任何問題找我商量，我每能提出若干對策，藉資採擇，但我自己有問題時，却絀於應付，例証孔多，不勝枚舉，最突出的事情就是不諳作官之道。我聽到孟吾這兩句藥石之言，即認爲是知己，交誼更深了。

何體質素壯健，閒居無俚，每日必打網球一次，再就是邀約友好到家中玩玩麻將牌，但對技術生疏的人却不歡迎，理由是贏了這類人的錢很過意不去。七年前我到台灣訪問他，他忽聲明已有半年不玩牌了，說有政治人物藉此攻訐他喜歡打牌。我說，「你是否有意作官，若然，我很贊成你改變生活方式。否則何必因外間的閒言而介意呢？許多達官貴人利用工商業的機構，玩女人，幹出不可告人的醜事者比比然，玩牌實係普遍而通常的娛樂，何足道哉！」他笑而不答，我認定他還是爲着用世心切之故。

兩年前，有一位西醫葉君在何宅跟我一道品茗談天，何謂剛剛打網球回來，尚待入沐，葉君即警告他云：年紀過了七十歲的人，決不宜作激烈運動，否則將有心臟擴大之患。何謂：我身體很好，決無妨礙的。過了月餘，某日傍晚，忽聞其因病進了榮民總醫院，我即以電話詢問招呼他的護士小姐，請何先生接電話，對方答言何先生不能起床聽電話，已帶上氧氣了！我大驚，次午赴醫院探視，他已閉目奄奄一息，進入彌留狀態，體力素號健康的人，不到三天即溘然而逝，妻兒皆不在旁，毛病就是心臟擴大。何原是霸才一流人物，雖年逾古稀而去世，可以無恨，然懷才不遇，未能展其所長，殊可惜也。

新世說

陳定山

等等看

司徒雷登出任中國大使，當和平談判破裂時，馬歇爾將返美，問此後對華策畧。司徒表示三項：「一、積極以行動援助國民政府。二、等等看（Wait And See）三、安全撤退」。（見司徒雷登五十年在中國回憶錄）。今台灣有一英文術語，遇事，輒曰：「Wait And See」蓋採取美國政策之第二項云。

偉人名士

吳稚老未見中山時，自負頗高。留學日本，康梁方創大同學校，稚暉力斥保皇黨，不屑南海而頗服新會。中山至，陳家欆欲與偕謁，稚老不欲，家欆遂獨往。既歸，吳遽問：「視梁啓超如何？」家欆曰：「何可比也。逸仙偉人，啓超名士。」則矍然曰；「有是哉。」遂往見中山。抵掌一談，終身服膺。

翡翠觀音

蔣夫人篤信基督教，嘗有翡翠觀音，蓄爲清玩。李牧師請曰：「教徒例不蓄佛，請碎之。」夫人念碎之可惜，庋諸箱篋。他日，牧師請見，曰：「夫人未碎佛耶？主示夢矣。」夫人大驚，乃出翡翠觀音畀之李牧師而去。

資格不夠

程天放教育部長下任，欲爲台灣大學教授。台大拒之。曰：「資格不夠」。

食麥

日本厚生省，提倡食麥，謂西方人長大，皆由多吃麵包。近二十年來，體格日日本人多以麵包代飯者，漸長大，要非無因。台灣稻谷多二熟，尹仲容在時，力倡國人食麥而以穀輸出，所見甚遠。今則人亡政息，言之者寡矣。

還童

閻錫山夫人嘗投民選票，被檢票員作廢。大異，追查戶册，始知民前年齡，誤塡民後出生，核計僅十四歲，例無資格投票。

牛何之

警廳取締電影院黃牛，具陳省府，閱文者誤以爲牛也，發交農林廳核辦。農林廳批其牘尾曰：「查與保護耕牛條例不合」。

酒大使

胡慶育任外交次長時，每有國際宴會，席散，十數人挽掖之，其無不至醉。旋外放阿根廷大使，其不能起。地多葡萄，釀美酒。胡喜曰：「恨不移封向酒泉，今得之矣。」余詩云：「餞祖帳，積詩盈尺。三日不醒伯仁之美酒，君以渡江三十年不易晏子之狐裘，贈子以居齊十年不易晏子之狐裘，送君以乘風上天萬里之飛艇，別君於朱方鶉火南美之炎州。」

白光

郎靜山誤購漏底膠片，洗出一無所有，人笑之，靜山曰：「我照的是白光」。

捷遲

許君武詩才敏捷。落筆不假思索。成惕軒作詩功夫甚深，落筆不苟，嘗坐火車，自台北至台中，一字推敲，尚未能決。人比之馬捷枚遲。周棄子目之曰：「天下許君武，平生成惕軒。」

甲骨文

董彥堂（作賓）爲甲骨文權威。生前，教育部頒中華學術五項獎金，董得其一。數學家管公度列席審查委員，獨避席曰：「這一項我不審查，他就寫幾個字說管公度是什麼？我又如何認得。」

官與車

周象賢初爲黃河水利工程委員會委員長，後爲杭州市長，前後廿年不遷。來台後，任陽明山管理局長，周夫人云：「別人的官越做越大，汽車越坐越小。只有我們象賢，官越做越小，汽車越坐越大。」蓋常以公路車上山也。

棍子

浙江省議長張強，永嘉人，不畏強禦，手一鐵杖，行動自隨。嘗至某處開會，門者阻之：「請你把這棍子放在外面」。張怒曰：「這許多棍子都進去了，獨我的棍子進不去？」

食量

溥心畬自浙海單舸渡台，寓居臨沂街。弟子捧籍而立，皆身挾一筒，以受畫稿。溥誨人不倦，終朝筆墨不釋手。大腹便便，食量甚偉。心畬一高足多捧食具瓜果而至。心畬一手改稿，一手取食，嘗食蘇州肉餃，至盡一盒，不知爲何物，但云：「好吃，可還有嗎？」已盡四十枚矣。

烏龍賽跑

南投縣運會，一廿七歲青年跑馬拉松，比世運紀錄尚少若干秒，觀衆羣情歡動，遍地狂呼，大會總指揮對距離重新測量，始發現少跑了若干里。

狄君武詩

狄君武工於詩，不輕爲人作。嘗爲于右老題王陸一遺集云：「南都初奠北都平，黨內才名冠兩京，三首哀辭人歛手，陵前日昃想謨勤。」陸一吳人，工諧謔，虛舟善觸，忤人而人不怒。嘗稱南京爲南平，人或不解，王云：「北京已經刮平了，現在輪到南京，不平何待。」

大資本

張仲文昔年來台，嘗欲自費拍片，云：「缺少資本。」某製片家云：「你身上都是資本。」

小市長

台南有一位年僅十一歲的小女，到軍友社去登記，要邀請兩位女戰友到她家裏去過端午。他說：「我這小小市長，也是民選的。」原來她是台南兒童公園學校自治會兒童民選的公園市市長。

四寶堂

吳湖帆嘗號其室曰「四寶堂」，四寶者，𥨊鼎、寶董室印、董臨淳化閣帖十卷，及其姬人阿寶也。

大姐好

焦鴻英自言：「我身上的好處，是發掘不盡的。」金門勞軍，與章遏雲交成莫逆。章謂焦云：「我一向沒有注意你的好處，現在弄明白了。」焦云：「你的好處，我也弄明白了。」

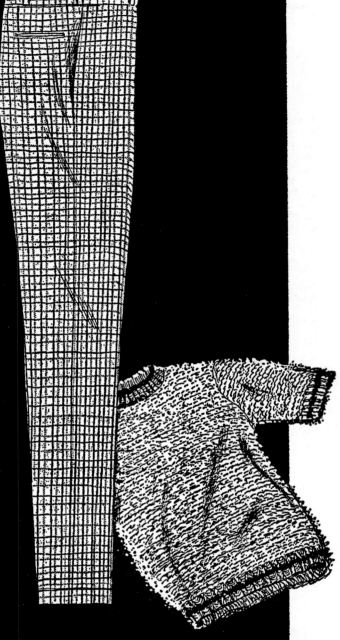

國父的異相

·齊東野·

民國十一年有個日本人名叫渡邊文彥的來到廣州。此君原係日本早稻田大學出身，後來爲了對中國相術有興趣，曾來中國故都北平、上海、杭州和蘇州四個名勝區遊歷。有三種目的：一種是要在這四個文化名城，搜集關于中國相學書籍的善本；二種是要遍訪這四個地方有名的看相先生；三種則是要找機會來接近中國大富貴和大名氣的人物；而其總目的則是研究相術。據說：他來過中國之後又到印度去，當然其目的也和來中國一樣，要研究和中國有所不同的印度相術。

在印度時候，他知道孫中山先生在廣州，而當時中國南方革命策源地也在廣州，爲着要一見中山先生，就由印度特意到廣州來。事先他也曾寫信回日本，託人寫信介紹去見中山先生，但因他是一個研究相術的人，而日本人與國父相識的都知道中山先生是不談命相的人，就得不到介紹函。最後有個朋友給他寫一封信給陳羣，因爲陳也是日本早稻田大學出身的，而當時正在國父身邊担任秘書的職務。

可是，陳羣也是不理會命相這一套，只介紹他去廣州幾家舊書店替他搜集相書，不肯給他介紹給中山先生。陳羣對他說，中山先生是能夠爲我們中國民族國家造命的，若把他介紹給中山先生，就會被大罵一陣的。

渡邊此人很有修養，倘換別人，一定要和陳羣談談相，顯顯自己的本領的；而他却不這樣做，他就改變方向，只和陳羣談談早稻田大學的情形，以及中國線裝古書的版本問題。

陳羣此人本是重視友情的人，這一談，渡邊原來曾和陳羣同學半年，即渡邊畢業之年，陳羣才考進早稻田大學；其次，渡邊所談的中國古書版本問題，比陳羣內行得多。後來陳羣在上海、南京藏書的興趣，可說是從那時被渡邊所引起的。因此陳羣就招待渡邊在廣州小住，要他多玩玩廣州，也多認識幾個革命人物。

渡邊此人好奇怪，他天天早上到總統府門前去等待中山先生上辦公廳。有一天，他碰到了一個機會，拿了名片跑到中山先生面前大鞠其九十度的矮躬。

中山先生一看見他的樣子，不待接過名片，就用日本話問：「你是日本人嗎？」

「是，我三生有幸，今天能在這裏見到大總統！」

於是中山先生就招待他去總統府的大客廳中，和他作大約十分鐘的禮貌上的談話。

過了幾天，陳羣去看渡邊。這時候他們兩人，已是很相熟了，彼此不時也說說笑話。

一進門，渡邊說：「陳先生，你曾經春風一度嗎？」

「我一年到頭都是春風滿面的，」陳羣補充說：「中山先生曾說我的臉，是不知世故。」

渡邊微笑地解釋說：「我不是說你春風滿面，而是說你剛才春風一度。」

「春風一度？」陳羣驚奇地說：「我來時剛照過鏡子的，我的眼睛也沒有黑圈圈，你怎麽可以看出來？」

「我不特可以把你看不出的黑圈圈看出來，我還可以看出來你的黑圈圈有兩個半；」渡邊解釋說：「人家都只知道你在廣州有一個女人，但我却看出你有兩個半女人。」

「兩個半？」陳羣更驚奇地瞠目相對，無話可說。

「你們中國人不是有句俗語說『三句不離本行』嗎？我學看相的，也不能不以看相獻醜了！」渡邊繼續說：「中山先生我前兩天已自告奮勇地自我介紹見到了，現在我要你給我介紹幾位在總統府時常跟隨中山先生的人給我見見面，我可能有個大秘密告訴你們。」

陳羣問他什麽秘密，他不肯說，只說在前一星期他也看見了陳烱明，等他再看幾個中山先生的隨從心腹之後，再談那秘密是什麽事。

第二天渡邊來看陳羣，碰到李文濱。陳就把李介紹給渡邊，說李是在中山先生身邊做事的人。渡邊說：不用你說，我已經看得出他是孫中山先生身邊供奔走的。

李文濱雖然那天和渡邊是初見，但已知道渡邊此人是爲着研究看相特意來廣州的。他對命相之事比較有興趣，就對渡邊說：「請你先爲我看看怎麽樣？」

「你？」渡邊說：「遠的不必說，上月你該命得長子。」

「一點也不錯，李文濱太太上月在廣州生長男。這一下陳羣和李文濱都驚奇了，因爲李文濱生長子還差幾天才滿月，外間很少人知道的。於是李就問：「以後嗎？以後怎麽樣？」

「以後嗎？」渡邊說：「遠也不必說，近在兩個月之內，中山先生和你們兩人，都要離開廣州的。」

「到那裏去？」

「向北行？」那時中山先生曾想到韶關去看一看的，此事陳李兩人都知道，於是李文濱說：「陳先生可能跟中山先生一道去，而我是絕對不

孫中山先生

會跟先生（指國父）去的。」
因爲李當時是派在庶務課裏做事，專在廣州奔走，不會跟中山先生出門的。
渡邊文彥看見李文濱這樣說法，就解釋說：「我的意思不是說你們要隨中山先生出門，而是說你們三個人要離開廣州，爲的是驛馬動，有災難！」
「有災難？我不信！」
李文濱說：「我們有災難，不敢說，先生絕對不會有災難的。」接着他就問：「你從什麼地方看出他有災難？」
渡邊說：「我那天在總統府大客廳裏見過他，當然從他面上看出來的。」
李文濱不相信地說：「你看得清楚嗎？先生以前的事你也看過了沒有？」
渡邊說：「大的事如幾時當大總統，當大元帥之類，已經看過了，小的事當然沒有注意到；但這次災難驛馬大動，却看得清清楚楚的。」
李文濱想了一下，就說：「一個人得子算得大事嗎？」
「算得。」渡邊答。「那末，你注意到先生幾多歲得子嗎？」
李文濱想在中山先生身上，找一件他自己明白而外人不大清楚的事，試試看渡邊到底是否對中山先生的相看得準，於是他就問：「你看過先生到底幾歲得子？」
渡邊微笑地說：「我雖然還不知道中山先生今年是五十幾歲，但我那天却看出他生長子那年應是二十九歲。」
渡邊又說：「還有一事還要請教你們兩位，我那天何以在那短促的談話中就會注意到這些事呢？是因爲他廿九歲那年，還有一件比生長子更重要的事，所以我把它特別注意到了，現在我還要請教你們兩位，中山先生二十九歲那年到底還有什麼大好事情發生沒有？」
這一下，陳羣和李文濱兩人却不特被渡邊說呆了，也被問倒了。他們兩人原也不注意中山先生是幾歲生孫科的，剛好上月李文濱生長子時，總統府中有人知道中山先生是二十九歲生孫科，而李文濱也剛好是二十九歲，才說笑話的論到李文濱對中山先生的忠實，連生孩子都要學中山先生，他們從那天起才知道中山先生得子是廿九歲的。這事被渡邊說準了固然足怪；而渡邊所問的中山先生二十九歲那年另一大好的事，陳李兩人却一時答不出來了。
起先他們兩人說沒有什麼大事；但渡邊却堅認那年必有大好的事情發生；於是他們兩人迫不得已就去尋找有關於國民黨和中山先生的傳記的文件看看了。這一看，却對渡邊的相術佩服得五體投地了；原來國民黨前身的興中會就是那年組成的。
這一下，渡邊既把中山先生的生子和組成興中會的事說對了，陳羣和李文濱兩人就不能不對渡邊再以另眼相看了。於是他倆就追問渡邊，中山先生此次的災難到底是什麼災難、危險等等？渡邊說：中山先生面上的印堂（即鼻上兩眉之間的方寸地方）特別寬廣，而鼻又端正有力，目光中滿有慈祥之氣，這三者能夠配合，實是異相，此相主一生「有驚無險」，一切化凶爲吉，吉人天相！
但渡邊又繼續說：「中山先生此次的事故，當係一生當中最大的危險，雖然有驚無險，而這驚却非同小可。再者，此次災難雖然對他生命及身體都無傷害，而對於中山先生的政治前途，却有大惡果。」
此時渡邊口裏雖然沒有說出，而看他那說話的神情，好像說中山先生的政治壽命，大有從此休矣的樣子，陳、李兩人似乎也不願渡邊再說下去了。
於是陳羣就問：「你說前幾天看過陳烱明，到底與中山先生有什麼關係沒有？」
「是的，與他大有關係；」渡邊說：「飛到廣州來，就是要看看中山先生和陳烱明將軍兩人，因爲他倆是一文一武的領袖，但我看了他倆的相之後，不覺大驚，原來他們倆人的相貌是衝突不和諧的；而陳且有反骨，對中山先生的相大有不利，此次災難大概出於陳將軍。」
「你看陳烱明的相如何？他沒有災難嗎？」
李文濱說：「他不會離開廣州嗎？」
「是的，陳烱明的氣色並沒有衰敗之象，而且驛馬不動；而中山先生和你們兩位，都有衰敗的氣色，而且驛馬已動；所以我看就要在這六十天之內，大事情免不了就要發生的，請你們多多注意！」

這事之後，陳李兩人都諱莫如深地悶在肚子裏，不特不會對別人說，連兩人自己也不再提；因爲一則，他倆不願意把這些屬於不革命之事說出去，影响同志的心理；二則這畢竟是半信半疑之事，就是可信，也無法改變的，說它做甚？但從那天起，因爲渡邊決定在一月以內，離開廣州到香港回日本去，說是他堅信廣州將必有事，而你們還要逃難，他當然需要先期走避了。陳李二人因見渡邊有如此自信，在那最後一月渡邊留穗的期中，他們都向渡邊詢問許多關于他們兩人自己前途之事，而那些事，後來也都奇妙地成爲事實。

一天一天地平安過去了，一個月的日子也溜走了。渡邊離開廣州到香港去那天，陳李兩人都去送行，陳羣在廣九火車站裏，陳羣還打趣地對渡邊說：「我相信你下月今天會再來廣州的；因爲那是我們要請你來乾杯，慶祝先生和我們的有驚無險！」

「是的，」李文濱接着說：「你看多平平安安地過了三十天，一點可疑的地方都沒有。」

「是的，我也和你們一樣，但願如此。」渡邊說：「我會在香港逗留一二月，看看我這回所看到的和所說的對不對；如果不對，我願意請你們乾杯，也需要看看你們的氣色到底是怎麽一回事。」

陳羣又打趣說：「我想，到那時我們的氣色和今天是一樣的，我還是希望你不必去香港，就留在這裏，等着我們，看我們氣色的變化，豈不更好！」

渡邊走後，陳羣依舊以遊戲人間的姿態，每天以玩女人第一。有一天李文濱勸告他說，無論渡邊的話靈不靈，他既把過去許多的事都說對了，我們也小心一下。廣州的女人總不會死光，等一個月過了再玩都不行嗎？陳羣回答說，渡邊說過了「有驚無險」，我們幹革命的但求「有驚無險」，如果連驚都沒有就根本不成爲革命了。既然「無險」，那還怕什麽？這就是陳羣一貫玩世的理論。

陳炯明

事情却來得奇怪，過了不多天，大約距渡邊所說只五十天的樣子，陳炯明的叛變果然爆發了。等到中山先生安全地退走永豐艦上時，陳羣還不知在那兩個半女人中的那一家，中山先生有事要陳羣去辦，就在艦上寫了一紙便條交李文濱上岸去找陳羣。那時候永豐艦已經開砲了，李文濱奉命唯謹地冒着砲火上岸去找陳羣。

好容易李文濱在那兩個半的女人家中找到了陳羣，他們兩人原是生死之交的好朋友，李文濱雖然只小陳羣兩歲，由於陳的品貌、學問、才具都比李好得多，所以平日李視陳爲長兄一樣敬畏他。

但此次李却生氣了，他大駡陳羣，說：「先生都已退到艦上了，而你還不知去向；大砲聲音把全廣州的人都驚醒了，而你還在女人身上；我問你，你到底革的是什麽命？先生若問我在何處找到你，你要我怎樣答覆？」

你想，陳羣被李文濱這樣臭駡了一陣，他竟然嬉皮笑臉地解釋說：「該當怎樣？他不是說過了嗎，先生有異相，一定有驚無險，我相信他這話。」

他又說：「而且，陳炯明要叛變，先生也早已知情，渡邊也早已告訴了我們，我們革命黨，對此司空見慣，何必大驚小怪呢！」

之後，中山先生就離開廣州退到上海去了。陳羣、李文濱也同時隨到了上海，他們住在上海當時的法租界裏。

不久，陳羣就寫信給香港的渡邊，除讚嘆他的相術高明之外，還請問他關于中山先生今後的情形如何。渡邊來信大意說，中山先生今後不再有險，也不再有驚。

他又說，依他就相上看，輝煌的事蹟已經過去了，壽命止于六十歲。上海有很高明的星相家，你們也可以請他們看一看，如果他的話相同的話，那就對他所說的話不要再懷疑。他信中特別對陳李二人提出如此警告說：「你們兩位今後的情形，雖然不必以吾言爲信，但希望你們不要太主觀、太固執不相信命相之事，這也是你們中國古代遺傳下來的一種學術，如果你去請教你所相信的命相先生，說的情形也和我一樣的話，那末，我在廣州時和你們所說的就恐怕都會成爲事實的。」

李文濱回到上海之後，由于在廣州時渡邊所說的陳炯明叛變，以及中山先生有驚無險之事完全應驗了，之後就漸漸相信命運之事了。他是對中山先生有高度忠實的同志，他很想找人和中山先生算算命看看相，但兩件事都不容易辦到；因爲算命要用八字，而他從孫夫人處只查到孫先生的生日，是何時生的，連夫人也不詳細。

要看相，無法使看相先生能夠細看中山先生的相，於是有一天他就拿了中山先生一張八寸的相片給看相先生看，別的都不問，只問壽命如何？六十歲那年是否有難渡的關口？

奇怪的，這位看相先生竟然從照片上看出中山先生確然命止于六十歲。因爲這是看形象，看部位的，不需看氣色，所以如有正面和側面的比較大張的相片，也可以看的。看相的說國父之所以不能長壽，就相上說，主要的有兩種缺點：第一點是上停和中停太好，而下停太薄；第二點是六十一歲的部位是下唇下面叫做「承漿」的太淺，所以壽命就不能超過六十歲了。

爲着要看準中山先生的壽命問題，當時上海諸人以陳羣李文濱爲中心的有六個人，都就中山先生的命相上費了許多精神。看相的在相片上雖然說的和渡邊在廣州時所看一樣，要壽終于六十歲。但依我們中國人的命相知識言，要能命與相一致才算準確，否則常有出入的。于是他們雖然對相上看已無疑義了，現在要看命上是否也一樣。如果就八字上也一樣的話，那就毫無疑問了。

他們不敢自己去問孫先生，而從夫人處得來的生日又缺時辰；而且也似乎靠不住，因爲把夫人說的八字拿去請算命的去排，排出絕不像是國父的八字。後來把當時所查得的三個日子都交給幾位算命的研究查排，才算排準了。

現在把前幾年有人寫過一篇，題爲「中山先生的秘密」的文字，裏面所記載，關於生日的抄錄於下：『今日人人皆皆知，公曆十一月十二日爲中山先生誕辰，其實他是陰曆十月十六日出生，按當年陽曆推算，應爲十一月廿二日。何以國民政府當局定十一月十二日爲中山先生誕辰，來歷頗有趣。』

『先生向來罕談私事，譬如說，嫁女之日，照常工作，迨下午三時，向同志說：「我有點事出去。」臨行，方才說道：「因爲女兒結婚。」其不事鋪張，往往如此；自己的生日，更不注意。民國十一年，陳烱明叛變，先生離粵，到上海，寓莫利哀路，十一月十一日，胡漢民和幾位同志，到寓所見先生，會商要事。會後，先生因事進書室去了，大家剛要離開，孫夫人出來打個招呼，便說：「明天請你們吃午飯，先生有要事同你們商量。」第二天，胡等依約前往，看見有人抬着酒席進來，覺得稀奇。因爲，平時他們到先生家裏吃飯，從來沒有向外面叫酒席的。正在納罕，孫夫人開口說：「今天是先生生日。」』

『大家起立道喜，先生說：「我從來不注意這些，只是夫人關心，不便固辭。」』

『從此，胡漢民記得十一月十二日是中山先生生日，但沒有記陰曆的日子，後來黨人遂定是日爲總理誕辰了。』

當時是把陽曆十一月十二日，陰曆十月初六日和十月十六日三個日子去排，若是像國父大貴的命，而又應于六十歲壽終的話，應是十月十六日的才對。而國父逝世之時，果是六十歲之年。

韋千里補白：

福建吳偶園先生，別署「齊東野」，擅詩文書畫，宦遊大江南北。先生並未知命、識相，但喜與星相家遊，對於命相風水之怪事，耳熟能詳。余與先生爲莫逆之交，今後當絡續介紹其精彩之作，公諸本刋。

國父命造：乙丑，丁亥，丁酉，壬寅（同治四年農曆十月初六日）。其八字之可貴處，爲乙木「印星」，六十一歲辛巳大運，乙丑流年，巳酉丑會金局以尅木，木屬肝，故患肝病而不治。齊謂其十月十六日，非也。

陳烱明命造：丁丑，癸丑，辛卯，癸巳。臘月辛金，水凍金寒，喜年時丁巳兩火，而日支卯木生之，固曾顯赫一時。惜乎運行西北，尤以申運破巳，突然叛變，有始無終。

（覆九龍陳子健先生）台造：丙申、庚子、己未、乙亥。己生嘉冬，寒濕爲患。喜透丙火，但支無寅午戌，火無托根。去年壬子，今年癸丑，幸而半工半讀，如其投資經營，必敗無疑。明年起，六載辛勤，卓然有成。三十二歲以後，運途無一不佳，前程更無限量。

× × ×

（覆九龍黃積慧先生）台造：壬申、壬寅、庚申、丁亥。初春庚金，喜火而不喜水，壬亥重重，徒然洩氣而已。地支無不冲，更見其勞人草草也。二十八歲至三十八歲巳丙兩運，美中有不足。茲行午運，應有進境，四十三歲行丁運，配以木火流年，如花添錦，征名逐利，此其時矣。明年甲寅，遷地爲良，長風萬里。

× × ×

（覆香港張珠女士）台造：丙戌、庚子、癸酉、戊午。建祿透財官，有好丈夫，好兒女，既已懷孕，新年癸丑，先賦弄瓦。但自明年甲寅起，瓜瓞綿綿，男女正多。二十七歲至三十二歲之丁運，三十七歲至四十二歲之丙運，治事最佳。四十七歲之後，還有好運，足見晚福之無窮也。

× × ×

（覆香港欲知人先生）壬辰、丁未、己卯、丙寅。夏土喜見壬水，妙在壬坐於辰，辰爲水庫，以缺金之故，雖能名成利就，但終名大利小也。查自二十三歲起，一路好運，建樹非鮮。或謂二十八歲至三十三歲之戌運，冲辰而有害，所幸流年大都金水，縱有疵處，可以泯化。

來鴻去雁

來鴻去雁來信過多自即日起停止收件待整理後依收到先後奉覆

大人小語

廢物利用

美駐北平聯絡處人員到達北平前後，商店反美玩具全部失踪停售。

為避免血本無歸及表示對美友好起見，全部「反美」玩具，可以改作「反蘇」玩具。

兩面送禮

美國已經決定，對南越經濟援助，每年五億美元。

世人目前所注意的是：美國對北越的經濟援助，每年共為若干。

心照不宣

李光耀急欲獲知，美國是否仍將在東南亞駐軍。

尼克遜今後的政策是，美國如果在東南亞駐軍，也是為了美國而不是為了東南亞。

狄托與佛朗哥

蘇聯提名狄托，為諾貝爾和平獎候選人。南斯拉夫的狄托如有資格，西班牙的佛朗哥可能也有資格。

此旗何來？

希爾頓獅子會午餐會席上，初次懸掛「五星旗」。

想一問此旗何來？因為中共大陸根本沒有獅子會。

最佳設計

傳青山精神病院設「股票第六市場」，為一部因炒股而黐線的病人作心理治療，醫院當局力稱並無其事。

以新聞本身而言，此說也許是傳聞失實，但以治療技術而言，這不愧為一最佳設計。

獎勵清潔

清潔香港運動嚴格執行以來，共得罰欵四十萬元。

不妨把這筆欵項保留下來，作為市政署清潔人員年終獎金。

以重自尊

為協助解決白領階級午餐問題，政府考慮重辦廉價食堂。

取費不妨低廉，以惠大衆，但招牌名稱切勿叫作「廉價」「經濟」字樣，以重自尊。

投訴何用？

香港扒手猖獗，旅遊協會聲稱外來遊客並無投訴。

報告警署尚且難以收效，投訴旅遊協會又有什麼用處？

抵制肉類

美國家庭婦女一週抵制肉類運動已告結束，但肉價並無變化。

她們缺少一句口號，但孔夫子早已說過：「食肉者鄙」！

濟貧公價

携同舊恤衫購買新恤衫一件，可以作價五元，某公司大言不慚，稱之曰「濟貧運動」。號稱「濟貧運動」的紅封包，內塞港幣五元，眞的竟成為濟貧公價，聞之不勝嘆息。

飲水思源

連同清明、女皇誕辰與復活節，四月份共有五天假期。

飲水思源，我們得謝謝我們的祖先，我們的女王，我們的耶穌基督。

復活節之話

復活節為基督教重要節日，非基督教徒對之嚮往與教徒無分軒輊。

不同在教徒還得去一次教堂，非教徒大可不去教堂，祗去香港馬塲和澳門賭塲。

包賺大錢

地下鐵尚未動工，收費辦法經已擬定，同時預言一九九〇年可以還本。

地下鐵股票若能提早推出，保證一九七四年即賺大錢。

愛情的價值

天下男女之愛，大別可以分兩種：一為唯恐天下不知，一為保密唯恐不週。

兩者都是眞情，前者幸福，後者美麗——價值亦比前者更高。

其難在此

朋友有一見如故者，愛情有一見傾心者。

一見如故者常有，一見傾心者亦常有，一見如故與一見傾心能維持久遠却不常有。

是否一人？

愛情為人生必經之歷程，你一定愛過別人，也一定會為別人所愛。

問題在你所愛的人，是否即係愛你之人。

長氣電話

男女通電話，歷時一小時餘而不輟。

其中一人忽有所悟曰：「我不能去美國，否則這筆長途電話費便足夠使我破產。」

·上官大夫·

香港舊事錄

·上海移民·

開埠以來的香港幣制

在目前世界各國通貨中，港幣幣值是比較穩定的一種，一九四五年二次大戰結束後，除了因英鎊貶值一度隨之貶值外，從未變動。但從歷史上看來，港幣却經過一次極複雜的過程。

香港開埠之初，除英國金銀貨幣外，葡幣、西班牙、墨西哥、中國的銀元銅幣、印度的盧比，都在市面上一樣流通。當時官價規定：每一西班牙或墨西哥銀圓，等於兩盧比又四分之一，每一銀元等於中國制錢一千二百枚，而每五百三十三枚中國制錢，則值一盧比。

一八三五年，渣打銀行雖已發行紙幣，但商場交易，仍以墨西哥銀元爲主，政府機關及公共事業和較大企業，則以英鎊爲主。一八六五年，物價漸漲，中國制錢在港作爲輔幣，已感不便，於是中國的單毫、雙毫、銀元等乃應運而在商場上流通，每個銀元爲七錢二分，單毫爲「七分二」，半毫爲「三分六」。

一八六七年時，麥當奴爵士任第六任港督，香港政府自製硬幣，鑄造半元、二毫、一毫、五仙之銀幣和一仙銅幣。一九一二年七月一日，港府頒佈三種條例，禁止所有以前在香港通用之外國貨幣，以及中國之雙毫、單毫、銅仙等，再在市場運用。

一九三五年，遠東風雲日亟，我國政府爲應付日本侵華，遂與英國取得默契，施行白銀國有政策。港府也於是年十二月，放棄以銀元爲本位，而發行一元鈔票，用以代替銀元，至於二毫、一毫、五仙之銀幣，也採用鎳質製造。港府同時又授權渣打銀行、滙豐銀行發行各種面額鈔票，渣打發行面額爲一百元、五十元、十元、五元，滙豐面額爲五百元、一百元、十元、五元、一元等種。不久，港府亦發行二毫、一毫、五仙之紙幣，以輔鎳幣之不足。一仙的小額輔幣，亦於同時問世。

一九四一年香港淪於日軍之手，日本軍用手票開始在港行使。一九四五年八月十五日，日本投降，軍票瞬成廢紙。九月一日，英國正式接收香港，恢復使用港幣。

一九四八年，港府向英倫定鑄一角、五仙硬幣，推出使用，而將二角、一角、五仙紙幣收回。一九四九年，港府鑄發五角鎳幣，一九六零年元旦，又推出一元硬幣，而於以後數年間，將一元及一元以下紙幣陸續收回停止使用；祗有一分紙幣，仍在電力公司作爲找續之用。

數年前，本港銀行一度發生擠提潮，引起現鈔缺乏現象；港府急向英倫請運英鎊紙幣來港濟急，但在港府鄭重處理下，風潮逐漸平息，英鎊紙幣始終未曾動用，而港幣也恢復了常態。

基督教歷史一百卅年

香港開埠，不過一百三十年，而基督教傳入香港，却也一樣已有一百三十年的歷史。

第一位到中國傳播基督教福音的傳教士，早於一八〇七年間即抵廣州，那是英人摩利臣，他早與本港發生關係，摩利臣山之名，就是用來紀念他的，但他在本港割讓給英國之前即已去世。

最先派遣有福音使者踏上香港土地的，乃是中華基督教會，也就是摩利臣手創的教會。同於一八四一年派來傳教士者有聖公會和循道會，而浸信會、聯合教會則於次年相繼有傳教士來港，而今天本港的基督教會不下六十個之多，會名雖然有分別，但均同宗於基督。

基督教在本港的勢力，以聖公會首屈一指，聖公會的會督，向由英國倫敦聖公會委任。倫敦的聖公會天主教，在英國政壇上影响力甚大；已故温莎公爵被迫放棄王位，當年的大主教便是反對他跟離婚婦人結婚最力人士之一，而時至今日，英國的君主仍是英國國教——基督教教會的最高領袖。

聖公會在本港花園道的聖約翰大教堂，係由英國維多利亞女王於一八五〇年御詔，正式定名爲香港教區的座堂。大教堂的地皮，永遠由教會擁有，當年港府則從公欵中撥出六千英鎊，作爲補助建堂費用。

早年聖約翰大教堂的長椅是要收費的，虔誠的教徒均有一個固定的位置，椅背更刻上他的名字。但後來教徒日漸增加，於是到了一九二八年，坐椅已不再專用。但這座歷史悠久的大教堂多年來一向是港府重要宗教節日儀式舉行的地方。

美國潛力最大的浸信會，在香港設有大專學院及醫院，可說是最富有的基督教會，公理堂亦有一間大專學院。

今日在港九新界及離島的教堂，約有五百間，包括祗有一層樓宇的「福音堂」在內，基督教徒達四十二萬人之多。基督教會開辦的學校，有中學一百多家，小學二百三十家，每年作育不少英才。在社會服務方面，主要是醫院、診所、孤兒院、託兒所、職業訓練中心、男女宿舍及酒店等等，好些服務費用大部都由外國教會捐贈的，從前是如此，現在亦復如此。

警探崇奉關公由來

本港警探崇奉關帝，由來已久，其心之誠，一若粵劇優伶供奉華光或田竇，木泥水三行工人奉魯班，中醫之奉神農，航海者之奉天后。但各業人士所崇拜者，均爲同業祖師。關帝爲三國時代英雄名將，與警探工作，根本風馬牛不相及，然則二者之間究竟有何關連，因此不免引起了許多人的好奇。

筆者翻閱舊書，無意中曾於一本英文的「警察雜誌」中，發現一篇「警署掌故」，文中對香港警署之安奉關帝，有所談及，爰爲簡述如下。

根據所載，原來關帝之被奉爲「偵探之神」乃是本港退休老警長劉福所發起，他認爲關雲長這位三國時代的名將，不單是戰場上的英雄，而且忠肝義胆，向爲千古後人所同欽，他對國家及結義兄弟的忠誠，尤足爲「當差」以及講義氣的人們所效法。一九三一年，黎兆在油蔴地警署當探長時，劉福還是一名小伙計。黎探長常常勸勉下屬衆警探人員服從上峯命令，盡忠職守。劉福以關公生平足以代表忠義，乃倡議奉關帝像於油蔴地警署，以供弟兄輩景仰效法。

太平洋戰後，劉福因屢立殊功，連破奇案；擢升爲港九總探長，於是港九新界各區警署更廣泛的安奉起「關帝」像來，像上有橫額曰「忠義堂」，兩旁並有「精忠昭日月，義氣貫乾坤」的對聯。

此後各區警署安奉關帝的風氣，愈益普遍，而警探們每遇巨案出動，也必先向此「偵探之神」禱告；以求神明庇佑，順利破案。至於平日爲人，各警探亦均以關帝之忠肝義胆互相勉勵，所以這個關帝神像之在各區偵探房設置，是具有精神鼓勵的作用在內的。

香港警署之偵探房裏供奉關帝，以及關於關帝三國時代故事，英國蘇格蘭場的警官們也耳熟能詳。他們知道關帝所代表的忠肝義胆，與不屈不撓的氣節，所以香港的西籍警官們對關帝也非常敬佩，每逢祭祀，常與華人一樣虔誠膜拜，不稍怠慢。

香港犯罪史上曾有許多鉅案，警探束手無策，迄未破案，致令犯罪者逍遙法外；但也另有許多鉅案，警探人員，不避艱辛，全力以赴，逐步破案，有若抽絲剝繭，又何嘗不可以說是關公有靈呢？

侯王廟人物故事

香港廟宇甚多，其中以侯王廟最富於傳奇。侯王廟位於九龍城寨的西北角，也就是白鶴山西南山脚下，廟址用石壁砌成，高二丈餘，寬三丈許，左爲正殿，奉祀侯王。據當地居民說：該廟當初祗是一個茅寮，後來用磚石重建，但建自何年，無可攷，祗有清道光二年、光緒五年的重修碑，與陳伯陶所寫侯王古廟聖史碑記可供觀摩。

在重修碑石上，刻有「楊侯王」三字，可知侯王姓楊，但名字及來歷，初無所載。遜清遺老陳伯陶，根據楊字，向南宋史實考究，始證明姓楊名亮節，是益王楊淑妃之胞弟，南宋國舅，生時封侯，死後封王，所以名曰「侯王」。元兵入臨安後，帝昰及帝昺，倉皇出走，楊亮節隨侍左右，朝夕不離，迨帝昰即位於福州，冊封楊淑妃，亮節因居中秉政，勞苦弗辭，爲當時護國重臣。元兵陷福州，亮節護帝流亡，抵官富場，即今之九龍城，不幸喪生於此。當地居民，爲紀念亮節愛國忠誠，乃建廟塑像以祀。

每年陰曆六月初六爲侯王誕辰，香火甚盛。廟中塑像，原爲紀念忠臣，後人穿鑿附會，却以爲可以求子、求財，無知愚民前往進香者，絡繹不絕。

侯王廟的東邊，有大石二，一爲「鵝」字石，一爲「鶴」字石。「鵝」字爲一筆寫成，筆力雄勁，一說爲王羲之所書，無可考。「鶴」字，署名爲「鳳山」所寫，半行草書，雄勁稍次，兩旁有聯「道古仙巖歸鶴嶺，侯王顯赫鎮龍疆」，因廟在「白鶴山」脚，所謂「鶴嶺」與「仙巖」，即指「白鶴嶺」與「遊山巖」，戰前，我曾見之，廟外還有茶室招待遊客。一九四一年十二月，日軍攻陷香港，擴展機場，除「宋王台」外，侯王廟也劃入擴建範圍之內，從此以後，宋王台眞蹟因之盡失，侯王廟得保無恙者，則其中另有一段故事。

聞諸人言，當日軍開始動工擴建機場時，管理工場之日人，突患重病，手足癱瘓，一夕，得一怪夢，夢見一蓄長鬚、着袍甲之中國大臣，向他痛斥，謂毀壞「宋王台」遺跡，實屬犯上，故罰爾手足癱瘓，若再拆毀侯王廟，當取爾性命。

日人醒後，即往侯王廟，見正殿所供侯王神像，其容貌衣着，正是夢中所見之人，因此心存敬懼，決將侯王廟列於拆建範圍之外，因此該廟得以保存。日本投降，香港光復，地方人士以「鵝」字石已被日軍摧毀，「鶴」字石又半遮廟牆後，侯王廟因此冷落，而原有的香火，也被黃大仙取而代之了。

戰前戰後香港物價比較

在香港住了三十多年，感覺到物價上漲而威脅生活，只是近幾年來的事。各項物價，可謂一漲百漲，至於女傭工資，更成爲每一家庭房租以外的最大支出。香港女傭工資，目前每月最低約爲三百元，最高約爲五、六百元。當我告訴孩子們太平洋戰爭之前，女傭的工資普通約爲三元至五元時，戰後初期也不過三五十元，他們簡直不敢信以爲眞，因爲在不到三十年之內，竟達百倍，漲幅之巨，可謂超過一切。

舊時物價之廉，現在迴想起來簡直是「天方夜譚」，在我腦海中，六枚制錢一個生煎飽，五塊錢一石米，兩塊錢一百市斤的西瓜，記憶猶新；而事實距離相差之遠，則豈止「恍若隔世」而已！

香港最後兩次的物價巨變，一次是太平洋戰爭爆發時，一次是抗戰勝利時。目前的物價與一九四一年十二月八日以前相較，大致約漲十倍至三四十倍，但亦有僅漲數倍的。漲得最少的是公共事業，電車巴士渡輪，漲幅不過一倍，而香烟不過三四倍，例如好彩、駱駝，戰前即售四角，如今亦不過一元三四角而已。此外如大酒店之咖啡，也只漲了三倍多些。戰前香港的士，起碼五角，以後每五分之一哩一角，伸算相當於以前的一元，現在起碼一元五角，以後每跳兩角也不過兩倍半和一倍而已。

這些都是我親身經歷的，曾有四川人曾君作「近代物價比較」一書，其中所記時代是以一九一一年與一九二五年相比，這十四年也就是我的童年時代。那時銅元一枚，合制錢十文，據該書所載，米價初爲每斤六十文，其後漲至六百文，雞價先爲每斤四十八文，其後漲至六百文。但這是四川的物價，上海當較此畧貴。

一九三〇年時代，我在高中讀書，那時上海物價約畧如此：派立斯西裝，每套二十五元至三十元。羅宋大菜，每客小洋四角至六角。一流西餐，每客一元。一流西片戲院如大光明、卡爾登，座價小洋六角，二流若北京大戲院，小洋三角。客飯每客小洋二角至三角。報刊稿費，每千字二元至四元。女工工資每月約三元左右。出租汽車，每二十分鐘計爲一單位，收一元。大世界、新世界等遊藝場門票，每張小洋二角。一級紙杯雪糕每杯小洋二角。一元兩角和菜，有兩冷盆、兩熱炒、一湯。大學學費膳宿等每學期全部費用約爲一百二十五元至一百三十元。大學畢業生就職月薪，普通爲四十元。舞場一元三跳，坐枱每小時十元。記得我那時住宿在學校裏的零用錢，每星期爲一元，現在這一塊錢，剛夠大酒店如厠打發小帳。

一九三〇年至抗戰開始，港滬兩地物價約畧相同，洋貨則香港猶較上海爲廉。我於「八一三」滬戰發生後一月抵香港，多數物價和上海不相上下，電車樓下三仙，樓上六仙（筲箕灣線爲五仙一角），報紙每份一仙，油器店之魚生粥與及第粥，每碗五仙，如今聽來幾不可信矣！

第一架電梯及其它

說到世界上電梯之面世，距今已逾八十年。一八八零年，芝加哥展覽會首先展出世界第一座電梯展覽，它利用一大桶的水力幫助升降，當升降機在地下時，司機拉動繩子使水流入屋頂的大桶裏，大桶裏便注滿了水，重量超過廂中乘客的重量時，機就上升，相反的在下降時，則把大桶的水漸漸放去，機就慢慢地下降了。

一八八九年，第一座電力的升降機方告正式出現，這種升降機還是用繩子拉動廂座的。不過，這時尚無其他安全設備，此後，逐漸改進，成爲一種安全、快捷的高樓代步工具。

現代化的電梯，本質雖和早期大同小異，但是改用電子控制，升降速度極高，每分鐘可達二千尺，和老式的舊式電梯不可同日語。新型的電梯多數自動，祗要一按電鈕，電梯即自行升降開關。這種電子控制的新型電梯，每架價值約在港幣二十五萬元上下，在數十年前，足可興建一座大厦而有餘。

本港第一家使用電梯的大厦，是畢打街舊香港大酒店。香港大酒店初建於一八六八年，但電梯之設則較後數年。繼大酒店之後使用電梯的大厦，有高等法院、太子行、中天行、舊於仁行、郵政局等，這些大建築物，位於遮打道與干諾道中一帶。這些電梯的特點是上下四週都是漏空鐵柵，而非封密的牆壁，有若鳥籠從各方面可以看到電梯有如一隻吊籃上落，十分有趣。其中舊太子行的電梯竟有前門後門各一，乘客前門進，後門出，殊堪發噱。這架老爺電梯，戰後仍繼續使用多年，方與大厦同時拆卸。早年的電梯，由於各大厦相繼拆卸，現在還存在的已經很少。以目前而言，最古老的電梯，恐怕要算郵政局那架了。至於香港之有自動升降機，據我所知則以九龍麽地道之雅蘭亭酒店爲始。

電梯爲美國所發明，香港所用電梯，數十年來亦以義國出品爲多，德國、英國、瑞典、意大利的出品雖然也有被採用的，但數量比例，微不足道。近幾年來，日本電梯，尤以政府建築物爲多，許多大厦都採用日本電梯，在本港大行其道，而且數量甚多，大概不出十年，日本電梯在香港，其流行程度，很可能與他們出品的原子粒收音機、鐘表、照相機並駕齊驅。

三十年舞市滄桑

香港抗戰前，一流舞場之舞票，一元三跳，坐枱一小時之代價，則爲十元，那時候的法幣十元，約畧等於現在的一百五十元。

舞場習慣，買一元舞票而跳三次者爲「散跳」，有些人跳一隻舞給一張舞票，被譏爲發米票子，紅星多設法婉拒，常寧可退入厠所，與「馬桶間阿姨」談天，以避其「辱」。跳三隻舞而給舞票者稱「丹陽客人」，丹陽兩字之音諧滬語「單洋」，譏其祗化一塊單洋錢而上舞場也。普通舞客，都是跳三兩隻給舞票六張，以示大方。更通氣的是五六張舞票中夾以紙幣一二張，以爲對舞女之直接報效，術語稱之爲「夾心餅乾」。

一九三七年秋我來香港時，此間舞場集中港島，只有金陵、中華、國泰、大華四家，後來又開了一家百樂門。香港舞場制度與上海同，但更爲經濟，因此一切也都是「具體而微」的。

光復後香港舞業蓬勃一時，一九四八至五二年之三四年間，尤爲香港舞業之黃金時代，入塲不分男女，清茶每杯三元，舞女陪坐，茶資另計。一級舞場之枱票，每小時十二元一角，其中一元一角爲捐稅。一家舞場每晚之清茶收入，可達港幣千元，茶葉與滾水之成本，十元足矣！某舞場老板常坐於門口，暗中計算舞客入塲數字，心中喜悅，不可名狀，若然單靠茶資，每月已有三萬元以上之純利。

但好景不常，原因在南來之人，揮霍漸盡，深感在此蕞爾小島，賺錢非易，而來日方長，難以爲繼，乃不得不改變作風，署事樽節，影响所及，向有銷金窩之稱的舞場乃首當其衝。其應付之法，初則取消茶資，繼則減低舞票定價。時至今日，「散跳制」雖已取消，但坐枱代價則每小時一元、兩元無不有之，即以「豪華」自稱之舞場而言，坐枱票價亦無有達到港幣十元者。但以與飲食起居之漲達戰前拾倍二十倍者較，相差不可以道里計，原因何在？消費力薄弱而跳舞究竟並非必需也！

理髮店妙文妙事

在手藝工人中，剪髮已成收入頗佳的行業之一。但香港理髮店的生意之好，歷史並不甚久。因爲早年，不但女人尚未剪髮，從來不上理髮舖，甚至男人也個個拖着一條辮子，不用修剪。

理髮店之有生意，實際上自辛亥革命、民國成立之後開始。其時男人開始剪辮，原因有二：一是先知先覺之士，認識到剪辮即係反對清廷統治，維護民族尊嚴；二是另一部份人認爲多一條髮辮，確屬麻煩，到後來，剪辮終於成爲風氣，一般人由於大勢所趨，亦均不能不剪。最妙的是，一九一〇年間香港還曾有一個「剪辮不易服會」的團體出現，會員雖然剪辮，仍穿長袍大褂，無意改換西裝。這個組織看來雖似多此一舉，但也收到極好的效果，使一般沒有西裝穿而不敢剪髮的人，減少了一項顧慮。

由於剪辮者多，一九一〇年間，好些生意不前的理髮店，至此便有絕處逢生之感。當年開設於中環的一家理髮店，曾以駢四驪六之文字於某日報刊登廣告曰：「近日泰西各國，講求衛生，此其體魄强壯也。中國之長辮二百餘年矣，不文不雅，殊礙衛生，婦孺皆知。竊嘗對此，心實愧之。本店開設十有餘年，專做理髮生意，全部法良工美；中西紳商，無不嘖嘖稱美。近聞港中志士提倡剪髮，雲集响應。本店不惜資本，另聘超等名師，剪髮價減收二毫半，以應各志士之需求。更兼堂座光明，門牆華麗，有燈皆電，無扇不風，極合文明時派，諸君光顧，謹請移玉爲荷。」

辛亥革命後，香港始有女學堂，女學生中，有少數人開始剪辮。其後流風漸及於省港學校之外的小姐太太，但她們的剪辮多數仍是自己動手，理髮店還沒有注意到這門生意。一九二五年後，女子首先試行鉗髮，把頭髮熨得彎彎曲曲，根本無所謂髮型。據說，當年女子們爲學時髦，在參加宴會時，姊妹們彼此互爲鉗髮，一待宴會完畢，即以熱水洗頭，使頭髮回復原狀，以免家人見笑。

一九三五年間，香港大酒店樓下某外商美容院首先運到電髮機一部，專爲女性服務，電髮一次收費六十元，營業對象以西婦爲主，是爲新式美容院之鼻祖。不久，諸如此類的美容院風起雲湧，而中國婦女也逐漸成爲主要主顧了。

望平街憶舊

史量才死後的申報

胡憨珠

史量才死後，申報少主人史詠賡在張蘊和、王堯欽、趙叔雍、馬蔭良這班元老重臣扶保之下，一時局面寧靜，大有中興氣象。再說報舘爭取新聞，萬不能人云亦云，必須做到人無我有，道出來龍去脈，有條有理，才能使讀者滿意，同業翕服。申報當年就曾有洪兆麟在皮亞士總統號輪船上被殺及蔣宋聯婚兩條獨有新聞，震動全國新聞界。

在當年申報館史量才老闆於滬杭公路上突遭不幸變故，慘被狙擊，以致血染黃土逝世。只因申報第二天照常出版，未曾有一日中斷，實足表現一個報人爲新聞事業所應有的莊嚴正氣，與犧牲精神。同時，趙叔雍在申報社論欄的地位，刋登他所撰「哀悼史量才先生」一文，其間也說明館中同人爲繼承史先生生前遺志，努力繼續奮鬥，不使史先生盡畢生心力所經營的申報，成爲「人在政存，人亡政息」的慘痛局面。是以在當時的望平街上，所有報人與報販，無不一致讚美稱道史量才手下高級的幾位老成持重、忠心衛報的好夥計。而以張蘊和一人尤爲人們所推崇備至，正是譽滿人口，好聲載道，大有萬方有功，功萃一身之槪。究溯其實，這也是他有關於望平街上的歷史關係，因爲張蘊和自少壯至老邁的一生歲月，都在申報館編輯室中輕輕度却。更其是他言必篤信、行必篤謹的操守行爲，尤足爲報人們之楷模。雖然，史量才有他繼承人的史詠賡公子；但因他尚在大學的求學時代，閒素少到館中視事。在望平街上只怕除了申報館的同人之外，其他的報人報販，能有幾人認識這位申報館少主史詠賡呢。遠遠不如張蘊和名氣的廣大響亮，不管對他識與不識的人們，都知道申報館裏有一位三朝元老、兩代舊臣的張蘊和其人。也就因此，史量才死後的申報，大家都認爲這個周公輔成王式的攝政責任，推情度理，必然是落在張蘊和身上的了。

事實也是果然，在史量才遇難以後，張蘊和把申報於狂風暴雨、驚濤駭浪中渡過。因爲他們於哀傷之下，把申報處理得固然照常出版，而且從此該報館內外的氣氛，反而比之史量才在世之日的申報革新運動時期，却要平靜安謐得多。所以誰不對張蘊和一致的起以欽敬崇視之心，祗有一人却對他大發議論，恣肆責備。這位批評張蘊和的朋友曾對筆者畧說：「張蘊和的爲人行爲，那是見善而不能親，親而不能近，過也。見不善而不能去，去而不能遠，亦過也」云云。我這位朋友掏着書袋子，蓄意對張蘊和抨擊得一片過失，在當時着實引起筆者一些反感。覺得一生做人行爲，方正嚴明如張蘊和其人，尚非身後，已經受到這樣是非之談的一片貶論。時至今日，記述此事，我還此心耿耿地仍就感覺在世做人之難，眞如抗戰勝利後，越劇名女伶筱丹桂自殺，她在絕命書上所留「做人難、難做人、人難做」的那三句自怨自恨之話。

這一個批評張蘊和的人是誰？就是申報館當時駐南京的特約通訊記者秦墨哂。若論他在申報承担駐北京的特約通訊記者之職，其年月之久，資格之老。比之黃遠生雖要落後數年，但比之陳方、王新命等，却要早了數年。據他說是在清末的宣統年間，已與上海的申報發生特約通訊員的工作關係了。終因黃遠生的被人暗殺國外，陳方等的辭職遠去外地，他就成爲一盞不滅的佛前無盡燈。是以歷經袁世凱政府時代，以及北洋軍閥政府時代，申報駐北京的通訊記者一直就是秦墨哂。及國民革命軍北伐成功，國民政府定鼎南京，此時的政治重心已告南遷，他亦隨之南下，依舊爲申報拍發電報，撰寫通訊工作如故，但是他的職位身份反而高升爲駐京辦事處的主任了。張蘊和有時遇到發稿忙不過來，寫字枱上滿眼見到國內外重要地區所寄來的特約通訊稿件，而這種通訊特稿，什有其九是文篇冗長，內容重要，且含有時間性的報導，都要在他所主編的要聞版上刋登。爲要爭取時間，爲要完成編務，尤其是在末班的郵件，由報館專差向郵政總局快信間領回來時，其時正在子夜以後，此爲編輯部與工務處的工作最緊張時際，而中外各地專電的電報，恰於同時絡續到達館中。

張蘊和爲因分工合作式的支配工作，他自己編發電訊稿件，把通訊稿件，就交給了鄺笑庵編發。久而久之，成爲定例，也就因此，秦墨哂的通訊稿，便要永遠的落在鄺笑庵手中編發。如所皆知，上海各報駐京辦事處的工作任務，總是把各地外勤記者當天所採訪得的所有新聞稿件，盡量的要趕緊趕快於下午特別快車開往上海以前的時刻，全部送交郵局，寄遞報館，這就是報人們口中所稱的「末班郵件」。至於該項新聞稿件付郵寄出以後，隨時所發生重要的新聞事件，再行拍發專電到報館作報導。只不過京滬間郵政局的郵件遞寄方面，因被鐵路局開車班次的時間所限制，因此秦墨哂的通訊稿件永遠成爲末班的郵件中物。以致導成他對鄺笑庵演變成爲莫名其妙的寃家對頭，馴至他還致書張蘊和大肆攻訐，極盡詆毀責備之能事。但結果秦墨哂反而碰了張蘊和一個橡皮釘子，對此一件「紅墨水瓶裏的風波」小事，作個約畧的介說。

原來鄺笑庵的編發稿件，雖有張蘊和與周夢熊兩人爲之指導，但他是個生成翼翼小心之人。惟因小心之故，對於任何的通訊來稿，當不免要予以細看細想，經認爲詞正句妥，而後舉手中的紅墨水筆加點加圈。這樣的修改編法，確乎細心精緻之極，並且對人對文一視同仁，不分軒輊。凡屬一紙通訊稿件在手，不問作稿人的文名資格老不老，但問內容實質好不好。只因他見秦墨哂所寫的通訊稿中，常有高捧邵力子、戴季陶等等這班大老之處，有損報格，頗生憎意。實覺他們都屬現任高官厚祿的人物，不必作過諛之詞，跡近諂佞，因此，他定了發稿自律，凡見有過份爲官場及官吏吹捧的文字，輒將之刪去，即冗長空洞，言之無物的詞句，亦爲畧去。不意秦墨哂的通訊稿中，獨多此類文字句詞，是以鄺笑庵把改稿的毛筆，向紅墨水瓶裏醮飽了紅墨水。就在其稿上的此類文句上邊，一一抹劃上了「紅勒帛」的標誌之後，交給排字房去發排出版。於是，大大引起了秦墨哂的不滿，曾致函張蘊和，對鄺笑庵大事指責。不料往日以忠厚老實見稱的張蘊和，至此，對秦墨哂也起了憎惡的反感，頗不憚其所爲。便即覆了他一封信，大約說當前申報正在革新運動展開期中，對你通訊稿件不得不作出這樣的修改，以期符合革新運動的條件要求云云。這是一枚極厲害的橡皮釘子，張蘊和所給他一個警告性的碰撞，後果如何，敎他自己認辨思考。秦墨哂可說是隻最敏慧、最機警的老狐狸，見信自然省悟過來。他爲要保全所負的申報這方職業幌子，與優厚收入計，雖被橡皮釘子撞碰得透不過氣，也只得嘿爾無聲而息。不過申報館的編輯部同人對此一樁不愉快事件，戲稱之爲「紅墨水瓶裏的風波」，蓋不但喩風波之微小，且言風波之起因，即出之於紅墨水瓶中云。

民國二十四年春間，筆者曾作南京之游，盤桓二十八天，往來的都是報界同業，秦墨哂也時常相値。有天，朱枕梅請我到他家打牌，朱枕梅一度與我在時事新報同事，他和我有同樣的嗜好，就是打牌，那天在吃午餐的入席時候，朱枕梅又介紹兩位新朋友給我認識，那都是他中央日報的同事。當我們大家恣意於吃喝之餘的空間，免不得佐以閒聊，作爲空間的墊補。於是談呀談的，不期然而然把話題牽引談到申報館方面的事情上。不知因爲這流血慘案事件，過於引起新聞記者從業人員們的縈思追憶呢？還不知是基於那種「客從上海來，應知上海事」的自然心理觀念，會把話題引入於申報館裏去。不過每個當新聞記者的人士都生而有一個敏銳靈活的頭腦，何況在座的個個是生活在首都南京地方，從事採訪政治新聞的優秀記者們。似乎他們對於史量才之死，其死因的內幕情形，業已心知肚明，深切瞭解。毋須要作明知故問，所以大家摒棄不談，他們對我所問說的那是史量才死後的申報之狀況問題。我便畧說些申報館的少主人史詠賡，在張蘊和、王堯欽、趙叔雍、馬蔭良等這班元老重臣的扶保之下，禪位登基，接受他父親所遺的一切權力。而以張蘊和的掌舵穩全，備著績懋，乃得以導致目前申報館的寧靜局面，而且頗有中興氣象呢云云。

也許我對張蘊和捧說得太好了一些，其實我所說的也不過是根據了他們申報館中人，所透露出來一點眞情事實的傳言而已。但是座上的秦墨哂却聽得竟惹動了他的不平之氣，似乎認爲我對張蘊和有諛美溢譽之語，阿私所好的一種偏差。語雖未曾明言，但不豫之色却已露現臉上，因此，他對着我評說張蘊和「見善而不能親，見不善而不能去等等」的那一番抨擊之話來。上海人的口語，有「光棍玲瓏心」的那句話說，我這條不算光棍的玲瓏心上立刻湧現出他被張蘊和碰撞橡皮釘子的這一樁前塵舊事，這只可以理解他心存芥蒂，恨意抑結，所以一有講話機會時，便要語發牢騷了。我便順依其語意口氣，對他續說：「墨哂先生，你對張蘊和先生的親善問題，評說得再正確沒有。是他崖岸自高的眼光對報館同人，任誰也都不可能親，即親而不能近的。漫說他對他人如此，就是他對他老弟張叔通，何曾有一點親近友于之情呢。試看他們兩弟兄共處一室治事，竟夕默無半語，其落寞孤獨的情況，正是少得見的。」秦墨哂聽我所說的話，全是讚美他在明智正確的批評張蘊和，頓時把他剛纔拉長了的臉形漸漸恢復原來圓型而現欣喜之色了。誰知我繼續着說：「編輯部中只有一人却極獲得張蘊和先生的寵信備至，親近無比，此人就是幫助他修改稿件的鄺笑庵。」

康通一牌桌上講實話

秦墨哂萬想不到是我話說到最後關頭，竟會甩丟出這樣爆炸性的一句話，使他聽得鄺笑庵的名字，大有如劉先主的「聞驚雷而失箸」之概。

因爲他被張蘊和碰撞橡皮釘子一事的起因，就是爲了鄺笑庵把他的通訊稿件，大事刪除恣意修改之故。想不到他的薄言往愬，竟會逢彼之怒，反而受到向所未有張蘊和來信的奚落。那正是所謂「此而可忍孰不可忍」的那句古老成言，可以料想他必然的會對張蘊和產生怨望，也會對鄺笑庵結成仇恨。雖然我與張蘊和極少接觸的機緣，但爲表達對他爲人行爲的立場公正，處事廉明的一點崇敬之微末心意。所以向秦墨哂作出毫不經意地問說：「墨哂先生，你認識鄺笑庵這個人麼，知道不知道他怎樣進入申報館的經過情形麼？」此時秦墨哂臉上，雖未見有惱怒之色，但在我的心理觀念上，似乎還覺得他有些悻然不豫的餘痕，映於其面。這點可以了解他對鄺笑庵的仇思未泯，恨念猶存，此所以世有寧願得罪於君子，不敢結怨於小人的那兩句至理名言了。

只因我對秦墨哂以極有禮貌的向他問話，這樣的實逼處此，却教他不能不以禮貌的向我回話了。但見他頻搖着頭對我答說：「鄺笑庵這個人，我從認識到目前，未會交談過。因爲時當民國十六年，我從北京南遷到南京來組設申報駐京辦事處的時候，是他早已進入申報館了。原來我在未南遷以前，一度會來上海作客，到編輯部去時，起初就一眼望見他與周夢熊坐在一起，料必是他編輯各地方的通訊版的。諒以向來申報編輯部的工作人多，怎能遍識其人與詳知名姓呢，這個不識也罷。後來發見他坐在張蘊和一起，編發稿件，覺得他的工作與我却有連帶關係。如所皆知，別家報館，凡在外邊的通訊人員與在館內的編輯人員因對業務上有關的現任工作者，於乍見初面之日，做總編輯的例必爲之介紹相識，以便爭取日後通力合作上有聯繫的效率，亦可免除兩不相識在呼應上所發生的窒礙。可是在張蘊和領導的詞彙裏，就沒有這個「介紹相識」的一句詞彙，還是後來伍特公請我吃飯時却問了他。我說：特公，坐在默公（按：即張蘊和申報館老一輩的人，都叫他默公的）傍邊寫字枱上的那位先生，姓甚名誰，係新進報館來的麼？特公遂告訴我連稱說：新來的新來的，此人名叫鄺笑庵，他是廣東人，大約我所知的鄺笑庵，只此而已。就因爲我與鄺笑庵兩人既沒有人拉過場，也沒經人介紹過，所以今日說來，我們還是相見不相識呢。

我便笑對秦墨哂說：墨哂先生，照你這麼說來，對鄺笑庵進入申報館的來龍去脈之事，的確那我要比你知道得多而且詳了。是我在今天說出，已屬無妨，因爲詳細告訴我聽的康通一，已經做了古人，他的墓木早拱，屍骨成灰，那我也毋須再要遵守他所叮囑「須要守秘」的那句諾言了。原來在那個時期，我同康通一兩人每天總在重慶路永貴里唐世昌家裏「鬥挖花」，且已染上了極高度挖花癮。據一般的賭徒們說，只要挖花學會，再也不要搓麻將了，此項說法，證之於我們兩人自從學會挖花以後，所感受得的刺激和快樂，確非麻將所能比得及。此外搭子爲世昌夫人老四，與她家的一對房客夫婦，只要我們兩人一到，立即結束成局登場。我們這樣天天樂此不疲的挖花，總是自朝至暮，永無虛日，這樣沉湎迷溺的程度，實覺荒唐達於極點。但世間任何愛好之事，只可偶一爲之，就是入迷上癮不得，欲求戒除，便令人有「力窮難拔蜀山蛇」之感了。最使我驚心動魄、慚愧職守的一事，那是在此同一時期，申報的本埠版裏常有「獨有」和「獨詳」的新聞報道出現。

當其時是我于役在時事新報館裏，職司外勤記者，幸而於進館之初，即與該報館的總主筆潘公弼先生訂有口頭約定，就是祇跑軟性的社會新聞，不跑硬性的政治新聞。當時我口頭所提出這樣劃分工作任務的所持理由，第一是可以明白清楚各人所負責任問題。其次是跑軟性新聞的那是有新聞在等待記者，跑硬性新聞的那是要記者去尋找新聞。這其間雖有難易輕重之分，但我自問跑硬性新聞的能力條件不夠，還是以跑軟性新聞較爲適合。公弼之所以要我轉業到他那裏工作，其目的就是希望我專跑社會新聞。如今我所表示兩點意見，盡合其意，自是喜不自勝。不過他還是殷勤致詞，坦示他的所懷，說是將來對我所表現的工作成績，期與申、新、時三報作對比。他相信申報與新聞報不會對社會新聞，引起注意和重視，對這兩報尙無所謂勝負榮辱。我們唯一的競爭對象却是時報，此後你的工作任務，只要留意這方面就是。總算我未曾辜負他殷殷的期望，在周孝菴每日所剪貼考核外勤記者工作的成績簿上。凡「獨有」和「獨詳」的新聞報道，有關我的則數，固然遠遠多過申、新兩報，即較之時報亦不稍少。此足以見當年我與時報名記者朱子家兄競爭社會新聞的如何激烈之一斑。

自從申報的本埠版上，不時發現「獨有」或「獨詳」的新聞報道以後，在初見之時，頗感訝異。後來閱讀該報上所報道的都是政治新聞，因爲新聞中的所有當事人，無一不是清一色的有關廣東護法政府的軍政兩界重要人物。此時我才安心覺得任憑這類「獨有」或「獨詳」的政治新聞，即使排滿了申報本埠全版，對我毫不發生影響。誰知在民國十五年的夏間，申報本埠版所刊載的一條「獨有」新聞，頓教我看得驚心動魄，汗流浹背，遍體都濡濕起來了。同時也深深感覺申報「獨有」新聞的襲擊威脅，已經加到我的頭上，從此忖想到此後競爭社會新聞的對象，於時報以外將又增多一家申報的勁敵。原來這次申報所報道的「獨有」的新聞那是孫中山先生過去所主持廣東軍政府時代的叛將陳烱明手下的部將亦即是前粵軍第二師師長湖南寗鄉縣人洪兆麟，化名爲黎維藩，由香港乘坐回美國去的一艘皮亞士總統號輪船要到上海來有事。但在航行途中，却爲該輪船上的一名華籍海員廣東人韋德（亦名韋亞德）所瞥見。發覺這個乘坐二等房艙的短程旅客黎維藩，即是粵軍洪兆麟的化名。據說這韋德是在美國入黨的中國革命黨黨員、也是孫中山的忠實信徒，所以藏有黨部所發的一張洪某照相。他在偷偷對照以後，驗明正身無訛，等待輪船駛至吳淞口時。該韋德竟携其所藏的私有手鎗，衝入洪兆麟的房艙內向之連發兩鎗，彈中要害當塲斃命。而韋德隨即也引鎗飲彈，自殺而死，其人對黨對領袖的忠勇，可謂烈矣。

及輪船進入黃浦江，下碇停泊在外虹橋畔的公和祥碼頭以後。因案事發生在輪船上邊，例由船主投訴水巡捕房，派員將該輪船中的被殺者與自殺者，兩具屍體抬去，作分別處理。祇因爲海員與旅客身份不同的關係，故將韋之屍體就車往斐倫路驗屍所，即行請官檢驗棺殮埋葬。洪之屍體，則必須要送往蘇州河北路公濟醫院的太平間，陳放一宵，經該院醫生視察以後，簽出死亡證書，以示對死者的慎重，而後再行報請公共租界的會審公堂派員前來太平間，驗屍殮葬。此爲關設租界所訂立洋涇浜章程時，華洋官方所議定的法律程序上，所必經手續問題的程式章則。原來這所公濟醫院爲工部局所設立，專供各國在滬男女僑民醫治療養疾病，所以內部一切設備，無不完善美好。惟獨例不收留華籍病家，洪兆麟生不能求該醫院救治，死後能挺屍在該醫院的太平間裏，說來也是機緣難得，至於申報得有這件案事的獨有新聞報道，何嘗是不難得的異數機緣呢。

後來又在唐世昌家挖花桌上遇見康通一，才由他口中說出此一洪兆麟之死的新聞來源，但是他還是一再叮囑須守秘密以後，方始詳告那是他們申報特約記者鄧光甯所寫的稿件。鄧光甯爲廣東的台山縣人，這次洪兆麟之死，是他得自同鄉朋友所見告。當時他猶恐傳言非實，知道陳炯明的舊時部屬重要人員，尚有一馬育航（按：馬育航即現居美國音樂家馬思聰的父親）旅居上海。因他與馬育航出任陳炯明廣東省長時代的財政廳長時，已經成爲密友。是以他可以望門投訪，與馬育航詳談一切有關洪兆麟此次來滬活動的秘密內幕以外，並隨同馬育航到公濟醫院的太平間，認辦屍體，證明死者確爲洪兆麟。因此，他的採訪所得，其情形份外的詳細而眞實，便趕來報館撰成新稿件，交給了康通一，康以案關本埠的政治暗殺新聞，就交給武廷琛發排，不知如何這條獨有新聞，大獲張蘊和的讚賞。就把鄧光甯做了一年多的館外人員，一舉而升作館內人員，業已到館治事，任當編輯了。

馮自由透露蔣宋姻緣

當座客們正在啣杯停飲，舉箸忘食，大家留意聽我們天南地北的胡說之時。只聽得朱枕梅突然向我問說：「憨兄，你可記得麼？申報還有一則獨有新聞，那是報道當時蔣委員長與宋美齡女士訂婚結合之事。時事新報因爲漏掉這條新聞，以致總編輯何西亞在編輯部裏大發脾氣，把他所坐的一隻舊籐交椅的椅脚都擲斷。那時我進報館任職，爲日不過四天，目睹他這樣抛櫈擲椅的瘋狂舉動，正把我的胆險些要被他嚇破了！」

我即回說：這次申報上蔣宋聯婚的獨有新聞，却是鄺笑庵的工作成績。至於他這個消息的來源，乃是從廣東一位老革命黨員馮自由的口中所吐露出來的眞情實言。現在我把這條申報的獨有新聞作個完整的報告給你老兄聽罷。

時當民國十六年八月，有一天的下午，鄺笑庵到滬西極司非而路馮宅，訪謁宅主人馮自由，於見面閒談時。馮便對鄺笑庵說及蔣總司令，脫却戰衣，退居山野，即將與宋美齡女士結婚。並且說及蔣氏即將親赴日本謁見倪太夫人，當面求允諾婚事云云。爲力證該項消息來源的正確，那位馮自由正不愧爲篤實的老同志，還說出該消息是從崑山路的景林堂基督教會中傳得來，決不會錯。蓋因爲宋氏世家是基督徒，馮氏一家人亦是基督徒，彼此同一教會中，恒有往還，故馮自由乃得先知其詳情。當下鄺笑庵得到蔣宋即將訂婚的消息以後，忙即趕返報館撰寫新聞稿件，寫成交給康通一完事。只以距離工作時間尙早，擬回家吃了夜飯，再來報館發稿。不料他就在申報館門外三馬路的望平街上，恰巧與李子寬迎面相遇，李子寬不經意地問他有無特別消息。鄺笑庵是個不會說謊的老實人，即老實的以蔣宋訂婚消息，據實以告，李子寬就請他同到國聞通訊社，當塲寫成一則簡畧的新聞稿。誰知李子寬玩了一記手法，未將該稿由國聞社發表，分送各報刊登。却拍發專電往天津大公報專欄刊出，於是蔣宋結婚一事，却成爲上海的申報與天津的大公報，這南北兩家報館各佔得新聞競爭中的勝利成績，南北輝映，平分秋色。

蔣先生赴日之行，爲民國十六年的十月間事。係乘上海丸抵達日本，在長崎登岸以後，再轉赴雲仙探視宋母。關於乞婚經過，報載如後：

「蔣介石於十月三日晤倪太夫人，事前蔣係先致電，得太夫人的許可者。相晤時，太夫人正在室中研究新約聖經，蓋太夫人係一極誠篤之基督教徒也。既見蔣，勉蔣爲使徒保羅，蔣告太夫人，謂對基督之道，近日亦有信仰，並乞婚焉。時太夫人以蔣對於聯婚之手續，既一一辦妥，毫無其他問題雜處其間，遂允其請，許以女美齡妻之。」

蔣宋的正式結婚之期，是在民國十六年十二月一日。而所舉行結婚儀式，却有兩種，分別先後在兩處地方舉行，據說這是遵奉宋母倪太夫人所定的主張。蓋先事舉行是爲基督教會中的結婚儀式，地點則上海公共租界崑山路景林堂的教堂裏，婚禮全由余日章牧師主持其事。於基督教會結婚儀式舉行完畢以後，一對新夫婦同乘汽車，到戈登路大華飯店舉行非教會式的結婚典禮，由蔡元培先生任做證婚人。這爲當時蔣宋聯婚的一幕史實。但在結婚的同日，申報的封面廣告地位上刊有一則獨有啓事廣告，即是蔣宋兩家聯姻的通告親友。想申報對蔣宋聯姻之事，既有獨有的新聞，又有獨有的廣告，此在申報當年，實亦足以自豪矣。

（三）

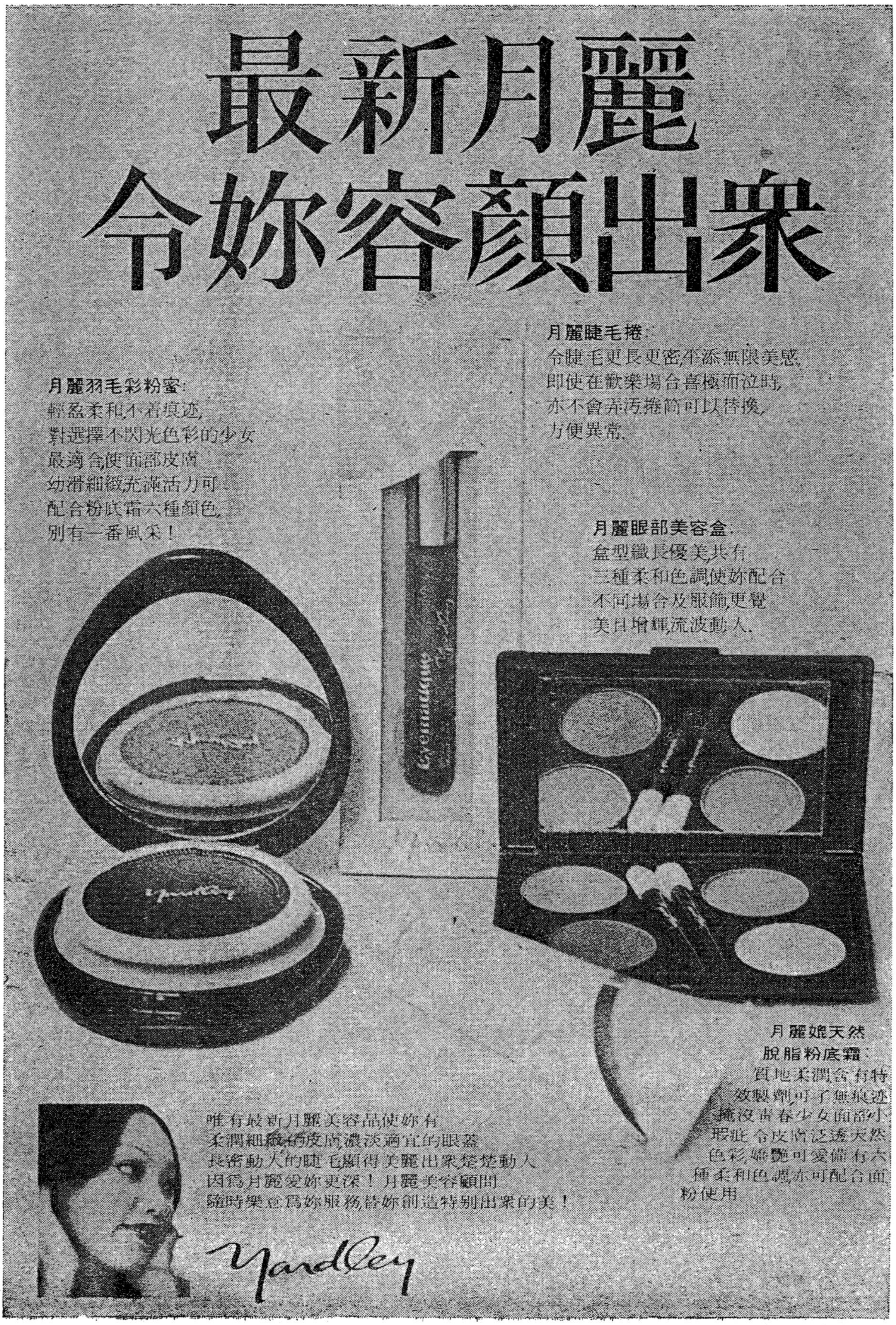
最新月麗
令妳容顏出衆
月麗羽毛彩粉蜜:
輕盈柔和,不着痕迹,
對選擇不閃光色彩的少女
最適合,使面部皮膚
幼滑細緻,充滿活力,可
配合粉底霜六種顏色,
別有一番風采！
月麗睫毛捲:
令睫毛更長更密,平添無限美感,
即使在歡樂場合喜極而泣時,
亦不會弄污,捲筒可以替換,
方便異常.
Eyemaquer
月麗眼部美容盒:
盒型纖長優美,共有
三種柔和色調,使妳配合
不同場合及服飾,更覺
美目增輝,流波動人.
月麗娘天然
脫脂粉底霜:
質地柔潤,含有特
效製劑可予無痕迹
掩沒青春少女面部小
瑕疵,令皮膚泛透天然
色彩,嬌艷可愛,備有六
種柔和色調,亦可配合面
粉使用
唯有最新月麗美容品,使妳有
柔潤細緻的皮膚,濃淡適宜的眼蓋
長密動人的睫毛,顯得美麗出衆,楚楚動人
因爲月麗愛妳更深！月麗美容顧問
隨時樂意爲妳服務,替妳創造特別出衆的美！
Yardley

也談徐悲鴻

薛慧山

今年是徐悲鴻先生逝世二十周年，蔣彝先生特為「大人」撰「憶悲鴻」，提供了許多關於徐悲鴻的第一手資料，不揣續貂之嫌，也來談談徐悲鴻。

提起徐悲鴻，人們該都熟識他那一手寫意的畫馬，自有其一種飛揚雄偉的神氣。同時，他畫過不少動物之類水墨畫，被人與齊白石相提並論，在近世中國畫壇說來，佔有一定的席位。而今，適值他逝世二十週年，謹以此文爲之紀念。

徐悲鴻平生致力於藝術教育工作，戰前曾主持南京中央大學藝術系，戰後出任北平藝術學院院長，他本人所產生的影响力，比之尋常畫家要來得廣大。尤其是他以一個西畫家，而兼爲國畫家的雙重身份，融會貫通，大非易事；至少，他代表了四十年代所謂「中西合璧」一派人物的突破點。

對於中國古代藝術的精華，他主張予以吸收，但又必須揚棄其糟粕，這樣批判性接受的態度，該是正確的。可是，他在法國巴黎研究西畫的結果，却又一直堅守着學院派的純寫實主義，對於現代畫的印象派、抽象派，死硬地予以一筆排斥。時至今日，年青的一代論及徐悲鴻，便起來指摘他爲「頑固份子」，本來他痛恨的是中國畫「四王」造成的形式主義，而沒有想到，他親自從歐洲帶回來的西方藝術幼苗，在自己血汗培植之下，長成的却是另一個形式主義了，就彷彿從這隻囚籠跳了出來，又進入於另一隻囚籠似的。

究竟徐悲鴻之於中國畫壇爲功？爲罪？是好？是壞？今天該是下結論的時候了。我忝爲交未，亦曾親炙其人，也不能不修辭立其誠，把我所知道的悲鴻一切藝術活動暨其所有的業績，在此拉雜回憶，並作一總結。

北平東城來往

第一次與徐悲鴻見面，該是一九三二年。當時他偕同夫人蔣碧微，聯袂蒞蘇州三元坊講學，係應蘇州美專校長顏文樑之邀。我剛巧住在滄浪亭畔，便跟着同去聽講。悲鴻自法國歸來，已担任了中央大學藝術系主任，還不過四十歲左右，胸前打了一個黑而大的蝴蝶結，神氣活現。他演講時，一口宜興官話，台下聽得較清晰，由我記錄後刋在吳縣日報上，但內容而今有些淡忘了。記得他在講詞中，强調藝術寫實主義，對西洋新興畫派表示排斥。他曾提到塞尙、高更，以至馬諦斯，他故意譯成「馬踢死」，稱之爲野獸派的獅子，但却沒有提到畢加索的名字；也許那時期的畢加索，還不曾放在他的眼框裏。

且說首次歐戰以後，中國學生紛紛去法國留學，學習油畫，一時成爲風氣。除林風眠較接近印象派外，徐悲鴻、顏文樑等都屬於保守性的學院派，他們的畫風，是要求跟照相一樣精細逼眞，忒講求了規矩法度。顏文樑的一幀傑作油畫「厨房」，在沙龍入了選，看來簡直比照相還纖毫畢現，把掛着火腿上的繩子都一筆不苟的畫了出來。徐悲鴻的筆觸，比較顏文樑來得粗豪一些，但其崇尙寫眞的保守態度亦相彷彿。當時我很年輕，却一直不喜歡這類學院派而頗傾心於印象派，而且認爲唯有西洋印象派與中國寫意畫講求神韻逸氣，是有着共通點的。

到了十五年後，一九四六年，才又有機會與悲鴻重晤，且往來較密。當時他出任北平國立藝術學院院長，其年他五十二歲，神采顯得蒼老憔悴，同居的夫人却已不是蔣碧微了，而換了一個廖靜文。記得那時他在北平報上，公開發表言論，抨擊四王是中國畫壇的罪人，而數百年來流毒甚深，所有的畫家都一窩風似的競事模仿，積非成是，以至弄得眼前一片死氣沉沉。其間他對四王的畫評語爲：「全無天眞氣，重重叠叠，好講間架，樹多是小樹，不見一塊嶙峋之石，遠山仍是近山，畫中少見人物，便有人物仍非當時人，所以不眞實。……」這些都不失爲老實話，但因此開罪了北平國畫家等輩，對徐悲鴻實行「圍勦」起來。我在觀戰之餘，也忍不住舞文弄墨，寫文與悲鴻響應一下。直到他轉輾訪尋到了我，一見面認得還是舊雨，他高興得拱拱手：「這眞叫做『拔刀相助』！」

我住在東城東觀音寺巷口，跟悲鴻寓所僅一箭之遙。有時清早去訪問，他還沒有起身，招呼入其寢室小坐。冬天生了火爐，幾隻懶洋洋的貓兒，都在他的被窩裏爬進爬出，煞是有趣。那位新夫人廖靜文，一口湖南四川話，端了茶來催悲鴻起身，但他仍躺在床上，滔滔談話不休。我見他頻頻撫着腰部，似有些痛楚，據他自稱：「那是有一次趕去看巴黎年展，身上窮得沒有大氅，在雪中的盧森堡公園步行，受了寒遂成病根，至今未愈……」。不料後來他五十九歲即告病故，也無非種因於此。

悲鴻知道我對國畫有興趣幷多少有些研究，屢次把他私人所收藏的畫件，一一展示。但除了那卷八十七神仙圖卷，手上幷無其它宋元劇迹。倒是齊白石、張大千的畫藏有近百幀。齊白石跟他交誼不錯，有幾幀畫眞是外間罕見的神品。張大千畫的題材大多是黃山風景，乃戰前在中央大學執敎時所作。此外，祇有任伯年的作品最多，他一共集藏了二百多幀。

任伯年在清末是一個有特殊造詣的畫家，翎毛走獸和人物畫得夠生動流麗，用筆用墨用色都極大胆，具有藝術創造性。可惜從小失學，在畫軸上只能寫上一個窮欵，對題跋不甚嫻習，悲鴻亦然。他對任伯年的畫特别欣賞，屢次譽之爲清代三百年來第一人。凡伯年的畫迹，不論片楮斷縑，在他都一律視之爲至寶。有天，我在琉璃廠露天檔上，偶然找到了幾幀伯年畫的團扇，已畧有破損，剛巧他到我寓所來，一見了便愛不忍釋，堅請割愛。至今在那冊精印的任伯年畫集中，還依稀找尋得出若干舊日的夢痕，但悲鴻本人，從這塵世上已悄悄離去了整整二十年！

强盜牌香烟片

關於悲鴻的身世，據我所知道的是，不但出身清寒而已，且在早年備嘗過飢餓貧窮的滋味。他原籍江蘇宜興，本名壽康，他的父親達章先生，原是一個裁縫。但悲鴻輒諱秘之，且曾撰自述云：「父親平生耕讀自娛，兼教私塾，且工書畫篆刻」。其實裁縫師傅本身也有文化，只是所作的畫格調不高，正與齊白石早年一樣。悲鴻追述他父親的畫藝說：「獨喜描寫所見……無所師承，一宗造化，故所作鮮而特多眞氣」。據錢松喦告訴我，曾在宜興鄉間看到達章畫的人像，那是別人死了沒有照相，請他去棺材旁一瞻遺容，然後追摹的，這套工夫也算是一絕。故悲鴻之喜作人像畫，多少出於他父親遺傳的影响。

悲鴻九歲從父學畫，最初臨摹的不外乎父親的畫稿，但漸漸不以此爲滿足，他喜愛描繪自己親眼所見的一切自然形象，舉凡瓜菓、蔬菜、飛鳥、昆蟲，牛羊……他無不細心觀察，刻意渲染。當時鄉間買不到什麽印刷的畫冊，適巧外國的强盜牌香烟，在中國傾銷，香烟匣內附有小小畫片，如西遊記、封神榜之類，畫了各色人物，用彩色印刷。悲鴻見獵心喜，便把强盜牌畫片一一收集起來，依樣描繪了幾千幀之多。十三歲時，家鄉遭遇大水，被迫離開故鄉，流落於無錫、常州等地一些小村落之間，依靠賣畫爲生。那些畫就是等於强盜牌香烟畫片的放大作品，每張祗收一二個銅板的代價。後來悲鴻還向我說：「那時候一兩個銅板在無錫，已可買一碗餛飩或麪吃，夠我喫得半飽的了。如果你還能找得到一張署名『壽康』的小畫，我現在肯出大洋百圓收回來做紀念。」

悲鴻到了十七歲，便担任宜興女子師範、彭城中學和思齊女子中學的圖畫教員，負担起家庭生活。但因不滿父親强迫他娶一舊式女人，不得不出走到上海去。到上海結識了當時在商務印書館充跑街的黃警頑，其人號稱「交際博士」，熱心地招待他借住在宿舍裏。後來悲鴻出任北平國立藝術學院院長，延黃警頑爲之任庶務。某天談起往事，悲鴻說：「那時我往往一天僅吃兩個粢飯團充飢。有一天，脫下布馬褂去當了十個銅板，回來看到黃先生早已把兩塊銀洋塞在我枕頭邊，我的眼睛不禁潤濕了」。

猫

徐悲鴻作

至於悲鴻之有出國深造的機會，那因爲當時上海哈同花園，辦了一個倉聖大學，據考証說倉頡共有六隻眼睛，悲鴻畫了一張去應徵，獲得錄取。從此他被哈同總管姬覺彌賞識，被邀在園中爲「文明戲」畫不少佈景。厥後又苦攻法文，由姬覺彌資送到法國去留學。

但這其間還有一重公案。劉海粟創辦上海美專，第一名投考的學生便是徐悲鴻。其後悲鴻成了名竟不肯認賬，并登報聲明。其實這事對於他的名譽絕無影响，而又何必多此一舉？本來，學問之道無窮，往往青出於藍，不斷地有新人抬頭才好。嚴格地說，悲鴻在一開頭便缺乏正統的藝術指導，沒有好好研究過美學理論，因此人們指摘出他自早年起便培養成的藝術情操，一輩子永遠潛伏在他的血液裏，終其生駕驅着他的藝術路向，使他畢生無法衝出寫實主義的囚籠，這倒不算苛責之言。

悲鴻的個性崛强，日常輒以自製聯語「獨持偏見，一意孤行」爲標榜，横額又是「應毋庸議」四字，大有充滿了驕傲自信，訑訑然拒人於千里之外的氣概。但他平日對青年人却始終和顏悅色，由於彼此同籍江南，經常和我晤談，親切而不拘形跡。但有天我一跨進門，見到他披了睡衣，暴跳如雷，正在對幾名警察大發脾氣。一問原委，原來警察奉命遍查北平城戶口，對他也公事公辦，並無例外。我馬上替他解圍，警察便興辭而去。悲鴻恨恨地說：「我要打電話告訴李宗仁，豈有此理！」

平日，悲鴻一派春風化雨的風度儒雅，在在令我傾折，但與之臧否當代人物，却發現他主觀性很强，對人不是捧得太過火，就是罵得忒厲害。他捧漫畫家葉淺予為中國人物畫權威，且延之爲國畫系主任，已令我錯愕不解。有時與之談中國文人畫，與西洋現代畫這些話題，也都覺得格格不入，他成見極深，果眞是「獨持偏見，一意孤行」嗎？但有次我見了他在畫上蓋有一方「東海王孫」的圖章，便表示作爲一個畫家尤其出身清寒的他，未免有擬於不倫之憾。結果他竟把愚見笑納了，連聲答：「對，對！」從此在他的畫上很少再發現這方圖章，可謂從善如流矣。

大堆頭人物畫

一九四七年，悲鴻在北平中央公園社稷壇之中，舉行了一個大規模的個人作品展覽會。我躬逢其盛，把他的全部作品都來一個飽覽無遺。這次所有平生得意傑作——那些大堆頭的人物畫，統統看到了，該是一個極其難得的機緣。

這些大堆頭人物畫，也眞大得可以。最大的廣十丈面積，較小的也在丈外。那是悲鴻以西洋畫素描爲基礎，中西合璧式的運用中國毛筆水墨所作。我看了以後，對悲鴻似正經又帶些開玩笑指出：「那可以說是中國北宋的李公麟與荷蘭十七世紀的倫白朗兩人藝術的大結合！」他却不以爲忤，頻頻頷首。

中國人物畫的劇迹，存世的原也不多，平生所看到的唐朝吳道子的「送子天王圖」，是藏在大阪美術館，雖未能肯定爲眞品，筆致却飛勁有致；北宋武宗元的「朝元仙仗圖」，現爲王已千兄私人收藏，年前還帶到香港來共欣賞，整卷氣勢頗不弱；次之，即是悲鴻珍藏的李公麟（無欵）「八十七神仙圖」；據說是某年他在香港摩囉街搜羅到手，一向珍若拱璧，抗戰時在成都又告失而復得。這卷白描人物，論技巧尚在「朝元仙仗圖」之下，是否屬於李公麟手筆，殆成疑問。已故觀瀾宗兄，嘗出示其袁寒雲舊藏元代朱璧所繪「揭缽圖」，其畫法正是與李公麟一鼻孔出氣的。悲鴻就也從李公麟的畫法中，襲取了這樣大堆頭的章法而已。

著名的「田横五百士」，是取材於史記，司馬遷表揚了田横的「能得士」和不屈的「高節」，也就是悲鴻創作的動機。這幅畫所展示的，是在故事的橋頭，田横正與衆士拱手而別，而衆士對他此去雒陽表示疑慮焦急，大有生離死別的蒼涼況味。另一幀「徯我后」取材於詩經「徯我后，后來其蘇」句，形容商代在專制高壓下人民的渴望。被描寫着：「貧民長久地處在飢餓邊緣，使他們喪失了活動的意念，只是木呆地抬頭望天，在炎熱的太陽下，大地龜裂，寸草不生，樹葉凋落，天災與暴政帶來了無休止的刼難，他們被痛苦的煎熬着，眼露着絕望之情，但他們心底深處，却又幻想着和風時雨的降臨」。無疑地，這是悲鴻借古諷今之作。

這兩幀大畫，論其場面氣魄之大，眞足以驚心動魄。可惜的是「田横五百士」裏面的人物太多了，擠得像一罐沙丁魚，絕沒有透露空氣廻旋的餘地即有人形容它：「各個爭相拋頭露面，作者亦存心給予表現的機會，却無法使個體之間互相協調，因而使人感覺到舞台太小，一時擠不下這麽多要角而遺憾」。顯然，悲鴻這樣學李公麟大場面安排，是太刻意了些，不是所謂「刻舟求劍」是什麽？

「徯我后」人物較少些，但也犯同一毛病，空間逼仄了些。悲鴻在西洋油畫家中，最崇拜的是倫白朗，甚至故意模仿他的畫風畫法，但倫白朗的「夜警」，對於構圖上層次空間的處理，又何等乾淨俐落，在悲鴻筆下，迄未能攝取其長處於什一。

以中國古代衣冠人物，作爲油畫的題材，在悲鴻個人來說，是有意發揮了他旺盛的創造力想像力；但不幸的是，新瓶裝舊酒，究嫌不甚調和。即使是純水墨畫的「愚公移山圖」罷，每個人的面部，就如一般眞人大小，祇因畫面太緊凑，每個人的面部，畫得喫力而實在不討好。悲鴻自嘆這些作品，也就像「愚公移山」式的一股戇勁，所謂頂着石臼做戲，雖付出了很大氣力，所獲藝術効果究竟不多。

在悲鴻平日的談話中，他表示早年讀書不多，而因親炙了幾位前輩，獲得不少啓示。他的書法本來向康有爲學的，康氏敎他寫北碑，蔡元培很早就識拔了他，對留法官費事幫過忙，其間最稱莫逆之交是一位狄君武，十五年前，我在台北粥會相晤，君武在座上回憶說：「悲鴻在巴黎窮得每天喝冷水啃硬麫包過日子，仍苦學不懈，一口氣作畫可以持續十六小時，連半夜都起身趕畫

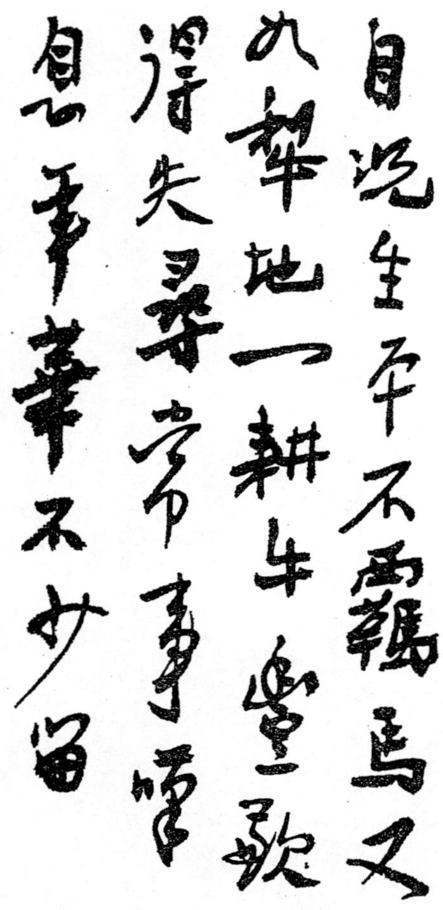

徐悲鴻自書詩稿

趕到天亮。其後在南京在重慶，也一貫地發揮那股子韁勁，那些大畫使他曾嘔盡心血，甚至搏了命。一般藝術家生活方式，照例是落拓懶散慣了的，但悲鴻這人却是例外，確實他平生得一『勤』字呀！」

畫馬自成一家

世人所熟知的是，悲鴻爲一畫馬專家。他一生畫了不知多少幀馬，一眼看去，那些畫馬一片水墨淋漓，而神采飛揚，頗能傳駿馬之神。

但其間着實經過長期的研究，不斷地修煉，所以能把畫馬的重點突出，刪除細節，而臻於高度概括的程度。

中國歷來畫家，以畫馬出名的倒有幾個，韓幹、李公麟，以至趙子昂，他們畫馬都是近於工筆的畫法；到了悲鴻，才不再斤斤計較於馬的外型細描，而以一枝粗豪的大筆，將馬的骨格精神予以表現，這才有一種磅礴之氣，破空而出，在中國畫史上頓時形成一項寫意畫馬的新格。傳說悲鴻曾節衣縮食的省下一筆錢，買過一匹活馬，從事精密的解剖，細心研究了馬的每一片骨骼構造，再與平時觀察得來馬的一舉一動，甚至一些習慣的小動作互相印証，而寫出各種姿態。但在他自己口中，從沒有提過這件事，祇是對學生常說：「要畫馬必須跟那些上品的駿馬常厮守在一起，締立長久的友誼，所謂『全馬在胸』，下筆自能有神！」

悲鴻早年，不到廿歲就開始畫馬，有次在窮極無聊中，畫了一匹馬，寄給嶺南派先進當時担任上海審美畫館館長高奇峯。高氏回信對他大加讚賞，有「雖古之韓幹，無以過也」之語，并附銀洋廿枚爲酬，給予悲鴻以莫大的鼓勵，從此他決心畢生以畫馬爲專科。

最早時期的悲鴻畫馬，畢竟技巧是較稚嫩的，他還是一筆筆細描的。到了巴黎後，轉往柏林居住，常到動物園去寫生，臨繪獅虎猛獸，而最多的還是爲馬寫照。等到出長南京中大藝術系，他的寫意畫馬，才開始嶄露頭角，與國人相見。但那時南京有一小學生，模襲其畫馬竟能亂眞，居然鬧出一場糾紛，足證悲鴻藝術尙未臻於化境。直到抗戰時期，他畫的馬鬃馬尾，愈來愈老筆紛披，儼然有破空飛騰之勢，才漸漸被人所矜重，其代表作，有「五馬圖」「九方皋」等。至今，「五馬圖」爲友人劉作籌收藏，不久前我還去欣賞過。「九方皋」是一羣種色不同的馬，其中有一匹黑馬正在昂首嘶鳴，其旁有人在作端詳相馬之狀。這幀畫稿，悲鴻平生重複畫過了很多次，你瞧悲鴻畫馬，似乎東一塊濃墨，西一塊淡色，但都是有根據的，决非面壁虛構。他畫的馬都是前腿軟後腿長的，有人認爲不對，他解釋說，馬奔騰時四足不一，前撲時一腿特別前伸，這樣確乎寫出了馬的眞性情。他畫的「河邊飲馬圖」，畫來畫去，還不滿意，他一定要寫出馬喝水呼吸時，表現在肚皮上收縮和膨脹之間的一些起伏變化，然後才算把馬的生活最神妙的一剎那表現出來。

跟悲鴻在柏林主辦過畫展的丁文淵，生前與我論及悲鴻之畫馬，却獨持異議說：「我眞不明白悲鴻爲什麽要反來覆去畫那些馬？在外國人看來，一個畫家一生中畫一次馬還不錯，如果畫第二張就等於拷貝，怎麽可以一直拷貝千百次而不知厭倦呢？」

其論甚怪，但不失爲人們另一種看法。而今悲鴻畫馬之爲專家，似已成定論，但個人還是喜愛他畫的喜鵲、雄鷄、鵝鴨、和貓。又檳城顧治華兄所藏悲鴻贈畫，係在泥金箋上畫了一隻睡貓，據說係在他寓中當場寫生所得。

悲鴻寫生三訣有「寧方勿圓，寧拙勿巧，寧穢勿淨」的說法。我細看他的畫貓，濃墨是塗了再塗，厚凸一片。即畫馬在淡墨中墨上，有意加一兩筆極厚的濃墨，務求其汚穢辣撻而不惜。在刻劃對象的外形特徵上，他認爲「在初學時寧過毋不及，如面上仰，寧求其過份之仰；回顧，必盡其回顧之態」。如此强調重點，本來是藝術手法之一端，即堅持寫實的悲鴻也樂於採用之。

當時，他教導學生說：「似我者死」，反對別人臨摹他的作品，并指出：「眞馬較我畫之馬更可師法也」，這也不失爲金鍼度人之言。

論畫獨具慧眼

本來，悲鴻去法國專攻的是西洋油畫，對中國畫之兼擅，乃係早年摸索得些皮毛，至於以國畫家姿態出現，還是回國以後的事。一九二八年，田漢在上海創辦南國藝術學院，首先邀他担任美術系主任。田漢是一個深具文藝素養的湖南人，跟他臭味相投，合作了一個短時期。由於田漢的慫恿，悲鴻才又以筆墨宣紙重作中國水墨畫，從此不覺自成氣候起來。祇是中間似乎缺乏了一段基本的訓練，所以悲鴻連中國畫最起碼的竹石

鷄　徐悲鴻作

都畫不好，他畫石頭祇知把墨筆輕勾外層的輪廓，再染以淡赭；畫竹則以高奇峯爲師法，竹竿寫得臃腫肥大，竹葉交搭欠妥，一望而知是臨時鑽鍋得來而尙未純熟之作。

儘管悲鴻自稱腕底有鬼，而尙能眼中有神，他對中國畫的欣賞批判，可以不囿於成見，獨具慧眼。例如他把任伯年的藝術創作予以高度的評價，便自有其卓見。一九二九年，他到北平，很早與齊白石訂交。當時白石老人的畫，由於自我創造，別具一格，不但不爲人重，且被保守派攻擊甚力，在北平的處境相當狼狽。悲鴻却不管三七廿一，很熱情地三訪借山館，請他出任教授，爲之揄揚不遺餘力。白石對此，感恩平生，輒引以爲知己。他在一幅人物畫上題句云：

草廬三請不容辭，何況雕蟲老畫師；
深信人間神鬼力，白皮松外暗風吹。

白皮松是北平的特產，從北海到萬壽山，所有風景勝處，都植有這種葱籠如虬的老松，非常入畫。某次悲鴻在招考學生時，特地出了一個「白皮松」的考題，學生繳了卷後，他便請白石評定。其後白石寫了一幀山水，畫的是一羣鷺鷥聚居沙汀之景，并題上「答徐悲鴻幷題畫寄江南」詩云：

少年爲寫山水照，自娛豈欲世人稱？
我法何辭萬口罵，江南傾胆獨徐君。
謂我心手出怪異，鬼神使之非人能；
最憐一口反萬衆，使我衰顏滿汗淋！

白石在寫給悲鴻的信上且說：「生我者父母，知我者君也」。兩人之間肝胆相照，一反「文人相輕」之𢇍。

說到山水畫，悲鴻本人曾自創了一格，「灕江春雨」便是代表作。說穿了，有些像西洋水彩畫，不過拿毛筆水墨的工具來畫罷了，滃濛一片，不無墨趣。但作這樣的畫，如果眞能採取古法的話，必須筆中有墨，墨中有筆，不然又與西洋畫何異？他常說：

「古法之佳者守之，重絕者繼之，不佳者改之，未足者增之，西方繪畫之可采入者融之。」

話說得不錯，但如欲鎔古今中外畫法於一爐，又非大智慧大手筆不辦。悲鴻論列中國山水畫，并不抹煞了這優秀的傳統，并對古代畫家的成就有所推崇，特地列舉出幾個示範，他說：

「因爲范寬居太華，習見雄峻之山，董源居江南，則不爲叠嶂，寫出眞情實景，所以至今仍予吾人親切之感。便是倪雲林、黃公望、吳仲圭輩文人畫，亦不脫離寫實……元孫君澤，明周文靖、沈石田、仇十洲、袁江輩，皆能外師造化，中得心源。」他一面重視古人寫實既成的業績，一面又指出了歷來形式主義的流弊，對之抨擊說：「明末董其昌爲中國繪畫上第一個形式主義……他又親敎四王中年輩最高的王時敏，故以後四王都受他的影响，而四王就成了宮廷體，變成沒落的典型。」誠能慨乎言之，一下子搔着了此中癢處。

可是，眼高手低，固人之通病，悲鴻畫馬雖算得上創新，其他方面的製作，似仍停滯於保守的階段，一味以形似爲手段！絕對趕不上同時畫家齊白石那麽遊行自在的一片神趣。尤其在油畫的作法上，脚步實在慢了一截。有人說他論中國畫的主張倒很不錯，結果就在自己油畫作品上，不啻「打一記不算太輕的耳光」！

自畫像贈徐悲鴻　齊白石作

學院派的框框

管見以爲！悲鴻素描第一，油畫其次，而中國水墨畫祇能列在最末。悲鴻對此說法，亦表同意。

油畫是悲鴻作品中主要的一環，以功力而言，他的油畫當然比他的水墨畫來得成熟，最値得矚目的，是素描根底相當紮實。尤其他是一個成功的人像畫家，每幀畫無不精心製作，歷年來所看到的油畫作品，如陳銘樞所藏「風塵三俠」、白崇禧所藏「秦瓊賣馬」，都是把中國歷史故事，描繪在油畫框框裏，予以藝術形象化，而又充滿了民族氣息，乃可稱是他拿手傑作。至於現代裝束的「廣西三傑」，原畫我未曾見到；倒是替星加坡總督畫的像，胸佩勳章無數，手靠着一隻酸枝茶几，畫來把當時殖民地英國官吏的嘴臉畫得神氣奕奕如生。但在星加坡畫評家劉抗的筆下，對這幀畫認爲畫面不甚調和，甚至有畫蛇添足之嫌。

悲鴻對色彩、光線極爲注意，在他油畫中往往能運用得恰到好處。他反對「窮紅窮綠」，表示那種太强烈的色調，只能佔畫面的極小部份，而大部份必須多用灰色調，如此才可以有烘雲托月之妙。就在北平稷園畫展中，我看了悲鴻平生第一傑構「簫聲」，那還是在法國求學時代，以少艾時的蔣碧微爲模特兒，在月光之下，她在吹着一支洞簫，眉目間似乎如怨如訴，幽情無恨，整個畫面是冷冷的暗綠色，有一種悽艷絕世的氣氛，恍惚一陣陣盪漾的簫聲，就在那畫面上會傳到你的耳鼓裏似的，這樣妙到秋毫之作，不由我對之低徊沉思了好久。

從這幀畫我記起了悲鴻常說的話：「色彩在整個畫幅中，就像一個樂章，有自己的旋律和韻律，給人總的感覺應該是鏗鏘和鳴的」。無疑地，他的油畫也等於一個樂章，是有其獨特的旋律韻律，且可以用「光采煥發又沉着」這句話來概括他的特徵。

說來悲鴻油畫的技法風格，當然還是承襲了十七世紀荷蘭畫家倫白朗的影响。倫白朗善於以物體强烈的明暗對照，表現出雕刻似的立體感，論功力是精鍊到家了，但最大的缺點，便是過份的「泥於形跡」，筆筆送到，絕不偸工減料，看起來簡直跟彩色照片一模一樣。

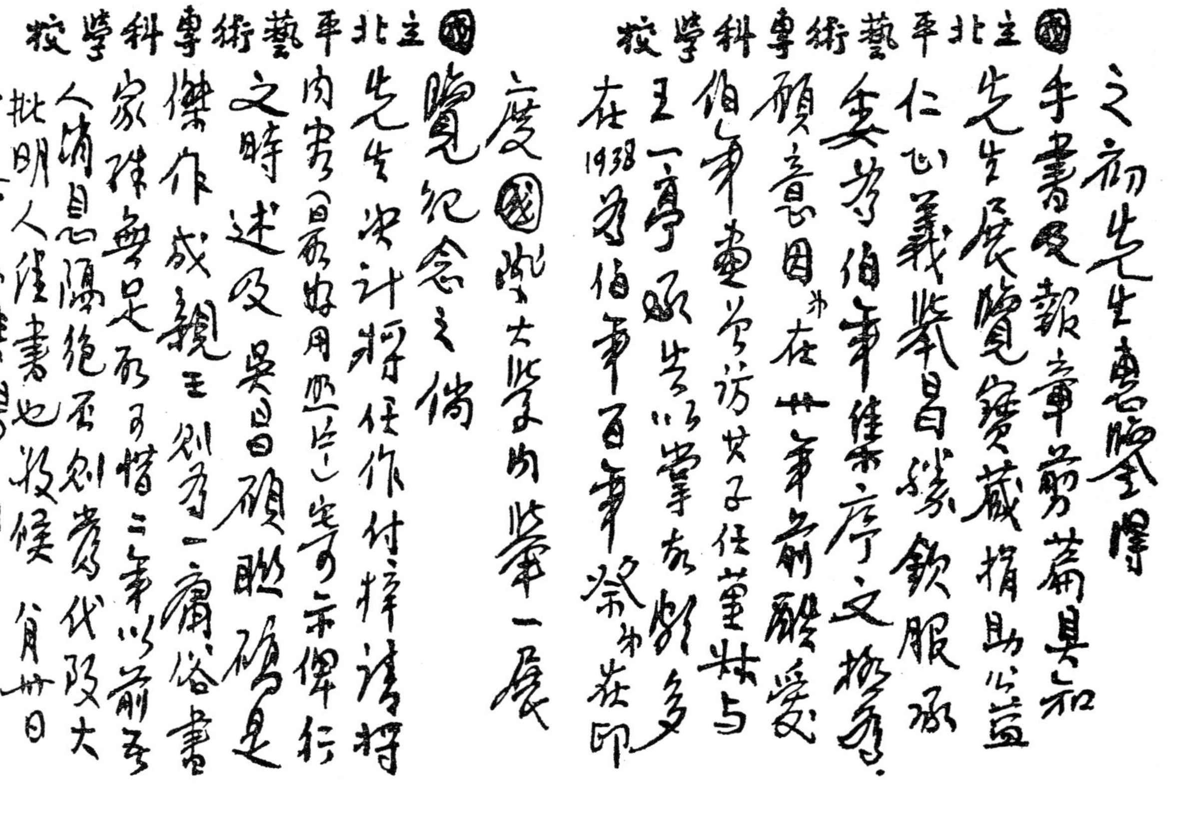
國立北平藝術專科學校

之初先生惠鑒：得
手書及[illegible]具知
先生展覽[illegible]藏，指助公益，
仁心義舉，欽服。承
委爲伯年集序文，極爲
願意。因弟在廿年前酷愛
伯年畫，曾訪其子任堇叔與
王一亭諸先生，以掌故獨多。
在1938爲伯年百年祭，弟在印
度國際大學內舉一展
覽紀念之。倘
先生决計將任作付梓，請將
內容（目錄如用照片）寄示，俾行
之時述及。吳昌碩[illegible]確是
傑作，成[illegible]王[illegible]則爲一庸俗畫
家，殊無足取。可惜二年以前至
人情見隔絕，否則當代及大
批明人[illegible]書也。敬候
秋安　弟悲鴻頓首　八月卅日

徐悲鴻手札（陳之初先生藏）

此外，他之趨於保守的學院派這一面，多少還是與他的恩師達仰有關。一九二〇年，悲鴻到了巴黎，進了法國國立最高藝術學校，他的刻苦好學，精進不懈的傻勁，被師友們一致佩服。他一進課堂，首先在素描班臨畫石膏像，教授看他的進度，加以指導解說，批評修改，在很短時期後就認爲他已及格，升到模特兒班去畫人體。然後再學繪油畫，又很快入了行。平日他常去羅浮宮中臨摹古代名畫，又經常盤桓納塞河畔，在舊書攤上不斷搜求各種畫冊，也全都傾向於古典學院派這一類東西。

由於他既有根底；以及他的辛勤努力，結業考試通過後，爲了敬慕一位寫實主義最後的大師達仰，特地登門拜訪，拿出自己的畫請他指教，果然獲得青睞，收他爲入門弟子。有天，悲鴻畫了一幀「遠思」，拿去向老師求教，當場爲一收藏家見到以一千法郎購下，給予他莫大的鼓勵。

唯其如此，終其生註定了跳不出學院派樊籠的命運。我們從時間上來看悲鴻留法時的巴黎背景，那正是首次歐戰結束之後，巴黎的藝壇突然捲起了一陣新興藝術的狂飈，什麽野獸主義、抽象主義，相繼抬了頭，這是物極必反的結果，對於過份求形似的學院派，不啻是迎頭一棒！這其間，確也并非單純的造型藝術活動而已，而是配合了哲學、思想、音樂和詩的文化新潮，突破舊有的框框。但此際的悲鴻，却堅持其不變的崗位，對新興藝術不管好壞，竟予以全盤否定，他對巴黎畫壇曾作如是的看法：

「留學法國時，正值西歐畫壇泛濫着形式主義……這些畫派的創始人，都是憑一時的衝動，標新立異，根本沒有深厚的思想和系統性的理論作爲後盾，大多只是追求一種形式，也談不上固定的手法，只是風雨飄搖到處標榜，這種形式主義之無根，對現實不誠不實，乃研究藝術歷程中的絆脚石」。

正視新興畫派

一個藝術家最要緊的信條，是胸襟寬濶，要有容人之量，才能博采衆長，更進入於聖者的境界。毋庸諱言，悲鴻生前因體弱多病，加上家庭間糾紛，以致常呈一種精神欠平衡的狀態，他一面執拗地反對新興思潮，一面却又熱心地揄揚善美，不遺餘力。例如他在星加坡時，力捧劉抗爲「馬蒂斯之師」，陳文希爲「中國第一」，都似稍覺過火；至於他之傾心於女學生孫多慈，替一個十多歲的女孩子在中華書局貿然編印畫集問世，其舉措亦未免有失常之嫌。

在他身後，他的前任夫人蔣碧微，寫了一冊回憶錄上部「我與悲鴻」，兩人的恩怨是非，旁人無法置喙，其中對畫藝述及不少，而一片勃谿之聲，充滿紙上，但同時拜讀了她寫的下部「我與道藩」，令人感到女性的感情微妙，愛憎過於分明。據我所知，道藩固是一個温文可愛的紳士，悲鴻也不見得眞是寡情薄義之徒。其間釀成悲劇的主因，是彼此個性都相當强烈，誰也不肯忍讓誰，當然悲鴻「自以爲是」的想法牢牢掌握了他，在心理與行爲上時有變化，而碧微之容易冒火，也更一發不可收拾。回憶戰前蘇州之會，兩人親密得寸步不離的一幕，猶歷歷如在目前。但而今已生離死別，人天睽隔，還有什麽話可說？

任伯年畫像

徐悲鴻作

任伯年先生畫像

悲鴻平日，是帶些藝術家不修邊幅不拘小節的習慣，如果眞能了解他的人，決不會多所詫怪。他跟你談得投機，可以一口氣替你作畫多幀而無倦容，反之，他也懶得與人應酬。有天，國立北平藝術學院開學典禮，門口停泊不少長者之車，他當場發表演詞，竟主張要把北平所有的汽車攆出去，才能維持這古城的寧靜云云，弄得客人都下不了台。「獨持偏見，一意孤行」。這八個字，在他這等狂傲的言行上，果然發揮無餘。

本來，一個藝術家這些特立獨行的怪癖，殊不足爲病。想一想罷，遠在三四十年前，他抨擊中國畫的積弊，已那麽敢於發難，把「離開古人不敢着一筆」的摹古派，批評得一文不値，何等直截痛快！有人指出：近世李可染、程十髮、黃冑、關山月、宋文治、蔣兆和、吳作人、葉淺予等等，所進行中國畫的革新求變種種，莫不皆在徐悲鴻啓示之下出發，其於中國畫壇說來已是不無貢獻。

所遺憾的是，悲鴻對於新興的抽象派、野獸派之崛起，一直加以過份的排斥，從不肯正視一下，不但在今天，即當時徐志摩已對之激烈爭辯過。其實，正由於學院派寫實主義之忒求形似，畫得太刻劃、太拘謹了，而引起新興畫家的反叛，從入世轉到出世，來一個一百八十度的轉變，事實上也就是西方的藝術思潮終於向東方投降！而悲鴻一生在思想中犯了偏差的毛病，便是他祇想到「西方繪畫之可采入者融之」，而一心要把西洋學院派的精細技巧融入於中國畫之中，明足以察秋毫，而不見輿薪，到頭來，爲什麽不更進一步，乾脆把中國畫的優點推廣到整個世界去？

拿最近在法國逝世的畢加索來說，他具有優秀的素描技巧，但他更賦有超時代的思想性靈，所以作品能推陳出新；假如今日悲鴻仍健在的話，我相信他在長期硏究覺悟之下，一定會一變其言論態度。記得唐代閻立本痛駡張僧繇是「浪得虛名」，等到以後發現了他的好處，就坐臥僧繇畫下三日不去！此日眞恨不得再起悲鴻於地下，一同再玩味馬蒂斯、畢加索藝術的妙諦所在，相信他也會連聲說「對！對！」

徐悲鴻代表了四十年代的「中西合璧」的突破點，祇是囿於學院派成見，而致未能竟其全功。但他畢生治藝勤奮，誨人不倦，在在有可取之處。至少，他沒有失去民族的自尊，也是永遠値得後人師法的。

榮　獲

• 香港工業總會優異設計奬 •

• 中華廠商會本屆工展特別奬 •

最新改良

塑料椅面　鋁合金管脚

百靈椅

輕巧美觀，可以叠放，合用於廳堂臥室，花園露台，酒樓，學校，會堂，辦公室……室內室外任何場所。

OK

請到海運大厦開達公司陳列室參觀、試坐、比較、便知較其他坐椅更爲舒適。

各大公司均有代售 并 歡迎外埠代理經銷

任伯年評傳

——採自任伯年畫集（非賣品）——

任伯年名頤，浙江蕭山人，後輒署名山陰任伯年，實其祖籍也。其父能畫像，從山陰遷蕭山，業米商。伯年生于洪楊革命之前一八三九，少隨其父居蕭山習畫，迨父卒，伯年約十五六歲，即轉屣上海。是時任渭長有大名於南中，伯年以謀食之故，自畫摺扇多面，僞書渭長欵，置於街頭地上售之，而自守于旁。渭長適偶行遇之，細審冒己名之畫實佳，心竊異之！猝然問曰：『此扇是誰所畫？』伯年答曰：『任渭長所畫。』又問曰：『任渭長是你何人？』答曰：『是我爺叔。』又追問曰：『你認識他否？』伯年心知不妙，忸怩答曰：『你要買就買去，不要買算了，何必尋根究底？』渭長夷然曰：『我要問此扇究竟是誰畫？』伯年曰：『兩角錢那裏買得到眞的任渭長畫扇。』渭長乃曰：『你究竟認識任渭長否？』伯年愕然無語。渭長乃曰：『我就是任渭長。』伯年羞愧無地自容，默然良久，不作一聲。渭長曰：『不要緊。但我必欲知這些究屬誰所畫？』伯年偪促答曰：『是我自己畫的，聊資糊口而已！』渭長因問童何姓？答曰『姓任，習問當年父親常談渭長之畫，且是伯叔輩，及來滬，又知先生大名，故畫扇僞託先生之名，賺錢度日。』渭長問：『你父何在？』答曰：『已故。』問你眞喜歡作畫否？伯年首肯。渭長曰：『讓你隨我們學畫如何？』伯年大喜，謂窮，奈何！渭長乃令其赴蘇州，從其弟阜長居，且遂習畫，故伯年因得致力陳老蓮遺法，實宋以後中國畫正宗，得浙派傳統，精心觀察造物，終得青出于藍，此節乃二十年前王一亭翁爲余言者。一亭翁自言，早歲習商，居近一裱畫肆，因得常見伯年畫而愛之，輒仿其作，一日爲伯年所見而喜，蒙其獎譽，遂自述私淑之誠，伯年納爲弟子焉。

任氏畫皆宗老蓮，獨渭長之子立凡學文人畫，不肖其父其叔，浮滑庸俗；其于伯年，造詣不啻天淵。伯年學成，仍之滬，名初不著，有人勸其納貲拜當時負聲望之老畫家張子祥（熊），張故寫花鳥，以人品高潔，爲人所重，見伯年畫，大奇之，乃廣爲延譽，不久伯年名大噪。

伯年嗜吸鴉片，癮來時無精打采，若過足癮，則如生龍活虎，一躍而起，頃刻成畫七八紙，元氣淋漓，此則其同時黃震之先生爲余言者。

伯年之同輩爲胡公壽、錢慧安、朱夢廬、舒萍橋，其中胡公壽爲文人，朱、舒皆擅花鳥，但均非伯年敵手。

伯年之學生有徐小倉、沙山春、馬鏡江，小倉、山春皆早世，鏡江亦不壽，有「詩中畫」行世，倘天假彼等以年，可能均有成就。後有倪墨耕，民國初年尚在滬鬻畫，不過油腔滑調而已。伯年卒于光緒乙未一八九四，伯年有一子一女，女名雨華，學父畫甚有得，適湖州吳少卿爲繼室，吾友吳仲熊君之祖也。吳少卿畢生推崇伯年，故斷絃後婿於伯年，雨華無所出，伯年逝世一八九四時，其子菫叔，年纔十五，故遺作皆歸雨華。雨華卒於民國九年一九二〇。余居上海，與吳仲熊君友善，過從頗密，仲熊知吾嗜伯年畫，盡出其伯年父女遺蹟之未付裝裱者，悉舉以贈，可數十紙。後吾更陸續搜集，凡得數十幅精品，以小件如扇面冊頁之屬爲多，其中尤以黃君曼士所贈十二頁爲極致。今陳之初先生獨具眞賞，力致伯年精品如許，且爲刊印，發揚國光，吾故傾吾積蘊，廣爲搜集附之，並博采史材，爲之評傳。

吾于一九二八初秋居南京，訪得一章敬夫先生之子，延吾往其家，玄武湖近，觀伯年畫。蓋其父生平最敬伯年，又家殷富，故得伯年畫頗多。記其佳者有唐太宗問字圖，尚守老蓮法，但已具後日奔逸之風。又五倫圖花鳥極精，又羣雞圖，聞當日敬夫以活雞贈伯年，以畫報之者。此作雞頭爲鼠嚙，敬夫請錢慧安補之，均佳幅，惜敬夫夫人過于秘守，不肯示人，且至當時尚未付裱，故無從得其照片。

抗戰之前，余聞陳樹人先生言，其戚某君居滬，藏伯年畫達七八十幅，中多精品云。吾久欲往滬一觀而未果，今已不可能，因樹人已下世，無人爲介，且亦不知得主名也。

學畫必須從人物入手，且必須能畫人像，方見工力，及火候純青，則能揮寫自如，遊行自在，比之行步，慣經登山，則走平地時便覺分外優游，行所無事。故舉古今眞能作寫意畫者，必推伯年爲極致，其外如青藤、白陽、八大、石濤，俱在蘭草木石之際，逞其逸致之妙。而物之象形，固不以人之貴賤看，一遇人物動物，便不能中繩墨，得自然法而等差易其位也。當年評劇家之推重譚鑫培之博精，並綜合羣藝，謂之文武崑亂一脚踢，伯年于畫人像人物，山水花鳥，工寫粗寫，莫不高妙，造詣可與並論。蓋能博精，更藉卓絕之天秉，復遇渭長兄弟，得畫法正軌，得發展達此高超境界，但此非徒託學力，且需懷殊秉，不然者，彼先輩之渭長昆季，曷無此詣哉？

一九二八夏，吾與仲熊同訪董叔先生，董叔工韻文，而書學鍾太傅，亦是人物，曾無伯年遺作，但見伯年用吾鄉宜興陶土塑製其父一小全身像，佝僂垂小辮，狀至入神，蒙董叔贈伯年攝影一紙，即吾本之作畫者也。董叔于十年前病故，民國卅年左右，其後嗣尚作與吾論證其先人之文，可見其後至今尚昌大也。

憶吾童時，有一日先君入城歸，仿伯年斬樹鍾馗一幅，樹作小鬼形，盤根錯節，蓋在城中所見伯年佳作也，是爲吾知任伯年名之始。

計吾所知伯年傑作，首推吳仲熊藏之五尺四幅八仙中之韓湘曹國舅幅，圖作韓湘拍板，國舅踞唱，實是仙筆，有同之初藏之何仙姑。吳藏尚有八尺工寫麻姑，吾昔藏九老，今歸前妻蔣碧微，皆難得之精品。尚見一四尺畫，兩孩玩玻璃缸內之金魚，價重未能致。又一素描冊，經吳昌碩題，尊爲畫聖。若冊頁，則經子淵藏有十五紙，中有四紙，可稱傑構，已由上海某處精印印行，有正書局亦印出與吳秋農合冊中之八哥，可與之初藏之飛燕鸚鵡紫藤等幅相比。此等珠圓玉潤之作，畫家畢生能得一幅，已可不朽，矧其產量豐美妙麗，至于此哉！此則元之四家、明之沈唐所望塵莫及也。吾故定之爲仇十州以後中國畫家第一人，殆非過言也。

伯年爲一代明星，而非學究，是抒情詩人，而未爲史詩，此則爲生活職業所限，方之古天才，近于太白，而不近杜甫。

與伯年同時代世界畫家之具有天才者，如瑞典初論、西班牙索羅蘭伊白司底達，俱才氣縱橫，不可一世，殆易地皆然者。至如俄國列丙蘇里可夫、法國倍難爾、荷蘭之伊司賴、德國之康普李倍爾忙、瑞士霍特萊等，性格不同，不得相提並論。

憶吾于一九二六春，持伯年畫在巴黎示吾師達仰先生，蒙彼作如下之題字：

法文譯文

多麼活潑的天機，在這些鮮明的水彩畫裏，多麼微妙的和諧，在這些如此密緻的采色中。由於一種如此清新的趣味，一種意到筆隨的手法——並且祗用最簡單的方術——那樣從容的表現了如許多的物事，難道不是一位大藝術家的作品麼？任伯年眞是一位大師。

達仰　巴黎一九二六年

達仰爲近代法國大畫家之一，持論最嚴，其推許如是，正可依爲論據也。

1950 庚寅冬日徐悲鴻寫于北京
八十七神仙張叢之居

鄧石如繼往開來

·容天圻·

清代的書法可分做二個時期，由清初到乾嘉年間爲一個時期，由乾嘉年間到清末爲另一時期。清代前期書法，大致是繼承前代傳統法帖，是以在書法史上沒有特色可述，倒是後期由於北碑盛行，爲中國書法開創了一個新的局面；即使民國以來許多書家，也仍受到這時期書法的影響，我們甚至可以認爲近五十年來的書風，仍屬於清代後期書法的延續亦無不可。

清代中葉，由於金石學的興起，研究碑版，成爲一時風氣，在書法上碑刻大爲抬頭，於是便樹立了一種對二王傳統書法的革新書風，由於二王一脈相承的趙（子昂）董（其昌）作風已爲人們所厭膩，於是寫碑的人越來越多，尤其在篆隸方面成就最大，而其中以鄧石如（完白）爲翹楚。

鄧石如字頑伯，又署完白，初名琰，生於清乾隆八年（公元一七四三年），工篆刻，有人說他的篆書可以匹敵秦代的李斯，及唐代的李陽冰。他的隸書號稱爲清代第一人，他的書風後來又成爲北碑派的祖師，對很多書家都發生極大的影響。鼓吹北碑最有力的書家包世臣（愼伯）便是他的弟子。包愼伯於「藝舟雙楫」中列清代書品有五，即神品、妙品、能品、逸品、佳品等五品，鄧石如的篆隸均列爲神品第一，後來趙之謙也說：「國朝人書以山人爲第一，山人書以隸爲第一，山人篆書筆筆從隸出，其自謂不及少溫，當在此也，然此正自越過少溫處。善易者不言易，作詩必是詩，定知非詩人，皆一理也。」楊守敬說：「頑伯以柔毫作篆，博大精深，包愼伯推爲直接二李，非過譽也。」凡此等等，均可見其篆隸之妙。

鄧石如（一七四三——一八〇五）
見「清代學者像傳」

鄧石如爲安徽懷寧人，居皖公山下，故又號完白山人，少好讀書，愛刻石，仿漢人印篆甚工，及游壽州，毫縣梁巘（聞山）方主持壽春書院，見到石如所刻印及篆書，嘆爲難得，因此爲他治裝爲介於江寧梅鏐處，梅爲江左大收藏家，收藏至富，完白居其家，篤志臨摹，晨起即研墨盈盆，攤紙揮毫，至夜分始已，寒暑弗輟，如是者凡八年，在這八年中他學書的過程是：

「既得縱觀，推索其意，明雅俗之分，廼好石鼓文，李斯嶧山碑、泰山刻石、漢開母石闕、敦煌太守碑、蘇建國山及皇象天發神讖碑、李陽冰城隍廟碑，三墳記，每種臨摹各百本。又苦篆體不備，手寫說文解字二十本，……復旁搜三代鐘鼎，及秦漢瓦當碑類，以縱其勢，博其趣，……五年篆書成，乃學漢分，臨史晨前後碑、華山碑、白石神君、張遷、潘校官、孔羨、受禪、大饗各五十本，三年，分書成。」由包愼伯這段記述，可知他苦修的經過。

上面我們簡單介紹鄧完白學書歷程，下面我們且分析鄧石如書法的成就。近代名書畫家吳昌碩論完白翁書法說：「完白山人作篆，雄奇鬱勃，舖毫之訣，流露行間，筆意跌宕，在瑯邪石刻泰山廿九字之間，後起者吾家讓翁（吳熙載），雖外得虛神而內遒骨髓，吁！一技之長，未易言也。」康有爲則稱：「懷寧集篆之大成，其隸楷專法六朝之碑，古茂渾樸，實與汀州分分隸之治而啓碑法之門。」南海又說：「完白山人，盡收古今之長，而結胎成形，於漢篆爲多，遂能上掩千古，下開百禩，後有起者，莫之與京矣。」我們今日考察完白的字蹟，頗可窺見其用筆之法，完白作字多以羊毫柔翰作碑上字，其行筆，駿發滿足，毫舖紙上，行處皆留，橫、直平過之處，逐步頓挫，不使率然流易，其轉、折、挑、捺之處，提鋒暗轉，不肯擫筆墨，學嶧山、瑯邪、衡方、李翕等碑，不能入者，見鄧書用筆之法，定有會心之處。

至其結體布白，尤發前人不傳之秘，「藝舟雙楫」稱：鄧石如曰：「字畫疏處，可以走馬，密處不使通風」。又曰：「常計白以當黑，奇趣乃出」。……在書法上注意到不着筆墨之空白，眞是道破數千年來結體布白不傳之秘，爲後世習書者開闢了一條康莊大道，說他是一位繼往開來的大書家，實非過譽。

完白山民鄧石如墨蹟

（定齋藏）

南徑石
澗夾澗
爲古松

秀枯亦
僅十人
圍高不

知樂百
尺脩柯
夏雲低

旭龍飽
在松下
多灌叢

蘿蔦葉蔓[illegible]纖[illegible]翳日

凡今而
動地外
搖層巖

積石巖
空奇木
異艸荼

覆其上
綠陰蒙蒙
朱實離離

不知其名四時晝夜

嘉慶甲子蒲節後七日
完白山民鄧石如

完白山民鄧石如墨蹟

南抵石澗，夾澗有古松老樹，大僅十八圍，高不知幾百尺。修柯夏雲，低枝拂潭，如樟樹，如蓋張，如龍蛇。去松下，多灌叢，蘿蔦葉蔓駢織，承翳日月，光不到地。從據層巖，積石嵌空，奇木異草，蓋覆其上。綠蔭蒙蒙，未實離離，不知其名，四時喜色。

南樓記困

……新浮生六記之六……

·大方·

一九五〇年初，筆者從湖州販樹柴回到滬市。那時上海舊有許多報紙，祇剩了兩家，其一爲唐大郎、龔之方辦的亦報，又一爲陳蝶衣辦的大報，執筆人士，俱是國內文壇第一流人選，筆者濫竽其間，雖還不致淪入淘汰之列，但憑這兩家報紙的稿費，實在不敷一家八口的開支。爲應付前途的困難計，油然動了南遊香港之意，經過十來天的奔走，居然取得了路條，於是打點行裝，準備出發。

一天下午，遇見劇作者高季琳（筆名柯靈），他從香港返滬不久，聽說我要去香港，專誠來問問我的意見。我說我們都是一向過着荒唐式生活的文士，將來不免要受到清算，因此還是遷地爲良。他聽了大笑，說我是杞人憂天，隨即取出一些資料，那是哈爾濱地區的公司組織章程，內容規定，凡屬公私合營者，政府股權爲百份之五十一，商人股權爲百分之四十九，同樣有官利及紅利可分。而純粹屬於商人組織者，謂之民族資本家，政府同樣准許存在。他指着那些資料對我說：即使將來有什麼清算之舉，其對象不過是資本家而已，你我都是窮光蛋，根本不怕什麼清算，我聽了柯靈的一席話，意念動搖，幾乎打消了南遊的計劃。

隔了幾天，適逢五月一日，我在報上偶然看到一條電訊，很是觸目，內容畧謂五月一日勞動節，哈爾濱全埠工廠爲了紀念此一神聖的節日，特於星期日加工一天，以表慶祝之意。我讀了這一電訊，呆呆的出神了好久，終於作了一個決定，我覺得勤勞雖是人類美德，但也要合乎常情，星期之和節日，本來是給與人們以休息的，而今非特不予休息，更要加班表示慶祝，情形便顯得反常，這種措置是我們不能忍受的，還是避之則吉，於是重整行李，在五月三號踏上征途，五月五號抵達深圳，穿過羅湖橋，進入了號稱東方之珠的香港。我的原意，祗是來聊避風雨的，又誰知這麼一避便一直避了下去。迄今追懷往事，記憶猶新，但一算歲月，離開故國已整整的過了廿二個年頭了，眞是浮生若夢，往事如烟，今日提筆追述舊遊，又何能不感到不堪回首呢？

買西裝效法斬蛟龍·省開支常吃遊擊飯

無可諱言，外省人開始湧到香港的一個時期，香港整個商市吹遍淡風，而房租則很貴，南來人士多數找不到職業，遂也多數受到了生活的壓迫，筆者自然也不例外。爲了長期抵抗計，對於日常衣食住行的支出，不得不加以緊縮，我對於着的問題，雖然素不講究，但由於離滬的時候很倉卒，沒有多帶冬裝，一則秋涼，便不得不添製一二套以資應用，說句老實話，那時候做一套新西裝，代價約在一百五十元至兩百元之間，却非我們的經濟力量所可解決，不得已而求其次，便採取了廣東人口中所謂「斬蛟龍」的一法。

在二十餘年前，香港西環及九龍的旺角碼頭一帶，有着許多估衣店，裏面中西服裝俱備，可以論件出售，這種方式，粵俗稱之謂「斬蛟龍」，意思是說西裝一套，共爲上裝、褲子及背心三件，合起來成爲一條龍，但他們遷就顧客，一套西裝可以分開來賣，譬如甲買一條袴子，乙買一件背心，丙買一件上裝，這樣便像一條龍加以斬開，便產生了斬蛟龍的雅號。

筆者在覓取廉價西裝的原則下，曾有兩次去旺角碼頭，演出「斬蛟龍」的趣劇，唯一討厭的是那時候香港商店，即使是大公司，也有還價的惡習，這種估衣店的陋習更甚，他們原則是漫天討價，你如奉行蘇州人殺半價的口號，便會吃大虧，因爲他們那裏的貨物，竟有討價一百元，以十元成交的事實。最惡劣的是他們對付買客，必需三收三放，在顧客議價不成，跑得遠遠的時候，纔再喚你回來，如此三番兩次，他方肯乖乖的賣給你，徒費時間與唇舌，可說世間最討厭事，莫此爲甚。

筆者在選購前，經過老廣東的指示，以四十餘元的代價，分購了上裝、褲子及背心三件，合成一套西裝，却也費了一番唇舌。回到家裏，看着那斬開的一條龍，不禁啞然失笑。當時曾做了兩首記事詩，誌其經過，題目是「求衣」二字，至今居然還記得：

一夜新涼襲海陬，早知時序已經秋，寒衣無計催刀尺，好向攤邊着意求。

深秋纔過又初冬，誰念衣單腹又空，自笑身非周處士，居然也去斬蛟龍。

用「斬蛟龍」方式，解決了着的問題，雖然顯得狼狽，但平心而論，那時候的問題並不嚴重，而比較傷腦筋的，則是吃的問題，因爲我們這般傢伙向來是吃好東西的，粗茶淡飯便不堪下咽。初來香港時，大部份人寄居旅舍，天天要上館子解決，即使當時港地物價低廉，但這一筆經常支出，積起來也覺得非常可觀，爲了節省起見，偶然便去叨擾朋友一頓，今天上張家，明天去李府，後天又去找陳先生，沒有去處，纔上館子，美其名曰吃「遊擊飯」。

談到吃「遊擊飯」，也是一種有感慨的回憶，那時老友沈秋雁兄，很早在港創辦上海日報，南來的許多執筆之士，都曾在他那座破廟中避過風雨，他住在九龍城荔支園，環境雖然不好，却歡迎我們去吃午飯。此外，住在界限街的孫廷華太太家裏，更是我常去的所在，也是吃遊擊飯最理想的所在，她家每逢星期日，有平劇清唱節目，延請馮鶴亭老師操琴，備有午餐餉客，菜肴非常豐富，來賓們在高歌一曲之外，還可大擦一輪，吃完了，抹一抹嘴便走，不費分文，筆者也便是其間長期食客之一，這種情狀，蟬聯着幾及三年。

吃遊擊飯，雖然可以不費分文，但有時遇到特殊局面，則很能弄得非常尷尬，譬如你去找甲君，適逢甲君外出，祇有撥轉屁股走路，又去找乙君，則乙君猶高臥未起，你總不能賴在那裏等吃飯，最乏味的是，你去的時候，午飯已將吃完，主人看見客至，往往吩咐女傭，炒一碟鷄蛋，或者弄一碟肉絲，但女傭則板着臉，形狀顯得很難看，意思似在說：這傢伙又來吃白食了，在這種情形之下，眞令人有啼笑皆非之感，筆者戲稱這種情形爲尷尬局面，當時曾以身親其境之事，做過兩首以吃遊擊飯爲題的詩，藉誌感慨：

一步來遲席已殘，主人添菜勸加餐，可憐靦覥登高座，到此方知吃飯難。

張君出外恰參商，李府先生未起床，四顧茫茫何處去？歸家且吃蛋花湯。

吃遊擊飯，論性質可分免費和自費二種，在朋友家吃是免費的，但畢竟有所不便，統計下，自然以自費的爲多。那時筆者住在牛池灣，家裏不舉火，中午常到九龍城的國際餐廳去吃常餐，廿年前香港物價穩定，兩元一客的常餐，有一湯一菜一飯和點心及咖啡，可以吃得非常舒服，遺憾的是在當時的兩元，我們對它也看得很重，爲了節省起見，偶然也改吃一些別的東西，最經濟的，莫過於豬手飯了，那時每碗祇售七角，有兩塊豬脚，幾莖青菜，和一碗清湯，在聊以充飢的原則下，勉强可以塞飽肚皮，解決了午飯，筆者遇到阮囊羞澀時，也曾試吃豬手飯時，吃完了，並曾賦詩一首爲証，即以「吃猪手飯」爲題：

龍城日午每停留，便進充飢飯一甌，猪手肥腴供口腹，菜苗鮮嫩比珍羞。時艱未許添長物，人鄙何能作遠謀，老去但能尋肉食，也應高興不應愁。

猪手飯的滋味，自然遠遜於免費的遊擊飯，但也有肉有菜，憑常識而論，脂肪和維太命俱全，身爲投荒的一份子，退一步想，做人能長吃猪手飯，使生活不致威脅，也可說是應感到滿足了。

做王老五吃遊擊飯的生活，大約過了兩三年，一次忽然患病，經月未痊，舊識吳叔鍾君聞訊前來省視，憐我煢獨，便自動爲我照料病體，他那時還無職業，便也住在我的家裏，叔鍾富於入厨經驗，自他來歸之後，主張自已料理伙食，每天上午入市買菜，中午洗手入厨，所以菜肴都很可口，並且價格很廉，每逢風雨，更不必冒雨出外尋食，也從此使我結束了吃遊擊飯的乏味節目。由於叔鍾的指導，我不僅學會了燒飯，也學會了炒青菜和炒肉絲等技術，炒黃埔蛋和蛋花湯，更自詡是拿手作品，因之，遇叔鍾不在時，我偶然也上菜場買菜，洗手入厨，弄幾樣菜肴，與東隣的梁翁小飲爲樂，出外的機會爲之減少，自認過着隱士生涯，這些瑣事，却也有詩爲証：

自理炊事

避地聊同隱士家，隣翁相對興偏賖，自携炊具休相笑，風味鄉村亦足誇。

早歸

偶隨暝色駐吟身，初摘山蔬味更新，絕勝夜闌爐燼後，還衝風雪作歸人。

買石屋聊爲隱士．過飛花甘作仇人

一九五零年開始，外省人大量南來，促使香港房租，迅速起價，我曾在九龍金馬倫道租了一幢房子，每月租金八百元，不久內人由滬抵港，她不擅做包租，便將房子讓渡給了朋友，自已反向朋友轉租一間居住，每月租金兩百元，在那個時候，商業不景，外省人在港找不到出路，經常支出，祇是帶來的小數積蓄，相隔不久，便起了坐吃山空的恐慌，內人認爲香港居，大不易，便帶了最大的一個女孩，重回滬上，而我則表示在香港停留一個時期，以待機會。

在內人返滬以後，我發現有許多朋友同樣抱着香港不易居的心理，紛紛返滬，使我感到香港最大的生活威脅，第一是房租，如果想在香港久居，勢非買一所房子不可。

我並沒有什麽才能，也許由於那時候運氣不錯，先在荔園遊戲場攬詩謎遊戲，賺了一些錢，後來詩謎攤被禁了，幸爾接着老友張善琨開拍國語片，要我撰電影插曲中的歌詞，生意不惡，半年間也積了一些錢，掀起了我買屋之念，旋經朋友介紹，糊裏糊塗的在牛池灣稅關道，買了兩間石屋，代價是港幣四千元，連土地一併在內，再加裝修屋宇，添製傢具等，總共約化了五千元。

上海人初到香港，不甚瞭解當地情形，做事每易上當，而被人錫以大鄉里之號。我買好房子，方在沾沾自喜，忽然有一個朋友告訴我，你買的房子上當了，我問理由，他說：這一地區，既無電燈，也無自來水，非常不便，但這還算不了什麽，最大禍患是該區地接山麓，每逢雨季，遭遇幾天大雨，引起山洪暴發，便會釀成水災，因此有許多人都從這裏搬出去，你却偏偏從外面搬進來，豈非不智之極，我聽了朋友之言，雖覺掃興，但房子既已買了，急切間又無法轉賣，祇能乖乖的自己住下去。

不要輕視這兩間很小的石屋，很可說是筆者南遷拓荒史中，一樁頗值得紀念之事，它雖帶給我不少麻煩，却也給與了我許多益處，最早那裏不但沒有電燈和自來水，郵差也從不光顧，郵件祇是放在附近街上一間士多中，要你自己去查詢，見有自己信件，便帶了回去，自我遷至該地後，第一步研究電燈問題，我發現街上店舖是有電燈的，何以我們那地方獨付闕如，經過詢問，纔知從街上接駁電線到我們所在，不但要化一筆錢，還得要有一些人事關係，纔可辦妥。那邊住戶，多數貧寒，無人肯出這筆錢，祇能長處於黑暗世界，我摸清原委後，化了三百塊錢，委託一位開飛花廠的許先生進行其事，果然錢可通神，經許先生疏通之後，在一個小除夕的晚上，我那一區全部十二家住戶，居然大放光明。

電燈問題解決了，但自來水則無法解決，我們所用的食水是井水，由挑水的女工，每天挑到你家裏，每担兩桶，取費兩毫。筆者每月用水約七八元之譜，那一口井，離我的寓所不遠，我起先以為挑一担水賺兩毫子的工作很輕鬆，經過實地觀察以後，纔知我先前的見解，完全錯誤。

一天傍晚，我在鑽石山附近的山澗畔徘徊，發現一段山澗有一低窪之處，窪邊像一字長蛇陣那樣，擺着許多水桶，但寂靜無人，不久，突聞水聲淙淙，自遠而近，接着便是人聲嘈雜，男女老幼不知若干人，爭先恐後的用水桶吸取澗水，我纔知道那時鑽石山也是無自來水，飲料都是採用澗水的，附近民衆，因爭水而引起毆鬥者，時有所聞，至此我纔瞭然那些挑水女工，要賺兩毛錢並非易事，因為我們仰仗為食水來源的那口古井，常感水淺，不能用大桶汲取，祗能用小罐汲取了再倒入水桶之間，兩桶水可能要費四五分鐘，方可汲滿，你想要賺兩毫子有多麻煩，天下無如吃飯難，於此可見。

牛池灣我住的所在，屬於鄉村地帶，有人稱他為快樂村，十二家住宅中，有兩家作為工廠，一家是鐵花廠，一家是飛花廠，鐵花廠的女工自晨至晚，每天工資不過二元，飛花廠的女工，因在夜間工作，又要帶着口罩，以避免飛花的吸入，較為辛苦，故每夜的工資是三元，雖然非常辛苦，但那些女工都安之若素，並不因資方的薄待而有怨言，如果和二十年後，假髮女工月入千元相比，其幸不幸誠有天壤之別。奇怪的是，在那個時候人民生活雖異常辛苦，但各安其業，絕無搶刼事件產生，又誰知二十年後，市況進入繁榮，人民生活轉好，但兇殺和搶刼案却不斷出現，世風之惡劣至此，不知將來伊於胡底，涉想至此，眞欲擲筆三歎。

筆者定居牛池灣不久，和附近隣居，都成為朋友，却和那位飛花廠老板變作仇人，因他替附近居民帶來了災禍，他的飛花廠原本是幾天開工一次的，人們初無怨言，後來因生意好，迫使日夜開工，弄得我們這十家住戶，長期陷入飛花侵襲之中，受到非常困擾。有時我深夜歸來，在巴士上即可見到自己的屋頂上白茫茫一片，那不是烟霧，也不是雪，而是散開了的飛花，早晨起來，案上和地上都舖着厚厚的一片，這些飛花吹入鼻孔，很易引起肺病而使人失去健康，附近居民委請我做代表向廠主許君提出抗議，要求他遷地為良，我和許君談判多次，並無結果。為公衆利害計，我便作了積極的措置，一方面向勞工處投訴，另一方面向各報的讀者呼聲中撰文要求主持公道，許君經不起正義的壓迫，他這家廠無處可搬，祗有關門大吉，許君曾為我解决電燈問題，交誼不薄，但為了飛花廠事，對我耿耿於心，和人談起，常指我恩將仇報。

牛池灣的房子，號稱石屋，不過比木屋略勝一籌，每到夏令，經過強烈的日光照射，屋內會熱得蒸籠那樣，不可以居，自我移居以後，既裝上了電燈，又趕走了飛花廠，使得那地方面目一新，我也產生了在那裏久居之意。為了却暑計，於門外的隙地種了許多牽牛花，又在屋頂豎了數十根鐵梗，不久牽牛花籐滋長起來，我拿他引上屋頂，漸漸爬滿了整個房子，不但可以掩蔽陽光，同時屋外的一個牽牛花棚，到了夜晚，更可以作為和隣友納涼及談叙之用，更喜那裏空氣，比城市為清新，使人精神感到爽朗，因之在那一段時間內，我的經濟情形雖不大好，但以一個離家背井的孤家寡人，在海外鄉村，能過着一種樸素而又安靜的生活，倒也頗感舒服，我本來是不大做詩的，在那時候却做了許多詩，都是描寫鄉村風物的，錄之以為紀念資料：

初夏村居

編籬削竹自成村，此際真宜學灌園，投老天涯閒事少，一尊風雨掩重門。

屋外偏多野草花，閒看粉蝶過隣家，怪他午夢迷離甚，睡起橫窗日已斜。

門外短籬，藤蘿甚盛，與近處菜園隔絕，乃有自成村落之勢。惜乎余乏灌園經驗，且疎懶逾恒，否則以栽花種竹為業，亦客中一樂也。初夏季節，風雨漸多，余寫作外，無重要任務，値雨日，往往懶於渡海，深掩蓬門，以一尊消遣，隣近盡是菜園，兼多野草，偶然縱眺，時見萬蝶紛飛，蔚為奇景。

猛雨聞雷感賦

牛池地僻託孤村，連日陰霾懶出門，暴雨先爲防水計，營營獨自過黃昏。

幽窗無睡聽驚雷，聲勢排山倒海來，料得深閨仍繫夢，天涯有客未曾回。

牛池灣在雨季，每有大水爲災，最近數天，突降暴雨，隣人相誡，囑先爲防水之計，因將書籍用具等，均置於高處，風雨如晦間，自爲料理，不覺度過一個黃昏。半夜，雨勢未衰，雷聲尤巨，有許多人均自夢中驚醒，余孤燈獨處，尋夢未成，中夜聞雷，感而賦此。

風雨愁懷

一椽原欲擋風雨，可奈常爲風雨愁，天許吾生如發迹，還期淺水起高樓。

牛池灣遇風雨夕，每有水患，余遷此兩年，幸未發現，日前雨勢之盛，過於往日，余恐大水驟至，爲之惴惴不安。凡此當屬寒士之苦悶，若爲高樓大厦，絕不會愁風雨之侵凌，因念牛池灣畢竟不及淺水灣耳。

聽蛙聲

隔簾蛙鼓遠相聞，雨後田園靜暑氛，入夜故人偏不至，爐前誰與細論文。

雨後暑意全消，惟遠處蛙聲甚鬧，聽之亦足消遣寂寥，古人認此爲兩部鼓吹，良有以也。入夜故人不至，尋夢未成，大有凄凉之意，枕上吟此自遣。

得鄉書感賦

朝來一簡引深愁，豈似鴟夷愛遠遊，心計未工生計拙，醒時有恨醉時休。難謀澆裹書何補，苦念零丁疾未瘳，此際誰能同曠達，祗應白盡旅人頭。

鄉書到達，不僅盡是離索之音；更同於催租之吏，其最緊要事，無非是催促滙欵而已。作客天涯，謀生計拙，身當此境，情何以堪，故古人雖有家書抵萬金之句，但我們所得之鄉書，不僅未獲安慰，反爾平添焦慮，涉筆寫此，聊以誌感。

我在牛池灣住了六年，這一期間，所有收入全憑寫作，因之所寫的詩詞也很多，在這些作品中，可以透露出當時南遷香港者的部份生活環境，由於整個市況的冷落，大部份人，初乏好景，筆者自然也不例外，詩詞中所吐心聲，有些是描寫鄉村生活的寧靜，却也自悲缺乏建樹，又一焦慮，是怕大水光臨，家裏勢將變成澤國，我夙夜祈禱大水不要光顧，但祈禱是無補於事實的，有一晚，大水終於毫不留情地做了舍間不速之客。

長街倏變金山寺·斗室眞成淤泥河

那一晚恰是端陽佳節的前夕，老友張善琨以全副精神及很大資本，籌備一部新劇白蛇傳，假座青山道的新舞台，初次演出。白蛇傳是京劇，善琨在內更穿插了電影，謂之連環戲，這一噱頭，吸引了不少觀衆，開演之夜，全場爆滿。不想場內鑼鼓喧天之之際，場外却大雨傾盆，散場後，街上水深及尺，有許多人無法叫到的士，幾乎弄得不能歸去。我是在深夜三點光景纔坐着的士，到達牛池灣車站，遙見寓所一帶燈火通明，我曉得出了事故，及抵門首，瞧見左隣右舍都是門戶大開，有許多人在掃洒街道，有許多人則在家裏整理傢具，一問情由，纔知大水在兩小時前來過，最高時達三四尺，幸爾來得急，也退得快，等我到達時，它早已揚長而去了。我打開大門一看，不由得叫了一聲天，家裏任何一件東西，都改了位置，亂七八糟的堆在地上，眞是所謂一團糟，這種情形弄到我手足無措，隣人見狀都來勸我，叫我不要心焦，天亮以後，再幫我設法解決。

上述情形，可說是我生平所遇最傷腦筋的事，據隣人告我，大水來之時，家裏一定要有人在，水來時帶進了許多水草和淤泥，故一定要在水退到僅有三四吋時，便加以掃洒，使那些淤泥連水一齊掃去，若等到水退盡以後，淤泥黏在地上，便不容易掃除，我既不明此理，並且不在家裏，以致遭到很難解決的困擾，幸爾第二天，隣舍相率動員，我又出錢去雇了兩個後生，挑了許多清水，加以整理和掃除，鬧了兩三天纔得恢復原狀，事後我曾苦笑對朋友說：本來是張善琨請我看一台戲，不想我家裏却演出雙齣好戲，先演「水漫金山寺」，再演「被困淤泥河」，身處其境，如何不感到啼笑皆非。

自此以後，我承認大水是牛池灣唯一惡客，每當雨季，常慮這位惡客再度光顧，和朋友談及，終說牛池灣不是好地方，我便將這兩間房子賣去一間，僅留一間自用，這一間房子，一直保留到一九五七年，內人和孩子們繼續南來，仍借他爲託迹的所在。不料是年的雨季，大水再度光臨，這回的水勢，來得驚心動魄，不旋踵間，就漲到三四尺高，水勢仍續漲不已，幸爾那晚我們一家人均未外出，水來時關上大門，希望它即刻退去，但未能如願，我祗得將一張小鐵床擱在大床之上，我和太太及孩子三人，都坐在小鐵床上，雙足浸在水中，情形似已進入險境，如果水勢再高一二尺，而我們已無法從窗戶內爬出去，勢有被淹死的可能，但事已如此，除了聽天由命外，絕無其他辦法。我們被困在大水之中，整整的過了一夜，直到天明，大水始漸漸退去，在水高達三尺光景，不敢再在家裏停留，急忙開門出外，去附近一家羅姓友人的花園中，暫借一角之地避難。這時我們家裏，已無一件乾淨之物，混身衣服也淋得像落湯雞，狼狽之狀，眞是一言難盡！這場水災產生後，接連是幾天陰雨，天色昏暗的像要坍下來，恍似末日將至。羅姓花園地勢較高，我們登樓遠望，發現低窪之處，白茫茫的一片，有好多住戶，仍在被洪水包圍中，幸爾我們逃得快，猶算吉人天相，否則如果逃不出去，即使不淹死，也有被餓死的可能。

這一塲大水，嚇破了內人的胆子，水退以後，無論如何不肯再住下去，我也同意遷入市區，環境的驅使，令我離開了鄉居生活，又不久，政府收回荣地，補償了少許地租，我住在牛池灣的一段因緣，至此遂也宣告結束。

舊地重遊惟餘古井·新樓湧起出現彩虹

牛池灣那兩間小小石屋，它給了我許多困擾，却也帶給我若干福利，初蒞香港時謀食困難，一般滬籍同文，對寫作找不到出路，經濟方面，多數感到拮据，因爲那時候，此間出版界盡是廣東人的天下，粤人素有合羣性，報紙園地並不公開，因之要想在幾家老牌的報紙上，謀佔一席地，初非容易之事，惟其覓食困難，生活的鬥爭，遂愈得尖銳化，即以筆者而論，那時替兩家海派報紙寫稿，每家每月的稿費，祇有一百元，這一數字，還不是報館直接支付，必需自己去延攬廣告，以抵稿費。寫作人賺錢既如此困難，推而廣之，其他各界人士的謀生方式，也是一樣困難的，筆者猶幸買下了這一房子，不但平常不需支付房租，有一時期，我且將餘屋的一部份，租與一個張姓的朋友，條件是我不收房租，由張君供應我兩餐伙食，這麽一來，我全部解決了食住威脅，所有收入，可以按月滙寄家用，反顧其他數位同文，爲簡便計，都借住旅館，房租規定一星期支付一次，和我相較，我的生活要比朋友們輕鬆得多，這便是拜受那所房子所賜。

內人是在一九五七年春間抵港，我也在同年的秋季遷出了牛池灣，從那時開始，我們夫妻合營了一種家庭工業，使我跳出了文藝圈子，學做商人，去博一些蠅頭微利。從那個時候開始，香港可謂交進好運，市況急劇地繁榮，高樓大厦不斷湧現，到了無端端發達的境地。記得有一次，我因事經過牛池灣，觸發了舊夢重溫的意念，但那邊已是屋宇連雲，迥非昔日景象，無從找到我舊日居住的遺迹。尋了半天，祇發現馬路邊緣的一口古井還赫然存在，這是過去我們認爲唯一飲料的泉源，但今日該區已普遍的有了自來水設備，那口古井因無人汲取，也隨着乾涸了。這些情形，使我看了引起非常感慨，記得舊書上有這樣一個故事：「丁令威化鶴歸來，發現山川依舊，人事全非」，而我離開牛池灣不過數年，此身更並未化鶴但香港的情形已大大地變了，荒涼的郊區地段，一變而爲密集着數萬人口的彩虹村，若非那口古井，我幾乎不相信這個所在，竟是曾爲我棲遲六載的舊居，因之，我目對那口古井，眞覺引起了一種「物猶如此人何以堪」的感想，歎息我在卜宅牛池灣之始，還屬中年，而一彈指間，則已垂垂將老了。（上）

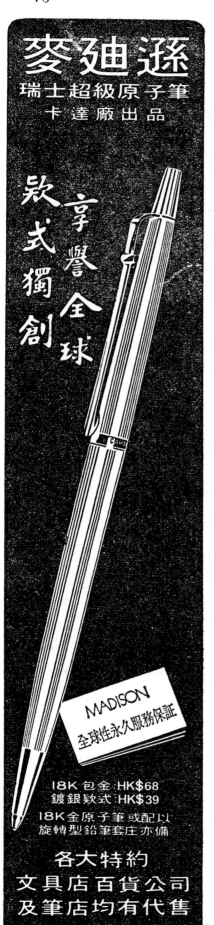

GALLUS

西德名廠 **加利士皮鞋**

款美・舒適

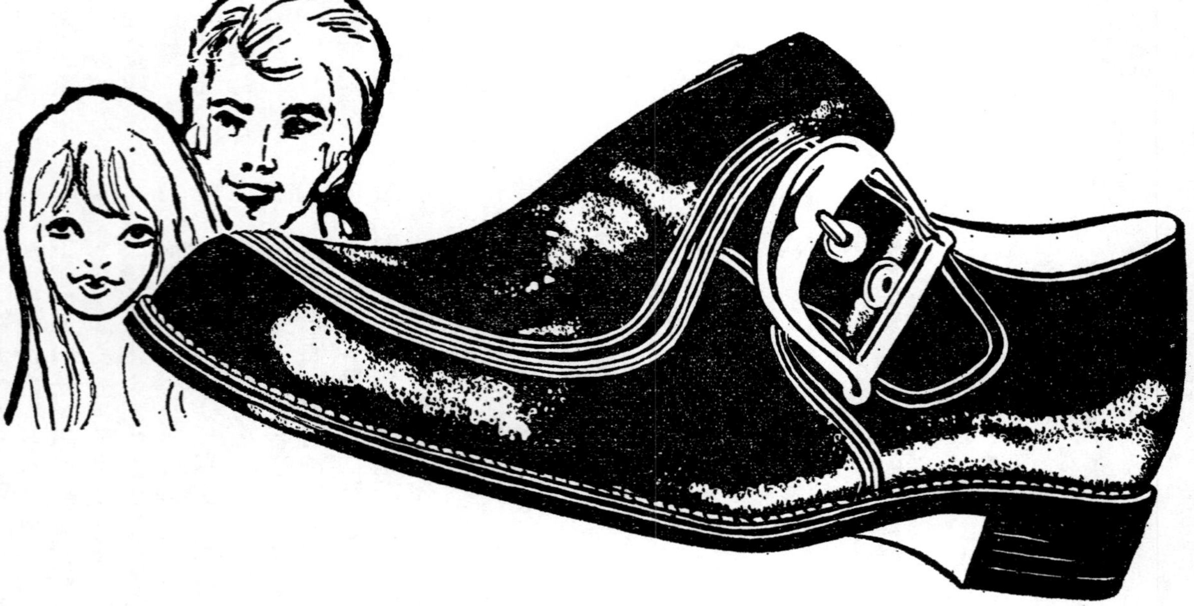

大人公司 平價市場 人人百貨 大方公司 來路鞋公司有售

蘇曼殊一老友

蔡哲夫「名士風流」

·高伯雨·

二十多年前，友人劉均量（作籌）先生在上海買得蘇曼殊畫的「吳門道中聞笛圖」（原爲鄧秋枚藏），是一幅高八寸，長一尺二寸的小品畫，圖中一個戴帽的和尙騎驢背上，緩緩向前邊的蘇州城門前進，圖中有茅亭、垂柳、城垣、高塔、景色很是淒清，題識云：「癸卯入吳門，道中聞笛，陰深淒楚，因製斯圖，曼殊。」對葉有章士釗先生題詩二首，今錄如左：

張楚狂瀾六十年，入吳風味溯從前。
故人遺墨分明在，却憶遺蹤總惘然。
癸卯爲光緒二十九年，是歲君與吾不告而別。
一代斯文天縱才，偶然揮洒便崔巍。
蕭疏幾樹閶門柳，誰道情僧少作來。
君作此畫，年才弱冠。
辛丑春爲
均量先生題曼殊畫幅。孤桐章士釗，
時年八十一。

前兩年我拜讀此畫後，對劉先生說在內地恐怕還有不少人與蘇曼殊爲多年老友，但在香港同他有文字因緣而又享大年、文名的，只得包天笑、沈燕謀兩先生了。章士釗既有題詩，則不可無包沈二公。劉先生聞言大喜，託我向這兩位文化界老前輩求爲題字。我說，包先生今年（一九七一年）已九十六歲了，不知他肯不肯題；不過，他在六十年前和蘇曼殊有深厚的友誼，在暮年得見老友的遺作，一定高興題詩的，待我問他一下。至於沈先生亦已八十一歲，待包先生題後，我想他也會欣然命筆的。（據僑居日本橫濱之羅孝明兄相告，曼殊故友，在日本者尙有梁福起，一九七一年已九十餘，在香港則有與曼殊在橫濱大同學校肄業同學鄭宗榮、陳家法、張世昌。曼殊之九妹蘇惠珊女士，曾在東華醫院第三義學任教，年亦近七十，恐久已退休了。）

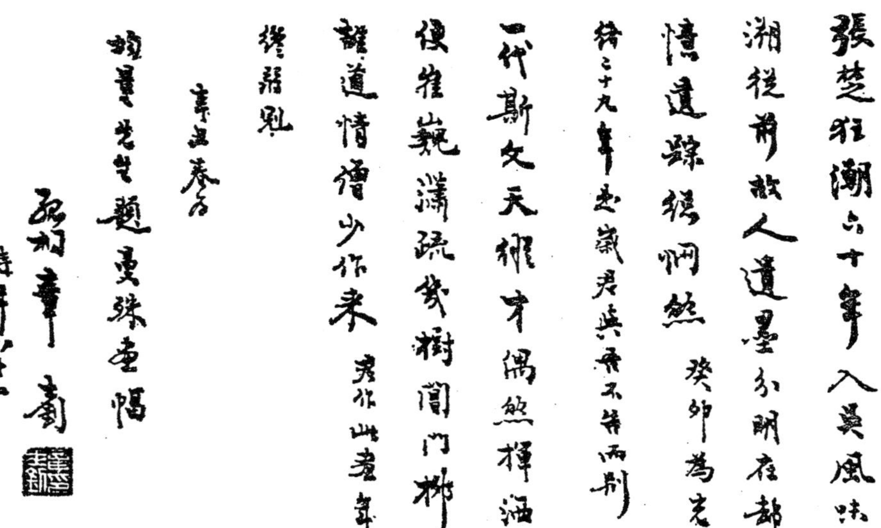

章士釗老人題曼殊畫幅

我對包先生說及此事，他很高興，然後才拿出畫給他看，他看後忙說：「我一定題！我一定題！」一星期後，包先生題好了。句云：

曼殊騎驢入蘇州，柳色青青笛韻幽。
卸却僧衣抛去笠，偏教遺墨作長留。
渡海東來是一癯，芒鞋布衲到姑蘇。
悠悠六十年前事，憶否兒童撲滿圖？
曼殊初到蘇州，在辛亥之前，今又辛亥年矣。憶在吳中公學社樓上，爲我畫兒童撲滿圖，寓意殊深，惜已遺失。今觀此圖，如見故人。均量先生屬題。辛亥初秋，天笑，時年九十六。

關於蘇曼殊爲天笑先生畫「撲滿圖」事，包先生的「釧影樓回憶錄」（一九七一年香港大華出版社出版）有如下的描寫：

那時有吳帙書、吳綰章兄弟二人，日本留學回來。吳家也是蘇州望族，他們在日本倒不是學的什麼速成師範、速成法政，帙書學醫，綰章學理化。而他們回國時，却帶來一位同伴，一直到如今，成爲中國歷史上特殊有名的人物。你道是誰？便是蘇曼殊是也。蘇曼殊，在當時還沒有這個別號（按：曼殊的別號，不下數十個），我們只知道他叫蘇子穀。據帙書說：「他是在扎幌學醫的時候認識他的，他不曾到過中國的上海來。這一次，隨了我們到上海，但他在上海又沒有相熟的人，我們回蘇州，只得又跟我們到蘇州來了。」恰巧這時候，吳中公學社的學生要一位英文教員，曼殊是懂得英文的，吳氏昆仲便把他推薦到吳中公學社裏來，住在社裏，供他膳食，藉此安頓了他。

當我初見曼殊的時候，他不過二十一二歲年紀吧。瘦怯怯的樣子，沉默寡言，那也難怪他，他第一次到蘇州來，那裏會說蘇州話，而且他說的廣東話，我們也不懂。我那時比較空閒，常到他房裏去看他，起初我們作筆談，後來也就不必了。但曼殊却喜歡塗抹，有時寫幾句西哲格言，有時寫一首自作的小詩，即以示我，最後則付諸字簏。他又喜歡作畫，見了有空白紙張，便亂畫一番，

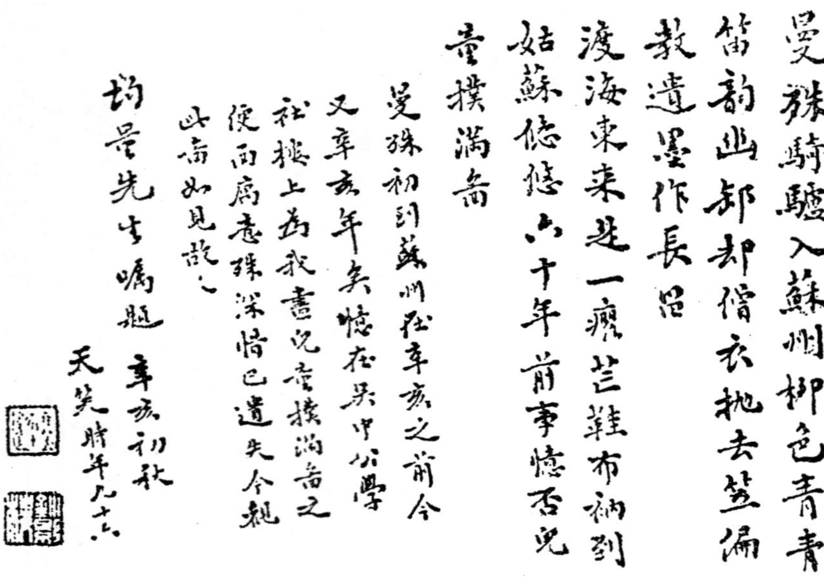
曼殊騎驢入蘇州柳色青青
笛韵幽卸却僧衣抛去笠偏
教遺墨作長留
渡海東來是一癡芒鞋布衲到
姑蘇悠悠六十年前事憶否兒
童撲滿圖
曼殊初到蘇州在辛亥之前今
又辛亥年矣憶在吳中公學
社樓上為我畫兒童撲滿圖之
便面意殊深惜已遺失今覩
此幅如見故人
均量先生囑題 辛亥初秋
天笑時年九十六
包天笑翁題曼殊畫幅

結果亦付諸字簏。有一次，我購得一扇頁，那是空白的，他持去爲我畫，畫了一個小孩子，在敲破他貯錢瓦罐，題之曰「撲滿圖」（按：撲滿者，小兒聚錢器也，滿則撲之，見「西京雜記」）。但這個「撲滿」兩字，有雙重意義。那一個扇面，我却珍藏之，可惜今亦遺失，不然，倒是曼殊青年遺墨也。

曼殊畫「吳門道中聞笛圖」今爲劉君所藏，但另有一幅，則爲新加坡收藏家陳之初先生所有，陳藏的一幅畫中有一女子吹笛，（見本刊第二十六期）劉藏無之。本來兩件都是劉君所藏的，他在上海先買到無女子吹笛一幅，後來在香港由故友黃般若賣給他「曼殊上人墨妙」冊頁，共二十幀之多，其中即有吹笛的一幀，後來陳求劉君讓與。曼殊死後，蔡哲夫集其遺畫編「曼殊上人墨妙」，其題字則爲「癸卯入吳門道中……因製斯圖……傾城識」。（按傾城姓張，爲蔡哲夫之妻，十年前曾居香港，今則不知其蹤跡矣。）這裏影印的「聞笛圖」，無女子，亦無「傾城識」字樣，大約此一題材，曼殊畫了不少。一九五九年前後，有人介紹香港一位羅君向張傾城女士收得曼殊詩札數十頁，張收藏曼殊遺墨頗多，惟哲夫生前好作僞，則曼殊遺筆恐亦有眞眞假假存在其中，初不足爲奇也。

蔡哲夫是曼殊老友，曼殊詩文中時常提及他，也是我三十年前的故交，他是一個名士而又兼古董客的不尋常人物。我和他相識時，他已近六十多歲的年紀，沒有年少時那樣放蕩了。這時候我們都在香港逃避日寇轟炸廣州。有一日，楊千里問我認得蔡哲夫嗎？我說八九歲時在先叔父蘊琴先生座上見過多次，只見他拿書畫古董來兜售，後來知道他名氣大，便注意及他，但我已離開香港，他是個什麼樣子，毫無印象，於是楊千里就介紹我和他相識。

道蔡哲夫是「大名士」，是沒有太誇大的。有些名士只在某一個地區著名，不出鄉里門一步，而蔡哲夫的「大」，則以其生平務聲氣，結交當世達官貴人、豪商巨賈、詩人墨客，自己則又裝扮得詩詞書畫篆刻考古，無不精通，不知他底細的人，無不欽佩，果然大名士也。

蔡哲夫是廣東順德人，原名守，字哲夫，號寒瓊，此外還有許多別號，如成城子、寒道人、離騷子、水窗詞客、檢淚詞人、思琅、茶丘客等等。又有書齋名甚多，一如其名號焉，正如廣州俗語所謂「壞鬼書生多別號」了。

他的書齋名是隨便起的，偶有所感，立即錫予嘉名，如「有奇堂」，是他十四歲時，微塵和尚贈他的詩「少小有奇氣」而來，於是他請畫家溫其球爲作「有奇堂圖」；「雪味庵」是黃賓虹作圖；他住在廣州小東門河旁的時候，齋名叫「寒瓊水榭」；得到越趙胡冢的黃楊木刻，齋名就叫「西京片木堂」；晚年與談月色住在南京，叫做「寒月吟窠」。其它還有幾個，想到就用，無非空中樓閣而已！

他在清末已頗有聲名，據南社社友劉筱雲（自一九三八年即寓香港，懸壺爲生，一九六二年謝世，年八十）對我說，他同蔡哲夫相識三十年，知其生平甚詳。他說蔡哲夫稍懂法文，曾在廣州一個法國官員衙門裏做過師爺，後來發生了一件艷事，才逃離廣州。朋友們因他的生活是典型的名士作風，他也以名士的姿態在社會上活動，因之朋友們多叫他爲「蔡名士」，他也認爲這是恰如其分不折不扣的身份，受之而不辭。

書畫古玩，金石碑帖，他都好涉獵，也會吟詩塡詞，對於中國古代文物，研究雖然不算十分精博，在表面上的部門源流及其流傳等，也能隨便談談，不懂得的人便以爲他是專家，肅然起敬。在文人雅集的處所，他能古今中外，夸夸其談，使整個場面不會怎樣靜寂，所以有時甚得人歡迎。

蔡名士和朋友通信，寫詩詞，都用自己特製的詩牋、信封。印章有三四百方，適當地應用，

使到收受的，尤其是和他沒有見過面的朋友，多覺得他眞是個「風雅之士」，於是便把他的尺牘詩詞寶藏起來，視如拱璧。

大凡會充名士的人，一定會善於「演戲」的，蔡哲夫除了以「藝術氣氛」向人示威之外，在他的住宅裏，也布置得古香古色，充滿藝術氣味，使入其室的人，一見到這些古物，就知道主人不是平常之輩，於是受到威脅，有些人甚至還產生了自卑感，自慚形穢起來。這樣，主人就大獲全勝，有時或者可以償其大欲了。現在試看看他的書房擺設的什麼東西吧。古色古香的東西多了，銅、瓷、陶瓦、古玉、竹刻、造像、石刻、刻絲、書畫、碑版等等，琳瑯滿目。人們要是初入門玩骨董的，一到他家裏，東摩挲，西看看，足夠來客玩賞半天，樂而忘返。而他這些文物中，有些的名稱是很奇異的，如：楊玉環的抹胸繡花圖樣，趙明誠李清照的歸來堂校碑硯，無我尼姑的裸體象臂閣，馬湘蘭的睡鞋，顧橫波的耳墜，葉小鸞的茶碗，張二喬的唾壺，白玉蟾的酒杯，慈禧太后的漆枕，賽金花的銀牙簽，名妓林黛玉的水烟袋，名女伶王克琴的腰帶等等。睹物思人，也足夠使觀者起了不可思議的遐想，或是咄咄稱奇的了。到底這些東西的眞實情形如何，恐怕蔡先生本人也不敢確定，不妨以假當眞，以眞當假，見者既然樂極忘形，這些東西就已經發揮其作用，不必去深究了。

名士是要有美人來配搭，才能相得益彰的。因此他把自己的太太塑造成一個多才多藝的女性，詩詞書畫，件件皆能，是閨中的良伴，其風流韻事，不減李清照、趙明誠。他的太太名張洛，而本人別字哲夫。他便根據「詩經」的大雅瞻卬：「哲夫成城，哲婦傾城」，把太太的名字改做「傾城」也就是說哲夫之婦了。而且「傾城」又是佳人的借稱。「漢書、外戚傳」有「北方有佳人，絕世而獨立，一顧傾人城，再顧傾城國」(張傾城也用「獨立」二字為別號)等句，李白詩「眉目艷皎月，一笑傾城歡。」名士有了才女，璧合珠聯，天然湊合，冒襄的董小宛，錢謙益的柳如是，侯方域的李香君，龔鼎孶的顧橫波，以至司馬相如的卓文君，這些風流膩事，無論他們

蘇曼殊畫吳門聞笛圖

是眷屬，是情侶，總之是「香艷旖旎」，在朋友羣中是值得「驕傲」的事。這也是他的思想作風所追求與要達到的目的之一。至於被他打扮成這樣的女性的人，是否眞是「才女」呢？這一層倒沒有人去研究，朋友們都是樂於成人之美的，誰願意去煞風景呢。

蔡哲夫有一個時期替朋友寫畫的題句，常是寫明「與傾城合作」，或「傾城詩畫」。有的是他繪畫，傾城題詩，或是傾城作畫，哲夫題詞。這樣的「留韻事於丹青」，企圖和趙子昂管道昇、湯雨生董琬貞、廉南湖吳芝瑛等先後媲美。便是蘇曼殊的畫中，也時常出現這位蔡夫人張傾城的名字。他有時題畫，寫明所用的硃紅，是蘸着他的太太的口紅來點染，他認為這是極「風流香艷」的作品。顧橫波是十一月初三日生辰，張傾城是十一月初四日子時生，他說子時也屬於初三，係與顧橫波同日生的，於是就找人為張傾城刻了一方印章，印文是「與橫波夫人同日生」，可見其「風趣」一般。如此這般，無怪醴陵名士傅熊湘贈他的詩有「娶妻要娶張麗華」之句了。

護法時期，有一天，馬君武在廣州謨觴酒家約了幾個朋友吃飯，高天梅(也是國會議員)即席向哲夫道謝張傾城夫人的贈畫，並說：「我和老兄相識了十年，還沒有機緣拜見過尊夫人呢。」謝英伯即指着尹笛雲說：「天梅，這就是繪畫的張傾城夫人了。」弄得素來不大愛說話的尹笛雲非常尷尬，只好用廣東話頻說：「唔好講笑，唔好講笑！」原來哲夫夫婦和朋友應酬的畫件，多由尹笛雲、王竹虛等代筆，寫篆書，刻石印，多為鄧爾雅代作，只有題款是他本人親筆。這個內幕，謝英伯了解得很清楚，自恃熟稔，當衆替他開玩笑。同席的人也只好笑，而哲夫並不感到怎樣的難為情，還是若無其事的談天說地，不失其名士風度。

蔡哲夫平日好搜集骨董，在廣州時，常去府學東街(後改文德路)。在香港時，常去摩囉街的

攤頭，花幾角錢去掏小玩意兒。經過一再加工，商周秦漢的奇珍，六朝唐宋的遺物，羅馬印度的古器，他都能「化腐朽為神奇」，給它題了一個名字，墨拓出來，加上個跋語，然後蓋了許多個審定的印章，找些詩友題詠，寫觀款。從此這些東西便一旦成為人間瓌寶，稀世之珍了。省港的「風雅」富翁，就收藏了不少這些「瓌寶」。

如果有什麼書畫家要編印集子，或是某家人想出一本紀念家長的書冊，蔡哲夫可以代辦，辦得井井有條。字是蘇黃米蔡復生，畫是董巨荊關再世，也不過如是。因為他認識了不少詩友，尤其是外省的詩友，他們都樂意應酬他一兩首詩詞，彼此標榜，做一個人情。中醫生張雲龍的畫集，就是由他的協助而完成的。

中國的古董商人，眞是多如過江之鯽，但文化水平高，而又能脫俗，令人覺得還有些書卷氣的，却不易見到，蔡哲夫就是我所見到的一個，雖然他喜歡作偽，但他能助人風雅，又喜歡發潛德之幽光，這一層是的確可取的。現在試舉一事例來說。

民國三年甲寅（公元一九一四年），蔡哲夫重游北京，在海王村冷攤買得郭靈芬（名麐，號頻伽，江蘇吳江人，工詩詞，善畫竹石，著有「靈芬館全集」，晚年僑居嘉善）手寫其故友徐江庵遺詩，及江庵遺畫二幅。（江庵名松，字聽濤，亦吳江人，工詩）。哲夫歸廣州後，與南社社友醵資一百元，將郭氏手寫詩稿石印若干冊，卷首並附印徐江庵遺畫二，一幅是哲夫贈給柳亞子的，因為亞子是江庵的鄉晚，柳在畫上題詩云：

江鄉畫筆數徐熙，流轉翻從燕市歸。
直似當年曹孟德，黃金絕塞贖蛾眉。
雙龍不作延津合，一幅羅浮臥白雲，
從此中原人望氣，迢迢吳粵要平分。

鄉前輩徐江庵先生梅花小景兩幀，社友順德寒瓊蔡子自燕市購歸，既以一幅見贈，復郵示別幅，屬為題詠，率成兩截，聊記因緣云爾。

中華民國四年春三月，松陵柳棄疾識。

扉頁是劉三題的字，文如左：

郭瀕伽手寫徐江庵詩冊。哲夫兄長屬題。甲寅中秋，江南劉三。（下蓋朱文「劉三之印」乃楊千里刻）

書末有吳江陳去病一跋，讀之可見郭與徐兩人的行誼和交情，摘錄於後。

寒瓊重游京師，偶從廠肆得郭靈芬手寫徐江庵話雨樓遺書一帙，歡然挾之歸嶺南，以余為郭氏鄉里後進，書來屬為考證。余私淑靈芬有年，往嘗為草年譜，粗稔本末，故弗敢辭。考靈芬之識江庵，在乾隆四十五年庚子，時郭年才十四耳，二人故同里，故相過從甚密，凡十年而江庵卒，靈芬有詩哭之甚哀，時則庚戌之十一月也。頃觀是帙，但庚戌一年中稿，而屬諸倡和聯句尤多，宜靈芬之珍護愛惜過于球璧，晨鈔暝寫而未敢忽焉。夫頻伽交游滿天下，其才什百倍於江庵者何可勝數，顧皆恝然無所纂錄，而獨于江庵乃斤斤，則郭氏性情之眞，于此亦足徵矣。哲夫既得頻伽手寫江庵詩，復畫「靈芬館寫詩圖」，以紀高誼，頻伽有知，當與江庵相笑慰於九京之下矣。

書末有蔡哲夫手書南社社友捐金印此書的數目，可見當時友朋之樂，亦盡錄如下：

徐江庵詩都三十有二葉，印一千卷。南社同人醵貲印者：吳江柳安如、棄疾、金二十有八；金山高吹萬、燮，金十；姚石子、光，金十；開平周伯嚴、剛，金十；周亮夫、明金六；周破浪、張帆金四；香山繆勿盦、鴻若，金十；順德蔡寒瓊、守，金二十有二，都百金，乙卯（即一九一五年）秋八月廿五日印成。（下蓋朱文「南社蔡守」、及「寒瓊」二印。）

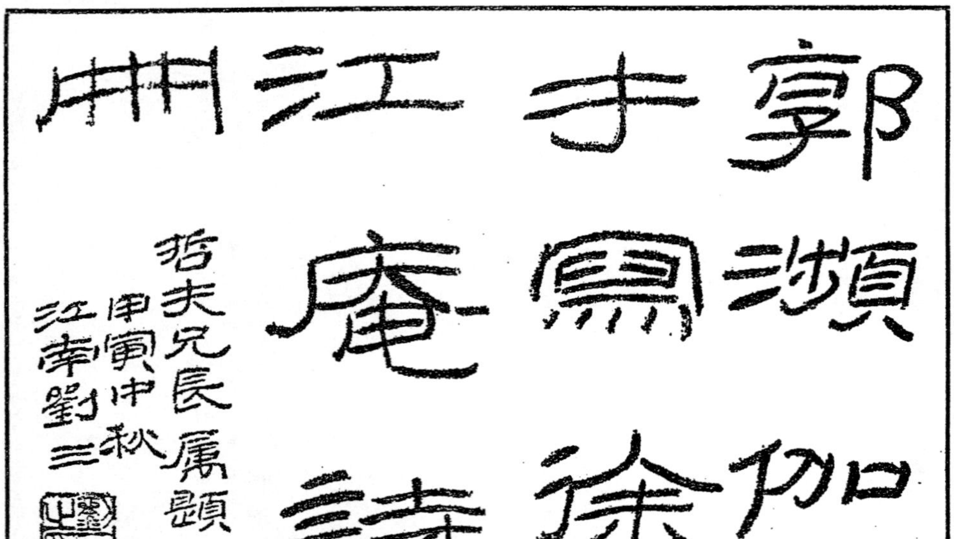

江南劉三題郭瀕伽手寫徐江庵詩冊

蔡哲夫的私生活也是很有趣的。他在家裏，夏天有時穿鑲了花邊的女裝小背心，風流自賞，朋友來談天，也是這樣的會客。他曾用屈原「涉江」的句子：「余幼好此奇服兮年既老而不衰」

，請徐星周刻「好奇服」的印一方，表明他穿奇服的原因。有一次，杜鶴孫醫生請客，他因吃菜弄髒了袖子，主人吩附女傭替他洗滌。他得意忘形，搖頭擺腦的說：「纖纖女手，薄浣我衣。」李栖雲譏評他不應該掉書袋。他反而說「這是事實，孔老二和人談天也好引用詩云的」。

他沒有恒產，他的生活資料來源，全靠自己去張羅。他當過上海「國粹學報」的插圖繪畫員，廣東高師附中的圖畫教員，李根源駐粵滇軍司令部諮議，黃埔軍校的職員，香港赤雅古玩店司理等職事，久的一年兩年，暫的幾個月。其它的歲月，多是搞書畫，玩骨董，拈韻敲詩，賞花載酒的自我陶醉生活。

蔡哲夫生平最愛好朋友，如果朋友有事託他，他是非常熱心不辭痲煩的代辦（自然是要和他的個性相近的事）。黃賓虹的畫，在辛亥革命前而至抗戰前夕那二十多年，在廣東、港、澳等地流傳了千餘件，和他的努力宣傳與代辦，是起了相當作用的。潘達微編印「天荒」畫報，組稿的時候，他花去不少精神、時間去幫忙，大江南北的圖畫與文稿，多是由他設法找來。而這些稿件，全是他個人的交情，沒有稿酬，只是出版後送書一兩冊以當酬勞而已。

商人張五，曾是蔡哲夫的居停主人。張的太太馬二娘，好臨歐陽詢的字。他就借箸代籌，由馬二娘寫了一篇序文，把它刻石，墨拓了兩百份，分贈親友。並由他經手請些文人題詠，捧塲一番，每人送筆金一百幾十元。於是乎朱祖謀、況周頤、樊增祥、趙藩、潘飛聲、周慶雲、程大璋、康有爲們的題件都來了。此輩中，周慶雲是上海一個富商，爲人極風雅，工詩詞，又刻過很多書，是有眞才實學的人，他並不希罕那一百幾十元潤筆，聲明不要，把錢退還，張五也很大方，並不收回私囊，送給蔡哲夫買酒，以酬其勞。

張五把收到海內第一流名士名流的題字後，立即叫人雙鈎，留起眞蹟，即以鈎出的刻石，蔡哲夫替他找到肇慶名刻石工匠梁雲渠來刻字，雙鈎字本欲請鄧爾雅，但鄧不肯，只好隨便找個會寫字而沒有名氣的人充當。刻好後，一併墨拓出來，一同裝裱。這樣，無非是要把馬二娘的書法能在藝壇中佔一席地，使千百年後，人們還知道有她這樣的一個書法家。可惜轉眼間，人們就把馬二娘的字甚至那些名人題詠都封鎖在書厨裏餵蠹魚，五十年後的今日，誰也不知道馬二娘是什麽人了。

蔡哲夫爲了對張五表示感恩知己，才爲他完成了這件事，結果仍不能使馬二娘名流千古，不免遺憾。

哲夫的才學頗富，尤其是有雜才，很會想出新花樣。民國八九年（一九一九、二〇年）間，簡經綸（字琴石，號琴齋，工書法篆刻，一九五〇年在香港謝世）任職南洋兄弟烟草公司，計劃編印一種案頭用的故事日曆，贈送各界。蔡哲夫承接下來辦理，一年三百六十五日，每一天都配合歷史上發生的一件故事（包括人與物），按日的寫述，有圖有文。從這一點可以說明他的博聞强記與巧思，不用說，這一筆酬金也是相當可觀的。

不過他有時也會使人對他很討厭的。第一，他好舞文弄墨，容易文字招尤。第二，口不擇言，有時對於某些事亂說一頓，或亂掉書袋，冒充內行的人，他就忍不住當面給那人搶白幾句，使對方有點難受，無法下台。他又好滿口「鹹濕話」，三字經六字經衝口而出，又喜歡揭人陰私。這些都是他和羣衆關係搞不好、樹敵多的原因。

楊千里與柳亞子同爲吳江人，亦隸南社，一九三七年南京被日寇攻陷，其時千里在北平逃至天津避寇，我寫信給他，建議他來香港暫作寓公。他回信說省港是他舊游之地，很想重臨，不過熟人不多，不知能否過活。他又說蔡哲夫在香港，或者可以替他拉些寫字刻印的生意，問我知他的行蹤否？我也是初到香港的（我出生在香港，十八歲才離開，到一九三七年九月又再來，一切皆生疏，亦無朋友），不知蔡的住址，問鄧爾雅，才知他在赤雅古玩店出入。我得到了結果後，立即通知千里，千里回書，畧說決定來港一行，又說蔡哲夫收藏文物小品甚富，到港後「得與二君日夕談藝，當不寂寞矣」。（千里不識鄧爾雅，彼此聞名，到後，我帶他去見爾雅的。）從此時起，我才眞正的相識蔡哲夫，初時他還以爲我是「南北行濶少」，常介紹東西給我，一心以爲有鴻鵠將至。我老實對他說，我是逃難來的，身邊還帶了幾冊古畫，三四十個石印，目前也想出賣

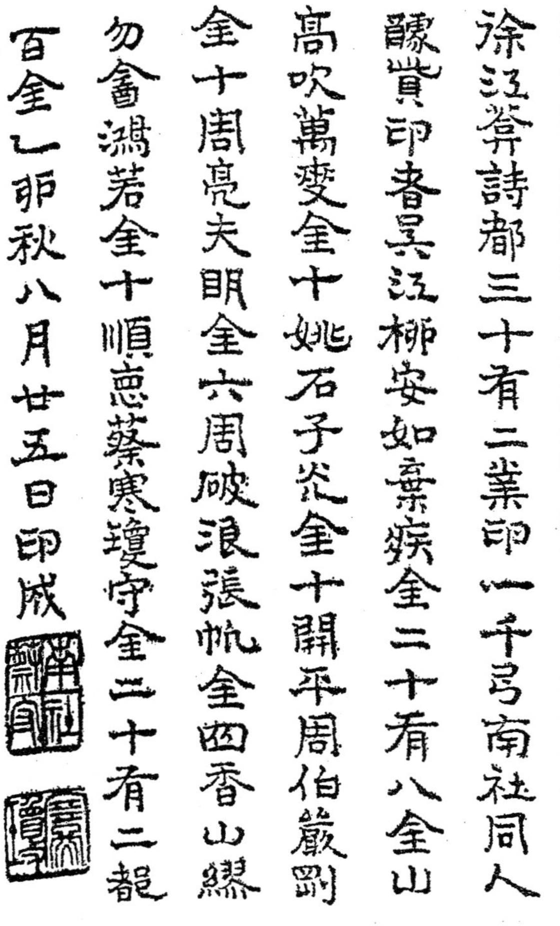

蔡哲夫手寫南社社友印徐江庵詩冊後記

濟貧，「如果你能替我賣去，又賣得很順利，那麼，我放在上海朋友家中的書畫、舊墨、舊紙，可以叫他們爲我寄來，託你出賣。」他一口答應。數月後，我七件大行李由上海一家著名的旅行社代運，到香港後，旅行社通知我了，但送到來的只得兩件，而通知單則七件，其餘五件到什麽地方去呢？初時以爲先送兩件來，另五件隨後會到的。但等了兩天沒有消息，我馬上往該社查問，他們說一定不會失落的，這批行李是他們的職員乘「俄羅斯皇后」號船一起帶來，旅行社的人去接船拿上岸的，担保不會遺失，叫我自己上二樓的貨倉認一認，也許認到，即可拿走。但認了半天，一件都沒有，後來知道是失落了。（爲什麼會失落呢？照道理是不會的，旅行社代運，將我的行李交給船公司，付一筆運費，到香港時，憑提單到船持取，很少有失去的事發生的，這是正當的代運手續。但該旅行社爲人多賺幾個錢，交給他們幾個職員帶到香港，作行李論，這樣可以不必付運費，而我仍須照付，不是多賺了嗎？我的七件行李是巨型的樟大木箱，除衣物外，皆書畫文物，上船後，放入行李艙，而那幾個職員只帶隨身行李，將入廣州轉粵漢路到漢口分社辦事的。船到港後，旅行社的人去接船，那些職員告訴他還有幾件大行李放在行李艙。吩咐後匆匆上岸。接船的人不知怎的，只拿了兩件，一日後，該船開往馬尼拉，從此之後，就無法查詢。）

我失去這五箱東西後，屢次向該社交涉無效，他們說替我打電報往馬尼拉和上海再查，仍無結果。該社說是失落無疑了，願依章程每件賠償二十元。我說，我這七箱東西都是書畫文物，只值一百元嗎？他們說：「既是值錢的東西，爲什麼不買保險呢？」這一問的確有道理，我難道不知道要買保險嗎？只因爲寄來時事出誤會，已經來不及了。原來我離滬前，因行李太多，不便上撤僑的「難民船」「亞細亞皇后」號，便把七件大行李暫時存放在英籍友人來維思（Levis，他是猶太人，出生在上海，父親在沙宣洋行做經理。他喜歡研究中國音樂，但一句中國話都不懂，一九三四年他到北平圖書館研究古樂，與劉半農、鄭穎蓀等人相識，所以我才識他）家中，以爲三五個月後便可回上海了。後來戰事發展到無可言和地步，而又幻想蔡哲夫有本領可以替我賣書畫文物，才打算在香港安居下來，零賣古物，苟延性命。於是寫信往上海那家旅行社秘書陳立綱兄，問他我有七件大行李，打算運來香港，不知費用多少，如果不十分昂貴，我想全部運來，行李現存赫德路某號門牌來維思先生家中。怎知立綱兄太過熱心，收到我的信後，就憑信向來維思提取行李了，我還不知道，當然也無從買保險。

以上這番話，旅行社的人當然不會信的，但却是事實，幸喜那時候陳立綱兄已在香港的西南運輸公司任職，有他爲我證明。結果，該社破例賠償我每件四十元港幣（本來是依照法幣賠二十元的，爲了特別「體恤」，以港幣計，我可以多得四五十元也）。我當然不肯。蔡哲夫很夠朋友，幾次陪了我去交涉，還找了和該社經理相識的人講人情。這樣的拖了幾個月，蔡哲夫也生氣了，結果仍賠償二百元了事。我當然是忍氣吞聲，心有不甘，打算告它一狀。蔡說，「罷罷，香港打官司是要錢的，官司未必你就贏。如果你有閒錢，閒時間，不妨出出鳥氣，否則收下二百元自歎倒楣，最多以後不照顧它便是。」

八年後，我從香港往上海，小住半年，其時蔡哲夫在南京謝世已將三年了。有一次我在一位收藏書畫甚富的朋友家中，欣賞他的收藏品，其中有文徵明山水冊、溥心畬白描羅漢、臨書譜卷子，是我失去的書畫，各件不止有我的收藏印，還有蔡哲夫的收藏印。這幾件東西都是某旅行社代我寄來香港時失去的，不知是從香港抑馬尼拉「倒流」回上海，已無可稽考了。我問朋友是怎樣得來的？他說那是一個書畫掮客拿來兜售的，因見有我的收藏，故此沒有還價買下了。他知道我曾跟溥先生學過畫，要把臨書譜卷子送還給我，我不肯收。（一九四九年三月，他忽然從上海郵寄溥心畬先生寄給我他的近作詩詞一卷，有我的上款的，說是新近以賤值收得，故以寄贈。又過三年，某君以破產自殺了。）可惜蔡哲夫已長逝，我無法告知他這幾件東西就是當年胡裏胡塗失去的。他幾次爲我奔走，而不知失物後來竟會有小部分在他手上，可謂與蔡哲夫因緣不淺了。

關於蔡哲夫的軼事，還有不少可談的。當民國十一年（公元一九二二年）陳烱明叛變時，廣東亂糟糟，有不少人移居香港，女書法家蕭某亦全家搬到上海租界住下，由朋友的介紹，父女們同去拜訪鄉先輩康有爲。康有爲因蕭某是學寫他的字體在廣州署有小小名氣的，便很高興的替她寫幾句登報的介紹賣字文字，大意說她的篆書雄渾似吳昌碩大令，行書茂密似沈寐叟尚書，其眞書則似老夫。哲夫見上海報紙刊出這樣賣字告白，因有「老夫」二字，一時手癢，便斷章取義的賣弄筆墨做打油詩，其中一首云；

恰似香光遇岫雲，藝林佳話久傳聞。
游爲老去臨池懶，代筆閨中要有人。

詩在廣州某小報發表，把董其昌與岫雲的夫妾關件相比擬，暗中說女書家是康有爲的姨太太。蕭家父女知道了後，氣個半死，但又無可奈何，難道巴巴的遠從上海回粵向他交涉嗎？這本是蔡哲夫的不是，在報紙上駡人，而且無的放矢，未免無聊！

李根源在廣東任滇軍總司令時，喜與文士往還，由蔡哲夫介紹加入南社，李便委他在滇軍中一個閒差，無非是諮議之類，拿乾薪，陪總司令游山玩水，飲酒作樂而已。（李字印泉，雲南騰衝人，辛亥革命後做過陝西省長、廣東軍政府政務總裁、國務總理等職。抗日戰爭後任雲貴監察使。一九六五年七月六日死于北京，年八十歲。鄧爾雅也在滇軍總司令部當秘書，據說亦哲夫介紹的，故此有時哲夫請他代筆篆書篆刻，爾雅不得不應酬一二。）

滇軍駐在韶關，蔡哲夫利用身份，帶了幾個士兵到馬壩的南華寺，把宋代慶歷年間的造像木座刻字鋸去。寺僧在「外江壯士」的長鎗刺刀威脅下，怎敢阻止，只有跪在地上合作，宣念佛號。後來他把這些木刻，墨拓成張，請名人題些詩詞，按份出售。與滇軍有關係的人物，見到這些木拓本，眼紅起來，也要分一杯羹，哲夫倒也漂亮，有飯大家吃，使衆人皆大歡喜。（鄧爾雅對我說，當時南華寺佛殿兩旁有藏經橱，內有明人寫經，線裝脫落，對文物有興趣的人都隨便抽幾頁回去當古董玩，寺僧亦不加阻止。蔡哲夫同他也取去數十頁。又，曾做韶關中學校長的葉浩章，一九二二年來澄海中學做校長，他也偷過南華寺藏經，曾以二頁贈澄海縣長李鑑淵，說是唐人寫經，大吹一頓。可見南華寺文物當時不止爲丘八破壞，即知識份子也不甘後人也。）

蘇曼殊于一九一八年死後不久，李根源出錢印曼殊遺畫，哲夫承命到上海經辦此事。陸丹林有這本的，曾對我說，畫集有許多幅畫，題着「曼殊令女弟子傾城書」、「曼殊令蔡守錄」、「守一錄」。而所謂「傾城書」、「蔡守錄」，筆蹟都是一模一樣，完全出於一個人的手筆，沒有曼殊親筆題款。其中只有幾張是有他題字的，據說是他到了上海之後，向朋友借得曼殊遺畫，攝影製版加入的。

民國六年夏秋間，南社社友從各省到廣州參加護法工作的有一百多人，極一時之盛。南社自成立以後不久，蔡哲夫已無形中做了南社廣州分社的負責人，現在有了這麽多社員來到，他就更爲活躍了，奔走聯系，嚮導傳話，沒有一天停息。有時還舉行小型的雅集。「南社」廿一集附錄「禺樓清尊集」（分頁的「清尊」二字，署名「蔡張傾城」，也是哲夫代寫的），就是其中之一。又常在六榕寺裏邀約十個八個社友茶叙，作東道主是住持僧鐵禪。這個葷素並進的鐵頭陀，平日愛食叉燒包、蝦肉粉果、蠔油牛肉炒麵，因之每次茶叙，這幾種點心是主要的食品。高天梅好飲酒，尤喜歡廣東的黑糯米酒，常與鐵禪、葉楚傖等對飲一二小時。哲夫周旋其間。做提調工作，賓主盡歡，飲醉食飽才各散去。

名士與詩詞，一般說來，等於紅花綠葉互相襯托，於是相得益彰，蔡哲夫是名士，當然也不例外，所以他一生就窮其精力去研究詩詞，以增加其名士氣氛。我們只看他的一些詩詞題目（見「寒瓊遺稿」。此書是他在一九四四年死後才輯印的，滬上友人存有一冊，曾假我一讀），也可以反映他的名士生活（不一定有此事，也許有些由他揑造出來的），如：「香港重見袁寒雲姬人麗雪青」、「重見騷香子同乘摩托車游小香港」（所謂「小香港」即香港仔，以「仔」字不雅，不便出於名士筆下，故錫以「小香港」佳名）、「曹溪南華寺七夕寄張蘭娘」、「甲辰歲暮，偶于斷腸詞夾有殘絲數縷，憶是去年小除前一夕王素香繡睡鞋賸者，玩物懷人，遂成此解」、「荔枝灣納涼寄阮月娘」、「與陸貴眞、吳子和宿巢居閣」、「四照閣與子和、貴眞並枕卧看湖山，口占小令，由兩姝歌之，眞不知身在人間也」等標題觀之，盡是脂粉色情，內容如何，也可想而知了。什麽「拔釵沽酒情何限，並枕談詩艷絕倫」，是他看做生平最得意的詩句。

哲夫有一個姓張的女友，字蘊香，又字琅姑，別號心瓊。他也取了個「思琅」的別號。男的是「思琅」，女的是「心瓊」，就是兩人心心相印，形諸別署，作公開的符號。他對於這位心瓊女友，是怎樣的呢？除畫了一張「蘊通體圖」（即人體寫生）之外，還做了不少的詩詞，其中一首「生查子」詞是：

湖上蘊香樓，鏡檻胡牀小。夜夜夢魂中，并枕和歡笑。　明月上酥胸，褪却雞頭罩，得意醉橫陳，還與菱花照。

「雨中花」詞上段是：「脫使眉教儂畫，更覺花容佳冶。但願朝朝看卿梳洗，常侍晶簾下」。這些詞充分表現了色情狂，豈僅庸俗而已。

南社於辛亥革命前二年（一九〇九年十一月十三日）成立於蘇州時，蔡哲夫是參加的，但他和柳亞子之間關係並不好。就在這天的宴會上，爲了談論詩詞，大家便爭執起來，弄得舉座不歡。亞子在「南社紀畧」有說：

……却惹惱了龐檗子和蔡哲夫。檗子是詞學專家，南宋正統派；哲夫却夾七夾八地喜歡發表他自己的主張，於是他們更和我爭論起來。……我急得大哭起來，罵他們欺侮我。檗子急忙道歉，事情才算告一段落。

過了十年左右，亞子爲了朱鴛雛的出社也有一說：

因驅逐朱（鴛雛）成（舍我）的關係，引起蔡哲夫對我的反抗。他用了南社廣東分社的名義，背簽了許多粵籍社友的姓名，與朱成遙相呼應，想推戴高吹萬做主任，把我來推翻，這事情掀起了很大的風波。

這樣說明了蔡哲夫常是找機會和柳亞子對立的。

蔡哲夫刻有「南社蔡守」名印，平日與友朋通信或題字，常是鈐用，表示身份。這也是柳亞子對他的印象不好的原因之一。社友們對蔡這種作風，也有感到過於招搖。抗日戰爭時，蔡哲夫住在淪陷區南京，借了六十生日的機會，冒用了經已停頓了十多年的南社名義，大發通啓徵集編印他個人的詩詞集經費和詩詞書畫。當時柳亞子避難香港，便約了旅港的舊南社社友十多人發表聲明說，蔡在南京盜用了久已成歷史上名稱的南社發起爲他做壽，不符合事實，請各方面不要相信有這麽一回事。同時，在香港的蔡元培發表談話說，有人在南京冒用他的名字，發起爲人祝壽，本人絕無此事等語，表明責任。

五四運動後，蔡哲夫的生活，進入了一個新階段，就是他的第二位夫人來歸了。從此名士又添多一位美人，而這位美人却是頗爲不平凡的。她姓談，名叫月色，是廣州檀度庵的女尼，本是順德人談會存的第十女兒，談月色做雛尼時大約只有十歲左右，未正式剃髮，仍留有辮子，仍然吃葷。到了成年，由師傅擇吉，大做法事，正式落髮，這時才是尼姑。檀度庵在小北門清泉街，清康熙四年（公元一六六五年）平南王尚可喜爲其幼女所建。尚小姐入居之，人呼爲王姑姑，而她則自稱爲「自悟」。自悟大師博通梵典，戒律精嚴，先尙可喜死，不睹家難，可云有識。庵有自畫像，披髮衣紫，蛾眉雙戚，有憂容。（據「番禺續志稿」云：藥師、檀度兩庵，供奉開山比丘栗主，均書自悟，亦均有自悟像，檀度所藏是原本，藥師則重摹本。）

一九四四年秋我才與李茗柯相識，少不免談到蔡哲夫和談月色的韻事。我問他蔡怎樣取得此「才尼」者。茗柯說，事由自悟畫像而起，大約是民國九年左右罷，蔡哲夫到檀度庵隨喜，見談月色甚可人（其時廣東有些人最愛逛尼庵，遂傳有「開師姑廳」之謔，居然以梵宇爲青樓矣），便向她兜搭，教她寫畫，臨摹佛像。原來哲夫對自悟畫像動了生意眼，要據爲已有，賣給洋人博厚利，就和談月色合作，叫她臨自悟像，臨了一個時期，便摹起來，作以假換眞的把戲，老尼當然被蒙在鼓裏，不知這對「情侶」已偷到庵堂也。哲夫偷完古畫後就連人也偷了，這是李茗柯所說的。（茗柯名尹桑，黃穆甫得意門人，精書法篆刻，一九四五年一月死於廣州，後哲夫死不過數月耳。）

哲夫和談月色相識後，便到處宣傳檀度庵的古溶傳（月色法名古溶，「傳」者廣州人稱尼姑也，畧去「師」字）懂得做詩，寫得一手宋徽宗瘦金體字，而且能夠畫梅花、刻印章、拓古器。在舊日的社會中，平常一個女子要是能寫一兩筆畫，哼幾句詩，已經給人們另眼相看了，何況是尼姑，更加使人們特別注意的傳奇式人物，符合製造「才」女的條件，一經傳播，自然是萬人矚目的了。（按：民國四、五年間，廣州的檀度庵、永勝庵皆有名於時。劉禺生於民國十七八年後，又到廣州，有「永勝寺題壁」詩四首，末首云：「小李將軍寫洛神，蔡中郞婦畫梅人。珠江影事差堪問，醮酒齋壇一欠伸。」李指茗柯，蔡則哲夫也。附記事云：『廣州永勝老尼朱傳，善談論，廣結納，輩行最長。幼尼阿梅、阿竹、善能，皆有風度。十年前，寺將沒官，予助存之。善能最穉，予贈聯云：「善花萬色萬天，白齒紅衣窺寶相，能果一心一點，玉顏珠貌坐蓮台。」李茗柯書懸僧房。三年前，予巡察赴粤，朱傳感往事，爲予醮齋祈福三日，茗柯在澳門結婚，頗具韻事。蔡哲夫納檀度庵尼古溶，能畫梅，均來寺讌集。朱傳見予至日：「劉先生你現在做了八府巡按，你的玉堂春跑了。」實則毫無繾綣，不過興之所至耳。因索詩補壁，記載前事，成感舊四首，千里書之，報淸醮也。禺生記」。千里爲楊天驥，一九三四年冒鶴亭六十一歲生日，千里爲作「六一翁」朱文印，是年鶴亭到廣州，常至永勝寺食朱傳所作粉果，有詩記事。』

我們現在試看蔡哲夫怎樣宣傳他的談月色吧。他買了幾十頁空白的扇面，一面由談月色畫梅花，款署「比丘尼古溶」，下蓋「廣州檀度庵比丘尼古溶」、「舊時月色樓」兩小印。一面是他寫的與古溶唱和的詩。又用古溶名義畫梅花屏條、冊頁，和用珂羅版印製的梅花明信片等，分寄平日往來的朋友。故友壽石工是北京一位有地位的篆刻家，工詩文，他的夫人宋君方也精此道。哲夫與壽石工同爲社友，就自己刻了一印從香港寄贈石工，談月色當然少不了也「班門弄斧」一下的。石工甚欣賞「月色」二字，曾以「舊時月色」四字入印，見其「蝶蕪齋逐年自制印存稿」（石工五十生日，集三十年來自作印，朱拓五十部，以贈知友，我的一部，寶藏至今）。哲夫這樣的宣傳，不到一年，比丘尼古溶的作品，便不脛而走，一時傳遍了省內外，成了嶺南佛門「才尼」的雅事。哲夫意猶未足，替談月色出畫像潤格，其小引乃出自嶺南遺老、詩人何藻翔之手。

蔡哲夫和談月色們結婚前，時時一同參加社會的文娛活動，如壽蘇會、上巳修禊、重九登高、書畫雅集之類。古溶身穿尼服，厠跡於文人墨客之間，但極少說話。遇到即席揮毫，或是聯句等，她也很客氣地婉詞推却表示謙虛。

蔡談往還的時期並不太長，到了時機成熟，他們兩相情願，締結良緣，由蔡哲夫懇請程大璋「證婚」（程字子良，廣西人，康有爲弟子，當時是國會議員。程倒也不辭，而不知製訂法律的議員已犯法也。）成爲眷屬，隨即移居香港，過他們的新生活。高天梅寫了一首七言古詩來調侃他，詩中有：

比蒭夷作居士妻，世間奇事無不有，
念年辛苦禮空王，一笑袈裟換艷裝。
儒門詎少淸淨業，樂土終在溫柔鄉，
華嚴彈指春懷抱，異樣因緣劇顚倒。

表面上看來是賀他們「新婚」，其實句句都是譏刺的。高天梅是南社主要分子，和蔡哲夫交誼甚深，其對哲夫的觀感如何，可想而知了。

尼姑、居士結合後，相處得還好。有時雖然遭遇生活中有點窘困，彼此也能夠諒解，刻苦耐勞。從此之後，哲夫在朋友間常是提到談月色的畫梅刻印。有一個時期，月色寫梅花，並蓋了「比丘尼古溶歸蔡寒瓊」的小印，表明自己的出身和他們的關係。劉成禺的「世載堂詩」裏「蔡中郎婦畫梅人」，信不誣也。

抗戰勝利前夕，蔡哲夫死於南京，談月色的艱苦生活，是可以想像得到的。此後，她從事藝術活動，眞的潛心去鑽研藝術，又再度剃髮出家。近年久不聞其消息，不知是否已圓寂了？

KRUPS

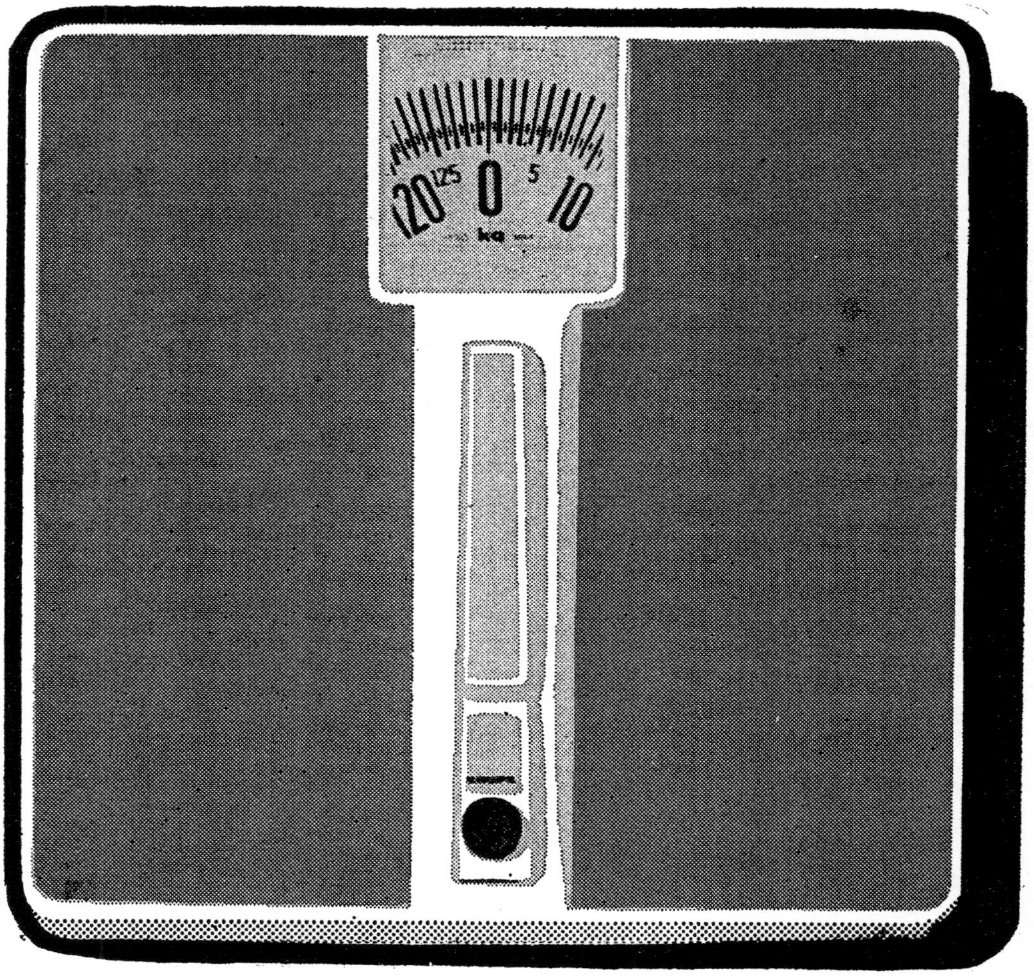

康樂牌衛生磅

大人公司有售

血淚當年話報壇

——追憶抗日戰爭中上海新聞界一幕鬥爭史——

·張志韓·

偏偏那時的共產黨口中談和，心中另有一套，儘管毛澤東從延安到重慶，表現得非常合作，但他們的宣傳機構，仍是處處對政府冷嘲熱諷，予以打擊。中央日報與掃蕩報之合併，他們最初頗具戒心，以為在宣傳方面，或將使新華日報屈居下風，但看到了兩報聯合版之事後表現，反使他們大為高興，當時他們嗾使一些報販，在重慶城內城外，高唱「新華掃蕩中央」，手中高擎新華日報和中央掃蕩的聯合版，這種口頭上的便宜，使政府方面，聽來非常彆扭，明明中央日報，掃蕩報的聯合版，按照字面，也應說中央掃蕩，但他們却顛而倒之，硬說掃蕩中央，更上面加上了新華兩字，就變成新華掃蕩中央，等於共產黨掃蕩了國民黨，縱然有人依樣葫蘆，也叫報販們以牙還牙，大喊中央掃蕩新華，這種報復，徒見其幼稚而不切實際。而中央日報方面，自從名義上合併了掃蕩報以後，某些大人先生的如意算盤，馬上根本推翻，他們以為銷數和廣告可以加倍，事實上，以前每天訂閱兩家報紙的，此後祇消訂閱一份，誰會每天買兩份聯合版，廣告方面，也是如此，以前為了種種關係，分刊兩家，目前祇登一家，可以減少支出。想一想，原以為收入可以倍增，現在則應加反減，而支出方面呢，縱然在掃蕩報方面，已裁減了一些員工，但無形中使中央日報加上了百份之六十以上的負担，縱然有一部份經費，以前歸掃蕩報的，業已劃歸中央日報名下，但數目不多，絕不能彌補增加的支出；此外：既然兩報合併原來的中央日報分版一張半，此時已擴增為兩張半，紙張油墨一切消耗器材為之大增，諸如此類，一言難盡，艱困局面，愈益不堪。不過憑心而論，中央宣傳部給予報館的幫忙，也可說仁至義盡，逢到困難，祇要有理由我們可以借補助費以及預支應撥經費，但中宣部不是銀行，他們的經費也有限，那時部長王世杰，對於宣傳工作，辦得十分出色，而對於中央日報，更為注意；我們中央日報有一個最重要工作，每天出版以後的最初幾張報，首先送到委員長的侍從室和王部長的私邸，因為他們一大早便以看報為日常的第一件工作。戰時的大重慶，所有報紙都用四川的土報紙，顏色黃澀，厚薄不均，而且正反兩面光滑不同，所以經常把正面光滑的印新聞版，反面較粗糙的印廣告版，當時的印刷設備祇有平版機，油墨也很不理想，所以有時看到的報紙眞是一塌糊塗，不忍卒覩。中央日報當時另備了一些天章造紙廠的白報紙，這在後方，等於無價之寶，普通是買不到的，中央日報也祇被按月配到少數，每天祇能印上數十份，專為供給袞袞諸公閱讀，這樣報紙當然比較黑白分明，不像看土報紙般糊塗不清。當時官方有人這樣說，能夠看到中央日報的白報紙版，才算第一號要人，可見讀到白報紙印的中央日報之不易也。王部長每天看中央日報，他細讀每天社論和其他一切新聞文章，兼及所有當天的中外各報，當然中央日報是主體，他還要注意其中有無不妥之處，隨時發下指示。蔣委員長雖然日理萬幾，但看報之專心，說來使人不信，我們不時接到他用紅筆圈點之各項指示，甚至廣告上的訛誤字句，有時一連幾天沒有改正，也會特別圈出，送交宣傳部轉來報社。因為當時陪都報紙除了共產黨的新華日報以外，還有全國最重視的大公報，中央日報必須辦得至少與他們並駕齊驅，才能不辜負官方辦報的苦心，但誰都知道此事談何容易，所以身為中央日報社長的人，眞是天天誠惶誠恐，唯恐稍有失誤；做中宣部長的人，當然也對中央日報督飭週全，絕不疏忽，但是對於中央日報的經濟又都力不從心，難以援手。蓋因其時物價騰貴，甚至一日數變，而報紙經費，早有預算規定，縱然尚有廣告發行收入，可以跟着別家報紙調整，但因組織較別家為大，員工較別家為多，所以經濟困難，時常要去中宣部寅吃卯糧，告借過活。那時中宣部的主任秘書許孝炎，他是老報人，自然清楚中央日報的內部，他對我非常同情，每去借錢祇要他答應，便可去會計室辦手續，但他有次忽然想考考我，問我中央日報的眞實經濟情形，查問到當天究竟有多少庫存欵項，却使我瞠目不知所答。

無米為炊難為婦　借紙惹出大風波

因為那時的經濟部正在逐步整頓每天收支賬目，我逼着出納股長，要做到每日有一份收支清單開列庫存數字，他推三阻四，舉出多種理由硬說辦不到；陳博生大力支持我非要做到此點不可，於是他答應先把上個月的收支做成清單，隨後在規定時間內，一天天的以漸進方式，做到三星期、兩星期、一星期，以至最後逐日清結，每天要做到收支數字於下班時間繳出，並查點庫存是否相符，這一步工作難於上青天，我們不能歸咎於過去何以如此馬虎，也許因為更易了主持人，走了總經理，蛇無頭而不行，但倒霉的却是我。縱然陳博生為我撐腰，我又是一個與任何方面都無關係的人，一本正經的幹，也是弄得天怒人怨，終而一個會計組的職員挾帶賬冊潛逃無踪，而這一個出納股長也因為私用公欵，自承無法把應有庫存和當天的結單相符自請處分，經理部的人，有的竟公然向我開火攻擊，在一個業務會議上硬指我言詞中傷了他，聲言辭職，他當時昌言無忌，大鳴大放，自有他的同路人應聲附和，聲勢洶洶。我生平從未捲入這種黨派式的糾葛，但在重慶中央日報，却受盡這些牛鬼蛇神的惡氣，幸而自問無他，陳博生也挺身而出，把他們的氣餤壓了下去。想想這樣一張大規模的報紙，內容如此複雜，我身爲總經理，但非當家人，陳博生社長又是一個好好先生，我在他下面身負這個重責，開門七件事，樣樣要管，但問起錢來，眞是非常難過，等於天天和出納股商量如何應付柴米油鹽醬醋茶，每天湊錢打發當天急需，却難以確知當天究竟應有多少庫存。所以當許孝炎問我那一天的實際經濟情形之時，我的確瞠目不知所答，但又不能自暴其醜，但也經此一問，我更下定決心，非要逼使出納股在規定限期之內，做到不論有錢無錢，非把當天庫存表繳出不可。於是乎終於知道出納方面確有虧空，那個狡黠的會計組職員忽然挾了一部份賬目溜走，是否與此有關，難以追究，但大家知道這位出納股長吳某，人是很好，祇是年輕糊塗，易於爲人利用，他們因他掌握經濟大權，天天和他吃吃玩玩，結果把錢虧空，因爲不能每天報繳，又碰到社內人事更動，結果鑄成大錯，他自知我追得一步緊似一步，所以最後自請處分，這一件公案，外人當然不知道。而其間又發生一件莫名其妙的禍事，則爲庶務股的職員，當某一天在我特地去爲報社以十日期支票向朋友掉取一萬元現欵要他去購買土報紙準備當晚應用時，此人清晨出發，傍晚始歸，據說他跑遍市塲，買不到一張報紙，眞是晴天霹靂，使人目定口呆。試想一家堂堂大報，當晚竟無報紙應用，豈非有陷於停版之虞。在那時候，重慶各報同業間感情頗佳，有時任何人在器材或紙張方面，偶有短絀，互相調借，都能通融，但那一天的問題突然出於意料之外，天色已晚，我曾和大公報接洽商借，他們那天也無多餘，別家也是一樣。在萬分無奈中，忽然想起了近在咫尺的新華日報，因爲新華日報也時常向中央日報借用印刷器材，我們從不拒絕，更因爲平日新華日報，所用土紙，資料頗佳，中央方面時時有人指責中央日報的紙質不及新華，所以時常印得糢糊不清，陳博生社長也會有幾次和我談及，不妨向新華日報商借一些土紙，看看他們向何處購買，於是我在此緊要關頭，想起向新華借紙。其時該報社長爲潘梓年，經理爲熊瑾玎，他們的記者陸詒更是我的老朋友小同鄉，所以不揣冒昧，親去借紙，而且說明祇借一天，立刻歸還，他們當然一諾無辭。在我也以爲此中並無不合，蓋借紙出報比了無紙停版，問題重輕，誰都明白；可是好事不出門，壞事傳千里，這個消息，不到半天，便給人知道，這還了得，堂堂一家中央日報，竟向共產黨報社借紙，這個臉未免丟得大了，於是大肆攻擊。而且陳博生社長對於此事，當然知道得一清二楚，而且當天何以報紙買不到，何以向新華日報告借，他都未加反對，而對於我以空頭支票調到現欵，交給庶務股採辦，他們竟空手而歸，認爲此中也許故意搗蛋，但別人不知我們當時如何苦心孤詣，却硬指犯了瀰天大罪，未免太覺傷心，於是浩然而有去志。而中央掃蕩兩報之聯合，更日趨困難，此時中央宣傳部長王世杰，亦因中央日報之事，使他受盡煩惱，決心引退，但他和陳博生在臨走之前，還作出一個安排，讓我與詹文濟兩人互相對調。事實上，在陳博生還沒向我宣佈之先，我早已向陳提出辭職，因爲那時候的中央日報經理部人事，簡直鬧得不成樣子，他們知道我既無背景，又無奥援，最初則希望我能遇事隨和，最好做個太平宰相，祇因我不知好歹，使他們不能從心所欲，甚而查出許多不妥之處，他們於是也處處搗蛋，像庶務股買紙之事，簡直要讓報紙不能出版，我借紙濟急，他們又另造謠言，有許多事外人不知底細，我身負經理部重責，不可能向人解釋清楚，凡事祇能曲予隱忍。

一事使我衝冠怒　片言仍教去還留

那時候我的辦公時間說來使人不信，一日夜之間，要分四五次的睡眠，才能打發一切工作。清晨五時半左右，天尚未明，我便須起床去印報房查看已否出版，直等報紙印出了相當數目，看看並無不妥，便返家休息，其時至少已在六時半至七時之間，上床再睡到八時半非起床不可，畧進早點之後，九時便要去辦公，應付經理部公務，中午下班，照例飯後小睡，這也是去了重慶之後，陳博生叮囑我非睡午覺不可，但二時至五時，我的工作更忙，有時還須進城去營業部或是其他地方，晚飯以後，我又要睡了，這次可以睡上二三小時，然後於十一二時之間，再去經理部，因爲這個時候，是陳博生前來報社辦公時間，他最注意的是編輯部，所有新聞和社論，他都要垂詢過目，他和浦薛鳳兩個人是老搭檔，一輛老爺汽車每晚同來同去，因爲浦薛鳳是負責社論的主筆，陳博生則社長而又兼任總主筆，中央日報的社評儘管有人指責不瘟不火，但應當知道他的處境和地位，一言一動，都須謹愼小心，陳博生便是這樣的誠惶誠恐，黽勉以付，我則每晚在到社之後，他一面處理編輯部事務，一面和我商討經理部工作，我們之間一心想把工作搞好，開誠合作，語不及私，但我的健康，不免大受影響，本是一個一百四十磅的小胖子，竟然減到一百十八磅。幸而方當壯年，體力還能支持，但有一件事却使我委實忍受不了，向陳氏表示非走不可。問題小到不能再小，當時我身爲總經理，理應有一間宿舍給我安頓家眷，中央日報的經理部宿舍在龍隱路靠近新蜀報和商務日報的一個小山坡上，一幢瓦屋祇有六間，當時本來騰出左角上的一間給我搬入居住，但有一位桀驁不馴的傢伙本住中間房，看到這一間兩面皆窗，比較涼爽，他竟自動和我對調，搬入之初，天尚涼爽，我也不與計較，但其後時當盛暑，這一間房又是西向，火熱般的太陽，委實使家中人難以安居，此時因爲編輯部的宿舍也覺不夠，所以在經理部附近一塊空地上，另建幾間綑綁式房屋，那些竹棚工人，每天工作之際，我便請他們在我住屋之外，搭一遮陽蓆棚，聲明錢由我付，不與公家相涉，誰知工人開始替我工作之時，忽然有人高聲喝止，並且奔向我的辦公室，戟指而罵，說我假公濟私，祇圖一己涼快，既欲蓋竹棚，爲何不遍及宿舍同人大家分享？我當時眞被氣得說不出話，幸而副總經理高璋卿，他是原經手，因爲此種工事都由他接洽講價，公私分明，他爲人非常鯁直，雖是福建人，一口國語，當時挺身而出，把這個冒失朋友罵得俯首無言，我則這口鳥氣，的確忍受不了，除了囑咐工人，停止工作以外，馬上寫了一張辭呈，自己則趕到小龍頭，一個朋友在那裏辦大公職業學校，商量之下，在該校旁邊的民家，借了一個大房間，甚至傢俬齊全，可以立刻搬入，最初幾天，還加入該校的伙食團，可以不必自己爨食，我當時確已抱了最大決心，辭去了這份工作算了，可是陳博生先生却堅決挽留我，他很懇切的對我說，中央日報經理部人員的種種行爲，使他疾首痛心，這個責任理應由他負，他已嚴斥那個佞人，而且要他向我道歉，同時他要特別召開一個會議要把我如何出任中央日報總經理的經過，向大家說明一下。更說如果你這樣一怒而去，不但他自己無法向當局交待，也失却了中央對上海許多忠貞報人歷來的關懷之意。陳氏又坦白對我說，他自己也準備辭職，不過目前未到時候，我替他整頓經理部，總算每天已有一份收支表看到，將來一旦交代，可以來去清白。他自己接事之時，因爲過去主持人一度眞空，談不上交接兩字，但自己要走，非要清清楚楚不可，現在已經做到這一地步，在他已非常欣慰。他更說到以前他進中央社做總編輯，該社的幾個重要人員，都對他視爲仇人，一室之隔，時常聽到他們指名道姓，高聲叫罵，他心中雖覺氣悶，但想到他們的幼稚無聊，反而替他們可憐，所以他勸我效法他學習容人之量，以後對人處事，一定有所裨益；我由於陳氏的婉勸，滿腔氣憤，爲之釋然，但對於那個冒失鬼的道歉認爲大可不必，不過陳博生仍在一次月會上，向全體員工，特別提出此事，他還把我們在上海和敵僞鬥爭的經過，稱道了一番，甚而說張總經理來到我們報社，即使他拿錢而不做事，我們也應表示歡迎，何況他目前任勞任怨，竭力清除積弊，爲報社盡了最大努力。

編輯同人抱不平　人事更動去昆明

我和陳博生過去並無任何關係，但從我進了中央日報，覺得他眞是一位忠厚長者，論他過去在北平時辦報的過程，已是我道中的老前輩，學問資歷，在新聞界中允稱元老，我在他手下做事，的確增加許多識見，因爲我從未做過經理部工作，所以上有陳博生的指導，下有副總經理高璋卿的匡助，不管當前橫逆，祇知盡其在我，除此以外，編輯部同人更竭力支持我。大凡做編輯工作的人，比了經理部的人總較清高一些，因爲他們不關涉銀錢出入，凡事比較冷靜，過去經理部的烏煙瘴氣，編輯部中諸君，冷眼旁觀，早已心懷不滿，祇因事不干己，無從插手。自我進了中央日報，把許多不合理的情形，逐步糾正，深得他們贊許，及至出納人員，挾賬而逃，自請處分，會計人員，虧欠公欵，偏偏有人對我忿無可洩，諸多留難，甚而假藉搭建涼棚，公開向我侮辱，頓時激發了編輯部中比較年青的同人忿慨。總編輯詹辱生老成持重，他不便和那些人爭執，副總編輯許君遠，性情火爆，他就大抱不平，奮臂而起，要和這班人較量一下，而當時的採訪主任劉尊棋，平時不多說話，聽到我受此侮辱，也大不爲然，在衆怒之下，一位姓郭的校對長，便把經理部中一個煽風點火的小子，痛揍了一頓，好在此事其曲在彼，也並未鬧出大事，但因爲我當時已移居小龍坎，距離報社，還有相當路程，於是編輯部同人自動建議，把正在新建的編輯部宿舍，騰出一間最好的歡迎我和他們同住，我終於又把妻子女兒搬回報社宿舍，此處位於報社左角，兩個小山峯下，一塊平畦，池塘蛙鼓，宛然鄉村風味。不過此際此時，由於中央掃蕩聯合版的合作，愈弄愈糟，我訂購的三架印報機，已有兩架開始啓用，但依然無法使報紙提早於七時之前出版，過去的努力枉費心機，說閒話的人愈來愈多，當時反對合併者更振振有辭，王世杰辭了中宣部長，陳博生擺脫了中央日報社長一職，但他們又煞費苦心爲我安排後路，讓我去昆明中央日報承接詹文滸，而把詹文滸調來重慶，臨行前夕，陳博生和社內同人爲我餞行，他還聲聲惜別，稱贊我過去的一些辛勞，當時使我不禁淚下。

陶百川走馬上任　陳德徵文字賈禍

我去昆明前夕，中央已發表了張道藩爲宣傳部長，而陶百川繼陳博生爲中央日報社長一職，陶氏也是我們的上海朋友，他帶去的總編輯陳德徵，更是國民黨底定上海後的風雲人物，可惜他做總編輯不多天，便因在新聞上處理不愼，因此而坐牢。他們當時住在牛角沱吳開先家中，吳開先的重慶寓所，等於上海朋友的集會之處，吳夫婦其時都在上海，但凡去重慶的上海朋友，如要找人找事，都會光臨牛角沱，而且吳家不但住滿了這些上海神佛，更有沈君夫婦親切招待，所以不但上下客滿，而且每天買魚買肉招待來賓，眞是食客常滿，座無虛席。陶百川當時在重慶，担任中央週刊社長，辦得有聲有色，由他兼任中央日報，自然駕輕就熟。臨去昆明前夕，我少不了和他聯絡一下，這也是禮貌上關係，由於重慶中央日報和昆明中央日報體制上有統屬關係，更因過去昆明中央日報有許多報銷及清欵手續，爲了辦理不當，時常給中央黨部秘書處批駁不准，甚而把按月應發的生活補助費、米貸金扣留不發，頗使昆明中央日報陷於窘境。在詹文滸未去昆明之前，該社本由朱文浦主持，朱之求去，經濟原因爲其一，手下人辦事不當虧欠公欵，有人向中央密告誣陷他爲其二。勝利之後，朱文浦出任上海新聞報的副總編輯，此爲程滄波篤念舊交，予以汲引，事實上朱文浦的確也是新聞界一個人才。當詹文滸去了昆明之後，他發覺報社經濟困難，最大癥結，在於中央扣發許多按月應撥經費，他要我代爲疏通，一面託我就近在重慶找一個專做報銷名冊的人員，代表他把過去中斷而聯貫不上的員工名冊，重行編製。重賞之下，必有勇夫，我便在中央日報負責人事的辦事員中，找到一位張君負責此事，並將詹文滸過去若干月來的職員名冊及人事更動詳情，一切資料，全部送來核辦。也許現在的人不知道昔年政府機關辦事的痲煩，但大家必然聽到過「臨表涕泣」的一句舊話，細想以前政府在抗戰時期的艱難支持，物價繼漲增高，公務員生活困難，公家機關薪水編製，均有定額，但區區之數，如何使人仰事俯蓄，應付高昂物價，於是中樞當局，在萬分困難中想出了生活津貼以及實物配給，許多地方才把實物配給折成現欵發給，爲了防止流弊，必須編造員工名冊，按月核對，這種名冊，在黨營事業方面比了其他公家機關，還算簡單，但也有種種名稱，如平常的薪給表，當然例應造報，此外則生活補助費、米貸金等等，凡屬按月由中央撥發的錢，每一項目都要具領人蓋章領取，報去中央核發，像昆明中央日報，他每月造報的手續，除了他本身例應存檔一份之外，另須造具三份，送由重慶中央日報核轉中央宣傳部及中央黨部秘書處，這三份由上述三處分別查核存案，如果中間發覺不符，送去中央，他們便查根問底，清楚明白之後，應撥經費，立即照發，但須知戰時人事，流轉不定，每一處都有用人荒的現象，尤其是工人們，他們的流動性最大，此去彼來，川流不息，於是支發薪給及補給費，都要隨時應付，照例領欵必須蓋章，但工人們往往不明手續，怕痲煩，他們以借支名義，拿錢走路，這樣便影響到造冊報銷無人蓋章，這些細節最使人辦理報銷的人頭痛之至，但中央是不管這些的，昆明中央日報當時吃了這個大虧，詹文滸去後由我替他辦通了這個困難問題，而且替他做到了此後應領經費，由中央秘書處及中宣部直接撥發，祇須他另把名冊向中央日報總社及中宣部備案便可，如此做法，簡單迅捷，少了不少痲煩。須知往年的昆明，是後方物價最高之處，所以薪金和生活津貼等，也是列爲最貴之處，小小一個昆明中央日報，一月也有十多萬元，把這些積欠金全部解決，詹文滸自然非常痛快，而對於該報員工，精神上也人心一振，我替他調度設法，成了一個無名英雄，這些都不在話下。

雲南局面不簡單　小心應付免痲煩

陳博生先生在我臨別之前，又作了一番懇切的談話，他首先告訴我昆明這個地方，在名義上是中國的一省，也是中央所屬，但因爲省主席龍雲是一個眞正統治者，有許多地方他儼然獨立，不容別人插手，所以中央派去的工作人員在抗戰大前提下，必須妥愼應付，斷不可與之對立，所以在那裏辦報既須負中樞的宣傳使命，也要和地方政府合作，尤其不可得罪這個土皇帝。此外同業方面，昆明尚算簡單，龍雲自已有一個雲南日報，這是省政府的宣傳機關，另一張民國日報則爲雲南省黨部所辦，省黨部中人有的屬於地方派系，有些屬於中央方面，好在與中央日報同爲黨報，當無問題，但另有一張紹興人王公弢辦的朝報，原由南京搬去，此人昔日曾爲南京中央日報總經理，你必須小心應付。提起王公弢，我也很清楚他的爲人，所以陳博生提起此人大大有名，自然謹記在心，不敢疏忽。此外陳博生更特別提醒我昆明當時已成爲左派文人在後方的一個集中點，和桂林一樣，他們憑藉了地方勢力，非常活躍，中央日報的社論或其他文字，斷斷不可讓他們混入其間，一不小心闖下大禍，大家可以想起，李公樸、聞一多等人在抗戰時期的昆明發生命案，可想見當時鬥爭之烈。陳博生的臨別贈言，對我來說，的確是最好的指示。我在昆明期間，和地方同業，相處極佳，尤其是和那位朝報的王公弢先生，始終友誼彌篤，他有時缺乏報紙，前來告借，我本同業互助之誼，從不拒絕，更因爲我在重慶，爲了向新華日報借紙的痛苦經驗，深知借報紙爲任何報社最不得已之舉，一旦中斷，有停版之虞，王公弢也覺得我這位老弟，還夠交情，所以人前背後，對我非常推崇，他在翠湖的一幢漂亮住宅，我也經常前去。反之，他們朝報的另一位老朋友，却曾發放一冷箭，硬說我之到昆明，出於他的禮讓，因爲他的親戚是朝中大官，他的信口雌黃，若干朋友信以爲眞，輾轉傳入我耳，我對此君，早就存心不滿，因他過去一度由我汲引，曾經恩將仇報，此際客途相逢，表面上友情洋溢，實際上他又暗事中傷，此種小人口吻，固不足影響我環境，但因此却決定了我的進退。因爲我到昆明，固然出於王世杰和陳博生等的好意，當時的我，却另有一番打算，因爲在重慶中央日報工作時遇到許許多多的糾紛困難，這個責任，固然並不在我，但外界也許要把他歸咎於我的無能，有許多事也不能向人剖白，這番來到昆明，我自己已立下誓言，一定要竭我所能，做出一些成績，所以除了牢牢記住陳博生臨別贈言之外，日常處事，小心翼翼。我深知道辦報的第一個要件當然要爭取新聞消息，但戰時的內地報紙大家都並不注意，唯一不同的厥爲各報的社論文章，像大公報所以能一枝獨秀，便出於張季鸞當年之許多驚人手筆。中央日報不同於別家，它要擺出一副執政黨的面目，不可能唱高調，隨時要替政府說話，當年中央宣傳部特別組織一個社論委員會，聘請許多名家撰寫社論分送重慶中央日報並分電全國所有黨報刊載，每星期偶然有一二天由各報自由撰寫，自然也不能和民營報紙一樣的隨心所欲，亂發意見，我知道在這方面不能與人爭一日之長，也因爲昆明的同業，當時都相當保守，地方的雲南日報等，他們着眼於本省一切，朝報也不像在南京時之錚錚，我則注意出版時間的提早以及印刷版面之清晰。順便一提的，當我未去昆明前，詹文滸已託我在重慶訂購了一架印報機，剛碰上我到了昆明之後，趕運前往，於是由原來的兩架老爺印報機，另加一架新的，這在出版時間方面，等於增加了一半的速度，我又把編輯部的發稿時間，嚴密規定，每晚自己去排字房觀察鼓勵，居然出版時間提早了，銷數增加了，就這樣的把一張地方性的黨報，由按月虧折而變為盈餘，而且大賺其錢，開了黨報賺錢的新紀錄。說來使人不信，在我辭職返渝之日，該報的銀行存款已在五十萬元以上；此外，重慶的中央日報總社，還把我去滇以後所有按月由中央補助的生活津貼，悉數挪用，從不滙寄分文，我曾一再去函詢問，也從不答覆，直接向中央宣傳部和中央秘書處問，他們說按月都由重慶中央日報代為具領，並未積壓不發，如此情形，委實莫名其妙。回想我在重慶之時，也曾身負該報經濟重責，但從不肯憑藉總社身份，把屬下報社的公欵扣發，甚而留為己用，甚而置我的查詢於不聞。幸而我在昆明經濟上月有盈餘，能夠對員工薪給，從不積欠，從接事之初，尚欠當地交通銀行一筆墊欵，以後則賬上從未見過一個赤字，這種情形，對員工情緒而言，也有很大鼓勵作用。因為一張報紙能夠賺錢，不論發行數字和廣告收入，均站在第一位，當然辦事人員，也增加幾分光彩，我身為報社的負責人，初則心存懸慮，因為此事關係我個人的成敗利害，我抱了破釜沉舟的決心離開重慶，如果搞得不好，豈非無面目見江東父老，其後報紙日漸欣欣向榮，心情上自然非常愉快，每天祗要大清早看看報紙已否出版，上午坐在辦公室中看看函件公文、一應賬目傳票，下午則去城內華山南路的營業處晤見朋友，查問業務狀況，多餘的時間，則儘量的向各方面聯絡接觸。昆明這一個都市，說來名氣很大，但事實範圍很小，中央日報的營業部位居華山南路，恰巧在雲南省政府的右側，氣概非常，但中央日報的社址，却在大西門外。

傳奇人物四公子　妙論天開老槍兵

說來使人難以置信，昆明中央日報這一所址，當時係向昆華中學租賃，原來是該校的馬房，房屋是土基所建，所謂土基也者，完全係泥土團成的磚塊，方方整整一大塊，看來比普通磚大上兩倍，因為當地的泥土畧帶粘性，經過太陽一晒，好像一塊巨型磚地，把這種土基建築的房屋，極為快速，上面加蓋稻草，便全部成功。這由馬房變為報社，在抗戰時期，並不為奇，但初次前去，看到牆上還貼有「人馬平安」的揮春字幅，未免啼笑皆非。忝為中央日報的主持人，在報社附近有一所宿舍，租自一個退休的縣長，建在城邊，畧有花木之勝，人稱高家花園，我每日從宿舍去報社辦公距離很近，從報社去城內營業處，須穿過翠湖而行，此一昆明城內名勝之區，每天往復，信步翠堤，遠望西山，湖光嵐影，別饒天趣，由於我在昆明這一年時間，自己覺得比重慶舒服得多，逛逛名勝，看看電影，非常輕鬆。那時金素琴在昆明大出風頭，虞洽卿、王曉籟也很活躍，昆明市上有一游俠兒名叫劉丙康的，人稱昆明杜月笙，十分好客，洽老住在他家中，王曉籟也是常客，我們經常去閒話聊天，洽老雖已暮年，精神非常好，還自己坐了運貨卡車跑緬甸他對緬甸風物之好，很是激賞，願意戰後去那裏卜居，甚而老死在緬甸，可見他對那裏印象之深。洽老的一架老爺車，經常可以看到在市上兜來轉去，車中時有鬢絲，他對金素琴也非常傾倒，經常要派車接她游宴，金大姐總是設法拒絕，由於金素琴在昆明大出風頭，當然愛慕她的人非常多，尤其那裏聞名的龍大少爺和龍四少爺，拚命的追求她，金大姐當年已是後方最成名的坤角，她在桂林和歐陽予倩這班人交往之後，甚為愛惜羽毛，一心向上。由於昆明是一個特殊區域，中央勢力和地方勢力分庭抗禮，不相上下，金素琴後來覺得不可再留，於是秘密離滇，計劃得很週密，她把戲箱由鐵路線運輸，然後託人由黔運渝，自己則坐飛機，誰知戲箱中途給龍四派人偷去，自己坐的飛機，上了天空，不久發覺故障，被迫折回，無可奈何，她被接去劉丙康家中暫住。總算不久之後，她仍搭了飛機去重慶，那些戲箱行頭龍四爺本是開開玩笑，後來也全部歸還，但因此而促成金素琴和郭小龍的一段姻緣，她到重慶結婚之日，我也已辭職返渝，恭逢其盛。談起這兩位有名的少爺，昆明市上，無人不知，無人不曉，尤其這位老四，好像一個傳奇人物，那時廣州尚在日人手中，我軍正擬由桂東進，加以克復，但我們這位四少爺，他說如果中央相信他，由他編練一師吃鴉片或嗎啡的老槍兵，可以立下軍令狀，如期克復。他有一番大道理，他也不諱言自己是一個標準老槍。他說：世上唯有上了毒癮的人有不怕死的大無畏精神，如果讓他帶這些嗜毒的老槍兵，不要軍餉，祇發鴉片或紅丸，在每一戰役中，祇要把這些大兵一律斷絕供應，讓他們癮頭已到，無以為繼，鼻涕眼淚相繼而來之時，便可頒下軍令，限他們在一定時間，必須打下這一處名城，城破之後，加倍有賞，所賞的便是他們不可或缺的糧草，這樣一來，這些老槍一定會抱着大無畏的精神，心中祇想如何進城後可以吞雲吐霧，大大輕鬆一下，任何敵人的炮火，不會擺在心上，以如此不怕死的大軍，一定可以戰無不勝，攻無不取，他自己決不口出大言，還可立下軍令狀云云。這一番妙論眞是聽得我們聞所未聞，見所未見，這位四少爺當年的豪情勝概，使我印象深刻，迄今難忘，而當年金素琴被困於一雙難兄難弟，甚而用計脫身，功敗垂成，天之厄於這一位女藝人，未免使人徒喚奈何，總算脫却樊籠找到了歸宿，但她與郭小龍之間，若干年前又在台分手，金素琴是位名演員，她一生經歷，好像也似戲劇一般的演給人看。（五）

梁祝哀史考證

陳蝶衣

一：追記功敗垂成的往事

梁山伯與祝英台的故事，發生於東晋時代，距今已有千餘年的歷史。過去，此一故事曾被許多地方戲採用，成爲傳統的戲寶，在「越劇」稱爲「梁祝哀史」，「川劇」則稱爲「柳陰記」。搬上銀幕改稱爲「梁山伯與祝英台」，程硯秋改編此戲爲「英台抗婚」，則又是後來的事了。

新華影業公司主持人張善琨先生在世之日，曾擬將此一故事重加整理，攝製彩色電影。而整理的意見，則是由我提出。惜乎當時因輿論不諒，以致功敗垂成，未能付諸實施。至於輿論之所以不諒，乃是由於大陸方面也攝製了一部「梁山伯與祝英台」越劇紀錄片（由著名越劇藝員袁雪芬、范瑞娟主演），以致引起了誤會，以爲善琨先生企圖「翻版」，於是台北方面的新聞界即大肆抨擊。其實由我負責改編，「翻版」是「不屑爲之」的。但改編一事却又倉卒無法「上達」，原則既因受輿論影響而不獲通過，拷貝賣埠便成問題，結果惟有宣佈放棄。而我的整理改編計劃，也就只好「胎死腹中」了。

對於梁祝故事的改編，事實上在我是蓄意已久。遠在二十餘年以前，我在上海幾於看遍了所有越劇團的此一戲寶之演出。當時使我悟到：「梁祝哀史」所以能成爲越劇的傳統戲寶，除了故事情節具有「哀感頑豔」的優點之外，另一主要原因是佈景簡單；我曾看到一個小型越劇團的演出，整個戲只用一幅板作爲佈景，板的中間及兩旁畫作門窗，便算是代表廳房；把活動的門窗翻轉，就變作了郊外風景了。此一佈景裝置的方式頗具巧思；由於變換非常簡便，可以測知此劇之所以流行，在初期必然還有「或簡省」的因素在內。

一般人以爲：「梁祝哀史」既成爲地方戲之戲寶，在舞台上應該已是千錘百鍊之作，不會有什麽缺點的了！觀衆早已看慣，「改編」似無必要。但在一個劇作者的眼光中看來，則傳統的「梁祝哀史」劇情，缺點還是很多。我之所以早就蓄意要把它「整理」，實在並非無因。

以下，我將指出「梁祝哀史」劇情的若干缺點（以越劇爲根據），而提供我的改編之方法。

二：『更大的壓力』之設計

「梁祝哀史」的不近情理之處，約有下列數端：

一：祝家富有，在家中延師課讀，應無困難；甚至請上三五個老師，都儘有能力。祝英台出外就傅，似無必要。

二：祝公遠膝下，只有英台一女，理應鍾愛萬分，何必定要逼她嫁一個不願嫁的人？

三：馬文才不過是知縣之子，知縣官職不大，論勢既無可貪，論財則祝家富饒，或猶過之。「有財有勢」的說法，根本不能成立。

四：古代士人，晋身仕途者甚多。梁山伯既是讀書相公，安知他將來沒有出息？

僅是以上四點，已可以發現「梁祝哀史」整個中心思想，有關「封建婚姻」問題，其實非常脆弱。

我的意見是：「天下沒有不是的父母」應該列爲傳統民族美德之一。我們儘可以利用「梁祝哀史」的故事，對此作更妥善的安排，使此一傳統美德有所發揚，同時也可以使演出更感人，更有深度。

基於此一出發點，我的「改編」計劃即决定作一項大胆的嘗試，準備把「封建婚姻」的問題根本推翻，而尋求「更大的壓力」。

有一種「更大的壓力」，使祝英台不得不離家出走。如此安排，就可以達到父母慈愛、同學情誼的演出過程更感人、更有深度之目的。

我所找到的壓力，是一種「自上而下」的壓力，比知縣之子逼婚更大、更不可違抗的壓力。

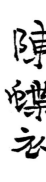

準備改編的「梁祝哀史」分場大綱，第一場就是「內宮」，劇情之設計如下：

『東晋穆帝——司馬聃——時代。

何皇后在寢宮中調弄鸚鵡，一宮女送御點至，蜷伏在錦墩上的一只獅子狗，聞到了食品的香味，突然竄向宮女，宮女震駭，金盤失手墜地，玉碗跌得粉碎，點心沾污了地氈。

皇后盛怒，責罵宮女，宮女求饒，皇帝駕到，勸后息怒。皇后嫌宮女粗手笨脚，不善侍奉。皇帝答應她向吳越一帶山明水秀之區，徵選聰明伶俐的民間女子，送入宮中，侍奉皇后。這樣，纔算平息了皇后的怒氣。

皇帝說：「明天就下詔書！」……』

三：「改編」的幾個要點

以下緊接第二場，是「道上」外景。劇情是：『驛卒策馬疾馳，傳遞徵選宮娥采女的聖旨，所過之處，行人駭避，雞犬不寧。』第三場是「民間」，劇情是：『徵選宮娥采女之訊既播，民間驚聳相告，為父母者大起恐慌：（A）有女初長成者紛紛擇配，（B）已許配者紛紛催促婿家迎娶，（C）有的人家甚至不等男家來娶，就把女兒扮成新娘，匆匆送往乾宅；充分顯示了「迫不及待」的慌亂情形。』

然後第四場，再接演「祝家莊」主人祝公遠夫婦為了「徵選宮娥采女」一事所受到的震動。電影如此開場，不但可以增加氣勢，並且顯示着有一股無比强大的壓力，一路自上而下，將要降臨到祝家獨生女英台的頭上，大悲劇的骨幹，也就由此而形成。

再以下，我所「改編」的主要幾點，畧述如次：

（一）祝英台女扮男裝，離家出走，準備去往義興（即今宜興），託庇舅氏，躲避一時。侍女銀心，改扮書童隨行。

（二）中途，遇梁山伯，得悉梁將至碧蘚巖從師求學，因順路，遂與同行。

（三）英台既抵舅家，素幃在堂，舅母病故。英台以女兒身寄居舅家，諸多不便。銀心提起梁相公赴碧蘚庵求學事，英台遂亦動從師之念。

（四）梁祝同窗共讀，感情日增，結為金蘭之好。師有女，年已及笄，鍾情於英台，常伺機噓暖問寒。會英台臥病，師識醫，為英台診脈，發現英台無「喉結」，知為女子，歸語夫人，囑秘之，但已為其女所聞，乃大失所望。

（五）徵選宮娥采女的恐懼，已成過去；舅氏轉來家信，英台歸去，梁山伯送行，英台偽言家有小九妹，許婚於山伯。

（六）祝英台歸上虞，知縣之子馬文才遇英台於途，女扮男裝逃避徵選的往事被揭發。馬文才羨祝家財富，逼婚，否則將援用「欺君之罪」，致祝公遠於死地。

（七）祝公遠以只此一女，鍾愛特甚，寧犯欺君之罪，拒允親事。

（八）梁山伯尋訪而來，與英台會於樓臺，得悉馬家逼婚事，自愧寒素，勸英台嫁，自誓終身不娶。

經過以上的更改，父母的慈愛與同學的情誼，乃更見深厚、懇摯。樓臺會一場，梁山伯不再悻悻然唱出「想不到我特來叨擾你酒一杯！」當然也不會說什麼「三張狀紙進衙門」，要控告「無情無義的祝英台」了！

越劇的「樓臺會」一場，梁山伯所表現者完全不像是一個大情人，這是我認為「非改不可」的一點。改為山伯勸嫁，自願犧牲，情況便立即改觀；惟有如此整編，纔可以顯示愛情的偉大。

四：梁祝故事的來源

我心目中的「梁祝哀史」，以「徵選宮娥采女」及「欺君之罪」作為兩大壓力，已如上述。此外，且再研討一下這個故事的來源。

明刊同窗記河梁分袂圖

比較可靠的梁祝故事，見於宋代張津所作的「四明圖經」，原文謂：『義婦冢，即梁山伯祝英台同葬之地也。在縣西十里待詔院之後，有廟存焉。舊記謂二人少嘗同學，比及三年而梁山伯初不知英台之為女也，其樸質如此。按「十道四蕃志」云：「義婦祝英台與梁山伯同冢」，即其事也。』

唐代梁載言所撰的「十道四蕃志」共十卷，後世不傳，僅見「四明圖經」引用及之。梁載言是唐中宗時候的人，他在文內稱祝英台為「義婦」，可知梁祝故事在唐代即已有流傳。

降及晚唐，又有張讀所撰「宣室志」，對梁祝故事敘述得更為具體了！原文未見，但清代翟影所著的「通俗編」，其中有「梁山伯訪友」一則，引用了「宣室志」的記載，畧謂：『英台，上虞祝氏女，偽為男游學，與會稽梁山伯者同肄業。山伯，字處仁。祝先歸，二年，山伯訪之，方知其為女子，悵然如有所失，告其父母求聘，而祝已字馬氏子矣！山伯後為鄞令，病死，葬鄮城西。祝適馬氏，舟過墓所，風濤不能進，問知山伯墓，祝登號慟，地忽自陷裂，祝氏遂並埋焉。晉丞相謝安奏表其墓曰「義婦冢」。』

除了以上的引證之外，歷經宋、元、明、清四代，述及梁祝故事的著作還有許多，鑿鑿可據者至少有以下十一種：

（一）宋：王象之「輿地誌勝」。

（二）宋：羅濬「四明志」。

（三）元：袁桷「四明志」。

（四）明：黃潤玉「寧波府簡要志」。

（五）明：張時徹「寧波府志」。

（六）明：陸應陽「寧波府志」。

（七）清康熙：聞性道「鄞縣志」。

（八）清雍正：萬經「寧波志」。

（九）清乾隆：錢大昕「鄞縣志」。
（十）清咸豐：馬道遵「鄞縣志」。
（十一）清光緒：徐時棟「鄞縣志」。

以上諸書，所記叙者大同小異，且俱甚簡畧，可以毋需引證。只有對「義婦」二字，則意見較爲分歧，有些曾提及謝安奏封爲「義婦冢」，（其實有否此奏，亦是疑問。）有些則認爲梁祝並未成婚，稱爲「義婦」不甚妥當，是以逕稱之爲梁山伯祝英台墓。

五：帶有神話色彩的記敍

自宋迄淸，描寫梁祝故事最爲生動的，當推「知明州事」李茂誠所撰的「義忠王廟記」爲第一。這一篇記叙，帶有濃重的神話色彩，原記如次：

『神諱處仁，字山伯，姓梁氏，會稽人也。神母夢日貫懷，孕十二月，時東晉穆帝永和壬子三月一日，分瑞而生。幼聰慧有奇，長就學，篤好墳典。嘗從名師過錢塘，道逢一子，容止端偉，負笈担簦，渡航相與，坐而問曰：子爲誰？曰：姓祝，名貞，字信齋。曰：奚自？曰：上虞之鄉。曰：奚適？曰：師氏在邇。從容與之討論旨奥，怡然相得，神乃曰：家山相連，予不敏，攀魚附翼，望不爲異。於是樂然同往，肄業三年。祝思親而先返，後二年山伯亦歸省。之上虞，訪信齋，舉無識者。一叟笑曰：我知之矣！善屬文，其祝氏九娘英台乎？踵門引見，詩酒而別。山伯悵然，始知其爲女子也。退而慕其淸白，告父母求姻，奈何已許鄮城廊頭馬氏，勿克。神喟然歎曰：生當封侯，死當廟食，區區何足論也。後簡文帝舉賢良，郡以神應召，詔爲鄮令，嬰疾勿瘳，屬侍人曰：鄮西淸道源九隴墟爲葬之地。瞑目而殂。寧康癸酉八月十六日辰時也。郡人不日爲之塋焉。又明年乙亥，暮春丙子，祝適馬氏，乘流西來，波濤勃興，舟航縈迴莫進，駭問篙師，指曰：無他，乃山伯梁令之新冢，得非怪歟？英台遂臨冢奠，哀慟，地裂而埋葬焉。從者驚引其裙，風裂若雲飛，至董溪西嶼而墜之。馬氏言官開槨，巨蛇護冢，不果。郡以事異聞於朝，丞相謝安奏請封冢，勒石江左。』（在「勒石江左」以下尚有百餘字，所述係梁山伯死後顯神的靈蹟，與戲劇所傳的梁祝故事無關，故從畧。）

在帝制時代，「神道設敎」是一種駕馭人民的方法。對於梁山伯之死後封神，造作靈異之說，自亦不足爲異。對於所有傳說的眞實性，我們可以不必深究。

六：民間流傳的各種戲曲

由於梁祝故事具有傳奇性質，乃被後世的戲曲作家視爲大好材料，試加分類，約有「傳奇」「民歌」「鼓曲」「木魚書」「彈詞」等五種，經由上海出版公司收集在「梁祝故事說唱集」中的，就有十四種之多，其中包括：

（一）傳奇

「英伯相別回家」（明「同窗記」，作者姓名不詳。）

「訪友」（同上。）

「山伯賽槐陰分別」（明「還魂記」，作者姓名不詳。）

「河梁分袂」（別本「同窗記」，作者姓名不詳。）

（二）民歌

「羅江怨」（楚歌，錄自明刋本「詞林一枝」。）

「梁山伯」（粵謳，錄自清乾隆間李調元編「粵風」。）

（三）鼓詞

「梁山伯歌」（錄自淸浙江忠和堂刻本。）

「新刻梁山伯祝英台夫婦攻書還魂團圓記」（錄自淸末河南木刻本，並參考淸末上海石印本校勘。）

（四）木魚書

「柳陰記」（錄自淸末四川桂馨堂刻本。）

「英台回鄉」（錄自廣州成文堂木刻本。）

「山伯訪友」（錄自廣州五桂堂鉛印本。）

「全本梁山伯即係牡丹記南音」（上下兩卷，錄自淸末廣州芹香閣刻本。）

（五）彈詞

「新編金蝴蝶傳」（錄自淸乾隆己丑年蘇州民間藝人抄本。）

「新編東調大雙蝴蝶」（杏橋主人著，共計三十回，淸乾隆三十四年寫定，錄自道光三年文會堂補刋本。）

除了以上至今還保存着的唱本之外，較著名者有明代朱從龍的「牡丹記」，淸代浙江溫嶺修竹山房刻本「新刋梁祝奇緣」，福州日新堂刻本「同窗梁山伯還魂重整姻緣傳」，山西洪洞縣同義堂刻本「梁山盃全本」，渝城張金山刻本「梁山伯祝英台新歌」（湖南、四川一帶的花鼓戲），上海仁和翔書莊石印本「新編梁山伯祝英台灘簧」，台灣台中瑞成書局鉛印本「最新英台留學歌」及「梁祝回陽結爲夫妻歌」等等，數量多到不

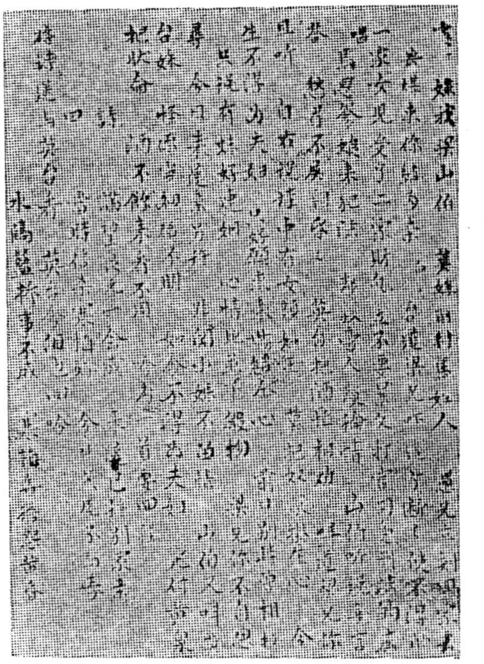

清蘇州民間藝人抄本金蝴蝶傳

可勝計，同時由於出版的地域之廣，也可以看出梁祝故事流傳的普遍，幾於很少還有第二類民間故事堪與比擬。

七：越劇的演出與彈詞

我在上海，看遍了所有越劇團演出的「梁山伯與祝英台」，（初期俱稱「梁祝哀史」，後改今名。）自以徐玉蘭與王文娟、戚雅仙與畢春芳領導的兩個劇團之演出爲最佳，也最具號召力。至於後來搬上銀幕的紀錄片，由袁雪芬飾祝英台，范瑞娟飾梁山伯，則還是南來香港後纔寓目；在上海時反而未有機會看到她們的舞台演出。

越劇所演的梁祝故事，開場多數都有祝英台假扮算卦先生，女扮男裝誑過父母的描寫。我手頭保存着上海合作越劇團（即係戚雅仙、畢春芳領導者）的一份「梁山伯與祝英台」分場劇本，第一場就如此寫着：

英台（假扮算卦先生）：「請問小姐有幾歲了？」

公遠：「今年二九，五月初五日生辰。」

銀心：「啓稟員外，香火已準備好了。」

英台：「如此待我祝告先師，判明吉凶。（擲卦）香火未退，先師未回，再添三告，吉凶可斷，陽！陽！陽！呀！員外，此卦名曰三爻卦。」

公遠：「何謂三爻卦？」

英台：「三爻，三爻，在家不好，讀書趕考，保得名標。員外，此卦眞是可惜。」

公遠：「可惜什麽？」

英台：（唱）「可惜令嬡是個女千金，女子難以求功名，如今她要經書讀，請員外大胆放她去杭城，況且她流年驛馬星照命，家居香閨有災星。」

袁雪芬范瑞娟合演「梁祝」電影廣告

公遠：「呀！先生，聽你說來，還是讓她出門的好？」

英台：「在家災星極重，儘管放她出門讀書，到杭城更是大吉大利。」

公遠：「噢！……」

銀心：「員外，還是讓小姐出門的好。」

公遠：「噢！噢！還是出門的好，哎呀！這怎麽使得！這怎麽使得！——銀心，拿白銀二兩，謝過卜卦先生。」（下畧）

以上的描寫，是爲了要利用父母看不出祝英台假扮，而達到出外游學的目的。若干年前「邵氏」將此劇搬上銀幕，（此時似乎禁令已弛，阻力消失了。）由李翰祥導演，故事開始一仍舊貫，樂蒂所飾的祝英台，也有假扮算卦先生的演出；陳燕燕所飾的祝母還特地補充了一句，指着算卦先生說他很像英台的表哥。

其實，女兒養到一十八歲，已是長大成人，朝朝相處在一起，那有聲容笑貌一點都看不出是自己女兒之理。論劇情的安排，實在十分牽强。

至於彈詞，雖有「新編金蝴蝶傳」及「新編東調大雙蝴蝶」兩種本子流傳下來，却一直無人說唱。彈詞家第一個說唱「梁山伯與祝英台」的是錢雁秋，唱本是由他自編。錢雁秋半身不遂，久病癱瘓；編成梁祝唱本之後重上書壇，特地僱用了一個隨從，每到一家書場即由其人負之登台；此一形象頗能激發聽衆的同情心，因之每一登場即掌聲如雷，比任何一位評彈藝人都受歡迎。

我與錢雁秋相識甚晚，僅知他曾師事黃異庵，就在他手編「梁山伯與祝英台」唱本的時期纔與之訂交。他還曾另寫一則「梁祝」開篇，我曾參與修訂的工作。他每晚要趕三個場子，我則照例去往附設於麗都花園內的書場聽他彈唱，那是一九五○至一九五一年之間的事。

後來，創爲「琴調」的女彈詞家朱雪琴，也說同一故事的書，則是從電台廣播竊聽錢雁秋的說唱而得其薪傳；那時候大陸方面的文藝創作，並無所謂版權，而且藝術必須公開；所以錢雁秋的心血作品雖被偸竊，也只好粒聲不出。

八：關於「化蝶」的傳說

梁祝故事搬上越劇舞台，最後以「化蝶」作結，這是此一悲劇在無可奈何中採取的「大團圓」方式，迹近神話而演出形象則甚美。

關於「化蝶」一事，可稽考者有下列幾個來源：

一：江蘇宜興縣志，谷蘭宗選「祝英台近詞並序」，序文畧謂：「陽羨善權禪寺，相傳祝英台宅基，而碧鮮巖者，乃與梁山伯讀書之處也。」詞之結句曰：『祗今音杳青鸞，穴空丹鳳，但蝴蝶滿園飛去。』谷蘭宗是明代嘉靖時人，曾作過宜興縣令。

二：宋代薛季宣游祝陵善權洞，作五言律詩一首曰：『萬古英台面，雲泉響佩環，練衣歸洞府，香雨落人間。蝶舞凝山魄，花開想玉顏。幾如禪觀適，遊納戲澄灣。』這一首詩也述及「蝶舞」。

三：清代道光時貢生邵金彪所撰「祝英台小傳」，原文謂：『祝英台，小字九娘，上虞富家女。生無兄弟，才貌雙絕。父母欲爲擇偶，英台曰：「兒出外求學，得賢士事之耳。」因易男裝，改稱九官。遇會稽梁山伯亦游學，遂與偕至義，宜善權寺之碧鮮巖，築庵讀書，同居同宿。三年，而梁不知爲女子。臨別梁，約曰：「某月日可相訪，將告母，以妹妻君。」實則以身許之也。梁家貧，羞澀愆期。父母以英台字馬氏子。後梁爲鄞令，過祝家詢九官，家僮曰：「吾家但有九娘，無九官。」梁驚悟，以同學之誼乞一見。英台羅扇遮面出，身一揖而已。梁旋悔念而卒，遺言葬清道山下。明年，英台將歸馬氏，命舟子迂道過其處，至則風濤大作，舟遂停泊。英台乃造梁墓前，失聲慟哭，地忽開裂，墜入塋中。繡裙綺襦，化蝶飛去。丞相謝安聞其事於朝，請封爲義婦冢，此東晉永和時事也。齊和帝時，梁復顯靈異，助戰有功，有司爲立廟於鄞，合祀梁祝，其讀書宅稱碧鮮庵。齊建元間，改爲善權寺，今寺後有石刻，大書「祝英台讀書處」。寺前里許，村名祝陵。山中杜鵑花發時，輒有大蝶雙飛不散，俗傳是兩人精魂，今稱大蝶尙謂「祝英台」云。』

這一篇小傳，與李茂誠的「義忠王廟記」又不盡同，但梁祝故事經過融會貫通之後，已更見美化、完整。而關於「化蝶」的傳說，也彷彿信而有徵，由此確定下來了。

此外，關於祝英台墓的所在地，也有多種不同的傳說，吳騫所著的「桃溪客話」，引證蔣薰之「留素堂集」，即有如下之記述曰：『清水縣有祝英台墓，舒城東門外亦有祝英台墓。』由此可知：梁祝的故事不僅流傳甚廣，並且還到處都有遺蹟。當然，這些遺蹟多屬出於僞造，其實不可盡信；不過若非故事本身具有感人的力量，又曷克臻此？

九：張恨水的小說·盪鞦韆

我所集藏的梁祝故事資料，尙有近人張恨水所著的「梁山伯與祝英台」長篇小說（香港文宗出版社刋印）。

張恨水先生的長篇小說共分二十章，第一章從「周朝開國有太姒」開始，第五章是「柳蔭結拜」，第九章是「十八里長亭相送」，第十四章是「樓臺會」，第二十章以「化蝶」作結，越劇的所有精華大都已包括在內。

第一章雖以「周朝開國有太姒」爲章目，但主要描寫的是祝台台盪鞦韆的情況。原文如此寫着：

『這時，正有一個女子，兩手挽住兩根五色繩索，脚踏在吊着的平板上，一來一去，越打越高。那女子穿了紅羅夾長衫，下面露出黃綾裙，脚踏齊雲履，眞像是大蝴蝶一樣；和柳絮花影，貼住鞦韆架子飛舞。……』

如此描寫，自然要比祝英台假扮算卦先生出場美麗得多。當年張善琨先生預備將此一故事搬上銀幕，就想用祝英台盪鞦韆作起點，然後在鞦韆盪高之時看到牆外讀書相公走過，因而觸動游學之念。

我在聽到善琨先生的述說之後，提出了如下的意見：『梁祝故事有樓臺會一場，祝英台終日樓居，只要推窗外望，隨時可見書生來往，何待盪鞦韆之際方始發現？』

善琨先生反問我：『然則如何開場？』

這樣，我纔把整理改編的理想宣之於口，提出了從「徵選宮女采女」開始的建議。善琨先生畢竟見解不同於常人，對我的建議不僅全部接受，並且大爲稱善，立即表示：「就是這樣！趕快動筆！」

惜乎此一計劃終遭挫折，我的改編方法，只好存而不論。善琨先生下世已久，世無識者，惟有期諸異日，到得退休之時得以優游歲月，再完成我「對戲劇史作出貢獻」的一大心願了！

張恨水著「梁山伯與祝英台」小說插圖

「八大拿」的時代背景

——本文作者至德周志輔先生為海內著名戲劇研究家——

·周志輔·

武戲「八大拿」是施公在補授漕運總督以後，由京到清江浦赴任，一路上辦的盜案，都是短打武戲。這八齣戲，是從出京起，有三齣在直隸省地界以內，第一齣「霸王莊拿黃龍基」，第二齣「獨虎營拿羅四虎」，第三齣「河間府拿侯七」。然後進入山東地界，就是第四齣「東昌府拿郝文僧」。由此進入江蘇省境，就是「殷家堡拿殷洪」，「落馬湖拿李佩」，「淮安府拿蔡天化」，「𧊅蜡廟拿費德功」的四齣戲了。山東江蘇境內的盜賊盤據地方，為害良民，還可以說是天高皇帝遠，但是直隸境內，離都城不遠，所謂輦轂之下，也一樣的盜賊如毛，不把官吏放在眼裏，甚至接二連三的想對地方官加以殺害，其原因何在呢？而且清兵入關不久，以積勝餘威，來統治這些佔領的地方，何以百姓尙敢於違抗，惘不畏死，到如此的地步呢？推原其故，實在由於清代入關以後，制度的不善，造成這閭閻的不靖，引起這一時的盜風，等到這制度慢慢的廢弛，而盜風也就日戢了。

清朝帶了八旗勁旅入關，定鼎燕京，為了酬庸，也為了代餉，就將近畿一帶，明朝皇親駙馬、公、侯、伯、太監等的莊田，分賞給八旗官兵。後來又因無主的荒地，不夠分配給陸續東來的旗人，乃圈佔民間的土地，這就是當時所謂「八旗圈地」。有時又因為無主荒田與民地犬牙相錯，為避免「旗」「民」的衝突，就將某一地區與無主荒地相聯接的民地，全部劃歸旗人，而以邊遠的荒地補償田土被圈的農民，這就是所謂「撥補」。這種利用侵佔的土地，酬給東來的勳戚功臣士兵，實在含有裂土分茅的意味，所以田賦全免，可是每一壯丁，計口授田，也就停支口糧，為國家節省一筆支出費用。

不過在順治元、二年的第一次圈地，圈佔民間土地似乎尙不多，即令圈佔民田，兌換撥補時，也還能注意到田產的美惡與均平，故第一次圈地擾民不甚。其後二次、三次圈地，則多佔民間的田畝，而撥補的田土又係荒殘，於是就成為清初一時的秕政。此外還有八旗官兵，私自圈佔民地，為數也不少。

這種圈地的制度，對於國家、旗民、漢人，三方面，俱有得不償失之苦，而以漢人為最甚。國家以圈地養旗民，雖然停支口糧，而賦稅全免，對於國庫之收入，實是一大損失。旗民則專靠豢養以維生，而失去了謀生的能力與機會，養成數百年的惰性。而且所圈之地，多屬肥沃良田，所餘民地，僅係圈殘，大抵非沙灘鹹地，即窪下瘠產，多不堪耕種，即有所撥補，亦多係荒殘，這無異剝奪了近畿一帶人民賴以維生的產業，造成了農民無田可耕的現象。於是從那時起，閭閻騷然，民不聊生，而盜賊蠭起矣。

順治四年諭戶部：「今聞被圈之民，流離失所，煽惑訛言，相從為盜，以致陷罪者多，深可憐憫。」在順治十六年的魏裔介條陳裏說：「直隸永保河等府之民，自圈地圈房之後，饑寒迫身，遂致起而為盜。」這是因圈地而引起治安日壞的實證。此外還有些刁滑之徒，無田可耕，投充旗下為奴，倚勢為惡，甚至有地者也帶地投充，或者帶他人的土地投入旗下。因為在旗人庇護之下，可以免役，可以免賦，更可以藉旗人勢力，橫行鄉里，欺壓良民，這是由圈地而演成世風日下的主因。在順治十二年王秉乾奏摺裏說：「大凡有身有家甘於為人奴僕，非無籍棍徒，即有罪人犯，借旗下名色為護身之符。更有哄誘滿洲，羣聚為奸，以致被害百姓，不敢申告，有司不得申理，種種慘害，不忍枚舉。」這又看出一些不肖之徒，引誘旗民，出頭露面，為非作歹，使地方官吏，莫敢誰何。

由此得出結論，順康年間，建國纔短短的幾十年，畿輔附近，盜賊幾於遍地皆是，究其原因，除由房地被圈佔後，民以無地無家，為生計所迫，不得不挺而走險，淪為盜賊而外，更以近畿旗民雜處，旗下家奴，倚勢作惡，其中尤以奸民投充旗下為奴者，氣燄囂張，魚肉良善，遂使畿輔一帶成為盜賊的淵藪。這裏再節錄一段康熙年間魏象樞的奏摺所說為證，他說：「臣入都以來，見直隸盜案，多於各省，心竊異之。近日輦轂之下，如皇莊樂亭等處，馬賊成羣，肆意無忌，大為百姓地方之害。雖盜案處分，可謂至嚴，而巡撫總兵，副將遊守，及駐防章京等官，非不星羅棋布，未見防禦擒拿。其州縣有司，官微職小，無一兵一馬，惟有靜待參處，不敢過而問焉，此盜賊所以日多也。」這個奏摺說的清清楚楚，盜賊充斥，而官吏袖手，那是甚麼緣故呢？原來在他奏摺中也曾提到：「直隸地方盜賊，與他省不同，巡撫既不能管兵，總兵不聽約束，且漢軍漢人無約束駐防章京及莊頭屯撥什庫人等之例。」這就說明地方官無權過問的理由。後來他又在奏摺中建議，在直隸省遴派總督一員，以靖地方，他說：「總督一官，最為緊要，惟皇上特簡才品優長，不徇情面，不擾百姓，滿漢兼通，滿洲重臣一員，斯克有濟也。其總督衙門似宜駐劄保定，總轄各總兵及各城駐防章京道府州縣衛所等官，並各莊屯地方等處俱聽約束，則設防調度，盤詰擒拿，以專理盜賊為職，以盜賊寧靖為功。」原來清初總督的職掌，僅是專為負責維持公安的，所以那時施世綸以漕運總督的身份出京上任，無怪乎他要兼理民詞，以訪拿賊寇為事了。

現在看他出京所辦的第一案件，就是在霸王

莊拿黃龍基。黃龍基是皇糧莊頭，正是當時目無法紀一羣人的首腦。八旗莊頭作惡多端，早已是朝廷不諱言的，在國朝先正事畧上說：「格文清公康熙二十一年授直隸巡撫，諭曰：旗下莊頭，與民雜處，倚聲勢，每爲民害。爾其嚴察懲𢭏，毋姑息。」足見康熙已覺得此種弊端，必須剷除，想必施世綸在補授漕運總督將要出京陛見時，一定也奉到這同樣的面諭。至於黃龍基爲皇糧莊頭，想必是內務府莊頭。所謂內務府官莊，是屬於鑲黃正黃正白上三旗的莊田，爲眞正的皇親國戚，所賜的莊田，歸內務府的會計司總管，其莊頭的聲勢煊赫，敢於作威作福可知。當時就曾見過上諭中云：「直隸州縣緝拿逃盜，每每踪跡查訪，至內務府莊頭之家，而莊頭護庇不令捕役進家搜捕，以致直隸逃人盜案不能絕跡，此皆由內務府莊頭藏匿之故。此等內務府莊頭，並在屯與民人雜居之旗人，若不嚴加約束，必至妄生事端。」因爲黃龍基身爲內務府莊頭，所以胆敢將大盜于七窩藏在其家內，并且欲行刺施公，其無法無天的情形，是在當時極爲普遍的一個實例。

第二齣獨虎營拿羅四虎，是黃龍基死後，其僕喬四逃奔獨虎營黃的親戚羅四虎那裏。施世綸到臨清私訪，已踏入山東省境，被喬四識破，唆使羅四虎刼之入莊，由黃天霸破莊救囘，擒獲羅四虎，這又是旗奴爲惡的一個證明。

第三齣河間府擒土豪一撮毛侯七，河間是圈地最多縣份之一，所以那裏也是養成土豪惡霸的所在。

施世綸由此往南，直入魯境，而赴淮安任所，當然東昌與曹州毗鄰，自來是民情强悍的地方。至于淮上健兒，受梁山泊的影响，嘯聚成羣，已極平常，而况在順康年間，山東河南因水旱之災，饑民四下流竄，其壯健者淪爲盜賊的想必是不少。又如八蜡廟拿費德功，又是土豪的下塲，想他那夜入武舉家，殺死其滿門家眷十餘口的舉動，當時在近畿一帶，數見不鮮。如于成龍的于川奏牘中就說：「直屬大盜，彰明較著，稱爲馬上好漢子。地方人等，畏之如虎，敬之如神。稍有拂意，即白晝刼殺，或暮夜殺死全家。凡屬良民，口稱犯了王法，止一人死，惱了大盜，則全家死，因之寧死王法，决不敢惱了大盜也。」

施世綸是漢軍鑲黃旗人，鑲黃旗爲上三旗的第一旗，他父親就是平鄭成功收復臺灣的施烺，封靖海侯，他是次子，未曾襲爵。康熙二十四年授江蘇泰州知州，二十八年擢揚州知府，後來調江寧知府，江南淮徐道，湖南布政使，順天府尹，到康熙五十四年纔補授漕運總督，六十一年卒。他以勛臣之後，旗下大員，所以在漕運總督任上，有這樣的權力，而且淮徐一帶，又是他舊遊之地，洞悉民隱，兼以漕台標下，設有營制，其部下的漕標副將，叙職總兵黃天霸，正是爲他設防調度，盤詰擒拿的得力人手。

與施世綸同時，做直隸省地方官的，尙有一位彭鵬，他是福建莆田人，康熙二十三年授三河縣知縣，三十八年擢廣西巡撫，三十九年調廣東巡撫，四十三年卒。三河縣是京東八縣之一，正是被圈旗地最多的縣份，相傳彭鵬在三河縣任上，因惡霸武文華之黨羽左青龍强佔民女，將其拿問，武文華大鬧公堂，被逐出，乃劾彭鵬罷職，

郝文僧臉譜　侯喜瑞繪製

後來卒將武文華拿獲。而彭鵬罷職後，黃三泰至河間竇爾敦處，欲指鏢借銀，爲彭代謀復職，而竇不允，以至與黃比武不勝，種下後來連環套盜御馬的禍根。由此可見當時三河縣與河間府俱是盜賊出沒的地方，而彭鵬在施世綸以前，已經緝捕過有名的惡霸，更與八旗圈地的弊政有關。祇是後來連環套戲中，黃天霸與竇爾敦的對白，提到彭鵬，黃問：「如今何在？」竇白：「當朝一品，位列三台。」這就是小說上的錯誤，實在彭鵬並未拜相，而且他是康熙四十三年死的，施世綸是康熙五十四年補授漕運總督的，事實上并未一殿爲臣呢。可是彭鵬曾受過康熙的賞識，如清史列傳上說：「康熙三十九年，河南巡撫徐潮之任，上諭之曰，爾能如張鵬翮、李光地、郭琇、彭鵬所行，則不但爲當今名臣，即後世亦可取重矣。」又「蕭永藻赴廣西巡撫任，上諭以彭鵬在廣西居官頗好，爾可以效彼所行。又諭大學士等曰，彭鵬人材亦甚壯健，前任三河縣時，但聞有賊，即帶刀乘馬，親往擒拿，毫無畏懼，朕深知之。」施世綸在漕運總督任上，亦曾於五十九年奉到上諭云：「總漕施世綸居官素優」的天語褒嘉，足見此兩人的材幹，早都已簡在帝心。

八旗圈地的後果，養成旗人不事生產，而羣聚京師，所得田地，設莊屯，全委之於奴隸，生產所獲，除奴隸食用外，所餘無幾，長此以往，生齒日繁，生計日艱，於是有擅自典賣田地之舉。雖然當時有明文禁止旗地典賣與民人，但旗人巧立名目，以長租、老典之名，將旗地變相的賣與民人旗或奴。後來政府爲旗人贖囘田土，於是典買旗地的業主，又由自耕農變爲旗人的佃戶，而成爲租佃關係。其後一再演變，旗人家世衰微，本身生計已成問題，實無力養贍奴隸，於是將所屬莊頭，及投充家奴人等之兄弟子孫，放出爲民。至此清初八旗圈地的惡例，已經全面崩潰，而養成强梁惡霸的機會，亦遂不復存在，因此「八大拿」的那種好漢人物，也就日見其少了。

Wearing Levi's is better than wearing pants!
Levi's
®

馬場三十年

老吉

香港賽馬會從一九四七年復賽以來，到今天十足廿六年有多，因而我在講起這時期的馬匹和賽績，查紀錄就有時查到我頭昏眼花，決意至多再寫一或兩期，就將本文結束。好在近十年馬場的一切改革，凡是馬迷們也都記得，祇要做一個紀錄，便可以明白了。

今後所寫的大約是幾件比較重要關係「人和馬」方面而值得一記者，譬如香港馬會有史以來賽齡最長的一匹，體健永久强勁，賽跑了十六年被强迫退休的「土王子」，就值得將牠的一切，來寫上一篇。還有位苦練的騎師，幸而成名，好不容易就要達到巔峯時期而忽然夭卒的周佐明君也值得一記，因爲他是吳志霖馬房當年的大將，如果不死，恐怕到今日，還是吳志霖馬房的主帥。還有，在近五年來也可稱馬王「堅橋」的一切，應該一記。最後，一位幕後英雄朱燊君，他在馬會騎師室服務了三十多年，最難拼縫顏色的騎師綵衣，便是他夫婦倆的傑作，這也是一件特殊的工作，值得一談的。

「土王子」，棗色，雄性，烙號F58，一九五八年新馬，在五七年下半年來港時，年齡四歲，到五八年已是五歲成熟時期了。

此馬祇知道父系而沒有母系，講句笑話，連它母親的名字都不知道。

起初的馬主是鄭耀駒君，是一位鐘表商，廣東人能講上海話，爲人忠實易與，可說是「好好先生」。

鄭君與洪燮康君是老友記，所以此馬便交由洪君策騎與管理，洪君在當時，正是炙手可熱的當紅大師傅。

「土王子」第一次上陣是一九五八年三月一日週年大賽第一天的第二場，跑新馬希望賽一哩，當時負獨票祇有五百六十一條，包尾歸來，同場頭馬是郭子猷君所騎的「凱利」。

此後休息了一個多月，到四月十九日出遺材賽一哩一七一碼，仍是小洪執轡，同賽馬十一匹，大熱門是莊洪康君的「沙樂美」，獨票有三萬二千多，「土王子」祇有一千八百票，這一次「土王子」竟以兩個馬位易勝了頭馬，爆其大冷門，獨彩派一百廿二元四角，時間一分五十六秒二，（一四七磅）在當時已是第二班馬的工夫，但此賽勝後，編入了B班，當年的讓磅員是至今仍爲老馬迷們所記得的李湉中校。

此賽勝後，練馬師蘇芬諾夫認爲不必急急再出，因而就此休息不出渡暑假。

到第二季也即是五八至五九年度，在新馬B班中出半哩一七〇碼短途，爲條例所限，竟要負一五四重磅；這是致命傷，同場的大熱門馬，仍是莊洪康與「沙樂美」，（講到「沙樂美」，與「土王子」同時到港，這是一匹棕色雌馬，與「土王子」同年，牠也是一匹賽齡長久的良駒，最高也曾升過第一班，可惜跑了幾年之後，脾性變劣，逢入閘時往往不肯就範，非要化了許多時候方肯進閘，牠跑到六八年五月廿三日退休，在這一季雖然是是降了第九班，却因體健尙好，仍出九次之多，可惜祇跑得兩個第四，可也足足跑了十四年之多，方才退休。牠的賽齡，雖然不及「土王子」，却也可以說得一句是一匹長壽馬。此馬的馬主，一直是西人羅賓生君，共得了獎金七萬〇七百五十元正，牠不及「土王子」之處是雌馬不耐拼，而且從第一班降到第九班方才被迫退休，與「土王子」跑了十四年經馬會當局兩度批准跑多兩屆，因而一共跑了十六年。其實，第三次馬會當局不肯再批准牠，否則再跑一季也絕無問題，因爲牠退休的一季，跑最後一場，在第六班中，還能得第二，這時候他已是十七歲，照馬與人的年齡比例，可說是已達古稀之年，却仍是這樣强勁，因而這是「沙樂美」無法與「土王子」相比的另一點。）因爲在當時，「沙樂美」的名氣比「土王子」大也。

此賽結果，「沙樂美」「梗頸」四，「土王子」跑第二，頭馬出了大冷門，是祁葛利騎的「勇王子」，（馬主是十年前負盛名昌利建築公司張鎮漢君介弟張華倫君，因汽車失事早已棄世，他爲人直爽，與我相當談得來，他的綽號「地震倫」，也可見他性情之似烈火了）。獨贏派彩多至一百五十二元二角，這匹「勇王子」在這一季中，居然一連贏了四場頭馬，而且季中共出場八次，除了第一次在新馬C班中無位外，此後七次，共得頭馬四次，二馬一次，三馬兩次，一季中得獎金二萬一千七百五十元正，在當時，可說是難得之至，季尾連勝三場，由第三班升第二班，再由第二班升第一班，最後一次出公開賽冠軍「渣打杯」一哩二五跑馬王，由林國强君執轡，一樣以六乘之多，在大爛地上贏得錦標，這也是該季新馬打倒舊馬獲得馬王榮譽的一匹好馬，因爲舊馬王「從心所欲」與「喜力寶」皆被打低，究其原因，大爛地之故也。

「土王子」跑了第二之後，却與頭馬「勇王子」一同編進第三班，原因是「土王子」負一五四重磅而「勇王子」祇負一四三磅也。

在第三班中，初出一哩二五，大熱門之一，却敗於莊洪康騎的「歡迎」與劉仕達騎的「愛丁堡」，（按：「歡迎」馬主蘇澄洲君與「愛丁堡」馬主李純華君，現在仍各有豢馬，蘇君的是「麗水」與「威水」，李君的則是「名望」與「電腦」），「土王子」跑第三，賽後，洪燮康提出控告騎跑二馬的「愛丁堡」（劉仕達）橫越，可是經董事會看過巡邏電影及問過兩人當時情形後，議決控訴無效。

這是老馬「土王子」在一九六一年三月十八日，第四場，贏一哩後由馬主鄭耀駒君引入頭門之影。騎師洪燮康君，請看「土王子」還帶着鼻圈，此照係承洪嫂吳女士贈刊。

過了兩星期又出第三班一哩一七一碼，二熱門落第，這一次大熱門「沙樂美」換了郭子猷上陣，却輕易贏了頭馬。

再隔兩個月，週年大賽了，在第二天，第三班有一場一哩三化郎六十碼，（也即是現在的二二三〇公尺），是爭「鐵行杯」錦標，此外，另有兩場一哩，則是讓磅賽並無錦標可爭，「土王子」的練馬師蘇芬諾夫（此馬在港十六年，馬主雖然換過一次，可是練馬師却始終是蘇芬諾夫，因而有時有人偶然談到「土王子」，蘇佐治也引以自豪，因爲一匹澳洲馬能一連賽跑十六年而始終仍能保持勇健，不要說在香港，就算全世界馬場，也是不容易再尋出第二匹的），認爲「土王子」現在以跑一哩爲妙，因爲他已知道他認爲同年新馬的勁敵「勇王子」，牠的練馬師吳志霖，各位須知，吳志霖在現在的中國練馬師中，已是大阿哥，因爲在一九五七至五八年度前，托麥考夫向馬會當局推薦，由他馬房中的首席副手（騎馬人）担任練馬師以造就新人材，同時，老托也可以將他廐中，撥一部份馬匹給「小玲子」（吳君的小名），以便他自己成立一個獨立馬房單位，經馬會批准，吳君便在一九五七年成立吳志霖馬房。

當時的練馬師，有皮洛夫、趙阿毛、蔣名有、加羅諾夫、蘭斯考夫、林雲福、林雲亮、美圖惠利、愛夫諾脫、貝爾波夫、羅達尼、蕭寶義、蘇芬諾夫、托麥考夫、王阿四、王筱紅等，一共十六人，到現在他們之中，死的死，退休的退休，現在仍服務於馬會者，俄籍的，以美圖惠利「矮仔」資格最老，蘇芬諾夫次之，而中國練馬師，吳志霖變成獨一無二了。

蘇芬諾夫眼光有幾度「散手」，因而他對「土王子」，寧願放棄「鐵行杯」不爭而報名於一哩賽，結果，「土王子」編在當時第二天的第十一場（尾場，按：當時週年大賽，分上、下午舉行，上午是由十二時開跑，每半小時一場，到一點半跑完第四場休息午餐，下午再由三時起跑第五場，共跑十一場，六點後散場，這辦法，在這這幾年早已取消而祇跑下午，最早由一時半開跑第一場了）。結果，「土王子」眞夠運，大熱門以大半乘贏了「其士」（Mr. H. Kees. 現在仍是其士洋行的東主，他也是老馬主，現在第一班的「凱靈登」，便是他夫婦的愛駒。）的「嬌媚」**Winsome**而贏了頭馬，獨彩祇派十五元半，軟地時間一分五十三秒，慢極，反看第一組，由林國强君騎印度鐘表商保羅氏（他曾與現在中南鐘表公司總經理我的老友莊靜菴兄同夥營商，莊兄現在，還有舊馬「紅利是」與新馬「保利是」兩駒，「紅利是」最近，如果不是騎師鄺康業君後勁差一些，早已得了今年的「印度遊樂會杯」了）的「安樂公主」，半冷門以一分五十一秒一贏馬，獨彩派了四十六元半，而且時間比「土王子」快了幾乎兩秒，如果「土王子」當時抽在第一組，不要說頭馬，連位置都輪不到了。

回轉來再講講這匹惡馬「勇王子」，脾氣之大，和牠的主人「地震倫」差不多，進馬閘廂，從不肯順順利利的被引進去，而總是要費了幾位馬伕前拉後推起碼花其兩三分鐘，然後方肯進閘，可是牠在閘中反應之靈，也是數一數一，因爲閘門一開，牠多數是第一匹出閘，而且馬如其名，總是放在前面的，加上又是好爛地馬，這一天出爭「鐵行杯」最長途，加上了主帥布林利執轡，衆望所歸，獨票多至三萬六千多，佔了總數九萬多票三份之一有餘，可是，這一回牠却奪不到此杯，原來同場有一匹「蓮伯」，由老將陳「飛機」毓麟執韁，（各位注意，「飛機」陳現在仍是馬場冷門健將，他名氣雖然不及郭子猷，而賽齡却不會比郭仔短，而且郭君已於去年退休，由馬會聘任爲會所副經理，可是陳君却依然能馳騁馬塲，本屆到現在雖然難得上陣，還贏過兩次第三班馬「華蓮絲」的頭馬，看來下屆可能仍不會退休，眞是愈老愈辣了）。跑到末段，忽然脫穎而出，居然贏了「勇王子」六個馬位而爆出了大大冷門，原來「蓮伯」在同場八駒之中，負獨彩票是最少者，祇有一千三百張不到，與「勇王子」的一比，竟是三十份之一，因而獨彩派到每張三百廿二元一角之多，這匹「蓮伯」的練馬師，便是現已逝世的俄籍冷門專家，也即是現在寫馬經董驃的老師「喼帽仔」加羅諾夫是也。

於此可見「土王子」馬運之好，因爲當時如果參加「鐵行杯」賽固然贏不出，而被抽籤出一哩第一組也一樣贏不出，偏偏抽在第二組，便以慢時間贏了頭馬。

這一年度，牠上陣六次，就得了這一次頭馬而升上了第二班。

五九至六〇年度，上陣七次，在季中出一哩三化郎六十五碼最長途，這一回第二班馬有兩種路程可選，一種是短路半哩一七〇碼，分兩組，另一種便是最長途，上年度「土王子」不跑最長途，可是這一次却在此報名，因爲馬齡多了兩年，牠已是差不多七歲，夠成熟了；因而此賽負一三五輕磅，却變了第一熱門，結果，又憑小洪末段的騎技，贏了頭馬，連「蓮伯」都跑牠不過，可能這一天是快地，而「蓮伯」祇擅爛地，不像「土王子」却是長、短途、乾、爛地、輕、重磅全材也。

這三季，牠每季贏一次頭馬、三屆共贏了三次頭馬，可是一到六〇至六一年度，因又降下第三班，可大出風頭了。

這一年度，馬齡七歲，牠一共上陣七次，除了第一次落第之外，跟住便跑了兩次第三，一次第二，在最後三次竟然連捷了三次第一。

這一屆，牠落第這一場是大爛地參加大搖彩「廣東讓賽」第三班一哩二五，頭馬爆出了冷門馬鄔毓祥君騎的「金章」，（馬主是黃公繖與鄧炳銓兩位，黃君現在仍有豢馬，「眞好彩」與本屆新馬「必好彩」），獨彩九十元六角，頭獎獎金是一百四十七萬六千〇十四元，這筆十三年前的鉅欵，如果照現在的幣值來算，至少等於七八百萬元了。

此後又連跑兩次第三與一次第二，這是戰畧之一策，因爲負了一四七左右磅，一贏便要升上第二班，等於吃了大虧，跑第二、三是不容易升班的，除非和頭馬映相祇差一頭一頸，則又當別論。

到是年週年大賽第一天，第三班馬又有「鐵行杯」（一哩二五）可爭，這一次「土王子」參加了，因爲對上兩星期賽馬，小洪騎第四班「幸福」得第二，賽後，賽馬董事控訴他危險策騎干擾霍錦琨君所騎的「自由神」一駒，小洪因之被罰下一次不准出賽，於是乎爭「鐵行杯」的一場，小洪不能上陣，乃不得不請「細鷄」林國强君代勞了。

可惜得很，小洪被罰了這一天，「細鷄」却贏得了「鐵行杯」，而且是冷馬，獨彩派了四十七元正，這是「土王子」第一次得錦標賽，當時負磅一四六却未被升班。

再隔三星期，牠又在第三班跑一哩拿手路程，這一次小洪可以上陣了，負磅一五二，又不是大熱門，而大熱門則是林國强君的「東方之珠」，獨票竟有四萬多，也可見此馬之爲馬迷們注意，同時，「土王子」祇有萬八票耳。

此賽競爭過程，非常緊張，直路上，「東方之珠」已經贏出，可是小洪不肯放鬆，跑到舊電算機前「東方之珠」沿欄，「土王子」在二疊，兩位騎師各不放鬆而兩匹好馬也並頭齊驅，殺到難解難分，終點到，要煩勞電眼映相，「土王子」贏了一個「鼻哥」，此次之勝，小洪之功固不可沒，而「土王子」鬥志之强，亦可見一斑。（附圖便是此賽勝後進頭門之影）。

此賽勝後，升上了第二班，再過了一個月，爛地出爭一哩二五「聖佐治杯」，又是一個可惜，小洪又在對上一星期騎第一班馬蔡永超君的「西施」，（蔡君現在仍是馬主，最近贏三重彩的頭馬「信德」，以及新馬「月聲」皆是他的愛駒），贏了第一之後，又被賽馬董事控訴在中途干擾了「大鷄」林國樑君的「安全第一」，看過巡邏電影之後，控罪成立，這一次罰得嚴重了，小洪在這一季中，不准再出賽，要到下一屆方能再行上陣了。

於是乎出爭「聖佐治杯」，又要請林國强君代勞了，因剛剛升班，祇負一三六輕磅，五駒上陣，「土王子」成爲天大熱門，十四萬一千多獨彩票之中，牠佔了六萬多張，賽跑結果，「土王子」大勝一仗，贏了陳杰君騎的「包」有八馬位之多，再得一杯，獨彩祇派九元八角。

這正是李廣數奇，兩座銀杯與牠的主任騎師無緣，反而林國强君却兩得榮譽，眞是廣東人打話「冷手執個熱煎堆」了。

到六一至六二年，「土王子」在第二班中初次出塲，跑六化郎四十碼，（各位記住，六化郎加多四十碼，是從這一季開始的，一直到去年度開始，方改爲公尺而變了一二三五公尺了），小洪要騎另一匹良駒「金銀島」，「土王子」便請了當年的紅牌騎師周佐明老弟，經小周力拼，總算跑了一個冷位置第三，派彩有三十元之多。

講起周佐明老弟，他是我一手訓練出來的好騎師，人品、騎術，無一不佳，龔雪因兄的寶駒「蜻蜓」就是周佐明贏出來的，眞正可惜，小周成名之後，不到一年便患了白血球過多症在英年時棄世，下次本篇，我將繼講過「土王子」之後，對他的一切，簡明地講一下。（卅五）

談藝論色兩坤伶

雪艷琴和陸素娟

·燕京散人·

過去旦角天下，梅程尙荀四大名旦以外，有所謂四大坤旦，就是雪艷琴、章遏雲、新艷秋、和胡碧蘭。那是當年北洋畫報選出來的；除了胡碧蘭未能大紅，也只在北方有點名氣以外，前三位都是馳譽南北，享名全國的人物。論劇藝的淵博、精湛、台上的火候，能和各大名伶分庭抗禮的，當推雪艷琴爲首席。

雪艷琴姓黃，名詠霓，回教人，她行六。四姐雪艷舫演花旦，有時也能串演彩旦，一直給妹妹傍角。

雪艷琴的青衣戲，學自張彩林，張是清末名青衣，尙小雲是他弟子。雪艷琴的青衣戲，有人認爲尙派；其實，她和尙小雲先後同門，因爲路子相同，所以就有像尙的地方了。但她的唱腔路子大方，嗓音也是剛柔相濟，不像尙小雲的唱腔過剛，有時爲了柔一點，就加顫音，反倒使人聽了不受用。張彩林在民國二十六年（公元一九三七年）逝世，享年六十八歲。

雪艷琴的花旦戲，曾拜郭際湘（藝名水仙花）爲師，拳拳服膺，盡得薪傳。她對踩蹻也下過苦功；同時，延請武師打把子、練功。所以，身上、脚底下，都有堅實的功力。

王瑤卿桃李滿天下，有教無類，他的偉大處，是因人施教，也可以說是因才施教，要看你的天賦如何，接近什麽路子，就發展其所長，掩飾其所短的，給你設計出一套教授法來。除了少數學生，因爲慕名掛號，並不眞心學習，則只好收點贄敬，署事指點以外。只要你肯專心，耐性的學習，每一個人都會從王大爺那兒，討回好處去的。梅蘭芳的擴充戲路成爲花衫，得力於王大爺。程硯秋的能有程腔，和能大紅而僅次於梅，更得力於王大爺。雪艷琴立雪王門甚早，是坤伶裏，得古瑁軒主眞傳而有深度的第一位。民國十九年，王瑤卿度五十正壽，及門弟子二十二人聯合發起爲老師祝壽，男生十一人以荀慧生、程硯秋爲首。（梅蘭芳與王瑤卿，介於師友之間。）女生十一人，則以雪艷琴爲首，新艷秋、華慧麟等次之。可見雪艷琴在王門中的地位。像後來在上海大紅的王玉蓉，且以特請王瑤卿爲其南下把場來號召，那時還沒有進王家門呢！

雪艷琴在民國十年左右，就出台演戲了。先在北平前門外，天橋的戲院裏唱。北平的天橋，相當於南京的夫子廟，是平民娛樂場所，而在北平出身的伶人，尤其坤伶們，幾乎都必要經過天橋這一段經歷。在天橋，城南游藝園唱過幾年以後，慢慢搭班，在前門外的戲院演出。等熬到能在內城戲院演出，已算登堂入室了。再混到挑班掛頭牌，就算登龍而成名了。

從民國十五年起，雪艷琴已可搭大班，再過二三年，就挑班了，一直到民國二十二年，這是她大紅大紫的時候，民國廿三年結婚以後，就退隱了。

她挑班的花旦用四姐雪艷舫，前文已提過。小生用梁桂亭，是位女小生，係梁花儂之妹，梁秀娟之姨母，玩藝規矩磁實，不亞鬢眉。雪艷琴結婚後，梁桂亭也急流勇退，嫁山西人張某。老生先後用譚富英、楊寶忠。楊在雪艷琴結婚以後，也就拜錫子剛爲師，於廿三年冬加入扶風社，爲馬連良操琴，而不粉墨登場了。其餘武生用周瑞安，花臉用侯喜瑞，二路老生用陳喜興，小丑朱斌仙，老旦文亮臣，常川演出的地點，是西城哈爾飛戲院。

雪艷琴天賦嗓音寬亮，功力又深厚，耐唱而始終帶有水音。他的戲大塊文章很多，却舉重若輕，毫無力竭聲嘶、疲憊的現象。個頭兒高，身上也溜，戲路之寬，一時無兩，可以說是梅尙程荀一脚踢，文武崑亂不擋。她的拿手好戲有：「四郎探母」、「雁門關」、「紅鬃烈馬」、「全部玉堂春」、「全部雷峯塔」、「梅玉配」、「得意緣」、「全部十三妹」、「雙姣奇緣」、「盤絲洞」、「杏元和番」、「貴妃醉酒」、「賀后罵殿」、「戰宛城」、「翠屏山」等，不勝枚舉。因此，叫座力極强，擁有許多基本觀衆，而給戲迷的印象，就是聽她的戲「過癮」。

雪艷琴最使觀衆過癮的戲，就是「全部玉堂春」。梅蘭芳此戲只演「起解」、「會審」兩折，還是分兩次各作大軸。程硯秋只演「會審」。尙小雲「起解」、「會審」連着唱。荀慧生創排全本，在「嫖院」、「關王廟」，可以賣弄風情，因爲他是花旦本工。但「起解」他沒有反調，是拙於唱的關係。徐碧雲則「起解」起，加排「監會團圓」。雪艷琴此劇，則是把這「五大名旦」（徐碧雲爲標榜自己，曾創五大名旦之說，但因一切條件均較梅程尙荀有距離，所以始終沒有哄起來。）的唱法，冶於一爐。從「嫖院定情」起，經「關王廟」、「起解」、「會審」、「監會團圓」，全鬚全尾，源源本本，一次演完。而且絕不偷工減料，「起解」照唱反二黃，一句不漏。從晚八點上台，夜一點散戲，足演五小時。嗓子從頭至尾潤亮有餘，一氣呵成，眞使觀衆聽得如醉如痴，稱心滿意。所以她這一齣每演必滿。而做派的細膩，如「嫖院」的羞怯，「關王廟」的纏綿，「起解」的幽怨，「會審」的傾訴，「監會團圓」的驚喜欣慰，都是傳神阿堵，極有分寸。筆者聽戲五十年，在所有男女名伶中，認爲她這齣「全部玉堂春」是第一份。

「全部雷峯塔」，接近尚小雲路數，但較尚爲柔，戲也做得深刻。從「水門」起，經「斷橋」、「產子」、「合鉢」，一直到「祭塔」完。

「全部十三妹」，從「害何杞」起，經「悅來店」、「能仁寺」、「青雲山」、「弓硯緣」洞房止，飾何玉鳳一人到底。說白、神情取勝，身段、唱工次之，完全是王（瑤卿）門傳授。

「梅玉配」飾少夫人，連同「探母」的鐵鏡公主，「雁門關」的青蓮公主，這梳旗頭、穿花盆底的三位旗裝扮相的主角。她完全是王門法乳，派頭的大方，京白的爽脆，一時無兩。

筆者聽雪艷琴的戲很多，除了上述那些齣以外，還有較突出的三場：

「坐樓殺惜」：有一次北平回教人士，爲某清眞寺籌欵，就舉辦一次義演。大軸馬連良、雪艷琴的「坐樓殺惜」，壓軸侯喜瑞的「取洛陽」。這三人都是回教界，自然義不容辭的。「坐樓殺惜」是老生班貼的戲，雖然旦角很要緊，但除了筱翠花的花旦班，他以閻惜姣爲主，貼演「全部閻惜姣」還帶活捉以外，一般旦角的班子，是不貼這一齣的。因此，雪艷琴雖然挑班很久，却沒動過。這一次與馬連良合作，施展渾身解數，那種洒脫、刁蠻、潑辣、生動，與平日的演正工青衣，逈不相同。可見受過眞實傳授，能者無所不能。不但台下聽得滿意，馬溫如也暗挑大姆指：「黃六眞有兩下子。」

「霸王別姬」：北平舊曆年底，照例有梨園公會義務戲，又名「窩頭會」義務戲，集名伶於一堂，演出不常見的合作戲，籌點欵子，好救濟貧苦同業過年。視留平的名伶多少，決定唱幾天，反正至少一天，多則兩三天。但是這後幾齣的陣容，最好是有楊（小樓）梅（蘭芳）余（叔岩）三位，才壓得住。如果陣容不整齊，戲碼不精彩，賣座不理想，那麽籌的欵子不多，貧苦同業的一年希望，就落空或打了折扣了。因此，歷任的梨園公會會長，如楊小樓、尚小雲、趙硯奎等人，在年底以前，就要早調查誰在北平沒走，誰在年底趕回北平，研究戲碼，調配人選，煞費苦心。

雪艷琴演「四郎探母」公主

民國廿四年年底，三大賢中，余叔岩已退隱，梅蘭芳在上海，只餘一楊小樓。四大名旦中，除梅在上海，程硯秋、荀慧生也出門未歸，年底趕不回來，只剩下尚小雲。這可怎麽辦呢？大家想來想去，只好搬出雪艷琴來。那時她已結婚，謝絕舞台生活，但是爲了義演，她豪不猶疑的答應了。消息傳出，哄動九城，預售票非常踴躍，這一晚的戲碼是：

（一）羅萬華「打登州」。（二）錢寶森、王福山「祥梅寺」。（三）芙蓉草、羅文奎「小上墳」。（四）劉宗楊「林冲夜奔」。（五）言菊朋、程繼仙「羣英會」。（六）尚小雲、尚富霞、王泉奎「穆柯寨」。（七）馬連良、侯喜瑞、葉盛蘭、馬富祿「打嚴嵩」。（八）楊小樓、黃詠霓（因係票友身份，不用藝名，而用本名了。）王鳳卿、姜妙香的「霸王別姬」。

北平梨園有個傳統好習慣，戲碼的先後，角色的重輕，要以角兒的「份兒」大「份兒」小爲準繩。請注意！這裏的「份兒」，不是指「戲份兒」（包銀），而是指個人藝術的「份量」，也就是「火候兒」，「資格」。如果「份兒」不夠，而派他個重活兒，或是戲碼在後的話，大家不服，會起公憤，而鬧出事來的。像筆者以前談楊小樓的「狀元印」出事情，就因爲赤福壽原由錢金福扮演，錢因病不能上，論「份兒」大「份兒」小，應派許德義。而劉硯芳徇私派了劉硯亭，這就是破壞成規，違反慣例，才激出許德義在台上暗算楊小樓這一塲禍事來。

營業戲中講「份兒」大「份兒」小，義務戲中尤其講「份兒」大「份兒」小。因爲大家都盡義務不拿錢，如果戲碼和人選調配得不公平，那主持的人（會長或戲提調）就站不穩，甚或受人攻擊了。馬連良、尚小雲，是生旦界多年來獨擋一面的人物，肯在倒第二倒第三唱，而讓雪艷琴在後面唱「別姬」，這不比楊小樓唱「鐵龍山」，可以讓他，因爲他是國劇宗師。「別姬」是對兒戲，虞姬是梅蘭芳，那沒話說。是雪艷琴，而肯讓她者，並非因她此時已是票友身份；這原因只佔十之二三，而主要因她的玩藝兒罩的住，有火候兒，所以才心悅誠服的在她前面唱。因此這一局，內外行就全以梅蘭芳的身價和聲勢來視雪艷琴了，自然非常哄動。因爲開演前一兩天票都

雪艷琴演「金山寺」白娘子

售光，那晚北平廣播電台，特予實況轉播，以饗戲迷，也是那會兒的創舉。

雪艷琴的「霸王別姬」，自然是遵梅路數。平常營業戲裏，也和周瑞安演過。這一次與楊宗師合作，且在義務戲裏壓大軸，自係殊榮。於是聚精會神，全力以赴。而楊小樓也盡力誘導，連兜帶提，宛然楊梅合作的氣氛。台下也都以畹華目之。這一晚上的戲，台上台下皆大歡喜，蔚爲盛況。

「雙姣奇緣」：民國廿五年，有一台小型義務戲，在吉祥戲院。雪艷琴仍以黃詠霓的名義，又出來唱了一次「雙姣奇緣」。自「拾玉鐲」起，她飾孫玉姣，姜妙香傅朋，慈瑞泉的劉媒婆。她這齣是水仙花親授，細膩得很。在劉媒婆進入孫家以後，盤問孫玉姣的頭用什麽油，脚是誰裹的以後。慈瑞泉臨時抓哏：「你這脚是什麽木頭的？（因踩蹻，蹻鞋是木製的。）唉呀，難爲妳這兩年，把蹻工還沒丢下。」台下爲之哄堂，雪艷琴也忍俊不禁。

「拾玉鐲」後，接演劉媒婆回家，劉彪拿繡鞋到大街之上訛詐傅朋，劉公道解勸不公。褚生賈氏夫婦到孫家投宿，劉彪夜闖孫家誤殺二人，將賈氏人頭抛於劉公道家。劉公道隱藏人頭，殺死宋興兒，反誣告興兒竊物逃走。這些情節演完，言菊朋飾趙廉上場，坐堂審案，將傅朋收監，反罰宋國士十兩紋銀。這時雪艷琴飾宋巧姣，穿青褶子上，先到傅母家中，再到監中探望傅朋，然後邀約劉媒婆，用酒灌醉，廉得其情。這一段戲，有不少唱做。以下再接一般常見的「法門寺」「大審」，侯喜瑞飾劉瑾，慈瑞泉再趕賈貴。這個本子是雪艷琴得自古璠軒的秘本，尚小雲、小翠花合演此戲時，也是這般演法，別人沒有。

提起雪艷琴結婚的對象，却也大大有名，有點傳奇性的人物。此人係遜清宣統皇帝溥儀，票界名宿紅豆館主溥侗，與名畫家溥儒（心畬）的兄弟行——溥侊，人稱侊大爺。生得方面大耳，還眞有點帝王之相，甚至可以說比溥儀長得還像皇上。他從民國十三年起就捧雪艷琴，送行頭，送圍桌、幔帳，請客聽戲，置票捧場。這送東西還簡單，花錢就行。聽戲捧場就難了，因爲每天幾十張票子，總要有人去聽才行啊，這位侊大爺却想盡方法，每天總能約一羣友好去捧場。長長的功夫，耐耐的性兒，多年來如一日。那時追逐雪艷琴的頗不乏人，有人雄於資，有人有權勢，但是論起眞誠和堅忍的這股一成不變的勁兒，却誰也比不了侊大爺。雪艷琴初以一般捧客待溥侊，後來日久天長，感情日增，最後也議及婚娶了，却又遭遇兩個難題：一是雪艷琴要正式結婚，不做姨太太。二是雪艷琴係回教人，要溥侊入了回教，才能結婚。當時溥侊有太太，且改變宗教也茲事體大，家裏一致反對。但溥侊却件件依從，表示眞誠。先與太太離婚，然後正式入了回教，這才與雪艷琴正式結婚，當年在北平，這也是哄動社會的一件大事。

溥侊入了回教，信奉很虔誠，對飲食的禁忌，也奉行得很認眞。筆者是回教人，因此與他相識，時相過從，逢到回教重要的聚會日子，我們常在西單牌樓牛肉灣清眞寺見面，在那兒禮拜的回教平劇人士，還有哈寶山和王泉奎。侊大爺雖然出身貴胄，却平易近人，毫無紈袴作風，而且對於繁文縟節，最爲厭惡。他常對我說：『我就討厭「大家閨」（秀），喜歡「小家碧」（玉）。』這也是他擺脫貴族婚姻而另求發展的一種心理因素吧！有一次我們在天津有個晚餐的約會，地點在舊法租界，春和大戲院旁邊會芳樓回教館。他因下午沒事，去早了，筆者赴約時，進房間一看，他仰面朝天的，躺在板凳上竟睡着了，其疏落洒脫，一至於此。

溥雪婚後，伉儷情深，感情甚篤。後來雪艷琴患了瞳人放大的眼疾，醫治經年不愈，一身工夫，當然也擱下了！筆者在民國卅七年（一九四八年）離開北平，以後也就不知詳情了。

陸素娟是北平的北里名花，出身於八大胡同裏，韓家潭西口的環翠閣。她自幼嗜劇，十二歲就學唱，先工老生，曾在華樂園串演過「珠簾寨」。後來轉學青衣，學梅派，從朱桂芳學習，遇見梅蘭芳演出，她更臨場觀摩，因爲人是冰雪聰明，又用功連學帶薰，所以儼然梅派傳人。除了嗓音氣力弱一點，身上沒有武功，其他都和梅非常神似。那時候，梅派傳人的言慧珠，還上學沒有學戲呢！素娟的妹妹素妍，則學老生，有時姐姐串演，她在前場也湊一齣。

陸素娟是民國二十年左右，北平花界第一紅人，結交往來都是達官貴人，富商鉅賈，當時有位鹽業銀行巨頭王紹齋，對她甚爲捧場，除每月供應一兩萬銀圓作日常開支外，還特撥了一筆演戲專欵銀圓八萬元，作爲基金，那時一元銀圓，和一元美金差不多少，這種大手筆，實在令人咋舌。陸素娟演戲爲什麽用這多錢呢？她除了作行頭、置頭面、定製圍桌椅幔、大帳守舊以外。每次演出的陣容場面和後台工作人員，必用梅劇團，這個派頭不少，可就費了銀子啦。

梅蘭芳自民國廿一年以後，定居上海，廿五年秋又回北平一次，以後又回上海長住。在民國廿二年到廿四年，以及廿六年以後，梅劇團同仁一年去不了一兩次上海陪梅演出，餘下的時間，就在北平賦閑，日子久了也成問題。但是他們這一羣人，伺候梅大爺慣了，自視甚高，你玩藝太差的角兒，出多少錢他們也不伺候的。一來陸素娟的梅派玩藝兒，已然升堂入室，二來利其多金，每人每場都拿雙份兒，再加上名流的撮合協調，於是從民國廿二年起，到廿六年冬，梅劇團的同仁，正式與陸素娟合作演出。除了王鳳卿還有點固執不肯參加以外，老生換了貫大元，此外姜妙香、蕭長華、劉連榮、朱桂芳，諸茹香、孫甫亭、王少亭，這一班梅劇團同仁一體陪她演出，連武生都是尚和玉，到廿六年才換了楊盛春。徐蘭沅的胡琴，王少卿的二胡，場面上下手，梳頭的，檢場的，無一不是梅劇團原班人馬。北平戲迷因聽不到梅蘭芳，有陸素娟率梅劇團原人演出，在「望梅止渴」的心情下，自然趨之若鶩。何況陸的劇藝也很精湛，總能過一部份癮，於是上座情形也不差。但是陸素娟的開銷太大，上滿座也賠錢，好在她有的是「演戲基金」，爲名而不在利，能這樣的過戲癮，在她已算是心滿意足了。

陸素娟的學梅，可以說下了深刻的功夫，除梅派的老戲，如「御碑亭」、「寶蓮燈」、「三娘教子」等以外，對梅獨有的本戲，她都能動，像「西施」、「太眞外傳」、「俟襲人」、「全部宇宙鋒」，她都演出過，地點大部份在前外糧食店的中和戲院，後來在東城的新光陸電影院也演過。

號稱「天下第一美人」的陸素娟

「太眞外傳」分四本，是梅蘭芳的早期古裝本戲。每一本都有高潮場子，和佈景、燈光、彩頭切末。像華清賜浴，和夢遊月宮都是引人入勝的戲文。尤以夢遊月宮一場，嫦娥率仙女二人，在月宮歌舞，陸素娟都能應付裕如，其他的梅派戲就更不在話下了。「太眞外傳」的演出，幕後係由姚玉芙、朱桂芳導演。

「俟襲人」是梅早期古裝戲的另一格，採寫實路線，取材於紅樓夢中，襲人箴勸寶玉的一段穿插。上場只有襲人（梅蘭芳），寶玉（姜妙香），茗烟（蕭長華），四兒（魏蓮芳）四個人。舞台上佈有兩間房子的實景，好在綴玉軒中，有的是花梨、紫檀木器、太師椅和多寶格等，搬到舞台上來，就佈置成了一間臥室相連一間書房，其情景宛如話劇。幕開以後，先上襲人，有段西皮慢板，作女紅等待寶玉。寶玉上場以後，襲人規勸，寶玉不悅，襲人未盡欲言。茗烟上來請寶玉去用飯，寶玉茗烟下，襲人自己念白，自怨自艾，有段二六。等寶玉再上，故意與四兒談笑，不理襲人，獨自睡臥；襲人在旁，又氣又憐。有段南梆子。後來寶玉回嗔作喜，兩人言歸於好，全劇告終。（此戲劇照見本刊第十五期）

這齣戲因爲限于佈景，形成了襲人一個人爲主的獨幕劇，那三個人只是上上下下，除了寶玉的戲重一點，四兒、茗烟，不過是邊上的活動佈景罷了。有了實景的限制，台上角色的活動地位，只限於兩間屋子的空間以內，也沒有機會使什麽身段。所賣的是梅蘭芳一個人的幾段唱工，和意境新奇，實在太瘟，而且違反了國劇以抽象爲主的原則。

「俟襲人」推出以後，議論紛紛，輿論上毀多於譽，除了上列的缺點以外，記得凌霄漢閣（徐凌霄的筆名）對戲名也有意見。他說：「紅樓夢的女子，無一不俟，爲什麽襲人上面加個俟字？難道別人都不俟嗎？不如就名爲襲人。」這話很有道理，也爲梨園中人折服。所以後來荀慧生排紅樓戲，就以「平兒」、「晴雯」爲名，不敢在人名上面加什麽形容詞，就是受徐凌霄指責的影响。

梅蘭芳向來從善如流，鑒於「俟襲人」的不理想，後來就掛起來不演了。別人沒有梅的火候與聲勢，就更不敢動了。同時，找那佈置兩間房子的華麗道具，也非易事。陸素娟却性高氣傲，學梅澈底，要把已失傳而別人動不了的梅派戲，搬出來給大家看看。在廿六年夏天，於中和園演出。前場還有貫大元的「罵曹」，楊盛春的「青石山」，當然非常哄動。許多人都沒有見過梅這一齣新戲，而陸素娟却演出了，可以說「難能可貴」吧！上座當然滿堂。

陸素娟也演過「霸王別姬」，而且她很榮幸的，和南北兩位霸王，楊小樓與金少山都合作過，並且同在民國廿六年（一九三七年）的下半年，同在北平西長安街的新新戲院，可以算是一種巧合。

廿六年十月二日，有一場義務戲，開場戲以外，第二齣是李萬春、毛慶來的「武松打店」。第三齣，也就是壓軸，「拾玉鐲」連「法門寺」。由「冬皇」孟小冬趙廉、尙小雲宋巧姣、筱翠花孫玉姣、郝壽臣劉瑾、慈瑞泉前劉媒婆後賈貴。第四齣，也就是大軸，楊小樓、陸素娟，合演「霸王別姬」。

楊小樓的「霸王別姬」，是他絕作，除了與梅蘭芳合作稱爲雙絕，他輕易不肯與他人合作這一齣。坤伶中，他只與新艷秋、雪艷琴、陸素娟合作過，（楊最後一次去上海搭天蟾舞台，與章遏雲合演此戲，老生是言菊朋。）據楊事後語人，以雪艷琴最好，陸素娟次之，新艷秋最差。而這一次的演出，是他一生最後一次「別姬」，廿七年初，他就去世了。

陸素娟的劇藝長處，除了學梅有根底，在場上還有實力，有自信心。與任何名伶大角同台，她絕不緊張。因此，她與楊小樓同台，也有一種分庭抗禮、雍容華貴的大角風度，眞是了不起。

同年十二月四日，又有一台義務戲，戲目爲：（一）王福山、朱桂芳「打瓜園」，（二）李多奎「釣金龜」，（三）李桂雲「紡棉花」，（四）奚嘯伯、王泉奎「捉放曹」。（五）大軸金少山、陸素娟的「霸王別姬」。

金少山的霸王，筆者以前曾經談過，只是大嗓門大個兒而已。陸素娟的虞姬，兩個月前剛與楊小樓合作過，已然駕輕就熟，而且楊小樓大敵當前，她都能平分秋色。與金少山同台，自然游刃有餘，視如無睹了。因此，這一晚上的戲，算給她唱了，所得的熱烈掌聲，超過金少山很多，金少山成了配角。同時，與楊、金兩次合作的「別姬」，她都用梅劇團原人蕭長華、姜妙香、王少亭等爲配，台下觀衆，簡直就拿她當了梅蘭芳代表啦。這個冬天，是陸素娟演戲史上，最揚眉吐氣的日子，她的身價聲勢，因連演兩場「別姬」而益增。

陸素娟的演戲成功，哄動北平，分析其原因，衝她藝術去的人，佔十分之六，而另外十分之四，都是衝她扮像漂亮去的。

陸素娟人生得極爲漂亮，美艷絕倫。身材不高不矮，不胖不瘦。一張瓜子臉，兩顆大眼睛，剪水重瞳，秋波蕩漾，通鼻樑，櫻桃口。皮膚之白、細，尤爲罕見，那臉蛋兒，堪稱吹彈得破。台上古典美，台下現代美。有一次筆者偕內人到東城帥府園，協和禮堂去聽音樂會，就在來賓雲集，等待入場的時候，陸素娟翩然蒞止。薄施脂粉，淡掃娥眉，穿一件青絲絨大衣，更顯得皮膚的白細動人。我們讀古書有什麼「膚如凝脂，頸似蝤蠐，」算是從她身上得到見証。項帶明珠，手御鑽戒，儀態萬千，雍容華貴，那種明艷照人，光芒四射，登時在場的中外貴賓，男女老幼，眼光都集中在她一人身上。陸素娟似也感覺到這種被注意的程度，內含驕傲，外帶微笑的，用她那一汪水的秋波，環顧大家來作無形的招呼。內人輕不許人，對陸素娟的漂亮，却讚不絕口，迄今猶然。

陸素娟和鬚生泰斗余叔岩，有一段過程的小插曲。有一次，張伯駒告訴余叔岩，他要和陸素娟合演「打漁殺家」，余叔岩一時高興，說「叫她來，我給她說說。」余叔岩不但對他演的老生造詣精深，對與他同台角色的地位、身段，也瞭如指掌，何況他與梅蘭芳合演這齣多次，他所說的蕭桂英身段，自然梅派眞傳了。陸素娟聽說，當然求之不得，欣喜若狂。馬上到余府領教。演出之後，余叔岩、張伯駒、陸素娟三人都很滿意。陸素娟感謝余叔岩的指教，也不好買什麼東西，就請張伯駒代約，請余叔岩和他兩位女公子，到六國飯店去吃一頓西餐，以爲聯誼道謝。余叔岩也欣然攜二女前往，席間談笑甚歡，陸素娟和兩位余小姐，也相處得很融洽。

北平有個立言報，小型報紙，社長金達志，是社會上混混的人物。銷路不如實報，却以影劇游藝新聞見長。有個記者吳宗祜，人稱「吳忙子」，是譏笑他整天瞎跑亂攢無事忙的意思。吳的本人却也頭腦靈活，反應很快，他經常往來於名伶、戲園，和游藝界之間，那時候還沒有影劇記者這名稱，但他却是個很活躍的影劇記者。

陸素娟請余叔岩和他小姐吃飯這件事，不知怎麼被吳宗祜知道了，第二天便在立言報上，寫了一篇花絮，大字足本，當然是引人注意的花邊新聞。不過，動機上並沒有什麼惡意。余叔岩看報大怒，認爲不該把他女兒名門閨秀與青樓女子的交往上報，又經一兩位不懂事的門客慫恿，便往報館去興師問罪，因爲余家和報館都在宣武門外，離着很近，走着就去了。余叔岩到報館要求更正，那金達志也不是省油的燈，我們是根據事實記載，爲什麼要更正呢？大家吵了半天，無結果而散。次日立言報又登了一大段，把余叔岩盛氣凌人描寫了半天。余叔岩爲此生了幾天悶氣，經雙方友人調解，不再擴大，立言報也沒有再提這段，算是不了了之了。從此，余叔岩嚴厲囑咐兩個小姐要謹言愼行，交友宜選擇，而陸素娟也嚇得不敢再往余家去了。

中日戰爭發生後不久，陸素娟不堪日本軍人和他們手下一班狗腿子的困擾，毅然決然的摒棄繁華，間關到了後方，據說係從一位軍事將領而行。民國三十年左右，傳說她病歿老河口，一說爲得白喉，因無特效藥，不治而死。一說係因小產而亡。兩說不知孰是，而一代佳人，從此香消玉殞了。

民初數十年來，數若干坤伶，「談藝首推雪艷琴；論色唯有陸素娟。」一般坤伶多喜用「色藝雙絕」相標榜，實則細加觀察，連雪艷琴陸素娟二人，尙不敢謂雙絕，其他人等，那就更應毋庸議了！

新「七十二家房客」

文：楊華生
圖：張樂平

本刊三十三期刊出「七十二家房客」諷刺劇後，接到好幾位讀者的來信，詢問這一個劇本和現在澳門、香港演出的劇本很多不同，是否是兩個戲？「七十二家房客」—原來是滑稽家姚慕雙、周柏春的創作，也是所謂獨脚戲的片段，靠兩個人口頭形容，淋漓盡致，一再擴充，方成爲化裝演出，所謂新「七十二家房客」，則是滑稽家楊華生等改編的，由漫畫家張樂平繪圖，刻劃人物，更爲突出，就和現在流行的演出本比較接近了。

人物

阿香——二房東的養女，十七歲。
楊老頭——賣香烟小販，五十八歲。
小皮匠——男，二十四歲。
二房東——女，四十歲。
炳根——流氓，二房東的姘夫，三十五歲。
救火員——甲、乙、丙、丁。
三六九——巡警，三十歲。
金醫生——四十五歲。
韓師母——舞女，二十五歲。
杜福林——賣梨膏糖小販，四十歲。
衆房客

第三場

時間　晚上八時。
地點　二房東和小皮匠家。
佈景　石庫門的側面。二層樓是二房東的住房，房內放些較新的家具。左面有門通樓梯，右首有門通內室。底下是楊老頭和小皮匠的房間，光線陰暗，設備簡陋。

幕啓　（楊老頭在數着烟盤裏的香烟。今天他的咳嗽越發厲害了，阿香拿了一杯開水從樓上下來。）

阿香　楊伯伯！這幾天你的咳嗽越發厲害了，快喝杯開水吧！
楊老頭　阿香，謝謝你！當心給你媽媽看見。
阿香　我媽媽不在。
楊老頭　哦，還好。要是給她看見了，你又要挨打了。（咳嗽）
阿香　楊伯伯，喝開水呀！
（小皮匠拿了一雙鞋子上，鑽進閣樓。）
小皮匠　楊老頭，這雙鞋子我替你釘好了。
楊老頭　謝謝你。
小皮匠　不要客氣。咦！阿香，你也在這裏呀？
阿香　我是聽見楊伯伯在咳嗽，倒杯開水給他喝的。
小皮匠　哦，楊老頭！杜福林叫我帶來兩塊止咳糖，是雙料的止咳梨膏糖，送給你吃的。（給楊老頭）
楊老頭　眞謝謝他。
阿香　楊伯伯，吃吧！（楊老頭吃糖）小皮匠，怎麽今天一天沒有看見你？
小皮匠　我在外面送鞋子。
阿香　你看，身上衣裳都破了，也不縫縫好。
小皮匠　沒得空。
阿香　（身上拔下針綫）不縫好，要越扯越大的，我來給你縫。
小皮匠　讓它去吧。
楊老頭　不要客氣了。（阿香替小皮匠縫衣服）阿香，你上樓吧！要是給你娘看見了，又要害你挨打了。
（阿香上樓）
（楊老頭咳嗽）
小皮匠　楊老頭，怎麽樣？
楊老頭　不要緊，老毛病，反正年紀大了，活一天算一天了。

小皮匠　楊老頭，來吃一點泡飯吧。

楊老頭　不，不，你吃。

小皮匠　不要客氣了，來吃一點吧！

楊老頭　常常吃你的，不好意思。

小皮匠　沒得關係。（盛泡飯，兩人同吃）吃吧。

（阿香在樓上拖地板，二房東上樓）

二房東　阿香，你在幹什麼？

阿　香　我在拖地板。

二房東　拖地板就拖地板，看你裝出那副可憐相，怎麼，拖地板累死了？我打了三十六圈牌也沒叫一聲累！（見阿香仍在拖地板）死人！像個呆子！曉得我吃力煞，還不快點過來替我敲幾記，死人！（阿香替二房東捶背）唷！死鬼，敲得那麼輕！你沒有吃過飯是不是？

阿　香　是沒有吃過，你不是跟我說，今天伙倉不開，飯不燒。

二房東　伙倉不開，那是我不在家裏，鍋子裏不是還有剩下來的冷飯麽？

阿　香　一共只有半碗飯，我吃不飽。

二房東　半碗飯還吃不飽？就是半碗飯不吃，那你昨天不是吃過了？喔唷！你陰損我，敲得那麼重！（將櫈子往地板上一扔）

小皮匠　喂！你們樓上輕一點好不好？

二房東　是這樣的！你要清靜，住到殯儀館裏去好了。

楊老頭　你怎麼不講理！我們在吃稀飯。

二房東　唷！吃一點稀飯就那麼神氣，要是吃蛋炒飯那更不得了啦！（又將櫈子往地板上扔）我偏要摜，怎麼樣？

楊老頭　喂！你在釘棺材板麽？

二房東　老死人，你觸我霉頭！（繼續扔）

小皮匠　你再敢摜？

二房東　照樣摜！摜不過你，不做二房東了！（繼續地扔，小皮匠用櫈子往樓板敲）好！你們在開高射炮是不是？

（小皮匠將二房東地板敲穿，伸上頭去）

小皮匠　你講理不講理？

二房東　唷！你這個小鬼！頭伸上來啦！（用腳踢，小皮匠即縮回，楊老頭又伸上頭去）

楊老頭　我們沒有惹你！

二房東　老甲魚，我踢死你！

（楊老頭立即縮回頭，二房東順手用鷄毛掃從樓板洞中往下打，鷄毛掃被小皮匠奪去，再二房東又拿掃帚打下，仍給小皮匠奪去，再用拖把打，又給小皮匠奪走。最後，小皮匠拉住二房東的手往下拖）

小皮匠：你講理不講理？

二房東　救命呀！

小皮匠　楊老頭，你拿把切菜刀來，把她的手砍下來，看她下次再敢吵嗎？

楊老頭　好。

二房東　好了，我下次不吵了，救命呀！

（炳根吃得醉醺醺地從外面回來，上樓）

炳　根　啊！你們幹什麼？好極了！你們在拆房子啦？

（小皮匠、楊老頭放手後馬上熄燈，假裝睡覺）

炳　根　老死人！怎麼裝死啦？好，明天跟你們算賬！

二房東　阿炳，我痛死了。

（阿香將擊破的地板蓋好）

二房東　（對阿香）死鬼！你看得真高興！（欲打，阿香逃入內房）炳根，你怎麼又喝得醉醺醺的？

炳　根　沒喝多少，一共才喝了兩三斤。

二房東　你怎麼不去收拾他們？

炳　根　放心，我馬上給顏色他們看，我告訴你一個好消息，我的朋友要開嚮導社，看上了我們這一幢房子，他願意出六根大條子，我要他八根，他也同意了。

二房東　同意有什麼用，這一些房客怎麼辦？

炳　根　要他們搬家呀！

二房東　不是一家二家，有七十二家房客呢！

炳　根　我知道，我已經跟老頭子商量過了，他也答應幫我的忙，派警察來跟房客搗蛋，叫他們一家一家都搬出去。

二房東　好極了，把小皮匠第一個趕出去。

炳　根　那方便，我們先趕楊老頭，小皮匠是住在楊老頭家裏的，叫他們一起滾蛋。你過一天就叫他搬。

二房東　什麼理由呢？

炳根　有呀，他欠我們三個月房租，我們馬上要他拿出來。

二房東　他一定拿不出來。

炳根　拿不出，就叫他立即搬家。

二房東　（得意地）好辦法！喔唷！

炳根　怎麼啦？

二房東　胃氣痛！

炳根　怎麼胃病又發了？

二房東　都是阿香這個死鬼引出來的事，我要好好地收拾她，出出氣！

炳根　算了，算了，今天你已經很累了，看你氣成這副樣子，對面王家有新到「大土」，去抽兩筒，這小鬼我來收拾她。

二房東　你這個小鬼我現在沒有時間打你，等我抽完了回來，再跟你算賬，抽你的筋，剝你的皮！阿炳，我先走了，你就來。（下樓）

炳根　好，你先去，我就來。（見二房東下樓，關門）阿香！（阿香從內房上）來來，我在暗中幫你忙，你知道嗎？要沒有我，你這一頓可打得不輕啊！嘻嘻！小姑娘變得眞快。眞是叫黃毛丫頭十八變，越長越好看了。（順手去摸阿香的臉，阿香躲開）咦！跑什麼？（調戲阿香）來！來！嘻嘻嘻！（拉阿香）來，到裏面去談！

二房東打了三十六圈牌回來

阿香　你這樣我要告訴娘的。

炳根　哼！老實說，你娘也是靠我，你還是聽明一些，你想跑是跑不了的。（拖阿香）

阿香　救命！救命！（雙脚亂蹬）

（小皮匠聽見樓上的聲音，知道阿香被炳根欺侮，與楊老頭耳語，楊點頭，表示同意他的辦法）

小皮匠　失火了！失火了！……

（炳根聽見失火，信以為真，也大叫失火，一面逃往樓下，邊叫邊跑，急下）

（衆房客聽見失火，都慌忙逃出。阿香與小皮匠耳語，小皮匠也將情況告訴阿香。衆房客陸續回來，發現是一場虛驚）

二房東　（匆匆上）什麼地方失火？

小皮匠　沒有失火！

（炳根上。）

炳根　怎麼，沒有失火？

二房東　誰叫失火？

小皮匠　我！

二房東　爲什麼叫失火？

小皮匠　我聽見樓上叫救命，我以爲失火了。

二房東　（指阿香）你爲什麼叫救命？

阿香　是這樣……

炳根　勿許煩，我打了她幾下，她叫救命了。

二房東　你這個小鬼，又是你闖的禍。

（欲打阿香）

（外面救火車鈴聲响。救火員甲、乙、丙、丁上）

救火員甲　什麼地方失火？

二房東　沒有失火，這是大家誤會。

救火員甲　沒失火叫救火車，你吃飽了飯開什麼玩笑！我問你，是誰打的電話？

炳根　電話是我打的。

救火員甲　你是這兒什麼人？

炳根　我是這兒二房東的男人。

救火員甲　爲什麼要打電話？

炳根　我聽見他（指小皮匠）叫失火，我就打電話了。

救火員甲　（對小皮匠）你爲什麼叫失火？

小皮匠　我聽見樓上叫救命，以爲失火了，所以我叫失火。

救火員甲　你是此地什麼人？

小皮匠　我是這裏的房客。

救火員甲　做什麼職業？

小皮匠　小皮匠。

救火員乙　（對救火員甲暗語）沒有苗頭，揀有辮子的抓。

救火員甲　曉得。（對炳根）你是二房東，電話是你打的，你說句話出來，救火會是有規矩的，車子一到就要劈房子放水的。

炳根　大家都是自己人，有話好說的，警察局王科長是我老頭子，我有數的，請你們抽烟。

救火員甲　什麼！抽烟？我們自己不會買？我們救火會，你們警察局，橋管橋，路管路，快點擺句閒話出來，否則就劈房子，放水。（拿了救火斧頭欲劈房子）

炳根　好了好了，有事可以商量的。

二房東　炳根，房子是勿能給他們劈的，給他一劈，水一放，八根條子都完了。

炳根　（低聲）劈房子放水都是假的，要錢是眞的。（對救火員甲）大家都是自己人，開個尺寸過來吧。

救火員甲　好，大家都是自己人，你也在外面跑跑的。

炳根　一句話。

救火員甲　一根大條子。

炳根　爺叔，你這在開玩笑嘛！這兒又不是洋房，是破房子呀。

救火員甲　沒有，就劈房子，放水！

炳　根　那怎麼行！（衆人都說「不行」）

炳　根　好，商量商量。（將二房東手臂上的金鐲拿下來）

二房東　咦，你怎麼拿我的東西？你自己的呢？（指炳根胸前掛的金表鏈）

炳　根　我外面不要混了麼？

二房東　那我也要混的。

炳　根　以後再買給你。

二房東　你的還是我買的呢！（炳根將金鐲給救火員甲）

救火員乙　怎麼，只有這一點，你不當我們救火會，你當我們是要飯的？

二房東　我從來沒見過要飯的要金鐲子的。

救火員甲　來，表鏈拿下來！

炳　根　這不行，稍微留一點下來吧！

救火員甲　好，不要了，不要了，你們房間在那裏？

二房東　在樓上。

救火員甲　（對救火員乙）來！上去劈房子，放水！

（所有救火員都直往二房東的房裏衝去，衆人急得大叫，一陣混亂）——幕落

第四場

時　間　幾天後的早上。

地　點　金醫生房門口。

佈　景　底層。左面是金醫生的診所，門口擺着皮匠攤，右側設通二樓的樓梯；旁邊通韓師母房間和弄堂外面。

幕　啓　（阿香從樓上奔到樓梯底下。）

阿　香　（急喊）小皮匠！小皮匠！

小皮匠　（從樓梯底下爬出來）阿香，什麼事？

阿　香　（哭）小皮匠！

小皮匠　你媽又打你啦？

阿　香　是的。

小皮匠　幹什麼打你呢？

阿　香　媽要把我賣到嚮導社去。

小皮匠　嚮導社是火坑，不能去的。

阿　香　小皮匠，你替我想想辦法，我只有你一個最要好的人。

小皮匠　阿香，你放心，我決不能讓他們把你送進嚮導社去的。

阿　香　小皮匠，你有辦法啦？

小皮匠　辦法？辦法還沒有。

阿　香　（哭）小皮匠！

小皮匠　不要哭。

阿　香　小皮匠！

三六九　（從外面上）小姑娘，爲什麼哭？是誰欺侮你？（對小皮匠）喔，是你這個小鬼！（上前抓住小皮匠）

阿　香　警察先生，不是他。

小皮匠　警察先生，你不要瞎貓拖死老鼠，亂抓一氣！

三六九　那是誰欺侮你？

小皮匠　是她媽媽打她。

三六九　給媽媽打有什麼關係，我也常常被媽媽打的。

小皮匠　喔！你還給你媽媽打？

三六九　不是現在，是小的時候。（對阿香）你娘打你有什麼好哭？不要哭，下次做事當心點就好了。（欲走）

小皮匠　你慢點走，她媽媽不是因爲她做錯事打她。

三六九　那爲什麼呢？

小皮匠　她媽要她「做生意」，她不肯，她媽媽就打她。

三六九　（對阿香）這是你不對，做生意多賺幾個錢不好嗎？叫你做生意你不肯，是該打。今年幾歲啦？

阿　香　十七歲。

三六九　十七歲不小了，我十六歲就做生意了。怪不得你要娘打你。（欲走）

小皮匠　你慢點走。

三六九　幹什麼？

小皮匠　你知道做什麼生意呢？

三六九　我倒不知道。

小皮匠　不知道你就可以說「是該打」？她媽媽要她做嚮導社，她不肯，她媽媽就打她了。

三六九　做嚮導社？那就是做妓女，豈有此理！十七歲的小姑娘怎麼能做這種生意呢？

小皮匠　警察先生，你十六歲就做生意的。

三六九　我十六歲做生意是賣天津蘿蔔。天下哪有要親生女兒做嚮導社的？

小皮匠　不是親生的，是買來的養女。

三六九　這是逼良爲娼，是犯法的行爲。

小皮匠　警察先生，這種事情你管嗎？

三六九　什麼事情都管，就怕找不到事情管。

小皮匠　阿香，逼良爲娼是犯法的，快些求求她吧！

阿　香　警察先生救救我！

三六九　你放心，一切包在我三六九身上。

阿　香　小皮匠，他肯救我了。

小皮匠　警察先生，你眞是好人。

三六九　當然是好人，你看不出來嗎？（指自己的臉）這只面孔就是好人面孔。

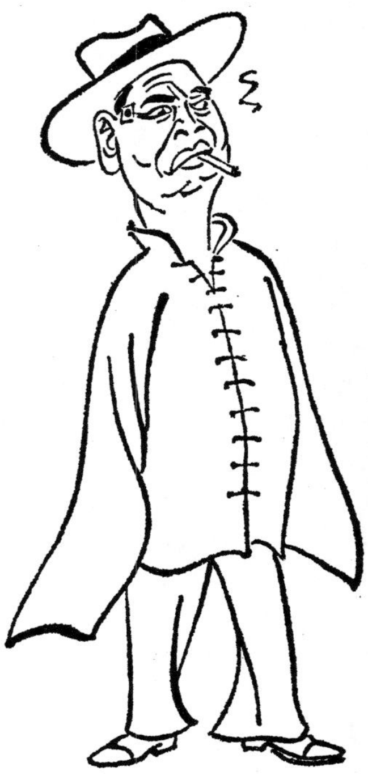

炳根：大家都是自己人，有話好說的。

小皮匠　你眞是個淸官。
三六九　人家都叫我「包龍圖」，現代「包龍圖」就是我。
小皮匠　阿香，你碰到「包龍圖」了，快去求求他！
（阿香跪在警察面前懇求）
（二房東邊喊阿香邊下樓）
阿　香　警察先生，我媽來了。
三六九　不用怕，有我在。
二房東　死鬼！我知道你在此地，替我死上去！（用手指阿香，阿香躲在三六九身后，二房東不留神誤指在三六九上）還不上去？你昏了頭啦！
三六九　他奶奶，你怎麽啦？
二房東　對不起，我沒有看見你。
三六九　漆黑一團，你沒有看見嗎？
二房東　你漆黑一團，所以看不見。
三六九　你是小姑娘的媽媽。
二房東　我是她的媽媽。
三六九　二房東，你爲什麽把女兒送到嚮導社去，這是犯法行爲，你知道嗎？
二房東　如果大家都不去，嚮導社都關門啦！
三六九　她願意沒話好說，如今她不願意，你硬要她去，那就是逼良爲娼，犯法行爲。

三六九：我這只面孔就是好人面孔

二房東　我將她從小買來養大，花了多少鈔票，我是將本求利，誰管得着？
三六九　我就要管！
二房東　大家都是自己人，有話好說的。
三六九　誰跟你自己人？
二房東　好了好了，我心裏有數的。你靠什麽，我靠什麽，大家好商量商量，大家是自己人，「脚碰脚」。
三六九　什麽「脚碰脚」？誰跟你「脚碰脚」，你當我什麽人？
小皮匠　人家是鐵面無私的「包龍圖」、「包青天」。你懂嗎？
三六九　他奶奶，我一看就看出來你不是好人，這只面孔就是壞人面孔。看見嗎？（指小皮匠，阿香和自己的臉）這種面孔都是好人面孔。走，到局裏去！
（炳根上）
炳　根　哎，三六九！
三六九　哎，大阿哥！
炳　根　好久不見了，現在你忙了，要找你是很不容易呀。
三六九　哪裏，哪裏，大阿哥，你怎麽會到這兒來的？
炳　根　我就住在這兒。
三六九　我還不知道呢。
炳　根　三六九，有什麽事嗎？
三六九　抓一個老太婆，她逼良爲娼。
炳　根　好啊，抓她進去！
三六九　對，沒得客氣。
炳　根　哪個老太婆？
三六九　（指二房東）就是她！
炳　根　不要開玩笑，她是我的老婆。
三六九　開什麽玩笑，你的老婆我見過，很年輕的。
炳　根　那是另外一個。來，介紹一下，叫聲阿嫂。
三六九　阿嫂！
小皮匠　「包龍圖」，你怎麽有阿嫂的？
三六九　「包龍圖」別說是阿嫂，阿爹、阿娘都有的。
炳　根　三六九，阿香是我的女兒，你看這件事怎麽辦？
三六九　大阿哥，你的事情就是我的事情，一句話。
炳　根　好，你夠交情的。
二房東　（對阿香）死鬼，替我死上去！
阿　香　媽！別打我！（逃上樓去，二房東追上）
炳　根　小子，癩蝦蟆想吃天鵝肉，（與三六九低語）這個小鬼和阿香勾勾搭搭，你替我抓他進去。
三六九　抓這種小子，還不是三只指頭捏田螺。
炳　根　三六九，你怎麽一點苗頭也沒有，我老頭子叫你到此地來跟杜福林搗蛋，到現在還沒有搞出名堂來？
三六九　大阿哥，我已經去過了，我只知道我們科長派我到這兒來找杜福林麻煩，可就是不知道是你的事。前幾天我要抓杜福林壯丁，要他壯丁費五個大頭，他給我三個大頭，還欠我二個大頭。
炳　根　三六九，你眞是「小兒科」，幾個大頭算得了什麽！我跟你講，這幢房子裏的房客我都要叫他們搬場，因爲他們都不是東西！
三六九　是啊，住在這幢房子裏的人，都不是東西！
炳　根　我是東西？
三六九　你是什麽東西？
炳　根　我也不是東西。
三六九　哦，你也不是什麽東西？
炳　根　你是什麽東西？

三六九　好，隨便你是什麼東西。

炳根　我跟老頭子已經商量好了，請你跟他們搗蛋，搞得他們一家一家都搬場，現在房子值錢，這幢房子頂出去至少八根條子，我準備跟老頭子「南北開」，你那裏我有數的，你賣力些！

三六九　大阿哥，只要你在老頭子面前說幾句好話，讓我在這個（指袖子）上面加兩條，有三條就有意思了。

炳根　這容易得很，只要我在老頭子面前敷衍幾句，別說加兩條，就是加十七八條也可以。

三六九　十七八條加在袖子上也不像樣的。

炳根　走，到我家裏去談談，喝點酒！

三六九　謝謝你。我先跟他談談，待會再來。

（炳根上樓）

三六九　（對小皮匠）我一看就看出來，你不是好人！

小皮匠　怎麼啦，一刻功夫我的臉就變啦？你怎麼不管這件事啦？

三六九　誰說不管？剛才沒有弄清楚，差一點寃枉好人，現在我才明白你不是好東西，看中了人家的小姑娘，不動好腦筋。今年幾歲啦？

小皮匠　二十四歲。

三六九　剛剛正好，抽壯丁！

小皮匠　怎麼又要抽壯丁啦？

三六九　早告訴你，你要逃的。（抓小皮匠）

小皮匠　有話可以講嘛！

三六九　你倒還懂規矩，不抽也行，就算五担大米。

小皮匠　哪裏來這許多米呢？

三六九　好，少一點，三担！

小皮匠　也沒有。

三六九　好，乾脆五個大頭。

小皮匠　拿不出。

三六九　頂少三個大頭。

小皮匠　一個也沒有。

三六九　沒有？（在小皮匠身上搜，發現確實沒有。見皮匠攤上一雙拖鞋，拿了就走）好吧，這雙拖鞋就算壯丁費吧！

小皮匠　喂，不行的，這是客人的！

三六九　我管你客人？死人也不管！（上樓）

小皮匠　强盜！畜牲！王八蛋！他媽媽，呸！

金醫生　（拎醫藥箱上）小皮匠，你幹什麼發這麼大的脾氣？

小皮匠　金醫生，眞氣人，碰到二房東，後來又碰到警察抽壯丁，把我一雙拖鞋也抽走了。

（三六九恰巧從樓上下來）

三六九　你是什麼人？

金醫生　中國人。

三六九　做什麼職業？

金醫生　我是做醫生的。

三六九　原來你是做醫生的。看什麼病？

金醫生　小兒科、外科、內科都會看。

三六九　（上海話「外」誤會是「牙」）你牙科也會得看的嗎？

金醫生　（「牙」誤會是「外」）是的。

三六九　那你給我看看。

金醫生　什麼病？

三六九　唷，牙齒痛得厲害。

金醫生　對不起，這我看不來的。

三六九　你剛才不是說會看牙科的？

小皮匠——房客之房客

金醫生　我說的是內外之外，不是牙齒的牙。

三六九　怎麼，你看我身上穿着號衣，怕我不給錢嗎？

小皮匠　這句倒是老實話。

三六九　不要你多講！

小皮匠　我不講。（故意將鐵錘敲得很响，三六九大吃一驚，金醫生聽得躲起來）

三六九　幹什麼？

小皮匠　釘鞋總能釘的吧！

三六九　釘鞋哪有這麼响的聲音？

小皮匠　（又敲了一下）聽見嗎？

三六九　你這小鬼！（不見金醫生）喂，醫生！

金醫生　（從屛風後面出來）警察先生，我以爲你手槍走火了。

三六九　我哪有手槍？

金醫生　你腰裏的。

三六九　腰裏不是手槍是拖鞋。來，走過來！

金醫生　我不會看的。

三六九　不要你看，問你姓什麼？

金醫生　姓金。

三六九　你今年幾歲？

金醫生　四十五歲。

三六九　恰巧正好。

金醫生　什麼？

三六九　抽壯丁，走！（抓金醫生）

金醫生　我是一千幾百度的近視眼，洋槍打不準的。

三六九　誰管你這些！不要說近視眼，就是瞎子也要抽的。

金醫生　抽得去有什麼用呢？

三六九　湊湊數也是好的。

金醫生　幫幫忙吧！

三六九　不抽壯丁也很容易，壯丁費也不要你的，你替我看牙齒，看牙齒的錢也不給你，大家不吃虧。

金醫生　不看要抽壯丁，好，就替你看。（看三

六九的牙齒）你的牙齒看不好了。

三六九　那你就給我拔了吧！

金醫生　不給你看要抽壯丁，只能替你拔，拔牙齒要有傢伙的。

三六九　什麽傢伙？

金醫生　拔牙齒要有鉗子。（發現小皮匠有一把老虎鉗）小皮匠有的，你去問他借一借。

三六九　（出門）小皮匠，借把老虎鉗給我。

小皮匠　做什麽用？

三六九　拔只牙齒就還你。

小皮匠　啊！拔牙齒用我這把老虎鉗？

三六九　（發現皮鞋後跟脫落，脫下給小皮匠）替我釘一釘牢，上次那個老皮匠釘的釘子太小，這次你要用大一號的釘子給我釘！（欲走）

小皮匠　警察先生，價錢講講好。

三六九　釘幾只釘還要錢？上次我叫老皮匠打個後掌也沒給錢，就是給他他也不敢要。

小皮匠　我就敢要！

三六九　我不給你。（回身欲走）

小皮匠　皮厚。

三六九　你說我皮厚。

小皮匠　我說牛皮厚。（指皮鞋）這個皮厚嗎？

三六九　厚的。（進門，將老虎鉗交給金醫生）

金醫生　那麽我拔啦？

三六九　有麻葯針嗎？

金醫生　沒有。

三六九　沒有就算了。

金醫生　你要拔我就給你拔。（坐在三六九身上，三六九推金醫生）

三六九　我從來沒見過，拔牙齒抱在手裏拔的。

金醫生　因爲看不清楚。

三六九　好，來吧，來吧。

金醫生　（坐在三六九懷裡，用大力拔牙）咳啾！好啦！

三六九　（拔下一只牙齒，作痛狀）喔唷……

小皮匠　金醫生，你們隔壁在殺猪是不是？

金醫生　不是殺猪，是拔牙齒。

三六九　拔下來了，你本事大的。

金醫生　拔下來了。

三六九　（發現牙齒拔錯）金醫生，你拔的是哪一只牙齒？

金醫生　上面的。

三六九　不是的，是下面的。（三六九欲打金醫生，發現右脚沒穿鞋）

小皮匠　警察先生，釘好了。（把一只皮鞋交給三六九）

三六九　給我穿。（站起來被釘子刺痛）啊唷！

金醫生　你到底是牙痛還是脚痛！

三六九　現在我脚和牙齒都痛。小鬼，你替我釘那麽大的釘子要我命嗎？待會兒跟你算賬！醫生，替我包一包。（金醫生替三六九包紮脚。）

小皮匠　你自己說要大的釘子，我就用二寸釘子給你釘了。

三六九　他媽的，我揍你！

小皮匠　重新釘就得了，算我倒楣。

金醫生　拔錯了再重拔一只，算我倒楣。

三六九　我倒楣。

金醫生　你講得清楚些，還是上面還是下面？

三六九　下面的，來。（叫金醫生坐在自己懷裏）

金醫生　剛才是拔上面的牙齒要坐，現在拔下面的牙齒就不用坐了。

三六九　當心。

金醫生　知道。（拔了三六九舌頭，三六九使勁搖手）

三六九　他奶奶，你怎麽拔舌頭的？

金醫生　我近視看不清楚。（又拔）唷，這只牙齒眞厲害。

三六九　你想想辦法。

金醫生　小皮匠，你幫幫忙。（小皮匠按住三六九）你抱住警察先生的頭。（對三六九）咳啾！

（小皮匠用力抓住三六九的頭髮和脖子，金醫生用力拔，警察痛得大叫）——燈暗

第五場

時間　下午。

地點　同前一場。

（二房東將楊老頭的東西從閣樓裏扔出來，一片吵鬧聲，衆房客擁上。）

衆房客　什麽事？什麽事？

楊老頭　趕我搬場。

二房東　老死人，只有施粥施飯，沒有施房子的，付不出房錢就搬場！

小皮匠　你爲什麽要他搬？

二房東　欠房錢當然要搬。

小皮匠　假使房錢付給你呢？

二房東　當然不要搬。

小皮匠　欠你幾個月房租？

二房東　三個月。

小皮匠　多少錢？

二房東　一斗米一個月，三個月三斗米，今天米價是十四萬一斗，三斗是四十二萬。

小皮匠　楊老頭，她把你東西扔壞了？

楊老頭　都給她扔了。（指地上的東西）

小皮匠　哪些東西？

楊老頭　一只水缸，兩只大碗，一把茶壺，還有臉盆、鉢頭。

小皮匠　（對二房東）現在一只水缸買多少錢？

二房東　（無意說出）要一斗米呢！

小皮匠　好，就算一斗吧。

二房東　一斗米還買不到呢！

小皮匠　還有兩只大碗，一只鉢頭，一把茶壺，兩只茶杯，也算它一斗米吧。

二房東　（想起）沒有那麽貴的。

小皮匠　那麽半斗米要不要？大家說說看？

衆房客　要的，要的。

小皮匠　共計一斗半米，一斗十四萬，半斗七萬，一共二十一萬，現在先付你二十一萬。楊老頭，房錢已經付了，搬進去吧。

二房東　我這樣一扔就扔掉二十一萬，沒那麽容易！扔了東西就算了，扔了東西要賠，我也不扔了。

小皮匠　扔了東西可以不賠，大家到二房東家裏去扔！

房客甲　好，去扔！

杜福林　我扔只五斗櫥。

房客乙　我扔梳妝枱……

二房東　好，就算二十一萬！（對小皮匠）那還有二十一萬呢？付出來！付不出還是跟我搬家！

小皮匠　慢！（對楊老頭）不要搬。大家想辦法湊湊，我這裏有三萬元。

房客甲　我這裏有一萬元。

房客乙　我有兩萬元。

韓師母　我這裏拿四萬去。

小皮匠　大家還有嗎？（衆房客默聲）這裏付你十萬元錢，還有十一萬囘頭再給你。

二房東　不行！今天少一個錢也不行。付不出就搬塲！（赶楊老頭）走！走！

楊老頭　（無奈拾起地上的東西欲走）好，我搬。

韓師母　慢！楊老頭不要搬，我這裏有。（打開皮包取出一叠鈔票）這個錢原來給我們韓先生看病的，現在你用了再說吧。（給楊老頭）

楊老頭　這……這怎麽可以呢！

三六九：捏牢骱不用刀

小皮匠　楊老頭，拿了再說吧，囘頭再想辦法。二房東，這裏是十一萬，一共是四十二萬元錢，三個月房租全部付清，楊老頭你可以不搬了。

二房東　（對韓師母）好啊，你竟然替楊老頭付房租。你反正賺錢容易，只要眼睛對人家一瞄，錢就會來的，你這個賤貨！

衆房客　呸！（將二房東轟下去）

楊老頭　韓師母，謝謝你，謝謝大家幫忙。

衆房客　沒關係。（下）

（韓師母進門。）

楊老頭　小皮匠，我去賣香烟了。（下）

小皮匠　（拿了一雙鞋）我也要送鞋子去。（下）

三六九　（三六九上，敲韓師母門）裏面有人嗎？

韓師母　（韓師母從裏面開門上）警察先生，有什麽事嗎？

三六九　你是姓韓嗎？

韓師母　是的。

三六九　你有照會嗎？

韓師母　什麽照會？

三六九　別裝蒜！沒有照會就是私娼，做私娼是犯法的，到局裏去！

韓師母　警察先生，我不是做私娼的。

三六九　不做私娼，那就搬家，三天之內搬家！

韓師母　我不欠房錢，爲什麽要搬家？

三六九　你不搬家，你是私娼，不搬就跟我到局裏去！（拉韓師母）

杜福林　（從外面上）嗳，一個男人在一個女人身上拉拉扯扯，像什麽樣子。

三六九　（吃驚）要你管！

杜福林　你是個警察，給人家看見在女人身上動手動脚，不像樣的！好了，（對韓師母）你囘去吧！（對三六九）你也囘去。

三六九　去你的，你是老太爺？杜福林你不要多管閑事，你自己還少我兩元大頭呢！

杜福林　我怎麽欠你兩個大頭？

三六九　壯丁費要五個大頭，你只給我三個大頭，還欠我兩元。

杜福林　你討價五元，我還價三元，我已經都給你了。

三六九　喔！你還價的，好，就算三元吧。杜福林，我要抓她進去，那你爲什麽多管閑事呢？

杜福林　她犯什麽法，你要抓她進去？

三六九　她是私娼。

杜福林　你怎麽知道她是私娼？

三六九　是他們告訴我的。

杜福林　是誰？

三六九　是這個。

杜福林　是誰？

三六九　你又要調查我啦！我一看就看出來她不是好人，要不是，她爲什麼每天晚上打扮得漂漂亮亮逛馬路？這就是說明她是私娼。

杜福林　我看她從頭到脚并不漂亮，我看你的老婆比她漂亮得多呢。

三六九　（得意地）我老婆你見過？

杜福林　看見過。

三六九　（指韓師母）她以爲自己漂亮，人長得高，神氣，我老婆要比她好看得多，比她神氣，比她高，人比我還要高出一個頭呢。

杜福林　你老婆也很會打扮，我也常常看到她打扮得漂漂亮亮在逛馬路。

三六九　是的，我去出差，她沒有事情，就吃了晚飯去逛馬路了。

杜福林　那麼她也是私娼？

三六九　這個……

杜福林　有照會嗎？

三六九　有照會。

杜福林　拿給我看。

三六九　現在沒有了。

杜福林　怎麼會沒有的？

三六九　嫁給我以後就沒有了。（發覺不對）去你的！

杜福林　人家是好人，你偏說她是私娼！她的丈夫是大學畢業生，失業在家裏，還得了肺病。

三六九　她丈夫生病，失業在家，她要不做私娼，哪兒來錢幫人家付房錢？

杜福林　她代人家付房錢，你怎麼知道的？

三六九　有人告訴我的。

杜福林　誰？

三六九　這個……你又要調查我啦？

杜福林　她是高中畢業生，因爲她嫁了丈夫，找不到職業，沒有辦法去做舞女。

三六九　喔！就是跳舞場裏「蓬尺尺」的舞女？

杜福林　對的。她替楊老頭付房錢也是跳舞賺下來的。舞女犯法嗎？

三六九　不犯法的。

杜福林　還有什麼事嗎？

三六九　沒什麼了。

杜福林　沒事就走吧！（推三六九）

三六九　推什麼？我自己會走的。（突然回身）慢！我還是要抓她去。（韓師母吃驚，杜福林喝住三六九）

杜福林　慢！

三六九　你怎麼又喊了？

杜福林　你怎麼又拉了？

三六九　（對韓師母）你丈夫幾歲啦？

韓師母　三十歲。

三六九　三十歲恰巧正好。

杜福林
三六九　（同聲喊出）抽壯丁！

韓師母　我丈夫有肺病，不能去的。

三六九　不去可以，只要你付壯丁費……

杜福林　五担大米！

韓師母　什麼地方來呢？

三六九　沒有五担大米，那麼……

杜福林　就三担大米！

韓師母　三担也沒有。

三六九　那麼就……

杜福林——賣梨膏糖生意難做

杜福林　五個大頭！

韓師母　五個大頭也沒有。

三六九　三個大頭！

杜福林　那麼就……

三六九　（把帽子脫下來放在杜福林手上）警察給你當！我只有這兩句話，都給你講了，我講什麼呢？

杜福林　你講來講去這幾句話，省得你講了，我代你說說就算了。

三六九　他娘的，眞會說話，講得一點不錯，每個壯丁都是三元錢，老少無欺。（問韓師母）拿來，三個大頭！

韓師母　我現在沒有。

三六九　你皮包裏不是有嗎？（搶韓師母皮包，韓師母大叫）

杜福林　好哇，動手搶了！

三六九　有警察在，誰敢搶皮包？不要緊，你皮包給我看。

韓師母　（沒奈何打開皮包）只有一塊大頭。

三六九　一塊也好，先給我。

韓師母　這是給我丈夫看病的錢。

三六九　我管你這些！拿來！（搶過銀元）你還欠我兩元。

杜福林　慢，還我兩元。

三六九　幹什麼？

杜福林　一樣一個壯丁，她爲什麼只要一元，我要三元？是不是要還我兩元？

三六九　她娘的，我拿了她一元，還你兩元，我還要貼一元呢！你這個傢伙，你在做夢！大頭進了我的口袋，它還能出來？你沒有聽見，等會我還要問她拿的。（對韓師母）你不用愁眉苦臉，你弄兩元大頭容易得很，你只要「蓬尺尺」，「一尺」，兩元大頭就「尺」出來了。（轉身而下）

韓師母　福林哥，這日子怎麼過？

杜福林　只能再去想想辦法。
韓師母　我根本沒有辦法。
杜福林　我幫你一起想。唉！（與韓師母分頭下）
（炳根、二房東上，三六九跟上。）
三六九　大阿哥，你慢走，我有話跟你講。
炳　根　（氣忿地）你別叫我大阿哥了，我要叫你爺叔了。
三六九　大阿哥，本來我想抓她進去的，結果她不是私娼，後來我知道她丈夫三十歲，我就決定要抓她丈夫當壯丁！
炳　根　那麼抓他進去啊！
三六九　不過她已經答應給我三個大頭了，現在先付一塊，還欠二塊。
炳　根　我老頭子叫你來趕搬場，你現在總是三個大頭，兩個大頭，講來講去大頭！你現在大頭很多，我現在一個也沒有。你不是來趕搬場的，你是來收房錢的？
三六九　大阿哥，要抓他進去，沒有理由怎麼抓呢？只要有理由就能抓，上海人有句話叫「捏牢斺不用刀」。
炳　根　對，「捏牢斺不用刀」！（回身看四周沒有人）
三六九　沒有人。
炳　根　現在有辦法。
二房東　什麼辦法？
炳　根　此地房客要算小皮匠最壞，先抓他進去，其餘的就好辦了。
二房東　怎麼抓法？
炳　根　你到房間裏去拿一個包袱放在小皮匠擱樓裏，等會兒你喊捉賊，我去報局，（對三六九）你馬上到他擱樓裏去搜。搜到不但叫他搬家，還可以請他吃官司！怎麼樣？
（他們的話被阿香在門外聽見）
三六九　大阿哥，你想出這個辦法有苗頭的。
炳　根　沒有苗頭，人家怎麼會叫我爺叔，服貼我？
三六九　大阿哥，你有兒子嗎？
炳　根　這個……
三六九　沒有兒子。
二房東　（打趣地）你想得出這種辦法，是不會有兒子的。
三六九　開什麼玩笑！
二房東　大阿哥，我在垃圾箱旁邊等你。（下）
（二房東上樓取包袱，放在小皮匠閣樓裏，隨後與炳根下）
（阿香從樓上奔下，從閣樓裏取出剛才二房東放進去的一只包袱，上樓。小皮匠從外面上，坐下釘鞋）
二房東　（復上，故意地）小皮匠，你辛苦了，你有得苦了！（上樓，接着馬上下樓）捉賊！捉賊！
（衆房客上）
衆房客　誰家丟了東西？
二房東　我家丟了東西。
（炳根上）
炳　根　好，報局！報局！（下）
二房東　我家裏丟了一只包袱！
衆房客　他家丟了東西，與我們無關。（欲散）
（炳根上）
炳　根　都不准走！誰走誰就是賊！
（三六九上）
二房東　三六九，我家裏一只包袱不見了。裏面有一件皮袍子，兩件旗袍，一件紅的，一件綠的，剛才我出去的時候還在的，一會兒就沒了。
三六九　有沒有形跡可疑的人？
二房東　我看見小皮匠在我門口走來走去的，不知道幹什麼？
小皮匠　你不要含血噴人！
三六九　我一看就看出來，你不是好人。（抓小皮匠）
小皮匠　為什麼要抓我？捉賊要捉贓，你有贓証嗎？
二房東　搜出來就是贓証。（三六九欲搜）
小皮匠　慢！你搜不出怎麼樣？
三六九　搜出來我抓你去坐牢，搜不出你抓我去……
炳　根　搜不出，我點大香大燭賠罪！
三六九　大阿哥，點多大的香燭？
炳　根　五十斤的。
三六九　（進閣樓搜，不見包袱，同上）阿嫂，你放在哪裏？
二房東　（着急地）你怎麼講出來的！
三六九　（又去搜，同上低聲）阿嫂，沒有啊！
二房東　明明放在裏面的。
三六九　這個話你不能講的。
二房東　（進閣樓搜，同出）啊！是沒有呀！
炳　根　這小子手脚倒是快的，一定給他出檔了，三六九，抓他走！
（三六九抓小皮匠。）
杜福林　你不能寃枉人！
三六九　誰幫他說話誰就是同黨！（一把抓住杜福林）走！到局裏去！
（阿香喊聲：「媽！包袱沒有偷掉！」）
二房東　不是這只！
阿　香　（拿包袱下）是這只。（打開包袱）你看一件紅的，一件綠的，還有件皮袍子，一件也不少。
衆房客　原來是敲詐！
二房東　要死了。
小皮匠　好！你自己說的，搜出來你抓我吃官司，現在搜不出來，我抓你坐牢！（抓住三六九）
衆房客　對！對！
三六九　不，不，大阿哥講過的，搜不出點大香大燭，賠你不是。（對炳根）大阿哥，錢拿來，去買香燭！
衆房客　買！買香燭！

——幕落

朝氣蓬勃　氣宇軒昂

笑，充滿信心的笑；佩戴亞米茄電子表令你別具信心，有更完善的感覺。擁有一只亞米茄電子表，是閣下值得驕傲的一件事，因爲你作了一個精明的選擇，亞米茄之產品不但享譽全球，並且被太空總署指定爲登月探險之標準計時裝備，英法合作之「康確」超音速飛機，亦採用亞米茄爲重要計時系統。要達至完美的準確性是一件艱辛的工作，多年來研究之結果，亞米茄電子表之準確性已達到令人滿意的階段，表身纖薄，爲廣大人士所歡迎，亞米茄電子表之共鳴器爲特別設計，不但聲音柔和，並且提高其準確性，亞米茄電子表性能卓越，係　閣下最理想之手表，況其產量佔瑞士總產量之百分之九十三點七，這是多麼值得自豪呢！

ST198.003亞米茄電子天文台表不銹鋼表殼配皮表帶。　港幣895元

OMEGA

亞米茄表　馳譽世界　一致推崇

抗戰時代生活史

——淪陷時期生活紀錄——

陳存仁

寫本文比寫『銀元時代生活史』困難得多，因爲我那時僑處上海，不曾到後方去參加抗戰工作，所以對戰事情況，懵然不知，而對淪陷區域內的生活情況，知道得比較詳細，特別是上海的情形，都是由於自身體驗到的，所以至今記憶猶新。

從前讀陳壽三國誌，對華佗傳特別有興趣，後來開明書局出版一部『二十四史補』，記述關於華佗的事，又是一番說法，與歷史並不相符；至於羅貫中的三國演義，對華佗的記述，雖屬有聲有色，却與歷史的距離，越來越遠；後來又買到一部『華佗傳注釋』，引証當時記載，多達數十家，多人所說更是不同，所以我覺得寫述史事難免有各不相同的寫法。怪不得民國之後，一部『清史』至今還不能定稿，現在見到一部『清史稿』，在這部清史稿中，就有許多人指責其中記載錯誤百出，然而確實的清代史又在那裏呢？

幸虧我現在所寫的不是抗戰史，而是當時淪陷區老百姓的生活史，所以記述方面偏重於自己所見到、聽到、以及體驗到的事情，這些事情，雖然相隔的時間不久，但是現在記述起來，對收集到的參考資料和當時接觸到的人物，往往一件事，有幾種說法；一個人，有各種不同角度的看法，所以落筆就感到困難了。

但是我再三思考，我這篇蕪文，既不是寫歷史，又不是寫稗史，就樂得很輕鬆地想到便寫，記得就說，即使有人指出我寫述錯誤，我也樂於接受，决不斤斤計較自以爲是的。

驢場邂逅　識盛文頤

在我寫的「銀元時代生活史」中，有一段寫述我在失戀之後，常在新世界游樂場騎驢子，原文中說起跑驢場中認識了好多個朋友，其中寫出第一個朋友是盛文頤，當時我和盛文頤的交往，祇是因騎驢子成爲朋友，其他的事都沒有談到。

現在要寫抗戰時期生活史，盛文頤就成爲我文中一個人物了，他是後來包銷淪陷區的『烟土大王』。他的銷行區域，包括着滿洲國、華北政權、南京政權管轄的全部地區，祇有廣東一省他不曾管到，由於財源廣進，聲勢煊赫，各省軍、政、黨、警都要伸手向他要錢。

盛文頤是清朝郵傳部大臣盛宣懷（杏蓀）的姪兒。盛杏蓀的財富，包括招商局、漢冶萍煤礦公司，以及在各地的地產和中國通商銀行等，眞是富可敵國，清朝倒了之後，許多宮廷大臣作鳥獸散，惟有盛杏蓀有大量地產，因爲都在上海租界中心地區，所以盛家仍舊是當時上海數一數二的大富翁。

上海租界上的地皮，以英籍猶太人哈同及沙遜名列前茅，但是中國人在公共租界擁有大批地產的却以盛家爲第一，他家的住宅就在靜安寺路的中心成都路口的一宅老式花園洋房，房產由成都路到同孚路幾乎全是他的，所以有人估計哈同有半條南京路，而盛杏蓀則有半條靜安寺路。

盛杏蓀的幾個兒子，藉先人餘蔭，又當宋子文初自美國返抵上海，曾一度進入盛家事業圈的漢冶萍煤礦公司任職，兼任盛家的家庭英文教師，因追求盛七小姐，被阻與莊太夫人，但宋不念舊惡，在抗戰以前，盛氏諸子如盛恩頤（行四）、盛昇頤（行七）等均得在財政部所屬稅務機關中出任要職，那時在上海的汽車號碼，盛家一共佔了二只七、三只七、三只九、四只四四個出名的號碼（附表），分屬於盛恩頤、盛昇頤及盛毓常叔侄，而盛文頤雖然大家稱他爲盛老三，却是屬於別一房的。

我初識盛文頤時年十九歲，他比我大得多，但是人很瘦小，看起來他和我差不多大，不過盛文頤有一些偏才，所以我和他相交數載，沒有看見他做過一件正當的職業，但是有錢時潤綽得很，沒有錢時還是到處借錢，充得很潤氣。

盛文頤號幼盦，我雖然和他成爲朋友，但看他的經濟情況，並不見佳，也不像一位富家子弟。原來他是一個虛有其表的大少爺，要錢用，祇有伸手向親友方面要，所以有時很寬裕，有時却囊無分文。他對吃、着、嫖、賭樣樣都很精，要吃的時候，到菜館去點他們的拿手菜，吃罷之後，簽了單就走，積下來的賬項，他總是逢時逢節照付清訖的。至於吃鴉片，他說在十八歲時，已經吸上了癮，所以他對烟土的鑑別確有一套，想不到他的這一套，竟是他後來飛黃騰達的一個主要因素。

至於他對衣着方面，上海天氣冷，有時穿的都是珍貴的皮裘，有時却穿得很平常，竟然祇穿一件『陰丹士林』的布長衫，或是一件印度綢長衫，但是衣襟上的鈕子，總是嵌上一粒黃豆那麽大的鑽石。這是從前濶少爺的打扮，他雖經常欠債，可是這顆金剛鑽的鈕扣，始終要保持着的。

談到嫖，他又是一個嫖精，從前嫖堂子（即妓院），進門不必帶錢，局票賬都是每屆時節計算的，所以他越是混不下去的日子，越是要到堂子裏去度生活。

至於賭，他又有一套，不論牌九、麻雀、撲克與番攤，件件皆精，輸的時候少，贏的時候多，據他自己說，曾經拜過師傅，別人想贏他的錢是不容易的，可惜不是天天有賭局。

他對我很客氣，但是我看他總是一個不務正業的紈袴子弟，而且常常有三五個酒肉朋友跟着他。有時候他邀我嫖堂子，我總是推托不去。記得有一次，是中秋節前一天，他很早就派人送來一張『請客條子』，還打來一個電話說：『今晚我請客，你非到不可，屆時我介紹幾個重要的朋友給你認識。』我當時回答說：『好，好，好』，到了羣玉坊一家堂子，祇見一室之中，盡是鶯鶯燕燕，既沒有人打牌，又不見有什麽貴賓，祇見他躺在烟榻上抽大烟，一見我到來，就叫我也躺下來香兩筒。他從懷中取出一個自備的烟斗，十分精緻，我雖向不吸鴉片，但是一看這個烟斗，就知道是『雌斗』，所謂雌斗，斗上的口子是凹陷進去的，因爲我早年服侍過幾位吸鴉片的老師，知道雌斗的好處是容量大，吸起來又輕鬆耐吸。他就把雌斗裝在烟槍上，抽了一個烟泡，但是吸不了幾口，烟泡就脫落了，他心有不懌，祇怪老板娘的烟膏收得不好，我在旁便插嘴說：『這不是烟膏收得不好，而是用的川土，收膏時膏少灰多。』他聽了這幾句話，竟然哈哈大笑說：『你竟然也懂得吃鴉片的道理』，接着我就說：『我不僅懂得烟膏的成分，而且我還會在雌斗上裝烟。』他聽了更是得意說：『好，請你裝一筒，試試你的功夫。』我就很迅速的裝了一個紅棗般大的烟泡，他見到我的手法嫻熟，大大的驚奇說：『雌斗裝烟，沒有三五年經驗是裝不上的，你不吸烟而能裝烟，眞是出人意外。』我說：『我從前服侍姚公鶴老師，他就是用雌斗的，所以我有此一手。』他大爲得意。

正在談笑風生時，堂子中的鴇母前來百端奉承，他忽然很輕鬆的說：『中秋的節賬，你們結算清楚了沒有？』那鴇母說：『慢慢叫好哉，急點啥。』實際上中秋一定要結賬的，他指着鴇母說：『這筆賬，你明天到陳醫生處去收好了』。我迫於形勢，實在不便說什麽推托的話，心中祇是苦笑，原來他邀我的目的，就是如此。（按：從前堂子裏的規矩，鴇母除了請客買票收到一些現錢之外，從不當衆收錢的。）

這一晚，我回家，倒担起心來了，不知道他這一節要付多少錢，等到次日堂子裏的相幫來收賬，一節共計六百餘元，我既默許在先，祇能設法應付，但是祇隔了一天，盛文頤就來了，說：

當年上海私家汽車特別號碼及車主紀錄

號碼	車主	號碼	車主
1	周純卿（周湘雲之弟）	61	王一亭
2	陳姓商人	66	刀疤老六（名女人）
3	White（中央汽車公司）	71	哈同
4	唐露園（廣東人）	77	盛昇頤（盛杏蓀第七子）
5	方君（寧波人錢莊世家）	88	孫穀臣（高易律師公館）
6	陳其鏡(祥茂洋行陳炳謙之子)	99	謝繼武(招商局謝仲笙子)
7	潘君（工部局買辦）	100	蔣某(南京人蔣驢子之後)
8	毛濂卿（毛全泰木器號）	111	張澹如
9	Springfield (工部局車務總巡)	222	魏廷榮
10	美國烟草公司	333	張松濤（揚子飯店）
11	虞洽卿	444	張叔馴（張石銘七子）
12	周扶九之子	555	徐琦仲（徐冠南子）
14	顧乾麟	666	魏廷榮
16	程霖生	777	盛昇頤（見前）
17	徐少峰、徐卓榮（牙醫師）	888	沈延齡（周湘雲壻）
18	程霖生	999	盛毓常（盛杏蓀長孫）
25	周渭石之子	1000	Hayim（股票經紀）
27	徐德培（仁記洋行）	1111	Fred Elias（股票經紀）
28	呂岳泉（華安保險公司）	2222	沙遜
33	潘三省	3333	鄂森（律師）
42	裘劍飛（裘天寶銀樓、票友）	4444	盛恩頤（盛杏蓀第四子）
44	李瑞九（李鴻章後人）	5555	江一平（律師）
51	唐乃安（醫師、唐瑛之父）	7777	杜月笙
55	張石銘之子張十一	11?11	黃金榮、金廷蓀、朱如山等

盛氏全家福

盛杏蓀繼配莊太夫人慶壽圖，中坐者為莊太夫人，左二穿喇叭袖旗袍者為盛七小姐盛愛頤，在莊太夫人身後者為盛恩頤盛昇頤昆仲，前坐者均其孫輩。

這次中秋，眞是窘極了，昨天要不是你解圍，我便要大失面子了。」我祇是笑笑而已。但不到十天，他又來把錢還清了。

這一個時期，我看盛文頤的經濟情況，常是靠東拉西扯來度日，既沒有正當職業，當然沒有固定的收入，雖然是姓『盛』，但是與盛老四、盛老七，及一切盛氏門中的人相比，簡直是望塵莫及。

不過有時在談話中，他常常會說出許多跡近幻想的話，要辦這個，要辦那個，每一個計劃都是大而無當之談。他又說要開賭台，又說要販私鹽，一定要賺三五百萬，才能發揮他的天才，我覺得他祇是痴人說夢，說得出而做不到的空言而已。這一段事情，是民國十七年到十九年間的事情，可以說是我和盛文頤交往比較密切的一個時期。

多年不見 飛黃騰達

民國十九年底，我和他在湖南菜館梁園吃了飯之後，他拉着我要上『燕子窠』去抽鴉片，我說：『到處可以陪你，唯有燕子窠我是不去的』，於是他就一個人去了，從此就和他沒有見過面了。

抗戰開始之後，我担任了仁濟善堂的董事，仁濟善堂是上海最大的一個慈善權構，產業之大，和此間的東華三院差不多，收到的房租，都撥作慈善用途，開戰之後，房租大部份收不到，善堂的開支，大為拮据，忽然有人說：『這個善堂，要辦不下去了，現在出現了一個「宏濟善堂」，聽說這個仁濟善堂，徒有其名，實際上是日本人做後台，包銷七省鴉片，財富多得了不得！』幾位董事聽了皺起眉來，認為善堂原是行善的，現在竟被人利用這名義來毒害同胞，大家憤恨非常。當時就有人說：主持這個善堂的是盛氏後裔，叫作盛幼盦。究竟盛幼盦是誰呢？大家都不知道。但是我心中知道這就是人稱盛老三的盛文頤了。

一天，我在診病時間，忽然接到一個電話，聲音很熟，他說：『仁兄，多年不見了，我是幼盦。』我聽不清楚就說：『你是誰』？他接着便說：『連我的聲音都聽不出嗎？我就是盛文頤。』因為常州話『文頤』兩字，咬音不準確，我還是聽不清。最後他說了是盛老三，我才恍然大悟，接着說：『啊，老朋友老朋友，有什麼事情見教？』他說：『我在六點鐘開車子來接你，有重要的事和你談，總之對你是有利的。』

到了六點鐘，祇見有一個人拿了盛文頤的名片來，說：『有車子在外面恭候。』我一看來人面孔很熟，就問他：『我好像在那裏見過你』，他說：『陳先生，你怎麼不認識我，我是盛先生的老朋友阿吳，綽號跟屁頭小吳。』我才明白他原是當年常跟在盛文頤後面的酒肉朋友之一，不免大家拉拉手，他就要我上車。一出慈安里門口，見到停着一輛又長又大的房車，牌子是派克，扯着一面太陽旗，車中前面坐着一個穿制服的司機，旁邊坐着一個穿草綠色軍服的日本憲兵。我見到這個情形，就不肯登車，阿吳說：『老盛現在竄起了，對你很有好感，你儘管去，對你是祇有好處，是沒有壞處的。』我被他半拖半拉的登了車，車子一開，直趨北四川路橋，我一想，這事情就大了，因爲中國人過橋，一定要下車向崗位上的憲兵作九十度鞠躬，這是我最不願意的，豈知這輛車子行得很快，車中人不但不要下車，那站崗的憲兵，反而對車中人持鎗行軍禮，這麽一來，我更驚駭起來，阿吳說：『現在我們就是到宏濟善堂去，一會兒就到了。』

我問宏濟善堂究竟在那裏？阿吳說：『宏濟善堂是沒有招牌的，佔據了整個中國銀行虹口分行原址。』（按北四川路向來是廣東人居住的虹口區域，除了郵政總局之外，最高一幢房子，就是中國銀行虹口分行。）

這座大樓約七層高，因爲是深黃色的面磚，望上去很是富麗堂皇，本來下面二三層是銀行，上層是高等公寓，最高層是一個俱樂部，戰前我會到這俱樂部飲咖啡的。

一會兒，車子已開到這座大樓門前，門前站着兩個日本憲兵，頓時使我心中感到不安，誰知這兩個憲兵突然大喝一聲，舉槍致敬，這樣一來，更使我覺得戰戰兢兢，有深入虎穴之感。

我落車後，阿吳就和兩個日本軍人搶前領導我，進入一架電梯，見到又有好多彪形大漢在周圍保護着，電梯直上七樓，舉目一望，就是那俱樂部原址，祇是完全換了日本式的裝飾，地上舖的是『塌塌米』，來賓要脫鞋才可以入內，我正在脫鞋進入玄關（按即日本式大門），首先見到的是一個客廳，中央放着一隻矮几，几上置有一個紅漆木架，架上橫放着兩把極精緻的日本軍刀，看上去軍刀的柄是用珠鑽玉石鑲成的，比了普通軍刀爲短，實在可以說是兩把劍。

兩個軍人進入客廳，向着這兩把劍，肅立致敬，並且兩度鞠躬而退，我見了這種情況，心中在想，普通人家無非供的是神像佛像或祖宗牌位，才要鞠躬致敬，何以這兩個軍人見了這兩把劍，要作此狀態？後來從別人口中，才知道這劍是日本皇室所賜，所以有此隆重儀式。

那時這個俱樂部，已經改爲一間間的日本式的雅室，阿吳領我走進一間雅室坐下，不一會，盛文頤就傳令請見，他的辦公室是最大的一間，在最裏面的一角，室中一切陳設極爲雅緻，不過，有一點很不順眼的，就是在中央放一張紅木做的大烟榻，盛文頤正在抽烟，見了我就放下烟槍和我握手，說：『仁兄，好多年不見了』。說罷，便拉着我橫臥在他的對面，他抽完一筒烟，對我說：『仁兄，你難道還在做醫生摸小銅鈿嗎？這種職業，吃不飽餓不煞，一生一世不會出頭的，要不要來幫幫我的忙，發財的機會，人家搶都搶不到，我因爲和你是老朋友，特地照顧你，已經替你考慮好了。』

我說：『謝謝你的好意，我除了看病之外，做生意一竅不通，恐怕有負雅意。』盛文頤又說：『你不要說這種寒酸的話，老實告訴你，我現在包銷全國烟土，常在北京。到上海來不過躭擱幾天，上海區有三個分銷站，滬西區成績最好，南市區也不差，惟有閘北區沒有人負責，生意打不開。我想來想去，該交給一個老朋友去做監督，因此想到你，你祇要看看賬，應酬應酬，一切實際上的工作，都有人替你去辦。』

我聽了他這話，頓時覺得週身戰慄，我家雖不能誇稱書香門第，但總算是淸白人家，而且我立定宗旨，一生行醫。料不到他竟然要我做一個烟土販子，這是萬萬不能答應的。

我雖然這樣的想，但要用什麼適當的措詞來推托他，因爲怕說話不得體，得罪了他，也下不了台的。我差不多躊躇了十多分鐘，還是無言對。

盛文頤鑑貌辨色，已看得出我不願接受，說；『從前你講過，你有一個堂房姐姐嫁給鄭記的大兒子，現在此人還在世嗎？』我答：『已過世了』，他接着問：『那末他的後人呢？我說：『只得一個孫子，吃白粉倒斃在街頭。

盛文頤聽了我的話，面無笑容，祇是猛抽烟，我看他的面色，很不自然，似乎很不高興

我一想這句話，我講得大錯特錯，似乎暗販毒的人沒有好下場，只見他深深的呷了一口，兩眼對我一白，說：『你這種人眞是書獃子一些不識時務，一世也不會有出頭日子的。』着他又自言自語的說了六個字：『硬到底，苦死。』

我在這個尷尬局面之下一想，祇能轉移話來平平他的氣，我說：『好了，好了，我們是朋友，你現在飛黃騰達，我只託你三件事，你替我辦到，總算一場老朋友沒有白做。』盛文才展顏微笑說：『不要講三件事，三十件也能你辦到，你先說說看。』

我說：『第一件，日本有一部金瓶梅畫譜是七彩木板水印的，我希望你替我收買一部。他聽到了金瓶梅三字，已開口笑了；我又說：第二件，日本神田區有許多舊書舖，請你派人我買幾幅手繪的春畫。』他聽得不耐煩，問第件是什麼？我說：『第三件是日本大阪有二三種春藥出售，你能不能替我買一些。』這三件情一講，我倆間的氣氛，非但轉變得輕鬆，盛頤竟然哈哈大笑說：『你這人眞是胸無大志，了，好了，算了，算了，我總歸想法子替你去就是了。』當時有幾個人聽着我們的談話，也着笑起來，我就在這個情況之下，向他告別了

（按：繪圖本金瓶梅，中國初版失傳已久，劉半農在日本購到一部清代的複刻本，帶回北，影印二百部，當時每部派認銀元五十元，一

稱爲盛事。但日本大地震之前，另外有一部『金瓶梅畫譜』，是百多年前一位日本畫家繪的，更暴露更精細，用七彩木板水印，名貴之至，後來這一套木板，在大地震時全部焚燬。所以這部畫譜，我祗聞其名，明知是買不到的，我祗是爲了打開當時談話的僵局，特地提出這個要求，因爲他本來喜歡搜購這種東西，我投其所好，才能脫身。）

販毒內幕　驚心動魄

阿吳等陪同我坐原車回到公共租界，這輛汽車很大，前面仍然是坐着一名司機和一個憲兵，我和阿吳及另外一個姓鄭的三個人坐在後面，前座與後座之中，還能翻出兩個椅子來，坐着兩個不知姓名的潮州人。

在車中阿吳說：『陳先生你怎麽還是老脾氣，我們老闆現在成爲一等紅人，普通人想見都見不到，你一進去，他就請你橫臥在烟榻上，這是極少見的欵客姿態，他想「挑你發財」，而你竟然拒財神於千里之外，而且你講話不知輕重，隨隨便便的說出鄭洽記小開死在馬路上，這話是我們老闆最犯忌的，我當時看他面色，眞是替你担心，說不定他會拿出上方寶劍來刺你一刀。』

我說：『我向來知道他喜歡玩手槍，從前他在租界上領過執照，他有一枝鑲金的小手槍，怎麽現在玩起寶劍來呢？』阿吳說：『啱，廳堂上供着的兩把劍，是他帶了許多古玩字畫到東京去進貢，由於他與日本首相是從前在上海同文書院同學，首相知道他姓盛，是盛宮保的後裔，家私千萬，又曾經在清朝時幫着日本人做很大的生意，所以由首相陪着他去覲見皇室中最高人物，說出他在北京與熱河之間，對皇軍慷慨輸財，因此得到皇室勅賜寶劍一對，特許他在佔領區經營特殊商業，回來之後，他就由興亞院保荐，做這一行生意，早已發了大財，現在難得到上海幾天，部署上海區推銷事務，因而親自打電話給你，這是他念老友之情，財神菩薩送到你面前，你怎麽竟然推得一乾二淨呢？』阿吳一路上嘮嘮叨叨的說不完。

不知不覺，汽車却開到法大馬路一家潮州菜館門口，阿吳說：『今晚這兩位潮州客人要請你吃一餐豐盛的潮州菜』。我明知這兩個客人，或有所求，但是上海菜館雖多，潮州菜館却祗有一家，相傳菜餚做得十分好，因爲我不會講潮州話，所以從未去過。車子既已到達，我也祗好跟着進去，看他們有什麽話講。

坐定之後，阿吳先介紹一個姓鄭的，他說：『這是鄭洽記的小小開，叫作鄭芬煦。』我和他寒喧了一番，他說：『陳先生，你是上海人，何以你的令姐會嫁給潮州人？』我說：『你們鄭洽記共有四兄弟，老大就是我的堂姊夫，二房三房的人我不認識，四房的小開就是鄧正秋。那時節鄭洽記開在大東門外大碼頭，我家住在大東門，算是大族，所以結上了這一門親。』鄭芬煦說：『我是三房的兒子，說起來，我們非但是親戚，而且還要叫你一聲爺叔。』

接着他又講出關於全國運土的情況，說：『從前上海吃的烟土，是從四方八面運來的，大宗是由長江而來的「川土」，次之是從暹羅運來的「雲土」，再次之是由熱河運來的「紅土」。自開戰之後，長江水路已斷，雲土久已沒有貨到，靠的是熱河土，熱河土的牌子，印上一個硬印「一三八」三個字。但是上海的癮君子們吃熱河土，認爲最起碼，高等人家是不吃的。我和盛老闆的交往已有十多年，他雖吃烟，但早已靠買賣鴉片爲生，祗是你們不知道罷了。』

我說：『我和盛文頤，有一個時候天天混在一起，從沒有聽到過他提到買賣鴉片的事，而且看他當時的經濟情況，也沒有什麽本錢來做這行當的。』

鄭芬煦說：『陳先生，你畢竟是一個讀書人，不知道世務，當時盛文頤並沒有販運拆賣的資本，他祗是一個捐客性的人物，譬如劉翰怡一死，家藏雲土三五百両，遺屬對烟土的處理，毫無辦法，於是就由盛文頤代他們負責賣出，買進的人就是我。當時清代遺老極多，每一個遺老過世，都遺下烟土，全由盛老闆捐來，交給我替他們變了錢，後來周湘雲、張澹如、程霖生死後的存烟，都是由他想辦法賣出的。所以盛文頤對烟土的買賣很有一手，好幾年前他就到北京去摸熱河土的路子，他因爲是同文書院出身，日文說得很好，人頭又熟，所以在華北早已發了財，現在爽性組織了一個全國性的宏濟善堂，包銷熱河土，熱河雖然是東北的省份，但是熱河省以外所有出產烟土的烟田，都爲他一人經銷，從此以後，日軍打到那裏，他的熱河土就跟到那裏，老實說日本人這一次打仗，一方面是要侵呑中國，一方面也是鴉片烟的爭霸戰。』我聽了他這番話，倒是聞所未聞，他又說：『從前印度鴉片烟到中國，林則徐在廣州焚燒鴉片，結果英軍打進中國本土，簽訂南京條約，我們稱之爲「鴉片戰爭」，這一場戰爭，似乎已成歷史陳跡。可是後來民國成立，軍閥各據一方，大家打來打去，爭奪地盤，在北方也不知打了多少仗，江浙幾省在孫傳芳統治之下，也打了不少仗，爲的是什麽呢？表面上奪政權，實際上仍是爭取推銷鴉片的地盤，又雲南廣西廣東幾省各式各樣的戰亂，是爲了什麽呢？說穿了還是爲了鴉片。』

我想：一切的政權，當督軍，當總司令，當省主席，是一件事，政務的收入，最多佔到一半，而最大的收入，却是鴉片；所以百年前對外的鴉片戰爭雖已結束，而百年來對內的鴉片爭奪戰，始終還存在着。

鴉片的生產，全國有好幾省都遍植罌粟花，但是產量最豐裕的却在熱河省，名爲『熱河土』，俗名稱叫作『北口土』。抗戰一起，各省交通斷絕，川土不能由長江運到上海，雲土更是無法運銷江南各地。惟有熱河，是日本人首先佔領到的地區，所以熱河土，是日本佔領區的一個大資源，不但可以供給華北各省，連華中各地都可以得到源源不絕的供應。

我們在上海，當時買米要排隊輪購，或是要跋踄長途到周家橋去購買，可是要買鴉片，却比買米方便得多，因爲暗地裏有一個大市場，不過要想吃所謂上品的雲土，就吃不到了。

名爲善堂 毒害人民

大家在潮州菜館中，談得很高興，而且對方幾個人都很爽直，講出來的話都頭頭是道，什麽都不隱瞞，因此我就問他們：宏濟善堂的組織到底是怎樣的？

他們一個個侃侃而談，說：『宏濟善堂祇是對外的一個名目，並不掛招牌，各地辦公處，也沒有招牌。華北分十二個單位，華中分江蘇、浙江、安徽、上海等五區，他們的工作，是把熱河烟土運銷到各地，每一個裝烟土的箱子上，交义式的貼上兩張封條，封條是由日本印就運來，用特製的美濃紙印成的，上面的字樣是寫着「宏濟善堂封」。這種烟土的箱子運來運去，不但由各地軍警保護，而且連日本軍隊，也誠惶誠恐的看守着，滿洲國的行政費用，大部份來自宏濟善堂，華北臨時政府的收入來源也以此爲大宗；從前維新政府一切經費，也由宏濟善堂撥付的。

汪政府對盛老闆極不原諒，盛老闆也小心得很，所以他到上海祇是住在虹口，要請客也祇是在虹口範圍內的「六三花園」。周佛海、丁默邨等常是他的座上客。但是他從不到愚園路赴宴，或到南京去拜訪汪主席，所以屢次有謠言，說七十六號要想辦法對付他，但是盛老闆有日本軍人撑腰，祇要日本軍人開一聲口，李士羣動也不敢動。』

盛文頤除了津貼軍政警三方面經費之外，個人拿到他的錢最多的是陳彬龢，許多事都由陳彬龢去幹的，後來陳彬龢，仗着日本海軍部的勢力接收了『申報』，聲勢更大，但在申報拿到的錢並不多，一切應酬開支，都是盛文頤接濟的。』接着我又問：『上海方面的推銷烟土情形如何？』他們說：『滬西方面由三個人負責，一個是潘達，還有兩個是某某人，都是直接向盛老闆取貨的。南市方面由一個潮州人負責，閘北方面向來由常玉淸的徒弟負責，但是現在常玉淸已經失勢了，所以他要換一個人，目的就想挑挑你，你不要以爲閘北是一片瓦礫，其實還有一個遠大的計劃，要你去週旋一下。』我聽了就哈哈大笑說：『我是一個書生，有什麽力量去做這種事。』

他們說：『上海方面，惟有英法租界當局不接受盛老闆的指揮，因爲租界上吸烟的人，吸的都是好土，祇有比較窮苦的烟民才肯吃「北口貨」的熱河土，此刻的租界上還剩有各式上好烟土，大約吃三年都吃不完，盛老闆向來知道你和某先生交好，現在此公雖然遠走香港，但是他有一個重要的人員還留在上海，你是有資格和他說話的，所以盛老闆希望你出來做這件事。』談話至此，我才明白他們請我吃飯，是阿吳等想拉我入局，我決意不上他們的當，於是我就隨便的和他們東拉西扯，嘻嘻哈哈的飲醉了酒而散。臨走時，一個潮州人姓翁的說了幾句很公道的話，他說：『做過這一行的人，即使坐過牢，出來還是做這行；沒有做過這行的人，即使給他發財，也不會沾手的。』我點頭稱是，接着他又說：『我家太太常年多病，以後要常來麻煩你。』我說：『應當效勞，這是我的本份。』

毒霧瀰漫 鬼哭神號

我現在再來講講一般烟民的情況：

本來在民國十五年之前，一般殷實的富商，或是文人雅士以及家中富有的二世祖，都有這個癖好，有錢的人吃上好的烟土，稱作『福壽膏』，意思是祇要吃好土，既享福而又長壽的。文人雅士吸鴉片，認爲可以助長文思，至於二世祖吸鴉片，可以免得出外尋花問柳，狂嫖濫賭，吃烟花費不多，而可以保守家產，況且民國十五年前的法律是不禁止的，許多出售鴉片的店舖，是堂而皇之掛了招牌營業的。到了民國十五年，禁烟的聲浪漸漸興起，新派的學生們，都不喜歡家中有吸鴉片的人，常常勸父母叔伯快快把它戒掉。

民國十七年，革命的聲浪驟起，禁烟的法令開始執行，租界上雖然鞭長莫及，但是國際間已經有各種禁烟的組織，指責英法兩租界當局毒害人民。記得國際聯盟會來過一個調查團，於是租界表面上也來一個禁烟令，捉到烟民，就要判罪的。

又有一個宗教團體叫作『拒毒會』，專門搜集販毒資料，宣佈於全世界，而且將這些資料供給警局，租界當局礙於面子，一個月之間，總有幾次案件發表。實際上富商巨紳，還是有私人烟室，一般人也仍然偷偷的吸，這時候，吸烟的人才覺得一件羞耻的事，對外都不肯承認自己是癮君子了。

八一三之戰起，跟着宏濟善堂就有大量烟土運到，一條愚園路除了「好萊塢」「秋園」等幾家大賭場之外，三步一樓，五步一閣，幾乎全是鴉片烟舘，門口雖然不掛招牌，但是癮君子自然會得按圖索驥，連袂而至。

至於南市，雖然經過一場大火，但是沿民國路的房屋都沒有燒掉，後面有一條馬路，叫作老天主堂街，房屋鱗次櫛比，都是從前古老的宅子，由九畝地起，一直到荷花池爲止，裏面開設的烟窟，總有數百家之多，家家都有紅綠燈掛出，名稱都很好聽，如『一線天』、『霧中趣』、『神仙宮』、『快樂園』，以及許許多多很有趣的名目。

這些巨宅，走進去一看，都是三開間或五開間的二三進大宅，裏面不知從那裏搜集到的紅木大坑床，一個宅子起碼有十幾隻烟榻，後來連大天井內都搭棚設坑，還有下等的祇有一條蓆，就有人席地而吸了。

有一類烟窟，是商店改建的，店面全部拆光，一進門就是烟榻，吸烟的人，比擠米還要厲害，榻位是要守候着時機搶的。這一條大街，我曾經去觀光過一次，我心想，不要說別的地方，祇是這一條街，從午到晚，出出入入已經有幾十萬人，足見當時上海毒霧瀰漫，已到了鬼哭神號的地步。

隔了半年，有一天晚上又和幾個朋友走過這條街，情形也不同了，除了這條街光管照耀如同白晝外，其他的橫街小巷加添了無數大小烟窟，最有趣的，那處有一個很大的天主教堂，據說有一天來了三千個安徽難民，難民們不問許可入住與否？推開教堂大門一湧而入，上上下下席地而臥，神父也奈何他們不得，起初神父們還設法加以照料，誰知道這班人並不是難民，而全是烟民，一俟佔領成功，攤開蓆舖，就地吸毒，弄到整個教堂全是鴉片、嗎啡、紅丸和白麵的氣息，神父祇得望天興嘆，束手無策。

上海人吸毒的情況，既達到這般地步，各條里弄間，雖然不能公開看到，但是偸偸的吸毒，已不算是犯禁了。

究竟上海烟民的數字有多少，我也無從統計，不過，覺得毒霧瀰漫，更是變本加厲，已到了不可收拾的地步。

吸毒的人，飯可以不吃，毒却不可不吸，即使把家中的東西當光賣淨，也在所不顧。而且有許多人連身上穿着的衣衫亦當掉，僅披着一條破蓆或舊地毡來度日，這樣，跟着的慘事就發生了，冬令的上海天氣很寒冷，北風一起，這種人就凍僵了，祇要凍上幾個小時的，就會死去，所以到了冬令，每天早晨，每兩三條馬路上總可以見到幾個凍死的癮君子，各條馬路總結起來，數目很驚人，弄到兩租界當局也無法處理，祇好撥出欵項交由普善山莊辦理，南市華界交由同仁輔元堂辦理收屍工作，這兩家善堂都有幾輛巨大的黑廂大卡車，每天早上就分區巡視，見到這種屍首，骨瘦如柴，一束束塞進車廂，一輛車子可以塞到七八十具屍體，車到郊外埋在掘好的大坑中，這個地方，俗稱『化人灘』，就是說把人化爲烏有；報紙上的名字稱爲『萬人塚』，實際何止一萬人！慘烈的事情還有呢，這些癮君子的屍體骨髓中含着毒量很大，竟有若干癮君子候着這種屍骨，一段一段的拗下來，拿回去煎湯進服，這眞所謂敲骨吮髓，慘無人道到極點了。

蛇鼠一窩　你爭我奪

我和他們分手之後，盛文頤每星期都有一兩次召宴，地點都在虹口，我總是推托不去，經過幾次之後，他再也不派請帖來了。不過，那位潮州人翁某却常常帶着他的太太來看病，他說：『你不肯入局，我們有幾個小兄弟都感到失望，明知你做醫生還過得去，但是醫生的收入能有幾何？俗語說是馬無野草不肥，人無橫財不發，你何苦要拒人於千里之外呢？』我說：『這件事情，將來吃手槍有份，後果不堪設想。老實說君子愛財，取之有道，這種橫財，對我是不相宜的。』

翁某也很爽直的說：『現在盛老闆的處境更加危險，他對七十六號雖有大量津貼，但是李士羣、丁默邨等人，還是蓄意要把販毒的專利權爭奪到手中，所以盛老闆非不得已難得到上海來，即使來也當心得很，連到南京去，也有大批憲兵陪他去。』

翁某又透露一個消息：說盛文頤第一次從北京回到上海的時候，周佛海表面上要請他當南京去做官，實際上也隱伏着殺機。

在這一段時期內，天天聽到打死人，盛文頤本來就是一個多病而瘦削的人，自從辦了這件事，氣惱更多，體重減到九十八磅，所以在上海稍稍部署一下，就急速要離開，因爲當時上海的環境，沒有像北京來得安全。

隔了一段時期，盛文頤又到上海，我碰到翁某，他對我說：『盛老闆還提起過你，聽說你在辦仁濟育嬰堂，他想捐十萬元給你。』（按初時幣制還沒有動搖，十萬元的數字是很大的）。我對翁某說：『仁濟育嬰堂接收的棄嬰日多，開支浩繁，但是現在由國際救濟會捐助了大批奶粉，情形就好轉了，如果接受了盛先生的捐欵，一定引起仁濟善堂的董事會的反對，我反而要受到各方面的指責，但他的好意我很感激。』

不久，果然有人送來一張十萬元的支票，票面不具名，祇要我們寫『無名氏』就算了，別人就可遮瞞，我心知肚明這是盛文頤的錢，總覺得忐忑不安。

太平洋戰事發生，日軍進入租界，盛文頤的居處，由虹口遷入法租界金神父路三井洋行買辦的舊宅，這是一個有名的私人花園，內有櫻花很多株，盛文頤遷入之時，正是櫻花盛放，文頤給我一張酒會的請柬，我再三攷慮，還是不去。後來知道，這一天到的來賓有一兩千人，但是盛文頤始終未露面，托詞有病，從這件事情看來，盛文頤還是怕有人乘機會暗殺他。

過了不久，翁某又來看病，告訴我一個消息，開口就說：『大事不好了』，我問他：『什麽事？』他說：『盛文頤的後台是興亞院，鴉片和其他毒品，都是由「蒙疆政府」供應的，最近日本皇室秩父宮派了一個貴族院的議員團來考察佔領區情況，他們回國之後報告：說出興亞院委托盛文頤包銷烟土，這是日本政府的耻辱。這種販毒的事情，應該要讓中國各地地方政府自行辦理，如北京臨時政府、南京的汪政府等，那末，這種耻辱不會連累到日本人的面子，此項建議果然爲日本首相所採納，所以現在日本方面，來了一個命令，宏濟善堂要從速結束，這件事情來勢洶洶，連興亞院都沒有辦法，看來盛老闆祇好放手不幹了。』

翁某又偸偸的說：『這件事最大的因由，還

是有人在搗鬼，但是他們還要利用盛老闆原有的推銷組織，聽說要請他到南京去，當鹽務總署署長，那就有一個落場勢了。』

我聽了，也不加可否，心想『人無千日好，花無百日紅』，這是意料中的事。

在這個時節，我的診所裏附設一個小型葯舖，由葯商岑君承辦，我看他的三個配葯的職員，面色都不好，一望而知已染有毒癖，我偷偷的告訴岑君，說：『這三個職員情況不對，你要加以注意。』他說：『我早已知道了，他們吃不起鴉片，以紅丸替代，其中一個人打嗎啡針度日。但是現在一般葯材舖的職員，幾乎十九染上這種嗜好，換不換都是一樣的。』

我對有毒癖的人觀察力很强，後來我又看到我那位掛號先生的面色也不對，又有兩個學生，竟然也是墮入此道中，從此我的診所中，常有偷竊事情發生，起初祇偷一些零星擺設衣服雜物，後來竟然連風扇電爐也不見了。最使我傷心的，有兩部名貴的書籍，也被他們盜賣了。我在這種情況下，祇能把掛號先生辭去，兩個學生也不許他們上門，這樣一來，雖然平定了一時，但是後來竟厚着面皮來借錢，身上穿的衣服也越來越不像樣，這種年輕人，有了這種癖好，死期就不會遠，那位掛號先生，死在滿庭坊一個陋巷中，兩個學生也淪爲街頭乞丐。我的診所如此，當然全市情況，就更嚴重了。

害人害己　因果不爽

隔了若干時日，翁某又帶了一個人來看病，在我處方之後，彼此又開始聊天，他說：『現在華中承銷烟土的權利，已經移交掉了，照理盛老闆應該不再有心理上的威脅，可是近來却變成一個深度的神經衰弱模樣，鴉片常時吃到醉的程度，逢到有日本人來，他還要飲上幾杯酒，酒後常會流淚，自言自語的說：『鴉片的生意，眞不好做的，對外有殺身之禍，對內妻子兒女吃上了癮，個個成爲廢物，眞是自食其果。』

還有一個熱河傳來的消息，種鴉片的土地，游擊隊出沒其間，罌粟花一結了青苞，就被他們收割而去，這雖說是游擊隊做的事，但是蒙疆政府也乘機偷割，幾百畝烟田，都得不到收獲，這使盛老闆在華北產權方面，大受影响。

還有一點，津浦鐵路，在某一個交界地段，游擊隊把鐵軌拆除，長達兩三里，因此，津浦鐵路就此中斷，搭客到北京，要步行一大段路，當時對乘客倒沒有什麽搶劫的事發生，但是見到運烟土，却有一批搶一批，因此華北鴉片來源也跟着中斷，現在祇靠一些跑單幫的人，偷偷的夾帶一些嗎啡白粉南下。

他又告訴我說：白粉一共分爲三等，甲等是666，乙等是670，丙等是707。其中以707爲最毒，不抽鴉片的人，祇要吸上五分，就能死亡；有毒癖的人吸了。不但不會即時死亡，但生命也會縮到極短，從此死亡的人數，要比從前多得多了，職是之故，南京政府雖接收了販毒權利，但因來源缺乏，利益就要比盛老闆時代差得遠了。

最有趣的是林柏生，因爲佔不到鴉片烟的光，所以他在一九四三年十一月，領導的一羣青年團，在上海等地發動所謂「除三害」運動，那三害呢？就是烟、賭、舞。有一天發起掃毒運動，二三千人開進九畝地烟窟區，搜出了一批烟槍、烟燈、烟土、烟榻等，堆起來當街焚燬，在表面上看來，他簡直成爲林則徐第二了，實際上還是爭權奪利的內鬨而已。

我和翁某經過這次談話之後，我已覺得因果之說，並不是迷信，倒是科學性的因果率。之後，翁某就沒有再見到過，關於盛文頤的消息也就中斷了。（二）

狗仔嘜皮鞋

BOBY®

Casual Shoes

(註册商標)

猄皮男鞋
軟皮男鞋
童庄皮鞋
軟皮涼鞋
對對保証
好着耐用

大人公司　平價市場　人人百貨　大方公司　來路鞋公司有售

粵菜滬菜

珍寶大酒樓附設滬菜部，稱大人飯店，供應標準滬菜。全層席開二十桌，設有禮堂，可供喜慶宴會之用。並有貴賓室多間，裝修富麗喬皇。宴客或雀局，必須定座。

珍寶大酒樓

九龍奶路臣街十一號・電話K九六〇二二一（十線）

大人總目錄

第一期（一九七〇年五月十五日）：
記章太炎老師　陳存仁　2
十年來的香港製造工業　本社資料室　8
怎樣使股市納入正軌？（市場漫話）　陳大計　10
申報與史量才（望平街懷舊）　胡憨珠　13
海報的開場與收場　朱子家　17
張澹如及其四大將　匀廬　24
圍棋界的南張北段　伏眼　25
黃飛鴻、關德興、李小龍　吉人　26
袁崇煥督遼鑑別圖（廣東文物掌故）　林熙　22
張大千的兩位老師：李梅盦與曾農髯　曾克耑　29
賞心樂事話當年　省齋　31
北平的飯館子　齊如山　33
屯鈔記　齊璜　34
強詞奪理（相聲）　侯寶林　郭全寶　35
全有毛病（小相聲）　前人　36
時代曲與電影歌　鳳三　38
「影戲大王」張善琨（銀海滄桑錄）　蝶衣　40
我為什麼叫蓋叫天　蓋叫天　44
回憶蓋叫天（葦窗談藝錄）　葦窗　45
封面：葉淺予「大畫案」
封面內頁：董源谿山行旅圖
封底內頁：張善子大千兄地何做「章太炎石刻」

第二期（一九七〇年六月十五日）：
「我的朋友」胡適之　陳存仁　2
母親的訂婚　胡適　9
我的回憶　新馬師曾　14
翁同龢一家人　林熙　18
委員長代表蔣伯誠　朱子家　23
杜麗雲小記　莊亦諧　26
申報與史量才（望平街懷舊）（續）　胡憨珠　27
舊王孫溥心畬　宋訓倫　31
溥心畬二三事　省齋　34

徐悲鴻、齊白石、泥人張　曉翁　36
馬場三十年　老吉　39
假定我開菜館　阿筱　42
中東——新恨舊愁何時了　夏維　44
李祖永造「塔」記（銀海滄桑錄）　蝶衣　47
內行人看麒麟童　袁世海　51
書到用時方嫌少　周信芳　52
麒老牌周信芳（葦窗談藝錄）　葦窗　53
封面：溥心畬尚有童心圖（鈕植滋先生藏）
封面內頁：翁同龢端陽虎戲（定齋藏）
封底：翁同龢五言聯（定齋藏）

第三期（一九七〇年七月十五日）：

杜月笙之所以為杜月笙　陳存仁　2
大千居士遊臺小記　張目寒　11
大人小事　11
抵抗一切敵人（特稿）　宋訓倫譯　14
我的回憶（二）　新馬師曾　20
吳清卿吳湖帆祖孫　葦窗　24
憶吳湖帆　省齋　27
梁鴻志死前兩恨事　朱子家　33
父母子女如何相處　楊達　37
申報與史量才（望平街懷舊）（續）　胡憨珠　39
風流人物蘇加諾　夏維　42
世界盃、巴西、比利及其他　賈波士　45
馬場三十年（二）　老吉　48
譚鑫培一席話　李北濤　52
金少山怪人怪事　江南燕　54
李祖永造「塔」記（銀海滄桑錄）（續）　蝶衣　58
封面：周鍊霞畫讀書樂
封面內頁：南宋辛棄疾到官帖
插頁：精印吳湖帆名畫四幅

第四期（一九七〇年八月十五日）：

吳稚暉妙人妙事　陳存仁　2
鍵子考　吳稚暉　9
憶吳稚老　蔣經國　10
梅蘭芳在香港　許源來　13
我的回憶（三）　新馬師曾　17
申報與史量才（望平街懷舊）（續）　胡憨珠　21
天下第一聯　震齋　26
訂正大千居士年譜　本社資料室　28
青城山上一大千　易君左　37
慈禧太后回鑾記趣　林熙　40
女鐵人紀政　夏維　42
啼笑因緣電影雙包案　龐貫青　45
三北虞洽卿　李孤帆　48
馬場三十年（三）　老吉　51
本港消費數量巨大　本社資料室　54
李士羣的相和李士羣之死　大風　56

周作人遺作風波　文承襄　60
歌廳——上海、臺灣、香港　大方　62
李祖永造「塔」記（銀海滄桑錄）（續完）　蝶衣　66
封面：張正宇畫蕭長華戲裝
封面內頁：張大千畫敦煌莫高窟供養人像（定齋藏）
插頁：精印張大千造像及其名畫三幅

第五期（一九七〇年九月十五日）：

于右老的詩本事及標準草書　張目寒　2
于右任一生不愛錢　陳存仁　4
中秋敦煌即事　于右任　11
記旅港人士公祭于右老　易君左　12
我的回憶（四）　新馬師曾　15
歷盡滄桑一美人　陳定山　18
回憶辜鴻銘先生　羅家倫　24
大人小事　文雷　24
辜鴻銘遊戲人間　震齋　26
沈石田其人其畫　周士心　28
沈石田文徵明雙松圖卷　道載文　30
沈石田故事　范煙橋　37
申報與史量才（望平街回憶）（續）　胡憨珠　39
「入地獄」的陳彬龢　朱子家　44
出家做和尚（佛國獵奇）　素攀　46
美國「撲殺警察」事件　夏維譯　49
癌症的警號　陳淦旋　51
勝利初期在南京　大風　53
馬場三十年（四）　老吉　57
「四屆影后」林黛（銀海滄桑錄）　蝶衣　61
譚小培與譚富英（葦窗談藝錄）　葦窗　65
封面：關良畫武家坡
封面內頁：于右任師稿印拓
插頁：沈石田文徵明雙松圖卷、沈石田文徵明山水

第六期（一九七〇年十月十五日）：

香港二十四任總督（香港之古）　范正儒　2
褚民誼糊塗一世　陳存仁　7
虎牢探監記　易君左　14
大人小語　上官大夫　17
左舜生師周年祭　陳鳳翔　18
回憶我父　周士心　22
申報與史量才（望平街回憶）（續）　胡憨珠　27
齊白石與釋瑞光　省齋　32
白石老人軼事　張次溪　37
我的父親齊白石　齊良憐　38
納薩之死震動世界　夏維　40
陳公博周佛海南京交惡　大風　43
我的回憶（五）　新馬師曾　46
大世界新世界小世界　大方　50
馬場三十年（五）　老吉　54
麻將縱橫談　司馬我　58

麻將牌的故事　問津　60
「銀壇霸王」王元龍（銀海滄桑錄）　蝶衣　63
劉喜奎與捧角家（葦窗談藝錄）　葦窗　67
封面：齊白石畫蟹
封面內頁：齊白石晚年作畫圖
插頁：齊白石名畫三幅（定齋藏）
又一幅（上海市博物館藏）

第七期（一九七〇年十一月十五日）：

袁子才福慧雙修　大方　2
隨園老人逸話　道載文　5
羅兩峰畫寒山像　省齋　8
大人小語　上官大夫　10
加拿大與杜魯道　夏維　11
戴高樂的「高論」　伍之師　13
星馬制訂證券法例（星馬通訊）　信然　15
「閒話揚州」閒話　易君左　16
宋王臺今昔（香港之古）　范正儒　19
申報與史量才（望平街回憶）（續）　胡憨珠　23
溥心畬在香港　賈訥夫　29
溥心畬珍聞軼事　張目寒　31
憶舊王孫　王壯為　37
抗戰爆發在上海（淪陷八年回憶錄）　陳存仁　41
我的回憶（續完）　新馬師曾　50
周鎬的下場　大風　53
神秘女作家十三妹　蕭郎　58
未來香港狂想曲　文：司馬嵐・圖：嚴以敬　60
馬場三十年（六）　老吉　62
陳厚的一生（銀海滄桑錄）　蝶衣　65
封面：羅兩峰畫寒山像
封面內頁：袁子才像　張南山畫
彩色插頁：溥心畬畫四幅（良駿、女佛菩薩、鍾馗、雙駿）

第八期（一九七〇年十二月十五日）：

香港之戰回憶錄　范基平　2
寒山詩社學詩鐘　易君左　12
詩人大會與敲鐘之會　大方　13
大人小語　上官大夫　17
王秋湄其人及其書法　賈訥夫　18
申報與史量才（望平街回憶）（續）　胡憨珠　21
哈同花園形形色色　龐貫青　27
神秘人物候活曉士　夏維　34
從皇帝的相貌談起　道載文　35
沈萬三與聚寶盆　范正儒　41
撒火彩　馬連良　45
馬連良在香港（葦窗談藝錄）　葦窗　48
陳公博逃亡日本真相　大風　52
工展展望　萬念健　56
黃黑蠻畫人物（封面說明）　省齋　56
馬場三十年（七）　老吉　59

上海人過聖誕　鳳三　62
烽火三月話上海（專載）　陳存仁　62
滿江紅（詞）　陳定山　71
陳厚的一生（銀海滄桑錄）（續）　蝶衣　73
封面：黃黑蠻人物
封面內頁：溥心畬學歷自述原稿（張目寒藏）
彩色插頁：唐太宗、宋太祖、元太祖、明太祖圖象

第九期（一九七一年一月十五日）：

十里洋場成孤島（淪陷八年回憶錄）　陳存仁　2
張治中怒殺周神仙　易君左　10
大人小語　上官大夫　14
沈寐叟章草書訣　賈訥夫　16
吳公儀生前死後　呂大呂　18
申報與史量才（望平街回憶）（續）　胡憨珠　23
迎新歲談春聯　龍城逋客　29
十二生肖代表什麼？　朱迎新　31
版畫與年畫　林風言　34
送灶與迷信（相聲）　侯寶林　45
歲晚年尾吉利菜單　司馬小　49
當（古今中外當舖縱橫談）　萬念健　50
上等之人金少山　常富齋　55
四分之一世紀的聯合國　辛國維　57
李鄭屋村古墓（香港之古）　范正儒　59
「政治和尚」太虛法師　大風　63
馬場三十年（八）　老吉　67
閒話評彈　大方　71
評彈掌故　海客　72
歲暮憶會書（葦窗談藝錄）　葦窗　73
陳厚的一生（銀海滄桑錄）（續）　蝶衣　77
封面：增福財神
封面內頁：迎春對聯
彩色插頁：「一團和氣」「五穀豐春」等年畫八幅

第十期（一九七一年二月十五日）：

老覺梅花是故人（扉頁說明）　葦窗　4
我與郁達夫　易君左　6
傅筱庵熱中作市長（淪陷八年回憶錄）　陳存仁　12
大人小語　上官大夫　21
倚病榻，悼亡友　朱子家　22
申報與史量才（望平街憶舊）（續）　胡憨珠　27
餛飩麵之王　呂大呂　35
任伯年畫吳昌碩像　仰之　38
吳昌碩畫梅　省齋　43
吳昌碩、梅蘭芳、荀慧生　墨緣　45
紡織業前輩黃道婆　錢鐘士　47
香港棉紡業最新統計　本社資料室　48
百萬太空人薛霸　金和岡　50
古代的電影　狄薏　52
太虛法師歸太虛　大風　54

黃大仙香火鼎盛（香港之古） 范正儒 59
扶乩之談 大方 62
新年頭好意頭迎春食譜 羊城客 66
馬場三十年（九） 老吉 67
武生王李春來 江南燕 71
陳厚的一生（銀海滄桑錄）（續完） 蝶衣 75
大人一笑 下官 78
封面：梅蘭芳畫梅
扉頁：汪士慎梅花冊十二幅
彩色插頁：吳昌碩名畫三幅（定齋藏）

第十一期（一九七一年三月十五日）：

梁鴻志獄中遺書與遺詩 朱子家 2
大人小語 上官大夫 11
羅復堪生平及其書法 賈訥夫 12
董顯光・劉峙・翁文灝 蓋冠庭 14
申報與史量才（望平街回憶）（續） 胡憨珠 17
我所知道的張競生 范基平 23
葉德輝刊行素女經 屈補之 28
郁達夫王映霞協議書王映霞的一封親筆信 春水 30
談鬼說怪 易君左 32
大人一笑 下官 35
元代的山水畫派 陳定山 36
徐幼文畫蓮花峰圖卷 道載文 45
廣州報界八大仙 呂大呂 46
桂河橋巡禮（佛國攬勝） 素攀 52
桂河橋電影資料 何龍 53
廁國春秋 萬念健文王澤圖
馬場三十年（十） 老吉 58
越吹越有（相聲） 倪匡 64
舞台生活四十年——第三集外篇 梅蘭芳述 許姬傳記 66
案目——上海京戲館的特殊產物 大方 73
老牌「影后」胡蝶（銀海滄桑錄） 蝶衣 76
封面：齊白石畫偷閒圖
封面內頁：梁鴻志遺詩遺書原稿
插頁：徐賁畫蓮花峰圖卷 吳興清圖卷 山居圖 秋林草亭圖

第十二期（一九七一年四月十五日）：

題大千畫展 張羣 2
大千居士近作題記 張目寒 3
張大千的湖海豪情 劉太希 6
懷張大千 于非闇 7
大人小語 上官大夫 9
陳東塾先生論書法 賈訥夫 10
維新政府的一台戲（專載） 陳存仁 15
二次競選總統失敗的杜威 蓋冠倫 24
張大千魚樂圖（封面說明） 李順華 25
申報與史量才（望平街回憶）（續） 胡憨珠 26
鑽石山頭小士多 易君左 32
揚州畫派與華新羅 道載文 36

新羅山人華嵒　奇石　41
英國的爵位勛銜和獎章　司馬我　43
怕死的夏勞哀　何龍　48
洪深與「不怕死」　浩然　49
魯迅筆下的密斯王　春水　55
廣州四大酒家　呂大呂　56
馬場三十年（十一）　老吉　61
調查戶口（滑稽獨幕劇）　江笑笑文・王澤圖
綠牡丹黃玉麟　大方　69
老牌「影后」胡蝶（銀海滄桑錄）（續）　蝶衣　72
封面：張大千畫魚樂圖
封面內頁：高山神木圖（張岳軍先生藏）
彩色插頁：新羅山人山水精品八幅（定齋藏）

第十三期（一九七一年五月十五日）：

懷念張大千兄　李璜　2
張大千先生畫展觀後書感　吳俊升　4
大千畫展後記　編者　4
大人小事　陳存仁　6
王貫之哀辭　錢穆　9
隱痛——追念生養我的父母　王道　10
大人小語　上官大夫　19
今日的星加坡　前人　21
宋子文小故事　談天說　28
四個國民政府　馬五先生　30
太太在屋頂上　易君左　32
杜瓊的詩與畫　道載文　36
「中國醫生」密勒　范基平　45
鄭孝胥其人其字　曾克耑　52
不可思議的夢與籤　劉太希　54
申報與史量才（望平街回憶）（續）　胡憨珠　55
唯有「乒乓」高（滑稽相聲）　賈波士文　嚴以競圖　62
廣州十大茶室　呂大呂　68
馬場三十年（十二）　老吉　70
常春恆與「狸貓換太子」　跑龍套　74
「老牌影后」胡蝶（銀海滄桑錄）（續）　蝶衣　77
封面：張大千畫觀河圖
封面內頁：張大千畫仙掌雲生圖
鉅幅插頁：明杜瓊畫萬松山圖（定齋藏）

第十四期（一九七一年六月十五日）：

西安事變與宋子文　馬五先生　3
左宗棠趣聞軼事　王覺初　6
「銀元時代」生活史（六十年物價追想）　陳存仁　10
南張北溥與黃庭經　賈訥夫　20
大人小語　上官大夫　22
馬來西亞走馬看花記　前人　24
記香港幾次文酒之會　易君左　34
金拱北仿古山水　道載文　40
金拱北與王夢白　梅蘭芳述・許姬傳記

「父親節」與我的父親　范基平　47
申報與史量才（望平街回憶）（續）　胡憨珠　49
陳儀其人其事（有不為齋談薈）　野鶴　56
閒話世界小姐　余不惑　58
長頭髮狂想曲（漫畫）　嚴以敬　60
馬場三十年（十三）　老吉　63
老千世界　大方　66
白頭飲課說塘西　呂大呂　69
「老牌影后」胡蝶（銀海滄桑錄）（續完）　蝶衣　74
關於「馬寡婦開店」（葦窗談藝錄）　葦窗　80
封面：齊白石畫何妨醉倒圖
封面內頁：史量才親筆手稿
彩色插頁：金拱北仿古山水八幅（定齋藏）

第十五期（一九七一年七月十五日）：

西安事變中宋子文所扮演的角色　彬彬　2
在大動亂的時代中來去　馬五先生　5
紅樓夢的新觀點和新材料　潘重規　16
齊白石談紅樓夢　張次溪　22
沈燕謀小傳（附胡適親筆手札）　張凝文　25
大人小語　上官大夫　27
泰京曼谷遊　前人　29
再記幾次香港詩酒之會　易君左　36
黃君壁題邊壽民圖卷　震齋　40
邊壽民畫雁　道載文　49
西南采風錄　呂大呂　50
申報與史量才（望平街回憶）（續）　胡憨珠　53
大人一笑　下官　59
馬場三十年（十四）　老吉　61
謹防小手　大方　65
君臣鬥（單口相聲）　劉寶瑞　68
「人言可畏」阮玲玉（銀海滄桑錄）　蝶衣　72
「銀元時代」生活史（專載）（二）　陳存仁　77
封面：關良畫坐宮
封面內頁：老舍題關良畫鳳姐圖
插頁：邊壽民畫花卉魚鳥圖卷（定齋藏）

第十六期（一九七一年八月十五日）：

少年遊　李璜　2
「神秘大使」基辛格　牛歇爾　8
大人小語　上官大夫　11
巴蜀心影　馬五先生　12
陳散原其人其詩其子　曾克耑　19
勝利之初在香港　范基平　23
五十年前的上海交易所　過來漢　26
乾坤雙洞奇父奇女　易君左　28
永念梅詩　言慧珠　36
在梅家住了十年　盧燕　38
梅蘭芳憶語（葦窗談藝錄）　葦窗　40
蒙道士奚岡　道載文　43

申報與史量才（望平街回憶）（續）　胡憨珠　53
「我的同事」張恨水　司馬小　60
啼笑因緣自序　張恨水　63
棋壇風雲錄　呂大呂　65
馬場三十年（十五）　老吉　71
記「江南第一枝筆」唐大郎　大方　76
「人言可畏」阮玲玉（銀海滄桑錄）（續完）　蝶衣　80
「銀元時代」生活史（專載）（三）　陳存仁　85
封面：梅蘭芳刺虎圖
封面內頁：梅蘭芳紀念照
插頁：奚岡仿宋人山水八幅（定齋藏）

第十七期（一九七一年九月十五日）：

悼秋詞　張大千　2
大人小語　上官大夫　4
勝利初期東北行——位「九一八」四十周年作　范基平　6
鍼灸經穴解剖層次圖導言　李璜　賈介藩　16
先父朱南山公百年紀念　朱鶴皋　22
容閎傳——中國第一個留學生之一生　黎晉偉　24
漫談美國——我的美國學生（美國通訊）　林慰君　28
艱難險阻的旅行記　馬五先生　29
香港大風災今昔（香港之古）　范正儒　35
日皇伉儷西歐之行　司馬我　38
申報與史量才（望平街回憶）（續）　胡憨珠　42
吳伯滔吳待秋父子　陳定山　47
三下南洋學鄭和（星馬通訊）　易君左　57
武林名人黃飛鴻　呂大呂　62
記「聯聖」方地山　大方　67
馬場三十年（十六）　老吉　71
富連成科班生活　艾世菊　75
百丑圖（葦窗談藝錄）　葦窗　80
我為「韓青天」站堂（相聲小說）　郝履仁　86
「長春樹」李麗華（銀海滄桑錄）　蝶衣　92
「銀元時代」生活史（專載）（四）　陳存仁　97
封面：溥心畬畫長耳驢
封面內頁：大千居士手書原稿
彩色插頁：吳伯滔山水畫八幅（定齋藏）

第十八期（一九七一年十月十五日）：

辛亥革命在成都　李璜　2
辛亥革命的遺文軼事　馬五先生　8
從桂林到重慶（湘桂大撤退親歷記）　范基平　13
小記赫魯曉夫　史如棋　24
訪問香港的安妮公主　萬念健　26
大人小語　上官大夫　28
南遊散記——我們姓易的　易君左　30
六十年前舊辛亥　林熙　33
戲劇界參加辛亥革命的幾件事　梅蘭芳述　許姬傳記　40
記余叔岩與丹山玉虎圖　張大千　51
關良畫戲　張仃　57

何子貞書法傳千古　張目寒　58
申報與史量才（望平街憶舊）（續）　胡憨珠　61
馬場三十年（十七）　老吉　67
朋友的三個兒子（漫談美國之二）　林慰君　70
打詩謎　大方
我所見到的堂會好戲　李北濤　76
廣東手托木偶戲　呂大呂　82
「韓青天」坐堂審案（相聲小說）　郝履仁文　嚴以競圖
「長春樹」李麗華（銀海滄桑錄）（續）　蝶衣　93
「銀元時代生活史」（專載）（五）　陳存仁　97
大人合訂本第一集第二集總目錄　105
封面：張善子畫泥虎
封面內頁：張善子畫怒吼罷中國
彩色插頁：張善子張大千合作丹山玉虎圖（定齋藏）
　何子貞論石濤畫關良畫戲（定齋藏）

第十九期（一九七一年十一月十五日）：

紀念先師余叔岩先生　孟令輝　2
宦海浮沈話當年　馬五先生　4
徐志摩與「新月」（徐志摩逝世四十週年）　梁實秋　15
戴笠其人其事　彬彬　22
張競生之死及其遺作（特訊）　王鴻升　27
洹上釣徒袁世凱（六十年前舊辛亥之二）　林熙　33
走馬看花遊日本　李北濤　41
遠客情懷與南天風韻　易君左　44
劉石庵書名滿天下　張隆延　52
劉石庵軼事　道載文　61
名律師江一平　大方　62
童言無忌（漫話故事）　莫以名文嚴以敬圖　大人小語　上官大夫　69
港幣軍票滄桑錄　范基平　70
申報與史量才（望平街憶舊）（續）　胡憨珠　72
留臺劇話　陳定山　77
美國人看京戲（美國通訊之三）　林慰君　81
香港節會景巡遊（香港之古）　范正儒　83
記神眼溫永琛　呂大呂　85
三十年目覩怪現象（這一回）　江之南　90
馬場三十年（十八）　老吉　92
浙東敵後心理戰（實事間諜小說）　圓慧　96
「長春樹」李麗華（銀海滄桑錄）（續）　蝶衣　101
「銀元時代生活史」（專載）　陳存仁　106
封面：齊白石畫耳食圖
封面內頁：劉石庵造像
彩色插頁：劉石庵書法橫披屏條對聯中堂　共八頁（定齋藏）

第二十期（一九七一年十二月十五日）：

雲南起義的史實解剖　黃天石　3
唐繼堯軼事　趙旅生　4
小記峨眉之遊　李璜　14
大人小語　上官大夫　22
溫莎公爵之戀　萬念健　23

惜陰堂革命策源記（六十年前舊辛亥之三） 林熙 32
防止心臟病的發生和急救方法（美國通訊） 林慰君 39
故人周佛海 馬五先生 41
張善琨屯溪被捕內幕（東戰場回憶錄） 圓慧 45
檳城山海莽蒼蒼 易君左 50
芥子園畫傳作者王安節 道載文 56
天下清官第一 下官 65
宦遊記概（新浮生六記之一） 大方 67
「唐山大兄」之父 藕翁 72
「唐山大兄」的台前幕後 馬行空 73
申報與史量才（望平街憶舊）（續） 胡憨珠 80
談鐵板數悼董慕節 韋千里 86
三十年目睹怪現象（其二）「人潮與屈蛇」 江之南 87
佛山秋色甲天下 呂大呂 91
馬場三十年（十九） 老吉 98
在美國演京戲（美國來鴻） 陶鵬飛 102
馬連良與楊寶森（葦窗談藝錄） 葦窗 104
「長春樹」李麗華（銀海滄桑錄）（續完） 蝶衣 106
「銀元時代」生活史（專載） 陳存仁 112
封面：關良畫烏龍院
封面內頁：唐繼堯親筆手蹟
彩色插頁：王槩畫于老夫子功德圖八幅（定齋藏）

第二十一期（一九七二年一月十五日）：

從核桃雞丁說起 陳香梅 2
過江赴宴（滑稽相聲） 曾天真文・嚴以敬圖 3
一九七二年中外預言綜合報導 萬念健 6
大人小語 上官大夫 9
「我的朋友」劉大怪 宋郁文 10
香港逃難到桂林 范基平 14
我所目擊的一幕政治悲劇 馬五先生 23
宦遊記概（新浮生六記之二）（夏） 大方 26
六十年前一篇舊帳（六十年前舊辛亥之四） 林熙 31
大畫家與小動物（美國通訊） 林慰君 39
「唐山大兄」影響所及（銀色圈漫談） 馬行空 42
南國敦煌霹靂洞 易君左 50
淮上高士邊壽民 道載文 56
翎毛畫法 青在堂 69
槍斃了三次的紹興專員（東戰場回憶錄） 圓慧 70
申報與史量才（望平街憶舊）（續） 胡憨珠 73
憶小糊塗（閒話測字） 韋千里 80
天橋八大怪 張次溪 82
回憶「晶報」 鄭逸梅 88
三十年目睹怪現象（其三）「江湖兒女」 江之南 93
一把扇子的故事（中國歷史文物趣談） 高貞白 96
談鼻煙 范正儒 98
聽戲雜記 尤飛公 100
「食在廣州」時代 呂大呂 103
馬場三十年（二十） 老吉 107
「悲劇人物」周璇（銀海滄桑錄） 蝶衣 111

「銀元時代」生活史（專載）（續） 陳存仁 116
封面：齊白石畫老當益壯
封面內頁：六十年前一張舊報紙
彩色插頁：邊壽民畫蘆雁十二幅（定齋藏）

第二十二期（一九七二年二月十五日）：

八大山人瓜鼠圖 王紀千 2
翁同龢張蔭桓之間 高伯雨 3
尼克遜訪問中共大陸秘辛 萬念健 10
大人小語 上官大夫 13
袁世凱段祺瑞曹汝霖 李北濤 14
百年好合大展鴻圖早生貴子 韋千里 21
非常時期非常事件 馬五先生 31
曾琦與左舜生（文壇懷舊） 易君左 39
新歲憶童年 宋郁文 48
環華盦訪張大千 周士心 52
潘畫王題大地春回圖 道載文 65
農曆新年憶廣州 呂大呂 67
中國人在美國過舊曆年（美國通訊） 林慰君 72
「通勝」與「百科全書」 司馬小 74
申報與史量才（望平街憶舊）（續） 胡憨珠 76
一身去國八千里 陳蝶衣 83
馬場三十年（廿一） 老吉 87
三十年目睹怪現象（其四）「洋媳婦」 江之南 90
大軍閥（相聲小說） 郝履仁文・嚴以敬圖 93
李翰祥歸「邵」內幕（銀色圈漫談） 馬行空 97
從跳加官說起 范正儒 104
留臺劇話 陳定山 106
新年談戲（葦窗談藝錄） 葦窗 108
「銀元時代」生活史（專載）（續） 陳存仁 111
封面：八大山人瓜鼠圖
封面內頁：大千居士畫睡貓圖
彩色巨幅插頁：潘恭壽畫王文治題大地春回途（定齋藏）

第二十三期（一九七二年三月十五日）：

新聞人物唐聞生（尼克遜訪問大陸花絮） 賈波士 2
周恩來的廚子 邵滄銘 4
余廚子（大人一笑） 黃遠生 5
美東秋色 李璜 7
段祺瑞及其同時人物 李北濤 12
大人小語 上官大夫 21
詞人盧冀野（文壇懷舊） 易君左 22
一身去國八千里（續完） 陳蝶衣 33
明末詩妓張二喬畫像及詩稿 高貞白 37
政海人物面面觀 馬五先生 41
張大千法古變今 薛慧山 51
大風堂詩冊 張大千 55
現代中國繪畫三大師近作 王方宇 61
九廣鐵路經緯 司馬我 64
青錢萬選 韋千里 66

申報與史量才（望平街憶舊）（續）　胡憨珠　69
浪遊記險（新浮生六記之二）　大方　74
連升三級（單口相聲）　劉寶瑞文・嚴以敬圖　78
馬場三十年（廿二）　老吉　81
浙東戰役中引出的故事（東戰場回憶錄）　圓慧　84
天橋藝人數不盡　張次溪　89
旅美名票劉瑛（美國通訊）　林慰君　100
「馬永貞」雙包案內幕（銀色圈漫談）　馬行空　103
「銀元時代」生活史（專載）（續）　陳存仁　110
封面：黃賓虹畫春江水暖
封面內頁：黃賓虹題大千畫像
彩色插頁：張大千畫潤浦遙山圖　百尺梧桐圖　山居圖（定齋藏）

第二十四期（一九七二年四月十五日）：

周恩來在馬歇爾所主持之國共和談最後一幕　李璜　2
「銀元時代」生活史（十一）　陳存仁　6
盧冀野二三事　吳俊升　18
田漢和郭沫若（遺作）　易君左　20
易君左先生哀思錄　羅香林等　25
哀舅氏　程京蓀　26
張謇中狀元　林熙　28
大人小語　上官大夫　35
卓別靈與金像獎　前人　36
康澤的得意與失意　馬五先生　40
舉家四遷記　陳蝶衣　42
溥心畬畫百松圖長卷（畫苑春秋）　薛慧山　48
陸廉夫巨幅山水屏　陳定山　56
題大千居士七十自畫像　張羣等　65
天橋之吃　張次溪　67
三請諸葛亮（對口相聲）　侯寶林　74
申報與史量才（望平街憶舊）（續）　胡憨珠　76
史量才的八字（來鴻去雁）　韋千里　80
通勝專家蔡伯勵　呂大呂　81
從杭徽路到仙霞嶺（東戰場回憶錄）　圓慧　85
馬永貞真實故事　跑龍套文・嚴以敬圖　90
馬場三十年（二十三）　老吉　100
「法國香妃」九月來港（銀色圈漫談）　馬行空　103
國劇教育在台灣　李浮生　110
記稚青女士（葦窗談藝錄）　葦窗　114
談嗓音　稚青女士　116
大人合訂本第三集總目錄　119
封面：吳作人畫熊貓
封面內頁：國共和談一頁歷史性圖片
特大插頁：陸廉夫仿董北苑范華源山水屏幅

第二十五期（一九七二年五月十五日）：

清末五狀元　林熙　2
五屆國大花絮（臺灣通訊）　郭大猷　12
大人小語　上官大夫　15
「銀元時代」生活史（十二）　陳存仁　17

吳鼎昌由商而政　李北濤　30
大風堂近詩　張大千　40
美國特務機構與調查統計局　萬念健　42
楊永泰與政學系（政海人物面面觀之二）　馬五先生　44
易君左先生悼辭　李璜　54
陸廉夫仿古山水述評　薛慧山　56
古玉虹樓日記　費子彬　65
中國書法展覽（紐約藝壇通訊）　王方宇　66
黑奴籲天錄作者　謝冰瀅　68
抗戰花木蘭唐桂林（東戰場回憶錄）　圓慧　69
面部十二宮（來鴻去雁）　韋千里　74
申報與史量才（望平街憶舊）（續）　胡憨珠　75
浪遊記險（新浮生六記之二）　大方　80
馬場三十年（二十四）　老吉　84
五姐・六姐・八姐（香港三位傑出女廚師）　呂大呂　87
我的編劇史（上）　陳蝶衣　93
打牌笑史（對口相聲）　郭榮啟　98
我殺死張宗昌之經過　鄭繼成　101
他就是張宗昌　外史氏　104
「大軍閥」如何產生？（銀色圈漫談）　馬行空　106
留臺劇話　陳定山　112
百戲雜陳話天橋　張次溪　115
封面：吳昌碩畫壽長久圖
封面內頁：光緒三十年皇榜
特大插頁：陸廉夫仿趙鷗波黃鶴山樵設色山水屏幅

第二十六期（一九七二年六月十五日）：

萬古不朽之情　萬念健　2
「銀元時代」生活史（十三）　陳存仁　4
客窗隨筆　吳子深　16
談連中三元　林熙　18
大人小語　上官大夫　28
政海人物面面觀（黃郛、唐生智、白崇禧）　馬五先生　29
申報與史量才（望平街憶舊）（續）　胡憨珠　40
安那罕兩日記（美國通訊）　林慰君　43
蘇曼殊畫如其人（畫苑春秋）　薛慧山　47
畫裡鍾馗　道載文　56
鍾馗在舞台上（葦窗談藝錄）　葦窗　61
林庚白知命死於命　滄海客　65
青年人不可頹廢（來鴻去雁）　韋千里　68
五十年前的通俗話劇　跑龍套　70
財神爺晉京（舊聞趣事）　外史氏　81
關公大戰秦瓊（對口相聲）　侯寶林　84
臥遊記著（新浮生六記之三）　大方　86
半開玫瑰花落時　呂大呂　91
我的編劇史（中）　陳蝶衣　96
馬場三十年（二十五）　老吉　102
「獨臂刀」官司到倫敦（銀色圈漫談）　馬行空　105
京劇場面及其派別　張恭　112
封面：吳子深畫蘭
封面內頁：葉淺予畫鍾馗嫁妹

彩色插頁：關良畫鍾馗出巡圖

第二十七期（一九七二年七月十五日）：

新的美國革命已經開始　李璜　2
胡筆江徐新六飛渝殉難經過　李北濤　6
大人小語　上官大夫　12
年羹堯者大特務也　林熙　14
世界各國間諜秘聞　萬念健　24
我訪問了川島芳子　謝冰瑩　30
男扮女裝的兩個警察（美國通訊）　林慰君　32
政海人物面面觀（左舜生、楊杰、蕭振瀛）　馬五先生　33
申報與史量才（望平街回憶）（續）　胡憨珠　42
藝術大師吳昌碩（畫苑春秋）　薛慧山　49
齊白石作畫的特點　李可染　65
齊白石的刻印與繪畫　李默存　65
題吳子深畫譜　陳定山　66
吳子深的命造（來鴻去雁）　韋千里　67
我的丈夫高逸鴻（太太的文章）　龔書綿　70
魯班的故事　金受申　72
成家與毀家（東戰場回憶錄）　圓慧　77
奇人劉髯公　呂大呂　82
馬場三十年（二十六）　老吉　87
我的編劇史（下）　陳蝶衣　90
白景瑞一時成奇貨（銀色圈漫談）　馬行空　97
戲外之戲　翁偶虹　103
上海京戲院滄桑（上）　文翼公　104
「銀元時代」生活史　陳存仁　110
封面：黃君壁畫松鶴圖
封面內頁：大千居士刻印
巨幅彩色插頁：吳昌碩、齊白石、張大千三大家畫荷（定齋藏）

第二十八期（一九七二年八月十五日）：

八月紀事　上官大夫　2
大人小語　前人　9
啞行者與香港游記（封面說明）　賈訥夫　10
歐陸旅遊憶語　馬五先生　13
一九七二年世運會前奏　萬年健　21
世運花絮　余不惑　25
川菜三名廚（美國通訊）　林慰君　26
梁鼎芬與文廷式　林熙　29
臥遊記窘（新浮生六記之三）（下）　大方　35
三百年來兩藝人（遺作）　曹聚仁　40
申報與史量才（望平街憶舊）（續）　胡憨珠　42
怎樣鑑別書畫　張蕙玉　50
談對聯　王壯為　56
曾國藩與對聯文學　張目寒　65
紗廠大王的故事　滄海客　66
胡筆江命犯衝擊（來鴻去雁）　韋千里　68
成家與毀家（東戰場回憶錄）（下）　圓慧　71
馬場三十年（二十七）　老吉　75

麻將家庭（對口相聲） 賽寶林 78
梅蘭芳生前死後（葦窗談藝錄） 葦窗 79
上海京戲院滄桑（下） 文翼公 85
花窠素描 陳蝶衣 91
「洋」門女將蓮黛 呂大呂 97
王羽一年拍戲廿部（銀色圈漫談） 馬行空 101
「銀元時代」生活史（專載）（十五） 陳存仁 107
大人合訂本第四集總目錄 119
封面：蔣彝畫賈訥夫題側目而視
封面內頁：大千居士來函
彩色插頁：清王文治何紹基曾國藩趙之謙對聯（定齋藏）

第二十九期（一九七二年九月十五日）：

吳可讀先生罔極編拜觀記 賈訥夫 2
大人小語 上官大夫 5
貂裘換酒（詞） 陳定山 6
大風堂近作詩 張大千 6
大千居士治療目疾經過 陶鵬飛 7
太炎先生是吾師（遺作） 曹聚仁 9
我與曹聚仁（東戰場回憶錄） 圓慧 12
四百年來的澳門 司馬小 19
怪力亂神的經驗之談 馬五先生 25
張競生的晚年及其遺作 唐寧 32
多子大王王曉籟 裘澤人 38
瑞麟與潮州魚翅 林熙 40
譚畏公的書法與書學 王壯為 44
與君細說齊白石（畫苑春秋） 薛慧山 49
譚延闓先生教我寫字 雷嘯岑 75
雪夜燈光格（來鴻去雁） 韋千里 77
名人婚變說蔣徐 弼士 79
申報與史量才（望平街回憶）（續） 胡憨珠 83
薄遊記趣（新浮生六記之四） 大方 89
穗港澳門狗史 呂大呂 94
馬場三十年（二十八） 老吉 99
六十年前看戲之憶 馬壽華 102
向癌症挑戰 蔣桂琴 104
「大軍閥」的幕後新聞（銀色圈漫談） 馬行空 112
書壇見聞錄 張鴻聲 115
「銀元時代」生活史（專載）（十六） 陳存仁 121
封面：齊白石畫雞雛
封面內頁：譚嗣同名片譚延闓題識
插頁：精印譚組庵先生臨晉唐人書法冊頁

第三十期（一九七二年十月十五日）：

美國大選台前幕後 萬念健 2
蟹肥菊綻憶王孫 賈訥夫 14
政海人物面面觀 胡漢民、陳調元、賀耀祖、易培基 馬五先生 17
蔣桂琴死了！ 白玉薇 26
曾國藩的幼女崇德老人 林熙 28
趙烈文與龔孝拱 劉太希 38

悼念吳子深師　周士心　44
訪問希治閣　林慰君　50
譚延闓澤闓昆仲　王壯為　53
譚家菜與譚廚　耐安　67
四大名旦命造（來鴻去雁）　韋千里　68
大人小語　上官大夫　70
負販記勞（新浮生六記之五）　大方　72
張大千題詩惹禍　劉厂　76
申報與史量才（望平街回憶）　胡憨珠　77
梨園老成畫蕭姜（葦窗談藝錄）　葦窗　85
業精於勤荒於嬉　蕭長華　88
憶陳德霖老夫子　姜妙香　90
狗在香港　呂大呂　93
馬場三十年（二十九）　老吉　97
鄭佩佩復出之秘密（銀色圈漫談）　馬行空　100
歌壇十二金釵　陳蝶衣　106
「銀元時代」生活史　陳存仁　111
封面：溥心畬畫仕女
封面內頁：譚延闓遺墨譚澤闓題識
插頁：精印譚澤闓手蹟（定齋藏）

第三十一期（一九七二年十一月十五日）：

讀大千居士長江萬里圖感賦四律　李璜　2
四十年回顧展自序　張大千　4
大人小語　上官大夫　5
乾隆慈禧陵墓被盜紀實　高伯雨　7
林則徐與左宗棠　嘯公　15
記吳蘊齋予達父子　李北濤　18
壬子談往　林熙　23
政海人物面面觀　陳獨秀、張國燾、陳銘樞　馬五先生　30
孫中山先生和香港　司馬我　38
血淚當年話報壇（一）　張志韓　43
張大千先生作品前瞻　王方宇　51
記張大千四十年回顧展　陶鵬飛　53
張善子大千昆仲　陸丹林　65
大千長壽（來鴻去雁）　韋千里　68
上海八市長　李復康　71
翁照垣少年時期　舊史　76
藍煙囪與太古洋行（老上海閒話）　胡憨珠　77
放風箏與鬥蟋蟀　呂大呂　84
秋風起三蛇肥　范正儒　88
馬場三十年（三十）　老吉　91
歌壇十二金釵（下）　陳蝶衣　95
「大軍閥」臺灣觸礁（銀色圈漫談）　馬行空　99
金少山在北平　燕京散人　105
惜哉裘盛戎（葦窗談藝錄）　葦窗　112
「銀元時代」生活史　陳存仁　115
封面：大千居士自畫像
封面內頁：大千居士手書自序原稿
巨幅插頁：大千居士目疾大愈後畫河山縱橫圖

第三十二期（一九七二年十二月十五日）：

萬家歡騰話聖誕　司馬我　2
泰游小記（詩）　陳定山　6
政海人物面面觀　邵力子、黃紹竑、繆斌、褚民誼　馬五先生　9
港九水陸交通新面貌　余不惑　17
我與中南銀行　章叔淳　21
抗戰奇人馬彬和　焦毅夫　28
大人小語　上官大夫　31
徐志摩與陸小曼（我的義父母）　何靈琰　33
記冒鶴亭　高伯雨　39
齊白石與黃賓虹（畫苑春秋）　薛慧山　45
壬子談往（下）　林熙　57
曾國藩國荃昆季（來鴻去雁）　韋千里　64
血淚當年話報壇（二）　張志韓　66
太極拳淺談　何小孟　73
特出劇種英語粵劇　呂大呂　76
馬場三十年（三十一）　老吉　80
釘巴（上海滑稽）　文：笑嘻嘻・圖：王澤　83
連臺彩頭戲　萬寶全　88
「天下第一名票」　燕京散人　89
余叔岩演王平　孫養農　93
歌壇十二金釵新冊（上）　陳蝶衣　95
「潮州怒漢」大吼一聲！（銀色圈漫談）　馬行空　100
封面：黃賓虹人物畫稿
封面內頁：張大千一月兩畫展
彩色插頁：齊白石草虫　黃賓虹山水手卷小品

第三十三期（一九七三年一月十五日）：

杜魯門總統初任之美國天驕時代　李璜　2
一九七三年預言　司馬我　6
一九七二年之最　余不惑　7
環華庵詩冊　張大千　9
李慈銘及其日記　宋訓倫　10
大人小語　上官大夫　23
政海人物面面觀　李濟琛、龍雲、盧漢、范紹增　馬五先生　24
宣統皇帝和莊士敦　高伯雨　31
百年好合　五世其昌　萬里長風　千秋大業　韋千里　40
硯邊點滴　錢松喦　54
記錢松喦（畫苑春秋）　薛慧山　65
周伯年周魯伯父子（黨國軼聞）　胡憨珠　72
血淚當年話報壇（三）　張志韓　86
七十二家房客（諷刺喜劇）　姚慕雙、周柏春　93
薛覺先與馬師曾　呂大呂　99
馬場三十年（三十二）　老吉　104
楊小樓空前絕後　燕京散人　107
歌壇十二金釵新冊（下）　陳蝶衣　112
「宣統皇帝」即將登場（銀色圈漫談）　馬行空　117
封面：李可染話春牛圖
封面內頁：李慈銘及其日記
巨幅插頁：錢松喦畫歲朝平安圖（定齋藏）

第三十四期（一九七三年二月十五日）：

尼克遜與基辛格　萬念健　2
詹森生前死後　司馬我　4
憶悲鴻　蔣彝　6
牛年閒話　蕭遙天　15
政海人物面面觀　朱家驊、何成濬、衛立煌、王纘緒　馬五先生　19
大人小語　上官大夫　27
宣統「帝師」陳寶琛　高伯雨　28
曾國藩談書道　黎正甫　34
白雲觀和高道士　林熙　36
清道人傳世兩封信　舊史　40
史量才死後的申報（望平街回憶）　胡憨珠　41
傅抱石研究（畫苑春秋）　薛慧山　49
天佑歌　曾克耑　56
章太炎之名言（來鴻去雁）　韋千里　65
初試雲雨情・藍布長衫的故事（遺作）　曹聚仁　68
美國小事　林慰君　73
血淚當年話報壇（四）　張志韓　74
我的學藝生活　小翠花　81
薛覺先與馬師曾（續完）　呂大呂　88
馬場三十年（三十二）　老吉　95
歌壇十二小金釵（上）　陳蝶衣　98
對春聯（對口相聲）　侯寶林　102
楊小樓空前絕後（續）　燕京散人　106
「江湖行」大功告成（銀色圈漫談）　馬行空　114
大人雜誌第五集合訂本總目錄　119
封面：徐悲鴻畫日長如小年
封面內頁：徐悲鴻長鬚留影及其手蹟
巨幅插頁：傅抱石畫古梅圖（定齋藏）

第三十五期（一九七三年三月十五日）：

政海人物面面觀　梁啟超、宋子文、朱紹良、張厲生　馬五先生　2
越南之戰一筆清賬　萬念健　12
畫壇感舊・聯語偶錄（詩、對聯）　陳定山　14
南北議和見聞錄（遺作）　張競生　17
從王羲之蘭亭雅集談起　高伯雨　29
過年記趣　陶鵬飛　36
史量才死後的申報（望平街回憶）　胡憨珠　38
楊小樓空前絕後（續完）　燕京散人　44
齊白石與李可染（畫苑春秋）　薛慧山　52
意象慘澹經營中　李可染　65
閒話題畫　劉太希　68
大人小語　上官大夫　71
一世之雄吳佩孚（來鴻去雁）　韋千里　72
血淚當年話報壇（五）　張志韓　75
馬場三十年（三十四）　老吉　87
薛覺先馬師曾兩大事　呂大呂　91
歌壇十二小金釵（續完）　陳蝶衣　97
火燒豆腐店（滑稽趣劇）　江笑笑　102
「冷面虎」扭轉形勢（銀色圈漫談）　馬行空　106

「抗戰時代」生活史（專載）　陳存仁　113
封面：齊白石畫爭王圖
封面內頁：梁啟超致康有為書札
巨幅插頁：李可染畫暮韻圖（定齋藏）

第三十六期（一九七三年四月十五日）：

陳公博垂死之言（附「八年來的回憶」全文）　朱子家　2
政海人物面面觀　陸榮廷、劉存厚、唐式遵、何浩若　馬五先生　21
新世說　陳定山　29
國父的異相（附「來鴻去雁」）　齊東野　31
大人小語　上官大夫　35
香港舊事錄　上海移民　37
史量才死後的申報（望平街回憶）（續）　胡憨珠　41
也談徐悲鴻（畫苑春秋）　薛慧山　46
任伯年評傳（遺作）　徐悲鴻　54
鄧石如繼往開來　容天圻　56
南棲記困（新浮生六記之六）　大方　69
蔡哲夫「名士風流」　高伯雨　75
血淚當年話報壇（六）　張志韓　84
良祝哀史考證　陳蝶衣　89
「八大拿」的時代背景　周志輔　94
馬場三十年（三十五）　老吉　97
雪豔琴與陸素娟　燕京散人　100
新「七十二家房客」　文：楊華生・圖：張樂平　106
「抗戰時代」生活史（專載）　陳存仁　117
封面：黃君壁畫山水
封面內頁：「八年來的回憶」手抄本
精印插頁：鄧石如篆書冊（定齋藏）

第三十七期（一九七三年五月十五日）：

張大千談畢加索（美國通訊）　林慰君　2
政海人物面面觀　陳毅、張治中、何鍵　馬五先生　7
大人小語　上官大夫　15
商務印書館與中華書局　樊仲雲　16
張大千近人近事　周士心　21
思親篇　沈雲龍　28
馬君武・謝無量・馬一浮　林熙　31
香港舊事錄　上海移民　41
血淚當年話報壇（七）　張志韓　45
藝文雅集圖記　葦窗　52
新人物畫家黃冑（畫苑春秋）　薛慧山　54
琉璃廠和榮寶齋　鄧拓　65
來鴻去雁　韋千里　68
史量才死後的申報（望平街回憶）（續）　胡憨珠　72
一代藝人小明星　呂大呂　76
馬場三十年（三十六）　老吉　84
南棲記困（新浮生六記之六）（下）　大方　87
川劇的譚梅　白周　93
潘金蓮新塑象　陳蝶衣　96
我學戲的經過　白玉薇　103

「天下第一拳」打進歐美！（銀色圈漫談）　馬行空　106
「抗戰時代」生活史（專載）（三）　陳存仁　113
封面：馬壽華畫竹石
封面內頁：張大千談畢加索函札
精印插頁：黃冑畫三驢圖、四驢圖、五驢圖（定齋藏）

第三十八期（一九七三年六月十五日）：

章士釗及其南遊吟草　豐千饒　2
大人小語　上官大夫　7
記前輩銀行家陳光甫　李北濤　9
李義山錦瑟詩新解　陳定山　15
政海人物面面觀　陳濟棠、王陵基、陳方、韓復榘　馬五先生　20
記曾胡左李　高伯雨　29
悼念張雪門先生　徐訏　38
史量才死後的申報（望平街回憶）（續）　胡憨珠　40
香港舊事錄　上海移民　47
吳湖帆江深草閣圖（畫苑春秋）　薛慧山　51
徐鋆及其「辛丑日記」　沈雲龍　65
徐悲鴻・蔣碧微・廖靜文　滄海客　70
「名人」林海峰家世　大方　76
血淚當年話報壇（八）　張志韓　78
林清霓的山水畫　傅抱石　85
嚴獨鶴與周瘦鵑　陳蝶衣　86
國劇大師齊如山（遺作）　趙叔雍　94
芳豔芬成功史　呂大呂　100
丁濟萬逝世十週年　陳存仁　109
馬場三十年（續完）　老吉　111
張徹自組「長弓」內幕（銀色圈漫談）　馬行空　116
封面：齊白石贈徐悲鴻畫
封面內頁：章士釗贈孟小冬詩
精印插頁：吳湖帆畫江深草閣圖（定齋藏）

第三十九期（一九七三年七月十五日）：

四十年前胡適之給我的一段友情　李璜　2
黎明暉與梁熙若　池春水　4
老殘遊記作者劉鶚　林語堂　6
劉鐵雲先生軼事　劉大杰　7
大人小語　上官大夫　9
政海人物面面觀　楊庶堪、趙恆惕、陳壁君、羅家倫　馬五先生　10
談曾胡左李（中）　高伯雨　19
動物世界（美國通訊）　林慰君　27
血淚當年話報壇（九）　張志韓　29
「小道士」繆斌　何冠群　36
香港舊事錄　上海移民　39
大千藝術特徵（畫苑春秋）　薛慧山　43
京話　姚穎　57
楊小樓新劇「康郎山」　周志輔　58
史量才死後的申報（望平街憶舊）（續）　胡憨珠　60
脂硯出現仍是謎　陳蝶衣　65
「金瓶梅」與「續金瓶梅」　周越然文・張光宇圖　69

一代名票趙培鑫　大方　73
趙培鑫在台灣　韓仕貽　76
曲王吳一嘯　呂大呂　84
陳萍一脫成名（銀色圈漫談）　馬行空　90
「抗戰時代」生活史　陳存仁　97
封面：張大千畫西瓜
封面內頁：孟小冬趙培鑫師生合演戲單劇照
精印插頁：張大千畫明月荷花圖（定齋藏）

第四十期（一九七三年八月十五日）：

章士釗與杜月笙　李北濤　2
大人小語　上官大夫　7
政海人物面面觀　章士釗、吳鐵城、陳明仁　馬五先生　8
出國演戲不可兒戲　勞澤言　16
談曾胡左李（續完）　高伯雨　24
名丑劉趕三　周志輔　36
血淚當年話報壇（十）　張志韓　42
盧古花卉寫生冊　陳定山　48
盧谷墨趣（畫苑春秋）　薛慧山　53
翰墨因緣　張佛千　55
哀培鑫（趙培鑫在美國）　侯北人　58
悼念嚴師獨鶴　劉嘉猷　63
啼笑因緣序　嚴獨鶴　66
史量才死後的申報（望平街憶舊）（續）　胡憨珠　68
影城八年（上）　陳蝶衣　74
乞巧節與盂蘭節　呂大呂　79
兩次見面　倪匡　85
李小龍暴斃內幕之內幕（銀色圈漫談）　馬行空　86
「抗戰時代」生活史（專載）　陳存仁　95
封面：陳定山畫山水
封面內頁：虛谷小傳印鑑
精印插頁：虛谷花卉寫生冊（定齋藏）

第四十一期（一九七三年九月十五日）：

何香凝老人軼事　李燄生　2
我學會燒飯的時候　何香凝　10
活在我心中　呂媞　13
大人小語　上官大夫　19
髮與鬚　蔣彝　20
政海人物面面觀　譚延闓、許崇智、盧作孚、楊虎　馬五先生　24
安妮公主和她的駙馬　林慰君　31
高梧軒圖卷題詠　高伯雨　35
香港舊事錄　上海移民　40
血淚當年話報壇（續完）　張志韓　44
花卉畫及沒骨法　張大千　48
大人一笑　諸葛文　57
影城八年（中）　陳蝶衣　58
史量才死後的申報（望平街憶舊）（續）　胡憨珠　64
晚清梨園雜憶　無聞老人　71
全體會（滑稽相聲）　朱翔飛　76

李萬春與李少春　燕京散人　79
李小龍身後糾紛多（銀色圈漫談）　馬行空　86
「抗戰時代」生活史（專載）　陳存仁　95
「大人」合訂本第六集總目錄　103
封面：張大千畫鬥草圖
封面內頁：李少春拜師盛會
精印巨幅插頁：張大千工篆畫翠珮紅粧圖（定齋藏）

第四十二期（一九七三年十月十五日）：

北上與侍疾（遺作）　孫科　2
重遊巴黎　李璜　4
錢新之外圓內方　李北濤　10
大人小語　上官大夫　19
章士釗禍延三教授　尊聞　20
政海人物面面觀　許世英、徐樹錚、曾毓雋、林長民、梁鴻志
馬五先生　22
關於慈禧太后　無聞老人　31
在美國看中華國劇團（美國通訊）　龐冠青　38
投老江湖學捉蛇　南宮摶　41
吳湖帆先生與我　王己千　46
四庫全書總編輯——紀曉嵐　林熙　57
記七友畫會　劉太希　66
賽金花故事編年　瑜壽　68
史量才死後的申報（望平街憶舊）（續）　胡憨珠　76
李萬春與李少春（續完）　燕京散人　82
影城八年（下）　陳蝶衣　91
李小龍案大結局（銀色圈漫談）　馬行空　95
「抗戰時代」生活史（專載）　陳存仁　101
封面：黃君璧畫秋獲圖
封面內頁：吳湖帆撰書明清畫家印鑑序
精印巨幅插頁：吳湖帆水墨畫江深草閣圖（定齋藏）

大人（十）

數位重製・印刷　秀威資訊科技股份有限公司
http://www.showwe.com.tw
114 台北市內湖區瑞光路 76 巷 65 號 1 樓
電話：+886-2-2796-3638
傳真：+886-2-2796-1377
劃　撥　帳　號　19563868　戶名：秀威資訊科技股份有限公司
讀者服務信箱：service@showwe.com.tw
網　路　訂　購　秀威網路書店：https://store.showwe.tw
網路訂購：order@showwe.com.tw

2017 年
全套精裝印製工本費：新台幣 30,000 元（不分售）

Printed in Taiwan　ISBN: 978-986-326-369-2　CIP: 078

本期刊僅收精裝印製工本費，僅供學術研究參考使用

ISBN 978-986-326-369-2
9 789863 263692　30000

讀者回函卡

感謝您購買本書，為提升服務品質，請填妥以下資料，將讀者回函卡直接寄回或傳真本公司，收到您的寶貴意見後，我們會收藏記錄及檢討，謝謝！
如您需要了解本公司最新出版書目、購書優惠或企劃活動，歡迎您上網查詢或下載相關資料：http:// www.showwe.com.tw

您購買的書名：________________________________

出生日期：________年________月________日

學歷：□高中（含）以下　□大專　□研究所（含）以上

職業：□製造業　□金融業　□資訊業　□軍警　□傳播業　□自由業
　　　□服務業　□公務員　□教職　□學生　□家管　□其它______

購書地點：□網路書店　□實體書店　□書展　□郵購　□贈閱　□其他

您從何得知本書的消息？
　□網路書店　□實體書店　□網路搜尋　□電子報　□書訊　□雜誌
　□傳播媒體　□親友推薦　□網站推薦　□部落格　□其他__________

您對本書的評價：（請填代號　1.非常滿意　2.滿意　3.尚可　4.再改進）
　封面設計____　版面編排____　內容____　文／譯筆____　價格____

讀完書後您覺得：
　□很有收穫　□有收穫　□收穫不多　□沒收穫

對我們的建議：________________________________

____

____

____

請貼
郵票

11466
台北市內湖區瑞光路 76 巷 65 號 1 樓
秀威資訊科技股份有限公司 收
BOD 數位出版事業部

（請沿線對折寄回，謝謝！）

姓　名：＿＿＿＿＿＿＿＿　年齡：＿＿＿＿　性別：□女　□男

郵遞區號：□□□□□

地　址：＿＿＿＿＿＿＿＿＿＿＿＿＿＿＿＿

聯絡電話：(日)＿＿＿＿＿＿＿＿(夜)＿＿＿＿＿＿＿＿

E-mail：＿＿＿＿＿＿＿＿＿＿＿＿＿＿＿＿